湯川文彦［著］

立法と事務の明治維新

――官民共治の構想と展開――

東京大学出版会

The Meiji Restoration in Legislation and Administration:
National Policy Design and Development of Role Sharing
between Government Officials and Citizens

Fumihiko YUKAWA

University of Tokyo Press, 2017
ISBN 978-4-13-026244-6

目次

第III部 地方事務の形成

序章　立法と事務の相互連関

第一節　〝立法〟の専門性

議会ニ於テ自ラ法律ヲ起草シ、又ハ修正スルノ際、延滞ト紛雑ヲ免レザルノ弊ハ、上ニ挙ゲタル二大家ノ論ノ外、欧洲各著者ノ説ニ詳明ナリ。況ヤ我国新造ノ議会ニ於テ学識専科ノ士ヲ多ク得ルヲ望ムコトハ至テ難キノ事情アルニ於テヲヤ。然ルニ此ノ弊ハ独リ議会ノミナラズ、其ノ枢密院ニ於ケルモ、亦各省ノ内部ニ於ケルモ、法律ノ起草ニ当リ専科其人ヲ得テ之ニ委托スベキノ必要ニ至テハ、皆然ラザルハナキナリ。若夫法律ヲ以テ政事ト同視シ、之ヲ一場ノ議論ニ委ネンニハ、其ノ完全ノ結果ヲ望ムノ難キコト亦議院ニ異ナルコト無カルベキナリ(1)。

これは、国会開設まで一年余りとなった明治二十一年（一八八八年）に、法制局長官・井上毅が書き記した意見書である。井上は単に組織の構成員を集めて議論するだけでは「立法」に必要な条件を満たすことはできないとし、議会など立法にかかわる各種の組織において「学識専科ノ士」を選定することを提言している。井上が挙げた「二大家」のひとり、J・S・ミルは「精細ニ其ノ条章ヲ彼此比照シ、将来ノ効果ヲ熟慮シ、現存ノ法律ト矛盾セザルコトヲ務ムルハ、尤立法ノ要件トス」（井上毅訳）としており、「学識」とは法文の整合性や施行の効果を判断する能力を指しているものと考えられる。井上は立法機関に代表者が集まって議論すれば自然と良法を得られるとは考えておず、立法には特別な専門性に基づく協議体制が必要だと訴えていた。これは新政府に出仕して以来、主として立法審査官を務めてきた井上の経験的意見として興味深い。

明治初期には数多くの法令が制定され、めまぐるしく改廃された。これらの法令は様々な改革事業――〝明治維新〟の起点ないし推進力に用いられており、彼ら政府官員にとって〝立法〟の内実は〝明治維新〟の展開を根本において規定するものだったといえる。こうした改革事業を支える法令――〝改革法〟には、欧米諸国の法制度が参照されていることから、明治初期はともすると西洋の模倣とそれに伴う混乱の時代として描かれるが、果たしてそのような楽観的な改革が志向されていたならば、なぜ政府は改革事業において決定的破綻をきたして自滅しなかったのだろうか。結果として政府が継続したために問われることさえないが、本書で度々触れるように、政府運営はつねに不安定要素を抱えており、政府官員たちはそれに自覚的に対処し続けていた。井上が強調したもの――〝明治維新〟を根底において支えていた〝立法〟の内実とはどのようなものだったのだろうか。

立法に法的整合性や実際的効果に関する専門性（「学識」）が必要であるという井上の意見は、成立した法令が実際に施行できなければならないという基本的な理解に基づいている。これは井上に限った理解ではない。政府では明治十四年の国会開設の詔により明治二十三年の国会開設を約し、国会開設の準備をすすめてきたが、政府要路の一般的な関心は代表制議会が立法業務に新規参入することで「行政」が混乱しないように予防することにあった。国会開設の詔渙発後まもなく三大臣は意見書を上呈し、人民の「過激暴進ノ勢ヲ制」し、「行政官ノ権限及ビ責任ヲ明ニシ」て「各法制ノ許ス区域内ニ在テ事務ヲ処分」することを表明した(2)。彼らは立法と行政が連動を欠き、国会が立法を通じて行政領域を混乱させる事態を恐れていたのである。しかし、それは裏を返せば、従来の国会不在の政府組織において、彼ら政府の官吏が――実現の度合いはともかく――立法と行政の連動性を追究してきたことを意味している。

彼らが国会開設を「行政」の脅威と認識するようになったのは、単に民間の政府批判や暴動を危惧するといった表層的次元にとどまらず、彼らが従来の〝立法〟において実際施行上の配慮を追究してきたことに由来すると考えられる。

そもそも、政府は明治元年の政体書において独立の議事院の設置を表明しながら、まもなくの布令において「議政行政之分別ヲ以テ議事ノ制可被為立筈之処、自然実状ニ於テ議政亦行政ノ事ト相成、立法官行政官ヲ相兼候様成行、遂ニ議事之制難相立候」(3)としたように、立法と施行上の利害得失は、切っても切れない関係にあると認識していた。立法の要件として施行上の実効性が殊更に重視されるのは、政府発足以来の立法のあり方に規定されたものと考えられる。

そして、かかる立法の要件の充足が如何に重要な課題とされていたかは、明治十五年の地方巡察使派出に際して参議兼参事院議長の山県有朋が発した訓条が端的に表している(4)。

> 維新以来法律ヲ創定改修スルモノ甚ダ少カラズ、典章ノ整備今日ニ至テハ稍々完キニ幾シ。之ヲ泰西ノ律法ニ比スルモ、啻ニ之ニ愧ルナキノミナラズ、却テ之ニ超絶スルモノナシトセズ。是レ彼ノ長短ヲ取捨シテ専ラ範ヲ彼ニ採ルニ因ルナリ。然レドモ、民俗遽カニ改メ難ク、法令ヲ受クル所ノ人民ニ在テハ或ハ未ダ此域ニ達セザルノ状況アリ、動モスレバ法令適度ヲ失シテ実地ニ行ハレズ、民或ハ之ヲ奉ズルニ堪ヘザルコトアリ。今其ノ然ル所以ノ事由ヲ熟思スルニ、法ヲ議スル者泰西文明ノ治迹ヲ見ルニ精クシテ、内地ノ民情ヲ察スルノ踈ナルニ依ル。蓋シ議法ノ職ニ在ル者議場ニ立ツトキハ、理ノ当否ヲ思フニ専ラニシテ、被治者ノ民情ヲ体察スルニ厚カラザルハ、自ラ免レ難キ所ナリ。惟フニ法律ト実際ノ情況ト相背馳スルヲ致ス所以ノ者、主トシテ此ニ原因セルガ如シ。

地方巡察使は当時の立法審査機関である参事院と元老院の議官たちを全国各地へ視察に向かわせ、立法審査において不足していた地方事情の実見を得ることを目的とした企画である。立法審査官は欧米諸国の法制度によって法案の理非を判断してきたが、その反面、地方の実情にはいまだ通じていないため、地方現場では施行困難な状態にあると山県は指摘している。このことは、政府が立法に必要としていた二つの要素を表している。一つは欧米諸国の法制度の分析から導き出される新方策の提起であり、もう一つは地方の現実に適合するような現実的方策の提起である。殊に後者の不足は簡単には埋め合わせられなかったが、各省が全国施政の動向を記した報告書や日誌を発行し、政府が重要法令に関して明治八年、十一年、十三年の三回にわたって地方官会議を開催したように、政府はかかる要件を充足させようとしてきた。

以上のように、政府ではその発足以来、立法の要件を充足させるために、様々な試行錯誤が重ねられてきたと考えられるが、この問題に迫った先行研究は見当たらない。現状では個別の事象に応じて研究領域が分かれており、議事組織の問題は、主として「公議」「公論」研究、諸法令については法制史研究で取り扱われ、「行政」機関については太政官制・内閣制度研究、「行政」上の政策、事件は各省別の政策史研究や地方制度史研究などで取り扱われてきた。各研究領域間の相互交渉は希薄であり、またそれぞれに史料上の欠落や有力な研究視角に付随する死角がある。明治初期において、施行と密接な関係を有していた立法の組織化過程と運営実態については、いずれの研究領域においても死角に入り、明瞭な回答は得られていない。

本書では、分断された諸研究領域をかかる立法の視点に基づいて架橋しつつ、新史料の発掘・分析を通じて、これまで明らかでなかった明治初期の立法の特性を明らかにすることを本旨とする。かかる目的において、筆者は新政府発足以来用いられてきた「事務」の語に注目する。

第二節　〝事務〟の射程

政府要路は明治元年一月に三職分課制を定めて政府組織の大要を示したが、そのなかで、意思決定を行う三職（総裁・議定・参与）について、総裁は「一切ノ事務ヲ決ス」る職、議定は「事務各課ヲ分督シ議事ヲ定決ス」る職、参与は「事務ヲ参議シ各課ヲ分務ス」る職と定めた(5)。三職は評議によって意思決定を行うとともに、自ら各事務の運営責任を負う存在として自己を定義していた。ここでいう事務とは、内国事務・外国事務・海陸軍務・会計事務・刑法事務・制度（事務）の六つの事務だが、いずれもその職務内容や実施方法はおろか、どのような権限と責任を持つのかさえ決められていなかった。

したがって、彼ら事務の従事者たちは、J・S・ミルが「訓練された平凡(6)」と称したような一般的な「官僚」像とはほど遠く、何等の自己規定もルーティンも与えられていない。むしろ自らそれを生成する存在、すなわち欧米法の講究と実際施行を通じて法令立案を重ねることで、徐々に「事務」を作りあげていく官といった方が適切であろう。立法と行政が混淆状態のまま「事務」が事務従事者の知識と経験の蓄積に伴って作りあげられていく点に、政府における立法の一つの特徴があると考えられる。そのため、政府には常に施行を意識した形で立法を行う必要があったと考えられる。

では、彼ら三職は、事務の官員と立法の関係をどのように認識し、どのような立法の制度のもとで事務を生成しようとしていたのだろうか。これに対する明確な解答は先行研究にはないが、密接に関係すると思われる研究領域は二つある。一つは、一部の事務の官員に立案責任が集中した事実に着目して彼らの国政決定、政策立案上の活動を分析した研究、すなわち「維新官僚」論および「開明派官僚」論という二つの「官僚」論である。そしてもう一つは、政府が会議を通じて意思決定を行うという方向性――五箇条の誓文にいう「広ク会議ヲ興シ万機公論ニ決スベシ」――に着目して公議所、集議院の運営実態を分析した「公議」論である。「官僚」論と「公議」論は明治維新期の政治経過を説明する最も代表的で有力な議論だが、その視角自体に内在する問題があり、立法と事務の関係を精確に把握できていない。ここでは、まず「官僚」論および「公議」論の成果と課題を確認したうえで、両研究から取り残された〝立法〟と事務の関係について、問題を汲み上げることとしたい。

先行研究において、明治元年から明治四年の政治経過を説明する有力な視角とされてきたのは、二つの「官僚」論である。

（一）二つの「官僚」論

第一の「官僚」論は、「維新官僚」論である。佐々木克の定義によれば、「維新官僚」とは、旧藩士の出身で旧藩との絆を持ちながらも「朝臣」としての自己意識を併せ持ち、一方では国政の決定に関与し、他方では官僚としての組織・思想の形成主体となるような官員たちである(7)。明治初年の政府では国政決定とその下での官僚業務が未分化であったため、国政決定に関与する官僚という「維新官僚」の特性は、廃藩置県までの政治過程を説明できるものとされた。この観点を深めた松尾正人は、政治決定の外側に置かれてきた元藩士たちが、その能力を背景として官吏となり、政府要路に働きかけ、やがて自らの台頭とともに旧体制の解体と中央集権化を伴う諸種の改革事業を実行に移していく過程を描きだした(8)。その最も象徴的な事件が廃藩置県であり、「維新官僚」の台頭と廃藩置県をはじめとする改革事業の断行を表裏一体の関係で説明している(9)。

第二の「官僚」論は、「開明派官僚」論である。「開明派官僚」には明確な定義がないが、丹羽邦男の研究にみられるように、基本的には民部・大蔵省を拠点に抜本的な身分・土地制度の改革を推進した官員たちを指している(10)。丹羽は、地租改正法・身分解放令をはじめとする一連の改革法令が如何にして創出されたのか、という問題関心をもっており、その実際的な担い手に「開明派官僚」の名称を与えている。官僚の定義が明確化されていないのは、丹羽の関心の中心が官僚層・官僚制の造成それ自体ではなく、彼ら官員の政策構想とその展開過程に置かれているためと考えられる。ゆえに、ここでは定義の曖昧さは問題とせず、第一の「官僚」論との問題関心の相違を確認するにとどめておきたい。

二つの「官僚」論を比較すると、「維新官僚」論は維新期の政治過程を説明する有力な視角として国政決定に関与する官僚という特異な存在に注目したものだったのに対して、「開明派官僚」論は維新期に構想された改革法の生成過程を説明する有力な視角として、改革法の立案・決定権を付与されていた民部・大蔵省官員に注目したものだった。ゆえに、どちらも民部・大蔵省官員への注目という点では共通しつつ、「維新官僚」論ではより政治過程の分析に、「開明派官僚」論ではより改革法（政策）生成過程の分析に力点を置いている。そのため、二つの「官僚」論は、民部・大蔵省を中心に、政治過程と政策過程の二側面をそれぞれ説明したものであり、表裏一体の関係にあるものといえる。

二つの「官僚」論が当該期の政治過程、政策過程を説明するうえで有効なのはたしかだろう。検討対象として民部・大蔵省をはじめ、兵部省、工部省などの例も検討されてきたが、ともに二つの「官僚」論の枠組みのなかに位置づく議論であり、現在に至るまでかかる議論が再生産されてきたことが、「官僚」論の有効性に対して継続的な承認が与えられてきたことを物語っている。

しかし、二つの「官僚」論は、実際に起きた政治事件や政策を説明するための視角であるため、相応の問題点がある。すなわち、二つの「官僚」論は国政決定・政策立案上、官員の能力が発揮されたことに注目する反面、彼ら官員に何が欠けていたのかという点については関心が希薄である。したがって、一部の官員に国政決定・政策立案の役割を依存しなければならない立法体制について、政府要路・官員自身がどのような問題点を認め、如何なる対処法を考えていたのかは問題とされていない。

二つの「官僚」論が明示しているように、新政府に登用された旧藩士の一部が国政決定および政策立案の重要な役割を担っていたことは疑いないが、単に彼らの影響力に注目するだけでは〝立法〟の問題は浮かびあがってこない。逆に〝立法〟の観点からみれば、いかに彼ら一部官員が固有の知識や思考力を有していたとしても、その知識や思考力が一つ一つの法令に対して実際施行に耐え得る強度を与えるに十分であったわけではない。それは明治初期を通じて所謂〝朝令暮改〟の弊害が深刻化した事実が端的に物語っている。

ゆえに、筆者は「官僚」の非万能性に着目し、「官僚」の関与する国政決定・政策立案の問題点の所在とそれに対する政府要路・官員自身の認識と対処の内実を分析する。この分析により、政府が近い将来に実現しようとしていた立法体制が、事務の形成との関係において明確になると考える。

なお、「官僚」という言葉は、何らかの既存の領域やルーティンを想起させやすく、また二つの「官僚」論や官僚制形成前史といった他の研究視角を想起させやすいため、ここでは使用を避け、特に事務の運営、立案に携わる官員について説明する際は「事務官」と称することとする。

(二)「公議」論

次に、「公議」論の検討を行う。明治元年の公議所開設から明治三年の集議院閉鎖までの時期を中心に、研究の一領域を築いてきたのが「公議」論である。周知の通り、公議所は諸藩から「公議」を創出するために公議人を集め、様々な建議とその検討を行った場であり、その改編によって諮問機関化されたものが集議院とされる。

こうした「公議」機関の設立、改編、閉鎖の経過が注目されたもともとの理由は、それが議事院の形態を採り、立法上どのような役割を与えられていたのかを明らかにするためであった。明治元年十二月に開設された公議所は、多様な議題を取り扱ったものの、重要な政府決定にはほとんど関わっていない。そのため、稲田正次は公議所について次のような評価を与えている(11)。「公議所は立法機関であったとはいえないのは勿論、政府提出の重要議案を審議することを主としたものでもないから、諮問機関であったということも適当ではない。政府に対して建議をする機関であったというのが最も適していると思う。公議所においては、各議員は熱心に討論を行っていたが、政府の立法に対しては全くといってもよいほど関渉するところはなかった」と。公議所は明治二年七月に集議院に改組され政府より諮問を受けることとなるが、稲田は集議院についても、政府の立法に関わったケースが「藩制」を除けばほとんどみられないことから、「ただ一般施政上の弱体の諮問機関」と評した。

これに対して、以後の研究は、立法の視点を離れて、公議人たちの思想や活動に着目し、多種多様な「公議」思想・活動を把握、類型化することに重きを置いた[12]。これはもとより幕末政治史研究で注目されてきた「公議」の多義性とその類型分析の流れを汲むものであり[13]、公議所・集議院の運営実態と閉鎖経緯は、明治維新期の「公議」の多義性を説明する好材料であった。

かかる研究において公議人たちの「公議」の見取り図が描かれたことで、かえって彼らの「公議」とは一線を画した類型として、岩倉具視らの政府要路の「公議」が浮かびあがった。寺崎宏貴は天皇の裁断を「公論」とする岩倉らの指導下で公議所の機能に限定がかけられたと指摘し[14]、これを踏まえた山崎有恒の整理によれば、岩倉らは「少数の優秀な政治家によって、理性的かつ冷静な判断の下になされる政策決定こそが是」であるとしつつ「それが私政でないことを世の中に示すためのサブシステムを必要とした」がゆえに、かかる需要をみたすような限定的機能しか有さない議事院が存置され、諸侯会議的「公議」と対立した結果として議事院廃止・廃藩置県断行に至ったと評価された[15]。

このような、もう一つの「公論」に対する評価は、稲田の指摘や「官僚」論と親和的である。稲田は岩倉ら政府要路が公議所・集議院に立法上の役割をほとんど与えなかったことを指摘していたが、後続の「公議」研究によって、それは岩倉らが自らの意思の正統化を図るために議事院に追認のみを求めたことによるもので、公議政体的な議事院構想と対立しつつ存在していたと理解されたのである。この岩倉らに対する評価は、「官僚」論を受けており、「官僚」が能力主義的台頭を遂げるとともに、「公議」機関は無用視されたのだと理解したのである。

しかし、「公議」論では「公議」機関の設立から閉鎖に至るまでの過程を分析対象として、そこから政府要路の意図を推量する方法を採っており、政府要路が政府運営、全国統治の意図のなかで議事院と意思決定の関係をどのように捉えていたのかを直接分析したわけではない。政府の立法における議事院の位置づけを理解するためには、分析の対象を「公議」機関の運営実態から政府要路の意図・制度構想へと移す必要があるだろう。

以上、「官僚」論および「公議」論の参照を通じて、本書の課題を抽出した。改めてまとめれば以下の通りである。「官僚」論のいうように、一部の官員が国政決定・政策立案において重要な役割を任されていたことはたしかだが、明治初期を通じて朝令暮改が問題化していたことを鑑みると、官員たちが立法の要件を満たせていたとは考えられないし、その問題に彼らや政府要路が鈍感でいられたとも思われない。では、政府要路・官員は立法の要件をどのようにして補完しようとしていたのだろうか。この問題のなかで議事院に期待される役割についても理解する必要がある。「公議」論のいうように、実際の「公議」機関が立法を直接左右するような権限を与えられず、改編、閉鎖に至ったことはたしかだが、「官僚」の限界を考えれば、政府要路にとって議事院自体が無用になったとは考えられないし、彼らがそのように判断した形跡もない。では、政府要路は立法上必要な議事院についてどのような展望を有していたのだろうか。この問題は当時の事務の動向と密接に連関していたと考えられる。

以上のように捉えると、立法体制の構築という課題は廃藩置県まででは解決されず、明治初年の経緯に規定されつつ、以後も政府に内在し続けたと考えられる。廃藩置県以降を対象時期とする研究に、この課題を主題にしたものはないが、政治過程を説明するための方法として〝立法〟に言及したものは少なくない。そのため、次項ではかかる先行研究を検討することで、本書の課題をより明確にする。

(三)　競合と調整

廃藩置県以降の政治・政策を扱った先行研究は多様かつ多量だが、一定の傾向が見受けられる。すなわち、先行研究では相異なる政治勢力の競合という視点をとることで、廃藩置県以後の政治・政策過程を説明してきた。競合関係には二種類あり、ひとつは政府内部の改革路線をめぐる諸有司の競合であり、もうひとつは政府と民衆との競合である。この二つの競合関係は原口清、田中彰の一連の研究によって示され、第一の競合関係が坂野潤治によって、第二の競合関係が大島美津子、山中永之佑によって洗練された。

第一の競合関係について、坂野潤治は廃藩置県から明治十四年政変までを近代日本の「立国過程」と位置づけ、理想家たちの主張する現実的方策の競合として政府指導者たちの競合関係を捉えた(16)。具体的には、工業化、ナショナリズム（対外強硬）、民主化（憲法制定）の三つの「立国原理」をめぐって、政府内に優先順位を争う状況が生じたとする。ここに描かれる政府像は、大きくは近代国家建設で一致しているものの、それを具体化していく段になると方針に差を生じてくるような、政府指導者たちの競合関係を特徴とするものである。

第二点の競合関係について、大島美津子は内務省機構・政策の分析を通じて、官治的行政の展開による国家支配の浸透過程を描き(17)、山中永之佑は、官と民の対立図式を念頭に、官が権限を集中させ、民を擅に統制するという支配構造を批判的に考察した(18)。こうした見解は制度・政策史研究における通説を形成した。

しかし、これらの視角と評価には、政府指導者たちが互いに競合関係にありながらなぜ政府を維持し得たのか、官民間に競合関係がありながらなぜ改革事業が推進できたのかという素朴な疑問が付随する。競合関係が決定的な破綻をきたさなかった事実から、後続の諸研究が主として政府内外の〝調整方法〟に高い関心を示したのは自然の成り行きといえる。

第一の競合関係に関連する、政府内部の調整方法については、廃藩置県以後の太政官制・内閣制度の形成過程に関する研究で取り扱われた。競合関係の調整機関として明治初期の「内閣」の形成過程に注目した西川誠は、明治四年の太政官制改革について、その制度設計者であった江藤新平、渋沢栄一の立案史料を用いて分析し、政府において諸省から自立した形で政策の是非を判断する「内閣」の必要性が認められていたことを指摘する[19]。

この視角は内閣制度の形成過程の研究として深められた。西川は「公文録」および尾崎三良、大森鍾一、井上毅ら法制部局員の関係史料を検討し、参事院の調整機能の限界を指摘する。すなわち、参事院が一方で太政官制下の「行政の統一性・継続性を担う補助部局の中で法制を分担」し、他方でより独立性の高い法案作成・法制統一機関として「肥大化」したために、「法案作成・法令審査を通じた行政のリードが行えず、機能不全を起こした」として、これがのちに内閣制導入の際に参事院が廃止され、内閣法制局へと縮小される原因であったと指摘した[20]。このことから、政府中枢の法制機関が各省政策の調整機能を期待されて肥大化し、調整が困難であるからこそ再編を余儀なくされた事情が明らかとなった。

また、明治十四年政変以後の政府の調整機能に目を向けた御厨貴は、内閣制度へと至る内発的な動機が地方経営をめぐる各省間の政策対立（セクショナリズム）にあるとみて、農商務省・内務省・大蔵省・工部省の対地方政策をめぐる対立・調整の経過を明らかにした[21]。そして、かかる調整が内閣制度の導入を経てもなお継続的な課題であった点に着目した村瀬信一は、藩閥的割拠が元勲と諸省の結びつきを前提として内閣の意思統一を阻害している側面を指摘し、政党と内閣の対立を契機として、内閣総理大臣のリーダーシップによる閣内一致および総辞職という政権運営・交代慣行が成立していったことを明らかにした[22]。一連の研究は、政府において競合関係を調整する方法として「内閣」が見いだされ、それが徐々に制度化されていく内発的動機およびその制度化過程に着目したものといえる。

一方、官民間の調整方法については、地方制度史研究における「移行期」の視角から深められた。ここでは地方制度史研究の成果と課題について整理しよう。

地方制度史研究では、官民間の競合という視角を認めつつも、近世村落秩序の変容という新たな観点が導入された。大石嘉一郎は、農村内部の階層分化・秩序変容に伴う豪農の村落における立場の変化を契機として、政府と豪農が共闘し、村落利害の政治への反映要求を遮断する地方制度が造成されていったと指摘する。[23] ゆえに、ここで描かれる政府像は、不可逆に進行する地域秩序変容に対して安定化の方策を模索する主体である。

この視角は後続の研究においても共有されたが、大石が村落秩序の変容を民権運動と結びつけて地方制度形成過程を論じた点には疑義が呈され、奥村弘は村落秩序の変容と地方制度を媒介した要因として身分制解体に着目し、これにより村落内部の動揺が引き起こされ、それを安定化させつつ中央政治に波及しないよう遮断する地方制度が構築されたとした。[24] また、松沢裕作は奥村の指摘を引き継ぎつつ、近世における領主層の村落人民への救済からの撤退が、村落内部を動揺させ、富裕層の制度変容への期待と小前たちの対抗を惹起し、前者を制度変容の担い手に組み込んだ政府のもと、小前的抵抗を抑えこんだ地方制度が成立していったと指摘した。[25] このなかで、松沢は区戸長会を介して村落の実情が地方行政にフィードバックされる点に着目した。このように、地方制度史研究では近世村落秩序の変容を動因として、小前的抵抗が起こり、政府が豪農層（区戸長層）の協力を得て安定化策を講じていくという構図が示された。

以上を纏める。先行研究ではまず、政府内部および官民間にそれぞれ改革事業をめぐる競合関係が存在していたことに着目したが、かかる競合関係のために、調整の必要性が高いことにも注目が集まり、政府内部については「内閣」制度の、官民間については地方制度の成立過程を対象として具体的な検討が行われた。一連の研究により、競合関係と調整方法を内在させていた政府像が浮き彫りとなった。

では、かかる先行研究の成果について、〝立法〟の観点からどのような課題がみえるだろうか。

まず政府内部の競合と調整については、政府要路の改革方針の相違と、その調整機関としての「内閣」の建設が注目されてきたが、実際の立法経路――各省による立案、太政官、議事院における法案審査、そして発令――がどのようなもので、どのような立案意図、審査意図を包摂して法令が成立したのかについては、明らかにされていない。これはあくまで先行研究が廃藩置県以後の政治過程を説明するという関心に基づいて分析を行ってきたことに起因しており、先行研究の主題は政府要路の一致への模索過程におかれ、〝立法〟のあり方をめぐる問題が主題ではなかった。

しかし、立法経路とその運用実態の精確な復元は、政府がどのようにして意思決定をしようとしていたのか、また実際にしていたのかを知るために不可欠である。明治初期の重要法令には立法意図が不明瞭であるために研究史上の論争を呼び、あるいは一面的な評価が下されてきたものが少なくない。本書ではとくに近代日本初の地方制度統一法規である三新法と、おなじく初の本格的教育法令である教育令について具体的な立法過程を解明するが、どちらも従来の研究では立法意図について様々な推測が飛び交ってきた法令であり、その原因は明治初期の〝立法〟のあり方についての詳細な分析が欠落していることにあると考えられる。

かかる分析が行われてこなかったのは、史料上の制約が大きな障害となっていたためと考えられる。各省の立案意図、審査機関の審査意図は、通常参照されるような公文書類、法令集にはほとんど示されていないため、立案者（立案機関）、審査者（審査機関）の内部史料の発見と分析が必要条件となる。ゆえに、本書ではかかる史料の発見と分析を行うこととする。

加えて、先行研究では政治変動を説明するサブシステムとして政策面を参照しているため、取りあげられる政策面は政治権力の掌握や競合にかかわるもの（殖産興業路線や民主化路線）に限定されている。これは視角の性質からして自然なことであるが、国家形成・運営の観点からいえば、政治権力とは直接かかわらなくとも、立国上の要務とされてきた政策として警察、教育にかかわる事務が存在している。これらの政策については、表だった政治事件を引き起こしていないために、前出の競合と調整の枠組みで説明することは困難であり、主務省の理念と制度構想を明らかにするとともに、政府全体としての合意形成過程をも明らかにする必要がある。

このことは、奇しくも地方制度史研究にみえる課題と一致する。移行期の視座に立つ場合、政府・府県および地方吏員・総代などが秩序変容にどう対処したのかが重要であるため、土木や備荒儲蓄など、旧来の町村の業務とされてきた問題が焦点化されている。ただ、この自然な対象選択ゆえに、政府・府県庁が積極的に旧秩序の変革を促す新規性の高い事務――警察、教育事務――については対象とされてこなかった。競合関係に注目した先行研究が端的に示しているように、政府は地域秩序の安定化のみを志向する存在ではなく、改革方針を打ち出す存在でもあり、この改革方針を地方へと浸透させようとした際、どのような調整が図られたのかという問題は依然として残ったままである。

以上のように、①政府内部については立法経路の制度と運用について具体的な解明が必要であり、②政府および府県にわたっては警察、教育事務のような政治事件とは縁遠く、新規性の高い事務について意思決定の方法と内実を分析する必要がある。前項までの課題設定とつなげれば、①は〝立法〟上の立案、審査の実相を明らかにするものであり、②は〝立法〟に必要とされていた現実（地方）適合性の調達について、中央・地方双方の事務の連関のなかで明らかにするものである。

（四）立法審査の方法と地方事務の形成

①と②を検討するにあたって、関連する先行研究を整理することで、具体的な検討対象を明確にすることとする。

①に関して、中野目徹は史料学的アプローチを駆使して公文書処理手続きを分析することで、政府内の決裁過程を明らかにしたが[26]、立法経路の形成意図や運用意図、立法審査の実態については分析の範疇になく、別途の分析が必要である。一方、立法審査の一翼を担っていた法制機関（正院法制課、法制局、参事院）の研究については、官僚制形成や内閣制度移行といった点が焦点化され、内閣制度移行直前の法制機関にして強力な権限を有していたとされる参事院の分析に研究が集中した反面[27]、明治初期で最も長く存続し政府の立法を支えた法制機関、法制局については実証研究が欠けたままである。また、同じく立法審査を担う議法機関、元老院については、法制機関を対象とする研究と研

究領域が別になっており、主として院内の人事や議論の内容について注目が集まっている反面[28]、元老院議官たちがそもそも立法上どのような役割を自己認識して元老院の議事制度を構築し、運営していたのかについては明らかにされていない。明治八年に法制局、元老院が設置されて以降、両機関が立法経路の両輪となっていたと考えられるが、まずは両機関の立法審査体制について明らかにすることが必要と考える。もっとも①の検討はこれだけでは不十分であり、実際に特定の法令について、主務省の立案、法制機関・元老院の審査について具体的な分析が必要と考えるが、この点については後述に譲る。

なお、法制局、元老院が立法審査の両輪となる一方で解体されていった立法審査の方法として司法事務を介したものがある。司法事務を通じた立法審査とは、司法省が裁判所の訴訟情報を集めて立法の適否を判断し、必要に応じて立法するものである。先行研究では、かかる訴訟は、明治二〇年代に誕生する行政訴訟制度の前史として扱われる一方、立法審査機能を有したものであったことは見落とされてきた。試みられながら解体されたこの立法審査について明らかにすることで、法制局、元老院の立法審査体制からは見えない、立法審査の問題点について把握することができると考える。

②に関して、先行研究の注目を集めてきたのが地方会議（地方官会議、地方民会）である。地方会議の研究では、政府レベルの会議である地方官会議（明治八年、十一年、十三年開催）と府県レベル以下の会議である地方民会についてそれぞれ分析がなされてきた。前者はとくに政府・地方官が地租改正や民費問題などの全国一般の重要問題を話し合う場として注目されたのに対して、地方民会は府県内の具体的な問題を話し合う場として注目された。地方官会議については第一回会議が立法に寄与しなかったために低評価を与えられ[29]、法制化に寄与した第二回、第三回会議への注目度が相対的に高い状態が続いている。この見方は、公議所・集議院における低評価と同様、議事院には立法議会としての機能があるはずだという先入観が働いているものと考えられる。しかし、明治初年における議事院の役割が、

基本的に事務の形成にあるとするならば、むしろ議事院が性急な法制化に貢献しないのは自然なことである。第一回会議の評価基準を立法の有無にのみ求めるのではなく、同会議と事務の相互関係から再検討することが要用であると考える。

また、地方民会はあくまで府県内の問題として取りあげられており[30]、各省の政策方針や地方官会議との関係など中央レベルの動きとの連関が絶たれている。しかし、先述の通り、中央レベルの立法、事務は中央の官員の独断で決められるものではなく、地方の動向を踏まえることが求められていたことを想起すれば、一地方民会の内的分析は勿論、それにとどまらず、府県庁、地方官会議、各省政策の動向をあわせて総合的に地方民会の役割を捉え直す必要があると考える。

以上により、地方会議を分析する筆者の視角は次の通りである。先行研究では会議それ自体の研究として、地方官会議、地方民会をそれぞれ取りあげてきたが、ここでは地方事務の形成という観点から地方官会議・地方民会の運営を捉え、事務上の課題に政府、地方官、議員、区戸長らがどのように対処しようとし、また事務の形成に影響を与えたのかを明らかにすることとする。

(五)　小括――〝立法〟と〝事務〟の一体的形成

以上、〝事務〟に注目して研究史整理を行った。その要点を示せば以下の通りである。

明治初年の代表的視角である「官僚」論と「公議」論では、一部官員の台頭と「公議」機関の権限縮小・閉鎖という事実に立脚した分析が行われてきたが、そのために、「官僚」の限界や議事院の実際的必要性といった問題には注意が払われてこなかった。これらの問題は政府の意思決定方式を左右する問題であり、そこには立法したものが実際に行える必要があるために、事務の形成と密接な関係があったと考えられる。

一方、廃藩置県以後の政治過程に関する研究では、政府内部、官民間の競合関係への注目と、その調整方法への注目があった。政府内部の競合・調整については、改革方針をめぐる意見対立と「内閣」形成という事実に立脚した研究がなされてきたが、そのために、意見対立として表面化してこない、事務の形成過程や、「内閣」形成とは異なる次元で立法経路を形成した法制機関については注目されてこなかった。これらの問題へのアプローチは政府の立法経路の構築意図、運営意図についての精確な把握、および実際の立法における各省、法制機関の果たした役割を解明することにつながる。

そして官民間の競合・調整については、政府による人民の統制という視角が先行し、次いで地域秩序の動揺に対する政府の安定化措置という視角が現れた。そのために、官の一方的な統制がそもそも困難であったこと、地域秩序の安定化だけでは改革が果たせないことに疑問が残った。これらの問題に取り組むことで、政府が改革理念と現実適合性のある事務の形成をどのようにすすめたのかを明らかにすることができると考える。

以上をあわせれば、次の通りである。第一に立法に必要な要素について、政府要路および各事務の担当官たちがどのように認識していたのかについて、事務との関係に注目して明らかにする。これは政府における立法の課題認識の解明である。第二に、立法審査の方法について、法制機関、元老院、司法省における審査体制を明らかにする。これは立法審査体制の課題と特質の解明である。第三に、地方における新規性のある事務の形成過程について明らかにする。

さて、〝立法〟が事務の形成と密接な連関を有しているとすれば、ある特定の事務についてその目的、方法の形成過程を捉えることは不可欠である。本書では教育事務の形成過程を明らかにすることとする。

明治初期の教育事務に関する先行研究の視角は、近代教育制度ないし天皇制公教育体制の成立過程を明らかにするというもので、「公文録」や法令集、文部省刊行物の分析が中心であった。教育事務の起点とされたのは、明治五年八月に頒布された「学制」であり、倉澤剛、井上久雄、金子照基は同時期に研究をまとめ、それぞれ力点の差はあるものの、いずれも学制の机上性と挫折を指摘した(31)。そして明治十二年九月、学制に代わって制定された教育令については、立法意図を明らかにする史料がなかったこと、翌年に同令が改正されたこともあり、失敗の烙印を押されてきた(32)。総じて、明治初期の教育事務については、文部当局者の楽観的な欧米化推進によって失敗が繰り返されてきたと捉えられ、近代教育制度の黎明期＝混乱期という評価が定着した。

しかし、学制、教育令における当局者の意図や立法活動については依然として一切が不明のままであり、立法審査の内実についても推測が重ねられるに留まっている。ある省の政策を「公文録」、法令集、同省刊行物を通じて経過分析する方法は、文部省に限らず一般的に制度・政策史研究において行われてきたが、当該史料から当局者の立法意図(制度構想)や立法審査の内実、地方における実践を捉えることはほとんど不可能であり、それぞれ異なる種類の史料の収集、分析が必要不可欠であると考えられる。

第三節　本書の構成

本書では〝立法〟と〝事務〟の相互関係に着目することで、明治初期に行われた日本型近代化事業〝明治維新〟の展開構造の特質を明らかにする。そのために、本書は前項までにみた問題を検討する。すなわち、①明治初年の政府において立法・事務がどのような関係で捉えられ、どのような課題を認められていたのかを明らかにしたうえで、②立法審査体制の形成過程と③地方事務の形成過程を明らかにする必要がある。そして、④この立法審査体制と地方事務を前提に組み上げられた事務の基本法令の制度構想と立法過程を明らかにすることで、明治初期の〝立法〟の特質を示す。以上①〜④の検討課題に対応して、本書では四部を構成する。

まず把握する必要があるのは、新政府発足から数年のうちに、政府官員たちがどのような立法と事務の課題を認識していたのか、またその認識の下で行われた諸活動が以後の立法・事務の形成にどのような影響を遺したのかという点である。第Ⅰ部「立法と事務の課題」では、政府の立法（意思決定）が事務の運営と密接な関係にあったことを明らかにしつつ、いまだ明確な形をもっていなかった事務について、事務の方針の立案や各事務間の分界が定められていった過程を分析することで、事務の課題を明らかにする。具体的には、明治初年の立法における政府要路・事務官の課題認識を議事院と事務の関係から捉えるとともに（第一章）、実際にどのような事務方針の立案がなされていたのかについて、教育事務のケースを分析する（第二章）。そして、各省事務分界の形成について開港場事務の再編を例に分析する（第三章）。総じて、立法と事務の相互関係とそれぞれの課題を当事者の視点から明らかにすることを本旨とする。

第Ⅰ部の検討から浮かびあがるのは、政府要路・事務官が法的整合性と事務の現実適合性を担保するために、一方では立法審査機関の役割を重視し、他方では地方官の実際的意見に活路を求めて、地方官裁量を広く認めた状態での〝地方事務〟の形成と地方官意見を踏まえた立法を志向したことである。ではこの二つの志向性は、その後どのような立法審査体制と地方事務の形成へとつながったのだろうか。第Ⅱ部「立法審査の方法」では前者を、第Ⅲ部「地方事務の形成」では後者を主に扱うこととする。

第Ⅱ部「立法審査の方法」では、立法審査機関となった法制局、元老院、司法省についてそれぞれの審査体制を明らかにすることで、立法審査の課題と特質を明らかにする。法制局に関しては、法制局旧蔵の内部史料「法制局文書」を用いた分析を行い（第四章）、元老院に関しては自主的な議事制度改革に着目した検討を行う（第五章）。そして、司法省については、立法審査に組み込まれていた官民訴訟制度の再編過程を分析することとする（第六章）。

第Ⅲ部「地方事務の形成」では、第Ⅱ部で明らかになった立法審査体制の特質を前提としつつ、特定の事務について主務省の意図と、地方における実践を合わせて分析し、とくに地方会議における議論と事務への影響を明らかにする。中央・地方の事務関係者の認識と活動を同時に視野に収める方法を採用したのは、地方事務が中央の一方的な立法や地方の随意の判断によってなされたものでなく、相互に影響を与え合う関係のもとで形成されたからである。具体的に検討するのは警察事務と教育事務のケースである。第一に警察事務の形成過程について行政警察をめぐる中央・地方の対応を分析し（第七章）、第二に教育事務の形成過程について教育事務上の重要課題であった学資金問題に対する中央・地方の対応を分析する（第八章）。警察事務・教育事務はともに欧米法制度の情報を背景として立案されるもので、新規性が高く、地方における改革実践を不可避とするが、そうであるが故に地方における合意形成と現実適合性の追究が重要な意味を持っていたと考えられる。地方会議の議論と事務への影響に着目する所以である。

最後に、事務の全国一般の施行を規律する基本法はどのようにして造成されたのか。第IV部「基本法令の制定」では事務の基本法令の立法過程について、主務省の立案から立法審査、制定に至るまでの一連の分析によって明らかにし、明治初期における立法の課題と特質を明らかにする。第九、十章では地方事務一般を規律する三新法（明治十一年制定、郡区町村編制法・府県会規則・地方税規則）と教育令（明治十二年制定）の立法過程を解明するが、ともに重要な基本法令として知られながらも、立法過程の全貌は不明のままであった。かかる解明にあたっては、主務省の原構想の内実と法制局・元老院の審査過程の解明が不可欠となるため、第II部・第III部の検討を前提として新史料を駆使した総合的分析が必要である。具体的には、三新法・教育令の主務省における立案責任者である松田道之（内務省）、田中不二麿（文部省）の制度構想を明らかにしたうえで、法制局、元老院における立法審査についても併せて解明する。最後に、三新法と教育令の整合性の問題および教育令改正における意図について、内閣・文部省当局者の認識と活動に即して分析する（第十一章）。

以上のように、本書では立法・事務の当務者たちの視点を中心に据え、〝明治維新〟を支え、また規定していた立法・事務の一体的形成の内実を明らかにすることを意図しているが、様々な研究領域を横断し、考察も多岐に亘るため、各部の終わりに部ごとのまとめを付し、次の部の課題を明示することとした。

では、政府発足当初、立法・事務の課題はどのように認識されていたのだろうか。政府では議会制度の導入が議論され、また事務組織を置いて多くの人材を配置したが、そのときは立法も事務も与件ではなく、欧米諸国の方法が直ちに彼らにとっての正解になることはなかった。幕末以来、内政・外交上の諸問題が深刻化するなかで、彼らは政府として何をすべきだと考えていたのか。その現状認識が立法・事務の課題を形づくっていたと考えられる。第Ⅰ部の検討を通じて、その内実に迫ることとする。

註

(1) 明治二十一年十一月、井上毅「立法私見」（伊藤博文文書研究会監修、檜山幸夫総編集『伊藤博文文書』第四十三巻（秘書類纂・法令七）、ゆまに書房、二〇一一年）。
(2) 明治十五年二月二十四日、三大臣意見書（国立国会図書館憲政資料室所蔵「岩倉具視関係文書」〈対岳文庫〉一七―八―(二五))。
(3) 明治元年九月十九日、行政官第七百六十号（『法令全書』明治元年、二九九頁）。
(4) 国立公文書館所蔵「公文別録」官符原案・明治十一年―明治十八年・第一巻・明治十一年―明治十八年、第八号文書。
(5) 『法令全書』明治元年、内閣官報局、一八八七年、一五―一七頁。
(6) J・S・ミル著、水田洋訳『代議制統治論』岩波書店、一九九七年初版（一八六一年原版）、一五二頁。
(7) 佐々木克『志士と官僚』ミネルヴァ書房、一九八四年（二〇〇〇年、講談社学術文庫版）。
(8) 松尾正人「維新官僚の形成と太政官制」（『年報近代日本研究』第八号、一九八六年）。
(9) 松尾正人『廃藩置県の研究』吉川弘文館、二〇〇一年。
(10) 丹羽邦男『地租改正法の起源』ミネルヴァ書房、一九九五年。

(11) 稲田正次『明治憲法成立史』有斐閣、一九六〇年。
(12) 公議所・集議院の運営実態を検討した山崎有恒は、公議所では洋学派の過激な改革意見をめぐって争論が絶えず、政府要路から無用論が噴出するなかで、七月に集議院と改称されて政府の諮問機関に転ずるに至ったことを明らかにしている（「明治初年の公議所・集議院」鳥海靖他編『日本立憲政治の形成と変質』吉川弘文館、二〇〇五年）。
(13) 井上勲は幕末維新期の「公論」概念を類型化し、リーダーシップへの依存、諸藩代表型の多数派行動、少数派の確信に基づく決断的行動の三者を包含していたことを指摘している（「幕末・維新期における「公議輿論」概念の諸相」『思想』第六〇九号、一九七五年）。
(14) 寺島宏貴「「公議」機関の閉鎖」（『日本歴史』第七八六号、二〇一三年）。
(15) 山崎有恒「公議所・集議院の設立と「公議」思想」（明治維新史学会編『講座明治維新』第三巻、有志舎、二〇一一年）。
(16) 坂野潤治『近代日本の国家構想』岩波書店、一九九六年（二〇〇九年、岩波現代文庫新装版）。
(17) 大島美津子『明治国家と地域社会』岩波書店、一九九四年。
(18) 山中永之佑『日本近代国家の形成と官僚制』弘文堂、一九七四年。
(19) 西川誠「廃藩置県後の太政官制改革」（前掲『日本立憲政治の形成と変質』）。
(20) 西川誠「参事院の創設——明治一四年政変後の太政官における公文書処理」（『書陵部紀要』第四十八号、宮内庁書陵部、一九九六年）。
(21) 御厨貴『明治国家形成と地方経営』東京大学出版会、一九八〇年（のち『明治国家をつくる』藤原書店、二〇〇七年に再録）。
(22) 村瀬信一『明治立憲制と内閣』吉川弘文館、二〇一一年。
(23) 大石嘉一郎『日本地方財行政史序説』御茶の水書房、一九六一年。
(24) 奥村弘「近代地方権力と「国民」の形成——明治初年の「公論」を中心に」（『歴史学研究』第六三八号、一九九二年）。
(25) 松沢裕作『明治地方自治体制の起源』東京大学出版会、二〇〇九年。
(26) 中野目徹『近代史料学の射程』弘文堂、二〇〇〇年。
(27) 山中前掲書、第二章第一節。西川、註(20)前掲論文。
(28) 尾原宏之『軍事と公論——明治元老院の政治構想』（慶應義塾大学出版会、二〇一三年）、久保田哲『元老院の研究』（慶慶應義塾大学出版会、二〇一四年)。

(29) 渡辺隆喜『明治国家形成と地方自治』吉川弘文館、二〇〇一年。水野京子「第一回地方官会議開催過程における左院と地方官」(『青山学院大学文学部紀要』第四十五号、二〇〇三年)。

(30) 松沢前掲書、第一章。今村直樹「農民一揆と地方民会」(『ヒストリア』第二一二号、二〇〇八年)。池田勇太「明治初年における木下助之の百姓代改正論について」(『史学雑誌』第一一八編第六号、二〇〇九年)。

(31) 井上久雄『学制論考』(風間書房、一九六三年、増補版一九九一年)、金子照基『明治前期教育行政史研究』(風間書房、一九六七年)、倉澤剛『学制の研究』(講談社、一九七三年)。

(32) 土屋忠雄『明治前期教育政策史の研究』(講談社、一九六二年、第二版は文教図書、一九六八年)、倉沢剛『教育令の研究』(講談社、一九七五年)、井上久雄『近代日本教育法の成立』(風間書房、一九六九年)、金子前掲書。

第Ⅰ部　立法と事務の課題

第一章　明治初年の立法における議事院と事務

はじめに

「広ク会議ヲ興シ万機公論ニ決スベシ」——明治元年（一八六八年）の五箇条の誓文の文頭を飾ったこの一条は、新政府の目指すべき意思決定方式を端的に表したものである。しかし、現実には「会議」と政府の意思決定の関係は希薄であったとされる。政府が開設した「会議」である公議所・集議院が政府の意思決定にほとんど関与しなかったためである。公議所・集議院の開設、運営、閉鎖のプロセスを分析した稲田正次は「公議所においては、各議員は熱心に討論を行っていたが、政府の立法に対しては全くといってもよいほど関渉するところはなかった」とし、集議院についても政府の立法に関わったケースが「藩制」以外にほとんどみられないことから、「ただ一般施政上の弱体の諮問機関」と評した(1)。

以後の研究では視点を変えて、公議人たちの多様な政治認識に着目し、これを類型化することで、維新期「公論」の見取り図を描いたが(2)、これによって公議人の「公論」とは一線を画する類型として岩倉具視ら政府要路の「公論」を〝再発見〟することとなった。寺島宏貴は天皇の裁断を「公論」とする岩倉らの指導下で公議所の機能に限定がかけられたと指摘し(3)、これを受けた山崎有恒の整理によれば、岩倉らは自分たちごく「少数の優秀な政治家によって、理性的かつ冷静な判断の下になされる政策決定こそが是」であると認識し「それが私政でないことを世の中に示すためにサブシステム」として限定的機能しか有さない議事院を設置し、諸侯会議的「公論」を排除しつつ、最終的に議事院廃止・廃藩置県断行に至ったという[4]。この理解は稲田の指摘と調和している。稲田は岩倉ら政府要路が公議所・集議院に立法上の役割をほとんど与えなかった事実を強調したが、後続の研究では、それは岩倉らが「天裁」を用いて三職側の意思決定の自己正統化を図るという「公論」を有していたためだと理解したのである。また、この理解は「維新官僚」論、「開明派官僚」論とも調和している（序章参照）。「官僚」論では、彼ら「官僚」の能力主義による台頭が強調され、「官僚」が国政決定・政策立案を主導したという事実から、「官僚」中心の意思決定がなされ、その極限的な結果として廃藩置県が位置づけられている。

政府要路は表では「公議」重視を標榜して議事院を開きながら、裏では「公議」を排して政府側の意見を押し通そうとしていた——この一見盤石な理解には疑問の余地がある。「公議」機関の実態が政府要路の期待値に及ばなかったことは事実だが、その事実は政府要路の会議への関心の低さを証明してはいない。「官僚」が国政決定・政策立案に関与したことは事実だが、その事実は「官僚」の力量が政府要路の施政への期待値を十分に満たしていたことを証明してはいない。つまり、「公議」論と「官僚」論の注目する事実からの類推では、政府要路の意思決定方式に対するビジョンを捉え切れないのである。政府要路の問題関心に即して彼らの目指した意思決定方式を明らかにし、その方式のなかで会議に期待された役割についても理解する必要がある。

では、政府要路の問題関心はどこに置かれていたのか。それは、明確に国政上の諸業務、すなわち「事務」の運営であったと考えられる。政府要路は明治元年一月に、最初の職制である三職分課制を定めたが、そこで意思決定を行う三職（総裁・議定・参与）について、総裁は「一切ノ事務ヲ決ス」る職、議定は「事務各課ヲ分督シ議事ヲ定決ス」る職、参与は「事務ヲ参議シ各課ヲ分務ス」る職と定め、三職は各事務の運営責任を負った状態で意思決定を行う存在として自己を定義した。[5]五箇条の誓文の冒頭以外の条文、「上下心ヲ一ニシテ盛ニ経綸ヲ行フベシ」「官武一途庶民ニ至ル迄各其志ヲ遂ゲ、人心ヲシテ倦マザラシメン事ヲ要ス」「旧来ノ陋習ヲ破リ天地ノ公道ニ基クベシ」「智識ヲ世界ニ求メ大ニ皇基ヲ振起スベシ」も「事務」の基本的理念を表したものである。「事務」を動かすために、政府要路は諸藩から人材を登用したが、政府方針がしばしば二転三転したり、実際施行困難な状況に追い込まれたりしたように、諸藩人材の能力だけでは事務の運営を十全なものにすることはできなかった。「事務」の視点からみた場合、「官僚」の台頭だけでなく、「官僚」の限界が視野に入る。この場合、政府要路には「官僚」の限界を埋め合わせるような意思決定方式が必要となり、その意思決定方式のなかで会議の役割を重視していたものと考えられる。

本章では明治初年の政府における会議と立法の関係という古典的なテーマに対して、「公議」機関の閉鎖や「官僚」の影響力増大といった事実に依拠する定番の方法ではなく、政府内部の「事務」への認識に注目することで、政府要路の目指していた意思決定方式と会議の役割を明らかにする。

第一節　議事院と事務の関係

(一)　土佐派の議事院構想と政府発足

政府組織の設計は慶応三年(一八六七年)十月の大政奉還以来土佐派が担ったが、政府発足後に各事務組織が始動すると、土佐派の設計に違算が生じていったと考えられる。ここではまず土佐派の設計意図を検討することで、政府発足後の事務運営と議事院構想の関係を理解する足がかりとする。

土佐派が政府組織の設計者たり得たのは、幕末政治のなかで正統性を与えられながらも制度化しきれなかった「公議」について、欧米流の上下二院制議会という明確な方法を提示したからである。ただ、その方法が災いして、土佐派は後年〝楽観的な議会主義者〟と評価されることとなった。陸羯南は土佐派の福岡孝弟が起草した政体書を「砂塵堆上に建築したる美屋」(6)と表現して国内情勢を無視した直訳的な三権分立体制導入の無理を指摘した。福岡自身も一九一九年の講演会において政体書は「急進的ニ過ギタモノ」と述懐しており(7)、この評価は先行研究でも踏襲されてきた(8)。しかし、土佐派が欧米流議会に注目したという事実は土佐派が国内政治情勢に暗かったことを証明しているだろうか。J・S・ミルの次の指摘が想起される(9)。

偉大な政治家とは、伝統を固守すべきときを知るとともに、それから離れるべきときを知る人だというのは、真理である。しかし、伝統に無知であるほうが、よくこのことをなしうると想定するのは、ひじょうな誤りである。共通の経験が聖化してきた行為の諸様式を完全に知っている人でなければ、だれも、どういう状況が、そのような通例の行為様式からはなれることを要求しているかを、判断することはできない。

土佐派が欧米流議会という革新的な制度案を提起した背景には、むしろ国内政治情勢に対する鋭敏な感覚があったのではないか。先行研究では土佐派の方法に注目するあまり、土佐派の国内情勢認識に基づく目的や、その目的と方法の関係については注目されてこなかった。ここでは土佐派の政治情勢理解を復元したうえで、土佐派が議会制という方法に託した政治改革の意図を明らかにする。

慶応三年九月、福岡孝弟・後藤象二郎・神山郡廉らは、徳川慶喜に大政奉還を勧める建白書(山内容堂提出)のなかで、「議政所」を中心とした新たな政府組織案を提言したが、その目的は「朝幕諸侯互ニ相争ノ意アルハ尤然ルベカラズ」というように、従来の公家・幕閣・諸侯の個別的行動と意見対立に終止符を打つことであった(10)。政府の意思決定を担う「議政所」には「私心」「術策」や旧来のしがらみ(「既往ノ是非曲直」)を排し、「公平」「正直」に改革志向(「一新更始」)を共有できる議事官が必要であるとしたように、公平無私の精神に基づく政府中枢の意思統一が、「議政所」設置の根本的な動機であった。そのため、「議政所」の組織法は、従来の政治参加拡大要求である「公議」

の制度化を図るものとなっている。すなわち、「議政所上下ヲ分チ、議事官ハ上公卿ヨリ下陪臣庶民ニ至ル迄、正明純良ノ士ヲ選挙スベシ」とある通り、上下院を設けて、公卿から庶民に至るまで議事にふさわしい人材を「議政所」に集めて、様々な意見を政治決定へ集約することが標榜されていた。「天下ノ大政ヲ議定スル全権ハ朝廷ニアリ。乃我皇国ノ制度法則一切万機、必ズ京師ノ議政所ヨリ出ヅベシ」と記されている通り、「議政所」は全国に発令する法令の調査・決定機関として位置づけられるのである。「議政所」には多様な意見を一つの意見へと集約していく装置という性格が見てとれる。

以上が土佐派の議事院構想の骨子だが、彼らが意思統一という目的意識を持っていたことは重要と考える。慶応三年十月十四日に徳川慶喜が松平定敬を通じて大政奉還を上表すると、福岡孝弟は翌十五日に松平慶永（元福井藩主）のもとを訪れ、今後の政府組織について次のような見通しを語っている(11)。

扨今後ノ見込ハ何レニ議事院ヲ開キ、上院下院ヲ分チ、上ハ摂政公初、内府公御主宰ニテ、明侯御加リ、下ハ諸藩士ヨリ草莽輩モ出役ニ相成、何分皇国ノ国体如斯ト御議定有之迄ノ事ニテ、大体ノ処ハ程モ可有之事候ヘバ、有名諸侯サヘ御会同ニ相成候ハヾ、其処ニテ篤ト御決議有之、御簾前ニテ御誓約有之、御確定之上、外諸侯ヘハ如何ト御垂問、欠席諸侯ヘハ朝廷ヨリ御通達位ノ事ニテ相済、違背ノ者ハ御追討ト申程成（後略）。

ここで福岡は今後の方針を大きく二段に分けている。第一段では有力諸侯の会議を開いて政治方針を決定し、それを天皇の御前で誓約することで「確定」し、それから他藩主たちに事後承諾を取り、もし違反者が生じれば「追討」で応じる。これはごく小規模の合意によって速やかに新政府を発足させ、天皇の権威と有力諸侯の軍事力を以て異論を封じる方法である。そして第二段では二条斉敬（摂政公）、徳川慶喜（内府公）という旧朝幕議の主宰者を中心に諸藩主を招集して会議（上院）を開き、諸藩士・草莽たちの集議の場（下院）も併せて設ける。これは政治参加を拡大してより広範な合意によって意思決定を行う方法である。

福岡が上下院開設をあえて第二段に回したのは、広範な合意の形成が難事であると認めていたからである。同日に後藤・神山（土佐藩）とともに小松帯刀（薩摩藩）、辻将曹（芸州藩）のもとを訪れた福岡は「議事官備ハリ然ル後諸侯上京ト相成候而ハ、其間ニコハレ候歟も難計、何レ早々朝廷ヨリ御呼立ニ相成ズテハ不相済」と述べて早々の合意が必要であるとした（東京大学史料編纂所所蔵「神山郡廉日記」第一冊、以下K①と表記）。十月十七日、第一段決行のため、小松、辻もそれぞれ帰藩の運びとなったが（K①）、一部有力藩のみであっても藩論を統一することは困難だった。山内容堂の十一月二十六日頃上京の報を受けた中根雪江（福井藩）は、同月十九日の日記に「先達而中国論分裂、信疑相半之困難之処、象二郎罷越漸く御上京之御運びに相成由」と記す[12]。土佐藩内の「国論」が一定せず、容堂の上京を取りつけるまで難儀したという。また薩摩藩についても「最初薩と議論合兼、建白も三十日計延引之由。薩論は、筆紙舌頭を待に不及、兵威に而押詰んとの事なりしを、帯刀一人にて鎮定、漸く上書之運びに相成事之由」と記す。武力を背景とした威圧的説得という国許の「薩論」に対して、小松帯刀がその「鎮定」にあたったという。こうした状況に懸念を抱いた福岡・後藤・神山の三名は十一月二十五日、中根のもとを訪ねて次のように話した[13]。

本来は後藤が土佐藩、小松帯刀が薩摩藩の意思統一（「同論」）を果たした後、後藤・小松の上京、薩摩藩主・島津忠義の上京を経て、事前に雄藩の方針を一致させておく手はずだったが、小松が「足痛」のため遅れている。万一薩摩藩において「帯刀之説不相立事」となれば成算はなくなるため、この際「一日も早く御上京之各侯丈け御会議始り、至公至中之大本相立候へば、其上誰彼物数奇立て之出来候ものにも無之、自然と公論ならでは不相適事と相成候様に押寄せ度」、つまり在京有力諸侯のみで会議を始め、その合意事項を「公論」とすることで、後に異論（「物数奇」）が生じたとしても押し切ることができる。即時に「公明正大之同論藩」が「堂々と旗を立」てたならば「勝算」はある、と。

福岡らは当初予定していた一部有力藩のみの合意さえ取り付けることに難儀したため、計画の頓挫を恐れて、早急に在京有力諸侯のみで合意事項を作り、新政府を発足させることとした。合意形成範囲をより狭く設定し直すことで、迅速に意思決定を行おうというのである。自然、より広範な合意形成範囲を設定する上下院の整備については「夫より〔列侯会議後――湯川註〕議事院等之事に相成、種々条目に亘り、公議可相立」というように後回しにせざるを得なかった。土佐派は意思統一の重要性とともに、意思統一の実現可能性にも注意しており、政府発足にあたっては直ちに合意できる範囲を合意形成範囲に措定し、その合意を天裁として正統化する方法を採用したのである。

もっとも、土佐派は合意形成範囲を可能な限り拡大することを必要と認めていた。福岡らは「公卿方と申は、外より入説に動揺之癖有之」、公卿のもとには様々な異論（「煽惑之説」）が入り込むことが予想されるので、その「預防」には「同盟藩多勢之力」が必要であり、「一藩に而も同論多」くなるよう促すことが肝要である、と述べている(14)。朝廷を意思決定の場とする以上、公卿が異論に雷同する恐れがあり、「多勢」の諸侯の合意によって決定に重みを与えることが肝要と彼らは考えていた。

同月二十七日、福岡・後藤・神山・辻は集まり「同論藩打合、諸侯大要御来会相成候ハヾ簾前ノ盟約ヲ早ク御取結ノ周旋可致云々打合候」として、第一段実行の行程を確認し合った（K①）。結果として彼らの判断は奏功し、十二月九日、京都では有力な公卿・在京諸侯の合意により「御大令」（王政復古の大号令）が成立し、十四日には諸藩へ公表された（K①）。同令は言路洞開、内治改善を基本方針として、新たな政治決定者集団として三職（総裁・議定・参与）を置いた。総裁には有栖川宮熾仁親王、議定には山階宮・仁和寺宮、その他に中御門経之ら公家、島津茂久（薩摩藩主）・徳川慶勝（尾張藩主）・浅野茂勲（安芸藩主）・松平慶永（福井藩主）・山内豊信（土佐藩主）・伊達宗城（宇和島藩主）ら有力諸侯が選ばれ、各藩から登用された藩士が参与に選ばれた。

こうして政府を迅速に発足させるという土佐派の所期の目的は果たされたが、第一段方式はより少数の合意形成範囲を設定しても成立し得るために、三職間の意思統一という新たな問題が生じた。九日中に開かれた小御所会議では、慶喜の処遇をめぐって三職間の意見が割れた。岩倉が参席の諸侯を論破し、慶喜に領地返上を求めることを決議したが、論破された一人である山内容堂は十二日、次のような意見書を認めて意思決定方式の見直しを提言した。[15]「事ハ密ヲ以成ル」というように「僅ニ三四藩」の力で大号令を発し、三職を設置し、「官武一途、議事ノ意ヲ興」すことができたのは喜ばしいが、三職の面々は「唯幕、会、桑而已之視ルノ形勢」にあり、「既往ヲ不忘、聊更始一新ノ意ヲ闕」いている。ゆえに「早ク議事ノ体ヲ興シ」、「三職評議ノ規則」を定めて「朝廷之意、実ニ公明正大ニシテ偏固ナラザル所以ヲ顕ハス」べきである、と。

容堂の意見は、土佐派の政治情勢理解をよく表している。政府発足のために第一段方式を用いたものの、ひとたび政府が発足すれば、今度は三職間の合意を形成する必要が生ずる。そのためには三職の面々が個々のしがらみや利害によって行動できないように意思決定方式を制度化する必要がある。先述の通り土佐派の議事院は政治における意思統一を目的としたものであり、速やかな議事制度の導入、すなわち第二段方式への移行は自然な発想であった。

加えて、少数合意で多数を圧する方式は、異論に対する脆弱性を内包していた。以前から公議政体派の計画を聞き、これに賛意を示してきた慶喜は、[16]現在朝命とされているものは「詰合之列藩衆議ダニモ無之」、ただ「一両藩」の意見によるものであると批判し、「公明正大、速ニ天下列藩ノ衆議ヲ被為尽、正ヲ挙ゲ奸ヲ退ケ、万世不朽之御規則相立」るようにすべきであると訴えた。[17]「天下列藩ノ衆議」は、合意形成範囲を狭めることで成立した新政府を効果的に批判する論理であった。

以上のように、第一段方式は幕末の区々の政治意見を押し切り政府を発足するうえでは有効に働いたが、様々な異論を排除、抑圧するその構造には意思決定に携われなかった者の不満を増幅する問題があった。土佐派が政府発足後まもなく議事院を中心とする第二段方式への移行を求めたのはそのためであった。

慶応三年十二月十五日頃、福岡・後藤は上下院の制度案を作成した。[18]この案は「御政体ノ事」の項目に「列侯会盟議事ノ体ト可被仰付哉」と記してあるように、列侯会議の制度化によって政治参加の拡大を実現するものだった。具体的には、政治決定を掌る「上ノ議事所」（天皇及び宮・公卿・有力諸侯＝総裁・議定を中心とする。ただし「上ノ参与」＝公卿参与も参席し、建議することができる）と具体的な献策を募る「下ノ議事所」（「上ノ参与」および「下ノ参与」＝藩士参与を中心とする。ただし、参与職以外の事務職の藩士・「都鄙有才ノ者」、貢士も参席し、建議することができる）を併設する。留意したいのは上下院の運営方式である。

一　議事ノ次第、前日上ノ議事所ヨリ事ヲ懸ケ題ヲ設ケ、翌日下ノ議事所ニテ、徴士、貢士建議、裁判聞之、筆官書之。討論セズ、言ヲ尽スノミ書面上申亦許ス、且題外建白ノ筋ハ、許ヲ乞テ後申之。

一　決議ノ次第、上ノ議事ニ於テ衆建議ヲ執リ、議定職覆議、総裁職其宜キニ従テ断之、筆官書之。

「上ノ議事所」は議題を決定し、「下ノ議事所」はそれに応じて議員たちの建議を集め、これをもとに「上ノ議事所」が最良の方策を決議する。議論が必要なのは合意形成を必要とする「上ノ議事所」のみで、「下ノ議事所」は各議員の建議に留まるため、意見の多様性を特徴とする。「上」である総裁・議定職が決定権を保持し、意見提起の機会を諸藩に開く「下」を設けることで、政治参画の範囲を広めながらも、意思決定に必要な合意形成の範囲は公卿・有力諸侯に限定することができる。

土佐派の上下院制度案は、国内政治における上下の別を上下院に適用することで、上下の政治参加要求を吸収しつつ、少数専断を封じることを意図したものだった。欧米のように両院が同種の議事体裁・権限をもって並存するのではなく、三職の意思統一を図る合議の場としての上院と、そこに有用な意見を提起する集議の場としての下院が明瞭に区別されていたのは、意思決定権を有する集団をある程度の規模――少数専断に陥らない程度に大きく、意思統一が可能な程度に小さい規模に定める意図があったことを物語っている。土佐派の議事院構想は通説にいわれるほど欧米流議会の模倣ではなく、国内情勢への対応を強く意識したものであった。

十二月二十六日、後藤は伊達宗城（議定・宇和島藩主）に対して「今日に至、上下議事院の紀律早々相立不申候而は王政復古も有名無実、且私論偏党を不免候」と語り[19]、早急に議事院の「紀律」を立てることで、個別利害を排した公明正大な意思決定を求めたが、実際には第一段方式による少数専断が続行した。一月三日、神山は次のように記す（K②）。大坂の幕府兵が「万一押破上ル勢」となれば「朝敵」として処置するとの沙汰が下ったが、「議定ノ御職へ御議リナク、是迠事柄ニヨリ突然ト御沙汰出候義ニ付、我公〔容堂──湯川註〕ヨリ被仰上置有之所、今夕ノ御沙汰ナドハ朝敵ト立不立ノ大事件ヲ我公ナドヘ御議リナク御発表被成、議定ノ御職掌不被為立御子細ヲ以、御惣裁様ヘ今夜御直ニ御辞職被遊」と。旧幕府方を朝敵とするか否かの重大な政治問題にもかかわらず議定一同に諮られることなく朝命が発されたことに、容堂は不信感を募らせていた。同様の不信感は他の議定にも広がり、翌四日には、伊達宗城（宇和島藩）が「当今戦争之意ハ薩長両藩而已、其他諸藩ハ其意無之」として朝廷の意思決定が薩長両藩の意思に左右される状況を批判し、容堂、浅野茂勲（議定、芸州藩）も同論を語っている[20]。旧幕府方もかかる意思決定方式を批判して、六日には幕府要路より外国公使宛の書状に「昨今偽勅ヲ以テ諸藩ヲ煽動シ、逆威大ニ張」る事態に陥っていると記した[21]。

第一段方式による限り、決定を守るのは天皇の権威と有力藩の軍事力である。同日、福井藩邸では慶喜の朝敵扱いを解除する訴えを起こすべく、尾張藩主へ働きかけようとしていたが、青山小三郎（参与、福井藩）は次のように述べて押しとどめた[22]。「今日朝廷之御模様、徳川氏之党類は勿論、惣而佐幕之二字を唱ふる者は、不論是非、朝敵々々と号し、可及圧倒勢」、つまり、決定に異を唱えれば自藩が朝敵とみなされる状況にあるため、かかる訴えは差し控えることとした。翌七日、慶喜追討の号令が参与らに示されたが、このとき岩倉は一同に倒幕か佐幕かの立場表明を迫ったという（「此時岩倉卿ヨリ若徳川氏ノ恩ニ背難輩ハ憚ナク可申上、其上ハ浪花ヘ被下徳川氏ト一時ノ御所置可有之ト御沙汰ノ由、是御確言也」K②）。これには伊達も「切歯痛歎ながら朝決ニ随候外無他策」とするほかなかった[23]。

(二) 事務のための意思決定――分課制・八局制の意図と課題

政府の信用のなさという問題について、少数側はどう考えていたのだろうか。明治元年一月九日、岩倉具視は鳥羽伏見の戦の後、過去に戦勝後の政治の失敗によって政権を簒奪された故事（元弘・建武の治世）を引用しつつ、「戦勝て驕る者は必ず敗る」と戒め、今後は「民心帰従、民の父母たる之術」、すなわち民政によって人民の信用を得ることを「専務」とすると述べた(24)。岩倉は「民心を治る事、亦復古之基本也」と強調し(25)、施政の結果で政府への信用を集めなければならないと認識していた。政治的信用の確保という同一問題に対して、土佐派が議事院整備による公正な意思決定方式の制度化を求めたのに対して、岩倉は施政の実効性を拠り所にしていたことが窺える。

岩倉の問題関心を直截に表したのが、三職分課制および三職八局制である。従来の太政官制研究では三職分課制・三職八局制の性格については明らかにされてこなかったため、以下に具体的に検討する。先述の通り、明治元年一月十七日、政府は三職分課制を定め、総裁は「一切ノ事務ヲ決ス」る職、議定は「事務各課ヲ分督シ議事ヲ定決ス」る職、参与は「事務ヲ参議シ各課ヲ分務ス」る職とした。すべて「事務」の語がみられるように、三職分課制は内国事務・外国事務・海陸軍務・会計事務・刑法事務・制度（事務）の六つの事務について三職が分担・合議するための制度だった。そして二月三日、太政官を九条邸から二条城へ移転した際に三職分課制を三職八局制に改めた(26)。三職の規定は三職分課制のものが踏襲されており、三職の面々が事務の監督を兼ねる点も変わりないが、八局制は単に三職内の分担関係を示すものではなく、各々が独立した「局」を構える点に特徴がある。八局は神祇事務・内国事務・外国事務・海陸軍務・会計事務・刑法事務・制度事務を専掌する七つの「事務局」とそれらを束ねる「総裁局」からなるが、岩倉ら政府要路はなぜ「事務局」を必要としたのだろうか。

三職分課制制定後まもなく、会計事務掛の由利公正、小原二兵衛は分課制の不便を訴えて、次のような改善案を太政官へ提出している。[27] まず「会計事務裁判所」と称する「一局」を設置して政府直轄地の「御収納米金其外諸運上等之儀ニ拘リ候儀ハ都テ右裁判所へ申出候様」、会計事務総督より一同へ通達することを求めた。この「一局」に直轄地から寄せられる会計関係文書を集中させるのは、局限りの専決を可能にするためであった。改善案に曰く、会計事務裁判所の「御用向之件々」は会計事務掛において取り調べて会計事務総督へ上申し、もし総督において「廉立候義」があれば他の参与中へも垂問し、結論が「一定」すれば「裁判所」においてその通り実施する。ただし、「事柄ニヨリ候テハ御総督ヨリ御処置被成下候様ニモ可奉願上候」、つまり一裁判所限りでの専決を可能にするというのである。以上の趣旨に基づき、彼らは次のような布告案を示した。

王政復古万機一新ニ付、是迄徳川氏領分、向後天朝御領ト可心得者也。
附公事訴訟ハ内国事務裁判所へ申出、租税法運上等之義ハ会計事務裁判所へ可申出事。

内国事務総督
会計事務総督

「裁判所」は地方統治を指揮するために必要とされた。戊辰戦争に伴って、全国の旧幕領が新政府直轄領へ編入されるため、[28] 政府には膨大な地方関係事務が発生することになるが、由利らはこのうち民政向を「内国事務裁判所」で、会計向を「会計事務裁判所」で引き受け、重大な問題こそ三職の評議を仰ぐものの、それ以外の問題は基本的に事務裁判所ごとの専決に任せて迅速に処理する必要があると考えていた。政府要路はこの意見を容れ、一月十九日に「会計事務裁判所」の設置を通達し、会計事務についてはすべて同所へ申し出ることとした。[29] 二月三日、政府要路は事務の便宜を図る必要性から、太政官の二条城移設に伴って三職八局制へ移行し、各事務について七つの「事務局」を構え、全事務を総轄する「総裁局」を置いた。八局制の特徴は、重大事件に関しては総裁局の議事にかけ、それ以外のことについては各事務局に専決裁量を認める点にあり、これは先の会計事務裁判所の方法を全事務に拡大したものといえる。自然、事務局の官員たちは自局の裁量権を意識した。たとえば二月十四日、各国公使との会談に臨んだ東久世通禧（参与・外国事務局権）は「此節外国事務局ヲ建立シ、交易通商一切ノ諸事件悉ク外国事務官ノ裁決ニアル」と述べ、「大小ノ事件外国ニ関係スルノ務ハ外国事務局ノ専任」であるため、各国公使から政府へ意見を述べる際には「我等」外国事務局を通じて行うように求めた[30]。

単に各事務局の裁量を認めただけではない。岩倉具視副総裁は三月二十二日、各事務局へ次のように伝えた[31]。すでに有栖川宮熾仁親王、三条実美、中山忠能（輔弼）の「東下」が決まり、自身は「苦心ニ不堪」と願い出たところ、正親町三条実愛、徳大寺実則の「総裁局出仕」が達されたため、先ず以て感謝に堪えない。このたびの誓約（五箇条の誓文）にしたがい「屹度御一新之御実蹟相立不申候ハデハ不被為済」ため、「諸局ノ督輔ハ勿論、判事権官ニ至迄、益励精諸事被申出度、仮令局外之事タリ共、御為筋之儀ハ御存分ニ御討論可有之ハ勿論之事ニ候間、偏ニ公議ヲ御勘弁、聊無御隔意申承リ度存候」と。岩倉は有栖川宮以下総裁局の中心メンバーの東行が決まり、自らが総裁局の責任者となったことを受けて、五箇条の誓文に沿って施政の「実蹟」を挙げることを標榜し、各事務局の奮励と総裁局への分掌内外の積極的な意見提起を求めたのである。早速、同月二十五日には、三職・徴士が上議事所に集まり、岩倉の諮問した蝦夷地開拓の三議目（箱館裁判所設置、同所総督以下人事、南北二道設置）を協議した。三職・徴士の発言が一通り終わると、岩倉は「衆議ニ従テ先ヅ人撰ヲ決定シ、然ル後裁判所取建、追々開拓ニ手ヲ下スベシ」と締めくくり閉会とした[32]。岩倉の事務上の諮問に各事務局の面々が答えていることから、岩倉が事務の方針決定にあたり有効な意見を求めて総裁局・各事務局の合議の場を必要としていたことが窺える。八局制下では各事務局の裁量権が拡大されるとともに、総裁局の決定にあたっても同局の諮問に各事務局が応じたのである。

しかし、福岡孝弟は分課制・八局制に問題点を認め、以下のような意見書を提出した[33]。

大政目的ヲ立ルヲ以、第一要義トス。目的不立バ制度立ツ所ナシ。目的ハ盟約ナリ。（中略）御誓文ニ広ク会議ヲ興シ万機公論ニ決スベシト、是則目的ノ第一ニシテ亦制度ヲ立ルノ第一ナリ。旧臘御変革ヨリ三職ヲ被置、仮ニ議事ノ体制相立候ヘドモ、衆議ヲ執リ公論ニ決スルノ実行相立ガタク、眼前ノ庶政ニ逐ハレ分課八局ノ官ヲ設ケ候ヨリ却テ議事ノ意ヲ失ス、且官制古八省ニ似テ真ノ八省ニアラズ、両失ト謂ベシ。然ニ兵馬急劇ノ場合纔ニ当間ヲ合セタルノ制ナレバ、不得已シテ自然此ニ陥リタルモ、公議ノ意ヲ失ス。故ニ私謁壅蔽等ノ弊ヲ生ズ。旧来ノ陋習破ルベカラズシテ今度ノ目的ニ適セザルコト遠キニ至ラン。実ニ患フベキナラズヤ。自今目的ノ義ニ因テ、昨日立ル所ノ制ト雖モ今日其宜キヲ執ラバ即之ヲ改ム、是偏ヘニ公議ニ執ルノ体制ヲ立ツベキナリ。

王政復古の大号令の際、三職を置き議事を導入したものの、戊辰戦争勃発以降、「眼前ノ庶政」への焦慮から三職分課制、三職八局制と政府組織は事務に偏重した。議事によらない意思決定が横行する現状は「議事ノ意」「公議ノ意」を失したと言わねばならない。福岡の指摘は手厳しいが、福岡も事務の運営を軽視していたわけではなく、政府組織の問題点を「大政」の「目的」たるべき列侯会議と「真ノ八省」たるべき事務組織の両立が果たされなかったこと（「両失」）に求めている。政体書における立法と行政の分離という基本的志向は、かかる政治情勢理解をダイレクトに反映したものだったといえる。

以上のように、三職分課制・三職八局制では、第一段方式に事務組織との協議体制や事務組織の専決処置が添加され、各事務について円滑な意思決定を可能にすることが意図されていた。事務の総責任者である岩倉がこのような政府組織を求めたことは自然の成り行きであったといえる。しかし、この方法には幕末以来の政治参加の拡大や広範な意見提起の機会確保といった「公議」の発想とは矛盾する面があり、福岡は事務偏重の政府組織では政府に対する不信の病根となると危惧し、政府内部において議事組織を事務組織から自立させる必要性を感じていた。後述するように、この福岡の意図はまもなく政体書において三権分立論の援用による議政官と行政官の分離独立という形で具体化されることとなる。これは第二段方式に手を加えたものといえる。政体書が単なる欧米制度の模倣を超えた意図を有していたことが了解されよう。

留意したいのは、岩倉は勿論土佐派でさえも、事務の運営ぬきに政府組織を考えることができなくなっていたことである。一方では各事務の円滑な意思決定のために三職と事務組織を一体化させ、他方ではその一体化が招来するところの意思決定に対する不信感を除くために三職と事務組織の分離独立を図る――方法的には相矛盾する両者だが、事務の円滑な意思決定と信用の確保を如何にして両立させるかという課題認識では一致していた。

では、この両立問題は三職全体でどこまで意識化されていたのだろうか。次項では遷都論の再検討を通じて三職の事務と信用に対する認識を析出する。遷都論（大坂遷都論・東京遷都計画）に関する先行研究では、旧来の朝廷政治からの脱却という点に注目して、大久保利通ら遷都論者の動向を中心に分析してきた。その反面、遷都論の反対者たちについては〝守旧派〟と位置づけるにとどまり、彼らの視点から遷都論がどう見えていたのかは明らかにされていない。しかし、三職は大坂遷都論を却下し、東京遷都計画も公式の決定は一度もしていないため、反対意見のなかにこそ三職が共有する問題意識があったと考えられる。本項では、〝改革派〟対〝守旧派〟という既存の説明枠組みにとらわれず、三職の遷都論に対する見方を再検討することにより、三職の事務に対する認識を明らかにする。

(三)　遷都論の再検討――事務と信用の観点から

大久保利通は一月十七日の三職分課制布告に伴い内国事務掛に任じられ、翌十八日に岩倉に対して大坂遷都の建議を披露した(34)。先行研究では、大久保建議について朝廷政治の旧弊（「上下隔絶」「因循」）の打破という側面を強調し、結果的に大坂遷都が却下されたことから、大久保らと公家・諸侯（議定・上参与）の対立構図を描いている(35)。しかし、「上下隔絶」や「因循」は大久保建議の冒頭部分の内容であり、建議全体の意図を表していない。また、議定・上参与が大坂遷都論をどのように受けとめていたのかは、明らかにされていない。ここでは大久保建議の意図を再検討したうえで、三職の大久保建議に対する認識を明らかにする。

大久保は建議のなかで以下の三点を主張している。①「上下隔絶」の弊習を脱し、天皇の「民ノ父母タル天賦ノ御職掌」が定まって初めて「内国事務ノ法」が起こる。(36) そのためには、遷都を契機として「命令一タビ下リテ天下慄動スル所ノ大基礎ヲ立」てることが肝要である。②遷都先には「内国事務」の要衝として「地形適当」である大坂を選定する。③「外国交際ノ道、富国強兵ノ術、攻守ノ大権ヲ取リ海陸軍ヲ起ス」ことこそ「内国事務ノ大根本」である。

先行研究では①の「上下隔絶」の弊習脱却という部分が注目されてきたが、建議全体を通じて大久保が主張しているのは「内国事務ノ法」を定めるためには「上下隔絶」を超えた円滑な意思決定と「天下慄動」せしめるほどの決定の重さが必要だということであり、その具体的方策として大久保は事務組織と天皇の直結、すなわち大坂遷都による意思決定と事務運営の一体化を提起しているのである。

前項にみたように、各事務組織の官員が円滑な意思決定を望むのは当然のことであり、岩倉も同様の認識をもって八局制下の政府運営にあたっていた。また、大久保は大坂を諸事務の展開に適切な地と評価しているが、政府要路もまた大坂を事務の要衝と認めていた。政府要路は一月七日の慶喜追討の号令を発すると、九日、議定の三条実美・岩倉具視を「副総裁」に任じ、征夷大将軍として大坂に出陣中だった議定・嘉彰親王に対して、大坂城を本陣として「四方指揮宜鎮撫」するよう達するとともに、「外国事務総裁」に任じた。(37) このほか、三条実美（在京）が外国事務総裁、参与の岩下方平・後藤象二郎が「外国事務取調掛」となって下坂し、十二日に「外国事務取調掛」となった議定・伊達宗城もまもなく下坂している。会計事務に関しては、二十三日に由利公正の献策になる紙幣発行と会計基立金三百万両の募集が決定したため、京都だけでなく大坂の豪商たちの協力・指揮が必要となり、政府要路は二十九日に豪商たちに「会計御用」を命じ、二月二十三日には大坂に支衙を置いた。以上の意味において、大久保の目的意識や大坂の評価は奇抜なものではない。

問題は事務の円滑な意思決定を図るための方法が遷都であるべきかという点であったと考えられる。三職は遷都のメリットとデメリットをどのように認識していたのだろうか。以下では、三職の大坂遷都論に対する意思決定について検討する。

大久保の大坂遷都建議は一月二十三日、「上ノ議事所」において、下参与一同も列席するなかで披露された。神山は議場の様子を次のように記している（K②）。

坂城へ御移都ノ事ノ義ニ付、象二郎市蔵兵助ヨリ御総宰宮方へも下参与一同連席之処ニ而建言、今度宇内之形形〔行〕ヲ考ルニ、坂城へ御移徙、此御機会なるべし、子細ハ海軍ヲ大ニ御開キ且外国交際之事ニ付、是迠之事ニ而ハ決而不可相済云々申上、悉ク下参与一同ニ壱人宛ノ意見、帥宮へ言上スル、自分ヨリ申上ニハ三人ヨリ申上処間然スル処無御座、何レ御機会御失不被遊様、右申上候筋御採用可然云々申上候事。右衆議御聞取済ニハ相成候へども、未御決定拝承ニ不相成候事。

大久保・後藤象二郎・広沢兵助（真臣）が遷都を建議した後、下参与たちはそれぞれ総裁（有栖川宮）へ所見を呈して退いた。内国事務掛で下参与の神山も、軍務・外交事務のために大坂遷都が有効であると認めて賛意を示している。大久保らの建議は上議事所で衆議の末、二十六日には見送られたが、その模様を、衆議前には遷都論に賛成していた伊達宗城[38]は次のように綴っている[39]。

遷都論には三条実美、久我通久、東久世通禧らが賛意を示したものの、大勢は「不同意」である。その理由は、第一に文久三年の大和行幸（「先年大和御幸」）と同じように、大坂遷都を利用して天皇を「サッ〔薩〕長両藩ニ而奉擁」するつもりではないかという疑念、第二に大坂で外国公使たちを接遇するためではないかという疑念、第三に万一この機会に慶喜を許し薩長を排除するという「密謀」が動けば内輪もめ（「禍起墻粛〔蕭〕」）が起き、政府「瓦解」の端緒になるという懸念である。とくに第三の理由については「甚懸念ニ付致熟考と申事」である。ゆえに、政府としては遷都の代わりに、天皇に二条城の太政官へ毎月「五六度」の臨御を望むこととする。私も今大坂遷都・行幸を行っても「跡之大御変革、旧習御一洗之目的無御坐候而ハサワギ丈無益」と考え、天皇の太政官への臨御を求めると上答した、と。

第一、第二の理由は、彼らが薩長両藩による政権の独占を恐れ、強い〝外夷〟意識を保持していたことを示している。ただ彼らにとって最も重要だったのは第三の理由、すなわち戊辰戦争の最中に今後の改革方針を定めることなく遷都を開始すれば、政変を誘発して政府が瓦解する恐れがあるということであった。彼らは政府にいまだ十分な信用がないことを自覚していたために、政府瓦解のリスクという遷都のデメリットを認めたのである。かかる議論をうけて、伊達のように大坂遷都を見送る者が現れたのも自然の成り行きであった。

結局、三職は大坂遷都論を採用せず、二月三日には太政官を九条邸から二条城へ移転させて新たな官制――八局制を発表した。先述の通り、八局制は事務の円滑な意思決定を図るためのものであり、遷都論の目的とするところは政府を挙げて追究されていたことがわかる。彼ら議定・上参与は政府の信用のなさを意識しつつ、遷都論の目的が各事務の円滑な意思決定を図ることであると理解し、その目的が重要であると認めていたのである。

なお、政府は岩倉の意向を受けて大坂行幸を一月二十九日に決定したが（三月実施）、大坂行幸は大坂遷都とは異なり、意思決定の場が京都に残るため、かえって事務の運営に悪影響を及ぼした。岩倉は四月二日、大総督府（有栖川宮熾仁親王大総督）に宛て次のように伝えている(40)。大坂の行在所と京都の「隔絶」ゆえに「実ニ御不便無此上」ため、太政官を大坂へ移すべきかと考えているが、「人心関係甚敷哉ト被察」ため、なるべく実施しないようにしたい、と。大総督府もこれには同感と伝えている。結局大坂への太政官移設は見送られたが、大久保は閏四月二日、木戸に次のように伝えている(41)。

全体御親征之発端は遷都之御意味柄よりして御施行被為在候処、重々機会を被失、終に半途之者と相成、今日之御姿にては全有名無実之義に落申候。大〔太〕政官に而も被召移候御運相付候得ば、其功相見得可申候得共、即今之処に而者、大事之有る毎に数度之御往復を経不申候而は御運も不相付、殊には総裁様御往来被為在候様成行、甚体裁も不宜、且百事是が為に停滞いたし候義顕然之事に御坐候。良法と思込候も、右様大蔽に流れ候上は、今日は還幸を急ぎ申候外無御坐候。

大久保は行幸から遷都へ移行する流れを想定していたが、実際には遷都へは移行しなかったため、行幸中に京坂間の往復連絡が必要となって事務が煩雑化し、意思決定にも遅滞が生じたと嘆いている。大久保は事態打開のために早急に京都へ還幸するよう求めており、このことからも彼が如何に事務の円滑な意思決定を重視していたかが窺えよう。

議定・上参与が示した政府の信用のなさという視点は、実はまもなく浮上した東京遷都計画の反対意見にも引き継がれている。東京遷都計画はまず東京を都に指定し（東京奠都）、次に東京へ行幸し（東幸）、そして一旦京都へ戻り（還幸）、再び東京へ行幸する（再幸）というステップを踏んで実質的な遷都を達成するというものだった。この計画を分析した佐々木克は、政府は京都の公家・市民らの反発を懸念して「遷都という言葉を極力避けていた」が「遷都を計画していたことはまぎれもない事実だった」と指摘し、計画の起点となった明治元年七月十七日の東京奠都の詔についても「東京奠都の詔は、政府首脳部の合議によって成文となり、首脳部の合意によって布告・発令されることになった。すなわち王政復古のスローガンである、公議・公論にもとづいた政治が実行されていたことが判明したのである」とした[42]。しかし、ここで成立したのはあくまで奠都の合意であり、遷都計画の合意ではない。以下、東京遷都計画への反対意見について検討する。

福岡孝弟は明治元年七月九日、岩倉に意見書を送り、次のように説いた[43]。「遷都定昇ハ縦令東京形勝ノ地タリト雖ドモ然ルベカラズ。矢張東西同視ト云ヲ以テ旨ト」するべきである。ゆえに中京（平安城）・東京（江戸城）・西京（大坂城）を置き、それぞれ「皇居太政官」を置く。併せて「遷都之疑ヲ入ル、甚シ。依テ人心ヲ定ム御告諭御草按取調可被仰付哉」として、遷都の疑念を払拭するための告諭書の作成を命ずるべきである、と。そして七月十八日の木戸宛岩倉書翰では「東京布告之事福岡周旋」とある。福岡は遷都反対の立場から告諭書＝東京奠都の詔を求め、その成立のために京都方面の「周旋」にあたっていたことがわかる。[44]したがって、東京奠都の詔は遷都を争点としない合意形成の所産といえる。

東京遷都計画については、先に大坂遷都論に賛成していた神山、後藤も合意形成が困難であることを理由に慎重論に転じている。明治二年一月四日、神山は東京再幸の延期を訴える意見書を認め、[45]後藤もこれに賛同した（一月五日、K④）。その趣旨は以下の通りである。

再幸は昨冬の東幸の際に東京で決定しているが、再幸は実質的な「遷都」を進めようとする企てだというのが「世上一円」の疑念であり、「外説紛々」の所以である。政府ではいまだ多くの政治課題に方針が立っておらず、戊辰戦争の論功行賞、キリスト教措置、箱館戦争、軍制一定、「天下ノ規則ヲ建、人心ヲ定ム」ること、府藩県において「充分ニ民政ヲ収ム」ること、そして地形を測って「遷都」することと、順を追って解決しなければならない状況にある。にもかかわらず、再幸を先にすることは「急ニスベキヲ後ニシ、後ニスベキヲ急ニスル」もので「条理」が立たず、人々の疑惑は当然である。もしこの状況で対外戦争が起きれば東京は「焦土」と化し、もし徳川が再起すれば「窮迫」の事態となり、もし藩が「国ニ引取リ兵ヲ養ヒ国ヲ富シ、所謂割拠時機ヲ伺フ」こととなれば政権簒奪の恐れがあり、草莽ら「憂国ノ士」も「事ヲ起ス」恐れがある。ひとたびそうなれば「紛乱大政孤立且ツ破烈モ又測ルベカラズ」、すなわち政府の孤立、政府そのものの瓦解も現実味を帯びてくるため、次のように結論せざるを得ない。「大政ノ盛衰ハ勿論天下各藩ノ全力ニアリ、四方失望衆心離ル時ハ何ニヲ以テ天下ヲ御駕御被遊ベキ哉、何ニヲ以テ天下ニ対サセラルベキ哉。依テハ何処マデモ天下ヲ私セザルヲ示シ、広ク公議尽サセラレ、衆議ノ帰縮スル所ニ御確定在ラセラレ候ヘバ、去春来仰出サレ候公明正大ノ御趣意ニ相協、万民安堵仕ルベク哉」と。神山・後藤は遷都に事務上のメリットがあると認めて将来的な遷都には同意したが、遷都はあくまでも合意によって行うべきであり、そのためには各事務の方針決定が先決事項であるとし、再幸から遷都へ移行する企てには政府への不信を煽り政府瓦解の危機を招くデメリットがあるとして反対した。

こうした状況を受けて、岩倉は明治二年一月二十五日の意見書のなかで次のように記した。東京奠都は「東西一視ノ御趣意ニ出デ、決シテ遷鼎ノ御趣意ニ非ラザルナリ」「朝堂ノ上ニ於テモ遷都論ヲ唱フルモノ無キニ非ラザルモ、具視ハ徹頭徹尾不承知ナリ」と(46)。岩倉は遷都論のデメリットを考慮して、周囲の疑念を払拭しようとした。政府は明治二年二月二十四日に太政官の東京移設を決定したが（行政官第二百号）、遷都を公式決定することはなかった。かつて佐藤誠三郎は、岩倉具視の政治判断のなかに〝調停者〟としての振る舞いを見いだしたが(47)、ここでも岩倉が遷都論と非遷都論の目的を両立させる判断を下していたことが窺える。

以上のように、遷都論は大久保が提起して以来議論を呼んだが、その目的である事務の円滑な意思決定については共通理解が成立していた。一方で、遷都が公式決定されなかったのは政府要路が政府の信用のなさを自覚し、専断的な意思決定を行うことによって政府の不信を煽ることを懸念したためであった。したがって、彼らが政府運営に必要と考えていたのは、事務の円滑な意思決定に加えて、内外の政府に対する信用であったことがわかる。

ではこの二点について、政府ではどのような対応を試みたのか。次項では八局制の見直し措置として制定された政体書官制について、その起草に携わった福岡孝弟と同官制下の運営責任者である輔相・岩倉具視の視点を対比しつつ検討することとしたい。

（四）分権と合権の制度構想

閏四月二十一日の政体書は太政官の禁中移転に伴って、誓文の精神に基づいて作成された新官制である。その趣旨文に「天下ノ権力総テコレヲ太政官ニ帰ス、則政令二途ニ出ルノ患無ラシム。太政官ノ権力ヲ分ツテ立法行法司法ノ三権トス。則偏重ノ患無ラシムルナリ」「立法官ハ行法官ヲ兼ヌルヲ得ズ。行法官ハ立法官ヲ兼ヌルヲ得ズ」とあるように、欧米の三権分立体制を援用し、従前の議定・参与と事務職の兼職を原則として解除することとした。後年、福岡は政体書起草にあたって『聯邦志略』や『西洋事情』の情報を参考にしたと述懐してはいるものの(48)、何の目的で三権分立体制を採用したのかは明らかにしていない(49)。かかる意図については政体書の規定から窺い知ることは困難であるため、以下、政体書頒布後の福岡の意見書の検討を通じて福岡の意図を捉えることとする。

閏四月二十九日、福岡は徴士の登用に関する意見書を認めている(50)。

一　徴士挙人ノ御趣意相立候ハヾ断然旧藩ヲ離脱セザレバ、朝臣ト成リ天下ノ政ヲ執ルヲ得ズ。断然離脱ノ道ハ朝臣官位ノ体亦備ハラザルヲ得ズト奉存候。

一　藩情不得已ノ儀ニ関係シ制度体裁ノ立行ク所ニ支ハリ候様ニテハ、徴士挙人断然離脱ノ道相立ズ、却而藩々ヲ以テ天下ノ政ヲ為スノ筋ニテ、朝廷ヲ私スルニ相当リ、愈御政体紊レ可申歟ト奉存候。

一　当時徳川ヲ思フ者、皆薩長ヲ指テ姦トシ敵トス。故ニ猶更於朝廷テハ二藩ヨリ出ル者モ徴士ハ徴士ノ体ヲ以テ脱然ト相立タセ、其藩ハ藩屛ノ体ヲ以テ奉公相立候様、分明ニ有リ度奉存候。

ここで福岡は徴士を出身藩から「離脱」させるためには「朝臣官位ノ体」が必要であるとするが、「離脱」を必要とする理由は、彼ら徴士が「天下ノ政ヲ執ル」にあたって「藩情不得已ノ儀」を持ち込まないようにするためだという。最後の条で「薩長」を名指ししているように、政府において影響力の大きい両藩についても、均しく徴士＝朝臣、藩＝藩屛と区分することで諸藩からの不信感を払拭する必要があると認めている。

七月九日、福岡は以下の意見を岩倉に伝えた(51)。すなわち、七道六十六国の「府県ノ制ヲ大成」し、議事制度を見直す必要があると。七道六十六国は旧令制国の名称で全国のことを指しており、全国を府県制下に置くということである。「藩」を想定していない理由は、翌二年一月頃に福岡が起草した「諸侯建白案」で明瞭となる。[52] 福岡は藩治職制(明治元年十月二十八日)の一文「天下地方府藩県之三治ニ帰シ、三治一致ニシテ御国体可相立」に基づき「諸藩割拠自国同様之体ニてハ相済ミ申間敷、必府県と共ニ三治一致と申候ても其実効難相立」として自立的な権力主体としての「藩」を否定し、「万国ニ参考仕候而は、何分皇国之古に復し、専府県之制のミニ帰し、諸侯藩士共ニ其分ニ応じ朝臣と被仰付」として、諸侯藩士を「朝臣」とすることを求めた。これは実際に薩長土肥四藩が提出した版籍奉還建白書とは異なり、即時の廃藩置県を求める内容となっている。福岡の問題関心は「藩情」の政府内部への侵入を防いで意思統一を図るとともに、政府の決定事項を一律に府藩県で施行することに注がれていたのである。

そのためには、議事制度の見直しも必要であった。福岡曰く、現在の「議長調」のままでは「漢士之対策及第等之方ニ陥リ、議事之本体を失候様相成可申、今一際議長ヲ御撰ミニて可然体制相立申度、無左而は議事ハ無益ニ帰シ、貢士ハ僥倖之書生とノミ相成可申哉」と(前出、七月九日福岡意見書)。ここでいう「議長調」とは公議所議長・坂田莠(高鍋藩)の案とみられる。坂田は現状の貢士対策を維持しつつ改良を加える方針を主張していたが、[53] 福岡はこれでは古の官吏登用試験(「漢士之対策及第」)の如く型通りの意見しか得られず、「議事ハ無益ニ帰」すと批判し、議長の交代と新たな議事制度の取り調べを求めた。議事が施政上に実効性を発揮することは、議事組織の存立・独立を達成するために不可欠なことであった。政府は七月二十三日に議長は秋月種樹に交代させており、福岡の意見を容れたことがわかる。

そして、福岡は九月頃に岩倉に提出した意見書のなかで「大ニ議事ノ制ヲ興サントセバ、左ノ件々ヲ弁別シ、目今ノ勢ヲ利導シテ、所立ノ本意ニ復帰セン事要トス」として以下の四項目を挙げた(番号湯川、ただし項目の順は史料の通り)。[54]

〔一〕議事ノ制ヲ挙ルヲ旨トシ、議政立法行政行法ノ分別ヲ立ツト雖ドモ、其実ハ議政亦行政ノ事ト成リ、初本意トスル所ノ議事ノ制ハ愈挙ゲ難ク、貢士ハ議員ノ旨ヲ得ズシテ徒ニ外面ニ於テ横議ヲ抱クノミト成リ至リシ所以ンヲ弁知スベシ。

〔二〕議政亦行政ト成リシ所以ハ、議事ヲ旨トシ立法ノ権ヲ執ルノ議定ヲ以テ至尊ヲ輔佐シ行法ノ権ヲ執ルノ輔相ヲ兼ネ、行政官ニ在ルノ弁事ヲ以テ議政官下局ヲ司ルノ議長ヲ兼ネ、且議定ノ次ニ在ルノ参与ヲ以テ諸行政官ノ事ヲ分執ス。是則混合ノ本ニシテ、遂ニ議定ハ輔相ノ参決官ノ如ク、参与ハ輔相ノ顧問ノ如ク成ルニ至レリ最初総裁顧問ト立テ在リシ時ニ同ジ。是其実ハ不得已者アリ、亦自然ノ勢ナリ。然レバ此勢ヲ利導シテ議政行政ノ本意ニ基キ、断然其分別ヲ立ツベキナリ。

〔三〕其勢ヲ利導スルハ則政体書所立ヲ推シ、実ニ之ヲ蹈ムベシ。第一立法行法相兼ルヲ得ザルノ旨ヲ執リ、大ニ議事ノ制ヲ興スベシ。唯其勢不得已ノ者ヲ察シ、新ニ行政官輔相ノ副次官ヲ設ケ此官名ヲ選ン、諸行政官ノ副知事ノ如クスベシ。是其利導シテ名実相立ノ道ナラン副事官ハ参与ヨリ撰入セン。

〔四〕当時ノ公議人ヘ今日万機公論ニ決スルノ旨ヲ以テ、議事ノ制ヲ立ツルハ如何セント議セシメ、再次ニ及デ府藩県議事ヲ立ツルヲ本トシ、公撰貢挙ノ法ヲ設ルノ次第ヲ以テ、又其如何ンヲ議セシムベシ。

福岡は政体書が八局制からの転換につながらず議政・行政の別がなし崩しになったため、貢士の役割が不明瞭になり、彼らの「横議」を許しているとする〔一〕。原因は、行政官の内的脆弱性、すなわち行政官の長たる輔相の意思決定を支えるために議政・行政を「混合」し、輔相が議政官上局の議定を兼ね、行政官の文書受付・処理を担う弁事が議政官下局の議長を兼ねて議事を主宰し、事務を分担する諸官の官員は参与が兼ねている〔二〕。これはやむを得ないことであるが、今後は議政・行政の別を立てられるように改善（「利導」）していく必要がある。具体的には、単独での事務統轄に不安のある行政官輔相の下にサポート役として「副次官」を設け〔三〕、また公議人（貢士）にも議員としての役割を求めるため、まず現在の公議人に議事制度を議論させ、次に「府藩県議事ヲ立ツル」ために議員公選法を議論させることとしている〔四〕。要するに、これまで事務組織は単独での運営に不足があり、議事組織を以て補完する体制を採用してきたが、これを分離するには、事務組織の単独運営を推し進めるとともに、議事組織も単独運営可能な力量と制度を備えることが必要になるというのである。福岡はいわば相互補完体制から組織別責任体制への移行を図ろうとしていたのである。

これに対して、当の輔相・岩倉具視は、どのような政府組織を想定していたのか。岩倉は政体書頒布以降も、八局制下と同様、募債や救恤など事務上の諮問を議定・参与に下し、彼らの意見を斟酌して決定を行っており、福岡のいう通り「議定ハ輔相ノ参決官ノ如ク、参与ハ輔相ノ顧問ノ如ク」運営していた。岩倉は明治元年九月十九日の行政官達において「自然実状ニ於テ議政亦行政之事ト相成、立法官行政官ヲ相兼候様成行、遂ニ議事之制難相立候」として福岡の問題提起を容れたが、改善策は福岡のものではなく「当時実状ニ随テ」しばらく議政官を廃して議定・参与を行政官に組み込み「輔相ノ次ニ列シ、職務如旧決定機務ヲ主トシ可相勤候」というもので、八局制下で岩倉が運用してきた方法に復したのであった[55]。

ただ、当面の策としているように、岩倉自身、八局制下の方法を最良としていたわけではなかった。同達では「今後天下衆庶ト共ニ衆庶之政ヲ為シ、且会計之事ニ於テモ愈議事之制ヨリ生ジ候様無之テハ難被相行、実ニ皇国御基本モ此事之成否ニ関係致候」、すなわち民政（「衆庶之政」）、会計事務（「会計之事」）の実効を挙げようとすれば議事制度を設ける必要があるとして、新たに議事制度取調の一局を設け、政体書の方針は「変革」しないとした。岩倉は、民政・会計事務の実効性という観点から議事院整備を欲していたことが窺える。

岩倉は九月十九日に福岡孝弟・大木喬任・鮫島尚信・神田孝平・森有礼を議事体裁取調御用に任ずると（ただし福岡は二十七日所労により依願免職[56]）、同月二十一日の行政官達において次のように説いた[57]。

議事院之儀ハ、広ク会議ヲ興シ万機公論ニ決スルノ御趣旨ニシテ、最重大之挙ニ有之、先般公議人ヲ被置、議員ニ被充、課目対策御試相成候処、遂ニハ空文ニ流レ、却テ対策及第等之弊風可生勢ニ付、一ト先課目対策被廃止、改テ大ニ国家実用之輿論公議ヲ被興候思召ニ候。然ル処公議人ハ、其材ヲ撰ビ可代国論旨、前以御布令ニモ相成候故、各其材ニ不乏事ニハ可有之候得共、猶又列藩ヲ御達観被為遊候ニ、中ニハ藩論未定、公議未立向モ有之哉ニ相聞、即今議事之制有之候テモ名実齟齬致シ、朝廷列藩之際、気脈ヲ通ジテ公議ヲ興シ候御趣意ニモ不相副、徒ニ空論浮議ニ渉リ、一己之私見ヲ以テ衆説ニ雷同致ス等之弊ヲモ相生ズベク、以テ御遅回被為在候得共、実ニ一日モ不可欠ハ公議ニ付、弥以藩論ヲ一定シ、公議ヲ振起シ、朝廷ニ於テ大ニ議事之制ヲ御興立可被為在ニ付、追々其制ニ基キ、皇国一致気脈相通ジ候様、銘々可致尽力旨被仰出候事。

ここでは、誓文を根拠に議事院の重要性を説いたうえで、第一に議員の形式的・個人的な回答（「対策及第之弊風」「空論浮議」「雷同」）からの脱却を目指し、「藩論」の一定を求め、第二にその「藩論」に基づく合議により「国家実用之輿論公議」を創出することを目指としている。これは実効性のある施策の創出という岩倉の問題意識にあわせて福岡の議事の実効性向上という方向性を採り入れたものといえる。

さらに、十二月十日、岩倉は翌年の公議所開設に向けて、公議人選任に関する次のような注意を与えている。[58]第一に、これまで公議人の人数を大藩三名、中藩二名、小藩一名と差を設けてきたが、今後はこれを廃して「各藩一人ヅヽ」とする。第二に、公議人には各藩の「執政参政之内ヨリ一名」を選任すること。第三に、これまで議定参与在職者のいる藩からは公議人を選任するに及ばないとしてきたが、今後は「主人在職之有無ニ不拘各藩総テ可差出」こと。貢士選任から公議人にいたるまで、政府では諸藩の政治参加を認める点に重きを置き、藩の規模や在職者の有無を考慮して差を設けてきたが、今後の公議人については、諸藩の政治参加要求の充足ではなく、藩政の責任者（執政・参政）に対する意見聴取に重きを置いている。岩倉が政府の施策に実効性を与える意見を求めていたことが窺える。明治二年一月二十五日、岩倉は議事院について議案をまとめ、議定・参与の意見を求めたが、議案のなかで議事院の意義を次のように説いた[59]。

議事院ヲ設置シ施政ノ法度ハ衆議ニ附シタル上廟議一決シ宸裁ヲ経テ施行セバ、縦令異論百出スルモ容易ニ之ヲ変更スルコトヲ得ズ。此ノ如クナレバ、朝権自ラ重ク、億兆之ヲ信ジ、朝令暮改ノ誹謗ハ自然ニ弭止スベシ。然ラザレバ、一令出ヅル毎ニ異論百出シ、其間ニ事情纒綿シ、遂ニ又之ヲ改ムルニ至リ、遂ニハ旧幕末世ノ覆轍ヲ践ミ人心ノ乖離スルコト益ス甚シカラン。蓋シ議事院ヲ設置スルハ五箇条御誓文ノ御趣意ヲ拡充スルニ在ルナリ。

議事院の意義は、政府内部の合意に基づいて「施政ノ法度」を決定することで、決定後の「異論」を封殺し、決定事項を確実に実施する道筋をつけることに求められる。先述の通り、岩倉が議事院の必要性を民政・会計事務の側面から捉えていたこととあわせてみれば、岩倉において、議事院は民政・会計事務の方針決定と実施において、現状の異論噴出、朝令暮改に対処するために不可欠のものと位置づけられていたといえる。これは一見すると、天裁による少数専断の正統化（第一段方式）と似通っているが、意見書の他の条をみると全く別の意図であることがわかる。岩倉意見書は、政府の意思決定方式の構築について具体的なビジョンを示したものだった[60]。第一条「政体ノ事」では、意思決定に先立ち、制度と人事のあり方を説く。制度は「時勢ヲ観察シ其宜ニ従テ之ヲ変易」すべきものであり、「古ノ良法美制ト雖、今日ニ適セザルモノハ断然ト之ヲ廃停シテ拘泥ノ陋習ヲ破ル可シ」として、制度の基準を現実適合性に求める。なぜなら「明天子賢宰相ノ出ヅルヲ待タズトモ自ラ国家ヲ保持スルニ足ルノ制度ヲ確立スルニ非ラザレバ不可ナリ。否ラザレバ明天子賢宰相ノ出ヅルニ非ラザレバ千仭ノ隄防モ蟻穴ヨリ崩壊スルノ患アリ」というように、政府には英傑がいない現実があるためであった。ゆえに「輔相、議定、知官事」に登用すべき人物は「門地」を問わずその「材」において選ぶべきであるとした。なお、職官名については「今日ノ人心ハ自ラ新ヲ軽ンジ旧ヲ重ンズルノ風アル」ため、「大宝ノ令」より採り「施政ノ上ニ於テ害ナキモノハ可成丈旧貫ニ仍ルヲ可トス」とした。新奇の名称よりも古制に対する信用の方が高い現実に合わせて、施政上の障害とならない限りは古制を踏襲するという。ここでも判断基準は現実適合性であった。第二条「君徳培養ノ事」では、天皇には判断を誤らないための「徳」が必要であるとして、その側に「侍臣」「侍読」を置く必要を説く。そして、第三条が「議事院ノ事」である。先述の通り、議事院の意義は「施政ノ法度」が決定後の「異論」の噴出によって朝令暮改とならないよう、事前に十分な議論を尽くすことで決定に対する信用を集め、「自然ニ」朝令暮改をなくすことにあった。先行研究では、政府内で公議所無用論が唱えられ公議所改編、集議院閉鎖となったことから、岩倉ら政府要路は議事院に対して政府意見の追認しか求めていなかったとされたが、実際には政府要路は、朝令暮改を未然に防ぎ、盤石な施行を可能にするため、議事院に意思決定方式を支える役割を求めていたのである。岩倉は新たな意思決定方式を支えるために現実適合的な制度、相応の能力を持つ政府、徳をもつ天皇、そして施策の実効性を高めるような議事院を求めていた。同月同日、軍務官の森金之丞（有礼、議事体裁取調所出仕、明治二年三月より公議所議長心得）が「公議人之義は今日事を執る枢要之位地ニは少しも無之、只に律法を議する丈之職務ニ候故[61]」と記したように、事務官の「公議」機関に対する冷ややかな視線はたしかに存在したものの、政府要路が「公議」機関を軽んじていたわけではなく、むしろ立法に役立てることを想定していたことには、留意する必要があるだろう。

岩倉は事務官を務める三職以下徴士に対して事務上の利害得失を提起するよう求めるとともに、諸藩・府県を差別なく〝一地方〟とみなし、〝地方官〟の視点から事務上の利害得失を提起することを求めた。議事組織は上下二段（中央官・地方官）の諮問機関の形態をとることとなったのである。

（五）〝地方官〟の不在

では、こうした政府要路の方針に対して、当の公議人たちはどのように認識していたのか。明治二年五月、公議人一同は公議所存続を訴えて以下の意見書を提出した[62]。彼らは公議所廃止となれば「言路梗塞朝令暮改ノ姿」となり政府が異論噴出に対処できなくなるとし、公議所の果たすべき役割について次のような見解を示した。

抑諸官員ハ各万機ノ職務御座候而輿論公議ヲ尽シ候余力無之ハ勿論ノ事故、正論讜議ノ場処御設相成候儀ニ可有之、如斯大業御創立相成候ハ容易ナラザル事ニテ、昨今只眼前ノ得失ヲ以テ興廃ヲ論ジ候義ニハ有之間敷、且海外ニ於テモ議事院相剏リ候後数十年ヲ経、稍ク体裁ヲ成シ、大ニ国家富強ノ基ヲ開キ候趣ニ伝聞仕候。左候ヘバ公議所御施設ノ規模ハ最モ遠大ニ御着眼御座候義御至当ト奉存候ヘバ、即今ノ御益ハ有之間敷候ヘ共、風俗人心ヲ取直シ候永久之御益莫大之事ト奉存候。

公議人一同の主張は二点からなる。第一に、議員が事務官とは別に設けられているのは、事務官たちが職務に追われて「輿論公議」を尽くす「余力」がないためである。第二に、議事が実際に「国家富強ノ基」を為すほどの実効性を備えるまでには、欧米同様に相応の時間がかかるとし、たとえ現在の議事に「即今ノ御益」がなくとも、長期的には「風俗人心ヲ取直シ候永久之御益」は莫大である。岩倉が政府の意思決定に必要としていた、地方の利害得失を踏まえた議論について、公議人たちはその問題意識を共有しつつも、ただちに実現できる見込みはないとし、長期的な〝育成〟の視座から議事院を継続するよう求めていた。

実際、明治二年六月四日、大久保利通が「公議府など無用之論多ク未今日之御国体ニハ適し申まじく候間、一応閉局之内評ニ相成候[63]」と報じたように、公議所は三職の「用」に応えられていなかった。公議所はそもそも欧米議会のような立法権を有する機関ではなく、あくまで「行政官の参考に備ふる」ための議事機関であり、公議所が「決定せる事件と雖、施行之有無は天皇陛下之親裁ニ有之事」だったが（六月二十七日、イギリス公使パークス宛澤宣嘉外国官知事回答書[64]）、行政官の判断を支える「参考」が政府要路においてきわめて重要な役割であったことはたしかである。三職は七月八日、職員令において公議所の集議院への改組を達すると、八月十日の三職の誓約書において「万機宸断を経て施行すべきハ勿論たりと雖も、公論に決するの御誓文ニ基き、大事件ハ三職熟議し、諸省卿輔弁官又ハ待詔院集議院へ其事柄ニ依リ諮問を経たる後、上奏宸裁を仰ぐ可き事」と明記し[65]、九月二日には贋悪金問題について集議院に下問した。太政官は十二月二十七日に一旦閉院を達した後、明治三年三月十四日に、諸藩に集議院開院を予告するとともに、弁官の口達を以て次のように伝えた[66]。これまでの議員のなかには藩政に預からず、藩庁の事務に従事していない者もあったが、これでは「藩論御採聴之御趣意貫徹イタサズ、不都合」であるため、今後は「藩政向キ篤ト相心得候モノヲ撰挙シ、藩論洞徹実地適用ノ議事相立候様、厚相心得可申候事」と。三職が集議院に対してあくまでも藩内の実務経験に基づく意見を期待し続けていたことが窺える。これに諸藩の議員たちも敏感に反応する。以下は議員たちが明治三年五月に岩倉右大臣へ提出した建言書である[67]。

是迄議員之内ニハ兎角時務ニ通ゼザル向も有之候処、此度議院御開ニ付而ハ、殊ニ新規撰挙ニ相成候議員モ多ク、旁以方今皇国之大勢ニ暗ク、時機明瞭ナラザル等ノ弊有之候而ハ自然至当之議事モ相整間敷儀ト相察申候間、何卒諸官省へ被仰達、各其所掌ニ随ヒ方今之大勢如何、当務之急如何、応機之御所置如何、向後之成行ニ付見込如何等、其略説ヲ御取集ニ相成、集議院へ御示有之候様奉願候。左モ無之候而ハ、議政ト施政ト意味相反シ、官藩事情不通之基トモ可相成ト奉存候。最モ近日御開院被仰出候趣ニ付、何卒遅怠無之様、是亦被仰渡被下度奉願候。

藩議員は、藩が政府から自立性を保っているがゆえに、藩政には通じていても、全国の大勢や政府諸省の内情には通じていなかった。「議政ト施政ト意味相反シ、官藩事情不通之基トモ可相成」と危惧を述べたように、彼らもまた議事と施政、官と藩の意思が相通ずることを必要と認めていた。彼らは〝地方官〟として政府官員との意思疎通が図られていなかったのである。

以上のように、政府要路はもとより諸官との間で円滑な意思決定を行うことを重視してきたが、地方統治が始まり決定事項の実効性が問題になるにつれ、〝地方官〟の現実的意見を政府の意思決定に反映させる必要性を認識するようになった。しかし、藩議員が自覚していたように、政府と藩の間には事務上の意思疎通が図られておらず、このままでは政府の立法に有効な見解を提示することは困難であった。政府も「藩制」を下問した後、重要案件の下問を行わなかったが、自然の成り行きといえる。〝地方官〟の不在が政府の新たな意思決定方式の成立を阻んでいたのである。

ここでいう〝地方官〟とは単に地方にいる官員という意味ではなく、中央官の立案した方針を共有しつつ、中央官に対して実際施行上の意見を提示できる技量を備えた者のことをいう。では、そのような〝地方官〟を生み出すためにはどうすればいいのか。次節では、府県官の役割についての政府の模索過程を検討することで、実効性ある方策の合意・決定には何が必要と考えられていたのかを明らかにする。

第二節　事務の〝実効性〟問題

（一）中央・地方官関係の模索――会計官と府県の関係

前節第二項でみたように、政府は由利公正らの意見を受けて会計事務局、会計官の裁量を広げた。しかし、よく知られているように、紙幣発行をはじめとする由利の方案には実施時に異論が噴出し、政策方針も二転三転した。かかる問題は先行研究においていわゆる〝由利財政〟の失敗として語られてきたが、前節の検討を踏まえれば、意思決定に対する異論の噴出や朝令暮改は由利個人の責任に帰着するだけでは不十分であり、由利ら会計事務官を取り巻く政府の立法環境の問題を理解する必要がある。

まず、由利自身は政府の立法環境をどのように見ていたのか。以下は明治元年（一八六八年）七月、由利が岩倉に送った意見書の要点である。[69] 紙幣発行などの会計官の施策は「初発ヨリ議事ヲ歴、又ハ御差図ヲ承」って実施してきたが、「江戸府」においては「未ダ種々金札其外会計之事議論モ有之哉ニ承及候」。会計事務は「当今之一大事」なので、その方針が東西「両端」に分かれては「朝廷之御信義」にかかわる。加えて「徒ニ議論条理已而相立候テモ、時ト勢ト之実地ニ処シ候テ無益ニ帰シ候」ため、「猶篤ト御衆議」を願う。そして、会計事務は会計官に「御委任」のこととはいえ、ひとたび方針が決定すれば「満朝之御重職」の方々がその方針を地方に対して「一途ニ貫徹」するよう尽力して頂かなくては「全会計官之主意ハ相立不申」である、と。

由利は地方から中央へ寄せられる異論について立法段階と施行段階に分けて対処法を提示している。すなわち、立法段階では施行に実効力をもたせるために異論を踏まえた慎重な意思決定を行い、施行段階では決定事項の実効を損なうような異論を抑えるため、政府要路による指揮を望んだ。地方での施行を意識したとき、由利はこれまでのようにただ行政官—会計官の間で円滑な意思決定を可能にしただけでは不十分であることを認め、決定の実効性を高めるために立法過程での地方意見を含めた衆議と施行過程での強制力を求めたのである。

この会計官・府県間関係の構築については、まもなく政府の評議するところとなった。きっかけは明治元年七月の京都府職制の制定である。八月二日の木戸孝允の日記には「京都府職制之議に付、会計紛紜の議論あり。中御門卿〔経之、議定・会計官出仕——湯川註〕も亦大に同論なり。依て条理を立、大に是非を論じ、三岡〔由利——湯川註〕亦在傍、終に決一定、尤此余諸府県の公論出るを待て天下一定不抜の規則を定ん事を請ふ」[69]とあり、京都府と会計官の権限分界が議論されたものとみられる。七月制定の京都府職制において、知府事は「所部ノ人民ヲ繁育シ、生産ヲ富殖シ、教化ヲ敦クシ、租税ヲ収メ、賦役ヲ督シ、賞刑ヲ知リ、府兵ヲ監スル等ヲ総判スルヲ掌ル」ものとされ、その下にある市政局・郡政局には租税方、庶務方、会計方、営繕方、駅逓方、聴訟方、断獄方、捕亡方、社寺方が置かれた[70]。これに対して、政体書官制に規定されていた会計官知官事の職掌は「総判　田宅租税賦役用度金穀貢献秩禄倉庫営繕運輸駅逓工作税銀」であり、会計官の専司は出納・用度・駅逓・営繕・税銀・貨幣・民政の七司であった[71]。つまり、京都府職制に規定された基本的な職務は、会計官にも同様のものがあるために、互いの権限関係が問題になったのである。さて、評議の席に参じた由利は次のような意見書を提出している(72)。

会計ノ任ズル処ハ金穀也。金穀ノ用ハ民命ヲツナギ、人事ヲ自在ニスル者也。他ノ用ナシ。故ニ民事ヲ離ルレバ、上下ノ財ヲ会計スル事能ハズ。故ニ貨幣租税商法駅逓営繕等ノ諸司アリテ民事ニ係ラザル事能ハズ。偖又府県ノ管括スル処ハ、戸口民命教化生産賦役道路橋梁堤防屋宅等ハ勿論、其余糾断等マデ民事総テ関係セザルモノナシ。是ヲ府県ニ専ニスレバ府県毎ニ支離シテ経綸ノ大体貫ク事能ハズ。コレヲ会計ニ委スレバ教化ニモトリテ行フ事能ハズ。然レバ会計ノ事業、貨幣出納二司ヲ除クノ外、惣ジテ府県ト共ニ行ヒ、下民ヲシテ不知シラズ教ニ入ラシメ、不知不知其生業ヲ果サシムルノ用ヲ府県ト共々ニ天下一途ニ貫ヌキ、民ヲシテ倦マザラシムルヲ主トス。故ニ府県会計ニヨラザレバ決ヲトル事能ハズ、会計府県ニヨラザレバ行フ事ヲ得ザル所以ナルベシ。若亦会計坐視シテ法ヲトレバ、明ヲ得ル事ナシ、又府県専ラニ行ナヘバ、天下ノ経綸一途ニ貫徹スル事ナシ。コレ愚臣ガ久シク見ル処ニシテ、乍恐朝廷エ奉進ノ赤心也。

会計官の事務とはつまり金穀の管理であり、金穀は例外なく「民事」に関わる。「民事」は府県官の管轄するところだが、各府県庁が区々に決定を下していては一国家内で互いに異なる決定が並存する状態となり不適当である。しかし、会計官は府県庁のように個々の府県内の固有の状況に合わせて「教化」を行えるほど現場に通じていないため、会計官が「民事」を指揮すれば却って実効を損ない不適当である。そこで、会計官は全国一般の方針を考え、府県庁は府県内の「民事」に適切な措置を考えて、両者が終始連携して「法」を立てる必要がある。由利はこのように考えて、会計官と府県庁の綿密な連携を求めたのである。

一方、広沢真臣（京都府御用掛）は以下のような意見書を提出した(73)。

諸官ニ於テ引合ス所、其職務本末ヲ分チ、其体裁ヲ正サヾレバ、其任ズル所混乱シテ、百事凝滞シ、終ニ万民ノ疾苦トナル必然タリ。今日ノ為ス所多ハ我本職ヲ失ヒ、他ノ職ヲ奪フ気味不少、畢竟其職掌本末相立ザルヨリ然ラシムル所ナランカ。抑諸府県ノ職務ハ土地人民其府県ニ御委任ナル事ニテ、賞罰ノ権備レリ。故ニ其府県ノ百事、其一手ヲ以テ取捌クトキハ、速ニ挙ルベシ。然ニ其府県ノ手ヲ離レ、他ヨリ事ヲ取ル、必ズ速ニ成功ナシガタシ。会計官分課ニ租税駅逓営繕三司アルヲ以テ、諸府県中ノ右課ニ当ル事務ハ其府県ノ手ヲ借ラズ主裁スト。此レ其条理ノ立ザル所以ナリ。其職務ノ差別アル、如左。

諸府県

租税司　其府県中ノ戸籍ヲ糺シ、教化ヲ敦シ、生産ヲ富殖シ、租税ヲ収ムルヲ掌ル。

駅逓司　同断、賦役ヲ督シ、助郷等不正ナカラシメ、賃銭割増等ヲ吟味スルヲ掌ドル。

営繕司　同断、道路、橋梁、堤防、屋宅、倉庫等、営繕ヲ掌ドル。

右三司ハ司農ノ分職ナリ。重大ノ事ハ会計官ヘ窺出、決議ヲ請ケ取捌ハ勿論ナリ。

会計官

租税司　租税ノ制度ヲ立テ、府県ニテ取立ル金穀ノ出入ヲ吟味スル等主裁スベシ。又其府県中ヨリ窺出ル所ヲ判断シ、則チ新開石盛又ハ熟田検地又ハ荒蕪休石免石等ヲ判断スルヲ掌ドル。此会計官量入ノ本基本タルヲ以テ、当官ノ大関係スベキ所ナリ。

駅逓司　諸府県ヨリ窺出ル所ノ助郷、賃銭割増等、天下宿駅其不同ナキヲ判断スルヲ掌ドル。

営繕司　同断、窺出ル所ノ道路、橋梁、堤防、屋宅、倉庫等、営繕入費、前積ヲ以テ窺出ヲ其不当ナキヲ判断スルヲ掌ドル。

右三司、諸府県ヨリ伺出ヲ決議スルヲ掌ル。其現場下手スル所ハ其府県ニ委任スベシ。

広沢は事務の実効を得るためには府県と会計官の事務分担関係を明確にする必要があるとして、府県内の実務はすべて府県官の手に帰し、会計官は府県事務のうち重大事件について適否を決議し、特に租税については「制度」を定めて府県の金穀出納、納税を監督することとした。広沢は会計官による府県官権限への干渉を懸念し、会計官が府県事務を直管することについては明確に否定した。

由利と広沢はともに、府県事務の実施責任は府県官が負うべきであるとし、また会計官が府県内の実情に通ぜず、府県官が全国一般の動向に通じないために、会計官・府県官の専断を否定しているが、採るべき方法については意見を異にしている。すなわち、由利が会計官・府県官の密接な連携を求めたのに対して、広沢は両者の明瞭な分権を求めたのである。

前出の八月二日の木戸日記によれば[74]、三職評議は意見の一致をみて、木戸は「此余諸府県の公論出るを待て天下一定不抜の規則を定ん事を請ふ」として、他府県の意見提出を待って府県一般の規則を制定するよう求めたという。評議の通り、政府は八月五日、京都府職制を府藩県一般の参考に供した（太政官第六百十号）。このなかで「府藩県一定之御規則不相立候テハ御政令多岐ニ渉リ弊害不少」として「差当リ」京都府職制を頒布し、もし職制について「其土地民俗ニヨリ難被行条件」や「良法心附等」があれば八月中に「一々詳論、太政官ヘ可申出」こととしている[75]。そして八月七日には次のような布令を発した[76]。「諸国税法之儀、其土風ヲ篤ト不弁新法相立候テハ却テ人情ニ戻リ候間、先一両年ハ旧貫ニ仍リ可申、若苛法弊習又ハ無余儀事件有之候ハヾ、一応会計官ヘ伺之上処置可有之候」と。会計官の府県に対する指揮権を認めつつ、しばらくは税法と実地の「土風」「人情」との背馳を避けるために原則として旧慣によるとした。三職が地方制度の現実適合性を重視し、会計官主導の地方制度改革には慎重であったことが窺える。

以後の由利と広沢は、それぞれが思い描く会計官―府県庁関係を現実化すべく行動した。まず由利は、会計官が府県の実情に通ずるようにするため、八月三十日、会計官判事の池邊藤左衛門以下数名を東京府務に従事させる案を提起している[77]。「尤本官之分課ハ府中分課之上等たるべし」とあることから、東京府務のなかに会計官事務官―府吏の上下の関係を設けようとしていたものとみられる。その理由は「会計之基礎相立候以所〔所以〕ハ府藩県之政事にあり、天下之政事一ニ斯シ、万民好悪を同ふすれバ則会計爰に於て立ち、公論是より起る。必万民に係らざる会計なし、会計に係らざる民事なき以所〔所以〕也」といい、先の意見書の趣旨と一致している。さらに太政官は京都会計官を京都府へ合併し（九月十八日）、大坂会計官を大坂府へ合併したが、由利は十一月八日にその趣旨を次のように纏めている(78)。「会計官京坂府合一ノ趣意ハ、京坂ヲ纏メテ会計ノモノトナシ、会計挙テ京坂〔ノ〕モノトシテ、推テ天下ニ及ビ、皇国合一ノ力ヲ以テ一地球中ニ幹絶タラシムルノ義也。（中略）会計ハ則天下ノ力ヲ会セ天下ノ費ヲ計ルノ義ナレバ、陋習勘定方ヲ方ヲ〔マヽ〕以比ベ思フベカラズ。故ニ会計官大任ハ補〔輔〕相自カラトラルベキ也」と。会計事務は「天下ノ力」「天下ノ費」つまり国家の歳入出を管理する要務であるため、旧幕府勘定方の頃のように下吏に任せるべきではなく、行政官輔相が自ら指揮すべきであると、由利は主張する。行政官輔相の指揮下において京都府・大坂府が実務を執る仕組みとなれば、両者の間に独立の官庁として会計官を置く必然性はなくなる。由利は会計官の解消によって、会計事務を行政官と京坂両府の二段に整理し、これまで不明瞭だった指揮権を行政官に一括するとともに、従来会計官の力量では実効性を担保できなかった立案を京坂両府において行うこととした。こうすることで、会計官—三府間の意見対立を解消し、施行も円滑になる。由利はこの方法で立案の現実適合性と施行の強制力を高めようとしていた。しかし、大久保利通（参与、在東京鎮将府）は九月、以下の意見書を認めて合併に反対している(79)。

会計官ノ儀、御人撰等混淆イタシ候ニ付、能々御人撰ノ上、御居替無之候テハ甚不都合ナリ。東京府ト合併ノ論モ有之候得共、各其職ヲ混ジ候様有之候テハ必ズ其実難立基可相成ト奉存候間、会計官御委任ノ人物一両人出席被仰付、市中ェ関係イタシ候事件ハ示談ニ及取扱候様被仰付候得バ、格別御不都合有御坐間敷候。全東京府ェ其人被居候得バ、両途ニ出ルノ患有之間敷候。但シ鎮将府被止候ハヾ、大政官出張ノ会計官ニテ可然。

大久保はこの合併策の目的が会計官と府の意見の齟齬（「両途ニ出ルノ患」）を解消することにあると理解しつつも、

合併による職務の混淆により会計事務の運営に支障をきたすデメリットがあると指摘し、合併策の代わりに、東京府官員中から「会計官御委任ノ人物」を立てて会計官との協議にあたらせる案を提起した。結局、江戸鎮台にいた江藤新平が如上の職に就き、鎮将府廃止とともに東京府判事兼会計官出張所判事となった。その江藤も合併策に大久保と同様の問題点を認めている。以下は十一月二十四日付の彼の意見書である。(80)

東京府え会計官併合云々熟考仕候処、何分ニも承伏不仕候訳は、元来宇内古今立官之旨、各其掌職有而敢而混同スベカラズ。苟混同スルトキハ、其職専任難し、難専任時ハ難専責、官ニシテ専責無ンバ官人ノ功劣何を以分ンヤ。官人之功劣難分ンバ、玉石混合知愚不明、寧不如無官歟。朝廷之官有而如無ナラバ、天下之瓦解不待識者而可知也。故ニ先皇立官甚慎而分職甚詳ナリ。今会計官分テ三都之府ニ合併シ其本官ハ出納司而已有之候と申は、其融通ヲ均シ其軽重ヲ修理シ然而其活動ヲ能スルモノハ誰ニ有ヤ。若天下一旦非常ノ変有テ莫大之入費興リ其事不整ズンバ、朝廷何レノ官ニ御責有之候哉。（中略）治国之要官ハ会計刑法之両官也故、英亜両国ハ其行運ハ大概宰相為之也、其監督ハ議院為之ナリ、是両官ノ権在下バナリ。旧政府ハ其行運ハ三奉行為之也、其監督ハ老中若年寄大小監察為之セリ、是ハ軍政之権在上也。夫如此其権ノアル所、上下ノ違ハアレ共、其要官職ヲ握スルニ至ルヤ一ナリ。然ルニ今会計ヲ三府ニ附スルト云々、故曰天下瓦解可知ナリ。右之通リ合併ノ事ハ愚考仕候付、何分ニも御同意難仕候。

江藤は中央官と地方官の職責の違いを説明し、中央官である会計官が、地方官である府と「混合」することは中央官の職責を曖昧にし「天下之瓦解」を招くものであるとし、往古・旧幕府・英米の制度に照らしても不合理であると説く。とりわけ会計官は刑法官とならぶ「治国之要官」であるとする江藤は、会計官の府県に対する自立性を重視していた。

このように、合併策には全国一般を指揮するという中央官の性質と、府内の固有の事情にあわせて施策を立てる地方官の性質とが混淆することによって事務の機能不全を引き起こすというデメリットがあると、東京の官員たちは認識していた。このため、京都・大坂では会計官と府を合併したのに対して、東京では依然として会計官と東京を区別していた。

では、この中央官・地方官関係の構築という問題について、行政官はどのように受けとめていたのだろうか。明治二年一月十八日、弁事は「会計、軍務、刑法ノ三大基礎ヲ確立スルハ方今ノ急務ニシテ、空理迂論以テ実際ニ背馳スルノ弊患ヲ防止セザルベカラズ。因テ今マ静岡藩士神田孝平、加藤弘蔵ヲ会計官権判事ニ撰擢シ、議事取調局ニ出仕セシメ、其官ノ諸員ト戮力協議シ、実用ニ適切ナル制度ヲ立定セシムルノ朝旨ナリ」[81]と通達している。これを受けて、神田孝平（会計官権判事兼議事体裁取調御用）は行政官から会計官への権限委譲と会計官の府県内実務の直管を求めて、以下のような意見書を提出している[82]。

現在、行政官が府藩県の諸事を統括しているために「行政官之権日々ニ重ク、他官之権日々ニ軽シ」。府県は藩同様の権限を得て「府藩県何レモ小政府ノ形」を為しているが、まず府県の「改正」を求める。具体的には、府県は現状の独自に「一官署」を置く仕組みを廃して、軍務官・刑法官・会計官・行政官より官員を派遣して「四官署ヲ置キ」、それぞれ「兵事」「刑法」「税務」およびそれ以外の庶務（民政）を執る。こうすれば政府を「頭」、府県を「手足」とする体制が成立する。なお、兵事・刑法・税務を三官に委任するため、行政官は名称を変えて「国内事務局」と称するのが適当である、と。要するに、神田は府県を三官（軍務・刑法・会計）の出先機関と位置づけ、府県に固有の権限を与えることなく、各事務を中央の諸官の指揮下で運営することを求めていた。これは軍務・刑法・会計の三官の権限が弱く、行政官、府県庁の権限が相対的に強いことに対する批判でもあった。

この改革案を受け取った岩倉具視は藤森修蔵（刑法官監察司出仕、地方を巡察）に下問し、藤森は回答を添えて岩倉に返却した。実際に地方の実情を観てきた藤森は、神田案を否とし、二つの問題点を指摘している。

第一に、府県を出先機関に置き換えても「重大ノ事件」に関しては政府の評決が必要なことに変わりなく、却って派遣官員の費用増を招くだけである。「府県ハ其名ノミニシテ何事ヲ掌ル耶」、つまり府県には固有の事務があるはずである。第二に、行政官は三官の残りの事務（民政）を担う官ではなく、諸官を統轄する上位の官（「本根」）である。神田案の通りにすれば統轄官なくして諸官の「争競之弊防グベカラズ」。これは互いに改革を競い合うことで生じる弊害である。このように、藤森は府県には民政をはじめとして一定の権限を認めることを適当とし、行政官には諸官統御の責任を果たすよう求めた。

結局、岩倉も神田案を採用せず、明治二年一月二十五日に前出の議案を提出し、議事院の意義を説いた。そのなかで岩倉は会計官に会計事務の全権を委任するのではなく、あくまで議事院の衆議、三職の評議を経て天裁を仰ぐという意思決定プロセスを重視していたことから、三職の集まる行政官を諸官統御の官とする方針であったと考えられる。明治二年二月二十四日、三職は太政官を東京に移設することとし（行政官第二百号）、三月末日には東京会計官を本衙、京坂会計官を支衙とする旨を達した(83)。ここに由利の合併策は解消され、行政官・会計官・府県庁は職掌を分けて並存することとなった。この方針は広沢の意見と一致している。

一方の広沢は明治二年一月の意見書において、次のような見解を示している(84)。「会計官ノ大職掌ハ量入為出ノ基礎ヲ立ルニアリ」。量入為出は『礼記』に由来し、歳入に応じて歳出を決する方法だが、広沢はこれまで租税額が定まらず府県が「租税ヲ恣ニ」してきたため、量入為出の「大算」が立たなかったとする。しかし、戊辰戦争が終結した以上は「速ニ諸府県ニ令シ」て例年の収税高や府県費用を算定し、政府も自らの出費をただす必要があるとする。これまで諸官・諸府県には「出納ノ目安」がなくその決定は「諸官府県ヨリ窺出ニ拘泥」するため、「官府県ヨリハ一日延シ難ク、又ハ毫厘減ジ難キヲ強論」し、終には「論者ノ工拙」が出納を左右する有り様であった。ゆえに、広沢は「官府県ニ於テハ一面ヲ見テ全面ヲ不知、故ニ会計官ニ於テ能ク全面ヲ視テ軽重緩急ヲ計リ偏頗ナカラシムベシ」

とし、府県の出納については予め「一箇年金穀常費ヲ量リ以テ入ル所ノ租税ヲ引当置キ、余ハ会計官ニ収納」させることを求めた。つまり、広沢は諸官・諸府県が個別の必要性に応じて租税・出納を左右する現状を改めるため、その監査の役割を会計官に求めたのである。これに関連して、土木に関しては「千金以上」の工事に際して会計官の免許を必須とすることで「一府県ノ見込」による工事を予防する一方、商法に関しては府県に「委任」して「人民ヲ繁育シ生産ヲ富殖」するよう努めさせ、会計官が「別段ニ商政ヲ施」して「苛刻」に至らないよう求めた。このように、広沢は府県限りの裁量に任せては混乱が生ずる業務を会計官に託し、会計官が自ら行えば府県内の実情にそぐわない業務を府県に託すという分担関係を想定していた。

そして、同月、広沢は岩倉の議案にこたえて、まず「大政之基礎は先一本万枝之基を立、諸官諸府県気脈貫通之事」として諸官・諸府県の意思疎通を図ることを課題にあげて「諸官諸府県体裁規則」を「一定」するよう求め、また「新ニ実論を立、其事下手するニ到テ、未ダ実功央ニ至らずシテ亦新論を立、終ニ論而耳ニシテ悉皆全備せざる事。但論を立る易、其事挙行する実ニ難し」として、朝令暮改が事務に悪影響を与えていると指摘した(85)。では、朝令暮改を防ぐには何をすべきか。以下は、彼が改めて提出した意見書のなかで、「御一新」について述べた一節である(86)。

要スルニ於御政府前後緩急ヲ御審断被為在、事務沈滞、朝令夕変等之患無之様、御熟議有之度、仮令バ方今西洋諸州ノ文明盛大ナルヲ見聞シ、数百年来事態之沿革ヲ熟知セズシテ、皇国御一新之際ニ乗ジ、容易模倣等之儀如何可有之哉、素ヨリ文明日新之御政教ハ御急務ニ御坐候得共、専ラ御国体ヲ存シ、彼ノ長ヲ取リ我短ヲ補ヒ候様有之度、総テ事ヲ論ズルハ易ク、其事ヲ挙グルハ難キ儀ニ付、御国体ヲ知リ、御国力ヲ量リ、本ヨリ末ニ及ビ、小ヨリ大ニ及ビ、順序ヲ追テ着実ニ御施行、一事一事御挙行之上、漸次盛大永続ニ到ル様、御注意被為在度事。

広沢は「事務沈滞」「朝令夕変」を回避するために三職の「熟議」を求める。「熟議」の含意は性急な事務の西洋化を志向することの非現実性を認め、地方の実情に適合した現実的方策の審議を求めるということだった。この「着実」を求める意図は広沢起草の府県施政順序（明治二年二月五日）において明瞭に表された[87]。

まず、「知府県事ヘ職掌ノ大規則ヲ示ス事」すなわち地方官職制の制定を課題と認めた。なぜなら「地方ノ官、府藩県ノ三治ニ帰ス。三治ノ政一途ナルベキ様厳重ニ布告アルト雖モ、未ダ一定規則ノ法トス可キナキ故、府県スラ猶動モスレバ政令一ナラズ、下民疑惑ヲ生ズルニ至ル亦宜ベナリ。実ニ大政隆替ノ関係スル処、宜シク早ク令ヲ布キ一途ナラシムベシ。是ヲ即今ノ大急務トス」と。次に、会計事務については「平年租税ノ高ヲ量リ、其府県常費ヲ定ムル事」を「会計官ノ大急務、量入為出ノ基本」と認める。租税収入を把握し、府県常費を差し引けば、政府の歳入も定まり、会計官の歳出入管理の必要性に応えることができる。そして府県官が為すべき施政の大綱と着手の順序を次のように示している。

第一に〝生〟の保障である。「凶荒予防ノ事」「窮民ヲ救フ事」「制度ヲ立、風俗ヲ正スル事」といった従来の民政を引継ぎ、「戸籍ヲ編制、戸伍組立ノ事」では戸籍調査を行って「人民繁育ノ基」とし、「戸伍」（組）を編制することで「衆庶協和ノ本」とする。「小学校ヲ設ル事」も「専ラ書学素読算術ヲ習ハシメ、願書々翰記牒算勘等其用ヲ闕ザラシムベシ。又時々講談ヲ以テ国体時勢ヲ弁ヘ、忠孝ノ道ヲ知ルベキ様教諭シ、風俗ヲ敦クスルヲ要ス。最才気衆ニ秀デ学業進達ノ者ハ其志ス所ヲ遂ゲシムベシ」とし、日曜の学びから講談を通じた道徳涵養という従来の寺子屋・私塾の系譜を引きつつ、学業に広く道を開くとした。

第二に〝利〟の追究である。「地力ヲ興シ、富国ノ道ヲ開ク事」では「開墾水利運輸種樹牛馬繁畜等、生産ヲ富殖スルヲ講究シ、総テ眼ヲ高遠ニ著ケ、著実ニ施行スルヲ要ス」とし、長期的な視点を持って生産富殖に努めていくよう求めた。これに関連して「地図ヲ精覈スル事」では「郡村市街ノ境界ヲ正スハ生産ヲ富殖スル基」とする。また「商法ヲ盛ンニシ、漸次商税ヲ取建ル事」では「上下利ヲ争フノ弊ヲ戒シメ、人民撫育ニ著眼シ、其利ヲ与ヘ、漸次税法ヲ定メ、大成スルヲ要ス。敢テ近小ノ利ニ馳セ、速功ヲ得ン為メ苛政アルヲ厳禁トス」とし、府県庁による

「利」の収奪を回避し、人民の利益を図って漸次商税収入を得ることとした。

第三に、〝税〟の公平化である。「租税ノ制度、改正スベキ事」を掲げたが、あくまで「貧富得失ヲ平均スルノ法」でなくてはならず「官府ニ利スルニ非ズ」と戒め、民心に深く関係していることであるため「最モ後ニ手ヲ下スベシ」と補足した。

以上のように、府県施政順序が示した順序とは、①人民の生活を保障し（生）、②人民の利益増進を図り（利）、③最終的に公平な課税制度を整備して、官庫を充たす（税）というものだった。民政の長期的な取り組みの結果として財政難を打開しようというのである。府県官には人民に対する「聚斂」「苛政」を避ける責任があるとしたように、府県の基本的な役割は人民の生活を立て直し、人民の利益を増進することに求められている。府県官がこの役割を果たすためには「議事ノ法」が必要であり、「従前ノ規則ヲ改正シ、又ハ新ニ法制ヲ造作スル等、総テ衆議ヲ采択シ、公正ノ論ニ帰着スベシ。宜シク衆庶ノ情ニ悖戻セズ、民心ヲシテ安堵セシムルヲ要ス」とした。

広沢は諸官・諸府県の意思統一を図るうえで、各々の役割を明確化する必要があると捉え、三職には国内の実情を斟酌した「熟議」による意思決定を求め、府県には共通の施政方針を示して人民の実情に即した漸進的な事務の運営を求めた。そのなかで「議事」は「衆庶ノ情」に背馳しない「公正ノ論」を創出するためのものであった。

広沢は二月十三日の岩倉宛書翰において、(88) 今後まとめる「府県大綱規則書」について、府県施政順序の趣旨を確認したうえで次のように述べている。「大体其府県私権を不奪、大事件は皆決を行政官に取ると申様なる心得に候得ば、一本万枝一気脉に出、全面平均之良政被相行、則ち諸官諸有司同心戮力一定不抜之御基礎相立訳歟と奉存候。官府県共銘々区々之政治を施し、只一面を見て愉快を極め候様に而は、会計も諸政も相整都は有御座間布哉に奉存候」（傍点湯川）と。広沢は府県事務の規則について、一方では重大事件を行政官の決議により、他方では府県官に委任の事務について私意専断を防ぐことを骨子としており、かかる制度が実現すれば諸官・諸府県が区々の意思によって行動する問題を解消することができると捉えていた。「一本万枝」「全面平均之良政」といった表現は、広沢の府県規則書の制定意図を端的に表しているといえよう。

ここで岩倉らが神田案を容れず、広沢に府県施政順序の作成を任せたことから、広沢の意見は岩倉らの意向と一致していたと考えられる。政府では明治二年一月二十八日、府県知事・判事のうち一名を上京させるよう達し（行政官第八十二号）[89]、「今般公論衆議ヲ以テ国是大基礎可被為建候ニ付、大小侯伯及中下大夫上士ニ至迄四月中旬ヲ限リ悉ク東京へ被為召候。就テハ諸府県ノ儀、各地ニ散在道路懸隔致シ候故、彼是ノ事情通徹致シ兼、自然御政体ニ相戻リ候儀有之候テハ不相済儀ニ付、諸府県トモ知事判事ノ中申合セ一人宛、右期限彼地へ罷下候様、被仰出候事」とした。さらに、二月五日に府県施政順序を行政官第百十七号として発すると、三月九日には、府県官に対して府県施政順序に基づき各自見込を立て、実施した内容を上京の際に具状するよう達した（太政官第二百六十四号）[90]。そのため、府県施政順序は東京で催される大会議において府県の実際的意見を聴取するための布石であったと考えられる。

さらに、政府では新たな中央官庁「民部官」の新設を議論してきたが[91]、ついに明治二年四月七日には実際に民部官を設置し、これを松平慶永（元内国事務局輔）、広沢に担当させ、同月八日に職掌を「掌総判府県事務、管督戸籍駅逓橋道水利開墾物産済貧養老等事」と定め、十日の民部官規則に「従前之規則ヲ改正シ、又ハ新ニ法制ヲ造為スル等、総テ重大之事件ハ当官決議ノ上更ニ輔相ノ裁断ヲ受ベシ」と掲げた[92]。民部官は「府県事務」を総轄する機関として、事務に関わる百般の法律・規則の立案をも担当することとなった。これに伴い、行政官は従前の府県事務の監督業務を民部官へ移しつつ、民部官など諸官を監督する官庁となった。その民部官は四月二十九日、在京地方官に民部官の会議に出席するよう達した（民部官第四百九号）[93]。民部官が「府県事務」を監督するにあたり、府県官と協議するのは自然の成り行きであった。五月三日の広沢の日記には「府県会議」を開き「御一新に付民政向手を下す大旨趣書之事」「新県規則之事」などを話し合ったことが記されており[94]、府県規則書の制定に向けた協議が開始された。

こうした状況において民部官廃止問題が浮上した。広沢は六月十三日の日記に次のように記している。早朝に三条実美（輔相）のもとを訪ねた際、「会計民部隔絶紛紜之情実」を相談され、さらに岩倉からも同様の相談を受けた、と。(95)会計官が民政への介入を必要とするために民部官の廃止が取り沙汰されたことがわかる。

一方、岩倉は六月十四日、版籍奉還に伴う知藩事任命の発令を求めるとともに「昨日御評議之通、府県ノ管轄ヲ大ニシ藩ト権衡ヲ失ハザルノ儀ハ、今日木戸ト篤ト御談相成リ、其上広沢ヘモ篤ト御協商無之而ハ万々不都合ニ相成可申ト存候。同人等モ出格尽力ニテ府県之規律相立掛ケ居候儀ニ付、呉々モ御注意ノ程希入候」とした。(96)府県を藩と同規模にするのは、近い将来に府藩県知事一般の職制を定めるという課題に対応したものといえる。さらに同月同日の三条宛岩倉書翰では先とほぼ同趣旨ながら、もう一つの問題にも言及している。(97)「昨日御評議之通、知県事愈大に被遊、民部御廃し等之儀、今日木戸え篤と御談し、其上広沢え篤と々々御申談無之而は万々不相済事と存候。同人にも出格尽力、府県之規律相立掛け候処、又奥州所置に至り候而も全く尽力に而方向相立候処に付、呉々御大事と存候。尤総而之規則相立候上被廃候事と存候」と。岩倉は知県事が藩知事相当の権限を得ることを想定して民部官廃止を説明したが、民部官廃止は「規則」制定後とすべきであるとも述べ、木戸、広沢へ相談するよう求めた。以後、三条・岩倉の判断は二転三転し、六月二十七日には民部官廃止を決めたが、(98)七月三日には「従前之通被差置」ことを通達し、(99)七月八日の職員令でも民部省を規定した。ただし、八月十一日には「民部大蔵両省合局被仰出」、両省卿輔の兼任を決定し、(100)会計事務の必要性にも配慮した。

かかる経過の背景には、政府の財政難に加え、会計事務と外国事務の再編があった。政府要路は五月に公卿・諸侯以下一般に対して重要事件の下問を行い、その一つとして会計事務の窮地打開を挙げた。(101)すなわち、政府は旧幕府時代に「外ハ各国ノ債ヲ負ヒ、内ハ私鋳ノ弊ヲ生」じた状態を引き継ぎ、加えて戊辰戦争の「軍費莫大」に及んで、紙幣を発行したものの「上下之困迫此極ニ至リ、量入為出ノ御目的スラ未相立」状況にある。しかし、「理財ノ道ハ経国ノ要務」であり、「外国交際」が開け「貿易」が盛んになる今日において「会計ノ基礎不相立候テハ、皇国御維持ノ儀如何可有之哉ト深ク御憂慮被為在」ため、今後は「上下同体、政令帰一ノ思召ヲ以テ、偏ニ全国ノ力ヲ合セ従来ノ弊害ヲ矯救シ、富国強兵ノ本ヲ被為開度」とした。具体的な課題は「悪金銀ノ事」「内外国債ノ事」「歳入歳出ノ事」の三点である。

「歳入歳出ノ事」では、「量入為出」を目的として費用の節減方法を求めた。同月、輔相・三条実美は会計官職制を達するなかでも「節倹ハ財政ノ要義ニシテ殊更方今ノ急務ナリ。叡旨ニ出ル事ト雖モ忌諱ヲ憚ラズ諫争シ、力メテ省約ニ従フベシ」としている。(102) 支出を減らすことを会計官の要務とすれば、支出は諸府県にかかわるために、会計官には民部官・府県庁の事務にかかわる必要が生じることとなる。また「悪金銀ノ事」は会計事務が貿易をも含むものとなったことを示している。実際、会計官にも相応の人員が必要とされた。大蔵卿には前外国官知事の伊達宗城が就き、大隈重信、井上馨、伊藤博文が要職を占めた。大隈らはもともと外国官兼任で長崎、兵庫の開港場府の事務を執っていたが、政府要路は彼らを会計官・大蔵省へと転任させた。澤宣嘉（外国官知事）は七月八日のイギリス公使パークス宛文書において、三条（輔相）・岩倉（右大臣）・澤との会談を望むパークスに対して「金札一条は昨日会計官より申入候通之義ニ付、大概御了解之儀と存候」としたうえで、「一体貨幣之儀は百事会計官え委任管轄之事ニ付」、会計官副知事の大隈へ直接聞くよう求め、「万一副知官事ニ而相決し難キ事件」があれば、大隈および自分より三条・岩倉へ申し出、評議のうえ回答するとした。(103) この対応が示すように、会計事務は貿易事務をも包括するようになり、大隈らの人事もこの変化に沿ったものであった。なお、かかる会計事務の組織・人事の変更は、主として外交事務との関係において、事務の分担がみなおされたことによるため、詳細は外国官・外務省および政府要路の意図を分析する必要があるが、本章の主題から外れるため一旦おき、第三章での検討に譲ることとする。ここでは、会計官の取り扱う問題として、国内の歳入出管理のみならず国外との通商関係事務が位置づけられたことを指摘するにとどめる。

以上のように、政府要路は中央・地方官関係に関して少なくとも三つの問題を同時に扱っていた。第一は全国の金穀出納を管理し「量入為出」の基本を立てるため、会計官が府県事務に関与すること。第二は通商関係事務を会計官に管掌させること。第三は府県事務の実効を挙げつつ全府県共通の規則を作り出すため、民部官と府県官が協議しつつこれに取り組むことである。第一、第二点に着手すれば会計官の事務領域が拡大し、従来の民部官・府県官の事務領域にも干渉することになる。一方で第三点からすれば、少なくとも地方制度が一定するまでは民部官を存続させる必要があり、府県事務に対する中央官の無闇な干渉を防ぐ必要がある。政府要路が民蔵合併といいながらも民部官(民部省)廃止ではなく存置による両省首脳兼任の形を採った所以である。

殊に第一、第二点と齟齬する恐れのある第三点について、政府は事細かな制度規定によって注意を払っていた。七月八日の職員令制定により民部官を民部省に改めると、同月二十七日の民部省規則には「民政ハ治国ノ大本、最モ至重ノ事トス。謹而御誓文ニ基キ、至仁ノ御趣意ヲ奉体シ、府藩県ト戮力協心、教化ヲ広クシ、風俗ヲ敦クシ、生業ヲ奨勧シ、撫育ヲ尽シ、賑済ノ備ヲ設ケ、上下ノ情ヲ貫通シ、以テ衆庶ヲシテ可令安堵事」[104]と定め、同日制定の府県奉職規則にも「民政ハ経国ノ大本、最モ至重ノ事トス。謹テ御誓文ノ旨ヲ奉体シ、追々ノ御沙汰筋ヲ確守シ、常ニ下情ヲ詳察シ、教化ヲ広クシ、風俗ヲ敦クシ、以テ万民安堵ニ至ラシムルニ在リ。総テ下ニ臨、着実ヲ旨トシ、民心不失ヲ緊要トスベシ」[105]と掲げた。そして、民部省規則には、民政の施行にあたり「必ズ始ヲ慎ミ、聊カ民ニ信ヲ失ハザルヲ緊要トス」るが故に、その立法においては「審ニ風土民情ヲ察シ篤ク利害得失ヲ考ヘ、其地方ノ衆議ヲ尽シ」て為すものと定め[106]、府県奉職規則でも府県に「土地民俗」の「熟知」と管下の「衆議」に基づく「公正ノ論」の提起を求めた[107]。一連の規定は第三点への対応をよく表している。

（二）　省の立案における「坐論」問題――民蔵分離問題の再検討

政府要路の深慮にもかかわらず、民部・大蔵省の運営は第一・二点と第三点の齟齬を生じたため、政府要路は民部省・大蔵省の分離措置、いわゆる民蔵分離を選択せざるを得なかった。民蔵分離問題に関する先行研究では、〝改革派〟の大隈、伊藤ら木戸派と〝漸進派〟の大久保利通、広沢真臣の対立構図が描かれてきたが、両者が完全に異なる意図を持っていたわけではない。ここでは前項の検討を踏まえて、民蔵分離問題を両派対立という視点からではなく、政府が立法に必要としていたものが何であったのかという視点から分析する。

民部・大蔵省では明治二年十一月、渋沢栄一の建議に基づき省内に改正掛を発足させて立案の専門部とし、渋沢は「目前之事唯旧貫ニ仍候迄ニテ真正ノ御改革無之テハ遂ニ御基本難相立」いため、「和洋古今之美意良法ヲ斟酌」して立案するとした[108]。「民部省改正掛条規」によれば、改正掛の職責とは以下のようなものだった[109]。

凡ソ法則ヲ定メ、章程ヲ立ル、古今ヲ通鑑シ、万国ヲ通察セザレバ、其亨通無碍、能ク永遠ヲ保シテ群生ノ厚益トナル能ハズ。故ニ種芸牧畜及ビ百科工芸ニ至テハ、其可トスル法ヲ外邦ニ取ル事アルベシ。政体簡易ニシテ法令正粛ナルハ、固ヨリ我皇政ノ古体ニ基キ、人情世代ノ推移沿革ニヨリ、取捨切衷ノ権断アルベキ事。但シ法ヲ外邦ニ取ル事、中古式礼唐典ヲ用ヒ輓近刑法明律ニ拠ル如キ、未ダ弊ナシト云フベカラズ。故ニ其取捨ノ権ヲ明ニシ、洋ニ漢ニ偏レル事ナク、古ニ泥ミ今ヲ非トスル陋見ナク、単ニ御誓文ノ深衷ヲ奉体スベシ。

改正掛は、農工業の法を欧米に求め、政体を日本古来に求めつつ、西洋と東洋の法を「通察」し、特定の法に偏ずることなく最も適良の方法を取捨、講究することを職責とした。このような改正掛の自己規定は、民部・大蔵省に与えられた立案の役割を強化することで、改革の実施へとつなげる意図があった。ただし、実際に改正掛に登用された人員は欧米情報に通じた面々であり、政府要路が問題とする地方の実情を斟酌する点については、同条規に「民政一切ノ事務、博論広議シテ其利病得失ヲ詳ニシ、民情時宜ヲ斟」り「実際ノ可否ヲ審ニシ」て立案することと明示されたものの、十分な効果をあげたとは言い難い。参議・大久保利通は明治三年一月、帰藩途上に京都、大坂で目の当たりにした現実を踏まえて、次のように問題を提起している(110)。

当年凶荒ニ就而ハ畿内ハ勿論其他別而難渋、只今より飢渇ニ困ミ候処も不少候由、実以当夏迄之処懸念ニ堪不申候。兎角廟堂上之坐論とハ現場実見と大に相違之事而已御坐候間、乍憚其辺能々御熟考被下度奉伏願候。就中大蔵省之号令、凡而人心ニ相触、迚も居合候丈ニ無御坐候。則大坂府ニおひても御布令ヲ押留候事も有之、実ニ不相済事候へ共、是ハ山口大丞東下之上委事言上之筈ニ御坐候。如此事件屢有之候而ハ、迚も民部大蔵之信義を得候ものニ無之、信なくして何ヲ以立可申や痛却之至也。

大久保は、政府の財政再建のために凶荒下の地方に対して費用削減と租税徴収を迫った大蔵省の施策を実地の利害を無視した「坐論」に過ぎないと批判し、「信なくして何ヲ以立可申や」と痛言した。こうした省立案の「坐論」への懸念は大久保だけのものではなく、政府要路にも共有されていた。三条実美は明治三年七月三日、民部・大蔵大輔の大隈重信に宛て、昨年の民蔵「兼務合併被仰出候も実ニ不得止之義ニ出候」と振り返りつつ、「追々得失利害之間議論も不少、彼是之事情も有之、此節民政之義は専於政府取扱可相成之評議」となり、「不得止」民蔵分離、民政の太政官による取り扱いを決めたと伝え、大隈には引き続き大蔵省を担当するよう求め「実ニ此際諸官一致同心戮力肝要之義ニて、万一も政府諸省之間協和不仕様之形状有之候而は第一為朝廷不安次第に御座候間、偏勉強従事尽力有之度企望仕候」として政府・諸省間に分裂の端緒を開かぬよう念をおした(111)。三条は七月十日、民蔵分離の趣意書をまとめ「此迠民蔵ノ所行目途不善ニ非ズ、方略拙ニ非ズ、唯時機ニ不適、人心ノ怨望ヲ来シテ今日ニ至ル所以ナリ」と記し(112)、省内の立案に一定の評価を与えつつも、それが地方の実情に適合していなかったことを認めている。

三条は大隈らに配慮し、六月に大隈らを支持してきた木戸を、九月に大隈自身をそれぞれ参議に登用することを決めたが、この人事には木戸・大隈に政府要路の所期の目的を共有させるねらいもあった。九月、三条は岩倉に宛て次のように伝えている。[113]「民政之事件木戸へ内談候処、同人ハ地方官之申立情実更ニ相通じ不申由、（中略）是迄民部之施行する所、地方ニ弊害有之候事情十分名和より申込候様御申付有之度存候。唯今之処ニてハ地方之申立よりも是迄之民蔵処置ヲ尤ニ存居候様ニ見受申候」と。三条は木戸が地方官の語る実情に通じておらず、依然として従来の民部・大蔵省の方針を支持しているのではないかと懸念し、名和緩（新潟県大参事）を通じて木戸に働きかけ、彼に「地方之申立」を考慮させようとしていた。こうしたなかで、木戸も十月の意見書において自らの意向を三職の面々に示した。その要点は以下の通りである。[114]

いまだ「一新の効」が見られない原因は「大政統ぶる所なきの過ち」による。現状では「内朝外廷を制する能はず、七省府藩県を制する能はず、府藩県以下循々乎皆之に傚ふ」が故に、「庶司郡僚各其局に拠て而して樹立し、私意専らに制し、敢て本官の節目を躡まず、合して雷同連朋と為り、離て怨囂仇讐と為り、公私転倒、愛憎自ら用ひ、内外体を異にして議論紛然、法度益繁く、吏僚益稠くして、而して機務日に益乱る」、すなわち秩序を失っている。現状を打開するには施政の「全権」を「朝廷に帰する」必要があるが、そのためには「執政大臣能く相親睦して而して之を討論講究し、大綱を執て動かざるに在る而已」、つまり太政官中枢の衆議一決により施政の「大綱」を堅持する必要がある。また、事務が混乱している要因として「洋制」の安易な模倣が挙げられる。「一新」を説く者は「是洋制なり、以て従うべし。是れ旧習なり、以て除くべし」と言うが、まずは「時宜緩急」を計り、「人以向背の変」を察知しなければならない。現在「天下人民、上智未だ時勢を知らず、下愚未だ方向を知らず、遊民日に蕃くして而して諸職愈修らず」という状況にあり、にわかに「文明の風」に倣おうとするべきではない、と。意見書において木戸は、施政の実効があがらない原因は諸官府県の秩序なき行動と安易な欧米法の模倣にあるとして、これを批判していた。先述の通り、この二点は岩倉、三条、広沢らが常に問題にしてきたことでもあり、三条の懸念は払拭されたものといえる。

三職は、新たな民部省の大輔に東京府知事・大参事を務めてきた大木喬任を任じて、府県の実情に即した省内立案を期待した。三条は大木登用にあたり「僕は参議より曖昧とか柔弱とか申候とも、於此は決して頓着不仕、断然大木の論に随ひ申候所存に御座候」[115]と岩倉に伝えており、期待の大きさが窺われる。大木の民政改革意見については、彼が深くかかわった文部省、教育事務との関連において第二章の分析に譲ることとする。

一方、大隈は依然として財政上の観点から改革意見を提起していた。有名な明治三年の全国一致の建議[116]は「速ニ全国財政ノ公算ヲ定メ、真ニ一致ノ体ヲ立テ、国ノ権力ヲシテ自主自衛ニ定シム事」を求めて「財政会計ノ均一」と「海陸兵制ノ更張」を二本柱としている。とりわけ、前者は後者の前提をなすものであるとして「財政会計ノ均一」を速やかに実現するよう求めた。ここに民政への配慮は窺われず、建議はあくまで大蔵省の立場を確認したものであった。大蔵省ではこの方向性のもと、欧米法の研究が続けられた。同年、伊藤博文は渡米申請の意見書において、省の立案が「坐論」に陥ることを非としつつ「書籍ニ徴シテ其ノ真理ヲ推究シ、或ハ之ヲ実際ニ験シテ其ノ功効ヲ諦察シ、然ル後ニ始メテ可否得失ノ在ル所ヲ知ルヲ得可シ」として、書籍上の「真理」の探究とその実際施行の視察によってはじめて有効な立案が可能であるとした[117]。伊藤は大久保や三条と同じく省内立案における実効性の低さ（「坐論」）を問題と認めながらも、国内の実情との齟齬ではなく、欧米法の模倣の精度が低いことを問題にしている点で異なっていた。前島密・古沢滋ら改正掛の一部は明治三年半ば以降、相次いで欧米調査に派遣され、伊藤も同年十一月からアメリカに渡った。

この欧米の実地調査を踏まえた精確な模倣という考え方は、すでに大学南校教師のG・F・フルベッキが提示していた。フルベッキは、欧米諸国への使節調査団の派遣を提言したBrief Sketchにおいて、その理由に「政治における実験」のリスクの存在を挙げた[118]。

機械工学や化学における実験は成功しない場合、車輪や槓杵を破壊する程度ですむし、また瓶が破裂するぐらいですみますが、政治における実験はもし失敗すれば、人間の幸福を破壊し、その破壊はさらに全国民に及ぶかもしれず、その実験は混乱を生じ、貴重な生命を失うことになります。それ故、立法、財政、教育などの重要な事項については実験する必要はありません。なぜかというとヨーロッパ全体が、それを研究し、模倣しようとするものすべての人人の前に開かれているからです。欧米においてはあらゆる種類の政体、法律、国家財政、および教育制度は数世紀にわたり実験せられて来たもので、現在欧米に存在する国家の制度はこれらの実験の結果であります。欧米におけるあらゆる面で、りっぱな文物を研究し、採用することもでき、それとともに、またあらゆる欠陥を知ってこれを避けることもできるのです。

立法、財政、教育など政治上重要な事項における実験は、失敗した場合にとてつもない悪影響を生じるため、しない方がいいとフルベッキは述べる。欧米諸国の諸制度が長年の実験の所産であり、その参照はすべての人々に対して認められているのだから、敢えて危険な実験を行う必要はなく、欧米諸国の制度を実地において調査することで十分に成果が得られるというのである。すなわち、実際施行に耐え得る法制度の造成には、本来相応の試行錯誤の経験(実験)が必要だが、〝後発〟の日本は欧米諸国の制度を参照することで経験の不足を補うことができるということである。

フルベッキは Brief Sketch において「日本の法律そのものを西欧諸国の法律の標準に近づくような方法によって改正すべきである」と指摘したが[119]、岩倉使節団派遣の趣意書にも「列国公法ニ拠ル、我国律、民律、貿易律、刑法律、税法等公法ト相反スルモノ、之ヲ変革改正セザルベカラズ」と掲げられた[120]。このような立法の考え方は欧米法が各国の実地において施政の「実効」をあげているという認識に支えられているが、同時に「各国政府及ビ各国在留公使モ、猶東洋一種ノ国体政俗ト認メテ別派ノ処置慣手ノ談判等ヲナシ、我国律ノ推及スベキ事モ之ヲ彼ニ推及スル能ハズ、我権利ニ帰スベキ事モ之ヲ我ニ帰スル能ハズ」というように、条約改正とも密接に結びついて正統化されていた。

以上のように、明治二年から三年にかけて、政府が思うように改革ができなかった背景には、中央官が地方の実情に疎いことからくる立案の限界があり、先述の通り、政府要路は議事院の重要性を認めていたが、実際には議事院をただちに政府の抱えた難題に対応できる状態にすることは困難であった。民部・大蔵省は改正掛を置いて自ら改革のための立案能力強化を図ったが、その現実適合性の低さゆえに、政府要路は国内情勢を重視して民蔵分離を選択し、民部省・府県官協議による漸進的な民政改革を求め、大蔵省は欧米法の研究の精度を高める必要を認めたのである。

(三)　井上馨の〝立法〟計画――地方官養成と地方官会同

民部大丞兼大蔵大丞の井上馨は明治三年三月、木戸に宛て次のような見通しを示した[121]。改革は「五ヶ年の間見合」せ、民政上は「合懸〔県〕合村を第一」としつつ「諸県令を会同し克く謀」る。費用節減のため「政堂を始め諸郡に至る迄役員を減」じ、事務の実効性向上のため「漢学を廃し機械究理之学を起す」と。これは従来の民政と財政の方針を併せた意見といえる。井上は「会計民政合一無之而は、会計之元は民政に有之候所、細末之事克相分居不申、甚以迂也」として、会計と民政が密接に連関していることも確認している。井上は「此論にて斃るゝとも、千歳後老台并弟抔之論通りに不相成時は必滅に相考候故、死して甘ずる所なり」と木戸に伝え、従来の方針を堅持し、自ら貫徹させようとしていた。そして民蔵分離後に大蔵大丞となった井上馨は次のような意見書を認めた[122]。

まず「政府微力ノ威権ヲ以テ方今藩政ニ至ルマデ手ヲ下ス、実ニ順序ヲ失スルニ似タリ」とし、政府の実力不足を理由に、廃藩置県実施を時期尚早とする。ここでいう実力とは「会計」「兵力」「法律」の三部門の確立であり、「兵部兵ナク、会計未ダ立ズ、法律未ダ因ルベキナシ」の現状では、「三百年来習ヒ性トナルノ俗」である藩政を「布告文章ヲ以テ」改革することはできないという。そこで今後「両三年間」は直轄府県の改革事業を「順ヲ追ヒ御改メ」、十分に「因ル可キ基ヲ立」ててから「力ヲ以テ一二ノ大藩ヲ圧倒」し、「文章ヲ以テ事実ヲ挙ルニ至」るとする。つまり、二、三年の改革事業を経て財力・兵力を蓄えてから、その威力を背景として「法律」の力で藩を制するという計画である。

では、「法律」は何に「因ルベキ」か。井上は「同ジク天地間ニ生ヲ得タル人命ニ差別アルノ理万々無之」ため、まず「尊卑」にとらわれた旧法を一掃し、今後は「広ク会議ヲ興シ、万機公論ニ決セラレ」、「旧来ノ陋習ヲ破リ、天地ノ公道ニ基カセラレ」るという「御誓文中ニ明カニシテ、億兆仰ギ知処」に即さなければならないと主張する。同時に、井上は集議院において「藩々ヨリ議ヲ出シ、天下ノ事ヲ議」するとも「或ハ私情ニ出デ、或ハ目的ヲ知ラズシテ議ヲ建テ、害アルモ益ナシ」と断じ、同院を閉鎖するよう求めた。新たな議事院として井上が構想するのは、直轄府県の地方官を議員とする〝地方官議事院〟である。すなわち、「三府三拾六県知事参事之内ヲ議員トシテ、年毎二回」開催し、そこに「六省輔丞」も「出頭」する、事務官全体の合意形成組織だった。この議事院では「官員制限ノ権、租税法、堤防橋梁、罪囚聴訟其他一切ノ事」を議定し、答議を「政府ニ仰ギ」、これを毎年重ねることで「十年内外」には「一般ノ法トナリ」「地方官ノ勤書ノ如キ者一巻ヲナシ、不同ノ事ナキニ至ラン」と見通される。

このように、井上は中央・地方官の協議によって立法するため、新たな議事院の必要性を説いたが、この議事院の構想は先述の岩倉のものを継承しており、目新しいものではない。むしろこの議事院構想と従来の民政・財政の方針を継承し、組み合わせて実行に移した点に井上の活動の特徴があった。井上は欧米研究に裏打ちされた大蔵省の改革方針を全国地方官に伝え、同時に地方官たちの実地意見を総合して立法に反映させることで、徐々に地方制度を造成していくという見通しを持っていた。廃藩置県後、法制度の重要性について、井上は吉田清成に宛て次のように述べている[123]。

今日小説を互に主張之議論がましく相渡り候も国家に益なき事、只々前途開化進歩之為、廟堂上には何藩或は誰之説と云区別なく、全国人民を率ひ駕御之術相立候は、法則之外手段無之事と奉存候。実に人面而人形を異にし、心志も大同小異は如何様開化之国と雖、分厘之違なき様は難相成事故、是を制するは法則を以器を一にするの外、他に策なきと奉存候。故に今日之急は法則立るを尤適当之時節と相考へ申候。

井上は政府における意見の割拠について「大同小異」と評する。つまり大目的は同じでありながら、それを実現するための方法に関する意見が無数に分かれている状態である。井上は藩や個人に帰属しない中立的な「法則」の制定により、「小異」を制して政治的統合を達成しようと考えていた。そして、先述の通り、彼の想定する立法には地方官の存在が必要不可欠であった。

明治五年二月、井上は「地方官員」が「旧来ノ仕来ニ泥ミ、廃置ノ御趣意柄更ニ貫徹不致県々モ有之候趣ニ相聞」として、「総テ旧習ニ不拘、新古判然区別ヲ立、更ニ方向ヲ決シ、速ニ改正ノ見据相立候廃置ノ御趣意」に基づくよう求め(124)、全国にその旨が発令された（太政官第三十九号(125)）。さらに、府県庁官員だけでなく、府県内の「民政」担当者総員についても改革を進め、同年四月には旧来の荘屋・名主・年寄等を全廃して、その事務を戸長に引き継がせたうえ、以後「土地人民ニ関係ノ事件ハ一切」戸長に担当させることとし（太政官第百十七号(126)）、十月には「一区総括ノ者」として区長の設置を認めた（大蔵省第百四十六号(127)）。所謂大区小区制・区戸長設置である。もとより「合懸［県］合村を第一」としていた井上は(128)、嵩む「村費」「無益ノ手数」を省くことを掲げ(129)、地方官が「民政」を実践できる府県内の制度を速成しようとしていた。井上は、「旧来ノ慣習一時洗除難致」原因として、（地方官の転任の多さとともに）地方財政基盤が脆弱であることを挙げ、①地方官を「四ヶ年間」現任地に固定すること、②経租（「官税」）・緯租（「地方ノ別税」）を区分して緯租の裁量を地方官に委譲することを正院に伺った（明治五年八月、②のみ裁可(130)）。この枠組みを基礎として、井上は地方官に対して次々に法令を発し、地方官は区戸長を通じてその対応に追われた。地方官事務は繁劇を窮め、明治六年二月、柴原和（木更津県権令）は正院に対し、府県は「隠然大蔵省ノ管轄ノ如ク相成」っており、大蔵省が府県に求める事業については「正副戸長其繁ニ堪ヘズ、村里庶民其費ニ堪ヘズ」と報じた。加えて地方事務全体を「統轄スルノ官省」がなく、各省それぞれに改革事業を計画し、その実施を府県に求めるがゆえに、「有限些少ノ県官ヲ以テ、各省無限ノ求需ニ応ズ」る無理を強いられていると批判した。[131]

もっとも、井上は大蔵省官員の立案能力を過信していたわけではなかった。井上は神奈川県令陸奥宗光の田租改正建議を評価しつつも「識者といへども座上之臆案ヲ以軽挙施設シ数千万人ニ遵奉致さすべき儀に無之」として現実適合性の有無を問題とした。そのため、「各府県知事令参事」を議員とする「議事所」の開設、審議を要望し、「田租改正之一事而已ニ無之、総而将来地方ニ関係施行之条目等百般之事務」をこの「議事所」で審議することを正院に求めた。[132] 井上は、会計事務・民政について現実適合性の問題があることを認識しており、地方官の実務環境を整える法令を発しながらも、事務の内容を規定する部分は人民にかかわるために性急な立法を回避し、全国地方官の意見を踏まえた立法を必要としていたのである。

明治五年十月二日、井上はようやく地方官会同の開催に踏み切れると判断し、正院へ次のように報じた。[133]

地方官ノ儀、当省ニ於テ統括総管致シ、諸般ノ事務無細大指揮ヲ加ヱ、頗牽掣束縛ニ相渉リ、苦情モ多ク候ヱ共、府県新置ノ際、各自ノ意見ニ任セ候テハ治体不斉、且従来磐根錯雑仕来取纏不申候テハ歳入出難見認ト致顧慮候故ノ儀ニ有之、敢テ其権力ヲ剝奪シ、苛酷ヲ以テ制馭致シ候主意ニハ無之候。然処、近頃府県ノ体裁稍目的モ相立候ニ付、自今ハ束縛ヲ解キ、県官ニ充分委任致シ可然ト存候（後略）。

井上は、大蔵省主導による旧習一洗に目途が立ってから地方分権に着手し、地方官会同によってその方策を確定させるつもりだったという。ここに、旧習一洗から地方官会同を経て地方分権へと展開する井上構想の順序が明瞭に見て取れる。

実際には大蔵省側の取り調べが間に合わず翌六年四月の開会となったが、井上は会議中の明治六年五月七日に辞表を提出した。「十年内外」という長期計画の一年目での辞職だったが、それでも廃藩置県の基礎を固める二年間を全うし、大蔵省政策・地方官会同を通じて県治条例改正・経緯租確定・地租改正・府県民会設立など以後の政策課題を明確化したことは、[134]井上構想の一定の成果といえる。以後、井上在任中の二ヶ年を共有した地方官たちは、会期を終えて管地に戻り、地方制度の見直しや府県民会開設を推進していったのである。

周知の通り、井上辞職の原因は政府内部の予算紛議にあった。井上は各省定額制による歳出の圧縮を主張してきたが、工部・文部・司法の各省は予算削減に抗議し、[135]左院は大蔵省の権限集中を批判し、大蔵省解体・内務省設置を推進した。[136]井上は自ら「八方敵中に坐す」[137]と形容するほどの苦境に立たされた末、辞職を選択した。井上にとって誤算だったのは、自らが作成していた新たな政府組織案[138]――太政官・諸省をすべて合併し、意思決定の一元化を図る案――が太政官に容れられず、大蔵省内の意思決定に対して他機関との衝突を招いたことだったと考えられる。太政官は明治四年七月に民蔵再合併を認めたものの、旧民蔵事務の一部などを分離・再編して新たに文部省、司法省を置き、意思決定機関としての太政官は正院、左院、右院の三院制を採るなどむしろ各省から自立した機関にしようとした。大蔵省の主張を他機関に対して押し通せる環境はなかったのである。

井上辞職直前の五月二日、太政官は官制の潤飾を行い、正院に「立法権」を集中させることで各省を制御しようとした。このとき官制上はじめて「内閣」の呼称を用いており、改革事業をめぐる各省割拠を太政官が主体的に収める意図が窺われる。先行研究では、太政官制潤飾は予算紛議に対する太政官の処方箋として理解されており、[139]留守政府期の一政治事件として把握されるにとどまっている。しかし、予算紛議が発生したそもそもの原因は各省の財政膨張にあり、各省の財政膨張は各省の立案の性格に由来する。各省の立案の問題は留守政府期に顕在化したものの、先述の通り、これは以前からの問題であった。井上馨は、辞表提出時の建議において各省立案の問題点を次のように説明している。[140]欧米諸国の人民は「常ニ政府ノ議ニ参スル」ために「利害得失内ニ明」であり政府はその監督に過ぎないが、日本の人民・政府間にそのような慣習はないため、各省には「政理」と「民力」の平均を測って計画を立てる責任がある。すなわち「政治ノ要ハ時勢ニ適スルヲ貴シトス」と。時勢への適合という指摘は、すでに民蔵分離時の三条の趣意書に明示された通りであり、井上が新しい指摘をしていたわけではない。むしろ、井上は依然として壮大な計画を立案し即時実施を要求してくる各省の体質を改めて問題にしたのであった。

そうであればこそ、太政官制潤飾には単に太政官権限を強化するということではなく、立法審査の課題とされてきた現実適合性の付与が念頭に置かれていたと考えられる。それを裏付けるのは、明治六年五月十八日、太政大臣三条実美が地方官一同へ向けて行った演説である（傍線湯川）[141]。

> 各地方ノ事務、実際精究ノ上、近々釐正周備ヲ求ムベキ御趣旨ニテ、既ニ今般議会ニ於テ決定セシ箇条ハ奏進ノ上允裁ヲ受クベシ。一体各地方官ノ議会ハ、民務ノ便宜ヲ実地ニ徴考スル緊要ノ事ニテ政理上、得益少トセズ。故ニ今後議事ノ体裁ヲ撰定シ、左院ニ於テ毎歳之ヲ開クベシ。其規則等ハ決定ノ上頒布可及ト雖モ、今般太政官職制並事務章程潤飾ノ上御発令相成、右御趣意ノ綱領ハ既ニ勅旨ニテ略承知モ可有之候得共、辛未七月制定ノ官省位置、職員権限、各其序ヲ得ルト雖ドモ、実地現務上ニ於テ各省委任ノ権限ヲ充拡シ、各自其規模ノ皇張ヲ期望スルヨリ、其末弊或ハ彼此権力相軋スルノ勢ヲ生ジ、動モスレバ理論ニ空馳シテ実際ノ事業緩急前後、其適度ヲ失ヒ、一致平均ノ準ヲ得ズ。故ニ太政官ノ職制章程ヲ潤飾シ、各省ノ権力ヲ平準シ、国勢民力ヲ審ニシテ、経理事業ノ緩急ヲ定メ、歳入歳出ヲ量テ百般政務ヲ議行セシメ、以テ前件ノ弊ヲ釐正セントノ旨趣ニテ（後略）。

ここで三条は二つの問題に言及している。一つは大蔵省が主催した地方官会同が「民務ノ便宜ヲ実地ニ徴考スル」ために有効な「議会」であるため、今後も左院の主催に移して継続開催すること。そしてもう一つは太政官制潤飾の理由であり、明治四年七月の官制では各省に対して「実地現務上」の権限委任を進めたが、それによって各省が互いに対立し、また現実的な事業計画ができていない、実施の緩急前後の判断ができていないといった問題が深刻化したと三条は指摘する。この演達は、原案が三条家罫紙に書かれていることから、三条自身の作成によるものであり、同[142]

書面に参議一同が連印していることから、正院の総意でもあったことがわかる。太政官制潤飾の直接の契機が予算紛議にあったことはたしかだが、潤飾によって解決すべき問題とされていたことはより根本的な立法問題であった。各省務が個別に地方へ及ぶ現況において、その適否を審査する必要性が高まっていたことは注目に値する。また、正院の諮問機関である左院の役割、地方官会議の開催もかかる文脈のなかで重視されていたことがわかる。

これに関連して、左院の地方官会議主催に先立ちまとめられた「議院仮職制」(143)（太政官罫紙）には、旧集議院規則が参照されており、次のように理由が記されている。

往年閉鎖セシ集議院ヲ今般開院シ、府県ヨリ参事権参事ノ中ヲ一人宛被召出、仮リニ其代議士ニ充テ、目今指急ギ候事件併ニ将来更ニ議院ヲ振興スル所以ノ方法ヲ協議スル為ニ、其仮職制ヲ設ケ、及ビ先般集議院規則ノ概略ヲ摘出シテ掲示スル、左ノ如シ（後略）。

太政官が地方官会議の開催を、旧集議院の再開として捉えていたことがわかる。従来の研究では、公議所・集議院と地方官会同・地方官会議は、間に廃藩置県を挟んだこともあり、全く異なる事象として認識されてきたが、このように両者の間には一貫性、継続性が流れていたのである。

なお、井上は辞職後も立法と事務の関係に関心を持ち続けていた。以下は明治七年十二月十八日の木戸宛井上書翰で、大阪会議周旋につながる有名なものだが、本節との関係から読み直したい(144)。

只々野生祈る所は、従来之如く法を人に存し、時其人の想像に依りて事務を施行するよりは、法律を立、其に依りて不可動様無之而は、幾度事を変換候而も次第順序相立不申、無益之事と奉存候。夫に付而はヲンリッチンロー之政府へ反対する人多く候而は愈以朝三暮四と変じ、終政府之目的を達す不能必然候間、老台之論を以板垣抔之論を折衷し、我国性質に相応する議院之方法を以、充分政府え権を取開院せば、脇和之道も相立可申哉と奉存候。

井上は、「法を人に存」する旧来の治政＝「ヲンリッチンロー」unwritten law を取り払い、明文の「法律」を以て方針を確定させ、各人の「想像」に振り回されない「事務」を執る必要があるとする。そして、「法を人に存」するままに放置すれば、反対論が飛び交ってさらに「朝三暮四と変じ」、政府の目的も瓦解するため、「法律」を確定させる機能を持つ「議院」が重要である、というところまで井上の議論は及ぶ。井上は、イギリスに渉った経験から、unwritten law に支えられるイギリス式の事務を例に取るが、事務に全く共通認識のない日本でそれを望むことはできないとして、フランスのように法律によって厳密に事務を制御する方法を追究していた。一方で、衆議を経て「法律」が整い、共通認識さえ形成されれば、段階的な分権は可能という考えから、最終的にはイギリスのような自治に移行していくつもりだったと考えられる。

以上のように、井上馨は大蔵省による歳出入管理、「量入為出」の方針を引き継ぎながら、大蔵省立案の現実適合性の欠如も認識しており、財政・民政における地方官の力量の養成と議事が、かかる課題の解決に役立ち、果てはそうして立法された法制度が政府運営における意思統一、安定化に貢献すると見通していた。そして、太政官制潤飾と地方官会議の開催は、政府要路が改めて立法審査の重要性を認め、立法における現実適合性の付与を求めたことを表している。

おわりに

本章では政府の目指した意思決定方式について、事務との関係において検討し、その意思決定方式における議事院の役割を明らかにした。

土佐派は、意思決定を掌る三職の会議とそこに有用な意見を提起する議事院を必要と認めたが、それは意思統一を図るために必要不可欠なものであった。しかし、岩倉ら政府要路は、事務の円滑な意思決定を必要と認めて、政府組織を構築、運営した（三職分課制・三職八局制）。ともに政府の信用獲得を目指した動きであり、土佐派は「公議」の制度化による意思決定への関与の広範化を志向し、政府要路は施政の実効を志向した。土佐派の志向は政体書に表されて分権の政府組織を規定したが、政府要路の志向もまた政体書官制下の組織運営に表されて実質的には合権の組織運営が採用された。

それでも、遷都論の再検討からわかったように、事務の円滑な意思決定が重要であることは、三職間の共通認識となっており、議事院にも政府の施策に現実適合性を付与する役割が求められた。したがって、政府要路が議事院に期待した役割とは、「公議」論で推察されてきたような三職の意思に対する追認ではなく、地方の実情に即した意見の集約であった。これは同時に「官僚」論で見落とされてきた事務官の立案の限界を補完する役割であった。

政府要路・事務官は、議事院が立法の現実適合性付与の役割を果たせないなかで、地方官との協議、連携を重視することとなった。立法における必要条件としては、大蔵省官員たちが強調した欧米法の講究がある一方で、政府要路はやはり現実適合性の獲得を重視していた。かかる二要素の不足と性質の相違は、会計事務と民政の組織編制をめぐる問題において顕著に顕れたが、どちらの要素も重要であるという点において、当事者の認識が異なっていたわけではなかった。伊藤博文が明確に述べたように欧米法の講究は、省内の立案において重要な要素であり、井上馨が注視したように、机上の立案が実際施行に耐え得るかどうかを図るうえで、立案から決定に至るまでに地方官の意見を踏まえることも重要な要素とされていた。また、特定の事務の目的にかなう立案について、総合的な見地から審査する必要性も、政府要路によって重要視されていたことがわかった。したがって、政府の立法について、①欧米法の講究（事務に資すると考えられる良法の発見）、②施行上の利害得失の斟酌、③各省事務の整合性の担保を充たすような形で行われることが、政府要路および各省事務官の課題と認識されていたのである。

なお、本章の検討から、二つの問題が派生する。

第一に、立案を担う事務官が、主管の事務において、如上の①・②と事務の関係をどのように考えて立案していたのか、という問題である。本章ではあくまで立法に必要と考えられていた要素＝課題を明らかにしたにとどまり、具体的に特定の事務のなかでどのような立案がなされていたのかを検討しなければ、立法の分析も手続きの検討にとどまってしまう。本章の検討を踏まえて、具体的な事務上の立案について検討する必要がある。

第二に、如上の③の要素について、各省事務をどのように分け、関連づけていったのか、という問題である。各事務の分割と総合は所与のものではなく、太政官・主務省の試行錯誤の結果と考えられるため、その過程を具体的に検討することで、各省事務の自己規定と相互関係を捉える必要がある。

第一点については、第二章において教育事務の立案を取りあげ、立案責任者である大木喬任の視点から検討を行い、第二点については第三章において開港場事務の再編過程を取りあげ、関係省の一つである外務省の視点を中心に、太政官・各省・府県の事務分担関係の形成過程を検討する。

註

（1）稲田正次『明治憲法成立史』上巻、有斐閣、一九六〇年、第二章。
（2）山崎有恒「「公議」抽出機構の形成と崩壊」（伊藤隆編『日本近代史の再構築』山川出版社、一九九三年）。
（3）寺島宏貴「「公議」機関の閉鎖」（『日本歴史』第七八六号、二〇一三年）。
（4）山崎有恒「公議所・集議院の設立と「公議」思想」（明治維新史学会編『講座明治維新』第三巻、有志舎、二〇一一年）。
（5）『法令全書』明治元年、内閣官報局、一八八七年、一五　一七頁。
（6）陸羯南『近時政論考』附録「近時憲法考」日本新聞社、一八九一年、二〇頁。
（7）福岡孝弟「五箇条御誓文ト政体書ノ由来ニ就イテ」（『明治憲政経済史論』国家学会、一九一九年、四五頁）。

（8）尾佐竹猛は福岡孝弟の発言を受けて「当時としては、否、現代に於いても、余りに、急進的立法である。其完全なる実施の効果を挙ぐることは到底不可能である」と結論づけた（『維新前後に於ける立憲思想』後編、邦光堂、一九二九年、三一九頁）。

（9）J・S・ミル（水田洋訳）『代議制統治論』岩波書店、一九九七年、一二五頁。

（10）『復古記』第一冊、内外書籍、一九三〇年、五―七頁。

（11）同右、一一二頁。

（12）「丁卯日記」慶応三年十一月十九日条（『史籍雑纂』第四巻、国書刊行会、一九一二年、二二八頁）。

（13）「丁卯日記」慶応三年十一月二十五日条（前掲『史籍雑纂』第四巻、二三七―二三八頁）。

（14）同右。

（15）前掲『復古記』第一冊、二六四―二六五頁。

（16）神山郡廉は十月十八日の日記に「諸侯御上京ノ上ハ、於朝廷ニ徳川氏初御一同御会シ被成、一心同力ヲ以天下を安穏ニ御鎮定可被成、御盟約第一等也」と記し、慶喜を含めた諸侯が一同に会し、「盟約」を結ぶことが最優先であると認めていた（K①）。一連の段取りは幕府方にも伝えられて、幕府方も賛意を示していた（「丁卯日記」慶応三年十一月二十七日条、前掲『史籍雑纂』第四巻、二三八頁）。中根は永井尚志（幕府方）を尋ねて計画を伝えると「尤同論」との回答があり、尾張・肥前藩に掛け合って同論を取りつけたことを伝えると永井は「大に安悦」したという。なお、十一月十五日、中根は永井から次のような慶喜の見込みを伝えられていた（「丁卯日記」慶応三年十一月十五日条、前掲『史籍雑纂』第四巻、二二五―二二六頁）。

先づ大体之処は、粒立候諸侯会集之上に而、上様之御見込書を御奏聞に而、夫を衆議に被懸候様被仰上、扨衆議之上、彼之善は無御固執御随順に相成候へば、夫に而大略相決し可申、天下之見る処、其様に変りたる事可有之様も無之候得ば、大同小異に而相定り可申と存候。夫が大綱に而、已下之細目は追々之事に可有之、何卒当年中に其辺之埒明候様致度心算之由。夫より枝葉之事は追々之事なるべく、先大綱領さへ相定候へば一と安心と申もの也。

根本（「大綱」）さえ定まれば、細目（「枝葉」）は追々で構わないので、まずは根本について「粒立候諸侯」の会議を招集し、そこで将軍の見込書を示し合意を取りつけることが肝要であるとする。そして、十一月二十八日には、中根が諸藩の控所勤役らに次のように伝えている（同二四〇頁）。すなわち、もし慶喜が「大公至正之尊王旗を被建」れば、親藩一同もこれに従い、もはや「抵抗」する者はいなくなるだろう。もしそれでも「私説を主張」する「異論之徒」があれば「夫は討つても天下の許す処なり」。これは「唯只管に御公正之御趣意を、何処迄も押通す」政治、「一心同力異論を討つ之議」である、と。同論藩多数の形成には、親藩をはじめ多数の藩の合意を取りつけられる慶喜の先導的役割は重要であった。

(17) 前掲『復古記』第一冊、三二七頁。

(18) 同右、二八九―二九三頁。

(19) 伊達宗城「御手留日記」慶応三年十二月二十六日の条（橋本博編『維新日誌』第二期・第三巻、静岡郷土研究会、一九三四年、二二二頁）。

(20) 前掲『復古記』第一冊、四四一頁。伊達は日記にも、「是非之論決モ無之」ままに「朝敵」の命を下したことを「公平之義ニ無之」と綴っている（『伊達宗城在京日記』日本史籍協会、一九一六年、六二五頁）。

(21) 前掲『復古記』第一冊、四七二頁。

(22) 中根雪江「戊辰日記」（前掲『史籍雑纂』第四巻、三一〇頁）。

(23) 前掲『伊達宗城在京日記』六四三頁。

(24) 大塚武松編『岩倉具視関係文書』第三巻、日本史籍協会、一九三〇年、四一二頁。

(25) 同右、四一三頁。

(26) 前掲『法令全書』明治元年、二七―二八頁。

(27) 国立公文書館所蔵「太政類典」第一編・慶応三年―明治四年・第十八巻・官制・文官職制四、第二号文書。

(28) 明治元年一月十日、太政官第二十一号（前掲『法令全書』明治元年、六―七頁）。

(29) 明治元年一月十九日、太政官第四十二号（同右、二一頁）。

(30) 『日本外交文書』明治期・第一巻第一冊、巌南堂書店、一九九三年三版、三四八―三四九頁。なお、東久世の職名は「太政官日誌」慶応四年、第二巻、一二丁による。「権」は督、輔に次ぐ地位である。

(31) 前掲「太政官日誌」慶応四年、第二巻、五一―五二丁。

(32) 同右、五三―五六丁。

(33) 明治元年三月、福岡孝弟意見書（前掲『明治憲政経済史論』三三―三四頁）。

(34) 国立国会図書館憲政資料室所蔵「岩倉具視関係文書」〈対岳文庫〉七―一―(一)。日付は多田好問ほか編『岩倉公実記』

下巻、(皇后宮職) 印刷局、一九〇六年、二八三頁による。
(35) 佐々木克『志士と官僚』第一章 (講談社、二〇〇〇年、原版は一九八四年)。
(36) 混乱を招くところだが、大久保のいう「内国事務」は国内の事務全般を指しており、三職分課制における「内国事務」(畿内の庶務) よりも広い意味で使われている。
(37) 前掲「太政類典」第一編・慶応三年―明治四年・第二十六巻・官規・任免二、第三十三号文書。
(38) 前掲『伊達宗城在京日記』六八六頁。
(39) 同右、六九三―六九四頁。
(40) 前掲『復古記』第三冊、二六一―二六二頁。
(41) 木戸孝允関係文書研究会編『木戸孝允関係文書』第二巻、東京大学出版会、二〇〇七年、一六七頁。
(42) 佐々木克「東京奠都と東京遷都」(明治維新史学会編『講座明治維新』第三巻、有志舎、二〇一一年)。
(43) 前掲「岩倉具視関係文書」〈対岳文庫〉七―一〇―(七)。
(44) 前掲『木戸孝允関係文書』第二巻、八頁。
(45) 明治二年一月四日、神山郡廉・門脇重綾意見書 (佐々木克・藤井譲治・三澤純・谷川穣編『岩倉具視関係史料』下巻、思文閣出版、二〇一二年、六〇頁)。本史料は月日を欠くが「神山郡廉日記」一月四日の条に「当春東京へ御再幸ノ儀ニ付、我見込逐一認メ、今日門脇へ為見、同人ヨリ岩倉卿ニ差出候事」とあるので、同日のものと推定される。
(46) 前掲『岩倉公実記』下巻、六八五―六八六頁。
(47) 佐藤誠三郎『「死の跳躍」を越えて―西洋の衝撃と日本』第六章、千倉書房、二〇〇九年 (第六章の初出は一九八一年)。
(48) 福岡孝弟「五箇条御誓文ト政体書ノ由来ニ就イテ」(前掲『明治憲政経済史論』四四頁)。
(49) 後年の福岡は政体書について「封建専制ノ直後ヲ承クルニハ余リニ急進的ニ過ギタモノト見エ、其実施ノ成績ハ予期ヲ距ルコトガ甚ダ遠カッタノデアル」と語っているが、これは後年からみた評価であり、明治元年当時の問題関心を表してはいない。この回顧談が研究史上に及ぼした影響は大きく、直訳的で無謀な立法行為という評価が定着していった (註(8)参照)。近年でも政体書については、政権担当者の理解不足や議事運営の経験不足を理由として、限界性を強調する評価方法が一般的である (藤田正「明治初年の太政官制と「公議・公論」」、前掲『講座明治維新』第三巻、など)。
(50) 前掲「岩倉具視関係文書」〈憲政資料室所蔵Ⅲ〉一二―七―(一〇)。

(51)　前掲「岩倉具視関係文書」〈対岳文庫〉七—一〇—(七)。
(52)　前掲『岩倉具視関係史料』下巻、一一三頁。
(53)　明治元年七月二十日、坂田莠意見書（国立国会図書館憲政資料室所蔵「憲政史編纂会収集文書」四七五、「大木伯爵家文書　建白書意見書類」）。
(54)　前掲「岩倉具視関係文書」〈憲政資料室所蔵Ⅲ〉一二—三—(四九)。
(55)　前掲『法令全書』明治元年、二九九頁。
(56)　前掲「太政類典」第一編・慶応三年—明治四年・第三十巻・官規・任免六、第三十三、三十四号文書。
(57)　前掲『法令全書』明治元年、三〇二頁。
(58)　同右、三九〇頁。
(59)　前掲『岩倉公実記』下巻、六八四—六八五頁。
(60)　同右、六八二—六八四頁。
(61)　明治二年一月二十五日、大久保一蔵宛森金之丞書翰（立教大学日本史研究会編『大久保利通関係文書』第五巻、吉川弘文館、一九七一年、三〇八頁）。
(62)　明治二年五月、議員一同建白書（国立公文書館所蔵「諸雑公文書」雑〇一二一四一〇〇）。
(63)　明治二年六月四日、桂右衛門宛大久保利通書翰（『大久保利通文書』第三巻、日本史籍協会、一九二八年、一九七頁）。
(64)　『日本外交文書』明治期・第二巻第二冊、巌南堂書店、一九九三年三版、一八七—一八九頁。
(65)　前掲『大久保利通文書』第三巻、二四七頁。
(66)　前掲「太政類典」第一編・慶応三年—明治四年・第二十一巻・官制・文官職制七、第六十号文書。
(67)　国立公文書館所蔵「第一類　雑種公文」中「公文録」集議院所収。
(68)　前掲『岩倉具視関係史料』上巻、二三三頁。
(69)　妻木忠太編『木戸孝允日記』第一巻、日本史籍協会、一九三二年、七六頁。
(70)　前掲「太政類典」第一編・慶応三年—明治四年・第六十九巻・地方・地方官職制三、第二号文書。
(71)　前掲『法令全書』明治元年、一四二頁。
(72)　前掲「岩倉具視関係文書」〈憲政資料室所蔵Ⅲ〉一二—五—(二五)。

(73) 同右、一二―三―(一一)。
(74) 註(69)参照。
(75) 前掲『法令全書』明治元年、二四三頁。
(76) 同右、二五一―二五二頁。
(77) 早稲田大学社会科学研究所編刊『中御門家文書』上巻、一九六四年、一三八―一四〇頁。
(78) 同右、一四六頁。
(79) 前掲「岩倉具視関係文書」〈憲政資料室所蔵Ⅲ〉五―三三。
(80) 前掲『岩倉具視関係史料』上巻、二六二―二六三頁。なお、官・府合併策をめぐる由利・江藤の意見対立については、星原大輔「由利財政と江藤新平」(『ソシオサイエンス』第十三号、二〇〇七年)参照。
(81) 前掲「太政類典」第一編・慶応三年―明治四年・第十八巻・官制・文官職制四、第四十一号文書。
(82) 前掲「岩倉具視関係文書」〈対岳文庫〉七―二〇―(六)。
(83) 前掲「太政類典」第一編・慶応三年―明治四年・第二十三巻・官制・官庁制置一、第五十七号文書。
(84) 前掲『岩倉具視関係史料』上巻、二四四―二四五頁。
(85) 明治二年一月、広沢真臣意見書(前掲『岩倉具視関係史料』下巻、一一四頁)。本史料は作成月を欠くが、史料末尾で横井小楠暗殺事件に言及していることから、一月に作成されたものと思料される。
(86) 明治二年一月、広沢真臣意見書(「議政官日録」明治二年四月二日条、前掲『維新日誌』第二期・第三巻、一一二頁)。意見書の提出月は大塚武松編『広沢真臣日記』(日本史籍協会、一九三一年)四五八頁による。
(87) 明治二年二月五日「府県施政順序」(前掲「太政類典」第一編・慶応三年―明治四年・第六十九巻・地方・地方官職制三)。立案者が広沢真臣であることは、明治二年一月二十八日の岩倉具視宛三条書翰に「府県規則広沢献言ノ通リ治定、猶規則書同人作進申付候」とあることによって知れる(前掲『大久保利通文書』第三巻、八四頁)。
(88) 明治二年二月十三日、岩倉具視宛広沢真臣書翰(前掲『岩倉具視関係文書』第四巻、二二一―二二二頁)。
(89) 前掲『法令全書』明治二年、四四―四五頁。
(90) 同右、一二一頁。
(91) 木戸は明治元年十二月六日の日記に「民部官をまた新に建るの議を起し衆議一決」と記している(前掲『木戸孝允日記』

第一巻、一五四頁)。

(92) 前掲『法令全書』明治二年、一四三—一四四頁。

(93) 同右、一六二頁。

(94) 前掲『広沢真臣日記』二〇二—二〇三頁。

(95) 同右、二一六頁。

(96) 前掲『岩倉公実記』下巻、七四九—七五一頁。

(97) 前掲『岩倉具視関係文書』第四巻、二七九頁。

(98) 前掲『広沢真臣日記』二一九頁。

(99) 同右、二二〇頁。

(100) 同右、二三三頁。

(101) 前掲『法令全書』明治二年、一八六—一九〇頁。

(102) 同右、一六八頁。

(103) 前掲『日本外交文書』明治期・第二巻第二冊、三三一—三三二頁。

(104) 前掲『法令全書』明治二年、二七九頁。

(105) 同右、二八一頁。

(106) 同右、二七九—二八〇頁。

(107) 同右、二八二頁。

(108) 明治二年十一月十七日、渋沢栄一上申書（渋沢青淵記念財団竜門社編『渋沢栄一伝記資料』第二巻、渋沢栄一伝記資料刊行会、一九五五年、二一三頁)。

(109) 同右、二八〇頁。

(110) 前掲『岩倉具視関係史料』下巻、二四〇—二四一頁。

(111) 『大隈重信関係文書』第一巻、日本史籍協会、一九三二年、二八四頁。

(112) 「条公政体ノ儀ニ付書取」（前掲「岩倉具視関係文書」〈憲政資料室所蔵Ⅲ〉一九—三—（一〇））。

(113) 前掲『岩倉具視関係史料』下巻、三三九頁。

(114) 明治三年十月、木戸孝允意見書(前掲『木戸孝允文書』第八巻、九八―一〇三頁)。
(115) 前掲『岩倉具視関係文書』第四巻、三九八頁。
(116) 早稲田大学図書館所蔵「大隈文書」イ一四―A〇〇〇一。
(117) 大内兵衛・土屋喬雄編『明治前期財政経済史料集成』第二巻(「大蔵省沿革志」)、原書房、一九七八年、一一四―一一五頁。
(118) 高谷道男編訳『フルベッキ書簡集』新教出版社、二〇〇七年、二一六頁。
(119) 同右、二一九頁。
(120) 国立公文書館所蔵「大使書類原稿欧米大使全書」所収。
(121) 明治三年三月、木戸孝允宛井上馨書翰(前掲『木戸孝允関係文書』第一巻、三四七、三四九―三五一頁)。
(122) 明治三年、井上馨「建議草稿」(国立国会図書館憲政資料室所蔵「井上馨関係文書」六五七―一八)。
(123) 京都大学文学部国史研究室編『吉田清成関係文書』第一巻、思文閣出版、一九九三年、八三頁。
(124) 明治五年二月五日、正院宛井上馨伺書(国立公文書館所蔵「公文録」明治五年・第十三巻・壬申二月・大蔵省伺)。
(125) 前掲『法令全書』明治五年、五四―五五頁。
(126) 同右、八八頁。
(127) 同右、六八九―六九〇頁。
(128) 明治三年三月、木戸孝允宛井上馨書翰(前掲『木戸孝允関係文書』第一巻、三四七頁)。
(129) 明治五年四月七日、正院宛井上馨伺書(前掲「公文録」明治五年・第十七巻・壬申四月・大蔵省伺一)。
(130) 明治五年八月二日、正院宛井上馨建議(前掲「公文録」明治五年・第二十九巻・壬申八月・大蔵省伺二)。
(131) 明治六年二月四日、正院宛柴原和「府県寮ヲ被置候議」(国立公文書館所蔵「第四類　上書建白書」、「諸建白書」明治六年四月―十二月所収)。
(132) 明治五年六月二日、正院宛井上馨大蔵大輔上申書(前掲「大隈文書」イ一四―A一九九八)。
(133) 明治五年十月二日、正院宛井上馨伺書(前掲「公文録」明治五年・第三十一巻・壬申十月・大蔵省伺一)。
(134) 地方官会同の基礎的研究として、福島正夫「明治六年の地方官会同と地租改正」(『東洋文化研究所紀要』第十八冊、東京大学東洋文化研究所編刊、一九五九年)、関口栄一「明治六年大蔵省地方官会議」(『法学』第五十五巻第五号、東北大学法

学会、一九九一年)、滝島功「明治六年「地方官会同」の研究」(明治維新史学会編『明治維新の政治と権力』吉川弘文館、一九九二年)が挙げられる。
(135) 関口栄一「明治六年定額問題」(『法学』第四十四巻第四号、一九八〇年)参照。
(136) 勝田政治『内務省と明治国家形成』吉川弘文館、二〇〇二年、第三章参照。
(137) 明治六年一月二十二日、木戸孝允宛井上馨書翰(前掲『木戸孝允関係文書』第一巻、三六二頁)。
(138) 註(122)史料および明治三年「新タニ太政庁ヲ建造シテ諸官省ヲ合併スベキ議」(前掲「大隈文書」イ一四―A〇四五六)。
(139) 中川壽之は、潤飾草案の作成に携わった渋沢栄一の史料から、当時大蔵省と他省がもめていた予算編成について、正院に参議・大隈重信がいることを前提として、正院権限強化により予算紛議を一掃する効果をねらったものと指摘した(中川壽之「太政官内閣創設に関する一考察」、明治維新史学会編『幕藩権力と明治維新』吉川弘文館、一九九二年)。
(140) 前掲「太政類典」第二編・明治四年―明治十年・第三百二十八巻・理財四十八・雑一、第五号文書。
(141) 前掲『法令全書』明治六年、七七三―七七四頁。
(142) 国立公文書館所蔵「官符原案」原本・第六(明治六年)、第三号文書。
(143) 前掲「大隈文書」イ一四―A〇五二七。
(144) 明治七年十二月十八日、木戸孝允宛井上馨書翰(前掲『木戸孝允関係文書』第一巻、三七五頁)。

第二章　明治初年における教育事務の立案
——大木喬任と学制

はじめに

日本近代教育行政史は、長く明治四年（一八七一年）の文部省創設、ないし翌五年の学制公布を起点として論じられてきた。とくに学制はその目的における知識主義、方法における画一主義・非現実性、実施における専断性が強調されてきた。(1)そして、それは欧米列強に対抗する近代国家建設のための教育制度の速成という対外関係重視の理解を前提に、江藤新平や旧大学官員の洋学者たちの学校制度の西洋化志向によって補強され、フランス学制など欧米教育制度の直訳的導入という性格が強調されてきたといえよう。(2)

しかし、実際に政府当務者がどのような意図のもとで学制を制定し、運用していったのかについての実証的な検討は未だ不十分である。なかでも、学制立案の総責任者にしてその実施責任も負っていた文部卿大木喬任の意図や活動については、従来の研究では全く明らかにされていない。

大木は、明治元年に東京府知事、同大参事となり、明治三年にはその実績を買われて民部大輔に抜擢され、明治四年に民部卿に昇格してまもなく文部卿に抜擢された人物であり、大木の文部卿就任までの経歴はすべて民政担当官である。文部省は多くの旧大学官員を抱えていたが、大木の経歴は彼らとは大きく異なっている。

以上のように、従来の研究では文部省創設・学制を起点とする教育行政の評価が積み重ねられてきた反面、それ以前の大木の課題認識と活動、明治新政府における民政改革の動向については検討の外側に置かれてきた。しかし、学制が近代教育行政の起点と目されるのは後世からみた結果論にすぎない。これを学制制定に携わった当事者・責任者の眼から観た場合、学制の見え方は大きく変わってくる。後述するように、彼らにとって、学制は明治元年から取り組んできた民政改革のひとつの帰結であり、なお通過点であった。本章では、明治元年以来、民政改革の中心にいた大木喬任の課題認識と活動を具体的に明らかにし、新政府の民政改革との関わりで教育事務と学制を位置づけ直すこととしたい。

第一節　民政改革の胎動

（一）民政改革と大木喬任

大木喬任は明治元年（一八六八年）十二月、東京府知事に就任するが、東京府には課題が山積していた。東京（江戸）には幕末以来、各地から日稼ぎ、流民が集まっており、明治元年の戦火と水害がこれを加速させていた。明治元年七月十九日、江戸府（のち東京府）は治安の改善を図るため、市中へ次のように触れた。(3)

元来市民共初年より教育方不宜、成長ニ随ひ放蕩無頼ニ相成、果は住処を離れ法業を犯し重科ニ被処候者不少、右は全算筆等専稽古可為致年頃ニ至候而も父兄親類之もの共等困窮ニ迫り、教道不相立故之儀ニ付、深歎敷次第ニ付、今般市中所々え算筆稽古所取立、（後略）。

江戸府は寺子屋や家庭の「教育」の役割の大きさを理解していた。生活の苦しい者の子弟は、小さい頃から日用の知識（読み書き算盤）を得る機会がなく、成長とともに「放蕩無頼」となり、身を持ち崩す者も少なくない。そのため、町役人および町の「重立候者共」が共同し、市中各所に彼らのための「算筆稽古所」を開き、「人々謹直誠実ニ生立、産業を努、往々御国益ニも相成候様」達した。江戸府は窮民が増加するなかで、彼らを寺子屋（「算筆稽古所」）で学ばせ、自力で生計を立てられるようにすれば、結果として治安は安定すると考えたのである。

政府ではこうした生活上に必要な学びと欧米の新知識の導入をどのように捉えていたのか。たとえば、明治二年一月、大久保利通は「政府ハ万民ヲ保護スル本職」であるとした上で、次のように述べる。(4)「即今宇内各国全盛ノ政ヲ布キ、文明開化ノ教ヲ施シテ一〔モ〕備ハラザルナシ。由テ是ニ慣ハザルベカラズ。然トイヘドモ其来ルヤ漸次ノ功ヲ積ミ今日ノ治ヲ成スニ至」っており、したがって日本でも人民の信用を得て改革の実効をあげていくため「至公至平ヲ以テ心トシ、旧弊ヲ改正スルヲ旨トシ、空論ニ馳セ新奇ヲ好ムベカラズ。且緩急順序ヲ弁別シ進歩ヲ急ガズ、其目的ノ達スベキ条理ノ適スルニ至テハ是ヲ施シ、断々然トシテ動クベカラズ」というのである。大久保は緩急順序にしたがって漸次に成果を挙げていけば、最終的に「進歩」が果たされると捉えており、学校の制度についても、「先ヅ無識文盲ノ民ヲ導クヲ急務トスレバ、従前ノ俗ヲ失ハズ、教化ノ道ヲ開」くことができるとし、漸次、新たな学校の学びに就かせることを求めた。

この考え方は大木喬任にも共有されていた。大木は東京府知事就任にあたり、政府に条件を出しており、「右之件々御許シ無之候ハヾ、目的無御座ニ付、余人ニ被仰付度」と、条件が認められなければ辞退するとした。(5)これは東京府治が様々な問題の複合によって成り立っていたからであり、以下の「緩急」（着手の順序）を誤ればすべてが破綻すると考えたからである。

自然御許ニ而奉奉仕候半ハ、急切御責被遊候而ハ当惑仕候。尤緩急之義御差図次第、目的相立可申心得、依而ハ下手ノ深浅厚薄ニ関係仕候ニ付奉伺候。

急ノ一　下　　除害ニ止ル

急ノ二　中　　除害民少シク安ズ
緩　　除害興利
大緩　　永々ノ利ヲ興ス

民政（東京府治）においては、成果を急ぐべきではなく、緩急順序に従って長い目で着手していく必要があると考えた大木は、人民生活上の問題（害）を解決することから始め、人民の安心を得て、利益を興し、恒久的な大利益に至ることを展望していた。

また、大木は「関東之事」には理想を明確に定める「学問」だけでなく、現実的な方策を見いだす「変通」が必要だとし、たとえ最初より理想通りに事が運ばなくとも「とりすがり泣すがり初事不出来バ再事ヲヨクシ、再事不出来バ再々事ヲヨクシ、勉テ皇国落着之目的ニ達る之誠意肝要ト乍不及奉存候。是僕が素心ニ御座候(6)」と述べる。こうして、大木は「功績」に逸る周囲を牽制しつつ、緩急を見極めた漸進的な改革の必要性を説き、それを実行していったのである。

大木は自ら「急」と認める人民生活の「除害」について、管内各所に救育所を開設して窮民が職に就く支援を行うとともに、明治三年五月二十七日には「近来時勢之変革より俄ニ及破産困窮之もの不少」として授産仕法を立て「工場」を開設した(7)。大木はこの「工場」について「専ら工芸ヲ起シ、窮民之手業ヲ廣からしむルト工芸ヲ相開クト之積リニ有之、純直之大商富家有之候ハヾ御用申付、工場之周旋為致候積リ(8)」としており、府下の窮民の「手業」の種類を増やすとともに「工芸」を振興することを必要と認めていた。救育所・工場はそれぞれ人民が生計を立てられるよう学ぶ機会を設けるものであり、学ぶことは自活することと結びつけられていた。また、同年三月、東京府は「着実緊要之学ニ基」く小学校を開設し(9)、六月には中小学校設立の概則を定めた。

一方、流民は増加の一途を辿っており、東京府は七月に関東地方の荒蕪地を使って開墾事業を興すべく、民部省に開墾局を置くよう上申した(10)。事は東京に限らず全国の問題であり、天皇は戦火と凶作の影響により「遊民最多」き現状について緊急の対策を不可欠として、宮廷費を削減して全国の人民救済費に充てる旨の詔書を発し、太政官も官禄を削減して人民救済費に充てる布告を発した(11)。

こうした人民の生活の苦境が民政の重要性を高め、政府は全国の民政改革の舵取りを大木に期待するようになる。大木は、明治三年七月に全国の民政を総轄する民部省に登用され、実務のトップである民部大輔に就任した。民部省の職掌には勧業などとともに「府藩県中小学ノ事」も含まれており（明治三年八月九日太政官布告）、大木は同年九月に開墾規則を制定、十二月には省内に開墾局を置く一方、全国への学校の普及について方針をまとめていくこととなる。

大木の登用には、民政の漸進的改良への期待が込められていた。明治二年に発足した民部・大蔵省の急進的な地方改革路線に対して地方官たちの批判が巻き起こったが、政府もこれを問題視していた(12)。たとえば、大久保利通は大坂へ出張した際、道中凶荒に苦しむ人民を目の当たりにして「兎角廟堂上之坐論とハ現場実見と大に相違之事而已」（傍点湯川、以下同様）とし、人民の生活を顧みない政策展開を痛烈に批判している(13)。結果、政府はそれまで首脳兼職だった民部・大蔵両省を分離し、新たな民部省の実務統轄者として大木を選定したのである。このとき、民部省分離をすすめた三条実美はその意義について「此迠民蔵ノ所行目途不善ニ非ズ、方略拙ニ非ズ、唯時機ニ不適、人心ノ怨望ヲ来シテ今日ニ至ル所以ナリ。今政府其中ヲ取テ時宜適当ニ出ントス」と説明しており、改革方針を日本国内の人民の現状に適合した形で具体化することが求められていた(14)。このとき大久保は松方正義（日田県知事）に宛て「民蔵御分割之御運相成、就而此上之処一入従政府規則御手ヲ下サルベキトノ事ニ相決、夫々御見込之人物被為召、尚実地上之得失ヲ御聞取公論ヲ以前途之御目的可被為立ト之御事ニ候。此度貴兄ニも御用済出府致候様御沙汰相成候(15)」と報じており、政府要路が府県「規則」を定めるために「実地之得失」を重視していたことが窺える。以後、大木は東京府における漸進的な民政改革の経験を基にしながら、政府の要望に応えて人民生活に即した民政改革の方針を取りまとめていく。そして、このことは文部卿就任後の大木の学校制度に関する方針にも反映されることとなる。

(二)　民部大輔大木喬任の学校構想――明治三年「建国策」をめぐって

学校制度の取調は、大学においても行われていた。大学は明治三年二月十九日、大学規則・中小学規則を取りまとめ、太政官へ提出した。周知の通り、両規則に示された「実用ヲ天下ニ施ス」ために大中小学の階梯を整備する方策は、大学大丞加藤弘之や箕作麟祥ら学校取調御用掛の設計によるものとみられる。しかし、これは机上の案であり、民部大蔵省政策の頓挫にみられたように、明治三年当時、中央の制度設計をそのまま地方へ及ぼすことは難しい状況にあった。大学規則・中小学規則も法令とはならず、あくまで地方の参考用として配られ、実施方法は地方官の判断に委ねられた(16)。そうしたなかで、政府では岩倉具視が今後の政策方針の大綱「建国策」を取りまとめていた(明治三年八月に一旦完成)。「建国策」は岩倉個人の意見書ではなく、各事務組織の意見聴取を経て作成されたもので、学校制度の項目には大学の意見が反映された(17)。

一　天下ニ中小学校ヲ設置シテ大学ニ隷属セシム可キ事

天下ニ不教ノ人民ナカラシムルニハ府藩県各二三箇所ノ中学校ト数十百箇所ノ小学校ヲ設置セザル可カラズ。国家ヲシテ文明ニ導キ富強ニ赴カシムルコト人智ノ開進ニ在ルハ勿論ニシテ、天下ノ人民ヲシテ不学ノモノ無カラシムルハ一朝ニシテ成ルベキモノニ非ズ。今ニシテ之ヲ施設セザレバ悔ユトモ及バザルモノアラン。速ニ学制ヲ府藩県ニ頒布シテ各之ヲ施設セシメテ大学ノ監督ニ属セシムベシ。

「国家」の「文明」「富強」を実現するためには「人智ノ開進」が不可欠であり、「天下ニ不教ノ人民ナカラシムル」「天下ノ人民ヲシテ不学ノモノ無カラシムル」必要がある。人民一般が学問に就くには時間がかかるため、今より着手する必要があり、速やかに「学制」を府藩県へ「頒布」して、全国に一定数の中小学校を整備し大学の監督下に置くべきである。この内容は大学規則・中小学規則の趣旨通りであり、のちに旧大学官員を引き継いだ文部省における学制立案にも共通するところである。

しかし、岩倉は「建国策」に対して改めて各事務組織の主任者たちの意見を求めた。すでに七月には民部・大蔵省が分離し大学が閉鎖されており、改めて意見聴取を行う事情があったものと考えられる。七月に民部大輔となった大木は十月以降になって、次のように所見を示している(18)。

一　大ニ学校ヲ興シ兆民ヲシテ学芸ヲ習熟セシムベキ事

兆民ノ此世ニアル、学バ則知リ教ユレバ則熟ス。即其霊智天ノ附与スル所、之ヲ習学セシメザルベカラズ。而国ノ以テ富強安康ナルユヘンノ者、全ク人智ノ明ト不明トニ係カル故ニ、今日ニアリテ尤モ手ヲ下ス之急務、此ヨリ甚シキナシトス。且ツ人ノ学習一朝ニシテ成ルベキモノニアラズ。速ニ之ヲ不為レバ雖悔不可及ルモノアラン。

速ニ良方ヲ設クベキノ事。

人民は学べば知り、教えれば習熟する。これは天賦の「霊智」であり、それを発現させるためには「習学」が必要である。国家が「富強安康」であるのは、人智の開明が果たされているからであり、それを実現するために行動することが最も「急務」である。人民の学習はすぐには達成されないため、速やかに着手して良い方法を設ける必要がある。先の「建国策」が天下・国家・大学という上＝官の立場から地方・人民へと下降し、学問の普及を説いていたのに対して、大木はあくまで人民の視点から「霊智」の発現、学習の重要性を説き、その実現が結果として国家の「富強安康」を達成することにもなるとしている。旧大学の方針を大木の視点で読み替えたことが窺える。大学が遺した大中小学の制度構想についても、大木は次のような見解を示している。

まず、「上ミ王公ヨリ下庶人ニ至リ普ク億兆衆庶ノ知ルベキハ即チ宣教ノ大意ナリ第二件ノ条ニ此意ヲ論ズ。而シテ大中小学校ノ如キハスベテ人ノ智能ト芸術トヲ講明了得サスベキノ具也」。前半は大教宣布の詔（明治三年一月三日）を受けたもので、後半において大中小学は「智能」「芸術」の育成のためにあるとする。このような二分論は、江藤新平の道学・芸学論と同様に当時の政府要路には根強い考え方で、いわゆる東洋道徳・西洋芸術の二分論に由来する。大木はこのような理解のもと、学校の課題を「智能」「芸術」の普及に求めるとともに従来の儒学の学びの問題点を強調し、「此ノ弊ヲ洗除シテ以テ至良ノ法ヲ設ケズンバ、独リ益ナキノミニ非ズ、恐クハ国家進歩ノ道ヲ妨ゲン」と厳しく批判した。

次に、「大中小学校ノ中何レカ急何レカ緩、之ヲ分ツ不可トイヘドモ、其尤モ注意シテ急ニ手ヲ下サズンバアル不可ル所ノモノハ、幼学所ノ如キ也、婦女子ノ学ノ如キ也、商法学ノ如キ也」、つまり、最も「急」なるものとして「幼学所」「婦女子ノ学」「商法学」への着手をあげた。なぜならば、従前の学問が「空理ヲ談ズルト文字ノ難キトヲ以テ」人民は学問を忌避する習慣を持っており、自ら学問に就く者は「百ノ一二ナシ」の状況にあるため、この「文明ノ障碍」を取り除くことから始めなければ学問は普及しない。そのためには、まず平易な学問を用意し（「須ク知易ク通ジ易キノ事ヲナシ」）、前掲三件の着手を先行させるべきであるとして、次のように述べる。

速ニ幼学所ヲ盛ニシ、普ク人民ノ文明ヲ進マシムベシ。且ツ幼童ニアリテ教ノ尤浸入スル者ハ母ノ教多ニ居ル故ニ、人ノ文明ヲ進メント欲セバ、婦女ノ学ナカルベカラズ。且ツ今也万国比隣海外ト往来ス。其義ハ即チ公法ニ基ヅクトイヘドモ、其事ハ即通商交易ノミ。サラバ我億兆ヲ安ジ我国体ヲ振ハント欲セバ、人ノ為メニ不可被致、即チ商法ノ学不可不講。

人民の文明を進めるためには、幼学所を盛んにするとともに、家庭教育を担うことのできる母を養成する婦女の学が必要である。また、商法学に通じた人材の養成が万国との通商交易において不可欠である。大木は「天文也地理也器械也測量也精密也兵也農也、素ヨリ緩ニスベキモノニアラズト雖ドモ、前三件ノ如キハ一般ノ文明ト利益トニ関係スル甚ダ大ナリ」と締めくくった。

大木は大中小学の学問の重要性を認めつつも、緩急論を以てまず「一般ノ文明ト利益トニ関係」する幼学所等を普及させ、人民生活の改良を図る必要があるとした。しかし、大木は学校を建てれば人民が自然とそれを受け容れるとは考えておらず、人民の学問を忌避する旧弊の除去から始めなければならないことも、同時に強く意識していたのである。

明治四年七月十八日、政府は大学を廃して文部省を新設し、同月二十七日、民部省を廃止した。これに伴い、旧大学官員たちは文部省へ異動し、箕作麟祥や長三洲らは学制取調掛として草案作成に取り掛かるが、他方、文部卿には民部卿に昇格していた大木が選任されたため、後述するように、学制の作成過程で両者の学校構想が統合されることとなる。

第二節　「教育」と学制の間

（一）学制における両構想の統合

旧大学の構想では大中小学の系統的組織化が企図されていたが、人民の生活について考慮できておらず、実際施行上に不安があった。この問題は文部省の学制立案段階でも表面化した。明治五年（一八七二年）一月二十三日、学制取調掛のうち最も高位にあった長三洲（文部少丞、前大学大丞）は、海外渡航中の木戸孝允に宛て、学制取調の問題点を次のように報じている(19)。

唯今日之急は文部省之任にて、天下を学に入れ候事第一之急務と奉存候処、兎角に相運び不申。固より一朝に出来致候事には無之候得共、兎角着手延引いたし候故、大にあせり居申候。天下に及び候大規模は且々仏学等ノ方法により相定候得共、是も将来之処にて眼前之処は先打捨置候姿にて、心頻に焦燥仕候。

「天下を学に入れ」ることが急務であるとする課題認識は、旧大学の構想から変わっていない。長は学校制度全体の目途（「大規模」）はフランスなどの方法を用いて定められたが、これはあくまで将来に達成すべき目標（「将来之処」）であって、現在着手していく手順（「眼前之処」）は「打捨置」く有様となっていると焦りを感じていた。たしかに、完成した学制章程にもフランス学制などを参照した制度像が示されているのみで、着手の順序は示されていない。

この問題に対して、大木文部卿は持論を太政官に示していく。大木は学制案を太政官へ提出する際の上申書において「国家ノ以テ富強安康ナルユヘンノモノ、世ノ文明人ノ才芸大ニ進長スルモノアルニヨラザルハナシ。而シテ文明ノ以テ文明トスルユヘンノモノ、一般人民ノ文明ナルニヨレバナリ」として人民一般の「文明」が果たされることが、ひいては国家の「富強安康」につながるという考えを改めて述べている。[20]同時に、大木は学制実施の着手の順序を記した書類を添え、学制実施にあたって「小学校」「師表学校」「一般ノ女子、男子ト均シク教育ヲ被ラシムベキ事」「商法学校」等を急とし、とりわけ小学校を最も急なるもの（「第一着」）と定めた。[21]先述の通り、これは大木の持論において人民生活と学問の距離を埋めるために不可欠の「急」であった。小学校について、大木は「皇邦従来之風、凡ソ人八九歳若シクハ十二三才ヲ過グ、尚学問ノ何物タルヲ不弁、漸ク長ズルニ及ンデ其営生ニ仮々タリトイヘドモ、素リ天然ノ良智ヲ其以テ可進達ノ時ニ棄テシメタルヲ以テ、志行賤劣、求ル所モ亦随テ得ル事不能、流離落魄、自ラ活スルヲ不能者不可勝数」と述べ、「建国策」において「霊智」の発現を求めて「幼学所」の必要性を説いた時と同様の意見を示している。

こうして旧大学以来の取り調べの成果として極めて画一性の高い学制章程案がまとめられた一方で、学制実施において着手順序を定めて人民生活と学問を架橋するとした文部卿上申書が表裏一体で太政官に提出されることとなった。しかも学制布告書案には「今般文部省に於て学制を定、追々教則をも改正可及普告ニ付、自今以往一般の臣庶人民をして華族士族農工商及婦女子必ず邑に不学の戸なく、家に不学の人なからしめん事を期す」という旧大学を頂点とする学校行政の構想を踏襲した文言とともに、「凡人間営むところの事、学あらざるハなし。人能く其才のあるところに応じ勉励して之に従事し以て初て生を治め産を興し業を昌にするを得べし。されバ学問ハ身を立るの財本ともいふべきものにして、人たるもの誰か学バずして可ならんや。夫の道路に迷ひ飢餓に陥り家を破り身を喪の徒の如きハ畢竟不学のいたすところにして、其過ち安にかある」という、人民生活の視点から学問の必要性を捉える文言が合わせられている。(22)

学制布告書についてはこれまで福沢諭吉『学問のすゝめ』初編との思想的類似性が指摘されてきたが(23)、その結果として、文部省の主体性如何については等閑に付されてきた。しかし、人民皆学（「邑に不学の戸なく、家に不学の人なからしめん事を期す」）はすでに旧大学の構想にみられ、学問と生活の連関（「学問ハ身を立るの財本」）は東京府・民部省において大木が追究してきた学校の役割であった。学制布告書は旧大学と民部省に分かれて構想された学校制度が文部省において合流し、これを基にした同省における主体的な情報選択の所産ということができる。

なお、太政官は学制布告書の末尾に「右之通被仰出候条、地方官ニ於テ辺隅小民ニ至ル迄不洩様便宜解訳ヲ加ヘ精細申諭、文部省規則ニ随ヒ学問普及可致候様、方法ヲ設可施行事」と加筆して、地方官に実地適合の施行を促した(24)。大学規則・中小学規則同様、学制章程は机上の案であることは太政官も理解していた。そして、それは長三洲が自覚的に述べたように、文部省でも同様の認識が持たれていた。明治五年十一月十五日、文部省は上京した地方官らを省へ出頭させ、「教育事務議会」に参席するよう達した（文部省第四十三号）。この方法は、かつて民部省が在京地方官から民政の実情について意見聴取する仕組みを採っていたことと相通ずる（明治三年八月二十二日民部省第五百三十九号）。しかも「教育事務議会」を開く趣旨も「教育事務ノ儀ハ専ラ当省ヘ御委任相成候ニ付、其実地施行ノ際ニ至テハ地方官ノ責任ニ候得バ、学制ノ御旨趣ヲ以テ将来ノ目的等委詳可及協議ハ勿論」としており、地方官に対して学制の章文通り実施するようにとは指令していない。文部省はあくまで学制の「将来ノ目的」を定めていくために、「実地施行」

の責任者である地方官の所見を必要としていたのである。

したがって、文部省は府県からの学制実施方法に関する伺に対しても、概ね地方官の提起する現実的な方法を承認している。たとえば、埼玉県では人民の「人心固陋」「懶惰」「悪弊」を理由に、①学制第五章により中学区を便宜に定めること、②当面中小学教員を地方官の見込みにより選定することなどを挙げるが、文部省はこれを承認した。(25) また、千葉県では学制通り「四中学八百四十小学モ」建設することは「元来僻陬ノ貧民費用供給ノ力モ及ビ難ク、且郷里ノ広狭民居ノ疎密ニヨリ毎村ニ貧富ノ差等之レ有リ、一概ニ配設致サセ難ク候」と、人民個人および村落間の経済格差を考慮に容れれば学制通りの実施はできないとし、小学区を広く取るとともに、人口周密地、小村などでそれぞれ適宜の学区を設ける方法を開申した。(26) これについても、後日、督学局より承認されている。同様に宮城県でも「総戸数ノ八九分ハ疲弊ヲ極メ今日ノ生計ニ苦ミ居候仕合」および人民の「頑陋」を理由に、やはり広域の一小区を単位として小学一校を設置する案を伺い、承認された。(27) 人民がすすんで「学校」を受容しないことは大木も地方官も理解しており、実施可能な方法が必要とされていたのである。

(二)　学制の改良——「再事」への着手

大木は学制公布という「初事」を終えて、早速「再事」に着手する。学制において十分でなかった人民の日用の学びと欧米学問の接合関係について、改正案の準備を始めたのである。(28)

我国ハ我国乃文字あり言語あり風俗あり学問あり。蓋智識以上の事ハ万国普通乃道理あるを以て亦自ら我ニなきにあらずとす。独りとぼしきところのものハ凡百般の工芸技術及天文窮理医療法律経済等の事ニして欧米諸州の我ニ長ずるもの幾百倍なるを以て今我が願ゆて彼ニ取らんと欲する所のものハ、則此ニあるのみ。彼ハ彼国の文字言語風俗あるを以て其国人をして人たらしめんと欲す。教ゆるニ其国乃小学中学より大学ニ上ル事ヲ以てセざるべからず。

我レハ我国乃文字言語風俗あるを以て、此国人をして人たらしめんを欲す。教ゆるニ我国乃小学中学より大学ニ上る事ヲ以てセざるべからず。

是故ニ彼ノ国の小中学科の順序を以て今悉ク我レニ真写セバ我レニ於て其無益なる、固リ言ヲ不待。而して為之幾多乃歳月ヲ費し我ガ求むる所の目的ヲ達するヲ得ニ至ル不可。

我が求ル所の目的トハ、則前ニ云フ所の彼レの実事を取ルニアリ。

これは中小学の学制・教則等を修正する案だが、要するに欧米諸国は自国文化（「文字言語風俗」）の教育の上に技芸諸学を積み上げていくのに対して、日本の学制や教則は欧米の制度を直訳的に導入しているため、小学校で西洋の文化を教えることになってしまう。人民が日本で生活することを考えると、日本の文化を教えたのちに技芸諸学を積み上げるべきであり、よって、小学校では日本の人民が日本で暮らしていくために必要な文化を教える必要があるというのであった。こうして大木は、学制・教則の日本化を「再事」の課題と捉えて、学制の改良を図ろうとした。

一方で、大木は人民一般に向けて学制布告書をより詳細にした「父兄心得之事」を準備し、父兄はたとえ「貧困」であっても子弟に対する「教育」の「責」を負うと強調した。[29] 学制は小学校設置・維持費用を受業料・寄附金・学区内集金によると定めていたが、人民生活の窮乏や学問を忌避する傾向、さらに人民一般が「学問ハ身を立るの財本」であることが実感できていない状況下で、それは困難な課題であった。そうしたなか、大木文部卿は明治六年三月、次のように主張して学区内集金の義務化を求めた。[30]

興学ノ財源乏ク、已ニ府県委托ノ扶助金額等ハ被相渡候得共、有限ノ正税ヲ以テ無限ノ求ニ応ズ可ラズ。然ルニ昨年来学事ヲ以テ総テ官ニ依頼スル等ノ弊習ハ洗除候得共、未ダ興学ハ人民一般ノ責タルヲ解セズ、（中略）固ヨリ人民一般ノ責ニ帰スベキ儀当然ノ筋ニ可有之候。

文部省定額金は大蔵省の予算削減策に伴い請求額から大幅に削られ、小学校設置・維持費用の多くを民費に頼らなければならない状況のなかで、大木は「興学ハ人民一般ノ責」と説き、人民の自主的な費用負担による小学校整備を求めたのである。

同案を取り調べた左院は、学制が「学問ハ自費タルベキノ主意」のもとに出された以上、「学区費用ト称スル雑税」を認めることは適切ではないと批判し、結局、大木の案は却下となる[31]。しかし、大木は四月十七日、学制第九十八章に文部省の権限で但書を追加し、子弟の有無に拘わらず学区人民より「正租雑税町費村費ノ高」を標準として集金の割合を定めるなど、「費用ヲ学区ヨリ出サシムル」ことを明記した（文部省第四十九号[32]）。そして、同日には、少額でも「官ノ扶助」を受けた学校は「私費半バヲ過グトモ」「官立学校即チ公学」とすると定め、これらの学校を「官立」とした（文部省第五十一号[33]）。小学校設置に対する大木・文部省の意志が明確に示された行動といえよう。

この問題は大木退任後にも再度浮上してくる。大木は政府の官制改革（太政官制潤飾）に伴って四月に文部卿を退き参議に昇格した。代わって岩倉使節団の海外視察を終えた田中不二麿が文部省を率いることとなるが、偶々敦賀県庁が第九十八章但書追加に準拠した伺書を大蔵省に送ったため、同省がこの規定の存在に気づき、太政官に対して同但書追加の削除を要請する事態となった[34]。この件には後述するように大木が参議として関与している。以下、経過と内容を分析する。

まず、大蔵省は五月二十八日、敦賀県より「貧困窮乏多々居リ且未ダ学事ノ急務タルヲ悟ルニ至ラ」ない人民より高額の受業料を集めることは困難であるため「学区内課金」の方法を以て戸口賦課を行いたいとの伺を受けた。大蔵省はこれを資料として太政官へ伺い、正租雑税等を標準とする学区内集金とは「全ク税額ヲ致増加候訳」、つまり実質的な学税賦課に他ならないと主張し、これでは「有禄無税」の士族のみを利し、ただでさえ生活に窮している他の人民の「困乏」を助長して「修学之余力」を奪うこととなり、不公平を免れないと糾弾し、学費は「富豪有志之徒」

の協議に基づく出金ないし従前の「積金」の再利用で対応して農民たち窮乏の者への負担を強制すべきではないと主張した。これに対して太政官は文部省へ下問し、田中は次のように答えている。

第九十八章但書は現段階で「学税」を定めては「税法ノ均一ナラザルヨリ自然不公平」となり、人民の認識も「時勢未ダ此ニ至リ不申」ために設けた規定で、「畢竟其区ノ学校ハ其区内ノ保護スベキ者タルヲ示スノミ」であり、正租雑税等を標準とする賦課を強制するものではなく、あくまで学区内人民の自主的な費用負担法の選択を促している。敦賀県庁の文部省への届書でも人民が「衆力協同一般賦課ノ方法ヲ設ケ候上、県庁ヘ伺出」ることになっており、学税賦課ではなく「地方ノ適宜」によるものである。文部省は「学制ニ掲載有之候通、一般人民ヲシテ学ニ就カシムル事方今ノ急務ニシテ決シテ偏重ハ無之様処分致候」、つまり学制の趣旨通り人民一般の就学を目指しており、公平性には十分な注意を払っている。総じて、最終的に学区内集金を行うにせよ、他の方法によるにせよ、それは学区内人民一般の了解に基づき自主的に選択された結果であり、県庁の強制力を伴う学税には当たらないというのであった。留意したいのは、地方において小学校設立・維持費を出さないという選択はあり得ないということである。最後に田中は次のように論じる。

万一御取消相成候時ハ、業ニ已ニ是迠敦賀県ノ如キ同様ノ方法ヲ以テ漸ク学校設立保護ノ基礎相立候府県モ、夫ガ為メ一朝瓦解ニ及ビ、方今学事日進之機先ヲ挫キ可申ハ目前ニ有之、且大蔵省申立之通学費ヲシテ皆之ヲ富者ニ出サシムルモ、有限ノ金ヲ以テ無限ノ需ニ応ズル事ハ千万難カルベシ。仮令之ヲシテ能ク応ゼシムルモ遂ニ学資ヲ官或富人ニ依頼スルノ習弊ヲ生ジ、学問ハ人ニ其身ヲ立ルノ資本タル事ヲ弁了セザルニ至リ、将来教育隆盛ノ地位ニ至ル事期シガタク存候間、御取消無之方可然存候。

学区内集金を拠り所としているのは敦賀県内の学区だけではないため、ひとたび学区内集金の規定が解除されれば小学校整備事業は「一朝瓦解」し、学事の停滞は免れない。また、大蔵省は富者の資金を当てにしているが、それで小学校整備に足りるとも思われない。そして何より、人民一般に学資を負担させずに官や富者頼みの「習弊」が定着すれば、人民が「学問ハ人ニ其身ヲ立ルノ資本タル事」を了解せず、結果として教育の「隆盛」も期し難くなるという。ここに明確なのは、人民が学制理念にいう「学問は身を立るの財本」であることを実感してはいないという大木以来の前提であり、それを実感してもらうためにも人民一般の学資負担により全国各地に小学校を建てなければならないという「急」の意識である。学制の理念を実現するためには小学校を建てないという選択肢はなく、そこで近世以来臨時の出費に対応する戸口賦課の慣習が、生活に余裕のない人民の力で小学校を設立・維持する方法として再発見・再選択されることとなった(35)。文部省は学制の理想と現実の関係を明確に捉えていたのである。

さて、太政官は明治六年八月、大蔵省の上申書と文部省の上答書を基に審査した結果、文部省の判断を支持し、第九十八章但書の存置を決めた。ただ、太政官財務課長が起案した決裁原書には「尤一般民費課金之儀ハ其区之情態ニ依リ実地施行之際、尚注意為致候方可然ト存候」、つまり学区の実情には十分注意を払うよう注意を喚起する必要が認められており、次のような達案となっていた(36)（傍線湯川）。

伺〔大蔵省伺――湯川註〕之趣、詮議之次第有之難聞届、尤学費之儀ハ可成丈人民之情願ニ任セ強而課賦不致様、伺出候向ヘハ心得方可相達事。

太政官としては、人民の負担過多を懸念し、人民の情願を尊重するよう促したかったことがわかる。しかし、参議・大木喬任はこの案に付紙を以て「可成丈人民之情願ニ任セノ分、削リ去ル方可然ト考候、如何」と記し、達案傍線部の削除を求めた。人民の情願に任せれば費用は集まらず、集まらなければ小学校設立・維持は成り立たない。大木はいまだ小学校の必要性が実感できていない人民の情願には任せられないと考えていたのである。

そして、明治六年十一月、大木は大臣・参議一同に示した意見書のなかで、今後の重要課題として「教育ヲ盛ニスル事」の大項目を掲げ、小項目に「人撰」「学校」と記して「右取調御覧ニ入ルべき積リ也」と締めくくった(37)。参議となってなお大木の「再事」は継続していたのである。

田中はこうした学区内集金の仕組みを引き継ぎつつ、官の強制を想起させる「官立小学校」の名号から「公立小学校」へと切り替える（明治七年八月二十九日文部省第二十二号達）。以後の公立小学校の制度化は、私立小学校設立の奨励、教則の自由化と合わせて教育令へと結実していく(38)。

おわりに

民政改革のなかで教育は治安の安定、人民生活の立て直しを図る要務として重要な位置を占めるようになった。民政担当者として改革の中心にいた大木喬任は、改革にあたって事の緩急を定めて当面の課題を限定し、漸進的・現実的に行うことを意識していた。そのため、大木は改革方針の策定を急ぐ傍ら、成果を急がなかった。その姿勢は学制にも表れ、学制布告書に示した学制の目的を堅持する一方で、学制に方法的な問題があることを前提に公布後の「再事」＝修正・改良に着手した。なお、大木は「再事」の道半ばで文部卿を退いたが、これは政府の官制改革（太政官制潤飾）に伴って参議に昇格したためであり、なお「再事」の意欲を失わなかった。

学制には「除害」から「興利」まですべての民政上の課題が包摂されていたが、実施には緩急と漸進的改良が前提とされていた。確かに、学制には立案者も認める非現実性・画一性があったが、そのことは政府・文部省ともに制定前から承知しており、従来の研究において学制構想の挫折と評されてきた学制の現実的再編は、実際には彼らが地方官たちに期待していたプロセスであった。民政の実効を求めてきた彼らにとって、学問の人民生活への定着、「学問ハ身を立るの財本」の実現が緊要の課題であり、学問の必要性を実感する場としての小学校の整備は不可欠であった。学資金問題は、小学校の目的や効果が人民一般に理解されていないなかで小学校整備を図らなければならないという、大木、田中らの認識とその実施上の難しさを表している。なお、この問題の田中文政期における実相については、第八章において具体的に検討する。

　大木、田中らにとって学制は通過点に過ぎず、早晩現実的に改良されなければならないものであった。学制の改良は、大木が想定していたように継続課題として以後の文部省政策の中心を占め続けた。田中不二麿は明治八年一月の「文部省第一年報」上梓において同省の所見を上奏したが、それは地方官は学制を標準として成果を焦るのではなく「結果ノ功ヲ将来ニ期ス」「蓋学事ノ方法ハ地方ノ便宜ニ随フヲ以テ其規制ノ如キモ風土ノ情勢ニ依ラザルヲ得ズ」（田中奏議）というものだった[39]。また、田中はこの年報を印刷して府県へ頒布したが、その際年報に以下の学監モルレーの意見書を掲載した。すなわち、「学制ハモト帝国ノ事情ニ従テ施ス可キ概略ヲ挙ルモノニシテ、一々其実効ヲ見ルハ多年ノ事業ニシテ、之ヲ実地ニ経験スルニ、実地ノ活用ニ至テハ多ク改補スル事ナカル可ラズ」（学監申報）と。大木が必要とした小学校整備の方法は、田中率いる文部省と府県の模索により、漸次各地方に定着していくこととなる。その後、大木は再び教育事務を執る機会を得る。それは全国的に厳しい財政状況で迎えた明治十六年のことで、第三次教育令に小学教場を規定した。そして明治二十四年、小学校令施行にあたり、文部大臣大木喬任は普通教育の重要性を確認したうえで就学率が半に届かないことに触れ、その原因が生活窮乏者の子弟の就学困難と、生活水準に沿わない小学校の施設方法にあると指摘した[40]。小学校と実生活の距離をいかに縮めるかは、学制にとどまらず、大木の、また文部省の教育事務に通底する課題であった。

註

（1）倉澤剛『学制の研究』（講談社、一九七三年）、井上久雄『学制論考』（風間書房、一九六三年）、金子照基『明治前期教育行政史研究』（風間書房、一九六七年）は、力点の差異こそあるものの、いずれも学制の机上性と挫折を指摘する。『日本近代教育百年史』第一巻（国立教育研究所編刊、一九七三年）第一編第一章も、政策一般が「一刻も早く列強と伍しうる近代統一国家を建設する」ため「強力な中央政権構築の路線」に基づくものであり、「教育政策も国民生活の実態の肯定の上に立っているのではなく、めざす近代統一国家においてあるべき国民の姿に焦点を合わせて」おり、「机上計画といわれる現実無視の壮大な学校制度を策定しなければなら」ず、国内の財政難や人民の反抗の前に躓いたとまとめる。

(2) 文部省官員、学制取調掛の多くが旧大学の洋学者であったこと、福沢諭吉の『学問のすゝめ』に類似点があること、フランス学制などが参照されたことから、その直訳的制度化を政府・文部省の見通しの甘さ、拙速として批判する見方もすでに通説となっている。

(3)『府治類纂』第四巻（文化図書、二〇一一年、原本は東京都公文書館所蔵）所収。

(4) 国立国会図書館憲政資料室所蔵「岩倉具視関係文書」〈憲政資料室所蔵Ⅲ〉一七―四―(二)。

(5) 同右、一二―三―(五二)。

(6) 明治元年九月十五日、鮫島尚信宛大木喬任書翰（佐々木克・藤井譲治・三澤純・谷川穣編『岩倉具視関係史料』上巻、思文閣出版、二〇一二年、四七八―四七九頁）。鮫島は当時、徴士・外国官権判事だが、十月に東京府権判事兼外国官権判事となる。

(7) 前掲『府治類纂』第二十巻所収。

(8) 国立国会図書館憲政資料室所蔵「大木喬任関係文書」書類の部・一七―七。

(9) 前掲『府治類纂』第二十九巻所収。

(10) 早稲田大学図書館所蔵「大隈文書」イ一四―A一三三九。

(11) 明治二年八月二十五日、非常節倹の詔及び太政官布告（「太政官日誌」明治二年第九十二号、四―六丁）。

(12) 政治経過は松尾正人『廃藩置県の研究』（吉川弘文館、二〇〇一年）第二章等参照。

(13) 明治三年一月六日、副島種臣宛大久保利通書翰（前掲『岩倉具視関係史料』下巻、二四〇―二四一頁）。

(14) 前掲「岩倉具視関係文書」〈憲政資料室所蔵Ⅲ〉一九―三―(一〇)。

(15) 明治三年七月二十七日、松方正義宛大久保利通書翰写（日田県罫紙）（大分県文書館所蔵「明治三年　布告綴」）。

(16) 当時の大学校では儒学者・国学者・洋学者が対峙していたが、政府は新たに学校取調掛を任じ（箕作麟祥、内田正雄、細川潤次郎、神田孝平、森有礼、西周ら）、学校制度の改革案を作成させた。彼らは大学規則・中小学規則をまとめ、明治二年十一月には大学校別当以下御用掛、大少丞の承認を得た。明治三年二月十九日、大学（明治二年十二月十七日、大学校から改称）はこれらを上梓し府藩県に「頒チ」たいと太政官へ伺ったが、太政官は「大学ニテ学則不挙候テハ上梓見合可申、尤学則伺出候者ヘハ為写取不苦候事」、つまり大学が「大学規則」の実効を挙げるまでは大学規則・中小学規則の全国頒布は認められないが、内容を知りたい者が伺い出れば写し取らせるのは構わないと指令した。ただ、大学は二月二十八日、「諸省其外」が当該規則を「内見」したいと申し出ること屢々であり、書き写しは混雑と誤謬の弊害があるとして、「内見」の便を図るため「活字版」を用意したいと伺い出、太政官もこれを認めた（明治三年二月十九日および同月末日大学伺・太政官指令〔国立公文書館所蔵「公文録」明治二年・第二十四巻・己巳十二月―庚午四月・大学伺〕）。太政官は大学規則・中小学規則を法令として全国に触れ出すことを押しとどめ、大学もそれを受け容れているため、一部「内見」に応ずるための印刷版の提供は、それが法令として公布されたことを意味しない。むしろ、太政官側が机上の立案である大学規則、中小学規則の実効性を懸念し、全国的施行に慎重であったことが窺える。なお、明治二年三月二十三日、東京府は中小学校取調掛を選定している。

(17) 多田好問編『岩倉公実記』下巻、（皇后宮職）印刷局、一九〇六年、八三二頁。

(18) 国立国会図書館憲政資料室所蔵「憲政史編纂会収集文書」四六八。同文史料が「大木喬任文書」書類の部・五五―一にある。本文書は、岩倉具視を中心とする「建国策」作成に大木が関与していたことを示すものとして菊山正明『明治国家の形成と司法制度』（御茶の水書房、一九九三年、一一二頁）において紹介されているが、内容の検討はなされていない。なお、文書中には学校関係のほか、関東を直隷州とする案や藩知事の人材登用など大木の以前からの持論が展開されている。

(19) 明治五年一月二十三日、木戸孝允宛長三洲書翰（木戸孝允関係文書研究会編『木戸孝允関係文書』第四巻、東京大学出版会、二〇〇九年、四七六頁）。

(20) 前掲「大隈文書」イ一四―A四二四七。

(21) 同右、イ一四―A四二〇二。

(22) 同右、イ一四―A四二四七。

(23) 前掲『日本近代教育百年史』第三巻、四八〇頁など。なお、慶応義塾出身の坪井玄道は『教育五十年史』（国民教育奨励会、一九二二年）において、福沢の社会的影響力の大きさを背景として当時「三田の文部省」と揶揄されていたこと、「当時文部省の首脳者たる田中不二麻呂の如き、或は九鬼隆一男の如き、常に福澤先生にいろゝゝ相談して、文部行政に当つて居た」ことを語っており（二八頁）、一般にこの評価が研究にも用いられてきたが、文部省官員と福沢の間に交流があったことと、文部省が福沢の意向に即して行動したかどうかは別問題である。実際、学制は福沢の推す英学によらず、各国法を斟酌しており、特に学校制度にはフランス、教則にはアメリカの情報が参照されていたことが知られる（倉沢前掲書など）。また田中文政についても田中自身の海外調査や文部省における国内外情報をもとに主体的な制度・政策設計がなされている（第八、十章参照）。文部省には国内外から多様な情報が集積されるが、その取捨選択や制度設計の意図については、当務者作成の史料に即した具体的な検証が必要と考えられる。

(24) 註(22)参照。

(25) 『文部省日誌』明治五年第四号所収（佐藤秀夫編『明治前期文部省刊行誌集成』第一巻、歴史文献、一九八一年、一八―二〇頁）。なお、教員が揃えられないとして人員の派遣を求めた山形県に対しても、「当今師範学校ノ設ケ有之候得共、未ダ至当ノ教師不出来候ニ付、当省ヨリ差下ノ儀難相成」として当面は地方官の見込みで選定するよう指令している（同第六号、二九頁）。

(26) 千葉県史編纂審議会編『千葉県史料』近代篇・明治初期二、千葉県、一九六九年、九七―一〇二頁。

(27) 『文部省日誌』明治六年第五号所収（前掲『明治前期文部省刊行誌集成』第一巻、六九―七〇頁）。

(28) 明治六年大木自筆学制改正案（前掲「大木喬任関係文書」書類の部・五五―五）。

(29) 前掲「大木喬任関係文書」書類の部・五五―五所収。詳細は湯川嘉津美「学制布告書の再検討」（『日本教育史研究』第三十二号、二〇一三年）参照。

(30) 明治六年三月「学制中第九十八章但書改訂ノ申立」（前掲「公文録」明治六年・第四十八巻・明治六年一月―三月・文部省伺）。

(31) 同右。

(32) 『法令全書』明治六年、一四九三頁。

(33) 同右、一五〇二頁。

(34) 明治六年六月二十八日、大蔵省「学資金之義ニ付伺」及び敦賀県伺・文部省上答書・太政官指令（国立公文書館所蔵「公文録」明治六年・第百三十九巻・明治六年九月・大蔵省伺（二））。

(35) 以後の文部省および府県の学資金問題への取り組みについては、第八章参照。

(36) 註(34)参照。
(37) 国立公文書館所蔵「諸雑公文書」中〔明治六、七年 雑書類綴込〕所収。
(38) 教育令の立案意図・制定過程については第十章参照。
(39) 前掲「公文録」明治八年・第五十六巻・明治八年一月・文部省伺（一）所収。
(40) 明治二十四年十一月十七日、文部省訓令第五号（『官報』第二千五百十六号、同年同月同日付)。

第三章　明治初年における事務分界の形成
――開港場事務の再編をめぐって

はじめに

第一章にみたように、政府は事務ごとに組織を設け、各事務官に各々の事務方針を立案させたが、民蔵合併・分離問題は複合的な地方事務に関して太政官・各省・府県の事務を線引きすることが如何に困難であるかを示した。そして第二章にみたように、教育事務はもともと異なる二つの事務領域の要素が組み合わせられて緒に就いた。各事務の線引き、すなわち事務分界の設定が所与のものではなく、形成物であることが了解されよう。

では、政府はどのようにして事務分界を形成していったのだろうか。本章では、明治初年の事務のなかで最も複合的な事務領域と考えられる開港場事務の再編過程に着目し、その事務分界の形成過程を明らかにする。開港場は旧幕府時代の条約とともに新政府へ引き継がれ、開港場事務は新政府発足当初の外交事務の主要な部分となったが、開港場は条約に規定される場であるとともに、国内の一地方でもあるために他省の内治事務とも接触する複合領域であった。そのため、後述するように、開港場事務の再編過程には、外務省はもちろん、民部省、大蔵省、司法省、府県庁も密接な関係を有し、関係各省の事務分拒関係の規律には太政官も関与した。その意味で、開港場事務の再編はとくに複合性の高い事案といえる。

開港場事務の再編には、政府発足当初から開港場事務を主管していた外交事務組織（外国官、外務省）が主体的にかかわっていると考えられるため、外交事務組織の当務者の認識と活動を分析する必要がある。しかし、外交史の先行研究では、『外務省の百年』が外務省組織の形成過程を官制・職制類から検討し、三上昭美「太政官制下における近代外政機構の形成」（『中央大学文学部紀要』第三十六号、一九六五年）は、明治五年（一八七二年）十一月に副島外務卿が制定した「外務省事務章程」に省内機構の確立を認めたが、検討史料が官制職制上に留まっているため、それらを立案・制定した外務省当務者の認識と活動については明らかにされてこなかった。また、明治初年の条約改正取調及び岩倉使節団による条約改正交渉の経過については、下村冨士男『明治初年条約改正史の研究』（吉川弘文館、一九六二年）および石井孝『明治初期の国際関係』（吉川弘文館、一九七七年）に詳しいが、条約改正を主題としているため、開港場事務の再編については焦点化されていない。

また、開港場事務の再編、事務分界の形成は外交事務組織のほか太政官の方針や、官制改革の動向、他の関係各事務組織の意図が複雑に絡み合うなかで行われたため、太政官や関係事務組織の認識と活動を総合的に分析する必要がある。明治太政官制研究では、太政官制の「委任」機能に着目し、外交事件を捉える視角を提起した笠原英彦「マリア・ルス号事件の再検討――外務省「委任」と仲裁裁判」（『法学研究』第六十九巻第十二号、一九九六年）が挙げられる。笠原の検討は、太政官制と外交事件を一体的に捉えようとした点で示唆に富んでいるが、明治六年の大蔵省を題材とした羽賀祥二「明治初期太政官制と「臨機処分」権」（明治維新史学会編『幕藩権力と明治維新』吉川弘文館、一九九二年）の「臨機処分」権の指摘に依拠したものであり、事件以前から蓄積されてきた外務省、外交事務固有の事情については踏まえられておらず、太政官制改革と各省・府県事務との関係についても検討されていない。

以上のように、先行研究においては、①外務省機構の整備過程、②条約改正交渉、③明治太政官制について、それぞれに研究が進められてきたが、事務分界の問題にスポットが当てられることはなかった。本章では明治初年を代表する外交事件であるマリア・ルーズ号事件を手がかりとしつつ(1)、同事件、条約改正交渉、明治太政官制改革の三者と一体となって進行した開港場事務の再編過程について検討することとする。

第一節　外国官・外務省と太政官の課題認識

(一)　外国官の権限要求と太政官の対応

明治元年(一八六八年)一月十一日、政府はフランス水兵と備前藩兵の衝突(神戸事件)を受け、急遽十五日に和親条約の継承、および「宇内之公法」に基づく「外国交際」を宣明した(2)。そして「外国交際」の事務を主管する事務組織として、十七日には事務分課の一つとして外国事務科を設け、二月三日の改定では外国事務局を置いた。二月七日、議定の松平慶永・山内豊信・毛利敬親・島津忠義・浅野長勲・細川韶邦は連名建議し、外国事務局設置は「天下の人をして方向する処を知らしめ給ハんとの御趣意」であるとし、早急に攘夷に代わって和親を「外国との交際」の「方向」と定めるよう政府に訴えた(3)。彼らのいう外国交際は国家同士の条約関係の保持だけでなく、「上下同心」のもと「彼が長を取、我が短を補ひ万世之大基礎」を立てるというように、文物の交流やそれによる内治の改良を含んでおり、この方針を「海内へ布告して永く億兆之人民をして方向を知らしめたまひ度」、すなわち全人民に周知徹底することを望んだ。岩倉具視も意見書のなかで「外国交際ノ事、彼ガ所謂自主独裁ノ体則ニ改革セザレバ、何ヲ以テカ名分ヲ正シ、国体ヲ更張センヤ」とした(4)。「自主独裁」とは「国帝ノ命令、全国無所不至」状態、すなわち政府の決定した外交方針を全国の人民が遵守する体制を指す。かかる体制を整えることは、攘夷事件を防ぎ欧米諸国との「外国交際」を進めるために必要不可欠と認識されていた。その実現には、政府・諸藩の合意形成が必要とされた。二月十五日にフランス水兵と土佐藩兵の衝突(堺事件)が発生すると、太政官三職は同月十七日に政府諸官に対して「国内未ダ定ラズ、海外万国交際之大事有之候ヘバ、普天率濱協心戮力共ニ王事ニ勤労」することを命じ、「広ク百官諸藩之公議ニ依リ」事務の方針を確定させるよう望んだ(5)。

かかる議定たちの課題認識のもとで、外交機関にはどのような組織が与えられたのか。明治二年七月の職員令に基づき外務省が設置されたが、それ以前の外交機構は、幕藩制下で開港場事務を担当していた開港場奉行を新政府が接収したもので(6)、条約に関わる重大問題は三職、それ以外の外国人関係問題は開港場地方官の手で処理されていた。外交機構は開港場を管轄する府県と太政官を結びつける連絡経路の束であり、外交事務は府県事務と未分化であった。外務省の前身に当たる外国官においても、所属官員のほとんどが地方官兼任で開港場府県におり、中央には督に附属する常駐の事務担当者を欠いていた。

三職は閏四月の政体書頒布に伴い、外国事務局を外国官へ改組し、その職掌を「総判外国交際督監貿易開拓疆土」と定めた。ただし、外交方針の決定は三職の権限に属していたため、伊達宗城（議定兼外国官知事）は次の一書を認めて問題点を指摘した(7)。「各官ハ元来太政官ニ属ス」るにもかかわらず、外国官だけは大坂にあり、外国官には事務の「全権ナキヲ以テ、太政官ノ評議ニ関ラザレバ各港ノ具状稟議タリトモ決スル事ヲ得ズ」、紙面で太政官の指令を求めても「事理深意ヲ通徹スル事ヲ得ズ」、直接太政官の意向をただそうにも「十三里ノ行程上京モ容易ナラズ」、意思決定の遅滞が避けられない。各開港場よりは「外客相対セシ約束アルヲ以テ頻ニ切迫ノ究問ニ至ル」が、逐一太政官に上申していては如上の理由から「百事甚不便利」である。そのため、「外国官ヲ京師ニ移サルルカ、又ハ皇国浮沈ノ事件ノ外ハ一切決断ノ権ヲ委任セラルルカ」のどちらか一方の評決を求める、と。

これに対して、三職は後者を選択する。五月四日には外交上最も重要な「条約」「開鎖」「和戦」「賞罰」「金銀」の五権については三職の特権に属するため太政官決裁を仰ぐこととする一方、「其余ハ外国官知事ニ被委任候事」と達した(8)。さらに六月、三職は外国官を大坂府に合併し（このとき会計官も大坂府に合併）、大坂で外交事務を担当していた五代才助・西園寺雪江（外国官権判事）の肩書を、大坂府権判事・外国官権判事兼勤とした。そして同月十四日には「以来開港地府県之儀、都テ外国之事務ニ関係致候様可心得」と達した（太政官第四百七十二号）[9]。これにより、外国官は開港場事務の指揮について幾分の裁量を得て、開港場府県庁とともに外交事務にあたることとなった。このように、三職は重大事件の決定権を自らに留保しつつ、それ以外の開港場事件の処理を外国官と開港場地方官に任せたが、外国官と開港場地方官の分担関係については明確化できていなかった。このことが次にみる外国官の自己改革案を生むこととなる。

外国官では本官の官員を増強し、六月中に櫻田大助、南貞助、都築荘蔵を新たに外国官出仕とし、本官専務として各開港場から上がってくる問題に対処させたほか、七月には慶応元年にイギリスへ留学した森金之丞、鮫島誠蔵の両名を外国官出仕とし、九月には議事体裁取調掛として外国官の事務方針の取り調べに従事させた。本官による外交事務の統率を目指したものと考えられる。そして明治元年八月十五日、外国官は自ら制度改革案を作成し、伺書を以て太政官決裁を仰いだ[10]。本案では、開港場地方官のうち判事以下を外国官の「判事」として兼帯させたまま、外国官中枢に「本官」として正副知官事・判事・権判事・判事補を常駐させ、意思決定権を「本官」に統束し、「開港場知府事ト雖モ、他知府事ニ同ジク外国事務ニハ一切不関係、其府事務而已御取計」こととする。そして、制度改革案の末文には「右様相成候ハヾ、外国人ノ異議ヲ可生儀有御坐間敷ト奉存候事」とある。先述の通り、三職は開港場知府事の外交事務への関与を認めたが、外国官の意図は開港場知府事の個別的な専決処理を止めて、各開港場を外国官「本官」の意思決定下に統率することで処理の整合性を保ち、「外国人ノ異議」をはね返すことにあった。外国官が本官による主体的な意志決定を必要と認めていたことがわかる。この伺書には指令がなされていないが、外国官は徐々に開港場府の人事を改めていった。九月十九日に東京府判事の山口範蔵を外国官判事兼任とし、神奈川県判事の井関盛艮を外国官判事専任とした（なお、東京府では十月に山口が箱館へ転任したため、新たに東京府権判事の鮫島尚信を外国官判事兼任とした）。また、新たに外交事務の要衝となった神奈川県では、新政府発足以来主に横浜で外交事務を担当してきた寺島宗則を九月十九日に神奈川県知事とし、十月二十五日には外国官判事兼任を命じた。

さらに十一月、外国官は東京の開市場について「横浜大坂兵庫長崎等ノ例ニ效ヒ、東京府ニテ管轄ニ相成候方至当ニ御座候」として東京府が管轄するべきだとしつつ、「外国事務ニ関スル事件ハ一切外国官ノ管轄スル事故、規則向或ハ他港ヘモ関スル事件并ニ交際ニ関スル事件ハ東京府ヨリ外国官ヘ通達ノ上取極候様相成度事」として、開市場の規則・事件については東京府から外国官への通知と外国官による判断が必要と説いた[11]。政府は東京府への下問を経て同月二十七日にこの伺書を承認した。外国官は開港場府県が開港場事務を管轄することを求めつつ、開港場の規則や他港、外国交際にかかわる事件については外交事務の範疇とみなして、地方官の専断を否定し、外国官の指揮を受けるよう求めた。

しかし、こうした外国官の意思とは裏腹に、肝心の外国官本官の取り調べは遅れていた。本官に任用された森金之丞（外国官判事）は五代友厚（大坂在勤）に宛て「小松子も足痛ニヨリ比（此）涯一寸帰国之御暇相済候由、外国官も小松なクてハ甚だ心配、殊ニ宇和島公も妻君之病気とやらニ而今明日中当地発足、然れば知副両人ながら無シにて跡は町田（久成、外国官判事）南（貞介、同権判事）都築（荘蔵、同権判事試補）等之人数、小子は五日前ヨリ議事取調局と申処へ日々通勤、鮫島は東京府へ掛リ居、大隈義は日々待居候得共一向不相見得、誠ニ畏入候[12]」（十一月十三日）として、本官を担当するはずの諸氏がそれぞれの事情で本務に打ち込めていない実状を明かしている。

こうしたなかで、本官を揺るがせる外交案件が続いた。外国官は翌二年一月にも前出の自己改革案を再提出しているが、この時期には紙幣・贋悪金をめぐる商取引の混乱から「外国人之異議」が巻き起こっていた。同年同月の外国官判事より弁官への書状には、イギリス公使パークス、プロイセン公使フォン・ブラントの贋悪金問題に対する抗議文が添えられ、「此等之事件、外国人より喋々申立候様ニ而は、只信義を外国え御失ひ被成候而已ならず、実ニ皇国の大恥ニ御座候間、何卒急速御取締被相立、外国人之異議を不生様御処置有之度」[13]と、贋悪金問題が外交関係の悪化を招くという外国官の憂慮が伝えられている。

(二)　開港場事務管轄の分業化

開港場の問題は多くが民事上であることから府県事務に属し府県庁の管轄下に置かれるが、贋悪金問題は会計事務の問題でもあるため、会計官も関わらざるを得ない。では、太政官は外国官・会計官・府県の事務分担関係をどのように定めようとしたのか。折しも太政官は全国の直轄地を府県に編成し終え、明治二年二月に府県施政順序を発して府県事務の大綱を定めた。さらに、四月には民部官を新設し、同月八日にその職掌を「掌総判府県事務、管督戸籍駅逓橋道水利開墾物産済貧養老等事」と定めて府県事務の総轄を任せるとともに、十日の民部官規則には「従前之規則ヲ改正シ、又ハ新ニ法制ヲ造為スル等、総テ重大之事件ハ当官決議ノ上更ニ輔相ノ裁断ヲ受ベシ」と掲げて、行政官輔相の判断を要するものと民部官限りの判断に属するものの上下の別を付けようとした。これに伴い、開港場事務の問題に関して、外国官は民部官と協議する必要が生じるため、六月の外国官職制には「諸開港場ニ属スル地方官ノ事務ハ内政ニヨルト雖モ、外国人居留地等ノ関係アルヲ以テ、民部官ト協議スルノ権アルベシ」(第十一条)と規定した[14]。なお、会計官の指揮する開港場事務も明確にされ、二月二十二日に貿易事務のため各開港場に設置していた通商司を五月に会計官へ移管した。会計官通商司には貿易上の規則(「商律」)の調査を任せて貿易事務を担当させるとともに、「三都府始メ諸開港場へ出張」して「地方官へ談合ノ上施行」することと達し、開港場地方官へも同様の旨を達した[15]。一連の組織再編過程をみれば、太政官は外国官・民部官・会計官がそれぞれ開港場事務の部分を指揮する仕組みを志向していたことが窺える。

これに関連して、太政官は、それまで開港場事務を抱える特異な地位ゆえに「府」と称してきた神奈川・新潟・長崎・箱館の四府について、神奈川・新潟・長崎の三府を「県」へと変更し（順に明治元年九月二十九日、明治二年二月二十二日、同年六月二十日）、箱館府を明治二年七月二十四日に廃止した。内治上の拠点とされてきた京都、大坂、東京には引き続き「府」の名号を冠する一方、外交上の拠点を有する四府は早々に県に改めたのである。

太政官は人事にも着手し、それまで外交事務と府県事務を執ってきた現場の人材を会計官ないし民部官へと抜擢した。大隈重信は明治元年三月、参与職・外国事務局判事として長崎在勤、閏四月、横浜に移り、五月に再び長崎に移り同府判事兼外国官判事、十二月には外国官副知事に進んだが、明治二年一月には会計官兼任となり、四月には会計官副知事となった（七月の職員令に伴い、大蔵大輔に就任）。同様の人事として、井上馨は明治元年一月に参与職・外国事務掛となり、五月に長崎府判事兼外国官判事、明治二年八月から会計官造幣頭を兼任し、十月に民部大丞兼大蔵大丞となった。井上は民政と財政、中央と地方の疎隔を埋める人材として見いだされ、政府の命で府県事務の費用削減を実施したほか、民部省を合併した大蔵省では民政・財政を横断する地方制度の造成に取り組んだ。また、伊藤博文も明治元年二月に参与職・外国事務局判事となり、五月に大阪を経て兵庫に移り、明治二年五月に会計官権判事に転任、七月には大蔵少輔となった(16)。

このように、太政官は元来諸問題が混淆していた特殊事務＝開港場事務を解体・分業化するべく、外国官・会計官・民部官・府県庁の間で制度と人事を見直した。そのなかで複数の所管にまたがる重要問題に対処する必要性から、会計官、民部・大蔵省に相応の人材を集めるとともに、外務省と民部省との協議を求めたのである。

では、かかる状況において、外国官はどのような外交事務の方針を立てたのか。明治二年二月三日、政府は外国官に条約改定取調を命じ、外国官にはそれに応える体制づくりと今後の事務方針の策定が不可欠となった。四月二十八日、小松帯刀（参与兼外国官副知事）は岩倉に対して、外交事務の新目的を次のように述べている(17)。

まず、「内地平定スト雖モ人心イマダ一定セズ」、浮説流言が飛び交って「政府ノ教礼行届カズ」。そのため、速やかに人心を安堵し、方向を一定し「上下其分ヲ尽シ候様」処置されたい。したがって、「各府県」は職務を全うして「人心ヲシテ倦ザラシムルノ御誓文ヲ奉体シ、同治ノ化ヲ布」くことが「第一」である。

そして、「抑方今ノ急務、外国御交際ノ上ニ可有之」、御一新の機会に乗じて「旧格ヲ一洗」して「独立不羈ノ御国体」を立てること、つまり新たな外交のあり方を追究する必要がある。従来の外交は外国公使の「暴威」に「圧倒」され、「公法ノ意義ヲ失」して「各国ニ対シテ可恥ノ至」であった。そのため、「大根軸ヨリ御転換」がなくてはならない。外交は「条約ヲ本トス」るものであるため、「宜シク条約面御取調ノ上、新条約御取替ハシ」になり、開港場では土地に応じて規則を立て「商法ノ権」が「我ニ帰」すようにされたい。通商においては「多分」な「貨幣ノ差」により「国計ノ損耗」を生じているので新条約締結の際には対処を願いたい。そのうえで、「英仏米支那」の各国へ公使を送り、各国の「政事」はもちろん貨幣の相場に至るまで詳しく調べて、各国の「政体事情ヲ識得」し、「公使等ノ虚喝ニ惑ハサレズ儼然タル応接」をなせるようにしたい。そうすれば自然と「自主国ノ交際」が成立する。ゆえに、外交事務官が「条理明白ノ応接」をなすため、「廟堂」においては「御定見」を以て「根本御動揺無之」よう求める。

小松は各府県に内治の安定化を求めつつ、対等な外交交渉の実現を求めて新たな外交事務の展開を期していた。開港場事務を通じて外国公使の主張が国内法権・通商事務を左右し、不利益を被る実態に対して、小松は外国官が条約改正の取調・交渉、在外公使の派遣による他国の内治情報の収集などを主体的に行う方針を立てたのである。この方針は、外務省に引き継がれていくこととなる。

外国官は人事にも着手した。外交事務の要衝たる神奈川県には外国官・外務省の派遣官員を必要とし、明治二年四月二十日、中井弘蔵（外国官判事）を神奈川県在勤とし、七月に中井が依願免官となると、九月に中野健明（外務少丞）を神奈川県在勤として派遣した。(18) また、それまで神奈川県知事と兼任で外国官判事を務めてきた寺島宗則を、四月付で「本官」勤務の外国官副知事に任じている。これは「本官」の再編人事の一環で、このほか六月には伊達宗城（外国官知官事）を免ずるとともに澤宣嘉（前長崎県知事）を外国官知官事に任じ、七月には「本官」勤務の南貞助・都築荘蔵（外国官権判事）も「今度官員御減少ニ付」免官とした。[19] 澤・寺島の「本官」登用は、度々辞職を願っていた伊達宗城、病状が悪化していた小松帯刀に代わるというだけでなく、外国官が内治・外交事務に幅広い見識を持つ人材を必要としていたことに依るものと考えられる。

こうした状況において、三職は各官規則の制定に着手し、まず四月十日に民部官規則を新定すると、他の各官にはこれをもとに規則草案を提出するよう通達した。[20] 外国官は同月中に草案を提出し[21]、これをもとに次のような「外国官規則」が制定された。[22] 現行法改正・新法制定など「重大ノ事件」は「当官決議ノ上、更ニ上裁ヲ受クベシ」とする一方、「各国往復事務」は「和戦二大事件ヲ除之外、総テ当官ニテ決議スベシ、但時宜ニ寄上裁ヲ受クルコトアルベシ」とした。また他官へ関係する事件はその官へ打ち合わせ、「諸開港場ハ外国へ関スル事務ハ総テ当官管轄タルベシ」とし、外国官・開港場勤務五等官以上の人事には外国官の意見を諮問したうえで三職の決定を待つこととした。外国官設置当初と比べて、外国官への権限委任がすすめられたことが窺える。なお、ここで注目したいのは外国官作成の草案では「諸開港場ハ総テ当官管轄タルベシ」としていた文言を「諸開港場ハ外国へ関スル事務ハ総テ当官管轄タルベシ」と太政官で修正されている点である。太政官は開港場事務を外国官がすべて管轄するのではなく、各省が分担して管轄する体制づくりを目指していたため、このような修正を行ったものと考えられる。

こうして、外国官は「本官」の陣容を整える一方、太政官の事務分担関係の設定に伴い、開港場事務のうち民政関係の事務を府県および民部官へ、通商関係の事務を会計官へ引き渡して、自らは直接的な開港場事務の管理ではなく、府県庁を通じて外国に関係する事務のみを管轄することとなった。

(三) 開港場事務の再編と立則

明治二年七月八日、職員令に基づき民部・大蔵・兵部・刑部・宮内・外務の六省が設置された。この改革は版籍奉還の直後に行われ、省の設置と並行して、地方事務の再編も行われた。同月二十七日には民部省規則、府県奉職規則、県官人員並常備金規則が出され、八月十一日には民部・大蔵両省の卿輔以下兼任が果たされた。

外務省にとって問題となるのは、開港場五県（神奈川・兵庫・長崎・新潟・箱館）の事務をめぐる民部・大蔵両省との関係である。同年九月、外務省は弁官に宛て、五県については他の「尋常ノ県」同様の取り扱いでは支えきれないため、民部・大蔵・外務の「三省打合ノ上」、「別段ニ」制度を設けることを求めた（民部・大蔵両省も同意）[23]。注目すべきは、外務省が開港場事務の現状について「百事混淆」で不備が多いことを認め、「迚モ地方官々員ノ者兼帯ニテハ手廻リ不申」として三省の協議・指揮下での制度整備を求めたことである。五県中、他四県に比して「数倍ノ大局」とされた神奈川県では、早速十一月九日に井関盛艮（同県知事）の外務大丞兼職が解かれ、翌三年一月十日には民部大蔵権大丞心得を兼務するよう、切り換えが行われた[24]。外務省は、従来の開港場地方官兼帯による外交事務の不備を是正するため、民部・大蔵両省と協議して開港場の制度整備を進めることとなったのである。

この開港場の制度整備について、外務省は主体的に役割を果たそうと考えていた。明治三年二月、外務省は太政官弁官に宛て以下の伺書を提出した[25]。すなわち、これまで「当省官員各開港場ニ出張、内外事務兼勤致シ候処、逐々政体御整備ニ付当節出張ハ被廃候」、しかしながら「兵庫大坂ハ新開、長崎ハ遠隔、新潟箱館ハ一旦戦場ト相成、今以各港一定ノ規則不相立、神奈川港ヲ除クノ外、海港諸般取扱向齟齬致シ、従テ漏税密商等ノ風聞モ有之、自然外侮ヲ来シ交際上多少ノ不体裁ヲ引出シ候而已ナラズ、貿易ノ利空シク奸商逞技ノ媒トナリ、自然争論ノ端ヲ開候事不少様成行候勢ニ御坐候」として、各開港場に一定の規則が立っていないことから、収税貿易上の混乱・争論が生じているとする。開港場規則の制定について、外務省は次のように説く。

全体商法ノ儀ハ通商司ノ所司ナレドモ、外国貿易ト内地商法ト自ラ端ヲ異ニセルヲ以テ、内外斟引整頓セズ。其中間ニ立、周旋ノ任矢張外務中ノ一課ト相成、其利害得失皆内地ノ声聞ト損益ニ関係セザルナク、右ハ必竟一定ノ規則無之充分取締不相立ヨリノ儀ニ候得バ、今ヨリ港則税法等ニ精シキモノ両三輩相選ミ、神奈川港ヲ比例トナシ各開港場ヲ巡視シテ官員ノ能否ヲ察シ、実地ノ討論ヲ尽シ、港則税法諸取締向可相成同一ニ取設ケ、各所殊分ノ諸取締ヲ厳ニシ、以後当省官員ノ中ヨリ不絶巡視シテ非違ヲ検シ候様致シ候ハヾ各港一聯気脉貫通、其処置自ラ当ヲ得候様可相成奉存候。依之開港場巡視、港則税法取調ノ儀、当省ヘ御下命ノ上、通商司関係ノ儀ニモ候間、為心得民部大蔵省ヘ御達有之候様致シ度、此段奉伺候、以上。

「商法」は通商司の所管に属し、通商司は民部・大蔵省の管轄に属していたが、外務省は「外国貿易」と「内治商法」の齟齬が問題であるとし、外務省がその「中間」に立って開港場規則を立案する必要性を説いた。具体的には「神奈川港」の措置を標準としつつ外務省官員に各開港場の実情を巡視させて一定の規則を定め、以後は外務省官員が規則に即して各開港場の措置を検査するという。最後に「通商司関係ノ儀」であるため民部・大蔵省へも通達するよう求めており、外務省が元来通商司の権限に属していた開港場の規則制定権に干渉することで、主体的に規則案を取りまとめようとしていたことがわかる。以前の外国官改革案では事件処理権の一元化、処理の平準化が志向されていたが、ここではさらに〝立則〟権の一元化が志向されたのである。この伺書に対して太政官は民部省へ報知し、民部省はこれに同意の旨を回答したため、二月十五日、太政官は外務省へ開港場規則制定のための巡視を行うよう達し、民部・大蔵省にも同達を回送した。四月には花房義質外務権少丞の大坂・兵庫・長崎三港への派遣が決定した。

もっとも、外務省は内治の現状や各省事務分担関係を忘れてはいなかった。同年二月、外務卿・澤宣嘉は、省中官員一同に対して次のように心構えを説いた(26)。

孔子の言に「民無信不立」とあるように、たとえ諸外国が「詐譎」「威焔」を以て我々に接してきても、我々は

「心ヲ信ノ一字ニ帰著」して応ずるべきである。なぜなら「内国ノ形勢」が府藩県の「三治未ダ全ク皇猷ニ従ハズ、会計ノ道未ダ全ク其目的ヲ立ズ、兵備未ダ全ク修ルニ至ラズ、人心未ダ全ク一致ニ至ラズ」という状況にあり「何ヲ以テカ能ク海外ノ強国ニ抗敵セン」と言わざるを得ないためである。現状において「国家ヲ維持スベキモノハ一ノ信ノミ」であり、「大信一タビ立テ国是全ク定リ、国是全ク定リテ富国ノ道立チ以テ外侮ヲ防グニ足ル、而シテ闔国人心一致富強ノ実ヲ勉メバ、遂ニ卓然トシテ独立ノ大皇国ノ名称空シカラザルニ至ラン。故ニ其帰着ヲ弘遠ニ期シ以テ今日ノ一歩ヲ移スノ目的ヲ立ント欲ス」る次第である。かかる信用については「内外ヲ貫通スルヲ要ス。内国人民未ダ政府ヲ信ゼザレバ、焉ンゾ能ク信ヲ外国ニ示スニ至ラン」、すなわち人民から内治の信用を得なければ、外国に国家の信用を示すことはできない。「内国ノ政治ハ当省ノ預ラザル処、自カラ其責ニ任ズルノ官アレバ、敢テ当省ノ議スベキニ非ズ」、すなわち外務省は内治事務を執るものではないが、外務省官員は己の事務において「内ニ顧テ疚シカラザルヲ期ス」る必要がある。

外務省は内治の弱体を踏まえて外交において信義を重んじ、内治においても信義が重要であるとしたが、内治の課題に対処するのは外務省ではなく他省であることを明言している。この認識は、同年四月十四日制定の外務省の「省則」及び「外務省軌範」にも反映された(27)。すなわち、内外人訴訟・刑法は「刑部省ト協議」し、軍艦による外国への航海測量は「兵部省ト協議」し、外国との土地境界については「地方官ト協議」し、貿易事務については「方法ノ可否ニ付、其地方官ニ告、及民部大蔵両省ニ協議スルノ理アリ」と(「省則」)。また、外務卿が決定事項を地方官へ命令する権限(「(外国公使との交渉を経て――湯川註)事結局ノ上ハ、其地ノ我官員、本省ニ属セザル者トイヘドモ、之ニ下命スルノ権アルベシ」)を新たに規定した(「外務省軌範」)。

こうしたなかで、独自の意思決定を行う通商司の存在が問題とされた。明治三年八月三日、英国公使パークスとの会談に臨んだ澤外務卿は「通商司ハ地方官ノ命ニモ従ザル様ノ事ニテ不都合故、最早廃却スルノ儀有之候。通商司ハ知県事ニ秘シテ為事モアリ、地方ノ事等モ司リ、兎角妨ヲ容レ候」[28]と話し、通商司が三省―地方官―開港場の意思決定ルートとは異なる独自の判断で動いている点を問題視し、通商司廃止の方針を表明した。そして九月十三日、外務省は太政官に対して「通商司被建置候以来、各港ニテ屢不都合ノ儀有之候ニ付、各国公使商議ノ上我政府へ其件々可申立目論見有之」「是迄ノ儘ニテ被差置候テハ御不都合ヲ生ジ可申候」として、通商司の処置が各港で物議を醸しているために同司の廃止を求め、九月二十四日には先のパークスとの対話書を太政官に届けた。外務省は開港場地方官が開港事務を管掌することを確認する一方で、それに反する通商司の意思決定を問題視したのである。

以上のように、外務省は太政官のすすめる各省・府県の事務分担化を受容しつつ、開港場事務が内治・外交の〝中間〟に位置することを念頭に、規則制定における外務省の主体的な関与、各省との協議、府県への指揮を必要と認めた。

なお、政府では民部・大蔵両省分離（明治三年七月）、工部省設置（明治三年閏十月）、民蔵合併、文部・司法両省設置（翌四年七月）と各省の新設・分合が盛んに行われ、それと並行する形で明治四年の中央・地方制度の大改革――太政官制改革と廃藩置県がほぼ同時に実施された。太政官・各省・府県の分担関係もまた、こうした情勢に対応して模索されることとなる。

（四）太政官・外務省関係の見直し

並行して、太政官と外務省の権限分界も問題となった。明治四年三月三日、澤宣嘉（外務卿）と寺島宗則（外務大輔）は連名で、建言書を太政官に提出した。[29]両名は、これまで「外国交際ノ事務ハ一切当省ニ御委任相成、百事担当」してきたにもかかわらず、「各国公使トモ毎々卿輔ヲ差越シ、三職ニ面議ヲ乞」い、「是勢之所然ニハ候得共、外務之職ハ政府ノ趣意ヲ体シ、政府ノ名ヲ以テ各国ニ交接スルコトニテ、其成敗得失直ニ皇国ノ栄辱ニ係リ、実ニ不容易儀」であると訴えた。外務省にとって、広範な「外国交際ノ事務」一切を担当しながら、外国公使たちがその決定権を太政官三職に認め、外務省を飛び越して三職へ掛け合う状況は看過できないものだった。

同じ頃、この外務省と外国公使の認識の差を象徴する対談があった。以下に、横浜駐留兵引揚問題に絡んだ、澤と英国代理公使アダムスの応答を取りあげる。[30] アダムスは本件についてはすでに「岩倉公へ篤と申上、御承知の事」で「同公より閣下へ御咄し無之筈はあるまじく」にもかかわらず、意が酌まれなかったことに「全〔ク〕パークス公使の申立幷拙者の申立を反古に被成候事」と怒り、「屹度岩倉へ御引合可申候」と、岩倉に問いただす意向を示した。これに対し、澤が反論し、以下の応答となった。

(澤) 岩倉へ御引合は無用の事と存候。(中略) 岩倉へ咄し致した事のみ御主張被成候得共、拙者も外務卿当職の事故、一応閣下より拙者へ御咄し可有之筈と存候処、是迄一言直に承り候事無之候。左候へば、出し抜の論を称し候へば、是よりも可申入辞柄は有之候。岩倉云々被申べき筈と御申聞被成候得ども、外務卿も小児には無之候故、夫迄は岩倉も心添無之ても岩倉の落度にては無之候。

(アダムス大に怒りて云) 岩倉は大納言にて重き役人なり。外務卿の如きは大納言の指揮を受て事を取る無権の役人なり。夫故、一度重き役人へ申入候事を又軽き役人に届るといふ事は万国に無之也。

(澤) 外務卿は如御説軽き役人にては無之、其弁解は暫く置き、たとへ岩倉へ御咄し被成候事を又外務卿へ御咄し被成候とて、公法に背くと申理は有之間敷存候故、申入候事に候。

アダムスが岩倉を「大納言にて重き役人」、外務卿をそれに附属する「無権の役人」と解したことは、当時の外交事務の仕組みに対する外国公使の理解を端的に示している。これに対して澤が「外務卿当職之事」「外務卿も小児には無之」「外務卿は如御説軽き役人にては無之」と応じていることは、外務省が外交事務を主管するという自負を直截に表している。三職集権の実態に対して、外務省は「名実相適シ権力所ヲ得」るように（前出、三月三日澤・寺島建言書）、自らの権限を強化する必要性を痛感していたのである。

一方、条約改正についても、外務省は主体的に関わろうとしていた、明治四年五月、条約改正期限まで一年を切ったことを受けて、外務省は政府に一通の意見書を提出した[31]。外務省は、すでに各国公使への報知に際して「大体御目的不相立候而ハ不相成」時に至り、「民蔵両省よりも税目等ニ付聊見込打合有之候」も、「政府御目的之程も不相分」「未ダ取調不行届向も有之」として、進まない条約改正の取調に「杞憂」しているという。そこで、現状を打開するために、「納言参議之内一名」を「条約改定掛専務へ被仰付」たうえで、「諸省よりも各条約改定掛専務之者御撰相成」「平生ハ其各省ニ於而改定之事務を取調」ながら、時に「太政官内之一所ニ会同」して「各其省之見込之程談論」し、その「決ヲ其専務之納言又は参議ニ取」ることとし、「一ヶ条宛なりとも取極、漸々御目的被付候様致度」とした。

このように、外務省の提案は、納言・参議および各省から条約改正専務の者を選任し、彼らが「会同」して各省取り調べの草案を取捨することによって、条約改正案を取り纏めていくというものだった。先述の通り、外務省自身には取り纏めができるほどの権限はなかったが、来るべき条約改正交渉に向けて、実権を持つ三職の指揮下に各省事務の総合を図ろうとしたことがわかる。この外務省案を受け取った弁官二名（中村弘毅・内田政風）は連印して「乞高議」の掛紙を付しており、外務省案は納言・参議へ回送されたものとみられる。さらに明治四年六月九日、澤は三条実美・岩倉具視に宛て次のように述べている[32]。

条約改定之義は実以重大之義ニ付、過日省中見込書入御覧、諸官省えも御下問ニ相成候処、追々諸官省よりも見込可申上と存候処、右改定之義ハ担当仕候全権之者無之候而は不相成候間、過日大隈参議右改定掛り被仰付末之義ニ付、何卒同人并諸官省之中、御人撰ニ而右改定御委任状賜候様願上候。

「省中見込書」すなわち条約改正「会同」案について、澤はすでに同年三月に大隈参議が「条約改定御用掛」に任命されたことを踏まえて、大隈を全権とする使節団の結成に昇華させている。周知の通り、政府では一時大隈を全権とする使節団が構想されたが、結局岩倉大納言を中心とする使節団が編制された[33]。岩倉使節団では、指揮する大使・副使に三職が就いて各省事務を分任し、その下に各省事務に応じた理事官を配する形を採り、五月十四日に太政官中弁の山口尚芳を外務少輔に任じると、七月十四日には大納言の岩倉具視を外務卿に任じた。政府要路は開港場事務の上では分担関係を追究する一方、使節団計画を契機として、太政官三職の外交事務権限を人的に外務省へと移し、「無権」の外務省は条約改正を牽引する重要拠点となっていく。それが制度上にも表されたのが明治四年の太政官制改革である。

第二節　外交事務の変革――明治四年の改革

(一)　明治四年の太政官制改革

明治四年(一八七一年)八月十日、太政官制が改革された。この改革は「各省之地位職掌判然被為充満度御趣意に基」き[34]、省と省務の整備・確立を目指し、同時に外務省の位置づけを大きく変更するものでもあった。これに先立つ同年六月二十四日、以前から官制改革の必要性を訴えてきた大久保利通は、岩倉に宛てた書状のなかで「外務省ハ諸省之第一等に被居置候方可然、即今外国にても右之運に候由、尤仏も此度之新政府にて外務を頭に立候由、承候」と語り[35]、欧米諸国同様に外務省を第一等とすることを主張していた。外務省強化方針はまず人事面に表れ、七月十四日には岩倉が三職から下って外務卿に就任した[36]。七月十九日、岩倉外務卿は早速米国公使デ・ロングと対談している。デ・ロングは外務省への期待を込めて次のように語った[37]。

諸官省御立置相成、諸官省にて外国に関係の事件差起り、御省にて御承知無之事、間々有之候。総て外国に関係したる事は外務省にて御承知無之ては、事務濡滞、不都合と存候。

デ・ロングは、対談の最後にも「外国に関り候事は御省へ申立候事に候」と言って念を押している。彼は外交事務が各省に引き取られて分散していくことを問題視しており、外務省でその事務の総轄を行うよう要請したのである。岩倉はこれに応えて、「同政府の内にて各省の事務を不知事有之候はよろしからぬも不知、乍去地方の事は遠隔いたし居、逸々承知無之事もあり、是はいたし方なく存候」と弁明し(38)、外務省が各省の事務と連絡する必要があると認めた。

以上の経緯から、八月十日の官制改革は、外務省による外交事務の統合と職権強化を露骨なまでに推し進めるものとなった。従前、各省中第六等とされていた列次は、神祇省に次ぐ第二等まで引き上げられ（間もなく神祇省廃止により第一等）、さらに同月十二日には「外務省事務章程(39)」が制定された。同章程は外務省の職責としてはじめて「我国ノ権利ヲ保護スルノ責」を掲げ、一切の外交事務を「政府ニ代リテ」担当し（第二条）、「天皇陛下ノ委任ヲ受テ」各国に照会する（第三条）としたように、外務省を政府を代表する機関として明確に位置づけている。外務省による他省・府県への影響力行使は、「外務省事務章程」第三条の後半に「右院ノ議ヲ問ヒ、又ハ同院ヨリ起ルトコロノ議ヲ主裁シ、事ニヨリテハ他省府県ニ対シ、処分振ヲ指授スル等ノ権アルベシ」と規定されている。右院を介して外務省が他省に働きかけ(40)、他省・府県を指揮する権限をも示している。このような規定は他省にはみられず、外交事務の総轄を求めた特別の規定とみられる。その後、右院は機能不全に陥ったとされるが(41)、外務省が外交上指導力を発揮し得る規定であったことは間違いない。『外務省の百年』では副島種臣外務卿下の外務省の強権発動や機構整備を「外務省体制の成立」として高く評価する反面、明治四年の官制改革に連動した外務省改革については注目していない(42)。しかし、明治四年改革は外交事務における外務省の役割を明確化し、三職集権から変化していく契機として重要と考えられる。そして後述するように、副島外交はむしろ外務省の権限が強くなりすぎたことの問題を表している。

さて、外国公使も政府の方向性を後押しした。八月二十三日に寺島外務大輔と対談した仏国公使ウートレーは、外務省の重要性を強調して次のように語った(43)。

政府は諸局の聚りたるもの也。外務省は其政府に代りて各国の条約を預る大切の役所なり。各国より之を見る時は、其諸局を惣括したる政府の出張所なれば、何事によらず総て外務省へ御掛合致て可然候。若し公使より事柄により一々其先を撰み致掛合候時は、外務省終に無用に属し可申存候。

外務省は政府を代表し、条約を預かる「大切の役所」であり、諸局を総轄するためにあるという。政府が開港場事務を内治事務に分割・移管して外務省に内治上の管轄権を手放させ、条約改正を目的として外務省の強化を図ってきたのに対して、外国公使たちは条約に基づく外交事務の総轄者として外務省の地位向上を要望するという屈折した関係が生まれた。条約改正と条約遵守という二つの課題が外務省の強化に寄与したといえよう。しかし、太政官は外務省が内治事務に干渉することは望んでおらず、外国公使はそれを望んでいた。その不一致は、外務省・大蔵省・司法省間の事務移管をめぐって顕在化することとなる。

(二)　外国人関係裁判移管問題

外国公使たちが一転して外務省による事務の総轄を強く主張するようになった背景には、政府が明治四年改革において各省間の事務分界の徹底を図ろうとしたため、外交事務が狭隘になることへの危機感があった。同年七月に実施された廃藩置県により、それまでの府藩県三治制を解体し、すべて府県に帰したことで、とりわけ民蔵合併によって誕生した新生大蔵省が、全国府県の事務を指揮していくこととなり、新設の文部・司法の両省もそれぞれの事務に応じて府県との関係を築き始めた(44)。

外務省は改革直後の八月下旬、開港場事務のうち税関事務を大蔵省、外国人関係裁判を司法省へ移管すべく、両省へ掛け合った。しかし、この移管にはそれぞれ留保が付けられていた。

外国人関係裁判の移管では、外国公使たちが国内法の未整備を理由として移管に異論を唱えたため、結局「交際上に可相係程の事件に至り候ては、此例に無之、先前の通」と留保が付けられ、限定的な移管となった(45)。以下、外国人関係裁判の移管について、外務省と外国公使との交渉経過をたどっておこう。

同年八月二十三日、寺島は事務移管について和蘭兼独公使と対談し(46)、同公使から「司法省何の法律を以て裁判致候哉」と問われたのに対し、寺島は「法律未だ全備不致に付」日本人については貸借時の契約書に基づいて判断し、外国人については外国公使に任せる意向であることを伝えた。しかし、同公使は「万国一様の法則に取極度候。先日本の法律承り度候」と問いただし、寺島は刑法こそあるものの、民法は整っていないため「当分外務省にて御相談致し裁断候より外致方無之」として外務省の関与を必要と認め、司法省への完全な事務移管は難しいとせざるを得なかった。続いて、前項で取りあげた仏国公使との対談があったが、同公使は外務省に事務取扱を統一するよう希望し、移管にはやはり否定的な見解を示した。結局、和蘭公使から条約改正交渉後の移管を目指し「先仮に御施行」することを勧められ、実際に仮施行の案文が作られた。案文ではまず外務省が窓口となったうえで、裁判は司法省が務め、外務省から司法省へ掛け合うとしつつも、先述の通り留保を付けた形で各国公使に伝えられた。

このように、外国公使たちは、裁判事務の移管には国内法の整備が先決であることと、外交事務の主管者が外務省と司法省とに分裂しては不都合であることを理由に、外務省から司法省への事務移管には否定的だった。結局、司法省の担当する裁判が「交際上に可相係程の事件」であるとみなされた場合には外務省の取り扱いに切り替わるという留保を付けざるを得ず、当初政府・外務省が想定していたような事務移管の徹底は果たされなかったのである。一方、司法省は明治四年十月頃、外国人関係裁判の訴状下げ戻し手続きに言及した際、関係する省として外務省・大蔵省・司法省を挙げつつも「事ノ争訟ニ渉ル事務ハ司法省ノ関係アリ」「若其権ヲ犯セバ立憲上ニテ有マジキ事」と強調しており[47]、裁判事務を司法省が担うものと認識していた。後述するように、外務省が付けた留保は、のちに司法省と見解の齟齬を生ずることとなる。

また、税関事務についても、大蔵省と神奈川県令陸奥宗光が大蔵省と外国公使の直接交渉を求めたのに対して、外務省は十月二十七日に太政官へ次のように伝えた[48]。「税関の儀は既に大蔵省へ御委任相成候上は引合の儀迄も租税寮に於て取扱候は当然の事に有之候得共、込入候事件にて同寮にて裁断相成兼候程の儀は、公使と当省とにて談判いたし候事故、其節に至り不都合無之様、同寮より伺を経候程の事件は総て当省え差出候様有之度」と。外務省は税関事務にも裁判事務と同様の留保を付けたのである。実際、のちに大蔵省側が外国公使と相談せず税関規則を改定したことで問題化したように、開港場事務を外交事務の介在なしに内治事務として処理していくことは、外国公使たちにとっては不安材料であり、外務省としても内治・外交の分担から生じる問題に主体的に対処しようとしていた。開港場事務は外交・内治の〝中間〟に位置するがゆえに、事務分界を定めるだけでなく各事務の連絡関係を必要とするものであった。

第三節　開港場事務再編と外交・司法事務分界

（一）開港場事務の立則権の所在――岩倉使節団の主張から

太政官制改革が生んだ新生外務省は、岩倉使節団の派出に伴い、条約改正を含む一切の課題を保留して使節団の帰りを待つこととなった。外務卿の後任には、寺島外務大輔の要請[49]と岩倉の「御鑑定」により[50]、以前樺太談判の全権を担当した前参議の副島種臣が就任した。使節団と留守政府が取り交わした「盟約書」によれば、改正を要する事項は岩倉使節団への了解を要することが合意され、逐一海の向こうへ伺うこととなった[51]。

岩倉は翌五年二月、「此迄外国交際なるもの、事あるの時に当り、かつかつ之に応ずる位之義」であったと振り返り[52]、開港場事務に追われてきた外交事務ではなく、欧米諸国をめぐって「聘問ノ礼」を修め、条約改正の下交渉を行うなど、これまでにない外交事務の幕開けを予感していた。しかし、海外へ赴いた岩倉たちが直面したのは、明治四年改革で着手し始めた開港場事務の内治事務化に対する米国国務長官ハミルトン・フィッシュの反対意見であった。以下に二月十九日に行われた会談の応答を取りあげる[53]。

岩倉は開港場事務について「地方、港規則等都て日本政府の独権に帰し候様有之、右は此方冀望の第一に御座候」と、地方事務に関する日本政府の規則制定権を主張したが、フィッシュは「夫は思召違に存候」と意外の意を示し、外国人に対して「御保護行届候訳に御座候へば無論思召通りにて可然」ところだが「今日の姿」では「外国人と談判の上法制御建設可然」と答えた。これには岩倉も「右は承り違に候哉」と驚き、次のように主張した。

一体地方規則等我国政府にて設立改正可致権を有候義は、我国政府即今第一の目的に有之、我国を以宇内独立の一国と被認候上は、右様の権利は我が国政府に被任候事当然と存候。

岩倉の主張は、開港場事務を内治事務に解消することが前提となっており、明治四年改革の目指した方向性と合致している。しかし、フィッシュは開港場事務の解体によって外国人保護に影響が出ることを警戒していた。なおもフィッシュが「外国人に就ては別段の法則」を要求するのに対し、岩倉は再び反論して「此義は今般我輩使命の最大のケ条にて候」と強調し、議論は並行線を辿った。副使・山口尚芳も「己の国の規則を他国の人と相談候理無之」と納得できない旨を述べたが、結局、会談は物別れに終わった。このように、開港場事務の内治事務への解消は、岩倉たちにとって条約改正への階梯であり、争点であったが、独立国としての権限を強く主張する反面、内治事務の展開は今後の課題に属しており、それ以上積極的に内治事務への解消を主張し得る内治の実績は持ち合わせていなかった。岩倉使節団が条約改正のための内治優先を強く印象づけられた瞬間であった。岩倉は帰朝後、朝鮮遣使意見を牽制しつつ、「国政ノ整備」「民力ノ富膽」の「実効実力」なくして条約改正はないとの意見を上奏することとなる(54)。

(二)「無人」の外務省――副島外務卿時代へ

周知の通り、岩倉使節団は条約改正の下交渉が本交渉に急転する事態に直面した。明治五年四月四日、全権委任状取得のため一時帰国した伊藤博文は、大隈重信に対して、大久保からの要請として「副島、寺島両位、欧洲各国之中へ全権駐箚ニ被差出、条約改定之場ニ臨候様」と外務卿輔の派出を求め(55)、外務省については「内地暫時之不都合位ニハ難換、外務ハ老台御兼務にても相済候事と奉存候」と、大隈に兼任するよう求めた。その後、「従来之経験も可有之」と派遣を熱望された寺島は、実際に大弁務使としてイギリスへ派遣され(56)、外務省ではもとより不在の少輔とあわせて、実務を執るべき大少輔がいない状態となった。岩倉使節団に随行した者、在外使臣として派遣された者を除けば、外務省ではその強権に見合わないほど、省内の無人化が進行していた。これは、一方で使節団と留守政府の「盟約書」に、原則として新規の任命を行わないよう規定されたこと、他方で副島外務卿自身が新規任命を回避する意向を示したことが影響していると考えられる。このとき外務省六等出仕として省務に従事していた大原重実は、岩倉に宛て次のように伝えている(57)。

　副島は「成丈少人数にて勤る様」志向して新規任命を行おうとせず、外務省内は「他省に比し候へば少人数、其上外国行の者半に及び、実無人」の状態となっており、「卿も多分所労にて、其上交際上大事件に日夜焦慮被為」ているため、「訴訟向其余細事は大小丞に多分委任」し、その他は「小生抔僅五六輩にて事を執居候」。外務卿の負担増、それに伴う大少丞以下官員の負担増は避けられず、外務省官員は「九字出勤二字退省之処、多分五六字前後に退省仕候」というように、退省時間を大幅に遅らせねばならないほど繁忙を極めている、と。

外務省は強大な職権をもちながら、省務を一貫して支えてきた寺島大輔ら諸員を欠き、「無人」と化していく。裁判事務の移管が頓挫して、内治と外交の関係は未だ整っていなかったが、そこに外国船の横浜来航、イギリス代理公使から外務卿への要請が重なり、裁判事務を焦点とするマリア・ルーズ号事件が発生することとなった。

（三）マリア・ルーズ号事件と司法省

マリア・ルーズ号事件は、明治五年六月五日に同船が横浜に入港した後、六月二十九日に英国代理公使ワトソンが副島外務卿へ掛け合ったことに端を発している。まず事件経過について概観しておきたい。

マリア・ルーズ号より逃れた「支那人」三人が同港に停泊中だった英国軍艦アイアン・デューク号に保護された。英国代理公使ワトソンは、「支那人」から船内で彼らに対する虐待が行われているとの訴えを受け、同船が奴隷貿易船の疑いがあるとして、副島外務卿に取調を要請した。副島は、現地へ花房義質大丞を送り、七月一日、神奈川県参事大江卓に至急取調を命じた。大江は脱走した「支那人」および船長リカルド・ヘレイラの取調を行い、マリア・ルーズ号出帆を差し止めた。しかし、大江の処置に対し、横浜在勤の各国領事は自分たちに相談がなかったと抗議し、大江は吟味の趣旨を弁明したうえで、もう一度船長の吟味を行った。その後、独・仏・葡の各国公使からも抗議が相次ぎ、司法省も神奈川県庁の裁判処理方法に異議を唱え、同事件裁判の司法省への移管を求めた。しかし、正院は一連の反対を押し切って、神奈川県庁による裁判処理を支持したため、裁判は大江のもとで継続され、結局、船長の罪を「寛典」に照らして差し許すこととし、八月までに船長の帰国、残された船の処分、乗り組みの「支那人」全員の本国送還が決定して一旦落着となった。翌六年になると、ペルー使節ガルシアが来日し、日本の裁判の不当性を訴えて、損害賠償を請求した。副島とガルシアが会談したものの、解決を待たずに副島が渡清したため、大蔵省から転じた上野景範外務卿代理が交渉に当たった。それでも両者間で合意は成立せず、六月二十日、両国は第三国の仲裁裁判に同意し、同月二十九日までにはロシア皇帝に委任することに決した。そして明治八年五月二十九日、ロシア皇帝は日本の勝訴を告げたのである。

一連の経過において、筆者が注目するのは、外務省―神奈川県庁の事件処理に対する国内の反対派の存在である。それは、第一に、大江が事件を担当する前に、神奈川県庁における事件の取扱を拒否して転任した神奈川県令陸奥宗光、第二に、司法省当職者として外務省の事件処理方法に抗議した河野敏鎌（司法少丞）、江藤新平（司法卿）である。[58]彼らはともに裁判事務を外交事務としてではなく司法事務の領域で取り扱うことを求めて奔走した人物である。

マリア・ルーズ号事件の処理は副島の外交手腕の成果として強調されてきたが、ここまでの検討をふまえれば、反対派の主張の方がむしろ政府が目指してきたものであった。外交上の勝利としてではなく、開港事務上の問題点の表れとして反対派の主張に注目したい。次項では特に、従来注目されてこなかった河野の意見に着目して検討を行う。後述するように、河野は実際に神奈川県に赴いて裁判に立ち会い、江藤・陸奥の双方に働きかけた人物でもあるため、河野の理解を検討することで、反対派の論理についてある程度知り得ると考えられるからである。

（四）河野敏鎌司法少丞の反対意見と活動

明治五年八月三日、江藤は「司法職務定制」（以下、「定制」）を制定し、司法省による司法事務の総轄を目指して動き出す。このとき、実務の要として期待された大少丞の役割は重要である。「定制」によれば、大少丞は「卿輔ノ処分ヲ取リ、省中一切ノ事務ヲ幹理疏通ス」（第五条中大少丞職制、第一項）、「省務ニ関スル一切ノ公文受付ヲ提掌ス」（同第二項）、そして「長官ニ対シ省務ノ当否ヲ弁論スル事ヲ得可シ」（同第三項）とされている。特に第三項の規定は、他省の職制章程にはないもので、「大木喬任関係文書」に収められた「定制」では（おそらく大木による）朱筆で、抹消すべき項目とさえされている。[59]江藤司法卿時代において、省務一切を引き受け、時に司法卿へ意見を提出するのが大少丞に期待された役割であった。マリア・ルーズ号事件において奔走したのもまた、河野敏鎌司法少丞であった。[60]

事件処理の引き受けを拒否して転任した神奈川県令陸奥宗光は、転任後の明治五年八月七日、後任の大江卓権令に宛て次のように書き送っている。[61]

唯今河野司法少丞参り、神奈川県之裁判を同省え可引受との事也。是は、僕至極同意ニ候事ニ御座候。唯ニ神奈川一県ヲ見ルニ非、眼ヲ天下ニ注ゲバ、如此ニならざる得ざる故也。願クハ老兄もおとなしく御同意被下度、夫ニ付河野の云ク、是非神奈川県ノ官員ヲもらはねばならぬ。是亦尤之事也。（中略）此一件司法省ニてハ大急ぎ候間、奥村カ山東カ、孰れニても御指支無之方、今日中小生迠御回答被下度候也。

河野が陸奥に働きかけ、陸奥もまたその方針に「至極同意」して、「願クハ老兄もおとなしく御同意被下度」と大江に裁判の移管を求めており、人選まで指示を送っていることがわかる。「大急ぎ」の理由は、「司法卿之洋行前ニ取極申度」と江藤司法卿を筆頭とする司法省視察団の出発が間近に迫っていたためで、河野自身、人選が済み次第「直ニ正院え申上候」と言って人選を促したという。これを受けて陸奥も大江に「今日中」の回答を迫っている。同月十日には、正院から神奈川県庁に対して事件を委任する旨が通達されているから、[62]この書状はその三日前の司法省と陸奥の活動を映したものである。

陸奥が「唯ニ神奈川一県ヲ見ルニ非、眼ヲ天下ニ注ゲバ、如此ニならざる得ざる故也」と強調したのは、税関事務について大蔵省租税寮が各国へ対応しなければ「手数」がかかり「時期」を誤るとしたように、[63]地方官の対応では迅速な解決が見込めないとの認識によるものと考えられる。また、陸奥の書状にも見えた河野敏鎌の周旋は、もちろん司法省内で動き出したものである。河野はマリア・ルーズ号事件に対する司法省の立場を書類にまとめ、江藤司法卿に上呈している。[64]以下、これに基づいて、同事件に内包されていた問題を検討していこう。

河野は「日本政府ハ其港内中ノ事件又ハ其所ニテ起リタル件々ノミ取扱フベシ」の立場から、以下三箇条の実施を要求する。すなわち、①裁判事務上は本来「証人」である「支那人」と船・船長を「相成ル可ク速ニ」帰らせること、

②船長によって虐待された証拠のある「支那人」三名はこちらに留め置いて「支那国政府ニ引渡」し、あとは中国において三名と船長との間で裁判するに任せること、③船長の出訴を根拠に、訴訟入費及び「支那人」たちの滞在費用を敗訴した者に負担させること、である。この三箇条は外務省―神奈川県庁の方針とは真っ向から衝突するものであり、司法省名義で発された裁判処理に対する見込書にも同様の条件が掲げられていることから、江藤が河野の意見を容れて動いたものと考えられる。では、河野はなぜこの提案をするに至ったのか。彼は以下の三点から説明している。

［一］国際法の見地から

日本政府が苦力貿易という「悪事」を止めたのは「人情」であり、「禁ズルコト必用ナリ」。ただ、本件は「黒奴商法」とは異なるため、万国公法に「新箇条ヲ設立ル」必要がある。そのためには、長きに亘り「度々衆議ヲナシ、又ハ条約モ為」す必要がある。したがって、今回の一件も「各人民熟練ノ生ルヲ待ツテ後施ス事必要」であり、「人情ノ名ヲ以テ其商法ヲ衰ヘシムルニ至ラザルナリ」。

［二］国内法の見地から

政府良律ヲ以テ此人夫舩ヲ止メント欲スルニハ、人夫商法ヲ穢物ト看做ス赴ヲ公法ヲ以テ免ジ、且新ニ公法ノ箇条ヲ触令スルヲ要ス。其触令ナクシテ支那人夫運送舩タル名義ノミニテ他ノ名義ナキ舩ヲ止メル、政府ハ自ラ公法外ノ事ヲナセリト云ベシ。

裁判は国内法に基づかざるを得ないが、苦力貿易を処断するには、「人夫商法ヲ穢物ト看做ス赴」の人情に依るのではなく、新たな法令を発する事によって可能となる。法治国家としての振る舞いを求めているのである。

［三］裁判領域の見地から

本件は「船長ノ所業」に対する裁判でありながら、「市街ノ警察、加之港内警察」にまで及んでいる。これは「若日本及白露国トノ間ニ条約アリテ横浜ニ白露国コンシユル在留スルトキハ、舩中ノ警察ニ係リタル事件ハ、其コンシユルニ告訟スル故ニ、当今ノ訟訴ヲ決シテ取扱ザル事ニ註目スルヲ要ス」、すなわち締約国間なら成立し得ない裁判である。しかも、本件は「我管轄外ノ事ニ及ス可カラズ。故ニ馮港ニテ約条ノ時又ハ乗船ノ節ニ起リタル云々ニ付推考スベカラズ」。あくまでマカオの官吏より提出された「定則ノ船中書類」を以て十分とする。したがって、政府は「他事ニ管轄スル事ナク之ヲ通スベシ」。さらに「証拠トスベキ書物アルニ其証拠ニ対シ争ハント訴フコトハ甚以難カルベシ」。ゆえに、「支那人ヨリ為セシ望ミ」は「理ヲ以テ避ケルヲ要」し、ポルトガル・ペルーからの要請は「屢ク支那国ノ関係ナルベシ」と不干渉の立場が適当である。

以上のように、河野は第一に、国際法上前例のない苦力貿易禁止を即断することは困難であること、第二に、準拠すべき国内法が未整備であるため差し許し、新令の発令を待つべきこと、第三に、県庁による取締（「警察」）を通じて裁判領域を管轄外へ拡張することが異例かつ不適当であること、を理由として、「日本政府ハ其港内中ノ事件又ハ其所ニテ起リタル件々ノミ取扱フベシ」と訴えた。

河野の指摘は、司法事務の視点から浮かび上がった本件の問題点であり、内治と無関係に事件処理を進めようとする外務省―神奈川県庁に対する牽制であった。内治を前提にしないために、国内法を欠いたまま「人情」を根拠に裁判を進め、取締の官員を動員して証拠探しをし、国外で起きた国際問題を処断するといった、想定外の外交事務が展開しているというのである。河野は法令に基づかない随意の事務の展開を危ういものと認め、江藤も同様の立場から司法省見込書を提出して抗議したのである。(65)

正院としては前年の事務移管が頓挫していたことから、外務省に任せる以外に選択肢がなかったが、明治四年改革までに政府・外務省が目指してきた開港事務のあり方は、河野の指摘するものであった。河野が警鐘を鳴らしたものが「人情」なら、英国代理公使ワトソンが副島を後押ししたのもまた「common humanity」（邦訳文では「普通の仁情」）(66)であり、外務省の判断に依存する開港場事務の処理、副島外交が展開されることとなった。

明治五年七月二十一日（一八七二年八月二十四日）、外務省による事件処理が一段落したこの頃、“*Japan Weekly Mail*” 紙は、日本の事件処理についてこう分析していた[67]。「日本はこの事件処理を見事なまでに洗練した国際法よりも、むしろ広く了解されている世界的な道徳心に基づいて行っている」。「日本は確かに文明各国の同情と尊敬を獲得した」と一定の評価を与えつつも、今後は「厳格な国際法理に基づいた非難を浴びることになるだろう」と見通した。その見通し通り、次項にみる日秘間交渉では、外務省の「人情」に基づいた裁判処理が、内治としては「無法」だという批判にさらされていく。

（五）「無法」という「国法」——外務省の回答書

太政官は事件処理を外務省—神奈川県庁の手に委ねたが、司法省の呈した疑義は、ペルー側からも突きつけられることとなった。翌年訪日したペルー公使ガルシアは国際法に照らして日本外務省の処置を不当とする意見を呈したため、外務省も自ら下した処置を国際法の舞台で弁明せざるを得なくなった。外務省の回答書[68]は、上野外務卿代理の名で出され、ガルシアの主張に逐一応答する形を採っている。長文に及ぶ両者の文書[69]から、その要点を挙げれば表3−1の通りである。

両者の主張で決定的に異なるのは、ガルシアが日本の「無法ノ処分」、特に神奈川県庁の「随意」の処断を批判しているのに対し、上野は「当政府は何等の法、何等の人、或は行政、或は司法の官に由て吟味をなすとも、其国律に戻らざれば、全く政府の随意たり」として、その「随意」こそが「国法」であると主張している点である。ガルシアは、裁判はそれに適切な「厳正ニシテ相当ノ官員」によることが「文明各国ニテ施行スル法ニシテ、日本帝国ニ於テモ外国人民ニ関スル事ハ此法ヲ用ヒラレン事、更ニ疑ヒヲ容レザル処ナリ」としたのに対し、上野は「宇内各国各自ら其国法を設け、自国人及他国人の別なく等しく之を適用するの自由有り」と応じ、次のイギリス外務総裁の言を援

表 3-1　日秘両国の見解（附：神奈川県庁・司法省の見解）

事項	ガルシア	上野	神奈川県庁	司法省
1　日本の管轄範囲	日本に日本領海外の問題を裁判する権限はない.	入港の条約未済国船及び人民は，当国地方管轄である.	外務省の指令に基づき裁判を担当することとなった.	「日本国管外ニ於テ取極タル条約未済国ノ約定書ニ基ク詞訟ヲ取揚グベキ条理ナシトス」.
2　裁判の形式	裁判は，居留地取締規則に違反しており，対審の形式を取らず，さらに「厳正ニシテ相当ノ官員ナラデハ，其裁判ニ参与スルノ権ヲ有スル事ナシ」.	居留地取締規則は仮の取り決めであり，県庁に対して拘束力を持つものではない.「之を永久守るも，又は之を廃するも当政府の随意たるべきなり」.	船客，船長それぞれの主張を聞けば，犯罪の事実は「判然たり」.	「原告被告対審ヲ為スニ非ザレバ，双方ノ申口齟齬シテ判然ト為スベカラズ」.
3　裁判の論拠	裁判中，約定書を取り上げず，周囲の証言を一切容れず，ただ乗り組みの支那人の告白を基に処断しており，不当な取扱である.	「当政府は何等の法，何等の人，或は行政，或は司法の官に由て吟味をなすとも，其国律に戻らざれば，全く政府の随意たり」. 吟味の末に告白の妥当性は判然としているうえ，政府は県令の裁決を以て適当としているため，上告再審を要せず，司法省には裁判の必要も権限もない.		
4　県庁の不当性	神奈川県庁は，徹頭徹尾，「行法局」たる外務省の「一支局」と化しており，行政と裁判という「真ニ両立シガタキ職掌ヲ兼勤」しており不当である.		「双方とも其約定を相遂げ，又は之を廃せんため裁判を願ふとも，素より其権理有之候」.	「双方トモ裁判ヲ願フベキ権利ナシトス」.
5　船長の所業	弁髪の切断は不当な取扱には当たらない.	弁髪の切断は中国においては苛酷の取扱であり，切断，打擲とも船長によれば横浜入港後に行っているため，日本で裁判する権限がある.	犯罪は「船長の犯せる事明白」であり，「所謂人足売買論に渉り候様の義は何分当県庁に於て商議又は判断致べき義に無之候」.	「犯罪ハ断髪ノ事ノミトス」.

（出典）『日本外交文書』第 5 巻，457–459 頁，同第 6 巻，482–512 頁，512–526 頁より作成.

用した。

凡外国に寄留する者は、仮令自ら其国法を以不良なりとし、或は其法真に苛酷なるも、其居留の間は仮りに之を遵奉し、之に従服せざるを得ずとの一事は、万国公法中の最緊要の旨趣なり。

ガルシアが徹頭徹尾、欧米各国の内治のあり方と比較して、日本の内治における法的不備が不当な裁判処理を生み出したと糾弾したのに対し、上野は国際法の援用によって「随意」の内治を尊重されるべき「国法」に読み替え、一連の裁判処理を「万国普通の公義に悖る事なし」と強調したのである。上野の国際法援用は、条約未済国の人民の取扱は一切その滞在国の「国法」に依るという一点を主張することに集中しており、内治の不備に対する糾弾を回避しようとしている点に特徴がある。それは国際法上有効な説明であったとはいえ、反対派が危惧していた内治における国内法未整備や事務分界の問題を「国法」と正当化する、屈折に満ちたものだった。

第四節　内治事務の立て直し

（一）条約改正交渉と外交事務総轄

明治四年改革（一八七一年）でそれぞれの省権を保障された各省は、それぞれの事務の目的に応じた法令を新定・改廃し、いわゆる各省割拠状態に陥った。寺島は英国駐箚大弁務使として派遣されていた明治五年九月に、国内の上野景範に宛て、留守政府の問題点を次のように指摘していた(70)。

大日本大政府トハ何ヲ指スカ。正院カ。各省カ。皆各自分裂之体也。各省ノ卿輔ニ全権御委任ト云フコトアリ。是ハ大間違ナリ。外国各省ノ卿ノレスポンシビリチーと申スハ、万民に代ッテ事務を行ふ故ニ、若之ヲ謬ルトキハ民ガ之ヲ罰スル也。我日本政府ノ役人ハ転倒シテ主上ノレプレゼンタチブにて、責ヲ主上ニ得ルモノニテ、若過アル時ハ上ヨリ罰セラルルコトナレバ、反対也。併パルレメントナキ間ハ、民ガ罰スルノ路ナシ。然ル上ハ、夫ノ御委任ト云フモノ無用ノミナラズ、大ニ害アリ。

寺島は、政府が「分裂之体」に陥った原因を、各省卿輔があたかも「全権御委任」を受け「大日本」「大政府」そのものであるかのように振る舞う「大間違」にあると見ていた。天皇より全権を委任され、また議会の欠如によって人民にも罰されない官員の省務とは、無責任に展開して内治に大害をもたらすものでしかなかった。寺島の理解は、明治四年改革の限界と留守政府の実践を、鋭く捉えたものといえる。寺島は当面の策として「政府ノ権ト云フモノヲ正院ニ取リ」、「殊ニ大蔵外務ノ如キハ、参議ノ根ナル全国ノ事務ヲ総ベタル役人カ、その長官」が務めることとし、参議兼任の外務卿が「各省ノ事務ト総括ノ事務トヲ任ズ」ることを説いた。各省割拠状態によって混乱する内治を是正できるのは、正院のもとで各省事務の統轄を目指してきた外務省であるというのである。

明治六年五月、正院の立法監視機能を強化する太政官制潤飾が行われたのに続き、財政改革において強権を発動して各省と対立していた大蔵省の職権を中心にその他工部・司法の職権の一部を割いて内務省が新設されることとなった。また、政府は六月十三日の外国人訴訟規則（施行停止）、七月十七日の訴訟文例（日本人のみ適用）、八月八日の太政官布告第二百八十九号、翌七年九月二十三日の太政官達第百二十五号を通じて、裁判事務を司法事務に一括統合する方向で、改めて事務移管を進めた。(71) こうしたなかで、明治六年十月二十五日、征韓論政変の後を受けて外務卿に就任した寺島宗則は、法権・税権の回復という内治事務の総合を必要とする条約改正交渉に向けて、外交事務の再編に着手することとなる。

(二)　四省合議体制の提唱

明治七年四月二十五日、寺島は条約改正交渉に向けて一つの伺書を太政大臣三条実美へ呈し、認められた。(72) 寺島は条約改正と各省事務の関係について次のように説明している。

従来ノ外国条約ヲ改締セント欲スルニ、専ラ外務省ノ任タリト雖モ、其中他省ノ考案ヲ要スル件々、即チ中外人民交関法律ハ司法、輸出入物品税港税燈明税等ハ大蔵、開市地治外法外人内地通行等ハ内務ニ属スルヲ以テ、各其所見ヲ外務省ニ通達セシメザル可ラズ。然レドモ、現地交際ノ模様、他省ニ於テ詳ニ弁知セザルモ有ル可ケレバ、各省限ノ所見、或ハ適切ナラズ、又之レヲ立ント欲スルニ、外務省へ通諮スルニ非レバ能ハザルベシ。故ニ条約ノ書案ヲ起スニハ、到底各省ヨリ外務省へ通諮スルノ方法ヲ容易ニスルニアリ。

ここで条約改正案は、司法・大蔵・内務の三省に分属している関係事務を外務省のもとで総合するものとして説明されている。そして寺島は、その具体的方法を以下の通り提案している。

外務省中ニ一局ヲ開キ、外務内務大蔵司法四省ノ各卿ニ命ジ、其委員トシテ理事官ヲ撰任セシメ、外務省委任理事官ヲ以テ其主任トシ、其事件ノ諸省ニ連関スル者ハ会シテ之ヲ調べ、不ラザル者ハ外務理事官ト其事関係ノ省理事官トニテ之ヲ為スベシ。理事官ハ、各其省卿ノ所見ヲ本拠トシテ論ヲ発シ、然シテ其所決ノ論ヲ編集シ、右理事官等捺印シ差出シタルモノニ、右四省ノ卿捺印シテ其異論ナキヲ証シ、而シテ外務卿是ヲ正院ニ送達ス可シ。

且開局会議ノ規則時限等ハ諸理事官ノ商議ニテ定ム可シ。

寺島の提案した合議の方式は、四省でそれぞれ条約改正の取調専門の「理事官」を選任し、外務省理事官がこれを束ねて、四省卿、正院へと、事務方から段階的に承認を取り付けていくものであった。これは、明治四年五月に外務省が提案したものと同趣旨だが、その中心に三職ではなく、外務省が位置づけられている。

おわりに

外国官は開港場事務の直管によって各港の対応の整合性を担保しようとしたが、開港場事務はその重要性と複雑性ゆえに分担しなければ対処困難なものであったため、外務省も太政官による事務分担関係の構築に沿って、各省・府県との事務分担関係を模索するようになった。しかし、開港場事務はその重要性と複雑性ゆえに、関係各省・府県が連携しなければ対処不能であったため、外務省は主体的に役割を果たそうとした。この事務の分担と総合については、国内法の整備が未了であったことから、事務の分担を徹底することは困難であっただけでなく、総合の役割を自認する外務省が法的基盤を持つことなく随意の判断で意思決定を進める問題が生じた。

明治二年以降、諸官・諸省を単位とする各事務領域の編制がすすめられると、太政官・府県庁を含めた互いの分担関係の構築が課題となった。外務省は太政官のすすめるこの事務の分担に即しつつも、開港場規則の制定や各省との協議、府県への指揮について主体的に関わることを必要と認めた。加えて、条約改正の都合上、また外国公使からの要請もあり、外務省は関係する内治事務を総轄するだけの職権を期待され、太政官制改革によって特段の強化が施された。しかし、司法省新設とそれに伴う地方事務からの司法事務の分離は、外務省の探る事務分界において新たな課題を生じた。すなわち、改革に並行して進めるはずだった事務移管では、国内法未整備のために限定的な移管に留まり、裁判事務に対する外務省の関与を保持しておく必要が生じた。それゆえに明治五―六年にかけてのマリア・ルーズ号事件の処理では、外務省は開港場事務から生じた裁判を外務省の強権で処理することとなり、内外事務を混淆しつつ随意に処理される裁判形態を生じたため、河野敏鎌ら司法省の裁判移管要求につながり、またガルシアからその「無法」ぶりを指摘されるに至ったのである。

開港場事務の内治への解消は、外国公使、フィッシュの危惧に表れたように、開港場事務を外国公使が容易に容喙し得ない国内（地方）事務として確定することを意味したが、内治を十全に運営するための法的整備も、運営した実蹟もなく、信用を得られていなかった。各省・府県の事務分担を定めるとともに相互の協議を必要としたことは自然の成り行きといえる。寺島外務卿の提案した各省間協議体制（「理事官」制）は、過去六年あまりの開港場事務の再編過程の終着点であると同時に[73]、その後展開された条約改正交渉において、法権回復を重視する外務省と税権回復を重視する大蔵省との間に調整不良を惹起する出発点であったといえよう[74]。

なお、帰朝後に外務卿となった寺島宗則は、留守政府期に混乱した内治事務の制御と条約改正に向けた内治事務の総合に向けて立て直しを図った。ただし、外国公使やフィッシュが公言し、岩倉が認めたように、内治の整備、法治の定立を実現させない限り、事務分担の徹底も、条約改正も困難であった。岩倉使節団のメンバーが内治事務の法整備とその実施を優先課題とするのは必然であった。内治の法整備と実際的運用を図っていくためには、第一章で検討した立法の現実適合性の付与が重要であるだけでなく、太政官が各省の随意の判断を制御するために対応することが重要となる。この問題は第II部において具体的に検討する。

註

（1）マリア・ルーズ号事件の具体的経過については、イギリス側関係史料をも駆使した森田朋子『開国と治外法権』第II部「ペルー移民船マリア・ルス号事件――イギリスの役割を中心として」（吉川弘文館、二〇〇五年）参照。なお、同事件の基礎的経過を解明した研究は多く、戦前においては、尾佐竹猛「白露国馬俚亜老士船裁判略記解題」（『明治文化全集』第六巻、一九二八年）、同「明治裁判物語十一―二十、マリヤルズ号事件一―十」（『法曹会雑誌』第七巻第八号―第八巻第十号、一九二九―一九三〇年）、田保橋潔「明治五年の「マリア・ルス」事件」一―三（『史学雑誌』第四十編第二―四号）の詳密な研究がある。戦後に発表された研究では、石本泰雄「明治期における仲裁裁判の先例（一）」（『法学雑誌』〈大阪市立大学〉第七巻第四号、一九六〇年）、田中時彦「マリア・ルズ号事件――未締約国人に対する法権独立の一過程」（我妻栄他編『日本政治裁判史録』明治・前、第一法規出版、一九六八年）などが挙げられる。各論に関しては、さらに多様である。大山梓「マリア・ルース号事件と裁判手続」（『政経論叢』第二十六巻第五号、一九七七年）、同「横浜外国人居留地取締規則」（『広島法学』第二巻第四号、一九七九年）は『大日本外交文書』に依拠して事件経過を整理し、とくに裁判において主要な論点のひとつとなった居留地取締規則について詳述した。森田三男「マリア・ルズ号事件と日露関係」（『創価法学』第二十一巻第二・三合併号、一九九二年）、同、N・S・キニャピナ「マリア・ルズ号事件と露日交流の見直し（一六九七―一八七七）」（同前、第二十一巻第四号、一九九二年）はロシア側文書を用いて当該期の日露関係を再検討したうえで、仲裁国にロシアが選定された理由を、日本のロシアに対する信頼関係に求めた。柳田利夫「スペイン外務省文書館所蔵日本関係文書について」（『史学』第五十九巻第四号、三田史学会、一九九二年）は、事件発生後のスペイン側の対応について、同国側史料に基づいて検討し、スペイン公使が、「非公式な面に限」って引き受けることとし、「公的に以後の事件の発展に巻き込まれることはなかった」としている。

（2）『法令全書』明治元年、内閣官報局、一八八七年、一一頁。以下、とくに断らない限り、法令に関する『法令全書』の引用註を略す。

（3）「太政官日誌」明治元年・第一巻・第三号、一五―一九丁。
（4）明治元年、岩倉具視「王政復古外交勅諭草案」（『岩倉具視関係文書』第二巻、日本史籍協会、一九二九年、一三一―一三四頁）。
（5）明治元年二月十七日、三職達（前掲『法令全書』明治元年、四四―四五頁）。
（6）森田は、幕末維新期の横浜における領事裁判の運営実態から、領事裁判制度と幕府の体制に、双方とも行政・司法・裁判の役割を抱えているという連続性を看取した（森田前掲書、第Ⅲ部第二章および「まとめ」三二四頁）。幕末維新期の新政府に引き継がれた事務の性格を考えるうえでも重要な指摘と考えられる。
（7）『日本外交文書』明治期・第一巻・第二冊・附録二、巌南堂書店、一九九三年三版、一四―一五頁。
（8）明治元年五月四日「外国官知事ノ権限ニ関スル布告」（同右、明治期・第一巻第一冊、七六一―七六三頁）。
（9）前掲『法令全書』明治元年、一九五頁。
（10）明治二年一月、京都弁事宛外国官伺書。別冊として元年八月十五日伺書が添付され、「右ハ各国トノ交際上ニモ関係致候事件ニテ一大事ニ候間、急速別冊ノ通御決定ニ相成度」と決裁の催促がなされている（国立公文書館所蔵「太政類典草稿」第一編・慶応三年―明治四年・第十七巻・官制・文官職制三、第五十二号文書）。
（11）明治元年十一月、外国官伺書（国立公文書館所蔵「公文録」明治二年・第八巻・己巳一月―三月・外国官伺）。
（12）大久保利謙編『森有礼全集』第二巻、宣文堂書店、一九七二年、六五頁。
（13）『大隈重信関係文書』第一巻、日本史籍協会、一九三二年、一六―二一頁。
（14）『法規分類大全』第十巻・官職門、内閣記録局、一八八九年、五二三頁。
（15）明治二年六月、通商司・開港場地方官への達（国立公文書館所蔵「太政類典」第一編・慶応三年―明治四年・第十八巻・官制・文官職制四、第六十七号文書）。
（16）この他の人事では、東京府では明治二年五月、鮫島尚信（東京府権判事兼外国官判事）を東京府判事拝命とともに外国官判事を免じられ、箱館へ赴任していた山口範蔵（外国官判事）も会計官判事に転任している。なお、のちに鮫島が外国公使となり、山口が岩倉使節団の副使となるのは、内治経験を持つ外交事務官としての能力に基づいたものといえる。条約改正に向けた外交事務においては、内治経験が極めて重要な意味を持つことになる。
（17）国立国会図書館憲政資料室所蔵「岩倉具視関係文書」〈対岳文庫〉七―四―（五）。

(18)『神奈川県史料』第六巻、神奈川県立図書館、一九七〇年、五七八頁。
(19) 国立公文書館所蔵「第五類 職務進退」、「職務進退 外務省」(己巳夏)による。
(20) 前掲『法令全書』明治二年、一四四―一四五頁。
(21)『外務省の百年』上巻(原書房、一九六九年、二三―二四頁)には草案段階の「外国官規則」が収録されている。実際に制定された「外国官規則」は草案から若干の字句の変更を伴ったのみである。『外務省の百年』の執筆者は、当該草案を外国官設置当初の規則と推定しているが、文言が民部省規則に則したものであるため、これは明治二年四月に外国官で作成された、外国官規則の草案と考えられる。
(22) 明治二年四月「外国官規則」(前掲『法規分類大全』第十巻・官職門、五二二頁)。
(23) 明治二年九月二十七日、弁官宛外務省伺書(国立公文書館所蔵「太政類典」第一編・慶応三年―明治四年・第六十九巻・地方・地方官職制三、第四十二号文書)。
(24) 大塚武松編『百官履歴』上巻、日本史籍協会、一九二七年、三三八―三三九頁。
(25) 前掲「公文録」明治三年・第五十巻・庚午一月―二月・外務省伺、第十五号文書。
(26) 明治三年二月、外務卿澤宣嘉作成「外務卿より省中一同江達書」(国立公文書館所蔵「公文別録」太政官・明治元年―十年・第一巻・明治元年―四年、第四号文書「外務卿ヨリ其省中ヘ告諭書」別紙)。明治初期「公文別録」の史料性格については、小林延人「政体取調一件書類に見る明治初期行政文書の性格」(『東京大学日本史学研究室紀要』第十四号、二〇一〇年)参照。
(27) 明治三年四月十四日「外務省則並ニ軌範」(『法規分類大全』第十巻・官職門、五二七―五三〇頁)。
(28) 前掲「公文録」明治三年・第五十五巻・庚午九月・外務省伺、第十号文書。
(29) 明治四年三月三日、太政官宛外務卿澤宣嘉・外務大輔寺島宗則建言書(前掲『日本外交文書』明治期・第四巻、一九九四年、一三頁)。
(30) 明治四年六月六日、外務卿澤宣嘉並英国臨時代理公使アダムス対話書(前掲『日本外交文書』明治期・第四巻、四八九―四九一頁)。
(31) 明治四年五月、弁官宛外務省上申書(前掲「公文別録」太政官・明治元年―十年・第一巻・明治元年―四年、第十号文書)。

(32) 明治四年六月九日、三条実美・岩倉具視宛澤宣嘉書翰（早稲田大学図書館所蔵「大隈文書」イ一四―B〇〇九九―〇〇〇一）。

(33) 岩倉使節団の成立過程については、菅原彬州「岩倉使節団の成立と副使人事問題」(一)・(二)(『法学新報』第九十七巻第九・十号、第十一・十二号、一九九一年）参照。

(34) 明治四年八月二十三日、司法大輔佐々木高行・司法少輔宍戸璣宛外務卿岩倉具視・外務大輔寺島宗則書状（前掲『日本外交文書』明治期・第四巻、二九頁）。

(35) 明治四年六月二十四日、大納言岩倉具視宛参議大久保利通書翰（『大久保利通文書』第四巻、日本史籍協会、一九二八年、三〇九頁）。

(36) この人事には、当初三条実美が反対し、三条・岩倉の両大臣を維持し内治を三条、外交を岩倉が統轄する従来路線を提起していたが、結局、岩倉外務卿就任に妥結した（佐々木高行日記、明治四年六月二十三日の条、東京大学史料編纂所編『保古飛呂比』第五巻、東京大学出版会、一九七四年、一二七頁）。

(37) 明治四年七月十九日、外務卿岩倉具視並米国公使デ・ロング Charles E. Delong 対話書（前掲『日本外交文書』明治期・第四巻、一六―一七頁）。

(38) 同右。

(39) 前掲『法規分類大全』第十巻・官職門、五三二―五三四頁。

(40) 外務卿は右院の外交上の議事を主裁するため、明治六年一月の「外務省事務章程」においても、外務卿は「右院ノ集議ニハ必ズ出頭シ」と規定された（前掲『法規分類大全』第十巻・官職門、五三七頁）。なお、同章程では「緊要」の場合には外務卿が正院に出向いて事務を執ると規定されており、重要案件に関する外務卿の権限は正・右院と密接な関係を有していたことが窺える。

(41) 中川壽之「太政官三院制に関する覚書」(『明治維新史学会報』第三十八号、二〇〇一年）は、「官符原案」第二巻（明治四年）を活用し、開設当初は右院が実際に機能していたことを明らかにしている。

(42) 前掲『外務省の百年』上巻、第一編第二章参照。

(43) 明治四年八月二十三日、外務大輔寺島宗則並仏国公使ウートレー Maxime Outrey 対話書（前掲『日本外交文書』明治期・第四巻、二七―二八頁）。

(44) かかる過程において、大蔵省・司法省間で地方統轄をめぐる衝突が発生しており（勝田政治『内務省と明治国家形成』吉川弘文館、二〇〇二年、三九―四三頁）、地方官側からも各省の地方官職権への介入に反発する建議が出された（明治五年十一月、正院宛滋賀県令松田道之建言書、色川大吉・我部政男監修、内田修道・牧原憲夫編『明治建白書集成』第二巻、筑摩書房、一九九〇年、三五〇―三五二頁）。
(45) 前掲『日本外交文書』明治期・第四巻、三二一―三二三頁。
(46) 同右、二八―二九頁。同公使氏名は不詳。
(47) 前掲「公文録」明治四年・第百四十三巻・辛未九月―十月・司法省伺、第三十三号文書。
(48) 前掲『日本外交文書』明治期・第四巻、三八頁。
(49) 犬塚孝明「明治初期外交指導者の対外認識」（『国際政治』第百二号、一九九三年）は、以前から寺島が副島の参議兼外務卿就任を要請していたことを明らかにしている。直接の打診については、明治四年十一月二日、寺島宗則宛大久保利通書翰に「副島義、外務には随分宜舗は有御坐まじくや」の言に確認できる（前掲『大久保利通文書』第四巻、四一二頁）。ただし、副島は外務卿に就任した時には参議職になかった。
(50) 明治五年五月十五日、特命全権大使岩倉具視宛外務省六等出仕大原重実書翰において「卿［副島―湯川註］之談判には実に感入候。尊君之此卿を御鑑定、是亦実に感入候」（前掲『岩倉具視関係文書』第五巻、一九三一年、一四〇頁）。
(51) 「盟約書」第六款によれば「内地ノ事務ハ大使帰国ノ上、大ニ改正スルノ目的ナレバ、其間可成丈新規ノ改正ヲ要ス可ラズ。万已ムヲ得ズシテ改正スル事アラバ、派出ノ大使ニ照会スベシ」（前掲『大隈重信関係文書』第一巻、四一〇頁）。実際に留守政府―使節団間で往復された公信は、アメリカまで一ヶ月、ヨーロッパまで二ヶ月を要し、大西洋周りと太平洋周りの双方で発信していたために、着順が前後する、ないし到着しないといった問題が生じており、一日単位で進行するマリア・ルーズ号事件に関しては、結局事後報告となった（森田前掲書、一七一頁）。
(52) 明治五年二月一日、少弁務使鮫島尚信宛特命全権大使岩倉具視書翰（前掲『岩倉具視関係文書』第五巻、九七頁）。
(53) 明治五年二月十九日「岩倉大使等ト米国国務卿等トノ対話書」（前掲『日本外交文書』明治期・第五巻、一六八―一七一頁）。
(54) 多田好問編『岩倉公実記』下巻、（皇后宮職）印刷局、一九〇六年、一一三一―一一三三頁。
(55) 明治五年四月四日、参議大隈重信宛工部大輔兼岩倉使節団特命全権副使伊藤博文書翰（前掲『大隈重信関係文書』第一巻、四五八―四五九頁)。

(56) 明治五年四月二十五日、寺島は大弁務使に任命された(前掲『百官履歴』上巻、九三頁)。

(57) 明治五年六月十五日、特命全権大使岩倉具視宛外務省六等出仕大原重実書翰(前掲『岩倉具視関係文書』第五巻、一五五―一五六頁)。なお、新規任命が回避された一因として、同時期に大蔵省が推進した各省定額制導入による経費節減方針の影響が考えられる。

(58) 雑賀博愛『大江天也伝記』(大江太、一九二六年)では、陸奥は廃藩置県後の制度整備を先決とする立場から、江藤は法律上の立場からそれぞれ異論を唱えたとされており(一八八―一九二頁)、一般にこの評価が引かれるが、関係史料に乏しく、彼らの反対論の内実についてはほとんど検討されてこなかった。

(59) 明治五年七月「司法職務定制」(国立国会図書館憲政資料室所蔵「大木喬任関係文書」書類の部・一〇三)。

(60) 河野敏鎌――高知県士族。弘化元年十月生。明治二年四月より待詔局判事試補となり、弾正台、大蔵省に出仕した後、四年八月より広島県大参事、五年一月二十日に司法権中判事として司法省入りし、同年五月二十二日に司法少丞となる。同年六月十日には司法省の欧州視察団の理事官を拝命し、翌六年九月六日帰朝。司法大丞に昇任後、八年四月二十五日には元老院議官に転出、同年十一月二十八日に同院幹事、十一年三月五日に法制局副長官兼任となり、六月七日には元老院副議長となった(国立公文書館所蔵「第五類　職務進退」、「勅奏任官履歴原書」転免病死ノ部(元老院))。

(61) 国立国会図書館憲政資料室所蔵「大江卓関係文書」六九―二。なお、史料中に挙げられている奥村、山東はそれぞれ奥村尚柔、山東直砥(ともに神奈川県七等出仕)。

(62) 明治五年八月十日、神奈川県権令大江卓宛正院達(前掲『日本外交文書』明治期・第五巻、一九九四年、四九三頁)。正院が外務省―神奈川県庁による裁判継続を支持した理由は不明だが、それまで外務・大蔵両省間で事務分界が協議されてきたのとは対照的に、両省・司法省間の事務分界については国内法の未整備、江藤の司法卿就任による改革の急展開もあり、合意形成に至っていなかったことが少なからず影響していると考えられる。

(63) 前掲『日本外交文書』明治期・第四巻、三八頁。

(64) 国立国会図書館憲政資料室所蔵「江藤新平関係文書」二八〇―二三「外交関係書類　明治五年」所収。司法省罫紙。書類欄外右上に河野印。以下、意見書の引用はこれによる。本史料の性格については、①通常の建議・鑑のように起案者、承認者の氏名、押印欄がないこと、②丁寧に浄書され、そのうち一行分「　」によって補足文がみられること、③実際に河野が神奈川県へ派遣されていることから、おそらくもとは別に河野が取り纏めた初案があり、それが江藤に提出され、江藤がこれを認可し補足文を書き添えて河野に返付し、河野が補足文を加えて浄書し、再度江藤へ提出したものと考えられる。初案は未確認だが、補足分がわずかなことから、ほとんど初案通り江藤の認可を受けたものと考えられる。

（65）「司法省見込附札」（前掲『日本外交文書』第五巻、四五九頁）は、神奈川県庁の見込書に対して所見を呈する形を採りながら、その主旨に、河野の掲げた三箇条のうち二箇条を示している。苛酷の取扱を受けた者の人数及び罪状を確認したうえで（第七条）、「犯罪ハ断髪ノ事ノミ」とし（第十条）、「日本国管外ニ於テ取極タル条約未済国ノ約定書ニ基ク詞訟ヲ取揚グベキ条理ナシトス」（第十九条）として、全く「双方トモ裁判ヲ願フベキ権利ナシトス」（第二十条）。したがって、船長の罪に関する文面を削除して「出港可致」（第十二条）こととしている（訴訟入費に関する項目は神奈川県庁見込にも、司法省見込にも挙げられていない）。

（66）明治五年六月二十九日、外務卿副島種臣宛英国臨時代理公使ワトソン書状（前掲『日本外交文書』明治期・第五巻、四一五―四二〇頁）。事件の端緒を開いた書状である。

（67）*"The Japan Weekly Mail"* 1872.8.24.

（68）副島はガルシアと会談後、日清修好条規の批准交換のため渡清し、回答書は副島不在のまま作成された。当初、外務省は副島の帰朝を待って交渉を再開するつもりであったが、ガルシアの意見書類を受け取ったため、回答しなければならなくなった。

（69）明治六年三月三十一日、外務卿代理上野景範宛秘露国特命全権公使ガルシア書状（前掲『日本外交文書』明治期・第六巻、一九九四年、四八二―五一二頁）、および同年六月十四日、ガルシア宛上野回答書（同右、五一二―五二六頁）。

（70）寺島宗則研究会編『寺島宗則関係資料集』下巻、示人社、一九八七年、二九一頁。

（71）長沼秀明「寺島外交と法権回復問題」（『駿台史学』第九七号、一九九六年）一二頁。

（72）明治七年四月二十五日、太政大臣三条実美宛外務卿寺島宗則伺書「外国条約改締書案取調局設開ノ儀ニ付伺」（前掲『日本外交文書』条約改正関係・第一巻、二〇〇五年、三三三―三三四頁）。

（73）犬塚孝明「寺島宗則の外交思想」（『日本歴史』第五一五号、一九九一年）は、寺島宗則の外交認識を分析することで、対等外交を前提する「互相ノ理」を見出し、それが副島外務卿時代と異なっていることを指摘しており、本章で検討してきた外務省の方針とも親和性のある指摘と考えられる。

(74)　前掲長沼論文および五百旗頭薫「関税自主権の回復をめぐる外交と財政」(『日本政治研究』第一巻第一号、二〇〇四年)。長沼は、従来税権回復優先で語られてきた寺島外交について、寺島の法権回復志向の存在を明らかにした。これを受けて五百旗頭は、寺島外務卿と大隈大蔵卿の条約改正志向のずれを析出し、「大隈は税権回復がまだ先であることを前提に大蔵省の権限強化を目論み、寺島は税権そのものよりも国権の回復に関心が強かった」として、ともに内在的関心を持たない税権回復が両者をつないでいたと指摘し、それが「西南諸戦争期」における関税増収の緊急性によって両者の齟齬が顕在化、その分裂の結果として寺島外交の失敗を位置づけた。

第I部のまとめ

明治初年の立法における課題と特質

第I部では、明治初年の立法における政府の課題認識に迫るため、議事院・会計事務・民政の相互関係および教育事務の立案、開港場事務の再編過程を分析した。

第一章では、政府の目指した意思決定方式について事務との関係に着目して明らかにした。少数合意を正統化する方式は政府発足においてこそ奏功したものの、戊辰開戦をめぐってはより少数の専断に対する不満が噴出し、より多数によってより少数の専断を抑制する方式として議事院の導入が急がれた。ただ、政府発足以後、政府の意思決定が事務運営と密接な関係で捉えられるようになったことで、多数の衆議によらない敏速な意思決定の必要性も高まっていた。

政府の意思決定と事務の統轄の責を負った岩倉具視は政府組織を事務運営に資する形に改編し、一部の事務官が立案し、輔相の認可・委任によって様々な案件を処理する仕組みを採用した。しかし、この方法には二つの問題点があった。一つは衆議にかけない意思決定が常態化することが従来の政治感覚では反「公議」的であり、政府内外に不信感を与える原因になっていたこと、もう一つは意思決定を円滑にしただけでは、事務の実施において現実適合性を担保できず、結果として施政の混乱と意思決定のやり直し、すなわち朝令暮改の弊害が生じたことである。そのため、議事院にはかかる二点を解決するための役割が求められた。土佐派の構想は一点目に重きをおいたものであり、岩倉の構想は二点目に重きをおいたものであったが、それゆえに公議所・集議院の議員は地方代表者に擬されながら、事務上の実効性をあげるような地方意見＝現実的知見の提出を求められた。殊に後者の役割については、事務官たちの立案だけでは実際施行上に難があったため、特に政府要路がこだわった点だったが、議員が即座にこれに応えることは困難であった。そうであるが故に、太政官・諸官・諸府県は議事院に頼れない状況下で、自主的に施政の実効性を担保する方策を求める必要を認めていたのである。

また、各事務は組織上で区別されてはいたものの、実際には各事務組織の受け持ちが明確でなく、互いに重合する領域では問題が生じていた。政府要路は、事務が個別の責任を明確にされるべきことを意識しただけでなく、事務同士が相互に影響を与え合うことをも意識していた。会計事務では政府財政の逼迫という現実をまえに、事務官が全国の金穀出納の管理を求め、政府要路もそれに相応の便宜を図っていたが、会計事務上の目的追究にのみ収斂すれば、人民の実情に即した保護・民力育成を目的とする府県事務、民政に支障をきたす恐れがあった。会計官が全国一般の計画を立て、それを府県へと及ぼす形を採ったのに対して、民政では各府県の実情を踏まえた帰納的、現実的な計画を立てる必要があり、事務の目的、方法を制度に結実させるまで時間がかかることが想定された。政府要路は両事務の性質の違いを認めてその分界を模索し、民政の方針が立たない限りにおいて民蔵合併を行い、民政方針の一定を目指して民蔵分離を行った。いわゆる民蔵合併・分離問題は、各事務の方針と相互関係が定まらないがゆえに生じた政治事件であり、根本的には立法における現実適合性の欠如が問題であった。この問題は欧米情報の講究に余念がなかった大蔵省においても、懸案事項として認識されるようになり、井上馨によって地方官会同の計画へとまとめられていった。井上は予め大蔵省の指導下で事務を実施し、ある程度まで地方官がそれに習熟するのを待って会議を開いたが、それは大蔵省の強権に依存したものであった。

こうした特定の省の立案能力を強化する試みは、一面では往年の課題であった立法における現実適合性の欠如について一定の効果があったものの、他面では政府組織全体での諸事務のバランスを失った。結果的には大蔵省が強権を行使し、他省事務への配慮を怠ったことにより、各省間対立は深刻なものとなった。これにより、省が立案能力を強化することとは別に、立案内容の適否を吟味し、全事務を俯瞰してバランスを取るような審査体制が必要とされるようになったのである。

以上のように、第一章では①立法における現実適合性の付与という課題が浮上し、これに対して太政官、大蔵省が地方官意見の聴取という方法に注目するようになり、そのような議事院の創設が試みられたこと、②太政官においては総合的な見地から立法審査を行う必要性が高まったことが明らかとなった。

以上を受けて第二章では①の現実適合性の付与について民政改革および学制制定に関与した大木喬任の意図と方法を分析し、第三章では②について外交事務・会計事務・民政の混淆領域であった開港場事務の再編過程を分析した。

第二章で検討したように、明治初年の会計事務・民政の不協和は、民政上の方針が定まっていないことに原因があり、大木喬任には民政改革の方針を定めることが求められた。人民生活の現状に即して数多の民政上の業務に緩急を定めようとしていた大木は、生活上不可欠の知識を授けるとともに、将来的な利益増進をはかるため欧米学問への入り口となるような小学校の設置を急務と認めており、政府要路に推されて初代文部卿となった。大木が欧米学問の普及を急ぐ旧大学官員たちの意図を汲みながらも、日本での生活に必要な文化的素養をも求めたのは、かかる動機によるものであった。大木は人民一般が欧米の学問とは縁遠い生活を送っている現実に即して教育事務の方針を考えており、小学校の整備に現実性を求めて地方官の判断を尊重しつつも、学区内集金の義務化措置にみられたように、小学校整備それ自体の忌避には厳しい姿勢で臨んでいた。このように、教育事務の立案には、欧米学問を導入・普及することと国内の人民生活の自立・安定を図ることが一体で企図されており、かかる意味において小学校整備が教育事務の最優先課題とされた。事務方針を定めたことによって、文部省においてもその現実化を図るために地方官との協議が重要な意味を持つようになったのである。

このことは、事務方針が省内の主任官員の知識と経験によって生成されていたことを表しているだけでなく、彼らの知識と経験だけではカバーできない現実的意見を地方官から集めることが必要とされていたことを表している。このことは第一章において井上馨が地方官会同を企画したことと相通ずる。

そして、第三章では開港場事務をめぐる各省分担関係の形成過程を分析した。開港場事務においては、外交・財政・民政に相当する業務が混淆しており、政府が外国官、会計官、民部官、府県庁を置き、それぞれが事務方針を模索するなかで、分担関係の一定が課題とされた。外国官が開港場事務全体の直轄を志向し、外務省が開港場事務の規則制定に主体的な役割を果たそうとしたように、開港場事務は純然たる内治事務とは異なり内治・外交の総合的な見地を必要とするものだったが、太政官が各省・府県の事務分担関係を追究したように、特定の事務組織の意見に引きずられず、各事務のバランスをとることも重要とされていた。明治四年改革にみられたように、各事務の分担を明確にしようとすれば、かえって外務省は外交上他省・府県への影響力を確保する必要性も高まったのである。

その結果、マリア・ルーズ号事件のように複合的な重大事件を処理しようとすると、外務省の判断が先行し、司法省との調整不良を生じた。ここには、いまだ規則のない未決の案件においては立案を担う関係省の権限が強まるために、その省の随意の対応に政府の意思決定そのものが引きずられる問題があった。かかる問題への対処法は、一つには河野敏鎌がいったように、国内法を整備してそれに各省が準拠する体制をつくることであり、もう一つには寺島宗則がいったように、各省協議の場を太政官に求め、そこで意思決定を重ねていくことが考えられていた。いずれにせよ、太政官の立法上の役割が重くなることにかわりはなく、明治六年の各省首脳の参議昇格人事と太政官制潤飾が行われた所以である。

以上のように、いまだ各事務に明確な方針がなく各省の事務官に立案の責任を与えた明治初年の政府では、既定の法令のない状態での事務運営が続き、各省事務官の判断によって事務の実施内容が大きく左右される状態が生じた。それは一方では各省の一部の官員による事務方針の定立に寄与したものの、他方では立法の現実適合性の問題を際立たせ、各省区々の判断が先行するために各省事務のバランスがとれず、各省を統御する方法として立法審査の必要性を高める結果となった。

では明治六年以降、政府の立法審査はどのような仕組みになっていったのだろうか。第Ⅱ部では立法審査の要となった法制機関（第四章）、元老院（第五章）の立法上の意図と役割について明らかにするとともに、明治初年に立法審査の役割を期待されていた司法事務の変容（第六章）について検討することで、政府の立法審査の課題と特質を明らかにする。

第II部の課題設定

立法審査の方法とその特質

太政官の立法審査については、正院法制課、法制局、参事院といった法制機関が主に担当していたことが知られているが、関係史料に乏しく、どのような審査体制であったのかはほとんど不明である。先行研究では、参事院が強大な権限を有する「権力＝官僚制の核心」(1)とみられたため、特に参事院への注目度が高かった。もっとも、権限が強いことが調整機能の高さを保障していたわけではなく、西川誠は、むしろ参事院がその権限の強さゆえに各省との調整に行き詰まり、機能不全を引き起こしていたことを指摘し、その結果として内閣制度移行と法制機関の権限縮小があったと捉えた(2)。このように、参事院に対する問題関心は、官僚制ないし内閣制度の形成を説明するという点におかれており、参事院以前の立法審査についての関心は希薄であった。

一方で、権限の強弱や官僚制・内閣制度形成といった観点を取り払って法制機関をみた場合、明治初期において最も長期にわたり立法審査を担ったのは法制局である。法制局の立法審査の内実については、研究史上の焦点ではなく、また関係史料の欠乏が災いして、明らかにされてこなかったが、明治初期の立法審査の課題と特質を捉えるためには重要な研究対象と考える。そのため、第四章では新たに法制局の内部史料である「法制局文書」や政府要路・法制局員の関係史料を駆使して、法制機関の形成過程と法制局における立法審査の内実を明らかにすることとする。

ただし、政府の立法審査は法制局が単独で行うものではなく、いくつかの方法が並行して試みられている。そのなかで法制機関と並ぶ有力な方法となったのが、元老院における審議である。元老院は明治八年に設置された議事機関で、先行研究では同院の人事問題や議論の内容、あるいは国憲編纂事業などがそれぞれの問題関心から取りあげられてきたが、いずれも元老院が扱った諸問題に対する関心であり、元老院自体がどのような立法審査機関であるべきか、という問題については関心の外側に置かれてきた。第五章では元老院議官たちが自主的に行った議事制度改革に注目して、元老院の立法審査機関としての位置づけを明らかにすることとする。

なお、法制局・元老院による立法審査体制がかたまる以前から、最も有効な立法審査の方法として期待されて始動したのが、司法事務における訴訟を通じた立法審査である。この方法は後述するように、江藤新平司法卿時代に考案され、以後、太政官と司法省によって運営されたが、結果的には立法審査機能を解消し、訴訟はそれ自体の制度化を図っていくこととなった。先行研究においては、かかる訴訟は立法審査とは無関係に、いわゆる「行政訴訟」制度の前史として位置づけられ、江藤司法卿時代の人民の権利を保障する訴訟制度が政府の意向により改悪され明治二十年代の行政訴訟制度へと行き着いたと理解されてきた。しかし、これは行政訴訟制度の成立時点から遡及した理解であり、明治初期の訴訟制度の設計意図や運営実態を分析したものではない。ここでは従来見落とされてきた司法事務における立法審査機能に着目して、訴訟制度の意図と運営実態を明らかにすることで、なぜ司法事務における立法審査が解体されたのかを把握し、以て法制局・元老院の視点からはみえてこない、立法審査の一側面を明らかにすることとする。

以上のように、法制機関、元老院、訴訟制度については、先行研究においてそれぞれ別々の研究領域のなかでそれぞれの関心に応じて取りあげられてきたが、立法審査体制の形成過程という視座から捉えられたことはなかった。かかる視座において一連の事象は従来のように全く別の事象ではなく、相互に連繫しつつ存在するものとして把握される必要が出てくるのである。そのため、第四章、第五章、第六章ではそれぞれ先行研究が異なるが、立法審査の観点から一繋ぎに捉え、それぞれの研究史上未解明の点を明らかにしつつ総合的に捉えることとする。

註

（1）山中永之佑『日本近代国家の形成と官僚制』弘文堂、一九七四年、二三六頁。

（2）西川誠「参事院の創設——明治一四年政変後の太政官における公文書処理」（『書陵部紀要』第四十八号、宮内庁書陵部、一九九六年）。

第II部　立法審査の方法

第四章　法制機関の台頭

はじめに

明治六年（一八七三年）の太政官制潤飾以後、太政官では立法審査体制を整備していくこととなるが、その過程にしたがって立法審査機関は法制課から法制局、法制部、参事院を経て、内閣法制局となる。

従来、太政官の立法審査機関――法制機関の研究では参事院に関心が集中してきた。参事院は、太政官制の終着点において、極めて強大な権限を集中させた機関であったため、「権力＝官僚制の核心的位置を占め」た[1]（山中永之佑）、あるいは「立法権と行政権の帰一を制度的に表現した要石」[2]（山室信一）というように画期性が強調されてきた。これに対して、笠原英彦は、法制局以来の法制官僚である大森鍾一の理念と、「公文録」にみえる参事院の地方長官―県会間の調停権の運用事例を検討し、法制局から参事院までの法制機関の連続性を強調した。すなわち、参事院には法制局以来の伝統として、「法的整合性の追求による行政の一元化」や「法的安定性の維持による行政の円滑化」を求める方向性が継承されていると評価した[3]。一方、西川誠は「公文録」および尾崎三良、大森鍾一、井上毅ら法制部局員の関係史料を検討し、参事院の機能不全を指摘する。すなわち、参事院は一方で太政官制下の「行政の統一性・継続性を担う補助部局の中で法制を分担」し、他方でより独立性の高い法案作成・法制統一機関として「肥大化」したために、「法案作成・法令審査を通じた行政のリードが行えず、機能不全を起こした」のであり、これがのちに内閣制導入の際に参事院が廃止され、内閣法制局へと逆行する原因であったと説明した(4)。

以上のように、法制機関に関する研究は、明治太政官制の最末期における参事院の機能への注目から展開されており、参事院の性質が法制局設置以来の連続・非連続によって理解されるようになった。しかし、そうであるが故に法制局については、参事院の性質を説明するための前史的な位置づけにとどまっており、法制局の実際の機能についてもほとんど検討がなされていない。しかし、第一章の検討を踏まえれば、法制局は明治初期の立法審査体制の模索から生まれ、明治太政官制期において最も長く存続した法制機関であり、その実際的機能を解明することは立法審査の特質を理解するうえで不可欠であると考えられる。また、法制局の実証研究が進まなかった原因として史料の制約も挙げられるが、本章では法制局旧蔵史料である「法制局文書」を活用することで、法制局の機能を検討することとする。

したがって、本章で扱うべき事項は大きく二点に分かれる。第一は、明治初年における立法審査体制の模索のなかで法制局を位置づけること、第二は法制局の人事・機構の特徴をおさえたうえで、法制局がどのような立法審査体制を想定して自己改革を進めたのかを明らかにすることである。前者は第一節、後者は第二節で取り扱うこととする。

第一節　太政官の立法審査と組織

(一)　改革と地方——大蔵省、正院、左院の共通認識

第一章で検討したように、太政官制潤飾は各省立案と地方現実の疎隔に対処するという目的意識のもとで行われ、地方官会議についても「一体各地方官ノ議会ハ、民務ノ便宜ヲ実地ニ徴考スル緊要ノ事ニテ政理上、得益少トセズ。

故ニ今後議事ノ体裁ヲ撰定シ、左院ニ於テ毎歳之ヲ開クベシ」（明治六年五月十八日、太政大臣三条実美の地方官一同への演達書）[5]というように、現実的な地方意見を聴取するための会議として重要視された。地方官会議を主催する左院は太政官制潤飾に伴って「国憲民法」の編纂を本務と規定されたが（六月二十四日、左院職制）[6]、そのために左院が必要としたのは欧米法の知識だけではなく、各府県がそれぞれの実情に応じて制定していた地方法令の情報であった。以下は明治六年から翌七年にかけて左院が諸府県へ送った通達書〔一〕―〔三〕とそれへの対応に関する秋田県支庁（在東京）から秋田県庁への書状〔四〕である。[7]左院が直接府県へ通達した文書はきわめて珍しく、以下に全文を掲げる。

〔一〕

本院ニオイテ国憲民法編纂ニ付而之凡制令ニ関係候義ハ細大無遺漏収拾致編入候間、其県ニ限リ管下ヘ布達并官省ヘ伺之上施行致シ現今規制条例書相成候分ハ、悉皆抜録シ、早々差出可申候。此段相達候也。

　但日誌布達等刊行相成候類ハ、刊本ヲ以差出可申候。

六年十二月二日　伊地知副議長

諸県出張所月番中

追而諸県ヘ至急回達可有之候也。

＊＊＊

〔二〕

本院於テ国憲民法編纂ニ付、其県限リ布達類現今規制条例ト相成候処今以不差出、編纂差支相成候ニ付、急速差出可申候。

　他組合ノ県々左ニ誌スヲ略ス。

〔明治七年〕二月二十日　左院

組合県

略之

＊＊＊＊

〔三〕

本院於テ国憲民法纂ニ付、

福嶋県　磐前県

若松県　水沢県

岩手県　山形県

酒田県　秋田県

右県限リ布達并規則類悉皆抜録差出候様旧冬并二月中相達置候処今以不差出、編纂差支相成候ニ付、急速差出候様、早々通達可有之候。此段相達候也。

七年五月八日　左院

＊＊＊＊

〔四〕

左院於テ国憲民法編纂ニ付各庁限リ管下エ布達ノ類、現今規則条例ト相成候分可差出旨御達有之、既ニ此程別紙〔五月付左院宛、秋田県職務章程・管内限布達書の抜録〕之廉モ御出し相成候ニ付、左院中編集課ニ参リ手続柄御尋候処、右ハ事件之大小軽重ニ不係、各県限リ布達セシモノニ而現今相用候廉ハ一切可差出、別而学校之事務ニ付布達書亦ハ一般人民ニ関候事件ニ付、各区区戸長等エ達書布達書之類ハ何れも無洩差出、且各庁之事務章程処務順序等も可差出旨御達ニ付、其段御承知可被成候。就而ハ此程御出之分ハ一ト先返却いたし候間、悉皆御纏之上御

差出可有之、此段申進候。尤差急候義ニ付、精々御注意、早々御差越有之度候也。

秋田県支庁

本県御中

〔一〕は左院の法典編纂調査が地方の現行法規全般に及んでいたことを窺わせる。「其県ニ限リ管下ェ布達并官省ェ伺之上施行致シ現今規制条例書相成候分」とあるように、当時は各府県が太政官・諸省へ伺い出て許可を受け府県限りの法令を制定・施行するという、いわゆる伺・指令方式が用いられていたため、成文化された中央法令以外に、地方では様々な「規則」「条例」が実施されていた。左院はこれらを網羅的に調査し、現行法規の全体を把握しようとしていた。左院が編纂していたのは「憲令大全」と称する地方規則・条例集（現在は国立公文書館「第十一類　記録材料」に滋賀県の部のみ確認できる）や「各府県収税法」（国立公文書館「第十類 単行書」所収）などである。ただ、府県ではこの報告に相当の手間がかかったため、報告は遅延し、左院は二度に亘って催促状を出している〔二〕〔三〕。秋田県庁は一旦報告書類を左院へ届けたが、左院は「各県限リ布達セシモノニ而現今相用候廉ハ一切可差出」として、とくに「学校之事務」については「一般人民ニ関候事件」であるため、区戸長へ達した文まですべて差し出すようにと返答した〔四〕。地方の現行法規すべてを把握したうえで法典編纂を行うつもりだったことが窺える。このように、立法に必要な地方情報を左院に集積することは左院において重要課題と認識されていた。

(二)　正院を左院へ――左院の復権

一方、正院では朝鮮遣使問題をめぐって意思決定に問題が生じた。一度閣議決定した西郷隆盛の朝鮮遣使を、帰朝した岩倉・大久保・木戸らが密奏を以て覆したため、遣使賛成の参議亘が一斉に辞表を提出した。彼ら元参議は明治七年一月十七日、連名で民撰議院設立建白書を左院に提出し、衆目を集めた。建白は「有司専制」を批判する見地から、公選議員による議院を組織する必要性を説き、正院の権限集中に正面から批判を加えたものであった。

これに対策を提起したのは左院副議長兼制度取調御用掛の伊地知正治である。伊地知は建白書を受領した際、建白の趣旨には「御採用可然」と同意しつつも、すでに「昨年地方官へ御達相成候地方会議之次第モ有之」「今般内務省御設置相成候上ハ」地方官会議を先決とし、内治事務の改善とともに民撰議院への移行を図るのが妥当な順序とした[8]。この場合、内治事務全般を制御する太政官の役割が重要になるが、伊地知は同年同月二十二日、制度取調御用掛の伊藤博文・寺島宗則に宛て、以下のように述べて法制機能を左院に取り戻すことを主張した[9]。

左院は創設以来立法審査を担ってきたが、「昨夏卒然旧章御改革、左院之儀は国憲、民法編纂一箇の御改局と相成」った。しかし、「法律編纂」の機関は左院と「明法寮并正院法制課三方に差分れ居」り、「往々混雑」を引き起こしている。それだけでなく「当日迄は未に内務省の御設も無之、人民愛護の御欠典に候処、独り政治上に法律を先にする時は、申韓の大弊なしと云べからず」、つまり法律編纂は現実を顧みない法律至上主義では弊害があるため、内務省と気脈を通じて行うことで実効性を担保する必要がある。そうでなければ、左院が受け付けている建白も「法律上に付献言仕もの無之」ため、採るべき建白を「見過」してしまう。したがって、「仮令不日立派の立法書編相成候而も、当時四海の人々より左院に望願する処、決而是のみに止らず」、すなわち法律と人民の要求とが背馳することとなる。ゆえに、左院は法律編纂のみに従事すべきではなく、「天下の公論」を受ける機関である必要がある、と。

左院は潤飾後の明治六年六月の職制改正で立法審査機能を正院に引き渡していたが、伊地知は地方の実状に応じた法令を生成する必要があるとし、左院に立法審査機能を取り戻し、内務省の立案を審査する役割を与えることを主張した。実際に、明治七年二月には正院の法制課・財務課が左院に移管され、左院は立法審査機能を取り戻し、立法権を有する「正院ノ輔佐」の「議政官」として再編された。民撰議院論を受けて、左院の役割が見直されたのである。法典編纂の機関に純化する機会を与えられた左院が自ら立法審査機能を求め、正院もその必要性を認めたことは注目に値する。

なお、伊地知が明治七年二月に提出した意見書(10)によれば「追々文明ノ御政治御施行相成候上ハ、自然上下一同開化進歩ノ度ニ従テ、左院ノ職掌ハ上院トナリ、地方官会議ノ事務ハ民選議院ニ推移リ可申歟」、すなわち今後の施政の実効を前提として左院は「上院」に、地方官会議は民撰議院にその役割を引き継ぐものと見通される。伊地知は将来「上院」を担うべき「貴族」の養成を課題に挙げながら、「有司擅制ノ政」により人民の「苦情」を醸さないために地方官会議を通じた意見聴取が重要であると認めた。もちろん、ここで地方官に期待する役割は実地の事情に基づく意見提起である。ゆえに、伊地知は次のように述べて地方官の施政上の役割を明確化することも求めた。地方官の職責は「土地人民一切ノ実務」を取り仕切り、政府の「制令」に基づいて施行するとともに「人民ノ意欲ヲ達シテ其生業ニ安ゼシム」ることのはずだが、現状をみれば各省寮司の調査・督促に奔走する「下僚」に等しい。そのため「地方ノ慣行、民力ノ衰弊其他彼此ヲ考察比較シテ以テ相当ノ施設ヲ為スニ遑アラン哉」と。地方官が地方の実情を把握して適切な施行を勘案するという本来の役割が各省の過度の拘束によって果たせていないという。したがって伊地知は、こうした拘束を施政上の「妨碍」であるとして、地方官に任せ、あるいは区戸長に任せるなど、中央・地方事務の分界を明確にする必要があるとした。

伊藤・寺島・伊地知ら正院・左院の制度取調御用掛は、内務省創設と左院による事務の制御に重きを置き、地方官会議の役割を重視しつつ、民撰議院設立による三権分立体制への移行を将来の目的に措定した。この理解は明治八年四月に伊藤・寺島が中心となって取り纏めた「政体取調書原案」に引き継がれ、正院を「内閣」とし、左院を「元老院」として拡張する案に体現されることとなる（次項参照）。

したがって、内務省の創設は、単に大久保利通内務卿に内治事務の全権を委ねるものではなく、正・左両院による事務の法的制御を前提としたものであった。明治六年十一月二十九日に内務卿に就任した大久保は明治七年二月、内治事務を規律するため、民部・大蔵省以来の宿願である地方官直轄論を正院に建議したが、制度課（制度取調御用掛）[11]はこれを却下する勘査意見を呈し、正院も内務省建議を容れなかった。以下にその経過を検討しておこう。建議の内容は以下の通りである。[12]

廃藩置県以前から地方官は「太政官ノ直管ニ属」してきたが、太政官から地方官へ「委任ノ過重ナルヨリ」、地方官の「専権自恣」による府県治の混乱が絶えなかった。これに対し、廃藩置県以後は大蔵省が地方官人事に関与し、府県治の諸事は「主任ノ各省」が受け、その省では「定難キ事件」と「奏任以上ノ官身分進退ノ具状」については正院に上請するというように「統属順序ノ次」が定められた。しかし、依然として「其管轄ノ名、猶太政官ニ属」して太政官・各省とも「公文申牒指揮」に携わるために「同一ノ事件或ハ正院ニ於テ指令シ、又ハ其省ニ於テ指揮スルモノアルニ至」って「甚ダ公例同一ノ体裁ニ害」がある。この際、地方官の管轄は「判然本省ニ属セシメ」るべきである、と。

これに対し、制度課（制度取調御用掛）は「内務省建議ノ如キ、往年民部省御取設ノ節ノ覆轍ヲ踏候」とし、府県治を混乱させた原因は、むしろ民部・大蔵省が地方官に対して改革を強行したことにあると反論する。そして「内務省ハ其章程ニ所謂国内安寧保護ノ事務ヲ管理スル所ニシテ、府県ヲ管轄スル所ニアラズ」とし、イギリス・フランスの例を挙げながら「孰レモ直ニ牧民官ヲ管轄スルノ例ナシ」と説明したのである。結局、この内務省建議は却下され、内務省の地方官直轄は否定された。制度取調御用掛は内務省が「国内安寧保護ノ事務」を担当することには同意しつつも、それを超えて内務省に内治事務全般の権限を集中させることは許さず、各省の権限を分けて正院で制御する体制を保持したのである。

(三)　左院を正院へ――伊藤博文の継承と台頭

左院は明治八年四月の漸次立憲政体樹立の詔により廃止されたが、伊藤博文はもとより左院の存続を望み[13]、明治八年四月四日に自らが作成に携わった「政体取調書原案」では、意思決定を掌る「内閣」とともに、立法審査機関として「元老院」（旧左院相当）、「行政院」（旧右院相当）を併設させようとしていた[14]。伊藤はなぜそこまで法制機関にこだわれたのだろうか。伊藤の経験を振り返っておきたい。

明治二年三月二十四日、開港場府県の一つ、兵庫県の知事を務めていた伊藤は、木戸に宛て「今は外交之事ありて、一家を斎我手足の如く内を制する不能ば、外に向て曲を不取事難し」[15]と、内治を一体に制御してこそ外交が成り立つことを説いた。その後、伊藤は五月に会計官へ転任し、七月に大蔵少輔となり、八月から民部少輔も兼任した。自身が内治事務を設計する立場となったことで、欧米研究の精度を高める必要性を認め、明治三年閏十月よりアメリカに渡り、大蔵省の組織方法を研究した。重要なのは、伊藤が会計法だけでなく内治事務制御の方法論をも研究していたことである。帰朝後の伊藤は大蔵省の大隈・井上に対して以下のように述べる。

第一に、太政官制では「参議官ヲ以テ立法ノ主権ヲ専宰」し、「行政官ト両立セシメ」ることで「最良ノ立君政体ヲ拡充スルニ至ルベシ」とする（「官制改革意見」[16]）。発想は木戸の構想、明治六年の太政官制潤飾と同様である。

第二に、大蔵省改革には「会計ノ良法ヲ得タリトノ名誉アル」米国大蔵省の制度を用いる[17]。しかし、自らの改革意見が容れられなかった伊藤は「驚嘆」して「必ズ僕ガ立案ノ如クニ創立セン事ヲ欲ス」と大蔵省の上官たちに抗議した（傍線湯川）[18]。

会計ノ法、大蔵省ノ事務ニ至リテハ、之ヲ厘〔釐〕正スルノ際、必ズ僕ニ下問アルベキ事ナリト、僕窃ニ之ヲ信ジタリ。何ントナレバ、目今在官ノ人、皆採用スベキ適正ナル法ニ暗ケレバナリ。僕苟モ鄙才ナリト雖モ、米国ニ在ルノ間、心神ヲ労シテ之ヲ学ブニ従事セリ。（中略）僕ハ依然トシテ僕ノ立案ヲ固守シ、規則ノ取調并ニ簿冊ノ製作ヲ止メザルベシ。（中略）僕既ニ少輔ノ重職ヲ辱フスル以上ハ、此際ニ臨ミテ如此ニ弁論スルヲ以テ自

> 己ノ職掌ナリト思フ。諸君願クバ此書ヲ廟堂ニ持出シ、我大蔵省創立法ノ是非ヲ論ジ、速ニ僕ニ回答アラン事ヲ懇請ス。

伊藤において欧米法の知識は立法上の採用基準となっていたことが確認できる。自らの欧米法知識に自信を見せる伊藤が、改革案のなかで特にこだわったのは「監督司」の改革である。伊藤は以下のように説明する（傍線湯川）。

> 監督司ハ政府ノ法律ト大蔵省ノ規則トヲ標準トナシ、以テ省中凡百ノ事務ヲ監督シ、其法律ニ適フヤ否、其規則ニ合フヤ否ヲ目撃シ、検査シ、大蔵卿ノ事務ヲ補弼シ、各寮各司ノ事務ヲ匡済シ、之ヲシテ法ニ背キ規則ニ戻ル事無ラシムルノ職ナリ。（中略）今諸君此件ヲ知リナガラ、監督正ノ職務ヲ厘〔釐〕正セシメズ、挙テ其司ヲ廃スルハ何ノ理ゾヤ。右ノ監督ヲ受ケズトモ大蔵卿ヲ初トシ、各寮各司ノ官員等ハ出納会計ノ事ニ付、決シテ法律ニ背キ規則ニ戻ルノ誤謬ヲ生ゼザル程ノ綿密ニシテ且方正ナル人物ト信ズル歟、其実証ヲ得タル歟、若シ誤テ法律規則ニ背戻スル官員アラバ、其人ヲシテ罪ニ陥ラシメ、大蔵卿ヲシテ其責ニ任ゼシムトモ、之ヲ甘ジテ顧ミザル乎。

伊藤は、事務を安定的に運営するには、法律・規則に基づく専門的なチェック機構が必要と捉えていた。よって、伊藤は各省事務を適正に運営するためには、立法上では欧米法の専門性、施行上では法的制御の徹底が不可欠であると考えていたことがわかる。以後の伊藤の認識と活動は、この目的意識に貫かれたものとなる。

岩倉使節団副使として欧米巡覧を果たした後、伊藤は制度取調御用掛に就任して欧米各国法制に精通した左院議官たちを指揮下に収め、明治八年四月の「政体取調書原案」において旧左右院継承の「元老院」「行政院」設立構想を打ち出した。実際には三権分立体制移行で大久保・木戸・板垣の合意が成ったため、この構想は形式的には実現しなかったが、伊藤は七月、正院（内閣）内部に「法制局」を新設し、自ら長官に就任した。左院の法制機能を正院で継承・発展させようとしたものといえる。法制局の人事にもその志向が表れており、同局の「法制官」には、元左院法制課の細川潤次郎・村田保、同財務課の尾崎三良を呼び寄せ[19]、元改正掛で民撰議院設立建白書を起草した古沢滋、司法省からフランス通で知られる井上毅、元工部省留学生・ウィーン万博随行員のフランス通・山崎直胤をこれに加えている。一等法制官に欧米各国法に精通する細川を充て、イギリス法制通の尾崎・村田・古沢と、フランス法制通の井上・山崎を二等以下の法制官に充てていることから、英仏両国法制の見識を細川のもとで統合しようとしていたものと考えられる。実際には明治九年四月に細川が元老院に転出したため、伊藤は六月に局内を纏める主事の職を新設して、井上にこれを任せた。なお、主事は明治十一年十月に尾崎に交替している。

一方で、左院は地方官会議を主催する予定だったため、同会議御用掛には多く左院議官が充てられていた。制度取調と地方意見は密接な関係に置かれ、伊藤が地方官会議議長を務めることとなった。伊藤自身、地方官会議開催には積極的であり、明治七年八月には、木戸孝允に対して「大久保留守中ながらも地方官会議は施行可仕見込、就而は将来之為地方之事御見込も御坐候へば御示被下候様奉願上候」[20]と述べて地方官会議の開催を求め、内治事務の方針確定にあたり木戸・地方官たちの意見を取り入れようとした。地方官会議は台湾出兵で翌年へ延期されたものの、伊藤が左院議官たちとともに内治事務の制度を取り調べた経験は翌年の法制局・地方官会議に引き継がれることになる。明治八年、伊藤は地方官会議の議案作成に関与し、地方官会議御用掛には元左院議官の藤沢次謙、安川繁成、尾崎三良らが充てられたのである。

以上のように、伊藤は外国官判事兼帯地方官となって以来、井上馨と同様、内治事務の制度化を推進しようとしたが、法制機能への関心が強く、結果としてその関心と経験が、法制機能が重要になってくる明治六年以降の伊藤の台頭を支えたと考えられる。伊藤は、制度取調御用掛として旧左院に代わる法制機関の整備に着手しつつ、法制機関と密接な関係を有していた地方官会議をも継承した。以後、左院が廃止されたにもかかわらず、正院において伊藤法制局長官がその継承者となり、着実に進めていくこととなった。このことは、政府発足以来の立法体制の模索の継続を意味するとともに、立憲カリスマ・伊藤の原点を示しているといえよう。残された問題は、民撰議院論が残した三権分立体制への移行である。

(四)　三権分立体制への移行――地方分権・天皇親政の並走

明治八年四月の漸次立憲政体樹立の詔は、元老院・大審院の新設、三権分立体制への移行を打ち出したもので、正院による左院継承にとどまらず、従来の「議会」や立法のあり方についても変革が求められた。しかし、内閣では移行の仕方について見解が割れていた。参議兼開拓使長官の黒田清隆は詔の閣議案に接して「徒ニ政体改正ノ名アルノミニシテ未ダ必シモ実益アラザルヲ極論シ、遂ニ其議案ニ署印セザリキ」[21]（明治十二年、黒田の回顧）と、最後まで同意を拒んだ。準備不足のまま体制移行を宣言しても「実益」は挙がらないというのである。

これに対して、漸進的に移行を進める必要を認めたのが木戸孝允である。木戸は「軽挙燥進之弊を防拒候には制度を以てする之外いたし方無之」[22]として、急進的な改革を抑止するために体制移行は必要との認識を示し、これを機に内治事務の権限を地方官に委譲し、全国に町村会を開設して、徐々に民権伸長を図っていくべきであると捉えていた。[23]

そして、最も急激な移行を主張していたのが、岩倉具視である。[24]

具視嘗テ以為ク、維新ノ事業ハ実ニ紀元以来ノ偉功タリ。数百年盤踞ノ幕府ヲ殪シ、全国碁峙ノ列藩ヲ廃シ、兵制ヲ改メ、税法学制ヲ興シ、以テ欧米諸国ト併立セント欲ス。然レドモ、歳月尚ホ浅ク、措置未ダ全ク挙ラズ。譬バ廈屋ヲ造築シテ未ダ其功ヲ竣ラザルガ如シ。苟モ速ニ局ヲ結バザレバ、徒ニ前功ヲ廃スルノミナラズ、或ハ風雨ノ為ニ毀圮崩壊ノ懼ナキアタハズ、臣窃ニ憂慮ニ堪ヘズ。故ニ三柄衡平ノ大旨ヲ概言シ、将サニ大ニ前途ノ目的ヲ確定スル所有ントス。

岩倉にとって、三権分立体制移行は内治事務の「措置未ダ全ク挙ラズ」の現状を打開するために不可欠の条件で、速やかに行うべきものだった。第一章にみたように、岩倉はもとより施政の実効性を高めるために議事院を必要としてきたが、ここではその実現を強く求めたことがわかる。したがって、体制移行を先延ばしにしようとする大方の意見に対して、岩倉は極めて批判的な立場を取ることになる。

　行政集権ヲ主張スル者ハ或ハ曰ン、今ノ立法司法ノ官吏、其才智学識并ニ欧洲ノ官司ニ及ブアタハズ、故ニ欧洲ト同ク権力ヲ付与スベカラズト。是其一ヲ知テ未ダ其二ヲ知ラズ。何トナレバ、人民ノ智識ハ国勢ト平行ス。日本人民ノ欧洲人民ト同ジカラザルハ姑ク之ヲ置ク。今邦内人民ニ就テ之ヲ論ズルニ、行政官吏ハ特ニ才学ニ優ニシテ立法司法ノ二官ハ独リ劣ナルヤ。行政官吏ハ無上ノ権ヲ占ムベクシテ、立法司法ノ二官ハ其指役スル所トナルモ宜キヤ。且嚮ニ三官ヲ併立スルハ本ト同等ノ権ヲ分与セント欲スルナリ。而ルニ今此ノ如シ。如汗ノ明詔ヲ何ノ地ニ置カントスルヤ。

岩倉は、立法・司法官の養成が遅れていることを理由に体制移行を遅らせるのは不当であり、「行政集権」を望む者であると批判する。そして、ひたすらに行政権の強化のみを志向するのは「我国専制ノ習慣」のなせる業であり、それでは「中央ノ集権甚ダ重」く「偏重偏軽ノ勢ヲ成シテ、国基鞏固ヲ得ルニ難カラン」と、新政府自らが批判してきた旧幕藩制に回帰しかねないというのである。この急進的な移行を可能にする実力として、岩倉は天皇親政を持ち出す（傍線湯川）。

　伏シテ惟ルニ、明治八年四月十四日ノ詔ニ、元老院ヲ設ケ以テ立法ノ源ヲ拡メ、大審院ヲ置キ以テ審判ノ権ヲ鞏シ、又地方官ヲ召集シテ以テ民情ヲ通ジ、国益ヲ図リ、漸次ニ国家立憲政体ヲ立ントト。蓋治国ノ体タル、立法司法行政ヲ以テ政治ノ三柄トナス。故ニ立法官ハ大小ノ法律ヲ立テ以テ建国ノ基礎ヲ定メ、行政官ハ立法官立ル所ノ法律ヲ施行シ以テ人民ノ安寧ヲ図リ、司法官ハ民刑ノ裁判ヲ掌リ以テ人民ノ権利ヲ保ツ。而シテ君主ハ中央権ヲ秉リ、三柄ヲ衡平ニシ、各其程度ヲ保タシム。然レドモ、立法官ハ行政ヲ監督スルノ権有リト雖ドモ政務ニ干渉セズ、司法官ハ専行ノ職務有リト雖其事裁判ノ一部ニ止ルヲ以テ、故ニ行政官吏ハ常ニ立法司法ニ干渉スルノ習有リ。蓋シ其管掌スル所ノ事広クシテ執行ノ権ヲ専ニスルヲ以テナリ。君主タルモノ常ニ三者ノ間ニ注目シテ、偏重ナル者アレバ、之ヲ裁節制限シテ各適当ノ地位ニ復セザルヲ得ズ。

岩倉が三権分立体制への移行・維持の役割を天皇親政に見いだしていたことがわかる。以後、大久保は黒田同様、従来路線を維持したまま地方制度改革を進め、伊藤率いる法制局との協議を経て三新法を完成させた。また、木戸は地方分権を主唱し、木戸が「同志」とした文部大輔田中不二麿により、伊藤との協議を経て、地方分権を強く意識した教育令が制定された。一方で、内治事務の成果が一向に挙がらないことから、内閣に不信を抱く宮中が活性化し、侍補グループを中心に天皇親政運動が展開され、(25)岩倉の重要な政治資源となった。漸次立憲政体樹立の詔は、各人各様に内治事務にふさわしい体制を模索するなかで発せられ、互いの構想の衝突と協議を不可避にしていく契機となったといえよう。

(五)「議会」の移行論議——地方官会議と地方民会の位置づけ

漸次立憲政体樹立の詔以後、従来の「議会」はどのような三権分立体制上の位置づけを与えられたのだろうか。結論からいえば、一方で新たな立法権の議会が、他方で従来の継続として行政権の議会が模索され続けることになる。以下、地方官会議と地方民会の移行について具体的に検討する。

第一に、地方官会議について。開会前の明治八年五月、後藤象二郎（元老院副議長）は地方官会議を「陛下律法ヲ立定スルノ権制ニ参与スル者」すなわち立法権に連なるものとしたのに対し、伊藤博文（参議、のち法制局長官）は「専ラ行政ノ可否ヲ主要トス」るもので「律法創立ニ関与セザル事明亮ニシテ豪モ元老院ノ職務ト相触レザル事ヲ見ル可シ」と行政権に連なるものであると牽制した。(26)結局、地方官会議は両義的な解釈を抱えたまま開院されることとなったのである。

この問題は、地方官たちの間でも見解が分かれた。中島信行（神奈川県令）他十一名は地方官会議を立法権に連なるものと捉え、「各地方ノ知事令本官ノ専務アリト雖モ（中略）、既ニ議院ニ参ジ、一般人民ノ代議士タル時ハ、其本官専務ノ責任ハ一切放解ス可シ」として、自らが立法議員として振る舞えるよう「議院憲法」の改正を求めた。(27) こうした動きに対し、柴原和（千葉県令）は地方官会議議長木戸孝允に対して、次のように懸念を伝えている。すなわち、これまで各事務の「実地施行ノ際往々蹉跌顚倒、事ヲ誤ルモ亦少ナシトセズ」であり、その改良が不可欠である。ゆえに、地方官会議は「高尚架空ノ議会」ではなく「地方行政上適切緊要ナル者」を議定する会議であり、「実際地方ノ民事ニ着目」したものでなければならないとした。(28) 議長を務めた木戸孝允も「明かに行政の会議と定め」るよう建議したように、(29) 以後の地方官会議は地方官とともに行政権を支える機関として位置づけられていく。

第二に、地方民会について。地方官会議の位置づけをめぐる地方官同士の認識の相違は、そのまま地方官会議の主要な争点であった地方民会議案審議でも相似形となって表れた。議場では府県内の区戸長会・公選民会の対抗的議論が生じた。公選民会派の中島信行は、官吏に議員資格がないと説く。(30) すなわち「区戸長ハ何如ナル職務ナルカ。即ハチ行政ノ一部ニ属スルノ官吏ナリ。官吏ヲシテ議員タラシム、已ニ議会ノ根理ニ反スル者ナリ」と。同じく公選民会派の岩村高俊（愛媛県令）は、公選民会について次のように述べる。(31)

四月十四日ノ聖詔ニ拠レバ、漸次立憲ノ政体ニ移リ、立法行政裁判ノ三権ヲ分割セントノ御趣意ナリ。而シテ立法ノ一部ハコノ民会ニ始マリ、遂ニ上進シテ国議院ニモ及バザル可カラズ。議ハ人民ヨリ起ルヨリ益ナルハナシ。地方官ハコノ民議ヲ起ス事ヲ誘導シ、人民ヲシテ公利公益ニ従事スルノ義務ヲ知ラシメザル可カラズ。

「民会」は「立法ノ一部」に属して「国議院」開設の第一歩となる。その根拠は明治八年漸次立憲政体樹立の詔であり、三権分立体制下の行政権・立法権の区分が鮮明に打ち出されているのがわかる。彼らは公選民会を開くことが県治上重要だと考え、三権分立論を積極的に援用していた。

　これに対して、区戸長会を開いて地方事務の実効性向上に活用してきた地方官は、真っ向から反対した。彼らは行政・立法区分には重きを置かず、現行の区戸長・区戸長会がもたらす「実益」を強調し、区戸長・区戸長会こそが立憲政体移行の礎になると主張した。楠本正隆（新潟県令）は「現ニ越後ノ如キ区戸長会ヲ行フ、凡ソ二年ニ及」び、「其議スル所ノ太ダ人民ノ実際ニ益アルヲ見レバ又以テ其適度ニ応ズルヲ証スルニ足レリ」[32]とその成果を強調する。あるいは、柴原和は次のように語る。「我千葉県ノ実跡」によれば、公選議員は「其ノ初、人民議事ノ何物タルヲ知ラザルノミナラズ、代議人タル者モ議事ノ体裁ヲ弁ゼザル者多」かったため、「議事ノ法則等ヲ慣習セシム」るために「県令議長トナリ、且各掛十一等以上ノ官吏ヲ議員ニ加ヘ」たとする。実際、千葉県民会は県庁主務官員（内議員）と公選議員（外議員、公選区長兼職）の両者が集合する「官民協同会議」であり、「爾来歳月ヲ積ミ、人々慣習ノ久シキヲ以テ、今日ニ至リ初メテ代議人ナルモノ、能ク痛言切論シテ其意見ヲ暢達スル事ヲ得ルニ至レリ」と、実践を通じて議員が養成されたことを語った。柴原は「俄ニ公選民会ヲ開カバ、直チニ権限ノ在ル点ヲ忘レ、大政府ノ挙措ニモ論及スベシ」と議員の「浮躁ノ気」「軽跳進歩」を警戒し、突然立法を分離すれば「行政ノ害トナル」ことは避けがたく、「折角ノ公撰議会ヲ以テ無益ノ政事論場ト成スニ至ラン」と、議員の「権限」の自覚が重要であることを強調した[33]。彼らは、それまでの県治と区戸長会の密接な関係と実績を強調し、区戸長の公選、公選議員の一部導入などを通じて漸次立憲政体移行が可能であるとの結論を導き出していた。

　中央官・地方官は、三権分立体制への移行という詔の方針を受けて、それまで行政・立法混淆状態で事務の支えとしてきた「議会」について、今後の移行を模索することとなった。

（六）　伊藤博文の地方議会構想

明治八年の政体取調は、制度取調御用掛の伊藤・寺島によって四月四日に「政体取調書原案」が纏められ、修正を経て十四日の詔につながった。詔に基づく具体的な組織方法については、改めて取り調べが進められ、司法省の井上毅と、左院廃止により御用滞在となっていた尾崎が制度取調に加えられた。四月六日の児玉淳一郎宛尾崎書翰には、「モンテスキーノスピットヲブロウ」（モンテスキュー『法の精神』）を「暫時拝借相願度候」と記されており[34]、尾崎がイギリスにみられない三権分立体制について、理解を深めようとしていたことが窺える。しかし、実際に政体取調に加わり「三権分立の組織権限」を議論する段になると、フランス法制通の井上と衝突したという。すなわち、裁判所構成法をめぐって「井上は仏国法を模倣せんとした。予は則ち英法を多く混用せんとした。そこで議論が衝突した。それは所謂各々其学ぶ所に偏ずる所があつたからである」と[35]。衝突のたびに「伊藤が仲裁をして預か」ったという。その他、取り調べでは「行政官の方は既成の太政官を其儘に成し置」く一方、「全くの創造」にかかる元老院では「仏国の元老院外各国上院の組織等を参酌」したという。

周知の通り、当時は民撰議院論を主張する板垣と、町村会から漸進的に組織していく木戸の意見が対立しており、閣内で方針が一定していなかった。地方官会議がその争論に巻き込まれる事態は避けられず、伊藤はそのなかで地方官会議の議案取調を担当することとなった。五月二十九日、三条は伊藤に宛て次のように伝えている[36]。

地方会議之義、板垣ヨリモ頻ニ促シ居、木戸モ早ク取調有之方可然申居候ニ付、何卒会議ニ可付事件取調有之度候。板垣ハ頻ニ邑法州法ノ事申居候。民撰議院論追々相進候ニ付、余程ヨク着手不致テハ極テ難事ト存候。

結局、伊藤が選択したのはどちらにも左袒しない道だった。先述の通り、伊藤は地方官会議を立法権に位置づけようとする後藤象二郎の主張を退け、行政権に連なる会議として説明していた。さらに伊藤は七月六日、地方民会議案の完成とともに、三条に以下のように伝えた[37]。

此議案は区戸長なり公選なり決議次第に御坐候処、其段階は府県歟大区歟と申両階而已にて、小区会迄之規則は籠り居不申候に付、一昨日木戸へも小区会は各地之適宜に任せ候外有之間布に付、質問相起候時は東西南北人情風俗大に有異同、小区之規則も帰一に設立候儀は却而実際上に障碍可有之に付、各地適宜に取設可然段弁明有之可然歟と申置候。

伊藤は、審議次第で区戸長・公選議員のどちらになるにせよ、小区会の制度化には及ばないと断り、木戸にもそう伝えた。町村会からの段階的な開設を求める木戸の意見ともズレることになる。ただし、小区会を否定するわけではなく、「現今各地方多くは小区会町村を設立罷在候」ため「従前の小区会を破滅するにも及び不申」「殊に博文は各小区の会議は一定の法則にも及び申間敷と奉存候」とする。

なぜ、伊藤は府県会・大区会の二段階を制度化の範囲とし、民撰議院や小区会（町村会）との連絡を遮断したのだろうか。区郡会（大区会の草案段階での呼称）の説明資料である「区郡会案略解」のなかでは、次のような説明が与えられている(38)。

「我国民会ヲ設ケントスルニ当リ」ては、「尤密ナル」法制を有する「仏ニ模倣シ、県郡村ノ三段」の民会を制度化する必要があるが、フランスと日本とでは町村の規模が違いすぎるため、日本で町村会を組織しても「所謂牛刀割鶏ノ弊ニ陥リ、得失相償フニ足ラザルベシ」である。ゆえに、「府県区郡ノ二会」を設けて「地方官会議ニ連接シテ其脈絡ヲ貫通」させるべきである、と。

地方民会では地方事務の内容を議論するため、地方事務の規模と民会の規模が対応している必要がある。そのため、伊藤は地方事務に必要な「議会」として全国（地方官会議）・府県（府県会）・大区（大区会）の三段階を認め、互いに聯絡し合うことを求めた。したがって、伊藤の地方民会案は板垣・木戸の立法権創出をめぐる意見対立とは異なる次元にあり、議員が区戸長か公選議員かにかかわらず、あくまで行政権に必要な意見を集約し、合意を取って事務を実施するために不可欠な地方議会の制度化であった。

この伊藤の構想を支えていたのは、旧左院の取り調べと考えられる。先述の通り、明治六年政変後、伊藤は寺島とともに制度取調御用掛となったが、その後、左院議官たちも制度取調御用掛を兼任し、協同で取り調べにあたった。地方官会議の取調もその範疇に組み込まれ、地方官会議御用掛には多く左院議官が充てられ、伊藤も明治七年七月三十日に一旦は地方官会議議長に内定した。したがって、取調は制度取調御用掛のなかで先行して進められており、四月三十日、伊藤は尾崎に宛て「地方官ノ会議ニ附候ヶ条」を「取調」の上、「内史へ御聞合被下」、さらに「左院及び内蔵両省へ御下問之上」で出来あがった「草案」を「持参」するよう求めている。(39) また、伊藤・寺島は地方官会議の議院憲法・議事規則を取り纏め、これは五月二日に地方官へ頒布された。

議案取調に地方民会が含まれていたことは、以下の経緯から確認できる。明治七年六月、内務省は北条県の県会開設届に対して議会規則を「全国大同一軌ニ帰候御公布有之度」、「今般地方官会議御開相成候ニ付テハ、民間議事等ノ義モ御論定可相成件ト被存候間」、県会開設を一旦差し止めたいと伺った。(40) 正院の下問を受けた左院も同調し、六月二日、「追テ地方官会議ノ節、議事一般ノ方法御諮詢ニモ可相成」とした。七月十二日、左院では尾崎が高崎正風・藤澤次謙ら地方官会議御用掛とともに「府県民撰会憲法」案を取り纏めた。(41) 同案は撰挙・被撰挙資格等に若干の異同がみられるものの、明治八年の地方民会議案と同じ構成を採用しており、府県民会の審議項目も一致している。

「府県民撰会憲法」案が、明治八年の地方官会議で参照されていたことは以下の史料保存状況から窺い知れる。同案の所在が確認できるのは二箇所であり、一つは正院が太政官罫紙に写して「地方官会議御用掛之印」を捺したもので国立公文書館所蔵「記録材料」に含まれる。この太政官罫紙には十三行が用いられていることから、写されたのは明治八年四月八日の十三行罫紙採用（太政官第五十二号達）以降と考えられ、第一回地方官会議における地方官会議御用掛の所持史料となっていたとみられる。もう一つは木戸家文書に含まれる地方官会議関係史料で、明治八年三月の広島県の公選民会開設伺に左院の「臨時御用取調掛」（尾崎・児玉・横山・松岡）が応えたもので、同案が添付されている。[42] 同案が地方官会議御用掛と議長の手元に渡っていたことから、明治七年時点の取調が翌八年に引き継がれて参照されていたと考えられる。

尾崎の職任に即して、明治七年と八年を見れば両者の連続性はより明瞭となる。尾崎は明治七年時点で制度取調御用掛を務め、同年七月二十日に地方官会議御用掛に任命されている。先述の通り、伊藤は早くから尾崎に議案取調を求めていた。そして、明治八年にも尾崎は制度取調御用掛を務め、六月八日に地方官会議御用掛に任命され、同月十八日には地方官会議幹事に就いた。尾崎以下、元左院議官から明治八年の地方官会議御用掛に任命された者も多く、議案取調には昨年から継続性が保たれていたと考えられる。

したがって、伊藤が取り纏めた地方民会議案は、明治八年四月以後に新規に発想されたわけではなく、前年に尾崎ら制度取調御用掛によって取り調べられた地方議会構想をベースにしたものといえる。

一方で、漸次立憲政体樹立の詔に伴う三権分立体制移行論議の影響は、たしかに認められる。明治七年に頒布された地方官会議の議院規則では、地方官を「一般人民ノ代議士」（第七則）とし、「府県民撰会憲法」案でも、府県会議員を「其地方人民ノ総代」（第十七条）としていた。[43] しかし、立法権の独立が本格的に議論されるようになった明治八年四月以降、正院は地方官会議審議冒頭に議院規則を改正して「代議士」を削除し、地方民会議案でも「府県民撰会憲法」案の「総代」の語を削除した。地方事務のための「議会」について、あえて「代議士」や「総代」の用語を避けたのは、立法議会構想との差別化を図るためと考えられる。

自然、伊藤と木戸の構想は互いの距離を表した。木戸は、伊藤とは対照的に、町村に立法議会の「総代」を期待して、自ら町村会開設の「準則」案を作成して元老院の審議にかけた。従来、木戸の「準則」案は内容が不明のままだったが、正院旧内記課所蔵文書には正院側の控えが残っているので、以下に全文を掲げる。[44]

各地方ニ於テ適宜ヲ以テ設立スル町村会公選方法準則

第一　選挙人ノ事

選挙人タルヲ得ベキ者ハ、男子年齢満二十一歳以上ノ戸主ニシテ不動産ヲ所有シ、一ヶ年地券税金三円以上又ハ貢米一石以上或ハ商業又ハ職業税五円以上ヲ納メ、且一ヶ年該村町在籍ノ者タルベシ。

第二　左ノ件ニ該ル者ハ撰挙人タルヲ得ズ。

一　官職アル者

二　精神常ヲ失フ者

三　懲役一年以上実決ノ刑ニ処セラレシ者

四　撰挙人ノ事ニ付、詐偽ヲ行ヒ、賄賂ヲ贈受セルモノ

五　身代限ノ裁判ヲ受ケ、償還未済ノ者

第三　議員ノ事

議員タルヲ得ベキ者ハ、男子年齢満二十五歳以上ニシテ地所ヲ有シ、一ヶ年以上該村町在籍ノ者タルベシ。

第四　第二ノ件ニ該ル者ハ議員タルヲ得ズ。

第五　村町会ハ専ラ村町ノ事ヲ議スルノ処ニシテ、泛ク大政ニ及ブ事ヲ得ズ。

一連の規程はすべて地方民会草案のなかの同種の規程から採用しており、木戸が府県会・大区会の町村版を公選制で作ろうとしていたことが窺える。木戸は明治九年の建議において、町村会の整備にしたがって「漸く進めて以て区会県会に及び終に国会に至らしむ」とする一方、地方官会議は「明かに行政の会議と定め」るべきと主張した(45)。伊藤がこれまで通り地方事務の内的改良に欠かせないものとして「議会」を捉えていたのに対して、木戸は立法議会の自立に向けて新たな議会を普及させることが民意に適合した地方事務の運営を可能にすると捉えていた。

以上のように、政府では政府発足以来の懸案であった施政の実効性の欠如に対処するために、立法審査体制の整備

と地方会議の普及・活用が重要なテーマとなっていった。ただし、施政への問題提起が三権分立体制移行問題という形で立ち現れると、立法審査や地方会議のあり方をめぐって政府・民間の間はもとより政府内部でさえも様々な方向性が提起される状況が生じた。そのなかで従来の立法審査と地方会議を継承・発展させる志向性を示したのが伊藤博文であった。伊藤は法制局長官に就任して、以後立法審査の責任を負うこととなる。その意味で、法制局はその設置当初から事務との関係を強く意識した立法審査機関であったと考えられる。次節では、法制局の組織・運営法を把握したうえで、かかる状況において法制局が展開した自己改革の態様について明らかにする。

第二節　法制局の自己改革

（一）法制部局の人事と機構

法制局は明治八年（一八七五年）に設置されて以降、明治十三年に太政官六部制に移行するまで、機構にも人事にも劇的な変動はなく、安定して機能し続けた。太政官制の頻繁な改廃のなかでも安定性を保持できたことは、その間の様々な法令の制定に一貫性を与える意味があったと考えられる。人事変遷については、表4-1（長官・書記官）の通りである。法制局の書記官（法制官）は「法制ノ起草修正ニ分任」（明治九年「法制局職制」）し、局内合議を担う小会議で議員となり（同八年十月十八日「局中小会議略則」第四条）、長官が主催する総会議でも議員を務める（同九年「法制局総会議規則」第一条）。書記官のもとで取り調べを担当する属には処務規程がみられないが、「法制局文書」所収の各「考案簿」にみれば、属は起案文書の右下の欄に印を捺し、時にこれに「起草」の文字を添えていることから、属は書記官の命を受けて起草者を務めていたものと考えられる。

次に法案勘査の手順を整理する。起草された文書には、「主査」として一名の書記官（法制官）が就き、印を捺す。

その後、書記官各員に「回覧」され、「可」ないし「否」の欄に印が捺される。文書には小会議・総会議の欄があり、会議を開いた場合には該当の欄に印が捺されることもある。会議で修正ないし再案を要することになった場合には、文書は一旦廃案となり、後案を待つことになる。一連の合議が終了すると、文書は長官に提出され、案件によっては賞勲・調査両局との合議を経る。最後に、長官が承認の印を捺せば、文書は正院へ上申されることとなる（不在時には副長官が代行し、あるいは両官連印の場合もある）。なお、局内合議制は明治十一年十月の局内改革で取りやめとなり、局内三課（担当は民法・刑法・行政規則の三種別）それぞれで審理することとなった。六部制移行後もこの方針は継続され、各部の審理を経て主管参議へ上申される仕組みが取られた。このように、法制局は旧左院の議官会議と同じように議事組織としての形態を持って始動し、明治十一年以降、主管領域別の分担に変わっていったことが窺える。

六部制は明治十四年十月に参事院に改組されるが、表4－2をみれば、参事院人事もある程度六部の書記官から宛てられていることがわかる。法制部時代の書記官のなかには、従前の職掌に対応して会計検査官や各省の書記官に移った者もあったが、参事院に参画している者も多い。このうち、議官での任命を受けたのは井上毅のみで、それ以外の者は議官補に任命されている。これは、議官補が「各部ニ分属シ、議案ヲ造リ、及会議ニ列シ本案ノ趣旨ヲ弁明ス」る職とされ（明治十四年十月二十一日、「参事院章程」第四条）、六部制時代の書記官の職掌をそのまま引き継いだことによるものと考えられる。議官は各部の「部長」として「各部ノ事務ヲ提理ス」る職（同第三条）であり、かつて法制局で主事を務めた経験もある井上毅は再びその役割を期待されたものといえる。

最後に、法制局の特徴である兼任書記官制について触れる。表4－1右端に掲げたのは、六部制移行までに法制局と各省の書記官を兼任していたメンバーの一覧である。この兼任書記官制は、明治九年一月に始まり、六部制に引き継がれた後、参事院では員外議官補として制度化される。兼任書記官制が必要になったのは、各省と法制局の意見を調整するためである。開局当初の状況について、尾崎三良は後年次のように振り返っている。(46)

表4-1　法制部局における人事変遷（長官・書記官）

氏名	明治8年10月	明治10年2月	明治10年9月	明治11年3月	明治11年9月	明治12年4月	明治12年11月	明治13年4月	他省兼任書記官
伊藤博文	長官	長官	長官	長官	長官				
井上馨					参議	長官			
寺島宗則							長官		
河野敏鎌				副長官	副長官				
細川潤次郎	一等法制官								
井上毅	二等法制官	大書記官	大書記官	大書記官	大書記官	内閣大書記官		大書記官	
金井之恭		内閣少書記官	内閣少書記官	内閣少書記官	内閣少書記官	内閣少書記官	内閣権大書記官	大書記官	● 内閣権大書記官
尾崎三良	二等法制官	大書記官	大書記官	大書記官	大書記官	大書記官	大書記官		
松田道之		大書記官	大書記官	大書記官	大書記官	大書記官	大書記官		● 内務省大書記官／地租改正事務局四等出仕
吉原重俊		大書記官	大書記官	大書記官	大書記官	大書記官	大書記官		● 大蔵省大書記官／地租改正事務局四等出仕
小澤武雄		大書記官	大書記官	大書記官	大書記官				● 陸軍大佐
原田一道		大書記官	大書記官	大書記官					● 陸軍大佐
林清廉		大書記官	大書記官	大書記官	大書記官	大書記官	大書記官		● 海軍大佐
九鬼隆一		大書記官	大書記官	大書記官	大書記官	大書記官	大書記官		● 文部省大書記官
鶴田皓		大書記官	大書記官	大書記官	大書記官	大書記官	大書記官		● 司法省大書記官
渡邊洪基				大書記官	大書記官	大書記官	大書記官	(司)大書記官	
古澤滋	二等法制官		権大書記官	権大書記官	権大書記官	権大書記官	権大書記官		
小森澤長政		権大書記官	権大書記官	権大書記官	権大書記官	権大書記官	権大書記官		● 海軍中秘史／海軍省大書記官
牟田口通照		権大書記官	権大書記官	権大書記官	権大書記官	権大書記官	権大書記官		● 司法省権大書記官
大野誠					権大書記官	権大書記官	権大書記官	(司)権大書記官	
辻新次						権大書記官	権大書記官		● 文部省権大書記官
建野郷三						権大書記官	権大書記官		● 宮内省権大書記官
櫻井能監	三等法制官	少書記官	少書記官	少書記官	少書記官	少書記官	少書記官		● 内務省少書記官／外務省権大書記官

村田保	三等法制官	少書記官	少書記官	少書記官	少書記官	少書記官	少書記官	権大書記官	
渡正元		少書記官	少書記官	少書記官	少書記官	少書記官	少書記官	権大書記官 (法・軍兼務)	
静間健介		少書記官	少書記官	少書記官					● 陸軍中佐／海軍省六等出仕
田口恵		少書記官	少書記官	少書記官	少書記官	少書記官	少書記官	少書記官	● 陸軍中佐／海軍省六等出仕
佐和正				少書記官	少書記官	少書記官	少書記官		● 少警視
山崎直胤	四等法制官	少書記官	少書記官	少書記官	少書記官	少書記官	少書記官	(会)権大書記官	● 大蔵省少書記官
股野琢	四等法制官	少書記官	少書記官	少書記官	少書記官	少書記官	少書記官	権大書記官	
桂太郎					少書記官	少書記官	少書記官	(軍)権大書記官	● 陸軍少佐
馬屋原彰						少書記官	少書記官	(司)少書記官	
小野梓		少書記官	少書記官			少書記官	少書記官	会計検査院三等検査官	● 司法省少書記官
馬場素彦							少書記官		
名村泰蔵								少書記官	● 司法省少書記官
黒川誠一郎								少書記官	● 司法省少書記官
杉山孝敏								少書記官	● 司法省少書記官
横田香苗		内閣少書記官		内閣少書記官		太政官少書記官	太政官少書記官	太政官少書記官	
末松謙澄		権少書記官	権少書記官						
岩倉具経					権少書記官	権少書記官	権少書記官		● 大蔵省権少書記官
周布公平					権少書記官	権少書記官	権少書記官	少書記官	
今村和郎					権少書記官				● 司法省権少書記官
光田三郎					権少書記官	権少書記官	権少書記官		
平田東助					権少書記官	権少書記官	権少書記官	(会)権少書記官	● 大蔵省権少書記官
井上義行								権少書記官	● 陸軍歩兵大尉兼陸軍省裁判所権評事
磯部四郎								権少書記官	
長森敬斐								権少書記官	
清浦奎吾								権少書記官	● 司法省権少書記官
山脇玄								権少書記官	● 司法省権少書記官

片岡忠教	(二等属)	(二等属)	(二等属)	(一等属)	(一等属)	権少書記官	
木村正辞						権少書記官	● 判事

（備考）『職員録』より作成．法制部局外に在職の期間については網掛けで表示し，在職期間中はその当該の職名を記した．
明治13年4月における（　）内は，六部制の各部を略記したもので，（会）は会計部，（司）は司法部，（軍）は軍事部を指す．

表4-2　六部制—参事院の人事

職名	明治14年2月	六部分掌	その他兼職	明治14年12月	参事院分掌	その他兼職	新任議官の前職
参議	大隈重信			×			
	大木喬任		元老院議長	同前		司法卿	
	寺島宗則			×			
	山県有朋		陸軍中将／参謀本部長／賞勲局議定官	同前		同前	
	伊藤博文			同前	議長		
	黒田清隆		陸軍中将／開拓使長官	同前		同前	
	西郷従道		陸軍中将／賞勲局議定官	同前		同前／農商務卿	
	川村純義		海軍中将／賞勲局議定官	同前		同前／海軍卿	
	井上馨		外務卿	同前		同前	
	山田顕義		陸軍中将／賞勲局議定官	同前		同前／内務卿	
※			(参議)	松方正義		大蔵卿	
※			(参議)	大山巌		陸軍卿／陸軍中将／賞勲局議定官	
※			(参議)	福岡孝弟		文部卿	
※			(参議)	佐々木高行		工部卿	
内閣書記官長	(欠)			(欠)			
内閣大書記官	作間一介			同前			
内閣権大書記官	金井之恭			内閣大書記官			
	谷森眞男			内閣大書記官			
内閣少書記官	(欠)		(内閣少書記官)	藤井希璞			

内閣権少書記官	男谷忠友				議官補　六等官相当
※			（内閣権少書記官）	小野正弘	
※			（内閣権少書記官）	岡守節	
※			（第二局少書記官）	中條政恒	
※			（第二局権少書記官）	青木貞三	
太政官大書記官	渡辺洪基	司法部	外務大書記官		
	井上毅	法制部			議官　三等官相当
	安藤就高	会計部	会計検査院幹事／大蔵大書記官／地租改正事務局四等出仕	会計検査院副長	
	浅井道博	軍事部	陸軍歩兵大佐	陸軍歩兵大佐	
	山崎直胤	会計部		第一局大書記官	
	渡正元	法制部／軍事部			議官補　四等官相当
太政官権大書記官	杉亨二	会計部		統計院大書記官	
	大野誠	司法部			
	井上廉	会計部	会計検査院二等検査官	内閣大書記官／第一局大書記官	
	股野琢	法制部		第二局大書記官	
	村田保	法制部	外務省権大書記官		議官補　四等官相当
	平井希昌	外務部	賞勲局主事	賞勲局主事	
	桂太郎	軍事部	陸軍歩兵中佐	陸軍歩兵中佐	
	矢野文雄	会計部	会計検査院二等検査官		
	名村泰蔵	法制部		司法省権大書記官	員外議官補
	中島盛有	会計部	大蔵省権大書記官		
	馬屋原彰	司法部			議官補　五等官相当
太政官少書記官	横田香苗	法制部	賞勲局一等秘書官	賞勲局一等秘書官	
	田口悳	法制部	海軍省六等出仕		議官補　六等官相当
	周布公平	法制部			議官補　五等官相当
	南郷茂光	軍事部	海軍省六等出仕		
	濱弘一	会計部	会計検査院三等検査官	会計検査院二等検査官	

	秋月新太郎	軍事部	陸軍省六等出仕	陸軍省六等出仕		
	杉山孝敏	法制部				
	長森敬斐	法制部			議官補　六等官相当	
	多田好問	司法部		第二局少書記官		
	平田東助	会計部	大蔵少書記官			
	佐和正	法制部	警視庁　二等警視			
	磯部四郎	法制部		司法省少書記官	員外議官補	
	清浦奎吾	法制部			議官補　六等官相当	
	木村正辞	法制部				
	伊東巳代治	内務部			議官補　五等官相当／書記官	
太政官権少書記官	日下義雄	外務部(分課未定)		第二局（分課未定）		
	井上義行	法制部		※陸軍歩兵大尉／陸軍省裁判所権評事		
	落合済三	内務部	陸軍歩兵大尉／陸軍省裁判所権評事	内閣少書記官		
	渡邊鼎	会計部	会計検査院四等検査官	会計検査院三等検査官		
	山脇玄	法制部			議官補　六等官相当	
	大森鍾一	内務部			議官補　六等官相当／書記官	
	廣瀬進一	司法部			議官補　七等官相当	
	片岡忠教	法制部		第一局権少書記官 ※太政官少書記官兼 農商務省少書記官		
	高田善一	（不詳）	陸軍歩兵大尉		議官補　七等官相当	同前
※			（参事院副議長）	田中不二麿	副議長　一等官相当	
※			（参事院議官）	山尾庸三	議官　一等官相当	工部卿
※			（参事院議官）	福羽美静	議官　一等官相当	
※				山口尚房		元老院幹事
※			（参事院議官）	鶴田皓	議官　二等官相当	司法省検事／元老院議官

※	（参事院議官）	水本成美	議官　二等官相当	元老院議官
※	（参事院議官）	安場保和	議官　二等官相当	元老院議官
※	（参事院議官）	渡辺昇	議官　二等官相当	
※	（参事院議官）	中村弘毅	議官　三等官相当	
※	（参事院議官）	田中光顕	議官　三等官相当	陸軍少将
※	（参事院議官）	尾崎三良	議官補　四等官相当	外務省一等書記官（露国在勤）
※	（参事院議官）	西園寺公望	議官補　四等官相当	
※	（参事院議官）	本尾敬三郎	議官補　六等官相当	外務省権少書記官
※	（参事院議官）	曽禰荒助	議官補　六等官相当	
※	（参事院議官）	岩倉具定	議官補　六等官相当	
※	（参事院議官）	木下周一	議官補　七等官相当	
※	（参事院議官）	荒川邦蔵	議官補　七等官相当	
※	（参事院議官）	岸本辰雄	議官補　七等官相当	
※	（参事院議官）	猪子清	議官補　七等官相当	
※	（参事院議官）	黒田綱彦	議官補　七等官相当	
※	（参事院議官）	廣橋賢光	議官補　七等官相当	
※	（員外議官補）	辻新次	員外議官補	文部省大書記官
※	（員外議官補）	浜尾新	員外議官補	文部省権大書記官
※	（員外議官補）	宮本小一	員外議官補	外務省大書記官
※	（員外議官補）	河島醇	員外議官補	大蔵省権大書記官／外務省権大書記官
※	（員外議官補）	岩崎小二郎	員外議官補	大蔵省権大書記官
※	（員外議官補）	吉田正春	員外議官補	外務省少書記官
※	（員外議官補）	加藤済	員外議官補	大蔵省少書記官
※	（員外議官補）	三好退蔵	員外議官補	司法省大書記官
※	（員外議官補）	鎌田景弼	員外議官補	司法省権大書記官
※	（員外議官補）	今村和郎	員外議官補	内務省権大書記官
※	（員外議官補）	白根専一	員外議官補	内務省権大書記官

※	（員外議官補）	塚原周造	員外議官補	農商務省権大書記官
※	（員外議官補）	鈴木利亨	員外議官補	農商務省少書記官

（備考）『職員録』より作成．六部制期の在任者には左端に官職名を付し，参事院における新任者については左端に※印を付して，氏名の前項に（　）を以て官職名を付した．

此時の立法の手続は誠に簡単なものにて、法制局にて其一、二人が之を起草し、内閣へ提出して他の参議も知らざる内に太政大臣が認印を押して公布すれば、則ち法律と為つて天下に行はれるのである。

法制局は、その強大な法案勘査権限をごく少数の局員が掌握していた。しかし、それ故に各省との連携に不安を残し、法令を制定しても「殆んど徒法に帰」す恐れがあったといい、法制局と各省との橋渡しが喫緊の課題となっていた。早速、尾崎は内務省内の事務の兼任を命じられ、まず人的に橋渡しが図られた。そして明治九年以降、法制局では単独での勘査をやめ、兼任書記官制を採用して、少数の専任書記官と多数の兼任書記官による協議組織となった。各省で立案を担当する書記官は、同時に法制局書記官を兼任し、同局専任書記官と協議を重ねることとなったのである。

（二）各省・法制局・元老院の関係構築——公文類別規則の制定

明治八年四月二十三日、太政大臣三条実美は各省卿輔へ以下の内達を発した[47]。

今般元老院ヲ被置、議法行政ノ区別ヲ被相立候ニ付テハ、行政上ニ関シ候事件ハ一般ニ係ル重大ノ事ト見込候件ヲ除ノ外大凡区限ヲ立テ各省長官へ御委任可相成候条、各省処務権限実際ニ付、見込取調早々可被伺出候。

元老院設置に伴い、三条は今後、太政官から各省に行政権の委任を進めるとし、各省職制事務章程を改正するため、各省から改正見込を伺い出るように指示した。これに伴い、各省が職制・事務章程の改正案をまとめ、正院はこれを承認していく。三権分立体制への移行の議論が、実際には太政官から各省への権限委任を推進し行政権を強化する側面を有していたことは注目に値する。

では、内閣と元老院の関係はどのように定めるのか。明治八年七月六日、三条実美は伊藤博文に対して地方官会議答議の元老院審議について答議中に「一条モ立法ニ関シ候物無之議ヲ御下議ニ相成候而ハ、木戸氏之懸念モ当然ト存候」として行政権に属すべき内容のみであれば元老院の審議にかけるべきではないとしている(48)。この考えに基づき、同月七日、正院規則掛・本課は、元老院への下議範囲について、その概目を取り纏めた(49)。「元老院へ下議可相成分」は「諸法律創定」「諸法律改正」から「国郡府県ノ分合廃置」「兵制」「官制」「学制」等、「元老院下議ニ不及分」は「成法ノ伸縮」「成法ノ説解」「成法ノ施行」から「施政上諸規則ノ新定」「諸定税ヲ徴収スルノ方法手続」等と区分する。この概目が発令された形跡はないが、内閣側が元老院の審議領域を限定する必要を認めていたことが窺える。さらに同月十六日、三条は伊藤に「堤防法案之如キハ立法之部中ニ関渉無之候様ニモ相見申候」と伝え(50)、答議のうち「立法ニ関スル部分ヲ摘別」するか、答議の「立法ニ関スル事件」のみを議論するよう元老院に通達することによって「権限混淆ヲ防」ぐ必要があるとした(51)。

この元老院審議領域の限定という志向は実際の審議のなかでも確認できる。たとえば、「売薬規則案」審議（明治九年七月十一日―）では、内閣委員の松田道之（内務省・法制局兼任書記官）が「畢竟施政上ノ事ハ行政官ニ委シテ可ナリ。瑣末ノ事項ニ論及スルハ、蓋シ立法府ノ面目ニハアラザルベキナリ」と議官たちを牽制し、議官山口尚芳が「立法ハ人民保護ノ基礎ナリ」として「行政規則」まで審議に及ぶべきであると反駁している(52)。元老院開設以後、この「行政規則」の取り合いとも言うべき内閣と元老院の争論が続くことになるが、元老院の動向については次章に譲り、以下では法制局側の動向を中心に検討する。

法制局は「法律」「行政規則」区分をより精緻に制度化する試みに出る。開局以来、法制局はその方法を検討し続け、明治十年二月、公文類別規則を制定するに至った。公文類別規則は、新政府においてはじめて「法律」という公文書上のカテゴリーを創出した公文書の分類方式で、法制局が自ら発議し実現した。初案は「法制定規」の名称で明治八年中に局員の井上毅・桜井能監・古沢滋が共同で起案し、長官・伊藤博文の承認を得たが閣議決定に至らなかった（「伊藤博文関係文書」所収）[53]。翌九年十二月に再案が纏められたが（「大隈文書」所収）[54]、正院大史の異見もあり、十年二月に若干修正して再提出され、ようやく裁可された（「公文録」所収）[55]。

公文類別規則は、法制局の受領する法令関係書類を「法律」「行政規則」「訓条」「批文」の四種類に分ける。「法律」は「憲法、刑法、税法、民法等」の「広ク人民ニ行フ者ヲ云」い、「立法官ノ議ヲ経テ、大政府ヨリ頒布」するものを指す。「行政規則」は「法ノ目ヲ疏通シテ実際施行ニ便ジ」るもの、「訓条」は「官省ノ職制事務章程、任期懲戒紀律及章服制度及ビ随時達ノ類」で「人民ニ公布セズ」して行政官が遵守するもの、「批文」とは以上三種に関する「疑義」ないし「成規ナキノ事」について「問請」する者に対する「指令訓告」、すなわち法令解釈による説明を指す。総じて「法律」を頂点とし、法令類に「軽重ノ別」を与えるものといえる。同規則の目的は初案「法制定規」案の序文に、次のように示されている。

按ニ今、行政部ノ紀律、漫然未ダ備ハラザルガ如シ。諸省長官往々其ノ権内ノ事ヲ以テ推譲シテ裁ヲ太政官ニ乞ヒ、内閣ノ文書、雲聚雨散シテ軽重並ビ投ツ、機務ノ地、変ジテ簿書ノ府トナル。軽微ノ小臣、案ヲ起シテ議ヲ建テ、印裁ヲ得テ行下ス、名ケテ欽命トス。而シテ其実一二刀筆ノ吏ニ成ルニ過ギズ、是レ諸省長官、却テ命ヲ軽微ノ小臣ニ受ルナリ。其ノ故ヲ原クルニ、蓋シ諸省卿責任ノ制無ク、大小トナク命ヲ大臣ニ乞ヒ、奉ジテ以テ周旋スルニ由ル。而シテ文書往復徒ラニ多事ヲ為シ、伺ト指令ト以テ日ヲ送ルニ足ル。抑是レ創業ノ日ノ宜ク有ルベキ所ニ非ザルナリ。

立法を内閣、行政を各省と区分すると、行政上立法に関わる諸件が制限なく各省から内閣に集積され、内閣の事務を繁雑にするばかりか、各省卿の事務に対する責任をあやふやにしてしまう。法制局員としては、自分たち「一二刀筆ノ吏」「軽微ノ小臣」が各省卿に細大となく指示を与えるのは不適当であり、「諸省卿責任ノ制」を設けて「行政部ノ紀律」を定立することが必要不可欠だというのである。そこで、彼らは法令類に軽重の秩序を与えることを要用とする。

蓋シ旧制、文書ノ上ミ政官ヨリ出ル者ハ、一概ニ命令ノ力ヲ有シ、軽重ノ別ナキガ如シ。事国憲民権ニ係リ而シテ専ラ諸省ノ布達指令ニ出ル者アリ、事猥瑣ニ属シ而シテ太政大臣ノ名ヲ以テ発スル者アリ、布告ナリ布達ナリ指令ナリ並ニ視テ法律トシ、法律彼此相抵触スル者アリ。朝ニ発シテ夕ニ廃スル者アリ、追加スル者アリ、字句ヲ改正スル者アリ、是レ其ノ軽重ヲ分タズシテ而シテ重キ者従テ軽キニ陥ルヲ致スニ由ル。法ノ軽キ事此ノ如シ。而シテ人民法ニ遵フノ義ヲ守ラン事ヲ欲スルハ亦難シトス。

「欧洲諸国ノ例ニ習ヒ」、「法律」の領域を設定してその「重キヲ為」し、容易に変改を許さないこととすれば、守るべき法が明確となる。公文類別規則は文書行政の軽量化を図りながら、「法律」に基づいた各省卿責任制を創出することを目的としたものであった。

このことは法制局と元老院の関係をも規定する。公文類別規則は「法ノ目ヲ疏通シテ実際施行ニ便ジ」るための「行政規則」を元老院の審議権外としており、法制局は行政上の諸規則まで元老院が介入することには否定的だった。

実際の立法手順は以下のようになる。法制局は兼任書記官を介して各省と協議して「法律」の内閣原案を作成し、元老院審議のうえで太政官から発令する。「行政規則」は各省が立案し、「法律」に基づいているか法制局のチェックを受けたうえで、各省から発令する。内閣は元老院審議に際して、内閣委員を送って法案の趣旨説明や弁明を担当させており、内閣委員はこの「法律」「行政規則」区分を前提として審議に臨むことになる。先述の通り、元老院議官たちはこれに同意していなかったため、法制局は各省と協議を重ねる一方、元老院と緊張関係を維持しながら、「法律」を生み出していくこととなる。

（三）　法令解釈権の統合

もっとも、法制局は各省に全く随意の措置を認めようとしたわけではない。各省の法令の濫用を避けるためには、一旦定めた法令の内容は法制局において解釈をただし、各省を法的制御下に置く必要があった。明治十年十月十三日、法制局の発議に基づく第七十五号達により法令解釈権は法制局に付されることとなる。本件が最初に法制局内で起案された際の考案が「参照簿」に綴じられている(56)。本案には、各員の意見が付箋の形で付けられているが、その中に事情を説明したものがある。それによれば、「本案ノ主議ハ年来希望スル所ナリシト雖モ、今日迄之ヲ主張スルノ論者ナカリシニ、幸ヒ尾崎大書記官ノ起草ニ係ルヲ以テ、今度ハ必ズ実施スルノ幸福ヲ得ルハ、蓋シ疑ヲ容レザルナリ」とあり、本案起草者が尾崎三良であり、局内でも大いに期待を寄せられた案であったことが窺われる。さらに、本文は次のように続く（○は原文）。

　抑現今法制局ハ唯大政府ノ都合ニヨリテ其法律若クハ条例ノ一部ヲ起草スル所ニシテ、法律若クハ条例ハ必法制局ノ起草ニ係ルニアラズ。其体裁、彼ノ仏国参議院若シクハ明治七年ノ左院ノ制ト全ク異ナリ、故ニ法案ノ本局（書記官本局ヲ云フ）若クハ財務局（調査局ト改名セリ）等ニ於テ起草スル者ニシテ法制局ノ与知セザル者尠カラズ。

当時、法案の起草は、法制局とならんで賞勲局及び調査局が担当しており、本局名義での起草も可能であった。法制局が与り知らない法案が決裁されれば、当然、法制局起草にかかる諸法令との整合性が問題となるが、当時、それに適当な説明を与える権限が法制局にはなかった。そこで本案に期待がかかったのである。

法令解釈権の統合は、それまで適宜に法案を作成し、解釈を重ねてきた各省にとって大きな変革であり、各省に適応を求めるのは容易なことではなかった。明治十一年三月七日、法制局は法令解釈権の統合に関して改めて起案し、書記官六名、正副長官の賛成を以て部局内で可決となった(57)。以下は主査の古沢滋が作成した原案で、所々局内審議に基づく修正が加えられている。

法律ノ正シキ説明ハ、其重キ事法律ニ次ギ、仍ホ法律ノ域内ニ在ル者トス。故ニ法律ヲ説明スルハ殆ンド立法ト同ジ。蓋シ法律ノ説明ハ人民ヲシテ必ズ之レニ遵ハシムルノ力ヲ有セズト雖ドモ、然ニ其実際ニ動クニ至リテハ、其効未ダ嘗テ法律ト相同ジカラズンバアラズ。是レ其当サニ鄭重ニセザル可ラザル所以ナリ。

内務省司法省ノ如キ［各省其関係ノ事ニ付］、往々裁判官地方官ニ対シ其法律上之伺ニ指令ス。蓋シ維新ノ後日尚浅ク是等ノ事猶未ダ悉ク整頓ニ帰セズ、流レテ今日ニ至ル。是レ宜シク改メザル可ラズ。況ンヤ明治十年第七十五号達ヲ以テ当局ヲシテ特ニ法律説明ノ処タラシメシヲヤ。若シ従前之弊因リ而改メザレバ、則我政府中法律説明之処キ［数］アルナリ、キ［数］処之説明或ハ其相矛盾セザルヲ保タズ［免レズ］。恐クハ竟ニ其指令ヲ稟クル者ヲシテ茫乎トシテ其適従スル所ロヲ知ラザラシムル者アルニ至ラン。是レ豈ニ殆ンド政府自ラ其法ヲ侮ル者ナラズヤ。因テ此際改［更］メテ左ノ通リ御達相成度、［此段］上申仕候也。

御達案

各省

各通　内務省
　　　司法省

明治十年第七十五号公達之趣モ有之、法律［上］之疑問ハ都テ法制局ニ於テ説明可致筈之所［ニ付］、府県及裁判所ニ於テハ往々旧慣ニ依リ其省ヘ伺出候向モ有之候趣ニ付、今般各裁判所及府県ヘ［更ニ］別紙之通相達候条、今後右様之事件伺出候節ハ、直ニ法制局ヘ質問可為致、此旨更ニ相達候事。

各通　大審院
　　　各裁判所
　　　府県

明治十年第七十五号公達ニ依リ、法律ノ説明ハ法制局之専任タルベキ義ニ付、今後法律ノ疑問ハ民刑ヲ論ゼズ直ニ法制局ヘ質問可致、此旨更ニ相達候事。

これによれば、本案が主に内務・司法両省に向けて作成されていたことがわかる。明治十年十月に法制局の権限に属したはずの法令解釈は、内治事務に関わる法案を作成する機会の多い両省においてなおも「旧慣」によって処理される状況が続いていた。古沢が「是レ豈ニ殆ンド政府自ラ其法ヲ侮ル者ナラズヤ」と両省の姿勢を批判した所以である。

法制局が法令解釈権の統合を重視するのは、法令解釈を「其重キ事法律ニ次ギ、仍ホ法律ノ域内ニ在ル者トス。故ニ法律ヲ説明スルハ殆ンド立法ト同ジ」と位置づけ、法律の施行にあたっては「法律ト相同ジカラズンバアラズ」と、自由な解釈を封じる必要性を認識していたからである。局内審議を経て、内務・司法両省を名指しする箇所は「各省」に代えられ、それに付随していた批判的字句も削除された。両省を批判する激しさを削ぎつつ、法令解釈権の統合という本旨を再度訴えるよう修正が施されたのである。

この上申書は決裁された形跡がなく、少なくとも公式の法令としては成立していないが、太政官第七十五号達の効力については別の方法で知らしめられたと考えられる。明治十一年二月二十六日、内務卿大久保利通は「相続婚姻養子女等之儀ニ付伺」[58]を提出し、当該案件について「一々上稟決裁ヲ乞ヒ候テハ瑣細ノ事ニ指令上遷延ヲ生ジ人民交際上ニ於テ多少ノ不便ヲ来スモノ不尠、因テハ民法御制定迄ハ重大ノ事件ヲ除クノ外、行政ノ処分ト視做シ、総テ当省ヘ御委任相成度」として、先の明治十年太政官第七十五号に触れることなく、事務の利便性から内務省へ地方官指令権の委任を求めた。先述の法制局上申書が作成された所以である。これに対して法制局は遅れて七月十日に勘査意見を上申し「客年第七十五号ノ御趣意ニ相背馳スルノミナラズ、実際或ハ法制局ノ説明ト彼此相矛盾スル等ノ不都合可有之ハ必然」であるとして却下を求めた。閣議では法制局の意見の通り「昨明治十年第七拾五号達ノ通可相心得事」

を決議し、内務卿伊藤博文（大久保死後継承）、司法卿大木喬任も同意していることから、閣議において太政官第七十五号達の効力が確認されたものとみられる。

おわりに

政府においては、各事務の権限を各省に委任するなかで、各省間の齟齬を防止しながら、各省の計画に実際施行上の現実性をもたせることが喫緊の課題となった。法制機関の台頭は、各省事務に対する法的制御の必要性から生じたものであり、法的制御の原資は欧米の法制度の情報だけでなく、全国地方の実情に即した意見や地域的現行法規の情報であった。正院、左院の度重なる組織改編のなかでも、この法的制御は一貫して必要とされ続け、法制局の設置に結実した。法制局は旧左院の遺産を継承しつつ、法的制御を行うための環境整備を図り、法令区分や法令解釈権の統合などを提起した。法制局がこのような自己改革をすすめたのは、一方では明治初年の立法に不足していた法的整合性や現実適合性の補完を目指したからであり、他方では三権分立体制移行問題が議論を呼ぶなかで、従来の立法のあり方に対する急激な変更を抑え、従来の方向性を保持するためであった。

また、三権分立体制移行論は、事務に現実適合性を与える役割を担ってきた地方民会、あるいは地方官会議について、多様な意見を噴出させる契機となった。ただ、区々の意見が錯綜するようにみえるこの事態も、根本問題は同一であった。すなわち、伊藤のように事務に要用の「議会」を継続・普及させていくことも、木戸のように事務の外部に新たな議会をつくることも、事務の実効性向上という同一問題に対する二つの選択肢であった。立法審査機能の統合・強化と地方会議の普及や争論は表裏一体の関係にあり、事務の法的制御をめぐって、その制度化が議論されたのである。

註

(1) 山中永之佑『日本近代国家の形成と官僚制』弘文堂、一九七四年、二三六頁。
(2) 山室信一『近代日本の知と政治』木鐸社、一九八五年、三七頁。
(3) 笠原英彦「内閣法制局前史小考——法制官僚と行政立法」(『法学研究』第七十一巻第一号、法学研究会、一九九八年)。
(4) 西川誠「参事院の創設——明治一四年政変後の太政官における公文書処理」(『書陵部紀要』第四十八号、宮内庁書陵部、一九九六年)。
(5) 『法令全書』明治六年、内閣官報局、一八八九年、七七三—七七四頁。
(6) 同右、七八五頁。
(7) 明治六、七年、左院達三通および秋田県支庁書状(秋田県庁控)(秋田県公文書館所蔵「明治七年従一月至六月 諸務掛事務簿」)。
(8) 明治七年一月二十七日、副島種臣他七名「民撰議院設立建白書」(国立公文書館所蔵「第四類 上書建白書」、「諸建白書」明治七年一月—明治七年四月)。
(9) 明治七年一月二十二日、伊藤博文・寺島宗則宛伊地知正治書翰(伊藤博文関係文書研究会編『伊藤博文関係文書』第一巻、塙書房、一九七三年、四九一—四九二頁)。
(10) 国立国会図書館憲政資料室所蔵「憲政史編纂会収集文書」四七五所収。
(11) 当時の正院・左院の職制に、制度課という課は存在しない。太政官罫紙に書かれていること、および伊藤が所持していたことから、明治六年十二月に伊地知正治・尾崎三良ら左院諸員が制度取調御用掛を兼任し、正院において伊藤・寺島の政体取調掛と協同で取調にあたっていた際、一時的に付された課名と考えられる。明治七年一月十二日、当時制度取調御用掛だった尾崎三良が木戸に宛てた書翰のなかでも「此節制度課にて申立」と、「制度課」の呼称が用いられている(木戸孝允関係文書研究会編『木戸孝允関係文書』第二巻、東京大学出版会、二〇〇七年、三六二頁)。
(12) 明治七年二月七日「府県官制ニツイテ内務省ヨリ建言ノ答議」(国立国会図書館憲政資料室所蔵「伊藤博文関係文書」その一、書類の部、二五四)。太政官罫紙に書かれた制度課の上答書と内務省罫紙に書かれた内務省の建議書からなる。
(13) 明治八年三月二十九日、佐々木高行は岩倉具視に宛て、尾崎三良が伊藤から聞き取った話として「伊藤は全体左院は存在致度見込なれ共、何分板垣辺殊更に主張致し候間、一歩を譲候」と伝えている(東京大学史料編纂所編『保古飛呂比』第六

巻、東京大学出版会、一九七五年、二二三頁)。

(14) 明治八年四月四日「政体取調書原案」(国立公文書館所蔵「公文別録」太政官・明治元年―明治十年・第四巻・明治五年―明治十年)。なお、伊藤は同年九月、尾崎三良の「元老院改正、法制院創興」の建議を読んで「御卓論、無処容汚喙」と絶賛している(国立国会図書館憲政資料室所蔵「尾崎三良関係文書」一―一―五―六)。

(15) 明治二年三月二十四日、木戸孝允宛伊藤博文書翰(前掲『木戸孝允関係文書』第一巻、二三七頁)。

(16) 明治四年七月八日、大隈重信大蔵大輔・井上馨民部少輔宛伊藤博文「官制改革意見」(国立国会図書館憲政資料室所蔵「井上馨関係文書」六五七―一〇)。

(17) 明治四年八月十七日、伊藤博文「大蔵省創立規則案」(早稲田大学図書館所蔵「大隈文書」イ一四―A二一四七)。本案の日付は八月十七日だが、註(18)の史料には「六月下旬僕上阪ノ前ニ臨ミ、大蔵省創立ノ概略ヲ草案シ、之ヲ諸君ニ謀リタリ」とあり、草案はすでに六月下旬に提出されていたとみられる。

(18) 明治四年八月二日、大隈重信参議・井上馨大蔵大輔・渋沢栄一大蔵権大丞宛伊藤博文大蔵少輔意見書(前掲「井上馨関係文書」三〇八―一)。

(19) 明治七年六月左院届書によれば、細川・村田は法制課、尾崎は財務課に勤務していた(前掲「太政類典」外編・明治四年―明治十年・官規一・任免、第三十九号文書)。

(20) 明治七年八月十三日、木戸孝允宛伊藤博文書翰(前掲『木戸孝允関係文書』第一巻、二七三頁)。

(21) 明治十二年四月二十五日、黒田清隆意見書(国立国会図書館憲政資料室所蔵「岩倉具視関係文書」〈対岳文庫〉七―二八―(二))。

(22) 明治八年五月三日、青木周蔵宛木戸孝允書翰(妻木忠太編『木戸孝允文書』第六巻、一九三〇年、日本史籍協会、一二一頁)。

(23) 明治九年五月、木戸孝允意見書(前掲『木戸孝允文書』第八巻、一六五―一七六頁)。

(24) 岩倉具視「建議」(前掲「岩倉具視関係文書」〈対岳文庫〉一七―八―(一二))。以下、これによる。本史料は年月日を欠くが、元老院の実情を語っていることから、明治八年末以降の作成と考えられる。

(25) 渡辺昭夫「侍補制度と「天皇親政」運動」(『歴史学研究』第二五二号、一九六一年)、西川誠「明治一〇年代前半の佐々木高行グループ」(『日本歴史』第四八四号、一九八八年)。

(26) 国立国会図書館憲政資料室所蔵「三条家文書」四一―一一。
(27) 色川大吉・我部政男監修、牧原憲夫編『明治建白書集成』第三巻、筑摩書房、一九八六年、五六九―五七一頁。
(28) 前掲『明治前期地方官会議史料集成』第二期・第一巻、三〇四―三〇七頁。
(29) 註(23)参照。
(30) 前掲『明治前期地方官会議史料集成』第一期・第五巻、一〇〇―一〇一頁。
(31) 同右、一一三―一一四頁。
(32) 同右、一〇六頁。
(33) 同右、九四―九七頁。
(34) 明治八年四月六日、児玉淳一郎宛尾崎三良書翰（国立国会図書館憲政資料室所蔵「憲政資料室収集文書」書翰の部一三〇）。
(35) 尾崎三良『尾崎三良自叙略伝』上巻、中央公論社、一九八〇年、一九一―一九二頁。
(36) 明治八年五月二十九日、伊藤博文宛三条実美書翰（前掲「憲政史編纂会収集文書」六二四―七「伊藤家文書」第七巻）。
(37) 明治八年七月六日、三条実美宛伊藤博文書翰（前掲『木戸孝允関係文書』第一巻、二八二頁）。
(38) 前掲『明治前期地方官会議史料集成』第二期・第一巻、一八六―一八七頁。
(39) 明治七年四月三十日、尾崎三良宛伊藤博文書翰（前掲「尾崎三良関係文書」一一一―五、「伊藤侯尺牘」）。
(40) 前掲『明治前期地方官会議史料集成』第二期・第一巻、二八九―二九一頁。
(41) 国立公文書館所蔵「第十一類　記録材料」、「府県民撰会憲法并御達案」。
(42) 前掲『明治前期地方官会議史料集成』第二期・第一巻、二八三―二九八頁。
(43) 前掲『法令全書』明治七年、二九七頁および註(41)史料参照。
(44) 国立公文書館所蔵「第十一類　記録材料」、「旧内記課ヨリ引継書類」記〇〇四四八一〇〇。
(45) 註(23)参照。
(46) 前掲『尾崎三良自叙略伝』上巻、一九六頁。
(47) 国立公文書館所蔵「公文録」明治八年・第四巻・明治八年四月・課局（内史・庶務・記録・用度・澳国博覧会・旧蕃地）所収。

(48) 前掲「憲政史編纂会収集文書」六二四―七「伊藤家文書」第七巻所収。
(49) 明治八年七月八日「元老院へ下議スベキ者ト否トノ分界」（前掲「三条家文書」書類の部、二三―六、「元老院会議決定事項上奏書類　明治八年」所収）。
(50) 前掲「憲政史編纂会収集文書」六二四―七「伊藤家文書」第七巻所収。
(51) 同右、六二四―一〇「伊藤家文書」第十巻所収。
(52) 明治法制経済史研究所編『元老院会議筆記』前期・第二巻、元老院会議筆記刊行会、一九六六年、三一三頁。
(53) 「法制定規」案（前掲「伊藤博文関係文書」その一、書類の部二六六「太政官関係書類四」所収）。太政官罫紙。本史料は年月日を欠くが、内容および①法制局長官・伊藤の印のみで大臣・参議の印がなく、②文面に修正が施されていることから公文類別規則の初案と考えられる。
(54) 前掲「大隈文書」イ一四―A四五九九。
(55) 明治十年二月「公文類別ノ儀上申」（前掲「公文録」明治十年・第二巻・明治十年二月・寮局伺（法制・調査・修史館・式部寮））。
(56) 国立公文書館所蔵「第十類 単行書」中「法制局文書」、「参照簿」明治九―十年所収。
(57) 国立公文書館所蔵「第十一類 記録材料」、「考案　法制局」明治十一年所収。
(58) 前掲「公文録」明治十一年・第四十六巻・明治十一年七月・内務省伺（一）、第十五号文書。

第五章　元老院の自己改革

はじめに

明治八年（一八七五年）四月十四日の漸次立憲政体樹立の詔に基づき、元老院が新設された。元老院については、国憲編纂事業を担ったことから憲法成立史のなかで注目され[1]、また多くの重要法令を審議したことから折に触れて『元老院会議筆記』が参照されてきた。しかし、元老院が実際にどのような機構として機能していたのかについては、ほとんど明らかになっていない[2]。元老院は議事機関であり、議事制度のあり方にその特質が表れるため、本章では明治初期における元老院の議事制度の自己改革の実態を明らかにする。

元老院の審議する法案は原則として内閣から下付され、原案を守り抜くことを職責とする内閣委員が会議に参席することから、元老院の審議には当初より一定の制約が伴っていた。しかし、元老院には内閣下付議案とは別に、議官自らが立案し審議することのできる「意見書」の制度が存在し、それを通じて同院職権内で審議の仕組み自体を改編することが可能だった。実際に、元老院の議事制度は議官たちの自主的な改革によって大きく変貌を遂げている。元老院は何をどのように審議しようとしていたのか、立法審査の特質を明らかにする必要がある。

検討に際して、議事制度改革に関係の深い二人の議官——細川潤次郎と陸奥宗光の認識と活動に着目する。以下に、両者の略歴を示す。

細川潤次郎は、土佐藩儒の家系に生まれ、幕末は幕府蕃書調所に勤務して洋書の取調を担当した。明治元年十一月に学校取調となると、翌二年一月に開成所学校権判事となり、三年八月に当時郷学校を管轄していた民部省へ転属、民部権少丞となった。明治四年五月から十月にかけてアメリカに出張して八月から工部少丞に就き、帰朝後、左院少議官に転任した。文部省で学制の取調が本格化すると明治五年二月に文部省出仕を兼任し、翌六年六月まで続けた。六年五月に自らの建議に基づき正院印書局が設置されると自ら初代局長に就任した。明治八年四月の改革に伴い、太政官大書記官・元老院出仕を命じられ、七月には移って法制局一等法制官となった。九年四月に元老院議官に転任して、以後元老院廃止まで議官職を全うした。

陸奥宗光は、和歌山藩士の家系に生まれ、慶応三年四月に海援隊に入った。明治元年一月に外国事務局御用掛となり、同年五月に会計官に転じ、六月に大坂府権判事となった。明治二年中に摂津県知事、豊岡県知事、兵庫県知事と直轄県の知事を務め、翌三年三月に刑部少判事となった。同年八月—翌四年五月まで欧米へ出張し、帰朝後に和歌山県知事、明治四年十一月から翌五年七月まで神奈川県令を務めた。五年二月から大蔵省租税権頭を兼任し、翌六年六月に大蔵少輔に進んだ。明治七年一月に免官となったが、翌八年四月の改革に伴い、元老院議官となり、同年十一月に元老院幹事、十年一月から十一月には副議長を務めた。明治十一年六月に立志社事件で免官となり、五年の投獄を経て、十六年に出獄、欧米各国を巡覧した後、明治十九年から弁理公使となり、農商務大臣を経て、衆議院議員に選出されることになる。

細川は、学校調査を出発点として、官制改革や事務の創始に携わり続けた。その経験から、元老院では新政府きっての欧米法制通として活躍することになる。一方、陸奥は外交事務を出発点として、地方官経験を重ね、大蔵省の中心的事業である租税改革に携わり、転じて元老院議官として内治事務を省外から観る立場となった。辿った経緯は伊藤や井上馨によく似ている。欧米法制の豊富な知識を有する細川と、内治事務の豊富な経験を有する陸奥によって、元老院の議事制度は大きく改革されていくこととなる。

そして、新たな議事制度を備えた元老院は、明治十一年、内務省立案・法制局勘査による三新法案の審議に臨む。元老院は三新法案審議に至るまで、立法権の分離を模索しながら、内治事務と深い関係を有することとなるため、以下ではその経緯について検討する。

第一節　元老院の立法審査

(一) 立法・行政の混淆

元老院は三権分立の一翼を担う機関とされながら、実際には旧左院の如く振る舞うところがあり、当時、世間では「元老院、十を省けば元左院」と揶揄されたほどであった(3)。明治六年(一八七三年)六月職制で左院は法律編纂機関に純化したものの、翌七年二月職制で法制機能を取り戻した(第四章参照)。法律とは現実に働きかけ、また現実に適合させていくものだと理解していた政府官員たちにとって、三権分立に即時移行することは、法律を現実と乖離させ、空文化することに等しかった。立法と行政が互いに自立して均衡を保つには、その基礎となる法律に一定の体系が整ってからでなければ実現困難であり、将来の課題ではあっても、当座の課題ではなかった。内閣(法制局)は立法と行政の分界を立てようとしたが、それは行政府内に多くの立法権を留保する方針のもとに行われた。では、元老院はこの問題をどのように認識していたのだろうか。検討に先立ち、元老院の人事構成と議事制度について概観する。

第一に、元老院議官の人事である。華族代表に加え、松岡時敏・藤澤次謙・馬屋原彰ら元左院議官、そして陸奥宗光(大蔵省租税頭・大蔵少輔心得)・河野敏鎌(司法大丞)ら各省で実務経験を有する人材が揃えられた。議官の寡頭が問題になると、さらに中島信行（大蔵省租税権頭、神奈川県令）、楠田英世（司法省明法頭）、神田孝平（兵庫県令）ら中央・地方官経験者を中心に追加人事が発令された。この人事は、元老院開設の準備組織として木戸が提唱した「待詔院」（中央・地方官経験者による正院諮問機関）(4) に対応する。こうして、元老院は華族・左院議官・事務官を合わせた議官たちの議事によって運営されることとなった。

第二に、元老院の開設以来の議事制度である。まず、議官は第一読会で議案の朗読と内閣委員の趣旨説明を聞き、第二読会で「是非ノ討論」を行い、第三読会で「決議」を行う（「議案朗読規則」「議案質問手続」(5)）。原案の修正は第三読会で行われるが、予め第二読会の段階で討論を円滑にするため、必要に応じて修正委員を立て各議官の意見を取り纏めた「修正案」が報告、頒布される（「議案修正条例」(6)）。一方、内閣から派遣され原案の趣旨説明と主持を職責とする内閣委員（多くの場合法制局員が担当）は、第一読会で原案の「旨趣ヲ弁明」し、第二読会で「弁明討論シテ本案ヲ主持」し、第三読会で「修正案ニ対シ原案ヲ主持」する（「内閣委員元老院会議出席規則」第二―四条(7)）。以上の規定から、第一読会で原案の朗読と内閣委員による趣旨説明、議官からの質問があり、第二読会で議官・内閣委員の討論、第三読会で修正・決議を行う手順となる。最も重要なのは修正意見の提出と決議を行う第三読会だが、議官が原案に不服の場合は第二・第三読会で内閣委員と激論になることが少なくなかった。もとより「討論」を行う第二読会はそれぞれの議官が自説を主張し収拾困難で、審議の主要な問題点でもあった。

たとえば、この時期頻繁に内閣委員を務めた村田保（法制局三等法制官）は次のような審議参加状況だった。「得遺失物律改正」の審議（明治九年三月七日(8)）では、原案に反対する陸奥と村田との意見対立が続き、両者の応酬だけで十二回を数え、村田の意見表明は議場で最も多い十九回、陸奥がそれに次ぐ十八回（以下、河野敏鎌の八回、佐野常民の六回）に上った。第二読会では原案全文に亘る討論のため、自然、議官・内閣委員の一回あたりの発言も長くなった。「雇人盗家長財物律改正」の審議（同年四月十三日―）では、すでに一度元老院の審議に付され内閣が元老院上奏の修正案を却下し元老院の再議に付したが、議官たちは再び修正論議を始めた。村田は「既ニ内閣ニ於テハ原案ヲ貫徹スルノ主意ナリ。故ニ若シ修正案ノ如ク決スルトキハ、内閣ニ於テ肯ゼザルモ計ル可カラズ。左スレバ相共ニ歎息セザルヲ得ズ」と、内閣の意志を圧力に「熟考」を求めたが容れられなかった。(9) さらに、「再犯加等罪例条例」審議（同年六月三十日―）で来院した際には、発言を大給恒に「無用」と退けられ、村田は次のように慨嘆した。(10)

抑内閣委員ハ衆議官ノ論鋒ニ向テ能ク原案ヲ主持シ、之ヲ暢達セシムルヲ以テ任トス。議官モ亦之ヲ熟聴スル事当然ナリ。故ニ前会以来百方其主義ヲ主張シテ敢テ屈セザルナリ。然ルニ其説ノ喋々スルヲ止メテ無用トスルモノニ似タリ。然レバ則、委員ノ此席ニ列スル、果シテ何ノ所以ナル事ヲ解セズ。庶幾ス、将来委員ノ議事ニ列スルノ規則ヲ改正アラン事ヲ。

内閣委員（法制局員）にとって元老院で原案を主持することは難事であり、議官にとって内閣の意志を背負い原案に固執する内閣委員は審議上最大の障碍であった。明治初年に左院ないし省・府県で経験を積んだ議官たちには、内閣委員の説明以前に法案に対する持論があり、審議の紛糾は避けられなかったのである。

（二） 意見書制度の活用

議官が持論を展開する経路として「意見書」制度が挙げられる。内閣下付議案は検視・議定を問わず、主務省の立案、法制局の審査が前提になるのに対し、元老院には法制局の手によらず、内閣委員も参席せず、議官自ら議案を作成・審議し上奏することができる「意見書」の制度があった。(11) 以下、「意見書」制度の活用状況を検討することによって、議官の立法・行政に対する認識を明らかにする。

明治九年七月七日、議官中島信行は「布令廻達ヲ廃シ掲示規則ヲ設クルノ件」（号外第八号意見書）を提出し、早速審議に付された。「掲示規則」案は、従前戸毎に廻達されていた布令を各府県本支庁門前・区戸長役場門前等での掲示に代えて「煩擾ト浪費ヲ省キ」、長文に亘るものは各所で縦覧に供するというもので、(12)その内容には議官一同が賛意を示した。しかし、本案審議の争点は、内容の適否ではなく、そもそも元老院がこのような行政の細目に関する議案を審議する権限を有しているのか否かにあった。

審議開始早々、議官津田出（大蔵省・陸軍省出仕経験者）は本案の内容は「行政ノ事」に属するもので「行政規則ノ都合ハ立法権外ノモノナレバ、本席ニ議定シテ法律トナス可キ者ニ非ズ」として廃案動議を発した。(13)これに対し、中島は「抑本邦立法行政ノ区分未ダ確定セザレバ此等ノ事ヲ行政トモ謂フヲ得可ク、又国法トモ謂フヲ得可シ。余ハ上下遵奉スル法ナレバ之ヲ立法ノ部ニ属ストシ、此ノ如ク起草セシナリ」と応じ、立法・行政未分離の現況を根拠として「行政規則」の審議を「立法ノ部」に組み入れることを主張した。中島はさらに次のように述べて議官一同の判断を迫った。(14)

　若シ今日之ヲ本院権外ノ事ナリト決定スレバ、弥々権外ノ事ニ定リ後来此類ノモノハ復タ本院ニテ議スルヲ得可カラザルニ至ル。然バ則チ、本日ハ只一議案ノ取捨ニ拘ハラズ、本院権限ノ区画ヲ定ムル時ニ当レバ、各議官ニ於テモ充分熟考アリテ討論アラン事ヲ希望ス。

中島は本案を通じて立法・行政の不明瞭な領域にある事項を元老院審議権の内と外のどちらに置くのかを問い質した。議場では賛否両論が飛び交った結果、権外として即時却下を求めた議官は津田出・大給恒・山口尚芳ら七名だったのに対して、権内として審議を認めた議官は中島・陸奥・細川ら十四名の多数となり、本案は審議権内に決した。政府内で立法・行政分離への対応に差が出てくることは、法制局だけでなく、元老院においても変わりない。ただ、元老院の場合、分離を回避する議官が多数を占めたのである。事務経験者の代表的意見として陸奥の発言を見てみよう。(15)

　内閣ニ於テモ立法行政ノ区分未ダ判然セザルハ、元来国制ノ然ラシムル所ニシテ、是憲法ナキノ故ナリ。其区分ノ如キ、我々ノ思想ヲ以テ軽々定メ難シ。是立法行政ノ部分判然セザル説ナリ。又従前回達ノ手続ハ戸長ノ取扱フ事ナレド、全国ノ人民此手続ニ因テ布令ヲ知ルヲ得ルモノナリ。然ルニ之ヲ行政ノ事ナリト謂フハ、題目ノ回達ヲ廃スルヲ云ナラン。固ヨリ回達ノ事ノミヲ云ヘバ、或ハ小吏ノ為ス事ナレド、今其手続ヲ廃シ従前曾テナキ法ヲ立テ以テ後来人民ヲシテ之ニ因テ布令ヲ遵奉セシメントスルハ、即チ新法設立ナリ。（中略）今此法ヲ立テバ、官民共ニ便宜ヲ得ル。乃チ本院ニ於テ議ス可キノ説ナリ。

陸奥はこれまで密接不可分の関係にあった立法・行政をただちに区分することは困難としたうえで、本案は「人民」に関係する「新法設立」にあたるため、審議権内に属するべきだと解した。この理解は、中島の「上下遵奉スル法」は元老院の審議権内に包含されるという理解に重なる。これについて、旧左院議官の見解として、以下の細川の発言を対照させておく(16)。

此法［掲示規則――湯川註］固ヨリナカル可ラズ。然ルニ、本案述ル所ハ、概ネ行政事務ニ属スルトノ論頻ナレド、立法行政ノ区分ハ内閣ニ於テモ未ダ十分立テリトハ言可ラズ。故ニ、之ヲ議スルヲ得可シト云、又之ヲ議スルヲ得可カラズト云、終日之ヲ討論スルモ恐ラクハ尽ザル可シ。共ニ明文ハナシト雖ドモ、慣習ニ拠レバ先ヅ行政区分ニ属スルニ似タリ。今一条以下ヲ視レバ、字面ハ稍行政ノ事ニ渉リ条例トナスニ足ラザル条モアリ、又語弊アルモアリ、緒言ニハ屹度シタル条例ヲ設クル意ナレドモ、其条項ニハ行政上ヲ説クニ止リ、折角ノ意見モ首尾貫徹セザルモノアリ。（中略）故ニ、余ハ之ニ修正ヲ加ヘ、緒言ニハ仏国民法ノ惣則アル如ク題目ヲ掲ゲ、其次ニ地方ノ規則ヲ設ケ、（中略）仏国民法ノ式様ノ如クシ（後略）。

細川は、本案が「立法」よりも「行政」に属する事項と認めていたが、欧米法を参照して「行政上」に止まらないように修正することで「条例」「地方ノ規則」とし、審議権内とすることができると論じた。細川は「地方ノ規則」について「法律ノ力ヲ有スル規則」と言い換えており(17)、「仏国民法」を参照することで「掲示規則」を「法律」に整えることが可能と捉えていたことがわかる。細川は「法律」という一つの形式に「立法」の審議領域を見いだしており、関心の所在は、もともと自らが在籍し、公文類別規則を生み出した法制局に通ずるものがあった。細川の意見は、態度を保留していた斉藤利行・秋月種樹が同調したように、審議権内を多数派とすることに貢献したが、審議領域が「人民」を根拠として無制限に「行政」へと伸張する陸奥・中島らと、欧米法を参照して「法律」という審議領域を模索する細川とでは理解が根本的に異なっていた。

両者の差異は第二読会以降明確となる。細川が「行政官ニ任セ」ることを強く主張した第五条（長文の規則条例等は布告布達文のみを掲示して、本文は適宜縦覧に供する）について、第三読会で中島・陸奥は次のように反論し[18]、第五条は賛成多数（出席議官二一名のうち一九名賛成）で残された。

［中島］二十一番［細川――湯川註］ニ於テハ、本条ヲ刪除シ便宜縦覧ノ事ハ地方官ニ委シ内務省ニテ指令セバ足レリト云ドモ、太政大臣ナレバ其レ等ノ取捨ヲナシ布告スルヲ得ベシ。本院ニテハ其取捨ヲナスヲ得ズ。本条ハ此規則ヲ施行スルニ付テ要用アリ。若シ之ヲ刪レバ、前条ノ主意全ク貫徹セズ。只体裁上ニ拘泥シテ刪ルベカラズ。

［陸奥］固ヨリ本邦諸規則ノ体裁ハ大綱細目混淆スルアレバ、其体裁ヲ改正スルハ然ルベシ。然レドモ、未ダ改正セザル以上ハ、従前ノ振合ニ従ハザルヲ得ズ。（中略）本条ハ刪除シ難シ。併シ他日一般改正ノ時ニ至レバ、又其時ニ従テ妨ナシ。

中島は、内閣には地方官・内務省の規則制定について「取捨」し「布告」する権限があるのに対し、元老院にはそれがないことを問題にしていた。明治八年の地方官会議で公選民会派として立法権創出を追究していた中島にとって、内閣・内務省・地方官に事務を任せ置くことはできなかったのである。

法制局員や細川が認識していたように、三権分立を意識すれば元老院に行政権内と思われる問題を無節操に持ち込むことは立法機関の職責ではなかったが、立法・行政未分離の状況では、元老院の審議領域から事務の裁量にあたる「行政規則」を外すことは立法の実効性を損なう恐れがあった。この点は第四章における伊地知正治左院副議長の意見にもみられたところであり、立法を施行との関係で捉えるならば施行を実質的に左右する「行政規則」は立法審査の要目となるのである。陸奥は中島を後押しし、海外法制に精通し「法律」を具体的に想定できる細川の説得にあたった。第三読会に至って中島・陸奥らの主張を圧倒的多数の議官が支持したことから、元老院審議と地方の「行政規則」との関係は、分離ではなく包摂が確認されたといえよう。元老院は当時の立法審査機関であるからこそ、行政権から分離できない状況にあったのである。

（三）「読会規則」の改正――「修正」の議事制度

意見書制度の活用は、さらに議事制度の改革にも及んでいく。院内の議事制度は、元老院の職権内で改革が可能であったため、意見書制度によって比較的容易に改革することができた。明治九年四月八日に元老院議官となった細川は、同年十月に「読会規則ヲ廃シ議案取扱手続ヲ設クルノ件」（号外第二十号意見書）を提出した。「読会規則」[19]は、「議案朗読規則」「議按質問手続」（明治九年一月二十三日制定）からなるが、細川は従来「決議ノ際ニ方リ往々錯雑ヲ生ズル」のは、この「読会規則」の不備によるとして、「欧米各国ノ議事法」を斟酌し「議案取扱手続」案を作成した。本案は細川が旧左院議官時代に取り調べた同名の規則案においてほぼ完成しており[20]、これを基に法制局および元老院御雇フルベッキとも相談して取り纏められた[21]。この案が元老院議事制度改革の素案となる。

さて、「議案取扱手続」案の主眼は決議の円滑化にあり、そのために第一・第二・第三読会の役割を全面的に見直している。以下に主要な条文を掲げる（傍点湯川）[22]。

第三条　内閣委員ノ弁明已ニ畢レバ、議長ハ本按ヲ第二読〔会〕ニ付ス可キヤノ問題ヲ出シ、議官ハ之ヲ討論スル事ナク、其可否ヲ決ス可シ。

第四条　若シ否ト決スルトキハ、議長ヨリ委員ヲ命ジテ其否ナル所以ヲ商議シ、其意見書ヲ作リ、之ヲ第二読会ニ付セシム。

第五条　第二読会ニ於テ書記官朗読シタルトキ、一議官修正ノ説ヲ述べ、他ノ議官之ニ賛成スレバ、議長ハ直ニ其説ノ可否ヲ問フ可シ。而シテ多数ニ付テ決ヲ取ル。

第十五条　第三読会ニ於テハ、只文字ノ修正ヲナス事ヲ得ルノミニシテ其他ノ修正ヲナス事ヲ得ズ。

従前の方式では、第一読会で原案の趣旨説明、第二読会で討論、第三読会で修正・決議だったが、本案によれば第一読会で審議可否の決議、第二読会で修正・決議、第三読会で字句の整頓に変わる。討論と修正・決議が分離していた構造を改め、決議を第一・第二読会に分担させ、修正を第二読会に移し、第三読会はその機能のほとんどを失うこととなる。しかし、決議を重視するこの議事制度案には、これまで積極的に討論してきた議官たちから批判の声があがった。山口が「君上下附ノ議案」について第一読会で審議可否を即決することを「粗漏ノ議事」[23]とした他、「英聖文武ナル我君上ヨリ下付ノ議案ヲ議スルニ方リ何ゾ（中略）第一読会ヲ以テ其可否ヲ決スルノ理アランヤ」[24]（津田真道）、「縦ヒ時間ヲ費ヤスニ至ルモ鄭重之ヲ議決スルヲ可トス」[25]（神田孝平）と、次々に慎重な意見が出された。結局、本案第三読会では細川・陸奥両名を含む十一名の議官が修正案を協議した結果、第一読会における審議可否決議は取り止めとなり、第三・四条は以下のように改められた（傍点湯川）[26]。

第三条　内閣委員ノ弁明已ニ畢レバ、議官ハ議按ノ大意ニ付可否ノ討論ヲナス可シ。修正ノ説ヲ出ス事ヲ得ズ。

第四条　議長ハ第一読会ノ終リニ於テ本按第二読会ノ期日ヲ報ズ可シ。但第二読会ハ第一読会ヨリ少クトモ第二日ノ後ニ在ル可シ。若シ委員ヲ択ミタルトキハ、其報告書ヲ頒チタル時ヨリ起算ス。

これにより、第一読会は「大意」の可否を「討論」する場とされた。第四条但書は「議案修正条例」に対応し、修正委員の修正案取り纏めと議官への頒布を定めている。原案第五条は修正案第五条に「逐条適当ノ順序ニ由テ其討論ヲナシ、且其可否ヲ決ス可シ」(27)、原案第十五条は修正案第十一条に「第三読会ニ於テハ修正ノ意見ヲ出ス事ヲ得ズ」(28)として第二読会の討論を明記しつつ引き継がれた。さらに、中島ら五名は附則第二条として以下の文章を提示(29)、可決された。

何レノ会ニ於テモ、議官ノ動議賛成多数ノ決ニ由テ委員ヲ撰ミ、議按ノ全部或ハ一部及其他会中ノ事務ヲ附托スル事ヲ得。此委員ハ其附託セラレタル事ニ付テノミ之ヲ処分シ、且之ニ付テノ報告ヲナス可シ。

これら一連の修正点をまとめれば、以下の通りである。第一読会では審議可否決議が削除され、「大意」の可否表明に止められた一方で、第二読会では修正・決議の役割が原案から引き継がれ、「議案修正条例」との連絡が図られた。これにより、第二読会に逐条討論・修正・決議が集約され、審議上枢要の会となった。細川はいずれの修正点にも同意を与え、議官たちの意向に配慮した。「議案取扱手続」は、名称のみ「読会規則」を引き継ぎ「改正」の扱いで実施に至った。

この新「読会規則」は、さらに翌十年十月十六日「租税怠納ノ者処分案」審議において、議長代理となった陸奥が新たな議事制度の解釈を生み出す土台となった(30)。第一読会において柳原前光が「大意」を可としつつ修正の必要性があるとして、「読会規則」に基づき、原案の「全部」の修正を修正委員に附託することを動議し、可決された。第二読会冒頭、陸奥は「此按［修正案――湯川註］ハ委員三名ノ調査ニ係ル者ナレバ、別ニ賛成者ヲ要セズシテ問題トナスノ力ヲ有スルヲ以テ（中略）直ニ修正按ノ可否ヲ討議セヨ」と発言した。この会には内閣委員として吉原重俊・山崎直胤の両名が参席していたが、揃って陸奥の発言に驚きの声を上げた。吉原は「読会規則」を読み返し「原按討論ノ末ニアラザレバ之ガ修正ヲ為ス事ヲ得ザルヲ知ルベシ」と、陸奥の解釈を「頗ル変則」であるとし、山崎は「直ニ修正ニ付スルハ杜撰ニ失スルノ恐レナキ能ハズ」とし、原案についての討論を求めた。対する陸奥は附則第二条を根拠としてこれを退け、修正委員を務めた細川も「議長ノ弁明ニテ充分ナリ」と陸奥の解釈を支持した。

陸奥は、第一読会で「大意」を可として第二読会での修正を期する意見が多く修正委員に議案の「全部」が附託されたことを前提として（「読会規則」第三条・附則第二条）、修正委員が三名のため新たに動議のための賛成者を要さないとし（同第六条）[31]、ただちに修正案総体を動議として審議にかけることができるとした。これらはすべて「読会規則」の範疇で生み出された解釈だった[32]。こうして従来第二読会の主役だった原案は、討論の参考資料だったはずの修正委員の修正案にいつでも取って代わられることとなった。審議の主機能が第二読会に移されたことと相俟って、この陸奥の解釈は元老院の原案「修正」権限を拡張するものとなった[33]。

以上のように、元老院は立法府として自立しつつ、行政権への積極的な関与を志向したため、行政府として自立しつつ、立法権に関与しようとした内閣側と衝突した。両者の間に立って、細川は立法府の機能を保障しながら、行政府の自立性に配慮しようとしたが、陸奥・中島らのもと行政権への関与を進めたのである。

なお、内閣側は明治九年以降、現職の各省輔に議官を兼任させる兼任議官制を採用するようになるが（第十章参照）、これは敢えて事務経験者たちを議官に加えた元老院が、内閣と調和するどころか、しばしば対抗関係に入ったことに対処しようとしたものと考えられる。

第二節　国憲編纂と地方制度改革

（一）元老院主導の地方制度改革構想——陸奥宗光の動向

元老院は明治九年（一八七六年）以降、本格始動するとともに、同年九月、国憲編纂事業を命じられた。また、明治九年以降、木戸が地方分権を主唱し、十年一月の地租軽減の詔に伴う事務費用節減、十一月には福沢諭吉が『分権論』を著し、中央・地方事務の再編が政府内外で盛んに議論されるようになった。主として前者は立法権に、後者は行政権に関わる問題だが、前節にみたように、両権を単純に区分することはできない。以下、陸奥の両問題に対する認識と活動を検討する。まず、陸奥は国憲編纂事業をどう受け止めていたのか、以下に見てみよう。

明治九年十月、陸奥は有栖川宮議長に「日本国憲ヲ進ムル復命書」を提出し(34)、元老院の意見として正院へ提出するよう希望した。「復命書」は国憲編纂事業について見通しを語ったものである。

陸奥は「国憲ノ設ハ、要スルニ君民ノ権ヲ分ツニ過ギズ。而シテ其所謂君民ノ権ヲ分ツ者ハ、只ダ君権ヲ節制スルヲ以テ足レリトス」と、国憲編纂の目的は君民分権、就中、君権の「節制」であると主張した。

陸奥がこのように論じた理由は、「代議士」の不在にある。陸奥は現状の国家体制を「所謂中央集権ニシテ、君権過盛ノ嫌ナキ能ハズ」とし、「君権盛ニ過グルトキハ、民権伸ビザル所アリ。民権ノ伸ビザルハ即チ分崩離拆ノ源トナリテ、君独リ其権ヲ享クル事ヲ得ズ」とその弊害を説く。しかし、現状では「立法ノ権ヲ分チ以テ国憲遵守ノ約ヲ固クス」るために必要な「代議士」を欠くため、国憲編纂も「未ダ欠アルヲ免カレズ」、したがって事業の目的は「君権ヲ節制スル」に留めざるを得ないというのである。ここでいう「君権」の「節制」とは、「大旨、君民ノ権ヲ分ツヲ以テ主トナシテ、而シテ君権ハ則チ亦タ之ヲ政府ノ各部ニ分チ以テ立法行政司法ノ三大支トナシ、以テ各其職ヲ守リ各其責ニ任ゼシメ」るとの説明にみられるように、三権分立に基づく「君権」の分担のことを指している。

この論理でいけば元老院も「節制」の対象となりそうだが、留意すべきは「代議士」不在を根拠として「代議士ノ設アラズ。故ニ法律ノ承認ニ至テハ元老院ノ権太ダ広シトス」としている点である。当面は民撰の立法議会を設けることができないため、「君権」の三権のなかで立法を担う元老院は「民権」の立法権も代替し、その権限を大きくしておく必要があるというのである。先述の通り「立法」・「行政」の区分は、すでに元老院審議の中で困難であることが確認されている。陸奥にとって元老院の権限は即座に三権均衡下の元老院の「立法」へ「節制」されていくものではなく、むしろ強大であることを想定するものだった。

したがって、翌十年一月、陸奥・中島は地租軽減の詔をうけて、地方制度改革を進める建議を太政大臣・三条実美に提出した(35)。陸奥・中島は、「非常ノ節約」に対応するため、地方制度改革の必要性を説き、それには「法制ノ改正」の「主任者」を立てる必要があるとする。そして「今日ノ勢ニ依レバ内務省其任ニ当ルニ似タリ」と前置きしたが、内務省が適任でない理由を次のように述べた。

地方官ハ固ヨリ内務省ノ属隷ニ非ズ。而シテ地方ノ法制ヲ改正スルヤ、勢ヒ内務ノ章程ニ刺衝シ又タ其改正ヲ要セザルヲ得ズ。是レ内務省ハ内外自他ノ改正ヲ一手ニ握束シ、其考量或ハ一方ニ倚偏スルモノナキヲ保タズ。況ヤ、地方ノ法制ヲ改正スルニ際シ、其影響他各省ニ移サヾルナキヲ得ンヤ。

内務省の職権が「広且大」であるからこそ、地方制度改革は内務省の利害に直接的な関係を有する。また、地方制度改革は内務省だけでなく、他の各省にも影響するものである。したがって、陸奥・中島は内務省主導の制度改革では「徒ニ時日ヲ遷延シ、遂ニ漫然トシテ統一スルナキノ患ヲ免レズ」と、内務省では改革を担いきれないと主張する一方、内閣に「臨時ノ一局」として地方制度取調局を開設することを求めた。改革の具体策も、内務省が地方を掌握している現状から脱却するため、地方官・区戸長を精選し、「内務ノ管制ヲ緩」めて「地方官ノ権限ト区戸長ノ権限トヲ更張」し、「民費課出ノ協同ヲ得ルガ為メニ、各地方ニ就テ一民会ヲ興」すというもので、地方が「法制」に基づいて自己完結する仕組みであった。総じて、内務省主導の「管制」から地方分権、内閣・元老院主導の「法制」整備への転換を明確に打ち出す分権策だったといえよう。

(二)　地方分権論への危機感――細川潤次郎の動向

では、細川は国憲編纂事業と地方分権論議をどのように受けとめていたのか。国憲編纂委員に選ばれた細川は、院内で欧米法制の専門書を翻訳・刊行する事業を進めていた。左院議官時代に印書局設置を建議して初代局長となったように、細川はもとより精確な情報を発信する必要を認め、出版事業に重きを置いてきた。元老院刊行の書籍も、この時期目立って増えていくが、その事情に触れて、各書の冒頭には次のような文章が挿入されている。

近日本院ニ於テ上板スル所ノ諸書ハ、其艸稿或ハ旧左院中編纂ノ引続キニ係ル者アリ、又他人著訳ノ原稿ヲ本院ノ用ニ供セシ者アリ。而シテ本院ノ為若クハ本院委員特別事件調査ノ為、外国人及訳官ヲシテ繙訳セシメタル者アリ。（中略）写本ノ儘ニ之ヲ存スルトキハ、他ノ文書ニ混同シテ散佚シ易ク、且数員共ニ観ント欲スル時ハ伝写ノ労ト費トアリ、而モ猶謬誤アルヲ免カレズ。依テ以為ラク、若シ之ヲ上板スレバ啻ニ一挙シテ此諸弊ヲ免カル、ノミナラズ、本院ノ用ニ供シテ尚余リアレバ、之ヲ書肆ニ付シテ以テ世上ニ伝ヘ、幷テ人ノ知識ヲ開キ世ノ開明ヲ進ムルニ於テ、当ニ裨補ナキニ非ザル可シト。乃チ之ヲ上板セシム。

これによれば、元老院内の草稿類には①旧左院から引き継いだもの、②他所より参考に供されたもの、③元老院の「特別事件調査ノ為」に新たに纏められたものがあり、いずれも文書が混同して散逸する、あるいは数人の求めに応じにくいなどの問題があったため、各種草稿を書籍の形にし、これら「諸弊」を解消するというのである。あくまで「本院ノ用ニ供」することが主旨だが、「世上」への頒布も視野に容れ、書籍化の効能を謳っている点も特徴的である。院内の取調を整頓しながら、同時にその情報を一般公開していく発想が窺える。

書籍の刊行が相次いだのは、とりわけ③の比重の増大——明治九年の地方分権論議及び同年九月の国憲編纂事業の開始が影響していると考えられる。明治十年三月、元老院が内務省に届けた前年出版書籍版権リストをみると[36]、『遺物相続特権史記』『無刑録』の二冊以外は、『欧州各国憲法』『地方分権論』『仏蘭西議院規則』（以上細川校閲）、『法律格言』（細川訳）、『纂輯御系図』『国典類纂』（皇位継承篇・田制篇・租税篇）（以上福羽美静校閲）と、国憲編纂委員の細川・福羽が担当しており、それぞれ長ずる所から、細川は海外法制、福羽は国内の沿革を取り纏めていたことがわかる。

細川は御雇外国人に協力を仰ぎ、自ら校閲を担当して『日耳曼議院之法』『仏国民撰議院規則』（『仏蘭西議院規則』より改題）を取り纏めた。細川が両書を必要とした理由は、『仏国民撰議院規則』に自ら付した漢文の緒言において次のように語られている。(37)すなわち、英国議事制度が「慣習」から成るのに対して独仏両国のそれは「新設」に成るために、「慣習」のない日本においては、わかりやすく実施しやすいと考えられるが、両国の議事制度については依るべき訳書がない、と。細川は「繁密」で導入困難な英国議事規則ではなく、簡便で導入しやすい独仏両国の議事制度に着目するようになっていた。国憲編纂事業を背負ったことで、議事制度もただ理想像を追い求めるだけでなく、実施に耐え得る議事制度の情報を集めることが必要となっていたのである。

一方で、細川は地方分権論に真っ向から反対する取り調べも進めていた。すなわち、九年六月にフルベッキの協力のもと『地方分権論』と題した書籍を取り纏め、内務省へ出版届を出した（のち『撲児洒児氏分権論』に改題）。(38)同書は法理の上から地方分権の効用を説くものではなく、原著者（「ボルセール」氏）の長年の実務経験に照らしてフランスにおける地方分権の絶対不可を説くものだった。なぜ細川が数ある行政関係の洋書の中から同書を選び取ったのかは明示されていないが、第一に細川が序において同書本文中の「政府ヲ化シテ百頭蛇ト為スガ如シ」の表現を引き「分権之説又起於吾邦、請世之議者有考於此書以勿欲令化一政府、為百頭之蛇」と結んでいること、(39)第二に刊行当時の状況が原書のそれと同様に地方分権論議の最中にあったこと、第三に細川自身がのちの三新法案審議において原案の地方分権策に反対したこと、第四に細川がそれまで出版を通じた情報発信をとりわけ重視してきたことを踏まえれば、(40)同書の翻訳・刊行は内外で沸騰する地方分権論議に対して反対の立場から一石を投ずる意味を持っていたと考えられる。同書の目的は、地方分権という方法がフランスの地方現実に適合しないことを指摘し、地方分権に代わる方法論を提示することにある。以下、同書の概要を整理する。(41)

いまフランスでは現行制度下の地方運営に種々の問題が発生しており、世間ではその打開策として地方分権論が高唱されている。しかし、地方分権によって地方に生じる弊害に目を向ければ、地方分権を適切な現状打開策とみなすことはできない。地方分権の弊害は大きく二つに分かれる。一つは拡張した地方権限を人々が個別利害のために取り合う「小党ノ弊」、そしてもう一つは地方官の専断的な権限行使によって起こる「地方官ノ圧制」である。

私（原著者）は経験上「主治者ノ在ル所遠ザカレバ、益被治者ノ便益ヲ全フス可シ」と考えるがゆえに、地方官権限の拡張策には疑問を憶える。実例によってみれば、州長（地方官）が「小党」の主張を容れて権限を行使した場合、民望を失するか、政争に巻きこまれて職を追われることになる。州長には親しく人民に接して「公平ナル処分」を下し、人民の需要を把握してこれに応じるなど、相応の能力が求められる。もしすべての事務を州長の「独決」に任せたならば、あるいは「法律ニ背キ国民ノ便益ヲ抑制」し、あるいは各州によって処分の基準が異なることで不公平を生じることとなる。ゆえに中央官による地方官の「検査」は不可欠である。なお、現行制度では政府・州長が邑長を選定しているが、これでは邑民から邑長に対する疑念が生じやすく、邑長の行動に問題があったとしても中央から派遣された州長がそれを把握・是正するのは困難である。「元来国内ノ平安ト地方行政ノ進歩トハ、官民ノ互ヒノ和合ニ依ル」がゆえに、邑長と邑民の「懇交」が肝要であり、邑長には「正直」で邑民に疑念を抱かれないような人物が求められる。したがって、邑長選定については現行制度を改め、邑民議院の選定とするべきである。

一方、州民議院・邑民議院には地方行政に関する「調査」「決議」およびその費用の「検査」の権限を認めるべきだが、「政治上ノ事ニ関渉スル事ヲ厳重ニ禁」ずるべきである。州民議院は「我国政ノ体裁ニ於テ最モ緊要」の組織ではあるが、もし州民議院に「政治上ノ事」まで議決を許せば、施行は各州区々となり、政府は「百頭蛇」と化して「国ノ一致」は崩れ去る。ゆえに州民議院の議決権は州税にかかわることに限定されるべきである。邑民議院は「小党ノ弊」を最も受けやすい組織であり、実際に議員を務めてきた私は、すでに多くの弊害を目の当たりにしてきた。

たとえば、議員たちが自分の子どもが小学校に通っていないことを理由に邑の小学校の廃止を決定し、あるいは地主の議員が貧しい耕作人の子どもを雇いたいがために、貧困家庭の子どもの小学校への無償入校を認めないなど、議員の利害が邑民一般の公的保障に優先される事態が生じている。ゆえに、より多くの権限を与えるよりも、議員の任期を短縮するなど是正措置を講ずるべきである。

地方の現況を考慮すれば、地方分権の実施により「小党ノ弊」が拡大し、あるいは不公平の処分が横行して「動揺混乱ノ景況ノ源」となることは明らかである。地方分権論者は地方自治（「各人自作」）を進めることを主張するが、現行制度下でも自治を進めることは十分に可能であり「中央集権ハ別段其各人自作ノ開進ヲ妨グル者ニ非ラズ」。人民が望んでいるのは地方分権ではなく「行政機関ノ功用ヲ容易ニスル事ト、又行政ノ事件ノ取リ計ヒニ付無益ノ手数ヲ省キ、事ヲ速ニ落成セシムル事等」、すなわち行政機関の改良であり、自らが「地方官ノ過度ノ処分」によって不利益を蒙ることを防ぐために、中央官に控訴する権利を保障されることである。地方行政に関する「検査」を徹底し、一方では「国家ノ一致、國ノ安寧」を維持し、他方では地方「小党ノ弊」や「地方官ノ圧制」から人民を守ることが、当今の政治課題である。

以上のように、原著者は自らの実務経験にもとづいて、現行制度下で地方に認められている権限がいまだ有効且つ公正に行使されていない問題があるとしつつも、それを中央集権体制の責任に帰して地方分権を実施すれば、かえって地方の混乱、国家の瓦解に帰結すると批判する。そして、地方分権に代わる打開策として従来の政府、州長・州民議院、邑長・邑民議院の役割分担を前提とした中央集権体制の改良を主張している。

細川も中央集権体制の有用性を説いたことがある。明治二年、細川は『中外新聞』に寄稿した論説「郡県論」のなかで、府藩県三治制から郡県制に移行させ、中央集権化するよう主張していた(42)。理由は以下の通りである。旧幕藩制下の「封建」時代には、「天子将軍藩主皆特権を有し」たために「全国に渉りて之を論ぜば幾百君ある事を知らず」

の状況であり、府藩県三治制ではなお無数の君主の特権が温存されている。これに対して、郡県制では将軍・藩主の「政権」を奉還させて「君民同治」に移行し、旧「藩臣」には「其材に随て登庸」の路を開く。これは「利ありて弊なきを見」るはずである、と。「ボルセール」氏のいう地方分権による「百頭蛇」の弊害と中央集権体制の有用性は、細川にとって容易に想像できるものだったと考えられる。また、左院・法制局の立法審査に携わった細川は神田孝平の田租改正建議を「施行ノ際ニ方ツテ無限ノ葛藤ヲ生ズ、世人ノ已ニ能ク知ル所ノ者ナリ」として実際施行上の考慮を欠いたものだったと批判し（明治七年「田租新法駁議」）、地租改正事業の「実際施行ノ困難」、それに伴う「民心ノ動揺」を認めて現況に応じた「変通ノ法」が要用であると主張した（明治九年「地租改正之儀ニ付建議」）[43]。改革立法が人民に及ぼす影響を考慮することは、細川の主要な関心事であった。「ボルセール」氏の実務経験に基づく主張――国家と人民の間に立って州長と州民議院の両輪が地方を支える枠組みは、細川の中央集権下での地方制度改革志向に馴染むものだったと考えられる。

第三節　三新法案審議と議事制度運用

明治十一年（一八七八年）三月、内務省は地方制度改革法案を所謂「大久保上申書」にまとめ、政府内ではこれを基礎に法制局が三新法案を取り纏め、第二回地方官会議、元老院審議を経て同年七月、三新法制定に至った。元老院審議では、内閣委員の趣旨説明が行われた後、審議は細川の「大旨不可ナリ」の第一声で幕を開け、これに「原案ノ大意ハ可」とする陸奥の反論が続いた。本節では前二節を踏まえ、三新法案審議における両者の改革認識と議事制度運用を検討する。

（一）陸奥宗光の三新法案審議

(1)　郡区町村編制法案

陸奥が原案の「大意」に賛成したのは、「郡制ニ復スルノ主意ハ後来容易ニ変更ヲ為サヾルニ在リ」[44]という一点にあり、第二読会での原案修正を想定して「本官ハ第二読会ヲ竢テ修正案ヲ提出セントス」と予告した。陸奥は、郡区の区画を「一定シテ不動者」とし、「法律上ニテ確定セシ者ハ軽易ニ行政官ガ分合スル事ヲ得ザル」ことを求め、戸長については「戸長ハ単ニ人民ニ属ス可ラズ。官民ノ間ニ立テ用ヲ為スモノナリ」とし、原案の戸長を「惣代」とする規定に反対した[45]。陸奥の主張は実際には原案から大きく逸脱しており、郡区の区画を一定し、戸長を「官民ノ間」にとどめ、元老院が主管する「法律」の領域と人民との接続関係をより強固にする意図を持つものだった。

第一読会終了から第二読会開始の間に修正委員が修正案を取り纏めると、修正委員の一人・中島は、第二読会冒頭で細川の原案廃棄動議が却下された直後、「従来修正案ヲ議案トシテ議シタル例少シトセズ」として、「修正案ヲ議案トシ、且逐条討論ヲ為サン事ヲ冀望」した。陸奥はこれに「賛成」を表明し、結果として賛成多数を得たため、これ以降、審議対象は原案から修正案に切り替えられた[46]。修正案の逐条審議に入ると、陸奥は修正案の擁護に回ったが、修正案には陸奥が主張した区画の「法律」による管理や戸長「惣代」規定の削除などが盛り込まれており、陸奥は修正案に持論が取り入れられていることに納得したものと考えられる。

内閣委員・松田道之は、修正案第二条において郡名称・郡域の変更を「法律ヲ以テ之ヲ定ム」としたことに対し、「法律ヲ以テ之ヲ定ムト云ヘバ、一々之ヲ元老院ニテ議セザル可カラズ。実際ノ如何ヲ問ハズシテ几上ニ於テ定ムルハ、行政官ノ実際ヲ審按シテ定ムルニ若カズ」と批判し、内閣下付原案になかった「内務卿ニ具申スベシ」を対案として提示した。対して、本条を重視する陸奥は「内務卿モ一々其地方ニ到リテ之ヲ験ズルニ非ズ。大臣参議モ亦然リ。然ラバ、吾輩議官ト何ゾ択バン」と反論し、結局、本条は一七名中一三名の賛成多数で可決された[47]。

(2)　府県会規則案

陸奥は第一読会において「大意ヲ可」としたが、修正を見越して「各条項ニツイテハ大ニ修正セザルヲ得ザレドモ」と断った。(48) 第二読会冒頭、河野敏鎌が修正案を参照し「修正案ヲ本案」とすることを動議すると、陸奥も「賛成」を表し、全会一致で修正案の審議に移った。(49) 府県会規則修正案もまた第一読会で陸奥が指摘した諸点（原案第十七条を第一条に移し、第一章全十一条を抹消）と合致しており、たしかに原案から「大ニ修正」された。陸奥の意見の要点は、第一に修正案第一条「府県会ハ地方税徴収方法ヲ議シ、其惣額ヲ予定シ、前年度ノ出納決算ヲ審査スル事ヲ得。然レドモ泛ク大政ニ及ブヲ得ズ」を支持して府県会の審議権に制約をかけ、第二に修正案第十三・十四条の被選挙資格・選挙権の納税額規定を支持して、被選挙資格は地租五円以上、選挙権は地租十円以上とし（原案はともに地租十円以上）、被選挙人資格の「郡区内」を「府県内」に広めることだった。その意図は、第一に審議領域を単に「府県ノ事」とすれば府県会が地方事務の施行を許否することになり「地方官ハ事務ヲ執行スル事ヲ得ザル」ため、府県会に広範な審議領域を認めるわけにはいかず、第二に「議員ハ智識ヲ主要トスルヲ以テ之ヲ広ク訪求スルヲ要スルナリ。選挙人ハ其自己ノ身上ニ適切ナル事項ヲ議スルヲ委托スルモノ」とし、併せて「府県会ノ精神ハ徴税ノ一点」とすることにあった。(50)

(3)　地方税規則案

陸奥は、第一読会で「大旨ハ可」としたが、やはり「唯今日一回ノ改定ヲ以テ永ク後日ノ変更ヲ絶ントスル」一点について賛成し、各条文の大幅な修正を要求した。すなわち、原案通り「町村市街限リノ公費ヲ以テ地方税ノ外ニ置ク」こととすれば、「府県ノ事業甚ダ多クシテ其税決シテ余裕ナキヲ以テ」、府知事県令は地方税を明治十年の地租軽減の詔にいう限度額（地租額五分ノ一）まで徴収し、税額外におかれて制約のない町村公費は別に出さざるを得ず、結局「費用ヲ重ヌル」ことになり、「実額毫モ減省セザル」こととなる。したがって、「町村費ヲ地方税ヨリ支給」し、戸長にも「官給ヲ附与」し、「民力ヲ休養」することを良策とした[51]。原案が地方税と町村協議費の分離、「惣代」としての戸長を規定したことを想起すれば、陸奥の主張は実際には全くの別案だった。陸奥は第二読会で議長代理に就いたため意見提起は途絶えたが、第一読会で具体的に述べた諸点は修正案に一致しており、持論は守られたといえる。

(二) 細川潤次郎の三新法案審議

(1) 郡区町村編制法案

細川は、区画改正・郡長新設の無用を主張する[52]。

夫ノ仏国ノ如キハ、州長アリ、郡長アリ、邑長アリテ、各々其議会ヲ統ルノ職アリト雖、我国ニ於テハ県会有テ郡会ナシ。故ニ之ヲ置クヲ要セズ。而シテ帰スル所ハ地方税ヲ多ク費ヤスニ在テ、其職ハ取継ギ役ニ過ザルベシ。

故ニ郡制ヲ立テ郡長ヲ置クヲ否トセザルヲ得ズ。

典拠をフランスに取り、県会しか存在しない地方制度に郡長の存在理由はないという。これは『撲児洒児氏分権論』において郡長・郡民議会の廃止が説かれていたことと呼応する。細川にとって、ようやく人民が「区画ノ制度ニ慣ル、ノ時」に区画改正を発令することは、徒らに「人民脳裏ノ混雑ト其会計上ノ困難」を招くものでしかなく[53]、新設である郡長も、「取継ギ役」であれば不要であった。第二読会冒頭で、その意図はより明確に語られた[54]。

今日ニ至リテハ何大小区ノ称ニ於テ障碍アルヲ見ズ。其障碍アリトスル所以ヲ聞ケバ、各府県区々ノ方法ナリト云フニ過ギズ。是レ其方法ノ目的ヲ達セザルヲ以テ然ルナリ。然ラバ其目的ヲ達セザルノ過チニシテ、大小区制度ノ過チニハアラザルナリ。（中略）然ラバ只其区々ノ制度ヲ画一ニ皈セシムベキノミ。（中略）若シ郡長ハ区長ニ同ジト云ハヾ、従来ノ区長ニテ可ナリ。若シ又府県庁ハ一ヶ所ナレバ郡長ヲ置キ、之ニ事務執行ノ権限ヲ与ヘ人民ヲシテ山川跋渉ノ労ヲ省カシムト云ハヾ、支庁ヲ置テ可ナリ、或ハ区長ノ権限ヲ拡メテ可ナリ。

細川は、区画制の統一は大区小区制でも可能とし、郡長新設は従来の区長ないし支庁を土台として対処可能とし、ともに「此改正ノ緊要的ヲ見ザルナリ」とした[55]。しかしながら、細川の動議は出席議官一七名中五名の賛成に留まり、却下となった。

(2)　府県会規則案

第一読会において、細川は「大意ヲ可」としたが「各条ニ異見アリ」と続けた。細川は、明治八年の漸次立憲政体樹立の詔を根拠に「夫ノ文明諸国ノ如ク、国会県会邑会一モ欠ル所ナク、悉ク備ツテ初メテ聖詔ノ旨ニ協フベシ」とし[56]、府県会開設をその第一歩と期待した。この時点ですでに郡区町村編制法案で郡制新設が決定したにも拘わらず、細川の主張から「郡会」が抜けているように、細川の構想は郡制を廃止し国・県・邑を基礎単位とする改革案を展望した『撲児酒児氏分権論』に重なるものだったと考えられる。

第二読会において、細川は府県会の審議権を規定した第一条について、以下二点の修正を求めた。すなわち、第一に「前年度ノ出納決算ヲ審査スル事ヲ得」の末尾を「審査ス」とすること、第二に「汎ク大政ニ及ブヲ得ズ」の語を削除することを主張し、前者は「得」では審査せずとも構わない「随意」に帰し「会議ノ権力甚減削」することになるため、後者は「大政ト云フモ其区域ヲ定ル甚ダ難シ。或ハ誤認シテ小政ナラバ汎及スルモ妨ゲズト云ハン」と制限の語を掲げることで却って府県会の財政審査の役割が曖昧になることを懸念した意見であった（ともに実現）[57]。特徴的だったのは、第二読会で異議なく可決した第五条（府県会の議決は府知事県令の認可を得て施行し、議決不認可とする場合には内務卿に「具状」し指揮を請うこと）について、第三読会で佐野が「地方分権論者ノ精神ニハ齟齬スル事アルベシ」

と断りながら、突如これを「其議決ハ府知事県令之ヲ内務卿ニ具状シ其認可ヲ得テ施行スベキ者トス」と修正する動議を起こし、内務卿の認可権限を強化しようとした時の対応である。修正委員・中島が「政府ノ主義既ニ地方分権ニ在リ」「既ニ分権ノ主義ニ背キ又一層ノ煩雑ヲ招カン」と動議に反発したのに対し、細川は佐野の動議に「賛成」を表し、本法案を「海外ノ例規ヲ根拠トシ現時ノ程度ヲ折衷シタルモノ」と認めた。そして「仏国ノ例ヲ以テ比スレバ、府県会ナル者ハ乃チ彼ノ州民議院ナリ」とし、フランス州民議院の職掌として三つの要点を挙げ、以下の通り修正案との対応関係を明らかにした。

① 国会の議決した税額に対する可否の審議をすること＝「本邦未ダ国会ノ設ケナケレバ其全権ヲ与フルニ由ナシ」。

② 地方経費支出額を予定し、出納の決算を審査し、それぞれ君主・地方官・内務卿の認可を受けること＝「本条［第五条――湯川註］ト恰モ適当スルモノニテ」。

③ 政府に会議の所見を建議し、地方官の下問に答えること＝「本案ノ第七条第八条ノ如ク」。

細川は、国会未開設のため不可能な①を除き、「第二以下ハ即チ本案中ニ具備スレバ、之ヲ仏国ノ憲法ニ依拠シタリト言フモ、敢テ失言ニハ非ルベシ」としたうえで、より規定を徹底させるために修正意見を逐条提出した。第三読会で第二読会の決議事項に逆行する佐野の動議に、細川は府県会をより持論に引きつける機会を見いだし、フランスの例を引き、積極的に動議擁護の主張を展開した（賛成少数につき却下）[58]。細川にとって、府県会は「政権」に与らず地方財政審査機関としての役割を全うするものでなくてはならなかった。

(3)　地方税規則案

細川は第一読会において原案を「否」とした。細川は、原案の如く地方税中に課税制限のない戸数割を設け、町村協議費を地方税外の負担とすれば、「新ニ町村ノ経費ヲ増加スルハ論ヲ待ズシテ明ナリ」として、明治十年の地方費削減方針に逆行してその増加を招き、人民の不信を煽ることになると批判した。また、原案の求める「独立自治」は将来実現すべきものではあるが、現在の人民はいまだ経費の自主管理に習熟しておらず「此人民ヲシテ其自治ニ任ストセバ、殆ンド幼児ニ家計ヲ托スルニ異ラズ」、したがって現状に照らして原案は「一足飛」の空論であり「分権ヲ名トシテ其実ハ之ヲ放棄スル」ものであると評した。ゆえに「自治」を準備するならばまず「町村会」を設立し、「邑税」の費目と制限を定めるべきであるとして、かかる用意のない原案の絶対不可を論じた。(59) 廃案の動議が賛成少数で却下されると、細川は第二読会で福羽の動議（町村協議費の支弁に際して府知事県令の認可を必要とする規定の追加）に「府知事県令ノ認可ハ必ズ有テ可ナル者トス」と述べて賛意を示したが、賛成少数により却下され、(60) 持論をほとんど容れられないまま審議を終えた。

以上、陸奥・細川の議場での動向を追った。郡区町村編制法案・地方税規則案の審議で両者は可否に分かれたが、原案の骨子とする府県と町村（戸長・協議費）の分離にはともに反対していた。陸奥は第一読会で「大意」において賛成しつつ、第二読会では広範な修正裁量を有効に活用し、意を同じくする中島らの修正案を積極的に擁護することで、自らが求めてきた元老院主導の地方制度改革を議場に体現した。対して細川は地方制度の改良に重きを置いて、地方分権・地方自治に急進する原案を否認し、動議が却下されて以降は一部修正を試みたが失敗に終わった。一方、府県会規則案の審議では第一読会で賛意を示し、陸奥は地方徴税機関として、細川は地方財政審査機関として、それぞれ自身の府県会像に即した発言を行い、殊に細川は第三読会で佐野動議を利用した持論展開にまで至った。

おわりに

元老院は議論の末、三権分立体制移行を立法権優位のもとで進める方針を取り、自らの主導的役割を自認した。内閣は立法・行政の乖離を懸念して議官に事務経験者を採用したが、彼らはその経験ゆえに内治事務の問題にも敏感であった。元老院幹事の陸奥宗光は、他の議官とともに、内治事務における内務省の権限集中志向を問題視し、元老院の審議領域を広く保ち、法制機能を高めるとともに地方分権を図り、元老院主導での地方制度改革を進めようとした。一方で、旧左院の系譜を引き継ぐ細川潤次郎は、法制局から元老院に転じ、元老院を立法府として整備すべく、自ら改革案を草した。細川は元老院の議事制度を大きく塗り替えることに貢献したが、陸奥はこれを元老院に議案修正権限を広く認める制度と捉えて、自らその権限を行使した。法制局が元老院の機能を限定しようとしていたのに対して、元老院は自らの機能を拡張する方向で自己改革をすすめたことが窺える。

国憲編纂事業と地方分権論議は、立法・行政に関わる明治初期の重要案件だったが、これらについても両者はそれぞれ異なる志向を堅持していた。陸奥は元老院が地方制度改革を主導しつつ地方分権を進めるとし、細川は元老院を立法府として機能させながら、地方分権論を抑え、行政府の機能を維持しようとしていた。三新法案審議で両者が議事制度を利用しながら対照的な議論を展開したのも、その延長上にあったのである。

元老院の機能に目を向ければ、議事制度改革によって、元老院に自主的に修正案を作成する権限が規定されたことは立法・行政の関係において大きな意味があった。元老院が内閣にとって脅威たり得るのは、三新法をはじめとする内治事務の基本法令を、自らの意思で塗り替える力を備え、また塗り替える志向を有していたからである。細川の立法府としての自立性追究と、陸奥の行政権への積極的関与による内治事務再編が、それぞれ支持する議官を得ながら相互に関連することによって、元老院の機能は規定されていったといえる。元老院がこのような院内の議論を抱えつつ自己改革を推進することとなったのは、当時の事務の繁雑化と費用増加に伴う地方の混乱があった。元老院議官たちは従来の内閣・主務省を中心とする立法のあり方に問題を認め、三権分立体制移行問題を議論しつつ、自らの立法審査の役割を追究したのである。

註

(1) 稲田正次『明治憲法成立史』上巻、有斐閣、一九六〇年。
(2) 元老院の基礎的研究として、建白書あるいは職制・勅任官人事に着目した角田茂「元老院の成立」(『中央史学』第九号、一九八六年)、同「太政官制・内閣制下の元老院」(明治維新史学会編『明治維新の政治と権力』吉川弘文館、一九九二年)、笠原研究会「元老院にみる「立法」―「行政」関係」(『政治学研究』第四十二号、慶應義塾大学法学部政治学科、二〇一〇年)、および国立公文書館所蔵元老院関係文書の史料的性格を詳述した柴田和夫「国立公文書館所蔵元老院関係資料について」(『北の丸』第六号、一九七六年)が挙げられる。特に笠原研究会の研究は、従来の研究の「立法」面への偏り、議会行政監察権に対する研究の不足を指摘した点で興味深い。同会は元老院開設当初の推問権・建白受納権問題に着目し、正院側の元老院の「行政」介入への危惧から「行政」優位の制度が構築されたとする。本章が明治九年以降の議事制度に着目し、「立法」「行政」区分の限界、元老院の積極的な「行政」への関与を描出する点とも連関し、示唆に富む研究成果と考える。
(3) 明治八年七月十五日、滞英中の特命全権公使・上野景範は外務卿・寺島宗則に宛て、日本から送られてきた新聞を読み、元老院について「「元老院十を省けば元左院」と云悪口」が飛び交っていることに触れている。なお、上野は元老院の審議案件が太政官によって決められることに触れて「矢張従前之左院」と変わりないとし、かかる悪口もまた「無理ならず」と評している(寺島宗則研究会編『寺島宗則関係資料集』下巻、示人社、四五八頁)。
(4) 明治六年十一月二十一日、伊藤博文宛木戸孝允書翰(妻木忠太編『木戸孝允文書』第五巻、日本史籍協会、一九三〇年、一〇六頁)。
(5) 国立公文書館所蔵「第十類 単行書」中「元老院文書」所収、「諸規則録」明治九年第十号文書。

（6）国立公文書館所蔵「公文録」明治九年・第十四巻・明治九年一月―六月・元老院（一月・二月・三月・四月・五月・六月）、第三号文書。
（7）前掲「公文録」明治九年・第四巻・明治九年三月・寮局（本局・一科・二科・四科・五科・法制・式部寮）、第十二号文書。
（8）明治法制経済史研究所編『元老院会議筆記』前期・第一巻、元老院会議筆記刊行会、一九六五年、七九―一三一頁。
（9）同右、一九一頁。
（10）同右、二七四頁。
（11）明治九年一月の「意見書取扱手続」によれば、一人ないし数人の議官が議長へ意見書を提出した場合、議長は第一読会を開く。ここで他の一議官の賛成を得た場合には、意見書は元老院の意見書として取り扱われ、第二読会に付される（前掲「諸規則録」明治九年第十一号文書）。なお、「意見書取扱手続」は明治十年十二月に条文の整頓が行われたが、手続きに大きな変更はみられない（同上、明治十年第二十七号文書）。
（12）前掲『元老院会議筆記』前期・第三巻、一九六八年、一三三―一三五頁。
（13）同右、一三五頁。
（14）同右。
（15）同右、一三八頁。
（16）同右、一三七頁。
（17）同右、一四二頁。
（18）同右、一五二頁。
（19）厳密には「読会規則」という名称の規則は定められておらず、「議案朗読規則」「議按質問手続」の総称として院内で通用していた「慣習ノ語」だったという（明治九年「元老院議案表」付箋、国立公文書館所蔵「第十類 単行書」中「元老院文書」所収）。
（20）法務省法務図書館所蔵「吾園叢書」第九冊―六「議案取扱手続」。「吾園叢書」は細川が自ら整理した自身の公私文書群である。
（21）前掲『元老院会議筆記』前期・第三巻、三〇二頁。

(22) 同右、三〇〇頁。
(23) 同右、三〇九頁。
(24) 同右、三一二頁。
(25) 同右、三二〇頁。
(26) 同右、三五五頁。
(27) 同右、三五六頁。
(28) 同右、三六一頁。
(29) 同右、三六四頁。
(30) 以下、前掲『元老院会議筆記』前期・第四巻、一九六四年、二一三―二一五頁による。
(31) 修正委員が三名となったのは、同年十月九日に院内会議の決定に基づき「議官委員トナルトキハ、其人員ヲ必ズ奇数ニ定ムベシ。若シ委員中議論ノ分岐スル事アレバ、其多数ニ決スベシ」と定められたことによる（前掲「諸規則録」明治十年第十九号文書）。
(32) なお、明治十一年四月十二日には、細川・陸奥・中島が連名で読会規則第四条改正の意見書を提出し、第一読会の審議可否決議規定を復活させようとしたが、賛成少数で不発に終わった（前掲『元老院会議筆記』前期・第五巻、四四三―四五五頁）。
(33) こうした陸奥の解釈は、陸奥個人の「修正」理解とも関係している。陸奥は以前「議案修正条例」の取調掛を務めた経験を持ち、「得遺失物律」改正議案審議において、「修正」について次のように説明していた（前掲『元老院会議筆記』前期・第一巻、一二七頁）。

元来修正トハ英語「アメンドメント」ト云字ニテ、乃チ正院ニテ翻訳アリシ会議便法ニモ之ヲ訳シテ修正ノ二字トセリ。此字ハ（中略）会議便法ニモ法律字書ニ驚クベキ「アメンドメント」ヲスル事アリトアリ。然ルトキハ、修正ト云事ハ四番［佐野常民――湯川註］ノ説ノ如ク狭キモノニ非ズ。

この発言は、原案反対で大幅な「修正」を求める陸奥が、原案賛成の佐野常民の批判に応答したもので、陸奥は『会議便法』（米国人キッシング原著、明治七年刊）を典拠に「修正」（amendment）を広義に解釈し、持論を法案に反映させようとしていた。陸奥にとって「修正」は、持論を実現させるための重要な経路であった。

(34) 国立国会図書館憲政資料室所蔵「陸奥宗光関係文書」六一―一。
(35) 同右、六〇―一三。
(36) 明治十年三月二十三日、元老院幹事宛第一課書記官書状（明治十年「往翰簿　庶務課」、国立公文書館「第十二類　諸帳簿」）。
(37) 国立国会図書館所蔵、デュブスケ訳・細川校閲『仏国民撰議院規則』（元老院蔵版）、明治十年五月。
(38) 同書刊行の用意はすでに明治九年六月に整っていたが、実際に刊行されたのは明治十一年三月であり、標題も「都合ニ依リ」原題通りの『地方分権論』から『撲児洒児氏分権論』に改められている。
(39) 国立国会図書館所蔵『撲児洒児氏分権論』（元老院蔵版）、明治十一年三月。
(40) 明治五年九月、細川は開化政策の一環として「官版寮」の設置を建議し、同月中に印書局が開設されると、翌六年五月には自ら印書局長に就任した。「官版寮」創設建議については、中川壽之「太政官三院制に関する覚書」（『明治維新史学会報』第三十八号、二〇〇一年）参照。
(41) 以下、前掲『撲児洒児氏分権論』による。
(42) 前掲「吾園叢書」第一六冊―一。
(43) 同右、第四冊―四、五。なお、後者は早稲田大学図書館所蔵「大隈文書」に同文史料（イ一四―A二〇一七）がある。
(44) 前掲『元老院会議筆記』前期・第五巻、一九六九年、九八―九九頁。
(45) 以上、同右、八七頁。
(46) 以上、同右、九六頁。
(47) 以上、同右、九八―九九、一〇一頁。
(48) 同右、一〇八頁。
(49) 同右、一一〇―一一一頁。
(50) 以上、同右、一一三―一一八、一四七―一四八、一五〇頁。
(51) 同右、一九一頁。
(52) 同右、八六―八七頁。
(53) 同右。

(54) 同右、九一―九二頁。
(55) 同右、九二頁。
(56) 以上、同右、一〇八―一〇九頁。
(57) 以上、同右、一一六―一一七、一二二―一二三頁。
(58) 以上、同右、一六三―一六七、一六九頁。
(59) 以上、同右、一九七―一九九頁。
(60) 以上、同右、二〇四―二〇六頁。

第六章　官民訴訟の形成と再編
――司法事務の変革

はじめに

「到底人タルモノ何レノ国如何ノ者タリトモ自ラ不了解ノ法ヲ受ルノ理無之ト奉存候[1]」。

この一文は、明治六年（一八七三年）十二月、小野組転籍事件裁判の最終局面で、被告の京都府大参事・槇村正直が提出した請書の結文である。

よく知られている通り、小野善助ら商人の転籍願に端を発し京都府・裁判所・政府を巻き込んだ大争論は、槇村の拘留を経て、小野らの転籍承認と槇村の放免に決着した。この一件は、行政訴訟の最初の判例として、あるいはセンセーショナルな政治事件として注目を浴び続けてきた。

人民が自らの権利を主張して公然と官吏を訴える――たしかに小野組転籍事件には今日の行政訴訟につながる側面がある。ただ、冒頭の一文は、同事件の別の側面を物語っている。槇村は維新以来六年に亘って京都府治を支えてきた地方官。その彼が「不了解ノ法」に苦心し、了解するまで半年を費やしたのは当時の「法」に問題がある。行政訴訟であれば、官吏の権限、人民の権利に関する法令が基準になるが、当時、それに相当する法律は整備されていなかった。明文を以て実務を執ってきた槇村は「不了解ノ法」が執行される状態に疑問を差し挟んだのである。この「不了解ノ法」、すなわち存在しない法に苦心したのは、槇村だけではない。後述するように、判決を纏める側の参座連（正院・左院・大蔵省の主任官）つまり中央官たちも同様だった。小野組転籍事件が映すのは、明文法の欠如に一様に苦心する官吏たちの姿だった。

この訴訟は、明治五年十一月司法省第四十六号が「人民ノ権利」に関わる地方官の措置すべてに人民の訴訟を認めたことに端を発する。同号発令以後、政府・司法省・裁判所は、数多の訴訟に向き合いながら訴訟制度の構築を進め、最終的に明治二十三年の行政裁判法に行き着く。明治五年の訴訟権が無制限だったのに対し、行政裁判法は訴訟権を厳しく制限したため、従来の研究では明治初期の広範な「行政訴訟」権が著しく制約され、行政優位の制度へと改編される過程に注目が集まり、法令類から考察されてきた(2)。

しかし、訴訟の現場から発された槇村の疑問は、「行政訴訟」権の広狭に向けられたものではなく、そもそも訴訟の審判に明文法がないという、「行政訴訟」とはかけ離れた実態に対してだった。果たして槇村が受けたのは「行政訴訟」だったのだろうか。

明治五、六年当時の政府は「行政訴訟」という概念を訴訟制度に用いていない。後述するように、実際に政府がこの法概念の導入を検討するようになるのは、明治十年代のことで「行政請願」というもう一つの法概念の導入とセットであった。

政府はなぜ明文法を欠くにもかかわらず広範な訴訟権を認める訴訟制度を立ち上げ、その後、訴訟権に制約を課しながら「行政訴訟」「行政請願」の導入を図ったのだろうか。制度の創り手である政府側の事情については、従来の研究の盲点となっており、明らかではない。

本章では、人民の官吏に対する訴訟を当時の用語から「官民訴訟」と総称して「行政訴訟」と区別し、訴訟制度と立法をめぐる政府内の議論と実際の訴訟例を併せて検討することで、政府当務者の「官民訴訟」の形成と再編をめぐる認識と、活動の実相を捉える。

第一節 「不了解ノ法」による訴訟制度

（一）司法省の立法関与権の存在

なぜ司法省は官の権限、民の権利に関する明文法が整備される以前に、官民訴訟制度を創始したのだろうか。小野組転籍事件に至る前段階として「不了解ノ法」による訴訟制度を創始した政府の事情を辿りたい。

司法省の創設は明治四年（一八七一年）七月。旧刑部省・弾正台の事務を引き継ぎ、同月九日の司法卿職制に「掌総判執法、申律、折獄、断訟、捕亡」と定められた(3)。同月、司法省は正院宛伺書のなかで自らの事務を次のように位置づけた(4)。西洋諸国の「大権ヲ三分ニシ、大政、議事、司法ト定メ」る方法に倣い、「司法」では「議事院」の生み出す「闔国普通ノ紀律」に基づき、「上下ノ非違ヲ糾劾」して「訴訟争闘ノ是非得失ヲ裁判」し、これを「大政」を担う「太政部」に「施行」させる、と。この通りならば、まず議事を重ねて法を整備する必要があるが、八月、司法省は自らその困難を指摘して、代替案を伺った(5)。

律法書ハ誠ニ数千万ノ条例ニテ、両三年ヲ経ザレバ卒業ノ目的モ無之、当省ニ於テ夫迄安然相待候テハ、滞訟如山、事務旦夕ニ差支ヘ候ニ付、右諸法条例ノ儀ハ、新律編纂ノ例ニ倣ヒ、本省ニ於テ早急飜訳致、彼我ノ風土人情ヲ酌シ一書編録、尤差懸リ候事件ハ見込ニヨリ条ヲ追テ即今ヨリ施行ニ及ビ候様被仰付度、此段相伺候也。

数千万の法整備を議事に任せていては、向こう二三年は訴訟処理が停滞し、省務も取れない。そこで、司法省で欧米情報と国内状況を斟酌して立法し、緊要のものから施行していくという。たしかに議事院に拠らない法律編纂には、旧刑部省が行った新律綱領の例がある。司法省は司法権の担い手となることを目指しながらも、当面は立法にも関与することを主張したのである。両伺書を受領した正院は、ともに裁可して司法省の自己規定を承認した。また、正院は自らの職権について七月の官制で「立法施政司法ノ事務」を「裁制」すると規定した。併せれば、司法省が立法・司法上の事件を伺い、正院がそれを裁定する関係にあった。なお、九月十四日には旧民部省管轄の「聴訟」事務も司法省へ移管され、訴訟関係の事務が司法省に揃った。

一方、太政官には正院のもとで議政を担う左院が置かれたが、左院も八月の伺書のなかで、司法省と同様の立法のあり方を考えていた。すなわち、欧米法から「其善ナル者、其美ナル者ノ、我民情ニ愜フテ治体ニ裨益アル者ハ之レヲ折衷採用」すると、立法の方針を述べる。[6] また、十二月の左院事務章程制定の際、司法省が立法関与を認められたことを意識して、章程案に以下の二条を盛り込んだ。[7]

一　本院ヨリ司法省ニ抵リ、法令ノ当否ヲ監視スル事ヲ得ベシ。

一　司法裁判ノ事ニ付、定律ナキ者ハ必ズ本院ノ議ヲ経ベシ。

両条は正院が各省に章程案の当否を下問した際、「司法ノ法令モ正院ノ法令ナリ。且監視ハ左院ノ事務ニアラズ」（外務省）と、正院の職務に属するとの理由で削除されたが、左院が司法省の立法関与権に注目し、司法省との立法上の関係を築こうとしていたことが窺える。そして、明治五年四月、左院副議長江藤新平が初代司法卿として転任し、同省事務を「司法事務」と総称して、[8] 職制・事務章程の策定を急いだ。当時司法省に出仕していた井上毅は三年後「江藤前司法卿ノ司法省ニ在ルトキニ、果決鋭為、一挙シテ進ムノ勢アリ。其ノ章程ヲ作レル、日夕督責、十日ニシテ案成リ、四十日ニシテ活版ニ付スルニ至ル」と、江藤の鮮烈な牽引力を回顧している。[9] 三権分立体制の樹立を目指し、元来立法に対する関心が強かった江藤は明治四年の自筆草稿のなかで、法律につき「自今満二年ヲ経バ之ヲ施行シ了ハリ、満五年ヲ経バ吏民大概熟スベシ」と二年で整備、五年で習熟と見通しており、[10] 急ぐのも無理はない。七月、江藤は司法省職制事務章程にあたる「司法職務定制」（以下「定制」）を纏め、八月に正院の裁可を得る。「定制」において、江藤は司法省の立法関与権に着目して、以下のように「司法事務」を組み立てた。司法省は全国の裁判所を管轄し、省内に明法寮を置く。明法寮は海外法制の研究、「法」の編纂、法令沿革の整理とともに、各裁判所の疑議を審理し、拠るべき「律」がなければ自寮で「論定」し、卿の裁可を求める（第七十九―八十三条）。江藤はこの「明法」と称する事務の重要性を次のように語る。(11)

夫レ羞悪ノ心、人皆之レアリ。恐懼ノ心、人皆之アリ。而シテ法令ヲ犯スモノ不少、其故何ゾヤ。蓋シ法ノ未ダ密ナラズ、律ノ未ダ厳ナラザル故也。是ヲ以テ明法寮ノ設ケアリテ既行ノ法律ハ其義理得失ト事情ニ適スルヤヲ詳ニセンタメニ尚評議論弁シ、未行ノ法律ハ情理ヲ尽サンタメニ各国ノ法律ト参校議定シ、密ト厳トヲ目的トシテ草按ヲ立シム。

人民が法を守るには、厳密な明文法が必要となる――江藤は、明文法が未整備の現状から出発して、各法律を各国法に照らし、また現実の事情＝「情理」に適合させて整備していく必要があると考えた。そして、この明法寮の事務を「情理ヲ尽」す面で支えるのが、司法省が管轄する全国の裁判所であった。江藤は、司法省の立法関与を活かし、同省による裁判所総轄と明法寮設置によって、短期間での法整備を進める陣容を採ったのである。

こうしたなか、司法省は明治五年十一月、同省第四十六号を発して、地方官の処分における違法行為、「人民ノ権利」の侵害、裁判への不服について、無制限に人民の裁判所への出訴を認めた。司法省が明法を重要視していたことを考えれば、法整備を進めるにあたり、司法省が民情について多くを知るためには、この欧米に例をみない広範な訴訟権が要用だったのである。

（二）正院の立法権限強化問題――明治六年の太政官制潤飾

翌六年には、正院側の改革が進められた。同年四月、江藤が他省卿らとともに正院の参議に転任し、五月には太政官制潤飾によって正院の各省に対する制御機能が強化された。当時は司法省に限らず、各省が自らの事務に応じて立法関与を求め、それぞれ法案を作成・施行したため、法令濫発・齟齬の問題が深刻化していた。潤飾では「立法ノ事務ハ本院ノ専務」とし、訴訟についても「裁判上重大ノ訴獄アレバ内閣議官其事ヲ審議」すると、正院の立法・司法上の「裁制」権を改めて明示した。これに対応して、正院は内史所管六課を置き、就中、法制課・財務課には、各省から持ち込まれる法案に対して正院独自の勘査意見をまとめる役割が期待された。

自然、正院と司法省は互いの立法・司法上の職権を調整する必要に迫られた。五月十九日、司法省は「裁判上ニ関係スル御布告類ハ必ラズ当省ヘ御下問相成度」と伺い出たが、法制課は「凡法案ハ大概裁判上ニ関係スル事而已ニシテ悉以之ヲ同省ヘ御諮問相成候テハ、事務ノ繁擾稽滞ハ言ヲ俟タズ」と却下を求めたため、正院は「法案ニ依リ実際施行ノ便否等、時々御下問」すると妥結させた(12)。これに前後して、法制課と明法寮の合併が法制課から提起されている。五月十四日、法制課長小松彰は、以下のように正院に建議した(13)。

> 其法ヲ明メザル、以其法ヲ立ル能ハズ。其法立テ之ヲ司行スル、司法ハ行政ノ一官タリ。今明法ノ寮、隷シテ司法ニアリ。而シテ内閣別ニ法制ノ課ヲ置ク、之ト相矛盾スルニ似タリ。蓋シ是重ケレバ則チ彼軽シ。屹立以テ日ヲ弥ル、必ズ幾多ノ抵触ヲ生ゼン。然レドモ今俄ニ之ヲ廃シガタシ。何トナレバ、法律ノ由テ立ツ、制度ノ由テ定ル、皆之ヲ実際ニ経験シ始テ其宜ヲ制スベク、鑿空之ヲ講ズルモ、決テ其当ヲ得ベカラズ。司法ニシテ明法ニ基カザル、処務妄為ニ陥リ、内閣ニシテ実際ニ顧ミザル、法制迂踈ニ流レン。

小松は、自ら立法に関与して法を行う司法省を「行政ノ一官」と捉え、司法省が内閣と同等の職権を有する矛盾を指摘する。ただし、立法が国内事情を把握する各省と乖離すれば、空文の立法となり、立国から遠ざかる。立法の前提には実際施行上の利害得失を斟酌する「明法」の仕組みが必要で、内閣にも法案の適否を審理する「法制」が必要である。ゆえに、小松は明法寮廃止を求めながらも、明法寮の長である明法頭を正院の「内史官」(法制課が属する)

に転任させ、「明法」の事務は引き続き正院から執らせる案を呈した。法制課・明法寮の形式的統合によって「明法」「法制」の両立を図る提言である。この建議は「江藤新平関係文書」に遺されており、太政大臣・参議の印が一切ないことから、建議は先日まで司法卿だった参議江藤の手元に送られ、直接意見を問われたものと考えられる。その後の経緯をみると、正院は七月九日付で明法頭の楠田英世に法制課長兼任を命じている。江藤は建議の主旨に同調しつつ、明法寮を残し、「明法」と「法制」の両立を期したものとみられる。潤飾を契機として、正院の法案裁可権を前提とした司法省の法案作成権が確認され、両者の連携が求められたのである。

(三)　官民訴訟の運営とその課題

正院・司法省が互いに連携して立法を進める関係にある以上、官民訴訟も司法省単独では成り立たない。小野組転籍事件は太政官制潤飾後の訴訟例であり、解決にあたって正院が介入するのは当然である。小野組転籍事件の分析の前に、まずはそれに先立って政府に到来した長清五郎訴訟一件から検討する(14)。

明治六年一月、大蔵省が東京商社に対し米油相場会所の専売免許を認めたが、同府下商人の長清五郎は昨夏に同様の免許を出願したにも拘わらず認められなかったとし、免許を求めて司法省裁判所へ出訴する。三月二十五日、東京府知事大久保一翁は司法省に対し、本件は「大蔵省関係ノ義ニ付同省へ御打合有之度」と回答。当の大蔵省は四月五日、「大都ノ間流通ノ路ヲ洞開スル」ため、「人民自主ノ権ニ委シ可申筋ニ無之」と回答する。これに対し、司法省は十五日、「各民ノ産業ニ於テ其准允ノ有無ヲ上操スルトキハ、各民ヲ牽制シテ大ニ其権利ヲ妨害スルニアラズヤ」と反発。三十日、大蔵省は「正院伺ノ上取計候義ニ付」と正院の決定であると譲らず、司法省も「自由ノ権利ヲ抑制スルハ今世ノ有間敷事」(五月七日、司法大輔福岡孝弟)と譲らない。両省間の紛議を受け、正院では法制課が鑑《かがみ》(閣議にかける伺書)を作成し勘査意見をつけて司法省の意見を支持し、大木・後藤両参議も同意したが、大隈重信(参議兼大蔵省事務総裁）の同意が得られず、審議未了に終わった。六月、法制課は大蔵省の意見に沿って再案を作成し、大隈が同意したため、結局、訴状は「政府特権ノ御処分」のためとして却下された。本件では、人民の商売の自由と都市流通の規律をめぐって両省間の対立が起こり、結局「政府ノ特権」を拠に訴状が却下された。

この「政府ノ特権」は、続く小野組転籍事件の処理に大きな波紋を投げかけることとなる。同事件では、京都府と京都裁判所の紛議をそれぞれ大蔵省と司法省が引き取り、正院の調停を要することとなり、司法省の提案で参座制（陪審制）を採用、法制課が参座規則を作成した。京都裁判所・司法省は槇村が「国律」（新律綱領）を引いて法の疑義を問い合わせた行為を「政府ノ特権」を以て拒刑（刑執行の忌避）と断じたが、参座連は連名で正院宛意見書を纏め、以下のように疑問を呈した。(15)

国律ト一時政府ノ特権トノ軽重判然御評決、其情状ヲ弁明シ、其裁判ノ非理ヲ訴ル如キハ之ヲ許シ、人民ノ権利を伸ベラレ候様無之テハ裁判ノ公正ヲ証シ候義難相立哉ト奉存候。（中略）殊ニ一時ノ特権、律文ノ軽重ト人民義務権理トノ権衡ニ至ツテハ終ニ天下後世ノ公論モ可有之、不軽儀ニ付、忌憚ナク上陳仕候（後略）。

参座連は、裁判の公正を保つためには、明文法（「国律」）の保障する「人民ノ権利」と不文の「一時政府ノ特権」の関係を示す必要があり、その疑義を問い合わせた槇村の行為は拒刑に当たらないとした。「一時政府ノ特権」がどこまで及ぶのか、「一時政府ノ特権」を以て「人民ノ権利」を圧倒してしまって構わないのか、という問題提起がそこにあった。

最後に、もう一つ官民訴訟の問題点を明らかにするために、同年八月のイギリス人商人たちによる訴訟七件を検討する。(16)商人たちは旧藩とかわした藩債の弁償を新政府に求めたが、政府は弁償責任を否定。政府側弁護人ヒールは英米法を参照して「政府ノ代理人〔官吏――湯川註〕ノ詐偽、失錯、軽挙、不注意ヨリ生ズル損耗傷害ニ対シテ、政府ヲ保護スルハ欠ク可ラザルノ一事ナリ」と、官吏個人の過誤失錯による責任は政府の責任にあたらないと主張した。結局、フランス公使ベルトミーの仲裁裁判にもつれた末、政府の法的責任は否定されたが、当時の日本の官民訴訟制度では官吏と官庁の責任区分が明確でなく、被告には地方官吏のみが想定されていたため、中央官吏、中央・地方官庁の責任は不明瞭であり、それが争論のもととなっていた。

潤飾体制下の官民訴訟は、第一に政府の権限と人民の権利の区分、第二に官吏と官庁の責任の区分を問われた。後任の司法卿大木喬任は、両課題に取り組んでいくこととなる。

第二節　正院・司法省の官民訴訟制度改革

(一) 政府の特権と人民の権利の区分

大木率いる司法省は、明治七年（一八七四年）を通じて訴訟制度の見直しを進めていく。同年三月二十五日、司法省は人民より「院省使」に対する訴訟について「今迄発輝ト致候成規モ無之」ため、規則を制定したい旨を正院へ伺い出、四月八日に裁可された(17)。さらに、同年四月「民事控訴略則」布達に関する伺のなかで、明治五年司法省第四十六号の廃止を求め、五月十七日までに裁可された(18)。同月二十五日には院省使府県に対する訴訟規則案を提出し、左院修正・正院裁可を経て、九月二日、司法省第二十四号達「人民ヨリ官府ニ対スル訴訟仮規則」（以下、訴訟仮規則）として発令された(19)。なお、司法省は訴訟規則案において「官府」ではなく「院省使府県」と表記しており、左院がこれを「官府」に修正したが、司法省は明白に「院省使府県」と表記するよう正院に求め、裁可された(20)（明治七年九月五日、司法省第二十五号達）。司法省としては、「院省使」も訴訟の対象になることを明確にし、広く知らしめる必要があったものと考えられる。訴訟仮規則の要点は以下の通りである。

第一に、被告対象を地方官吏から院省使府県に改める。第二に、訴訟の種類を「人民一個」と「一般公同」の二種類に分け（第一・四条）、前者を「司法官」の執る通常の裁判、後者を「正院ノ指図」に基づく「行政裁判」に擬するものとする。第三に、もし裁判所が官庁・官吏側に損害賠償を言い渡す場合には、事前に正院に「具状申稟」し、正院の裁定を経て、裁判所から言い渡す（第三条）。要するに、裁判所は院省使府県に対する訴訟をすべて受けつけ、司法省はそれらを「人民一個」と「一般公同」に分類して前者を自ら判断し、後者を正院に伺う。両分類の訴訟で院省使府県が敗訴する場合には改めて正院の裁定を仰ぐ。訴訟仮規則は、被告対象を全官吏・官庁に拡大しながら「政府ノ特権」が及ぶ範囲を「一般公同」に制限し、訴訟処理を司法省と正院の分担関係に求めるものだった。司法省の訴訟処理の経験を踏まえた現実的な改革といえる。

(二)　官庁・官吏の責任区分と立法責任

では、官吏・官庁の責任はどのように区分されるのか。明治七年十二月十日、大蔵卿大隈重信は「公事」に渉る訴訟で官が敗訴した場合、訴訟入費を事件の性質に応じて官庁の責任（「官費ヲ以テ償弁可致モノ」）と官吏個人の責任（「官吏之一身ニ引受ケ償弁可致モノ」）とに区分する必要があるとして正院にその区分を伺った[21]。正院では翌八年四月二十三日になって、法制課が「負訴訟」を以下の三つに区分する回答案を上呈した（番号は史料の順序に従って付した）。

①被告者官吏タリトモ、私事ヨリ起ルノ訴事ニシテ、遂ニ被告者ノ負訴訟ニ決スル者（刑事ノ有心故造ノ私罪モ亦同ジ）

②被告者官庁又ハ官吏ノ一人又ハ数人ニシテ、其訴訟公事ヨリ起リ、布告布達或ハ其権限ニ背ク事ナク、而シテ原告者ノ意旨至当ニシテ、遂ニ法ノ改正ニ至ルモノ

③官吏ノ一人ノ意見又ハ数人合議ノ上、官庁ノ名ヲ以テ下達スル事項ヨリ起ル訴訟ニシテ、其下達全ク告達権限等ニ触ル、ニ付、被告タルノ官庁負訴訟ニ決スル者

①は官吏の私事上の違法行為、③は官庁の公事上の違法行為を挙げており、明文法で裁く訴訟における責任区分を指している。一方、②は官吏・官庁の立法責任を追及するもので、明文法を裁く訴訟である。法制課が殊更に立法責任を確認するのは、明治八年四月四日の漸次立憲政体樹立の詔（以下〈詔〉）を意識したためと考えられる。〈詔〉は、立法機関として元老院、司法機関として大審院の設置を定め、三権分立体制への移行を標榜したが、法制課は依然として官吏・官庁の立法責任を裁くことが正院の責務と捉えていた。これに対し、正院から法制課案を下問された大木司法卿は、五月三十日、②を削除すべきと回答する。

熟考候処、第二項ハ立法官ニ於テ定メタル布告布達ノ意及ビ其職務上ノ権限ニ背ク事ナキ時ハ、仮令相手取ラレ訴訟ヲ被ムルトモ負訴訟ト為ルノ理ナキハ復論ヲ待ザルナリ。若シ法則ノ不相当ヲ訴ルニ於テハ、専ラ立法官ニ対ス可キ筋ニ付、諸省府県ノ被告ト為ル可キ訳ハ無之ニ付、御除キ相成候方ニ可有之（後略）。

大木は「法則ノ不相当ヲ訴ル」のは「立法官」の責任に属するため、訴訟には含まれないはずだと主張した。司法省の回答を聞いた法制課は、六月九日、再び②の必要性を訴える上申書を呈する。

夫々審査候処、第二項ハ司法省之見込、固ヨリ其理ナキニ非ズト雖、我国之景況ヲ察スルニ、立法行政之権限未ダ判然ナラズ。故ニ各省府県之施行スル所ニ於テ、人民其法則之所欠ト不便トヲ告訴スル者ナシト謂フベカラズ。当此時、各庁ハ則人民之為メ被告タラザルヲ得ズ。

法制課は、法律未整備で行政・立法権が混淆している現状では、人民が立法上の問題について訴えることは避けられないとし、「諸法律大成、真ノ立憲政体ニ相成候迄ハ」現行制度を維持し、官庁は三権の責任を持って「人民之為メ被告タラザルヲ得ズ」とした。結局、正院は法制課の意見を裁可し、官民訴訟は従来のまま存続することとなった。

しかし、司法省はすでに五月四日、自ら明法寮を廃して「明法」の解体を始めており、官民訴訟の再編を模索していくことになる。

(三) 訴訟から「願出」へ

当面②の訴訟の継続を支持した正院も、明治八年の訴訟処理を通じて、継続の難しさを実感している。以下、その実例として、広川長八他訴訟一件を検討する[22]。

明治四年十月、新潟県下商人の斎藤佐市郎は、戊辰戦争時の兵糧米の調達費が未だ償還されていないため、兵部省へ「歎願書」を出して代金を請求。「手薄之商人故」経営に響き、また「度々歎願中諸雑費等不少、右ニ付甚迷惑」を蒙っていると訴えた。翌五年六月二十三日、陸軍大輔山県有朋は新潟県庁に取調を指令。八月、新潟県令楠本正隆は「尤ノ申分」につき解決のため「大蔵省ヱ御打合」を求めた。十月には楠本自身も大蔵省に掛け合ったが、大蔵大輔井上馨は「採用難相成」と負担を拒否した。翌六年十一月二十五日、兵糧米調達の関係者が集まり司法省裁判所へ出訴。明治七年には陸軍省も大蔵省へ働きかけ対応を求めたが、大蔵省は「実証等無之」として依然拒否し、正院に伺い出た。十月八日、法制課・財務課は鑑を作成し、「全ク人民ヲ土芥視スル之旧習ニシテ武家擅制之暴政ト異ナル事ナシ」と大蔵省の姿勢を痛烈に批判。司法省より伺出の上、「公明之御裁判」に帰すよう主張した。これには参議黒田清隆が同意したが、大隈の同意が得られず未決に終わる。司法省は大蔵省と意見往復したが議論は平行線を辿り、翌八年三月七日、正院の評議を求めた。

同月十五日、法制課が鑑を作成し「出訴以来既ニ三年ニ渉リ、本人難渋之次第憫然ニ有之」ため「至急御決議」を求め、大木・大隈・伊藤が同意した。その後、大審院の設立を契機として五月十日、内史本課より「之ヲ司法省ニ於テ受理致候テハ行政ノ権理ヲ干シ不都合」との理由で訴状を却下し、改めて「其管轄庁」たる大蔵省に「為願出」、「至当ノ御処分」に及ぶことが提起された。これに大木・大隈とも同意し、同月十七日、訴状の却下が決定。翌月、大蔵省には「数万金ノ弁償ヲ為」すよう命ぜられた。

本件では、戊辰戦争時の兵糧米代金の未払いをめぐって、司法省と大蔵省の争論が続いたが、私事上でも公事上でも違法行為ではない。正院は〈詔〉を受けて「行政ノ権理」に関わる訴状を司法省が受け付けるべきではないと結論づけ、両省も同意した。つまり立法措置によって救済を図るべきであると捉えた。その際、従来の「政府ノ特権」は「行政ノ権理」と言い換えられ、②の訴訟形態自体に見直しが求められた。ここで正院が官民訴訟に代わる解決策として「願出」を選択し、原告の請求に正当性を認めたことは重要である。訴訟という形態を取る限り、常に不文（明文法となっていない）の「行政」をめぐる立法上の争論が繰り返される。本件のように出訴から三年も押し問答を続ければ、「人民ノ権利」を保護するという訴訟の主旨とも齟齬する。正院はたとえ人民の要求が正当でも、官民訴訟による解決に限界を認めたのである。明治八年七月、正院は法制課を含む各課を廃して法制局を新設。司法省は法制局とともに官民訴訟を運営するなかで、②の訴訟について新たな制度を模索していくこととなる。

第三節　行政訴訟と行政請願の導入

（一）人民の権利と利益の区分

法制局は創設当初から「行政部ノ紀律」を構築することを課題とし（第四章参照）、不文の「行政」の改編を進めた。一方、司法省は地租改正事業の本格化に伴う同事業関係の訴訟に苦慮していた。訴訟仮規則が継続しているため、訴状は司法省を介して正院（法制局）のもとへ到来する。以下、法制局旧蔵史料に基づき、明治十年における司法省と法制局の対応過程を、三件の連関する訴訟例から分析する。

第一に「岐阜県平民遠藤重平ヨリ同県庁ヘ対スル訴訟」（明治十年一月八日法制局勘査）[23]である。本件では、原告遠藤重平が地価算定の不当性を主張し岐阜県庁を訴え、司法省（山田顕義司法卿代理）は、従来通り「行政裁判ニ帰ス可キモノト見込候」ため、訴状を受理し「相当ノ裁判所へ下付」するよう求めた[24]。法制局（主査桜井能監）も一旦これに同意したが、局内協議で尾崎三良がイギリス法制を背景に以下の反論を展開し、本件は保留となった（傍線湯川）。

裁判官ハ権理ノ曲直ヲ判ズルノ任ニシテ、地価ノ相当ヲ判ズル評価人ニ非ザルナリ。地価論ハ別ニ官選公選立会ノ裁判人ヲ設クル歟又ハ内務省ノ行政裁判ニ任ズル歟、此ノ二ツニ出ザルベシ。司法裁判官ニ委ヌルハ、麒麟ニ田ヲ鋤カシムルナリ。

尾崎は、司法官は地価算定という行政事務に立ち入ってはならないとし、「麒麟ニ田ヲ鋤カシムル」と管轄違いを印象づけ、陪審制か「内務省ノ行政裁判」が妥当とした。

本件保留中に、第二の訴状、「和田海王外一人ヨリ長野県庁ニ対スル訴訟」（明治十年二月二十二日法制局勘査[25]）が処理された。これは原告和田海王が長野県庁達の取消を求めて出訴した一件である。司法省は「行政裁判ニ帰スルモノ」として受理すべきとし[26]、法制局（主査古沢滋）も同意したが、局内協議で尾崎・山崎直胤の両名が以下の反論を展開し、古沢案は廃案となった。

純全タル行政処分ヲ行政訴訟トシテ司法官ノ判断ニ委スルハ不可ナリ。本件ノ如キハ即チ純全タル行政処分ニ出ルモノ、如シ。故ニ司法裁判所ニ於テ之ヲ受理セシメズ、内務卿ニ哀訴シテ長野県庁ノ処分ノ改正ヲ願ハシムベキ方然ルベシ。

ここでは一件目の尾崎の主張に「純然タル行政処分」と「行政訴訟」という法概念が上乗せされている。これらについて、山崎は自著『仏国政法掲要』（博聞社、明治十一年九月）のなかで、以下のように説明している（同書一九五—一九七頁、番号湯川）。

①人民之レ〔「行政ノ処置」——湯川註〕ガ為メ其利益ヲ妨害セラル、モ、之ヲ訴出スルノ道ナク、唯ニ其処置下等ノ官吏ノ所為ニ出ルトキハ、其上等ノ官吏ニ歎願シテ、其改正ヲ要ムルヲ得ベキノミ。之ヲ行政官権略ノ処分、

或ハ純全タル行政処分ト云フ。

②行政官或ル処置ヲ為スニ付テハ、或ル法式ヲ践行シ、且法律若クハ正当ニ取結ビタル契約書ニ因テ保障シタル権利ヲ保護セザルベカラザル場合アリテ、若シ法式若クハ法律若クハ契約ニ違背スルトキハ、人民ニ於テ之ヲ訴出スルヲ得ベキモノ、之ヲ行政訴訟トス。（中略）故ニ行政訴訟ハ、司法裁判ニ属スル訴訟、及ビ純全タル行政処分ト相殊ナル一種ノ争論ナリト。

要するに、人民の権利の侵害（違法・違約）は「行政訴訟」、人民の利益の妨害は「純全タル行政処分」である。明文の法令・契約によるもののみを訴訟として取り上げるべきだという理解である。結局、法制局は同年三月に主査を山崎に交替し、本件は「純全タル行政処分」にあたるため不受理とした（三月三日正院へ上申、八日に裁可）。

本件の裁可を受けて、第三の訴状、「米田重吉ヨリ地租改正局総裁ヘ対スル訴訟」（明治十年五月十四日法制局勘査）[27]が処理された。原告米田も地価算定の不服を申し立てるが、司法省（大木司法卿）は今後地租改正関係訴訟一切を不受理にすべきと主張する[28]。

今般ノ地租改正ハ、右等ノ事［地価算定問題――湯川註］ハ固ヨリ該局［地租改正局――湯川註］ヘ御委任中ノ儀ニテ、其処分ニ対シ出訴ヲ為スノ権ハ之レナキモノト被存候。然レドモ実際ノ景状ヲ察スルニ、各地方ニ於テ右等ノ事ハ往々ニシテコレアルベク、然シ御委任中ノ事トシ、タトヒ如何ナル寃屈アルモ悉ク之ヲ却下スルモノトセバ、或ハ恐ル、人民ノ疾苦真ニ憫レムベキ者アラン。夫レトテ、之ヲ受理シテ其真ニ恐ルヤ否ヲ判ゼント欲ス。更ニ幾多ノ苦情紛議ヲ発起シテ際限ナク、甚ダ地租改正事務ノ妨碍ヲ為スニ至ルベク、因テ右等ノ訴訟ハ一切却下致スベシ。

地租改正は全国的な事業であるため、苦情百出は避けがたく、それを悉く却下するには忍びないが、実際に訴訟を引き受ければ、際限のない紛議に翻弄されて、地租改正事業自体が停止してしまう恐れがあるため、すべて却下する。

司法省は、政府が地租改正を完遂するために、訴状に向き合うことはできないと明言したのである。法制局（主査股野琢）もこれに同意する勘査案を作成、裁可された。すなわち「元来地租改正ハ実ニ大事業ナルガ故、全国ノ広キ調査ノ際、或ハ小差失アルヲ免カレザル」もので、本件は官民訴訟に依らず、地租改正局に「毎五年更正ノ定規」に従い「漸次更正」させ、更正期限の際に「該村協議ノ上詳細取調」、同局へ「為申立候方可然」とした。これに伴い、保留中の一件目の訴状も七月、主査股野のもと不受理に決した。

以上のように、法制局は法改正を必要とする官民訴訟について、人民の権利に関わるもの（「行政訴訟」）と人民の利益に関わるもの（「純全タル行政処分」）とに分け、後者は訴訟に含まれないとの見解を固めた。司法省も訴訟噴出により地租改正事業が停止する危機感から法制局に同調し、訴訟を取りやめ、主任官庁の対応に任せるとした。この方針のもと、司法省・法制局は訴訟仮規則の見直しに着手していく。

（二）　司法省の行政請願移行計画

しかし、「行政訴訟」の方は実現が困難であった。大木司法卿は官員・御雇（ボアソナード）に命じて欧米各国の訴訟制度に関する情報を調査させ、『質問録』という書物にまとめた。そのなかで、取調委員たちは行政訴訟にはあらゆる訴状に対応できるだけの厳密な法体系とそれを運用する人員・予算が必要だが、日本の現状では難しいと指摘した。たしかに、法整備の遅れに加え、明治十年一月の地租軽減の詔に伴い政府の減収は確実で、司法省定額金内で整備できる訴訟制度には一定の制約があった。そこで「行政訴訟」を欠いた状態で「純全タル行政処分」の制度化のみが進められることになる。『司法省第三年報』はこの時の経緯を次のように記す（五頁）。

同月［明治十年七月――湯川註］建議シテ曰ク、地租改正ノ処分ハ地租改正局ヘ委任セラレタルヲ以テ、其処分ニ対シ訴出ル者アリト雖ドモ、裁判官ニ於テ受理スベキ者ニアラズ。然レドモ、一切之ヲ却下スルトセバ、或ハ人民ノ冤枉ヲ抱ク者アラン事ヲ恐ル。故ニ、内務省中裁判局ヲ開キ、右訴訟ノ審判ヲ内務卿ニ任ズルヲ以テ允当トナスベキナリト。又附議シテ曰ク、各省政務ニ係ル訴訟モ、漸次各長官ニ裁判権ヲ任シ、所属官庁及派出官吏ノ処分ニ対スル訴訟ヲ審判スルノ法ヲ設ケラルベシト。同年十月、右訴訟手続幷審判手続ノ草案ヲ上ル。

要点は以下の二点である。第一に、地租改正関係の訴状は裁判所では受理しないが、一切却下とすれば人民の「冤枉」の念を煽ってしまうので、代わりに内務卿が審判する。第二に、今後は「各省政務」に関する裁判権を各省長官に移していく方針で、十月に新法草案＝「行政申訴手続」[29]案を太政官に提出した。この草案は未発見だが、法制局の勘査を経て十二月に「行政処分願訴規則」案に纏められ、元老院の審議にかけられた。司法省が法制局に伝えたものとみられる草案の説明資料が、法制局旧蔵史料に遺されているので、同資料から司法省の立案意図を把握しよう。[30]

司法省は官民訴訟制度の問題点を以下のように述べる。本制度は行政・司法権分離の理念に反して「行政官ノ為シタル処分ヲシテ裁判官ヨリ改正セシムル」という「行政司法ノ両権」の「混淆」を旨としてきた。そのため、実務上の弊害が深刻である。たとえば、訴訟を担当する裁判官は「一般ノ利害ニ着目セズ、官府ニ損害ヲ被ラシムルモ只管人民一個ノ私益ヲ保護スルノミニ偏ゼン事ノ恐レアリ」である。裁判所を管轄する司法卿は「裁判ニ干渉セズトノ主義ニ乖」き、裁定者の正院も原被告に対審できないため、文書のみで判断する「所謂死訟」を余儀なくされ、「区々文書ヲ以テ法吏ノ上ニ立チ平衡ヲ得ント欲スルハ抑亦難タシ」である。このことは「裁判ヲ延滞」させるうえに、「行政上ノ全体」についても「種々ノ障碍」を生む。例えば「地租改正ノ如キ」、官吏は「各人民ノ私益ヲ保護」するよう努める必要があるが、「斯ル繁難ノ大事業ヲ挙行スルノ始終ニ於テハ、動モスレバ人民ノ苦情ヲ来スコトアリ」である。

そこで、司法省は従来の官民訴訟を止め、人民から「恒ニ行政ノ全体ト全国ノ利益トニ着目従事スル所ノ内務卿」へ「情実ヲ吐露シテ処分ノ改正ヲ請願」するという「情義裁判」への移行を主張する。司法省はこの理解から草案の主旨を「行政請願」と総括しており、先に法制局が挙げた「純全タル行政処分」概念を「行政請願」という言葉で継受したことが窺える。司法省は「行政訴訟」の実現は困難と認め、官民訴訟を代替する「行政請願」の制度化を喫緊の課題としたのである。

(三)　法制局の「行政処分願訴規則」案

明治十年十月、法制局は主査に山崎直胤を立て、「行政処分願訴規則」案をまとめた(31)。同案は訴訟仮規則を廃止し、行政訴訟を諦めて行政請願へ一本化するもので、要点は以下の通りである。

行政処分に不服の者は、処分翌日より六ヶ月以内に、処分を行った官庁に「願請」し、改正を求める(第一条)。「願請」を受けた官庁は、その翌日より三ヶ月以内に採否を願請人に通達する(第二条)。もし「願請」が不採用か、期限内に通達がない場合、願請人は上級官庁へ「願訴」できる(第三条)。「願訴」を受け付けた官庁は、願訴人と関係官吏より意見聴取を行える(第十条)。この裁決に不服の場合、さらに上級の主務省・開拓使本庁に「願訴」でき(第四条)、それでも不服の場合には、さらに上級の太政官に「願訴」できる(第五条)。ただし、費用はすべて願訴人が負担し(第十一条)、「願訴」によって、すでに下された処分・裁決を中止することはできない(第七条)。「願訴」に代人・代言人は起用できず(第八条)、願訴状は区戸長の奥書を受けて呈す(第九条)。

本案では、人民は処分を行った官庁へ「願請」し、段階的に上級官庁へ「願訴」の手順を踏む。「願請」「願訴」に一切制限がなく段階制を取るのは従前の官民訴訟と変わりなく、本案が官民訴訟をそっくり代替しようとするものだったことが窺える。ただ、訴訟ではないため、官庁が「願訴」に全く取り合わない可能性も否定できない。そのため、主査の山崎は付帯案「聴理規則(32)」を用意して、願訴を受けた官庁は数名の委員を選定して審理し、「懇切ニ其当否ヲ審案スベシ」と定め、裁決状は「裁決ノ事由ヲ明示シテ妨ゲナキ者ハ成ル可ク之ヲ記載スベシ」とした。行政訴訟が開けない以上、官庁には人民の「願訴」に真摯に向き合わせる必要があった。

以上のように、「行政処分願訴規則」案は、三権分立体制への対応過程において、三権分立国家の「行政訴訟」が実施できないという日本の現実に即して作成された。元老院では、なぜ行政訴訟が制度から欠落しているのかと素朴な疑問が呈され、争論となった。内閣委員を務めた山崎は「法律ナク約束ナキノ事ニ至テハ、権利ヲ損害セラル、モ、之ヲ裁判官ニ訴ルノ方法ナカルベシ。是即チ願訴ノ由テ起ル所以ナリ。看ヨ、今日ニ於テモ是等ノ事ハ裁判所ニテモ之ヲ却下スルニアラズヤ」と弁明し、(33)官民訴訟から「行政請願」への移行を訴えたが、結局、議論は平行線をたどったため、参議兼法制局長伊藤博文の判断で取り下げられ、再案を期すこととなった。

(四)　行政請願への恐れ——明治十五年請願規則の運用をめぐって

内閣は訴訟仮規則に代わる案を見いだせないまま数年を費やしたが、明治十三—十四年にかけて国会開設の請願が大挙して政府に到来したため、翌十五年十二月に請願規則を制定し「行政請願」を制度化した。この間、内閣では法制局廃止、太政官六部制を経て参事院の創設に至っており、請願規則の立案は参事院議官の井上毅・水本成美が務めた。「行政訴訟」の放棄は元老院が一度拒否しているため、請願規則に官民訴訟の廃止は含まれないが、広範な請願権と主任官庁に対する段階的な請願を認めるなど、先の「行政処分願訴規則」案に近い構成を持つ。立案意図について、水本は公益をめぐる「行政裁判」に「私益ニ属スル請願ノ類」が混入するのを防ぎ、「軽躁過激ノ徒」が訴訟・請願の名を借りて「漫ニ争訟ヲ興シ」、「太政官等ニ迫ルノ悪風」を排除・懲戒する必要があると語る。(34)一方、井上は「言路洞開」を旗印に人民の広範な請願権を認めることで、「請願中ニハ訴訟ニ属スベキ性質ノ者ヲ混ズルヤ必セリ」と「行政請願」に官民訴訟の代替を期待する。人民の訴えが官民訴訟に集約されないように「行政請願」が中心的役割を果たさなければならない——請願規則は、官民訴訟制度が抱えてきた限界に対して、政府が出した答えだった。

しかし、たとえ訴訟という形態を取らなくとも、人民の利害得失に向き合うことは容易ではない。請願規則制定後、請願・訴訟処理に携わる参事院内部では同規則第十四条「行政処分ノ既ニ五年ヲ経タル者ハ、請願ヲ受理セズ」の五年の起算をめぐって、二つの解釈が生まれ、争論となった。一方はその処分当日から起算し、すでに五年が経過した明治十年以前の事件を対象外とする解釈（解釈A）、他方は本規則発布から起算し、維新以来すべての事件を対象とする解釈（解釈B）である。

参事院内務部は解釈Bで了解していたが[35]、内閣の股野琢（太政官大書記官、元法制局員）は解釈Aに統一する意見書を山県有朋（参事院議長）へ提出、参事院司法部の水本成美議官、落合濟三・大森鍾一両議官補も連名で同様の建議を正副議長へ呈した[36]。その理由は「維新以来政府百般ノ政令、鋭意断行」については「今日ヨリ之ヲ視ルトキハ、其改革ニ付、行政処分上豈皆允当ナルヲ得ンヤ」（股野）である。具体的には「藩債処分ノ事、士族禄処分ノ事、地租改正地券発行ノ事、社寺上地処分ノ事、山林原野区分ノ事、治水堤防道路橋梁処分ノ事等ノ如キハ、至難中ノ至難ナルモノニシテ、之ヲ処分スルニ当テヤ乱糸モ啻ナラズ」だった。股野は今この過誤失錯の多かった「維新草創ノ処分」について訴訟を認めれば、これまで「不得止時勢ノ変転ニ帰シ黙シテ止ム者」を刺激し、「紛然錯出、底止スル所ナク」請願が巻き起こり、「当時漸クニシテ収得シタル実績」も膨大な見直しを求められて「錯乱」し、大いに民心を揺るがして「再ビ騒然タル」状況を生み出すとした。水本らも同論で、「百事草創制度未ダ完備セザリシ日ノ事」を蒸し返せば「官民ノ乖離」を助長すると批判した。股野の建議は、山県から後任の議長福岡孝弟に引き継がれたが、福岡は解釈Aに同調する付箋を貼っている。政府内でも「行政請願」が維新諸事業の過誤失錯の精算＝救済の機会であるとともに、傷口を広げる危機でもあると、議論を呼んでいたことが窺える。参事院は「行政請願」の制度化を追究しながらも、その運営にさえ不安を抱えていたのである。

おわりに

官民訴訟は、訴訟以前の問題として、明文法を欠くという現実に即して創始された。明文法には欧米法と国内事情の双方に十分な調査・研究が必要とされたが、新政府にはそれに十分な用意が整っていなかった。司るべき法の不在ゆえに、司法省は自ら立法に関与する道を選択し、江藤司法卿の牽引力を得て、自ら立法を進めるための「司法事務」を組織化、「明法」と称する事務をその中心に位置づけるに至った。これに伴い、官民訴訟は明文法に基づいて審判する〈法で裁く〉訴訟だけでなく、〈法を裁く〉訴訟を含み込んだため、広範な訴訟権を容認するものとなった。

この訴訟制度は明治六年の太政官制潤飾を経て、正院・司法省によって運営され、小野組転籍事件を含む数々の訴訟が取り扱われた。両機関は訴訟処理を通じて、政府の特権と人民の権利の区分、官吏と官庁の責任区分といった不文領域の問題に直面した。

その際、最大の焦点となったのは、官民訴訟を特徴づけてきた立法上の訴訟の行き詰まりであった。立法上の訴訟は、官民双方の権義をめぐって政府内で争論となり、その解決は容易ではなかった。その後、明治十年の地租改正関係訴訟の噴出を契機に、司法省・法制局が官民訴訟を代替する方法を本格的に議論するに至った。

法制局は当初、人民の権利侵害をめぐる訴訟を「行政訴訟」として引き継ぎ、人民の利益妨害をめぐる訴訟を停止して「純全タル行政処分」＝主任官庁への願い出に代える方策を立てた。これを受けて、司法省は制度改革案の取調を進めたが、「行政訴訟」に必要な明文法・人員・予算が揃わないことから「行政請願」に官民訴訟全体を代替させる方策を纏めた。これは法制局勘査を経て「行政処分願訴規則」案となったが、訴訟の形態を棄てることに元老院の同意が得られず、同案は未成立に終わった。結局、「行政請願」は明治十五年の参事院立案の請願規則によって制度化され、官民訴訟制度を残しながらも、その代替が期待されることとなった。「行政請願」に官民訴訟の代替が期待された背景には、明治初期の行政処分が当時の法令に反さなくとも、不公正を免れ得ないものだったという政府当務者たちの自覚があった。そのため、請願規則の解釈論議にみられたように、「行政請願」にも改革諸事業のやり直しや官民対立の火種が潜んでいるとの心配が拭えなかったのである。

その後、請願規則に代わって訴願法が行政裁判法と表裏一体の関係を保ちながら立案、制定された[37]。そこでは訴願前置主義、行政裁判所の特設と行政訴訟権の制約といった基本的特徴が継承された。一方、人民の訴願権については、内務省が議会開設前に地方制度改革を進める障碍となることを懸念したため、制約が課された。維新以来、政府が行政諸事業の完遂に余念なく、人民の利害得失に向き合うに余裕なく来たことが、結果として政府の行政の外的批判に対する本質的な脆さとその自覚を生んだものといえよう。

なお、政府が行政訴訟や行政請願で自己解決できない問題は、天皇に対する請願[38]や国会への期待に転化していく。本章に現れた地価算定問題は、解決をみないまま燻り続けて国会に投じられ、初期議会の場に地価修正論議を引き起こして民党の活力源の一つとなった。政府が明治十年代を通じて議会開設を脅威と捉え、議会の容喙を受けない「自運自動」の行政組織を追究しなければならなかったことは[39]、行政が膨大な過誤失錯の蓄積の上に築かれたため、多くの矛盾を抱え、外的批判に対して脆弱性を有していることを、政府当務者たちがよく自覚していたからに他ならない。明治維新を通じて政府が未解決の問題を抱え込んだことが、人民の議会への期待と、政府自身の議会への恐れを煽ることになったのである。

註

（1）明治六年十二月二十日、京都府参事槇村正直請書（国立公文書館所蔵「第十一類 記録材料」所収「参座記録」）。

（2）和田英夫「行政裁判」（『講座　日本近代法発達史三』勁草書房、一九五八年）。その後の研究では、木野主計「行政裁判法成立前史の研究」（『大倉山論集』第十輯、一九七二年）が特定の列国法に偏らない、比較的寛容な「行政訴訟」のあり方を看取したのに対し、飛田清隆「明治国家体制における行政訴訟制度の成立過程に関する体系的考察」（『法制史研究』第五十七号、二〇〇七年）は、明治十一年に「行政訴訟」権の一切を否認する「行政処分願訴規則」案が作成されるなど、政府は「行政訴訟」権の制限を企図し続けていたと指摘した。

（3）明治四年七月、司法卿職制（『法令全書』明治四年、内閣官報局、一八八八年、二八一頁）。以下、法令の引用は『法令全書』の場合、引用註を略す。

（4）明治四年七月「奉伺省務ノ章程相立度儀ニ付伺」（国立公文書館所蔵「公文録」明治四年・第百四十巻・辛未七月―八月・司法省伺）。

（5）明治四年八月「御改革ノ大旨ニ基キ欧州各国ノ政体ニ依リ諸法条例本省ニ於テ編録致シ候儀ニ付伺」（同右）。

（6）明治四年八月、左院伺書（同右、第百二十二巻・辛未・左院伺）。

（7）明治四年十二月、左院事務章程案・各省上答書（同右）。

（8）明治五年五月司法省伺（『法規分類大全』第十四巻・官職門、内閣記録局、一八九〇年、一〇五頁）。

（9）明治八年三月十一日、井上毅意見書（『井上毅伝』史料篇一、國學院大学図書館、一九六六年、五四頁）。

（10）国立国会図書館憲政資料室所蔵「江藤新平関係文書」書類の部、三五―一四「草稿綴」。

（11）明治五年七月、司法卿江藤新平「司法職務定制附奏」（国立公文書館所蔵「太政類典」第二編・明治四年―明治十年・第十七巻・官制四・文官職制四）。江藤自筆草稿は註（10）「草稿綴」所収。なお、司法事務には司法省から府県裁判所への上意下達の機能も包含される。霞信彦『明治初期伺・指令裁判体制の一掬』（慶應義塾大学出版会、二〇一六年）は、刑事裁判関係史料の分析を通じて、司法省側の意向が府県裁判所の刑事裁判に影響を及ぼしたことを指摘している。

（12）前掲「太政類典」第二編・明治四―十年・第一巻・制度一・詔勅、第七十二号文書。傍点湯川。

（13）明治六年五月十四日、小松彰意見書（前掲「江藤新平関係文書」書類の部、二八〇―二〇）。

（14）明治六年「参照書類　法制局」（国立公文書館所蔵「法制局文書」）、早稲田大学図書館所蔵「大隈文書」イ一四―A二七二八。

（15）明治八年十月二十日、参座連名意見書（前掲「参座記録」）。

(16)「英国訴訟答弁書」（国立公文書館所蔵「第十類 単行書」）。
(17)明治七年三月「人民ヨリ院省使ニ掛ル訴訟ニ付伺」（前掲「公文録」明治七年・第二百八巻・明治七年四月・司法省伺（一））。
(18)明治七年四月「民事控訴規則布達之儀ニ付伺」（同右、第二百十一巻・明治七年五月・司法省伺（一））。
(19)明治七年五月「人民ヨリ院省使府県ニ対スル訴訟仮規則伺」（同右、第二百十三巻・明治七年六月・司法省伺（一））。
(20)明治七年六月「訴訟仮規則之内官府ノ二字御改竄之儀ニ付上申書」（同右、第二百十五巻・明治七年七月・司法省伺（一））。
(21)明治七年十二月「地方官吏公事ニ付負訴訟ノ節入費償弁方之義ニ付伺」（同右、明治八年・第二百一巻・大蔵省伺三）。
(22)「新潟県下商広川長八初戊辰ノ役官軍ヘ差出候兵粮米代価下附ノ儀司法省ヘ控訴ノ末同省ヨリ照管ニ付伺・附同様ノ儀司法省上申」（同右、明治八年・第二百巻・大蔵省伺二）、「新潟県下商人共ヨリ差出候戊辰ノ役兵糧米代下渡候儀上申」（同右、明治八年・第二百二十五巻・大蔵省伺一）、「新潟県人民ヘ戊辰ノ役兵糧米代金大凡渡済ニ付上申」（同右、明治九年・第百七十四巻・大蔵省伺）、「新潟県管下広川長八初メ訴訟ノ儀」（前掲「法制局文書」、「民法決裁録六」）、前掲「大隈文書」イ一四—A三三九九。
(23)明治十年「行政考按簿・坤」第百七十八号文書（前掲「法制局文書」）。
(24)明治九年十一月「岐阜県農遠藤重平代言人田村訥ヨリ岐阜県庁ニ対スル訴訟審理ノ儀伺」（前掲「公文録」明治十年・第百八巻・明治十年八月・司法省伺）。
(25)明治十年「行政考按簿・乾」第八十五号文書（同右）。
(26)明治九年十二月「和田海王外一人ヨリ長野県庁ニ対スル訴訟ニ付伺」（前掲「公文録」明治十年・第百三巻・明治十年三月・司法省伺）。
(27)前掲「行政考按簿・坤」第百四十二号文書。
(28)明治十年五月「東京上等裁判所伺米田重吉ヨリ地租改正局総裁ヘ対スル訴訟ニ付上申」（前掲「公文録」明治十年・第百六巻・明治十年六月・司法省伺）。
(29)明治十年十二月二十七日、太政大臣三条実美宛司法卿大木喬任催促状（国立公文書館所蔵「諸雑公文書」雑〇〇三七七一〇〇）にかかる草案名がみられる。
(30)明治七—十年「考案簿」（前掲「記録材料」）。本史料は法制局罫紙に書かれており、司法省草案と同趣旨であること、史料中に「我ガ司法卿」の表現があること、規則案の名称を「行政処分請願規則」としていることなどから、司法省が草案を提出してまもなく、司法省・法制局間で協議し、司法省の立案説明をもとに法制局で作成された書類と考えられる。

(31) 明治法制経済史研究所編『元老院会議筆記』前期・第五巻、元老院会議筆記刊行会、一九六九年、六―八頁。

(32) 明治十年十二月十四日、「聴理規則」(国立公文書館所蔵「元老院文書」、「元老院議案録」明治十年)。なお、この規則案は明治十一年の「行政処分願訴規則」案審議の際には「聴訟規則」と改称されている(「元老院議案録」明治十一年)。

(33) 前掲『元老院会議筆記』前期・第五巻、一四頁。

(34) 同右、前期・第十三巻、七二九頁。以下、議場での発言は同巻による。

(35) 明治十六年「参事院内務部理事説明録」一月・二月、第十八、十九、二十七号文書(国立公文書館所蔵「参事院文書」)。それぞれ農商務省、大蔵省、内務省の同様の質問に応えたものである。

(36) 明治十六年三月二十八日、山県有朋宛股野琢意見書および同年四月九日、山県有朋・田中不二麿宛水本成美・落合濟三・大森鍾一意見書(国立国会図書館憲政資料室所蔵「岩倉具視関係文書」〈憲政資料室所蔵Ⅳ〉四七―二四―(一〇))。

(37) 両法の具体的な成立経緯は木野主計「行政裁判法成立過程の研究」(『大倉山論集』第十一輯、一九七四年)、同「行政裁判法制定過程の研究」(同右第二十七輯、一九九〇年)、同「訴願法成立過程の研究」(梧陰文庫研究会編『井上毅とその周辺』木鐸社、二〇〇〇年)参照。

(38) 天皇に対する請願制度の成立事情は、国分航士「大正六年の請願令制定と明治立憲制の再編」(『史学雑誌』第一一九編第四号、二〇一〇年)参照。

(39) 瀧井一博『ドイツ国家学と明治国制』ミネルヴァ書房、一九九九年。

第II部のまとめ

明治初期の立法審査の特質

第II部では、主として法制局、元老院、太政官・司法省の観点から政府の立法審査の特質を明らかにした。

第四章にみたように、立法審査の方法として以前から政府要路・事務官の注目を集めてきた諮問機関的議事院が地方官会議として制度化された一方で、明治八年には欧米法の知識を有する官員による審査機関・法制局も設置された。第一章にみたように立法審査には元来、欧米流の民撰議院の導入を望む声があり、明治六年政変で下野した土佐派参議や留学経験者らによって民撰議院設立建白書が提起されたが、それが政府においてただちに受け容れがたいものになっていたのは、政府が経験的に培ってきた〝立法〟が諮問機関的議事院や法制機関によって支えられるものだったからである。地方官会議、地方民会の性格をめぐる政府内外の論争のなかで、伊藤博文が明確に諮問機関的議事院を志向し、地方官の多くが諮問機関的地方民会の効用を強調したように、すでに中央・地方事務の運営において諮問機関的議事院は重要な位置を占めつつあった。

法制局は、旧左院の立法審査機能を継受しつつも、旧左院のようにその権能の拡張をめざすというよりも、立法審査の範囲を限定する必要を訴え、法令の軽重をつけることで立法審査範囲を限定する、公文類別規則を立案、制定するに至った。彼ら法制局官員は、各省の責任を増し、立法上の権限を行政の一部として各省へ委任することで各省卿責任制の定立を目指していた。

これに対して、元老院の議官たちは、第五章で検討したように、法制局による立法審査範囲の限定とは逆行し、むしろ各省随意の立法行為を監視、是正するため、元老院の審議権限の拡張を求めて議事制度改革を行った。明治八年の漸次立憲政体樹立の詔は三権分立体制への移行を示唆していたが、陸奥宗光の意見にみられたように、そもそも原理的な立法・行政区分が定立されないまま来たために、明確な立法機関が誕生するまで、事務と直接的な結びつきを持たない議官たちの意見は、各省への過剰な権限集中と各省立案の非現実性を払拭するために必要と考えられていた。法制局と元老院は互いに異なる立場を示し、競合さえしながらも、近代日本における重要法令の立法経路を形成し、帝国議会開設以前の立法経路の標準的形態となった。もっとも、法制局・元老院は立法の現実適合性の問題を解決したわけではなかった。

これに対して、太政官・司法省・裁判所を通じた立法審査は、人民の訴えを事務上の問題点として聴取し、法令の現実化に用いるもので、代表制議会をもたない当時においては立法の現実適合性を獲得するために有用と考えられた。しかし、そもそも政府には訴訟制度を運営するために必要な法典、人員、費用が揃っておらず、また各事務の施行上にも過誤失錯があまりに多かったため、訴訟制度の整備も運用も困難であった。それ故に司法事務および訴訟制度の見直しが不可避となり、行政訴訟・行政請願制度の導入が考えられた。二つの立法審査が齟齬した原因は、各省を起点にした立法経路ではいまだ人民の権利・利益の保護を十全になし得ないことにあり、政府の立法のあり方における根本的課題であった。以上を総合すれば、政府の立法審査の特質について以下三点が指摘できる。

第一に、法制局と元老院の立法審査の相違である。法制局が各省の裁量を広げようとしたのに対して、元老院が各省随意の措置の抑制、監視を必要としたのは、当時の立法審査の内的競合と実質的相互補完関係をよく表している。すなわち、法制局が基本的に事務上の利益を図る姿勢を有していたのに対して、元老院は事務上の弊害を回避する姿勢を有していたのである。もちろん、法制局が弊害に無頓着だったわけではないし、元老院が利益を度外視していたわけではないが、両者の基本的姿勢が、一方は事務運営の内的論理によって構成され、他方は事務運営の外的評価によって構成されていたことはたしかである。

第二に、かかる両機関の相違をこえて、両機関は各省の事務運営には一定の法的制御が必要であるという点では共通しており、法制局にしても法的整合性を逸脱してまで特定の省の利益を図ることは意図しておらず、各省による随意の法解釈にも批判的であった。ゆえに、第一点と合わせてみれば、特定の事務について利害を考える各省は、全事務のバランスを考える法制局、法案の理非、施行の是非について監視する元老院と、立法上競合する側面があったと考えられ、実際に法令が制定される段階では、法令に何か単一の意図や方法があると希望的に想定するのは困難であり、かかる三機関の意思が複雑に絡み合ったものが法令として生成されていたと考えられる。

第三に、司法事務型の立法審査からみえた課題である。先行研究では政府が司法権の独立を認めず行政権の強化に傾倒していたことが指摘されてきたが、それは司法権を十全に機能させられるほど立法・行政の安定性がなかったことに起因していたことが明らかとなった。司法事務型の立法審査の仕組みが、もともと立法・行政の不足・不備を是正する目的で考案されたことを考えれば、実際にかかる不足・不備が政府が容易に是正できないほど蓄積されたとき、政府は立法・行政の機能不全を恐れ、事務の現状にあわせた訴訟制度の見直しを選択したのである。このことは、政府内の国会脅威論、民間の国会開設への期待を醸成し、また地方巡察使に象徴される立法審査の内的改良論の素地となったものといえる。

以上から、政府の判断として事務の運営を優先した立法審査が行われていたこと、その監視役を元老院が自負して権限の拡張を図っていたこと、そして司法事務を通じた立法審査を政府が回避していたことが明らかとなった。その根底には、各事務の運営がいまだバランスをとれておらず、また現実適合性に欠けていたという問題があり、法制局、元老院、太政官、司法省の官員たちはいずれもそのことを自覚して立法審査を考えていた。

第III部の課題設定

地方事務の形成

第I部、第II部にみたように、立法への現実適合性の付与は、各省の立案においてつねに不足の点とされ、各省はもとより、太政官の立法審査においても殊更に重視されてきた。その象徴が地方官会同、地方官会議の開催であり、立法上、地方官の意見が注目されていた。

とはいえ、地方官が立法に有用な意見を提起するという役割を果たすには、彼ら自身が管轄府県内の状況に合わせて事務を執り、現実的な法令意見をもつようにならなければ不可能である。では、実際に地方官たちがどのような認識を持ち、いかなる活動を展開していたのか。具体的な地方事務の運営状況の分析から立法との関係を捉えることが肝要であると考えられる。

明治初期の地方官について、大島美津子は法令の未整備、治安の不安定、地域的慣行の多様性など「中央の画一的な指令では処理しえない複雑な事情」があったために、政府は「各府県の実情にあわせた一定の法律規則を発布することを府県に許さざるをえなかった」と指摘し、地方官が後年と比べて広範な自由裁量を有していたことを指摘している(1)。しかし、実際に地方官がその自由裁量をどのように行使して地方の現実に適合した法令を定め、地方事務を形成していったのかについては明らかにされていない。

立法と地方官の関係を捉えようとした場合、そもそも政府レベルにおいて各事務の地方に求めるものが何であったのかを理解しなければ、中央・地方間の事務の関係が捉えられず、地方官の活動を立法の文脈で捉えることもできない。そのため、検討に際しては、取りあげる事務について、太政官・主務省がどのような地方における事務方針を立てていたのかを明らかにしたうえで、それに対する地方官の府県内での認識と活動を捉える必要がある。

かかる検討に際して、以下の二点に留意する。

第一に、各省を単位とした政策経過の研究は「公文録」や法令集の存在に助けられて一定の蓄積があるものの、当該史料には主務省における立案意図や政府全体での意思決定経緯について不明瞭な点が多いために、別種の公文書類や私文書など新たな史料の分析が必要である。

第二に、先行研究では地方官会議の研究、地方民会の研究と各省の政策展開、地方官の実践との間の因果関係が明らかではない。立法の観点からみれば、これらの事象の個別的な把握にとどまらず、相互関係を明らかにする必要がある。

第III部では警察事務と教育事務のケースを検討する。後述するように、両事務はともに欧米情報を背景として立案されながらも、治安の維持と小学校教育の普及という目的を達成するために、地方の現実的な方法が必要とされていた。しかも明治十九年に井上毅が最もめざましく地方に普及したものとして警察と教育を挙げているように[2]、地方に顕著な変化を及ぼしつつ浸透したのも両事務であった。

土木事業や救済事業などと異なり、警察事務と教育事務には地域的旧慣にはない欧米由来の理念と方法があり、その新奇性ゆえに、地方における普及・定着には相応の困難が伴ったと考えられる。また、そうであるがゆえに、中央・地方事務の担当者が話し合い、一方では良策を求め、他方では合意を形成するために、地方会議（地方官会議・地方民会など）はきわめて重要な場であったと考えられる。警察事務・教育事務の実際的課題に彼らがどのように応えようとしたのか、彼らが遺した史料の総合的な分析により、立法上最大の問題であった現実適合の模索について明らかにすることとする。

註

（1）大島美津子『明治国家と地域社会』岩波書店、一九九四年、三四頁。

（2）明治十九年、井上毅意見書（井上毅伝記編纂委員会編『井上毅伝』史料篇第一、國學院大学図書館、一九六六年、四七四頁）。

第III部　地方事務の形成

第七章　警察事務の形成

――行政警察導入と府県治

はじめに

本章の目的は、明治初期における警察事務の形成過程を、その主要な課題とされた行政警察の導入に注目しつつ、正院・左院および府県の視点から明らかにすることである。行政警察とは人民の生命・生活を保護するための予防的警察事務で、制度化の嚆矢となった明治八年（一八七五年）の行政警察規則第一条には「人民ノ凶害ヲ予防シ、其健康ヲ看護シテ営業ニ安ンジ、生命ヲ保全セシムル」事務と規定された。これは明治六年の司法省の警察規則案および欧州視察の成果を纏めた同省警保寮の川路利良の建議を発端とし、明治八年の内務省による行政警察規則によって日本の警察事務の中心に位置づけられ、以後、同省の中心的事務として戦前を通じて、全国で展開が図られたとされる。また、のちに分化して国家犯罪者を取り締まる国事警察を生み出したことから、行政警察は日本の中央集権的警察機構の成立過程において重要な要素とみられてきた。大日方純夫は、従来の警察史研究の成果を継承しつつ、内務省を頂点とする警察制度の成立過程と民衆の反応を丹念に描き出した[1]。また、勝田政治は内務省事務の成立過程を描くなかで、勧業行政と行政警察が省務の両輪とされ、行政警察の展開が先行したことを明らかにした[2]。しかし、行政警察の形成は、司法省・内務省が単独でなし得たわけではなく、両省の制度設計を勘査する立場にあった正院・左院や、省と民衆の間で実質的な警察制度の構築や調整を担った府県の役割が重要であり、これらは今まで看過されてきた。

明治六年五月、政府は各省が区々に発する法令による府県治の混乱を収拾するため、太政官制を潤飾し(3)、正院の各省に対する立法制御を図るようになり、翌七年二月には正院の一部権限を諮問機関である左院に移して拡張を図った。ゆえに、行政警察の形成においても、司法省・内務省の制度構想がそのまま展開されたわけではなく、正院・左院の果たした役割が重要であったと考えられる。また、行政警察は明治初期を通じて（東京を除く）各府県庁に委任されており、行政警察の形成において府県が果たした役割の検討も重要である。ただし、府県庁も単独で府県治の制度を構築するわけではなく、一方で政府の動向を受け、他方で府県内の区戸長・地方民会の議論を受けながら現実的な制度を模索していく必要があった。実際、明治六年以降には政府主催の地方官会議や府県主催の府県民会などが開設され、西川誠が地方官会議を政府が地方官の有用な意見を積極的に引き受ける場と評し(4)、松沢裕作が府県民会を「行政へのフィードバック機能」を期待された組織と評したように(5)、府県治の当務者が参集する一連の会議は、府県治の制度づくりに重要な役割を持っていたと考えられる。

そこで、本章では二つの視点を設定する。

第一に、正院旧蔵史料等の新史料を用いて、正院・左院からみた司法省・警保寮構想の課題を析出し、第二に、全国の警察制度のモデルケースと称される(6)千葉県の具体的な取り組みを地方官会議・地方民会の具体的議論に即して検討することで、行政警察を含む警察事務が府県治のなかに位置づけられていく過程を検討する。中央政府内の議論と府県内の議論が積み重ねられるなかで、警察という新たな事務は府県治と如何なる関係を築きながら固有の性質、固有の機構を備えていったのだろうか。

第一節　内治の形成と行政警察の導入

（一）司法省と正院の間

明治六年（一八七三年）六月、司法省は新政反対一揆等の地方騒擾に対応するため、行政警察導入を含む警察規則案を太政官へ提出した。さらに同年十月、同省警保寮の川路利良は、欧州視察の成果に基づいて、行政警察の導入を主張する建議書を作成し、上官の島本仲道警保頭に提出した（以下、川路建議）。しかし、前者は正院によって却下され、後者は先行研究では近代警察創始の出発点として高く評価されてきたが、原本不明のため、政府内でどのように取り扱われたのか不明のままである。結局、行政警察は警保寮が同年十一月新設の内務省に移管されて以降、明治七年から八年にかけて導入が図られていくことになるが、なぜ明治六年には導入できなかったのだろうか。本項ではまず、正院所管の一課・内記課の旧蔵史料を用いて(7)、川路建議が政府内でどのように取り扱われたのかを明らかにし、司法省警察規則案・川路建議を受ける立場にあった正院の課題認識を把握する。

まず前提として警察規則案の提出から却下までの経緯を概観しよう(8)。明治六年六月、司法大輔福岡孝弟は警察規則案を纏めて太政官に提出する。その骨子は、以下の四点からなる。①警察事務を行政警察・司法警察の二本柱とする。②警保寮が全国の警察事務を総轄する。③三府の警察事務は警保寮直轄、他の各県の警察事務は地方官に兼帯させ、警保寮の指揮下に置く。④暴動発生時には、警察官吏から鎮台へ出兵要請を行う。しかし、この案を勘査した正院の法制課は地方官職権に抵触する規定がみられることを理由に難色を示す。福岡はブスケらの意見を援用して法制課の説得にあたるが、同年十二月、正院は府県の行財政負担の重さを懸念する財務課の意見をも踏まえて、警察規則案を却下するに至った。

さて、こうした状況のなかで、川路建議が島本警保頭のもとに届けられたのは十月のことである。島本から川路建議を受け取った福岡は十月二十三日、右大臣岩倉具視に川路建議を回送し、次のように書き添えた。

警察規則之儀、兼テ相伺置、速カニ御裁可相成度旨、毎々上申致居候場合、今般警保助川路利良洋行之上取調候各国ノ警察事務概略、別紙ノ通及建言候。右ニ就見ルトキハ大異ハ無之候得共、各国小異同ハ有之、即為御見合差出候間、猶御参酌之上、警察規則早々御裁定相成度、此段上申致候也。

福岡は警察規則案を法制課に認めさせるため、欧州視察に裏打ちされた川路建議を援用したのである。しかし、川路建議を受領した法制課は同月三十日、次のように回答した。

別紙司法省上申川路警保助警察ノ儀ニ付建言ノ趣及調査候処、一応尤ニ被存候得共、書中陳述ノ振合全ク一時見聞ヲ紀シ候ノミニシテ、未ダ警察規則改正方法ノ根拠ト為スニ足ラズ（後略）。

法制課は、「一時見聞ヲ紀シ」ただけの川路建議では、警察規則案の根拠とするには薄弱であるとする。そこで川路建議の末尾に「若シ愚存御採用有之ニ於テハ其施設ノ方法尚委詳陳述可仕」とある点に触れ、「書中陳述ノ通、猶魯英孛仏蘭白等各国警察規則ノ条款、司法行政権限分界、且出費施行方法ノ章条等逐項明細取調、更ニ上陳可為致事」として下げ戻すことにした。この法制課の勘査案の大臣・参議欄には十月に司法卿に就任した参議大木喬任の署名のみがあることから、勘査案に接した大木が川路建議の下げ戻しを承認したと考えられる。

警察規則案の却下と併せれば、以下のように結論づけられる。正院法制課は司法省の提出した警察規則案と川路建議に対して、欧州各国法制や国内事情について調査不足とし、地方官職権との関係や実際施行上の方法論に関する詳細な取調を要求した。川路建議は法制課の意見と大木司法卿の同意に基づいて下げ戻され、さらに財務課が府県の負担増を懸念する意見を上げたことで、警察規則案も却下が決まったのである。司法省が求める警察制度が本当に全国で実現できるのか、法制課・財務課が慎重な姿勢を取っていたことが窺える。正院がこのような判断を下した背景には、明治六年五月の太政官制潤飾がある。法制課・財務課は、潤飾を受けて正院に新設された分課で、各省の立案する制度案に対して独自の審査・報告を行う役割を担った。正院は法制課長に、倉敷県・豊岡県で地方官を務めてきた小松彰を任命しており、本件のように、府県の現実に即した慎重且つ綿密な取調を求めることにつながったと考えられる。

一方、川路ら警保寮官員は、同年十一月に連名で意見書を提出し（以下、警保寮建白）[9]、次のように主張した。第一に小野組転籍事件での政府の槇村正直京都府参事釈放に抗議して、警保寮は「全国人民ノ安寧ヲ保護スル」とともに「執法官ノ一部ニシテ諸般ノ罪犯ヲ探索捕縛シ、違式註違ノ罪ヲ処断スルノ権ヲ有」するとする。第二に近衛兵非役帰県問題を例に「国家保護ノ柱石タル近衛ノ兵ニシテ動揺猶此ノ如シ。況ヤ一部警保ノ力何ヲ以テ能ク全国ノ安寧ヲ保タンヤ」と、全国警察の整備を急ぐべきとする。要するに、警保寮が広く司法・行政上の職権を掌握し、一層「警保ノ力」を伸張すべきだという主張である。これは本来警察規則案によって実現するもので、警保寮建白は正院が難色を示した同案の重要性を改めて強調するものだったといえる。

司法省は早急に全国の司法・行政警察を警保寮で直轄し、軍と連動する中央集権的機構を整備しようとしたが、正院各課はこの机上の案が府県治に与える影響や実現可能性を問題視して却下した。では、明治七年一月に司法省の警保寮が内務省へ移管され、二月に正院の法制課・財務課が左院へ移管されたとき、内務省と左院はこの問題をどのように継承したのだろうか。

（二）　地方警察の重視——左院と内務省

明治七年一月に内務省のもと警視庁が設置され、川路大警視が巡査と邏卒の配備を進めると、尾崎三良（左院議官兼制度取調御用掛）は、川路の「ポリス」拡張論を危惧する木戸孝允に応えて「官吏は其論を主張し之を脅要するの気味有之候哉に被考」「大息之至り」であり「ポリスの権を殺く之工夫」が肝要とした。[10] 警察事務の必要性の見地のみから警視庁への権限の集中を図ることは、各事務のバランスを失する恐れがあると認識されたのである。同様の認識は左院も持っていた。同年六月、岸良兼養（司法省大検事）らがフランスに倣った「備警兵」（憲兵）の全国整備を左院に建議すると、[11] 左院は「時態ノ形情」に合った方法でなくてはならないとして、建議の問題点を指摘した。すなわち、「当今之勢、内地一般各郡各邑ニ至マデ之ヲ布列スルニ及バズ」と郡村まで画一的な制度整備を行うべきではないと牽制し、「府県下枢要ノ場所一二ニ分テ之ヲ屯ゼシメ」れば「夥多ノ費用ヲ要スルニ及バザルベシ」として現今の財政状況に応じた府県での漸進的な整備を求めた。第四章にみたように、左院はすでに各府県の規則類を調査しており、法律の現実適合性に高い関心を示していた。如上の反応は当然といえる。一方、内務卿大久保利通は、正院から同建議について意見を問われ、以下のように答えている。現状では「地方警察官吏」が「具ラズ」、「今又警備兵ヲ置カバ、恐クハ国力足ラズシテ両ナガラ全ヲ得ル、難カラン」ため、地方警察の整備を優先すべきである。同建議は当今の地方騒擾を憲兵整備の理由とするが「内治ノ義ハ兵力ノ足ラザルヲ憂フルヨリハ、警察ノ至ラザルヲ憂フ」のみである。また「老練」を要する憲兵には人材が不足しており、その費用を負担する人民も他に「新規ノ賦課方已ニ多ク」「民力ノ堪ル所ニ非ズ」である。大久保は中央集権的兵備を固めるのは人材・費用の両面で非現実的とし、地方警察の漸次整備を待つべきだと結論づけたのである。大久保の認識は、明治三年に民部・大蔵省政策の非現実性を糾弾した時から首尾一貫していた（第一章参照）。

そして、この大久保の認識は内務省内部の編制にも表れている。明治七年一月九日、警保寮は司法省から内務省へ移管され、十四日に内務省警保寮の職制・事務章程が制定、十五日には東京警視庁が新設された。内務省警保寮は「行政警察ニ属スル一切ノ事務ヲ管理スル」（警保寮事務章程第二条）機関と定められ、今後の行政警察の全国展開に携わることとなった。大久保は警保寮建白に名を連ねた幹部五名のうち依願免官の二名を除く三名（川路・丁野遠影・田辺良顕）を警視庁に移し、内務省警保寮には村田氏寿（警保権頭）、石井邦猷（警保助）、佐々木千尋（警保大属）ら旧警保寮と縁のない人物を選定した。村田は明治三年二月に福井藩大参事、明治四年十一月に福井県参事に任じられ、六年一月に敦賀県参事に就くと、自ら同県下の暴動を鎮定した功績から、十二月に岐阜県権令に転じ、同月中に内務大丞に抜擢され、明治七年一月より警保権頭を兼ねた[12]。石井は明治二年に軍務官、翌三年に兵部省、四年に陸軍省に出仕し、佐賀県参事を経て七年一月に内務省六等出仕、八月に警保寮六等出仕、翌八年三月に警保助に昇任した。佐々木は明治四年七月に福井県少属、以後、足羽県権大属、敦賀県中属と昇任し、七年三月に警保権大属となった。後述するように、石井・佐々木は第一回地方官会議に際して、内務省側の取調委員を務めることになる。大久保は、川路ら都市警察の実務経験を有する旧警保寮官員を警視庁に充てる一方、府県治の実務経験を有する人材を新警保寮に登用して行政警察導入に対応させたのである。

自然、内務省の行政警察事務は、警視庁に継承された急激な中央集権的制度整備ではなく、府県の現実に即した漸進的なものとなる。同年四月十五日、内務省は全国府県の番人を「警察官吏」と称し、次のように説明した[13]。全国府県には東京府の巡査に相当する者は置かれておらず、代わりに居るのは民費による番人である。番人は「直チニ官吏ト称シ難キ実況」にあるが、巡査を直ちに置くことも困難なので、番人を「当分従前之通据置」いて、巡査に相当する事務を掌る者は「支給ノ費用官民ニ拘ラズ」等外吏に準じて「官吏」と称すると。内務省は民費による番人を廃止するのではなく、そのまま警察費・警察官吏に組み入れて行政警察の全国展開の土台としたのである。これは現実の官費不足にも対応している。大蔵省の財政改革に伴い、各省定額制が導入され官費額が制限されたため、全国の警察費用を官費だけで賄うことは困難だったからである。翌八年三月七日の行政警察規則も同様の発想に基づいている。同規則は、行政警察を（東京を除く）各府県の府県長官に行政警察を提掌させ、府県長官は大属以下の県庁官員から警察掛を任じて各所への出張を命ずると定めたが（同規則第二条）、同時に「出張所並吏員配置ノ儀ハ適宜タルベク」

と警察配備の方法を地方官に委ねることとした。そして、地方官が行政警察を管掌するために、人民の旧慣に依ってきた民費・番人には改称措置を施し、「従前捕亡吏取締組番人等ノ名称ヲ廃シ、邏卒ト改称」し、費用も「捕亡費ヲ改テ警察費ト称」した。民費・番人の改称が、民費・番人の即時解体を意味しなかったことは、以下の地方官と内務省の応答から裏付けられる。明治八年三月、大阪府権知事渡辺昇は改称措置について「民費ヲ廃シ総テ警察定額ヲ以取扱候儀ト相考」えたが、従来の官費定額でさえ不足しているにもかかわらず内務省が「定額ハ先従前ノ通」としているため、官費が増額されなくては実施できないことを伝えた。すなわち、「民費ノ番人其儘合併致シ候トキハ定額多分不足差支候ニ付、実際被行候程ノ増額ハ至急御評議被下度、夫迄ノ処旧ニ因リ据置候外無之ト存候」と、官費増額を評議し、それまでは現行制度を維持すべきだと主張した(14)。これに対し、内務省は「書面伺ノ趣、捕亡吏取締番人等ノ名称ヲ廃シ邏卒ト改ムルト雖モ、民費ヲ廃シ候儀ニ無之、官民費両途ヲ以テ給与方取計候儀ト可相心得事」と回答した。同様に官費増額を要求した宮城県令宮城時亮へも「警察費増金之儀ハ即今難聞届候事」と回答しており(15)、内務省は官費不足を前提に、民費による番人を基礎として行政警察を導入し、警察費と警察官吏へ漸次移行させていくよう促していた。事実、岐阜県令小崎利準が、管下に二十八箇所もある民立の屯所を一律に官立の出張所に切り換えるのは、単に官費不足を招くだけでなく「人民ノ頼テ安寧ヲ得来候ヶ所ヲ即今廃却致候ハ最難取行候」とし、「其儘差置申度」と願い出たのに対し(16)、内務省は民立屯所をそのまま維持させ、呼称だけを行政警察規則に準拠するよう命じたのである。

左院・内務省は地方の現状を鑑みて、府県での地方警察の漸進的整備を重視した。そして、内務省は人材や費用の欠乏に対処するため、旧来の民費による番人を引き継ぎ、行政警察を柱とする地方警察に徐々に移行させていく方針を示した。では、地方官はこの方針にどのように対応したのか。次節では、千葉県の場合に即して検討する。

第二節　第一回地方官会議と千葉県警察

(一) 大区警察の構築――県治と行政警察

千葉県は明治六年六月十五日、木更津・印旛両県の統合によって成立し、初代県令に前両県権令の柴原和が就いた。旧印旛県では前任の河瀬秀治権令が区制・警察制度を創始したこともあり、旧両県の区制・警察制度には相違がみられた。(17) 木更津県では明治四年の戸籍法に基づく区画制（「区」「画」）のうち、町村単位の区画「画」を引継ぎ、これを小区に改めて戸長を配置し、旧大庄屋・庄屋・名主を副戸長に充てた。戸長は郡単位で年番戸長を出し、県庁は各郡に取締所（警察署）・分局及び県庁派出官員・捕亡吏を置いた。これに対し、印旛県では複数町村を束ねる小区と郡単位の大区を併置し、小区に戸長、大区に戸長頭取を置いた。そして県庁直管の監察掛と五十名前後の捕亡吏を置いて警察事務にあたらせた。監察掛は「良民保護」と「戸籍ノ事務」を兼ね、大小区は戸籍調査等を担ったので、両者は相互に連携する関係にあったと考えられる。明治六年二月、両県権令兼任となった柴原は徐々に両県の制度を揃えていく。四月、木更津県において、戸籍法下で数町村を束ねた「区」に基づき、新たに区長を置き、印旛県の戸長相当の区内統括を担当させた。両県合併後の七月二日には、庶務課に印旛県同様「監察掛」を設置し、これに旧両県下すべての番人の指揮を命じた。(18) 監察掛の職掌は「地方警察保護ノ任」にあたり「管民ノ患害ヲ除キ、疾苦ヲ恤ミテ、安全幸福ヲ得セシメ、其過悪ヲ未発ニ匡救シテ罪辟ニ陥ラシメザルヲ以テ要旨トス」とされた（監察掛心得条件第一章）(19)。監察掛は「専断施行アルベカラズ」というように一切専決が許されないが、「常々郡村ヲ巡回シ民情ヲ視察」して人民に対して「苛酷ニ失スル事ナキヲ要」し、区戸長の「能否勤惰」を監察して、もし官令を「謬解」「等閑」視する者がいれば説諭を加える。要するに、各区の人民と区戸長に対する県庁の視察・監督の職務である。同掛は翌七年一月に警保掛と改称され、その下に各大区中一小区を持ち場とする二名の警保掛附属と、民費による番人が配置された。

柴原が両県の区制と警察制度の統一に動いたのは、明治六年四月に大蔵省が主催した全国地方制度統一のための議事、地方官会同が契機とみられる。この会同に出席した柴原は五月、正院直管の府県寮を置いて各省区々の施政に秩序を与え、府県治を統轄する政府機関を地方官から精選した主任官で組織する案など、府県治の統合に関する種々の建議を正院に呈している[20]。柴原にとって木更津・印旛両県制度の統合は、自らの職権内で可能な府県治統一への実践だったと考えられる。

柴原は翌七年、本格的な両県の制度統合に着手し、区制と警察事務を密接に連動させる方法を採った。まず県内の旧区画制を統合して新たに大区を設定し、大区に区長、小区に戸長を置き、警察のための取締所を大区扱所（区長のいる区務所）と同じ場所に併設した。これを前提に同年七月、柴原は大区を拠点とした新たな区政が始まることを県庁官員・区戸長たちに告諭した[21]。柴原は、府県治の要点を「上下ノ気脈ヲ流通スルナリ、民費ヲ減省スルナリ、民権ヲ保全スルナリ」の三点とし、それを支える「議会ナリ扱所ナリ取締所ナリ三ツノ者、相援ケ離ルベカラザルモノナリ」として、三機関が「心ヲ一ニ」して相互に協力することが必要であると総括した。同じ説明は各大区の取締所に配置される官員にも伝えられている[22]。警察の役割を「民権ヲ保全スル」こととしたように、柴原のいう「民権」とは人民が本来保障されるべき生活上の権利のことであり、それは県庁および取締所員・区戸長・議員の分担・協同の地方事務運営によって守られるべきものとされた。こうした議会・扱所・取締所の協同体制づくりは、各機関の規程に明瞭に表現されている。大区議事会章程ではその議目に「村駅費ヲ節スル事」「区内取締ヲ注意スル事」を掲げて大区の議事と区長の事務とを関連づけた[23]。大区扱所規則では「区長職務之大要」において区務を「上意ヲ下達シ下情ヲ上通セシムルヲ要ス」（第二条）、「大区内ノ安寧保護ニ着目シ、民産ノ奨励タル人智ノ開明タル其他公益共和ノ事ニ宜シク注意スベシ」（第三条）と定めて区務を民会・取締所と結び付けた[24]。そして、明治八年三月二日布達の大区取締所派駐心得では「該大区扱所詰ノ区戸長ニ叶示シテ事務取扱ヲ助ケシムベシ」（第五条）と定め、大区扱所事務章程の定める警保・勧業・戸籍・学務・駅逓・記録の全六部の職務を監督することとした。[25]これは、前身の監察掛が区務全般の監督者だったことと連続するだけでなく、県治の課題である民費節減に対応するために必要な措置であった。柴原は明治八年に纏めた自著『県治方向』において、この措置を「官ニ於テ注意スルヲ得ベキトコロノ冗費ヲ減省スルノ一タル」ものとし、これによって「爾来管民ノ庁下ニ輻輳スルモノ頓ニ減少シ、民費減少ノ跡ヲ形ハ」したうえ、各取締所派駐官員が「成規例格アル事務ヲ専決」することで従前「止ヲ得ズシテ人民自ラ出県」していた案件を減ずることができたと、一定の成果を認めた。[26]合併によって全国でも屈指の規模となった千葉県では、県庁に決定権を集中させていては往復費用や手間が嵩むため、大区取締所で県庁の役割の相当部分を専決させ、人民が県庁まで往復するのに要する膨大な手数、費用を削減する方針を取ったのである。こうした大規模県の分権的発想に立った民費減省策は、殊に民費負担が重くなり府県統合が進んだ明治九年以降に、全国的な課題となる。

以上のように、柴原は警察整備に加え、上下疎通・民費節減という府県治の課題を消化するため、従来の「監察」事務を、大区小区制下の議事・区務一般と密に連携させる改革を行った。ゆえに、大区取締所に与えた役割は、大区内の民情視察に加え、区務を監督し、その費用の節減、円滑な運営を外側から助けることであった。では、この方法の実効性について、実務に就く県庁官員や区長たちはどのように認識していたのだろうか。

(二)　小区警察の必要性——千葉県議事会における警察と民費の議論

明治七年、柴原は千葉県の県民会「千葉県議事会」（以下、議事会）を開催した。議事会は間接公選制で撰ばれた各区代表者（外議員）と県庁主務官員（内議員）とで構成された。外議員は正副区長を兼任しており、議案はすべて内外議員の建議に依っていたため、議事会は区長と県庁官員が県治の意見を交換する場となっていた。以下では警察に関する二つの議案、第十三号「警保掛附属人撰ノ議案」、第二十七号「警保民費ヲ停メ小区取締所ヲ設クルノ議」について検討する。(27)

まず、第十三号議案について。提出者の三橋茂兵衛・中山三郎（外議員）は従来大区での整備が進められてきた警察機構を小区にも整備すべく、各小区に取締所を置き、そこに「正実善良」な「警保掛附属」を配置するとした。ただし、急には人が得られないため「現今ノ行状」正しき者であれば「昔日ノ旧悪」を問わないと条件を緩和することとした。審議では、警察官に「旧悪」ある者を容認しては不適当だという意見が出される一方、警保掛附属の俸給が繁務に比して薄いため、条件を厳しくしては当面の人員を確保できないという意見も出され、結局、原案通り可決された（賛成三十四名、反対二名）。

次に、第二十七号議案について。提出者の藤田九万（内議員、県庁庶務課出納掛）は、大区取締所費を「総テ官費」に切り換え、従来大区取締所費に充てられてきた「民費七百円」を、幾分増額して小区取締所の設置維持費にあてることを主張した。これは先の第十三号議案の決議を受けて、小区取締所実現のため費用面を詰めた内容といえる。本案には田中七郎（外議員、第七大区区長）が「最モ良法ナリ」と同調するなど外議員の支持も集まり、満場一致で可決された。藤田は大区取締所を官費、小区取締所を民費と区分する理由を、次のように説明した。

現今ノ民費ハ之ヲ全管下ニ課シテ之ヲ全管下ニ供給ス。民情其出ス所ノ金ハ其得ル所ノ保護ニ換ユル所以ナルヲ親切ニ了知スル能ハズ。故ニ往々之ヲ出スヲ悦バザル者アリ。今一小区限リ経費ヲ出シテ一小区ノ警衙ヲ設クルハ、其財ヲ出シ其保護ヲ求ムルノ理分明ニ知得スベキナレバ、民情必ズ顧惜スルノ念少ナカラン。

従来の警察民費は県を単位に集め、県から大区へ分配する形式を採っていたため、人民は警察に保護されている実感を持てず、費用供出を喜ばない者も少なくないという。そこで、藤田は人民が保護を実感できるよう、「専ラ一小区内ノ警察ヲ専任セシム」る小区取締所を設置し、民費は同所の費用に充てるべきだと説いたのである。民費負担に配慮しつつ地方警察事務の実効性を高めることで、その必要性を人民に実感してもらうことを追求した案といえよう。できる限り民費負担額の増額を抑えるため、藤田は単純計算では「現今ノ民費ニ比スレバ壱倍半ニ過グ」る大幅増額になってしまう小区警察費について「恐クハ民力堪ユル能ハザラン」とし、「土地ノ形勢ニ就キ」小区聯合で設置したり、大区取締所のある地域では同所に機能を纏めたりすることで費用の膨張を抑えるとした。この方法にしたがって費用を再計算すれば「全管内九十小区ノ経費凡七八百円ヨリ少ナカラズ、千金ヨリ多カラズシテ弁給スル事ヲ得ベシ」と、七〇〇円以上一〇〇〇円未満に収まるという。千葉県の警保民費負担額は明治六年が約一〇〇〇円、翌七年が民費負担の過重を考慮して七〇〇円とされており、藤田の案はちょうど両年の中間の額を維持しながら、民費と警察の結びつきを強化しようとするものだった。

以上のように、議事会では大区警察だけでは地方警察の実効性が担保できず、また町村に暮らす人民に警察の必要性が認識されにくいために民費負担が忌避される問題が俎上に載せられた。そこで、内外議員は審議の末、民費負担の膨張を抑え、官費の大区警察と民費の小区警察を併設するという一つの結論を導き出したのである。県民会が県庁の施策に実効性を付与する役割を担っていたことが窺える。

(三)　警察組織の系統化と全額官費化要求

柴原は、議事会決議を受けて小区警察の整備にも乗り出したが、当面の問題は官費不足だった。民費を小区警察費にあてるには、大区警察費の欠乏を官費増額で補う必要があるが、前節にみたように、内務省は国庫窮乏のため官費増額には否定的で、柴原自身、度々官費増額を申請したが却下され続けた。加えて、明治八年の地租改正事業の本格的展開によって民費負担が膨張し、警察民費の確保も困難になった。こうしたなかで、明治八年には全国の地方官が東京に会する地方官会議の開催が決定し、議題のひとつに「地方警察ノ事」が掲げられた。同年五月、政府から議題が通達されると、柴原は早速議事会を召集し、議員一同に対し、議目ごとに意見を集約するよう求めた。地方警察については「地方警察之建議」[28]に纏められ、柴原を通じて地方官会議院に提出された。以下、「地方警察之建議」の内容を検討する。建議の骨子は二点で、第一に警察機構を大区小区制に連動させて県庁から各町村まで系統的に整備すること、第二に警察費を全額官費支弁とすることである。

第一に、警察機構の系統的整備について。議員たちは「警視庁ヨリ全国ニ〔警察官の――湯川註〕派出等ノ説アルモ実際上行ハレザルノミナラズ、又タ其障害ヲ増スノミ。如カズ、従前ノ如ク地方ニ委任スルノ勝セリトスルニ」として、警視庁による全国警察の直轄を牽制しつつ、各府県で警察組織を整備する必要性を訴えた。具体的には各府県に一つの「警察局」を置いて「警察ノ事ヲ専任」する警察官数名を配置し、その下に警察機構を組織する。大区には「警察分営」、小区には「警察分署」を置き、それぞれ等級を付した警察官と邏卒を駐屯させ、分営・分署の設置数は「大小区ノ広狭ニ因リ」適宜取り決める。この組織方法は千葉県内の大小区警察をベースにしたものといえるが、より実効性を高めるため、さらに町村内にも目を向けている。すなわち「斯クノ如ク方法ヲ立ツト雖ドモ戸籍ノ調査精密ナラザレバ、匪徒足ヲ容ル、ノ地アリ、十分ノ警察行届キ難シ」と戸籍調査を徹底した後、「保長ヲ置キ良民ヲ保護」する。保長は「一小区内一人」の割合で戸長が兼職し、その下に区内五十戸ないし三十戸ごとに一名の副保長と、十五戸ないし十戸ごとに一名の保長補を付け、全員「無給」とする。保長は「警察官ノ指揮ヲ受ケ、副保長ニ協示シ、保長補ヲシテ其職ヲ尽サシメ、小区内本職ノ事務ニ任ズ」る。旧来の町村内の自警と大小区警察を連携させる案といえよう。

第二に、警察費の全額官費化について。議員たちは「人民ヲ保安スルハ政府ノ責任ナリ」と断言し、「人民ノ納ムル租税ハ此保安ノ費用ニ供スルナリ。故ニ警察費ノ如キハ宜シク悉皆政府歳入ノ内ヨリ弁給スベシ。宜シク之ヲ民費ナルモノニ課スベカラズ」と全額官費支弁を至当とした。そして、「毎年八百万円」の官費が「陸軍ノ費用ニ供」されていることを引き合いに、警察も同じ「保安ノ事」なのだから「豈四百五拾万円ヲ給セザルヲ得ンヤ」として、当然官費が割かれるべきだ、割くことは可能だと主張したのである。議員たちがあえて租税の性質や軍事費の現状を論じ、前年の議論から一転して官の責任ばかりを強調したのは、民費負担が重くなり、現に警察費を民費に期待できなくなったことが理由と考えられる。

柴原はこの意見を抱えて浅草本願寺の地方官会議議場へと上り、明治八年六月から審議入りした。しかし、そこで柴原が接したのは警察費の民費負担を求める政府原案であった。

(四) 地方官会議における柴原の対応

政府の用意した原案は、第一条で警察費を官費三分の二に対して民費三分の一の比率で費用供出を求めるとし、第二条で人口を基準に警察官・警察署数を決定する方式を採用していた。要するに、人口に応じて全国で整備される警察機構の全体像を措定し、それに必要な予算総額を算定し、これを二対一の比率で官民費に分担させる方策であった。

まず、政府原案の性質について検討する。政府原案は勝田によって明治八年五月に大久保内務卿が纏めた警察案との異同が指摘されているが[29]、その原因は地方官会議の原案作成方法にあると考えられる。原案の場合、まず「警察之議案取調候内務省専任之官」として内務省警保寮の石井邦猷(警保助)、佐々木千尋(警保大属)、井上揆(警保権中属)の三名が選任され[30]、彼らが作成した草案を地方官会議御用掛、法制局長官伊藤博文が審査して原案に仕上げ、議長木戸孝允のもとへ届けた。石井らは、大久保内務卿のもとで事務を執ってきた経験に基づいて草案を作成したものと考えられ、原案第一条に官民両費支弁を掲げ、第二条に警察配備方法は「地方ノ実況ニ依リ定ム」ることを前提とした点は、内務省の意見に沿ったものである。異なるのは勝田の指摘通り第二条の配備基準が人口に求められたこと(内務省案では戸数)と、第三条の邏卒資格をより厳しくしていたことだが、これは地方官会議御用掛および伊藤の修正と考えられる。伊藤は明治七年九月、大久保留守中に内務卿を務めていた際、「各地方民口」を基準とする警察整備案を上申しており[31]、原案の人口基準とも対応する。たしかに内務省案と政府原案には異同が生じたが、行政警察を地方官に委ねつつ、警察費に民費を調達し、警察配備方法に地方官が照準すべき大綱を示すことを目的とする点では共通していたといえる。さて、原案に接した柴原は、第一条に反対し、次のように発言した[32]。

悉皆官費ヲ宜シトス。民費ニ出ス可キ法ナル可ケレドモ、当今現ニ民費ニ出ル者幾十万ヲ知ラズ。豈又賦課スルニ忍ビンヤ。（中略）然レドモ租税ノ法百分一ニ定マラバ、民費トスルモ妨ゲナシ。

柴原は民費負担に耐えられない現状を考慮して全額官費を主張した。ただ、問題は民費負担の重さにあるため、地租改正が完了して租税負担が軽減されれば、警察費の民費負担も受け容れる余地が生まれるとした。さらに「議案ノ主意ニアラザレドモ」と断ったうえで「警察ノ事務費用ヨリ最モ注意ス可キハ戸籍ノ調査ニアリ」と付け加えた[33]。柴原が議事会の合意事項を精確に踏まえていたことがわかる。しかし、議場では柴原の意に反して、原案の官民費比率が承認された。ほとんどの府県において警察事務が民費負担に支えられてきた実績に加え、審議冒頭に木戸孝允議長が「日本全国ノ警察入費ハ固ヨリ尽ク之ヲ官庫ヨリ給スルヲ得ズ[34]」と官費の限界も考慮しなければならないとしたように、官民両費支弁を前提にした議論は避けられなかった。ただし、原案の提示する警察民費の定額供出については異論が噴出した。たとえば槇村正直（京都府参事、以下府知事県令の管轄府県を括弧内に記す）は「租税ハ皆官ニ上リテ民其保護ヲ受ル者ナリ。故ニ警察ノ費ハ即チ租税ノ内ニ在リ。今別ニ民費ニ分賦ス可ラズ」と税外負担である民費の定額化を不当とし[35]、あるいは安場保和（福島県）は「民費ニ属スル者、独リ警察ノ一事ニ止ラズ」と警察以外にも様々な事務において民費負担が求められているため、民費負担総額を一定しない限り警察費額を議論することはできないと主張した[36]。結局、民費負担の定額化については合意に達せず、代わりに多数の地方官の賛同を得たのは、民費負担額を府県の裁量に委ねるという楠本正隆（新潟県）の原案修正説だった。楠本は官民両費支弁を妥当としつつも、原案の定める民費額が実際に負担できるかどうかは、各府県の民力を考慮しなければならないため、「三分ノ二ヲ官費ノ定額トシ、民費ハ地方ノ便宜ニ従ヒ、三分ノ一ヲ出スモ可ナリ、又出ス能ハザレバ力ニ適スル程ヲ出シ、以テ官費ヲ助ク」と民費負担分を各府県の裁量に委ねるとした。そして、この場合「地方ノ適宜ニ人員ヲ置キ、必ズ定員ヲ設ケザルモ可ナリ。屯所被服等ノ諸費モ是ニ准ズ可シ」と、警察配備方法も府県の裁量に任せるほかないと付け加えた(37)。議場では楠本説に木戸議長の「天下ノ税法一定セバ、民費ニ属ス可キ部分ノ界限立テ、警察ハ必ズ民費ニ属ス可キ者ナリ」の説明(38)を足しあわせた中野梧一（山口県）の説(39)が可決された。ただし、これを以て木戸の説明が地方官の多数の同意を得たとはいえない。以下、地方官会議特有の採決方式と大小会議制に言及して、この点を明らかにしておきたい。

第一に、採決方式について。「地方官会議議事規則」は、議長が賛成反対の「双方ノ議論ヲ聞キ了リタル時ハ、大概其可否論ノ多少ヲ図リ、其多数ト見ル者ヲ取テ其議ヲ決」する多数決の原則（第三条）と、「一人ノ異議ニ付本条ノ可否決定セザル間ハ、他ノ異議ヲ主張スベカラズ」（第七条）と一動議ごとに議論・採決を行う原則を定めている。併せてみれば、一動議ごとに多数決で採決を重ねていくはずだったが、地方警察議案の審議では、各地方官がそれぞれ持論を展開したため、第七条が守られていなかった。したがって、採決でも第七条が反映されず、地方官の全意見のなかから木戸議長が多数の賛成を得たと思われる採決候補をピックアップし、一括で多数決を行うこととなった。この方法には木戸自身も問題を感じ、続く道路橋梁議案の審議の冒頭に自ら「前会動モスレバ議事規則第七則ヲ践行セザル事アリ。今ヨリコレヲ改メテ正ク規則ヲ践履ス可シ」として(40)、一動議ごとの議論・採決に切り替えている。地方警察議案審議の採決に限って、木戸議長は以下五つの候補を選定した。①原案賛成（神田孝平）、②一切官費説（柴原）、③中野説、④租税法一定まで警察費の議論を凍結する説（安場）、⑤官民立警察を区分する説（渡辺昇）である。楠本説はもともと候補とされなかったため、多数の地方官たちには中野説以外に選択肢がなかったのである。

第二に、大小会議制について。「議事規則凡例」に基づき、地方官会議には地方官全員で審議する大会議の後に、大会議の審議内容を受けて地方官互選の委員数名が最終案（答議）を詰める小会議が開かれた。小会議は審議の末、答議で中野説の将来全額民費負担の部分を削除して、楠本説に改めた(41)。大会議の趨勢を反映した修正といえよう。

以上から、将来全額民費負担という政府方針は地方官の総意になったとは言い難く、実際に合意に達していたのは楠本説と考えられる。そして、第一条決議で民費負担額が府県裁量に委ねられたことは、楠本が予告したように、その後に行われた第二条の警察配備方法の審議に影響を及ぼした。原案第二条は県庁に主務官員二名を置き、人口十万人ごとに一箇所の出張所を設置し、官員一名、邏卒五十名を置くとしていたが、地方官たちの間では府県裁量を求める声が挙がった。原案が事実上放棄されかねない事態に危機感を憶えた渡辺清（福岡県令）は「漫ニ便宜ニ従フト言フハ不可ナリ(42)。先ヅ綱領ヲ立テ随テ便宜ニ及ブ可シ」と、原案を「綱領」として維持することが肝要として地方官一同を牽制した。これに木戸議長、中野も呼応し、揃って原案を「綱領」として賛成するよう呼びかけた(43)。結果、原案はほぼそのまま大会議を通過したが、小会議はこれを修正して各項目に府県の裁量を明記した。すなわち、屯所の定数について「大綱目規則ハ矢張原案ノ通リ存ジ置ト雖ドモ、是亦地形ニヨリ増減適宜タルベシ」とし、出張所員の定員も「地勢ニヨツテハ一区内ノ人員多少ナキヲ得ズ」としたのである(44)。

地方警察に一定基準を創出しようとする政府原案をめぐって、大会議では木戸議長及び一部地方官が原案維持の動きを見せたが、多くの地方官たちは府県治の現状と齟齬しないよう、民費負担額、警察配備方法に広く府県裁量を求めた。小会議も審議の趨勢に即して、原案を「綱領」として維持しつつも府県裁量を随所に認めるに至った。画一的な法制度を求める政府に対して、地方官たちは県治の現状に適合した漸進的な法整備を求めたのである。このような会議の趨勢において、柴原は全額官費支弁による警察整備を唱えたが、第一条審議で全額官費支弁に挫折すると、第二条審議では府県裁量を求め、府県内の合意に基づく警察整備という従来の方法に立ち返った。会議を終えて帰県した柴原は、県内に地方官会議の結果を伝え、改めて議事会との意見交換を図っていくこととなる。

第三節　危機のなかの行政警察

（一）千葉県会における警察民費審議

帰県した柴原は、今後の県治の方針を『県治方向』と題した一書に纏め、区戸長たちに頒布した。同書のなかで、柴原は千葉県が地勢上「東京ニ接続」し「開墾諸牧地等曠漠ノ地多キ」ために、「兇賊奸徒」の往来・潜伏にさらされやすく、警察事務が重要であるとし、その課題を次のように指摘した(45)。

> 行政ハ難フシテ司法ハ易シ。是ヲ以テ邏卒或ハ警察附属等ニ至リテハ、各自己ノ功ヲ示サム事ヲ欲シ、現行ニ非ラザル証迹曖昧タルモノ等ヲ妄ニ捕縛シ、人民ノ権利ヲ妨グルモ亦尠シトセズ。（中略）如何ニセム有限ノ警察費ヲ以テ行届ク可キニ非ラズ。

警察官吏は行政・司法両警察を兼帯していたが、柴原は警察官吏が行政警察の難しさに向き合わず、司法警察権を濫用して証拠曖昧な人民を捕縛してしまう問題があるとする。これでは「人民ノ権利」保護という目的と矛盾することとなるため、警察の質的向上を図らなければならず、また警察費不足のために整備の限界にも苦慮していた。ゆえに、柴原は官費増額が困難な現状と、これまで「人民モ幾分カ其費用ヲ補フベキノ義務アルヲ以テ」議事会で決議のうえ警察民費を賦課してきたことを語り(46)、今後の民費調達に道筋を付けている。

柴原は議事会の組織を改めて内議員を廃止し、明治九年一月、公選議員のみで構成する「千葉県会」（以下、県会）を立ち上げた。神尾武則によれば、この公選議員は区戸長などの職と兼任できたため、以前外議員を務めていた留任者をはじめ、戸長・学区取締らが加わり、県会は区戸長会の性質を保っていた(47)。さて、県会の「警察民費ノ議案」

(県庁作成)審議(48)に議長として臨んだ柴原は、原案の趣旨を次のように説明した。

「人民保護ノ道ハ警察ヨリ先ナルハナシ」だが、これまで「民力ノ及バザルヲ慮リ、又人民警察ノ実効ヲ覚知セザルニ当リ、其勢驟カニ巨大ノ費用ヲ出サシムベカラザルヲ以テ」政府から官費を支給されてきた。しかし、「抑警察費用ハ人民ヨリ出ダスベキノ義務」であり、「人民ニ於テモ応分ノ資財ヲ出シ自己ノ保護ニ酬ヒザルベカラザルハ言ヲ俟タズ」である。そのため、議員一同には「県庁ノ思量ヨリ目今人民適応ノ出額ヲ起算」した原案について「能ク目下実際人民資力ノ適度ヲ計リ、以テ其出額ヲ討議」することを期待する。警察民費の負担に理解を求める説明といえる。

ゆえに、原案第一条は民費負担額を従来の七〇〇円から一〇〇〇円へ引き上げるよう求め、前年の地方官会議決議を援用する。すなわち、「明治八年六月地方官会議ニ於テ、警察費全額三分ノ二ヲ官費トシ三分ノ一ヲ民費トシ、民費ノ分ハ地方人民ノ貧富ヲ量リ適宜処分スベシト云フニ決議」し、政府は官費支給額を「壱ヶ年金三万三千百拾四円ト定メラレ」た。これに照準して千葉県の民費負担額を算定すれば「金壱万六千五百五拾七円、即壱ヶ月金千三百七拾九円七拾五銭ヲ以テ目的」とすることになる。しかし、この一三〇〇円余りの賦課は「目下民力ノ堪ヱザル」ものであるため、「姑ク其額ヲ減ジ明治六年十月県会決議ノ金額〔一〇〇〇円――湯川註〕ニ復」するとした。柴原は地方官会議決議に即して民費負担額を計算したうえで、府県の裁量で三〇〇円の増額を妥当としたのである。これについて、県会議員たちは概ね同意した。たとえば、議員の武本章三郎は次のように述べた。

人民保護上ヨリ見レバ、地方官会議ニ決セラレシ三分ノ一ノ割合ニ因テ賦課セラルヽモ多シトセズ。然レドモ目今人民ノ情況ヲ見ルニ警察ノ実効ヲ知ラザル者尚多シ。后来人民警察ノ効ヲ了知シテ其費額ヲ出スヲ望ム迄ハ原案ノ金額ヲ可トス。

武本は官民双方の事情を勘案すれば原案は妥当であるとした。議員たちは、地方官会議決議に照準した額と、県庁の提示する額を念頭に、様々な意見を出したが、総じて警察民費の負担、増額には理解を示した。具体的には「端数ヲ折半」して月一一八九円とする意見（千葉省彌）や、「本年ノ如キハ地租改正竣功ノ年」のため月七〇〇円を維持するが来年以降は地方官会議決議の通り「三分ノ一ノ金額ヲ課ス」意見（齋藤四郎右衛門）、あるいは「寧ロ更ニ一歩ヲ進メ、一月千三百円余即チ三分一ヲ以テ宜シク課賦スベシ」と今年から照準額通り一三〇〇円負担とする強気の意見（重城保）も聞かれた。審議の末、議員たちは原案の三〇〇円増額を妥当として可決したのである。

（二）　増員巡査制と民費負担

明治九年四月、県庁は県会の決議通り月一〇〇〇円の警察民費の賦課を通達した。ただし、各小区・町村で自主的に巡査を置く場合には、県会決議分の民費賦課額を控除すると付記した[49]。県庁が「増員巡査」と呼称する当該制度について、柴原も自著『県治実践録』に「民設巡査ヲ置ノ方法ヲ立テ益マス巡査ヲ召募増置セリ」と記している[50]。なぜ千葉県庁は「増員巡査」制を認めたのだろうか。明治七年議事会の議論を想起しよう。そもそも県単位で取り集める警察民費には、供出を望まない人民が少なくなかったため、議事会では小区限りの民費で小区警察を整備する案が満場一致で可決された。以来、千葉県では官費と県民費を各大区へ配分する広域警察機構と、多く小区以下の自主供出の民費に支えられる狭域警察機構が並存したため、単純に県民費を増額するだけでは却って小区以下の警察民費を圧迫する恐れがあった。柴原は県会の合意を基に県民費増額を達する一方で、費用負担者である人民の感情に配慮して各区・町村の「増員巡査」制を公認したものと考えられる。

では「増員巡査」制は区戸長たちにどう受けとめられたのか。以下、第四大区の例をみる。県会で民費増額を主張した第四大区区長・重城保は同年七月、大区会議を召集して県会決議を受けた今後の大区区務の方針を審議し、警察事務について「各小区ノ副戸長ヲシテ警察事務ヲ分掌セシメ且巡査ノ増員ヲ請フノ議」を審議にかけた[51]。原案は「風俗ヲ直接ニ改良シ、犯罪ヲ未然ニ防護スルハ蓋警察巡査ノ効力毎ニ其多ニ居ル」として巡査の重要性を確認し、「区吏タルモノ、斯特旨ヲ体シ、共ニ良民ヲ保護スルノ念ナカルベカラズ」と、大区として警察に助力すべきであるとした。具体的には①大区出張所と小区屯所との間に巡査の休憩所を設置する。②巡査の定員を八名から十名に増員し、増員した二名を出張所・屯所に配置して「日々各村へ派遣回行」させる。③巡査の区内巡回のため各小区扱所にも小休憩所を設置する。④各小区で副戸長二名を選任して小区内警察事務を分掌させ、問題を認めた場合には巡査ないし出張所所長に通報する。⑤警察分掌の副戸長は区内の実情について警官・巡査と「説話問答」し、彼らが「土地人情ヲ詳悉監察スルニ便ナラシム」る。重城は以上の方法をもとに費用の供出方法を審議するよう、議員を務める戸長たちに求めた。戸長たちは原案に賛成し、費用は人口・反別基準の折半で区内に賦課することに決した。区戸長たちは区内の警察を各小区の実情に対応させるために「増員巡査」設置を決議したのである。

(三)　内務省の「警察使」構想

しかし、明治九年後半の士族反乱の連鎖は、従来の地方警察では対応しきれない問題となった。十月の神風連の乱では、士族一七〇名が熊本県令安岡良亮の邸宅、熊本鎮台を襲撃し、呼応して四〇〇名規模の秋月の乱、山口県でも二〇〇名規模の萩の乱が続いた。一連の反乱は、地方官・県庁官員を襲撃対象とし、県庁が警察を動員して対応に当たったものの鎮圧できず、鎮台兵・政府軍の到着を待たなければならなかった。こうしたなかで、内務卿大久保利通は明治九年十二月十二日、全国の警察機構を早急に整えるため、太政大臣三条実美に「警察使ノ儀ニ付伺」[52]を提出し、全国の警察機構を内務省の直轄下に置く「警察使」構想を示した。この構想については管見の限り知られていないため、詳細に触れておく。

大久保は「予防警戒其宜キヲ得ザルニ依」り、「遂ニ台兵ヲ動スニ至ル」大事となっていると指摘し、その原因を地方官に地方警察を任せてきたことに求めている。「地方官ノ職タルヤ、其事務千緒百端ニシテ、専ラ警察ニ従事スル能ハズ」、区域が限定される地方官では「過般熊本山口県ノ変動」（士族反乱）のような「有事」の際に有効な措置をとれず、大害を招いたというのである。

そこで、まず全国を「六大警察区」に分かち、毎区に一箇所の「警察使署」を置き（東京府・宮城県・岐阜県・大阪府・広島県・熊本県）、内務大少丞を「警察使」として二名ずつ「各署ニ派駐」し、これに大録以下二十名を随従させて「更ニ各地へ派出」する。これらの官員は「平時ハ区内府県警察ノ事務ヲ監察督励」し、「有事ノ時ハ臨機府県ノ警察官吏ヲ指揮シ、或ハ甲地ノ警察吏ヲ乙地ニ派遣シ、兇徒ヲ微小ニ制」する。このため、府知事県令の下に警察事務専任の「警部長」を置き「大ニ警察ノ実挙ラン」とする。

各地方官を指揮する「警察使」には強大な職権を規定している。第一に管区内の警察方法について地方官たちに意見を伝え整備させることができる（警察使職務条例案第二条）。第二に区内の実情を監査して制規条例の得失を報告する（第三条）。第三に非常時もしくは「時宜ニヨリ」警部以下を指揮下に置く（第四条）。第四に警察費定額範囲内に限り地方官と協議して「警察官吏ノ員及ビ警察出張所屯所等ヲ増減」する（第五条）。第五に随従官吏に区内を巡視させ、警察出張所・屯所の「実務ノ挙措ヲ検視」させる（第六条）。第六に実務上支障をきたすか「警察ノ本旨ニ矛盾」する事態が起きた場合には、地方官に「推問督促」して更正させる（第七条）。第七に平時非常時を問わず出張し、非常時には自ら「臨機ノ処分」をなし、あるいは随従官吏を派遣して「便宜ノ処分」をさせる（第八条）。第八に本来「権限外」の司法警察事務についても「事務牽連スルヲ以テ」当該官吏に意見を述べる（第九条）。第九に区内警察費の歳計の目途を立て「民費課出ノ適度ヲ量」って「費額ノ考按ヲ立」てる（第十四条）と掲げられている。府県治一般について「地方官ト協議シ考按ヲ立ル事」とされているものの（第十五条）、「警察使」は平時・非常時を問わず全国の地方官・警察官を完全に掌握する上官であり、民費負担すらも自らの判断で必要額を決定する仕組みになっていた。

このように、内務省の「警察使」構想は、明治九年の士族反乱の続発に際して、地方官が府県治のなかで試行錯誤を重ねてきた行政警察の限界を強調し、内務省直轄体制を正当化するものだった。地方官を指揮するだけでなく、管轄外の司法警察事務に意見し、警察民費額を措定するなど、「警察使」は事務の必要性の名の下に行政・司法や中央・地方の分権を飛び超えるものだった。

しかし、この案を勘査した正院法制局の意見は却下であった。十二月十五日、主査の桜井能監は同案の問題点を三つ挙げた。第一に、随従官吏に「県治属官ノ数ニ超過」するほど多数を要するのは不適当である。第二に、六大警察区を編制するためには警察使十二名が必要だが「其人ヲ得ルハ実ニ難」く、仮に人が得られても「其心思ヲ一ニセシムルハ固ヨリ期スベキニアラズ」と組織として動かすことは難しい。第三に「警察使ノ土地民情ニ通暁スルハ、府県警察吏ニ若カザル、必セリ」と、その土地の実情に通じるのは「府県警察吏」であって、警察使はこれに劣る、と。桜井は本案が膨大な増員と総員の連携を必要とする点で非現実的であると捉え、地方警察は「土地民情」に通じた府県警察官に依る方が実効性があるとし、本案が志向する中央集権的な警察を否定したのである。

この桜井の勘査意見は局内の協議に付され、局員の多数の支持を集めたが、古沢滋・尾崎三良の両名は内務省案却下に同意しつつも「考案修正」と題した修正案を示して、作り直しを求めた。結局、考案の修正協議が行われたのち、翌十年一月三十日に上申された。作り直しが必要となったのは、この間の明治十年一月四日に地租軽減の詔、同月二十九日に詔に基づく官制改革と各省定額金の減額が発令されたためである。古沢・尾崎は「考案修正」に次のように記す。

各省官制ノ変革、要スルニ繁ヲ省キ、簡ニ就キ、地方ノ官ノ職権ヲ広メントスルニアリ。且ツ行政警察ノ事タルヤ、全国ノ静寧ニ関スルモノヽ外、皆之ヲ地方ニ委任セザルベカラザルモノナリ。該伺ハ右ノ精神ニ反シ、警察ノ全国ニ関スルモノト地方限リノモノヽ別ナク、総テ之ヲ中央政府ニ統括セントトス。因テ伺ノ趣ハ御裁可不相成方可然哉。

古沢・尾崎は、明治十年一月の政府改革の精神が、地方分権による地方官職権の拡張にあるとし、これに逆行する「警察使」構想を認めることはできないとしたのである。

法制局は「警察使」構想について、人員・組織・費用のすべてについて非現実的と指摘し、さらに地方分権の政府方針に逆行するため却下とした。そのため、法制局にとって内務省の西南戦争への対応過程は気がかりであった。内務省は一月十九日に警保寮と警視庁を合併して警視局とし、川路を同局のトップに据える。西南戦争が勃発すると、川路自身が陸軍少将を兼任して警視隊を率いた。尾崎は六月十六日、品川弥二郎（内務大書記官）に宛て、次のように伝えている(53)。

従来川路ノ持論ハ兼兵ゼンダマリーノ類ヲ全国ニ置クニ在リ、既ニ一度建白モ出デ候へども甚ダ大事件、且今日右様ノ政事行ハレテハ地方官ハ虎ニ羊ノ有様トなル事ハ必定之儀ニ付、断然御採用無之、正院ニ於テハ御決定候処、今巡査一万も既ニ警視長ノ配下トナリタリ。此虎子ヲ以テ再ビ前日ノ兼兵《マヽ》論ヲ主張スル時ハ、中々排付シガタキ事と存候。左スレバ内務ノ機務と大ニ関係スル事ニテ、此辺ハ貴兄ニハ御熟知之事と存候へども、杞憂之侭申上候。

尾崎は、川路の憲兵論（「兼兵」・ジャンダルメリー gendarmerie）が西南戦争を通じてなし崩し的に実現すれば、地方官は警視庁の干渉下で「虎ニ羊」の有様となり、「内務ノ機務」上の一大問題となると危惧していた。内務省も西南戦争終結後、これに応える。法制局と協議しつつ地方制度統一法規、三新法（郡区町村編制法、府県会規則、地方税規則）を取り纏め、地方警察を府県治の一環に位置づけた。さらに同法成立後、川路らに改めて欧州を調査させ、警視局を再び警保局・警視庁の二機関に分割、内務省直轄の国事警察と府県の担う行政警察とを区分し、懸案の憲兵を陸軍省のもとで設置とした(54)。中央集権的警察機構の整備は、常に府県治への影響が懸念されてきたが、一連の対応を通じて、従来形成されてきた警察事務が継承され、事務の権限分界が定められるに至った。

(四)　明治十一年県会における警察と民費

明治九年、千葉県では萩の乱の主導者・前原一誠と親交のある永岡久茂らが千葉県庁襲撃を計画し（思案橋事件）、捕縛に当たった巡査らが死傷した。県庁は本事件について「我千葉県ノ如キモ或ハ一小熊本県ノ轍ヲ踏ムノ失敗ヲ生ズベキモ計ルベカラズ」と警戒感を顕わにしている。(55) 加えて、農民による地租改正反対一揆も深刻な問題となっていた。明治十年一月四日、政府が地租軽減の詔を発し、民費賦課額の上限を地租五分の一と定めて負担過重に配慮すると、柴原は同月十三日、県会の最重要議題を「民費減省ノ方法」と認めて議員たちの意見提起を求めた。(56) また、内務・大蔵両省に地租延納措置を伺った際、当該措置が各県で異なる問題に触れて、かかる不公平な措置によって人民の政府への不信感が高まり、ひとたび暴動を煽動する者が現れれば「数千之頑民響応、終ニ鎮撫ノ大兵ヲ煩ハスハ必然ノ勢」と抗議し、「茨城三重数県之跡ニ就テモ歴々徴スベキナリ」と茨城・三重両県の大規模な地租改正反対一揆を例に挙げて、早急に方針を一定するよう求めた。(57) このように、柴原は「地方実際ノ情況」の観察から、大規模騒擾の原因が負担過重だけでなく、県治の齟齬や過誤失錯に対する人民の疑念や不満にあるとみていた。そのため、明治九年十二月二十一日の各区警察出張所所長宛達では「警察事務ノ要旨ハ事変ヲ未萌ニ警戒予防スルニ在ル」と行政警察の重要性を確認し、「目今各地不穏」のなかで「官ニ与カラザル一村一町人民中ノ紛紜」を放置すれば「自然不穏ノ色ヲ顕ハ」し、まして警察が「疎暴過激ノ取扱」をすれば「反動嘯集ノ変ヲ醸」すことになると注意を喚起した。(58) 行政警察は人民の県治に対する疑念や不満に対して懇切に対応し、大規模な騒擾を未然に防ぐ役割を期待されたのである。

警察を一層密にするには、民費節減のなかでも警察民費を増額しなければならない。柴原は明治十一年一月に県会を開催し、民費増額を求める「警察民費改正議案」を審議にかけた。[59]県庁主務官員は、原案の趣旨を次のように説明する。当県では明治九年県会が毎月総額一〇〇〇円の民費負担を決議し、県庁が「増員巡査」制を認めてきた。しかし、増員巡査費は「無定額」で「俄ニ其保護ノ功著顕ナルヲ見出シ得ザル」ために「官民両ナガラ不便ヲ免カレズ」、加えてその設置は「人民真ノ情願ニアラズシテ、或ハ区戸長ノ説諭ヨリ成立タルモノ」が多いようである。当県の警察民費は官費や「近隣諸県」の警察民費と比較して「寡額ナルヲ以テ、其費額ノ乏シキニ困」んでいる。民費一般は「固ヨリ節減スベキヲ本旨」とすべきだが、「警察費ノ如キハ人々現ニ其身体財産ヲ保護スルノ用ニ供スルモノタレバ」、民費節減の方針でも警察民費に十分な額を充てる必要がある。ゆえに、これまで認めてきた増員巡査を一切廃止し（第一条）、警察民費負担額を大幅に引き上げて、従前の月一〇〇〇円、年計一二〇〇〇円を倍額の年計二四〇〇〇円とし（第二条）、規定の民費額を賦課する（第三条）と。

しかし、議員たちは急激な増額は実施困難と認めた。議員板倉胤臣が「今民費多端ノ際ナルヲ以テ先ヅ之ヲ議セズシテ、改租成功ノ後臨時会ヲ開テ之ヲ審議」すべきだと主張すると、これに議員三十三名の圧倒的多数が賛同し、この案は先送りとなった。また、増員巡査の即時廃止にも、議員たちから疑問が呈された。平山晋は「其法永久ニ行ナハル可カラズ」と原案に理解を示しつつも、市街では「其功アリ」と地域によって有益な方法であると指摘した。また、椎名精造は増員巡査設置はたしかに「人民ノ情願」によるものであるとして存置を求めた。結局、出席議員三十七名中二十三名が増員巡査存続に賛成して存続に決まった。柴原は警察の重要度が高まったために警察費の増額を求め「増員巡査」制を廃止しようとしたが、議員たちはかかる事務の必要性に即応することの問題を認めて先送りを決めたのである。このとき、県会は急激に警察事務を変化させることの非現実性を指摘することで、事務の実効性を担保する役割を果たしたものといえる。

（五）警察費の膨張と増員巡査の存続

西南戦争の勃発とそれに伴う不換紙幣濫発の影響で、警察整備と民費増額の両立は全国府県で喫緊の課題となった。一方で、明治十一年七月、三新法が制定され、地方警察は府県庁の職権に、地方警察費は府県会の審議項目に掲げられた。千葉県では三新法施行に伴い、旧大小区事務を郡役所・戸長役場に引き継ぎ、警察の出張所・警察署は存続、県会は前県会経験者で再選された者を多数含みながら、明治十二年に開会を迎えた。その県会では、県庁がさらなる警察の増額を求める原案を提示した(60)。県庁主務官員の説明によれば、明治十年度にかかった警察民費負担額は、増員巡査費を合わせて二二六八〇円余りで、県税から計上された二二六五〇円を合わせて総額四五三三〇円である。西南戦争時の紙幣増発等の影響により、前年度までの額と単純な比較はできないが、負担増であったことは確かで、主務官員も近年の警察費が「三五年以前ニ比較スル、止ダ倍蓰ノミナラザルナリ」と急激な膨張を遂げたことを認めている。しかし、なお不足するとして年四九六六一円への引き上げを求めた。明治十二年から会議日誌の表記方法が変わったため、議員の発言を追うことはできないが、県会では年三六四一〇円余りに減額したことが窺え、県会議員たちは増費の行きすぎを懸念したものと考えられる。

ただし、県内で警察事務の必要性が認識されていなかったわけではない。明治十三年、旧第七大区の埴生郡において郡村の実務に奔走していた幹義郎は、政府が「紙幣ヲ暴発シテ物価ヲ騰貴セシメ」たために貧民増加と犯罪多発が引き起こされたと歎き、警察事務の現状を次のように評している(61)。

> 天下ニ貧民ノ増加スルコト日一日ヨリ多ク、従テ兇徒ノ良民ヲ害スルコト益甚ク、遂ニ今日ニ至テハ村々ニ兇徒ノ害ヲ防禦スルノ画策ノ止ムベカラザルニ至リ、而シテ其兇徒ヲ制スル費用即チ警察費ハ益多キヲ加ヘテ厳ニ徴収セラル、モ、其責ヲ負フ警官ハ唯徒ラニ良民ノ失過ヲ検察スルヲ是レ務メ、儘其自由権ヲ害スルアルノミ。是レ其名ハ良民ヲ保護スルニ在テ、其実ハ之レヲ害スルモノナリ。

現在の経済状況と治安をみれば警察の充実は必要不可欠であり警察費の膨張も避け難いが、警官が人民保護の職責を全うできておらず、かえって「自由権」を阻害している問題があると幹は指摘する。警察費膨張の目的に理解を示し、そうであるが故に警察の質を問題にしている点は興味深い。また、警察の実効性を高めるため、幹の住む埴生郡では「民設巡査」設置が議論され、同年三月には茂原警察署長から各戸長に照会がなされた。(62) 各戸長の間では「二三戸長大ニ其効ナキヲ陳述スレドモ、他戸長ハ或ハ之レヲ賛成シテ設置センコトヲ論ジ」て意見が分かれたため、郡内で聯合会を開いて議定することに決した。幹は同月四日に聯合会にかける「規則ヲ制造」し、(63) 十二日には審議の末「増員巡査設置」を決めた。(64)「増員巡査」はその負担や効果が問われながらも、依然として郡内住民の生活を守る役割を期待されていたのである。

おわりに

明治初期において、警察事務は司法省・内務省の単線的な制度整備によって速成されたのではなく、正院・左院の勘査と、地方官・区戸長たちの議論・実践を通じて、徐々に形成されていった。

明治六年に司法省が提起した制度構想は、全国の地方騒擾に対応するために中央集権的機構の構築を急ぐものだったが、正院・左院、および内務省は府県治の現状から実現困難と認識していた。そのため、行政警察導入を含む地方警察の整備を地方官に委ね、旧来の民費による番人を取り込みながら、現実的な方法を模索するよう促した。本章で検討した千葉県では、この民費に支えられる警察をめぐって、県令柴原和率いる県庁と区戸長たちが具体化に取り組み、県民会における協議と大区小区制を介した実践が重ねられた。柴原が大区を拠点に警察組織を創り出すと、区長たちは民費負担者である人民の感情を推し量り、負担増を抑えながら人民保護の実効を挙げていくため、小区警察の整備を求めた。民費調達に行き詰まると、区長たちは警察の充実を全額官費化で図ろうとし、柴原も地方官会議でその旨を主張した。同会議で民費調達が決議されると、柴原は改めて県会を開き、区戸長たちの理解を求め、増員巡査を容認して各区に配慮した。常に県内の合意形成を図り、急激な増費を避け、広域の警察だけでなく、より人民に身近な警察を整備しようとする動きは、民費による番人を取り込む漸進的警察整備という政府方針の具体化された姿であった。地方官会議で大多数の地方官が民費調達に同意しつつ府県裁量を望んだように、千葉県と同様の取り組みは他府県でも少なからず行われたものと考えられる。

こうした取り組みが続けられるなかで、明治九年以降の経済的混乱と士族・農民による大規模な地方騒擾が続発した。危機感を憶えた内務省は「警察使」構想を示して中央集権的警備体制を速成しようとし、柴原は警察民費の大幅増額と増員巡査制廃止を打ち出して地方警察の速成を目指した。しかし、従来の取り組みに逆行するこうした危機対処法は、前者が正院法制局によって、後者が県会によって押しとどめられ、従来の方針と方法が継承されていった。内務省・府県が考える警察事務の必要性に対してこのような抑制が働いたことも、太政官の立法審査体制や地方民会が事務の現実適合性、各事務のバランスを失う事態を回避する役割を果たしたことを示している。

警察事務は、人材・費用不足で直ちに中央集権的制度を実現できない日本の現実に合わせて、政府から地方官へ託され、地方官は県庁官員や区戸長・議員たちと協議を重ねることで、徐々に現実的な方策を取り纏めていった。かかる事務の現実適合性の追究は、事務担当者の実践は勿論、地方民会や地方官会議といった議事組織を通じて行われ、警察事務はその議論と実践を蓄積するなかで形成され、のちの基礎を得たのである。

註

（1）大日方純夫『日本近代国家の成立と警察』（校倉書房、一九九二年）、同『近代日本の警察と地域社会』（筑摩書房、二〇〇〇年）。
（2）勝田政治『内務省と明治国家形成』吉川弘文館、二〇〇二年。
（3）明治六年五月十八日、地方官一同への太政大臣三条実美演説（『法令全書』明治六年、内閣官報局、一八八九年、七七三―七七四頁）。三条は太政官制潤飾の主旨について、各省が相争って府県管轄の権限を求め、「理論ニ空馳シテ、実際ノ事業、緩急前後其適度ヲ失ヒ、一致平均ノ準ヲ得ズ」となっている現状に対処することと説明している。一般に太政官制潤飾は予算紛議に伴う各省間対立を契機に行われたことが知られるが、潤飾を主導した正院側に、各省の府県へ発する法令の関係性・現実性の欠如という問題が意識されていたことは重要と考える。詳細は第一章参照。
（4）西川誠「第一回地方官会議開催をめぐる政治状況」（我部政男他編『明治前期地方官会議史料集成』第二期第六巻、柏書房、一九九七年、以下『集成』と略記）。
（5）松沢裕作「「大区小区制」の構造と地方民会――熊谷県の場合」（『史学雑誌』第一一二編第一号、二〇〇三年）。のち同『明治地方自治体制の起源』（東京大学出版会、二〇〇九年）に収録。
（6）周知の通り、明治二十年代前半の地方自治制制定に連動した警察制度改革において、ドイツ人御雇外国人顧問ヘーンは千葉県の視察に訪れ、県から町村まで行き届いた同県の警察機構を高く評価した（手塚豊「ヘーン警察大尉「千葉県巡回復命書」」『法学研究』第四九巻第六号、一九七六年）。
（7）国立公文書館所蔵、「第十一類　記録材料」、「旧内記課ヨリ引継書類」（記〇〇四五〇一〇〇）所収。本史料には司法省罫紙に書かれた川路建議が含まれており、おそらく司法省が太政官に提出した副本と考えられる。以下これに依る。
（8）前掲大日方『日本近代国家の成立と警察』第Ⅰ編第二章第二節参照。
（9）国立公文書館所蔵、「第四類　上書建白書」、「諸建白書」明治六年四月―明治六年十二月所収。
（10）明治七年一月十二日、木戸孝允宛尾崎三良書翰（木戸孝允関係文書研究会編『木戸孝允関係文書』第二巻、東京大学出版会、二〇〇七年、三六二頁）。
（11）明治七年六月三十日、左院宛岸良兼養・井上毅建議（附「仏蘭西備警兵考」）及び左院・内務省上答書（国立公文書館所蔵「諸雑公文書」雑〇〇一〇三一〇〇）。
（12）「氏寿履歴書」（村田氏寿『関西巡回記』三秀舎、一九三〇年）。
（13）国立公文書館所蔵「公文録」明治七年・第五十巻・明治七年五月・内務省伺（二）、第三十九号文書。

(14) 明治八年三月二十九日、大阪府伺（内務省編『明治初期内務省日誌』上巻、国書刊行会、一九七五年、三四六―三四七頁）。
(15) 明治八年四月八日、宮城県伺「行政警察御規則御定相成候ニ付邏卒人員並警察費等更正之儀ニ付窺書」（宮城県公文書館所蔵宮城県庁文書「明治八年　官省指令　太政官ノ部内務省ノ部　五冊ノ内一」）。
(16) 明治八年三月、岐阜県伺（前掲『明治初期内務省日誌』上巻、三四七―三四九頁）。
(17) 千葉県史料研究財団編『千葉県の歴史』通史編・近現代一（千葉県、二〇〇二年）第一編第二章及び千葉県警察史編さん委員会編『千葉県警察史』第一巻（千葉県警察本部、一九八一年）第一、三章参照。
(18) 千葉県史編纂審議会編『千葉県史料』明治初期三、千葉県、一九七〇年、一七九頁。
(19) 同右、一八一―一八二頁。
(20) 国立公文書館所蔵、第四類　上書建白書、「諸建白書」明治六年四月―明治六年十二月所収。
(21) 前掲『千葉県史料』明治初期三、三頁。
(22) 同右、五七九―五八〇頁。
(23) 明治七年一月「大区議事会章程」第十四条（前掲「公文録」明治七年・第二百五十八巻・明治七年一月・諸県伺）。
(24) 同右、二一〇頁。
(25) 同右、五八一―五八三頁。
(26) 柴原和『県治方向』一八七五年十月序、五―六丁。同書は、柴原が従来の県治の経緯と今後の県治の方針を、県庁官員・区戸長たちに示すために著した小冊子である。
(27) 以下、千葉県立中央図書館所蔵「千葉県日誌附録議事場日誌」による（ただし落丁分は千葉県文書館所蔵「おとづれ文庫」ヌ一一一八の同文日誌により補った）。
(28) 『集成』第二期第一巻、三二九―三三二頁。
(29) 勝田前掲書、一七七―一七八頁。
(30) 『集成』第一期第三巻、一八三頁。
(31) 明治七年九月「各地方臨時取締之儀ニ付伺」（前掲「公文録」明治七年・第七十五巻・明治七年十月・内務省伺（三））。
(32) 『集成』第一期第三巻、一六一―一六二頁。

(33) 同右、一六二頁。
(34) 同右、一三三頁。
(35) 同右、一六三頁。
(36) 同右、一六四頁。
(37) 同右、一五七頁。
(38) 同右、一六四―一六五頁。
(39) 同右、一六八頁。
(40) 同右、第一期第四巻、六六頁。
(41) 同右、第一期第三巻、二五一頁。
(42) 同右、二三六頁。
(43) 同右、二二六―二二八頁。
(44) 同右、二五二頁。
(45) 前掲『県治方向』一〇丁。
(46) 同右、一〇―一一丁。
(47) 神尾武則「県令柴原和と千葉県民会」（津田秀夫編『近世国家の解体と近代』塙書房、一九七九年）。
(48) 以下、「明治九年千葉県会議日誌」（国立公文書館所蔵「公文録」明治九年・第二百巻・明治九年四月・府県伺一）に依る。
(49) 前掲『千葉県史料』明治初期四、七二九―七三〇頁。
(50) 同右、明治初期五、四〇頁。
(51) 以下、「明治九年千葉県第四大区第二回会議日誌」（千葉県文書館所蔵「鳥飼家文書」オ―一五七）に依る。本史料は第四大区五小区の戸長にして同会議の議員を務めた鳥飼六右衛門の所持史料と考えられる。
(52) 国立公文書館所蔵、「第十一類 記録材料」、「考案簿」所収。同簿冊の性質については、拙稿「明治太政官制下における法制・行政・記録――「法制局文書」の検討から」（『東京大学日本史学研究室紀要』第一四号、二〇一〇年）参照。
(53) 明治十年六月十六日、品川弥二郎宛尾崎三良書翰（国立国会図書館憲政資料室所蔵「品川弥二郎関係文書」書翰の部、五一四―一）。

(54) 前掲大日方『日本近代国家の成立と警察』第I編第四章参照。
(55) 前掲『千葉県史料』明治初期四、四四二頁。
(56) 同右、明治初期五、六三頁。
(57) 明治十年一月十三日、内務卿大久保利通・大蔵卿大隈重信宛千葉県令柴原和建白書（早稲田大学図書館所蔵「大隈文書」イ一四―A一九一一）。
(58) 前掲『千葉県史料』明治初期四、六九三頁。
(59) 以下、千葉県議会図書室所蔵「明治十一年千葉県会議日誌」に依る。
(60) 以下、同右所蔵「明治十二年千葉県会議日誌」に依る。
(61) 茂原市立図書館古文書講座編『詠帰堂日記（上）』茂原市立図書館、二〇〇四年、七八―七九頁。
(62) 同右、八三頁。
(63) 同右。
(64) 同右、八七頁。

第八章　教育事務の形成
――学資金問題を中心に

はじめに

明治初期の政府において、教育の普及は政治体制の変革と密接な関係をもって理解されていた。明治元年（一八六八年）の木戸孝允の意見書、(1) 明治二年の府県施政順序における「小学校ヲ設ル事」(2)、明治三年の「建国策」および大木喬任意見書（第二章参照）、広沢真臣意見書、(3) 明治四年の文部省創設、明治五年の学制制定――一連の事象を通じてつねに問題とされてきたのは、新たな統治を実現するため、人民一般の生活を変えることであった。ただし、木戸や広沢が強調したように、人民に必要とされる「知識」とは、経済的「富強」を達成するだけでなく、統治を「二三ノ英豪」に任せ「三民を愚にし統御するの方法」、すなわち旧専制統治を一新するためのものであった。また、人民一般に向けて学問の重要性を説いた福沢諭吉も、明治五年に著した『学問のすゝめ』のなかで、人民が等しく学問に就くことの意義を次のように強調した。(4)

愚民ヲ支配スルニハ、迚モ道理ヲ以テ悟スベキ方便ナケレバ、唯威ヲ以テ畏スノミ。西洋ノ諺ニ愚民ノ上ニ苛キ政府アリトハコノ事ナリ。（中略）今我日本国ニオイテモ此人民アリテ此政治アルナリ。（中略）人民皆学問ニ志シテ物事ノ理ヲ知リ、文明ノ風ニ赴クコトアラバ、政府ノ法モ尚又寛仁大度ノ場合ニ及ブベシ。法ノ苛キト寛ヤカナルトハ、唯人民ノ徳不徳ニ由テ自カラ加減アルノミ。

「愚民」が学問によって「物事ノ理」に通じ「文明」に至れば、政府も専制を解いて「寛仁大度」の新制へ移行できると福沢はいう。彼らの発想に共通しているのは、人民一般の「知識」を生業の増収を図るという経済的利益（富強）だけでなく、社会生活上の自立性を培うもの（文明化）ととらえ、それを政府頼みの政治体制（専制）から脱却するための基礎として重視している点であった。

一般に「国民」（nation）の育成というテーマで捉えられるこの問題について、これまでは政治的責任の外側に自らを位置づけるような人民の政治的態度や、[5]「国民」養成をめぐる民間の多様な議論が注目されてきた。[6]では、「国民」育成と密接な関係を持っている事務領域、すなわち教育事務においては、どのような取り組みがなされていたのか。この問題については、政治史からは脱落しており、[7]従来の教育制度・政策史研究にも有効な回答がない。学制期（明治五―十二年）の教育政策は、一部の公文書類から検討され、文部省による学制の専断的実施とその失敗、自由化路線への転換とその失敗といったように、未熟さゆえの混乱期として描かれることが常であったため、教育あるいは教育事務を所与のものとして扱ってきた。それゆえに、文部省内部の意図や方法、地方内部における運営事情については実証研究が不足している。本章では、人民一般の教育について文部省・地方がどのような認識のもと活動を積み重ねて「教育事務」を作り出していったのかを、学制期最大の懸案事項であった学資金問題を通じて明らかにする。

小学校の全国整備には莫大な資金が必要となるが、当時の政府財源ではそれを賄うことができなかった。第二章にみたように、文部省は小学校の重要性を認めるが故に、学区内集金の義務性を強調することによって、人民一般の学資金供出を促そうとしたが、左院は人民の自主的事業という方針にそぐわないとして反対していた。以下は、文部省の学区内集金義務化を要請する伺書に対して、正院が所見を示し、左院へ諮問したものである。[8]

学校教育ハ国民ノ開化ヲ進歩スルノ要務ニシテ、一日モ忽ニスベカラザルモノ也。而シテ之ヲ設立スルト之ヲ保護スルト、亦是国民タルモノ当然ノ責ヲ受ケザルヲ得ザルナリ。曩キニ学制ヲ定立シ、全国ヲシテ邑ニ不学ノ戸ナク不学ノ人ナカラシメントノ旨ヲ布告セリ。然リト雖ドモ、其費タルヤ亦貲ラレズ、有限ノ租税ヲ以テ無限ノ費用ニ給セントス、其行ハレザル、固ヨリ論ヲ待ザル也。因テ今之ヲ全国ノ人民ニ課シ、其設立ト保護トノ責ニ任ジ相共ニ開化ノ進歩ヲ助ケシムベシ。然リト雖モ、全国開化日猶浅ク興学ノ費ハ人民一般ノ責タルヲ解セズ。故ニ唯之ヲ有志者ニ任サントスレバ、到底其効ノ挙ルヲ見ザルベシ。又之ヲ一般ニ課シ租税ノ外ニ出サシメントスル、徒ニ官ノ収歛ヲ疑フニ至ラン。其施設ノ方法何如シテ当ヲ得ルヤ、審議上陳可致事。

正院は、学校教育が「国民ノ開化ヲ進歩スルノ要務」であり、学制布告書にいう人民一般の就学が重大な政治課題であることを確認しつつも、その費用を租税収入だけでは賄えないことを認めている。しかし、費用負担を人民一般の自主性に任せれば、人民が学校教育を自主的に支えるべきだという理解を持っていないために実効は期待できない。かといって人民の責任であることを政府が公言すれば、単に新たな課税とみられて非難の的になるという。要するに、小学校設立・維持は本来人民一般の責任であると正院は認めながらも、それが人民一般に了解されていない現状において自由放任や強制徴収の手段に出ることは、却って教育普及事業を失敗に追い込むことになると捉えていた。こうした事情を踏まえて、本章では文部省における学校経営の基本構想について明らかにするとともに、地方における学資金問題への対応過程を分析する。

地方での学資金のあり方については、以下の指摘がなされている。千葉正士は、学資金集金には強制徴収と人民の自主性尊重のジレンマがあったとし、集金問題を「矛盾を包蔵していた学制が当面した必然的な二律背反」と評し、賦課を可能にするための方法として「教育会」が行われたとした[9]。「教育会」については、倉澤剛は学制の専断的実施の見直しとして捉え[10]、井上久雄は地域的合意形成を必要とするものとして捉えた[11]。しかし、いずれも「公文録」や『文部省年報』などの公文書類に基づく見解であり、「教育会」なるものの実態は不明であった。また、金子照基は

「小学校の問題が「民選議会」に付議される傾向も生じた」とし、「教育会」にとどまらず、内治事務一般の地方民会でも教育上の議論が及んでいたことを指摘するが(12)、地方民会における議論の実態も明らかではない。一見すると「教育会」と地方民会は明確に区別されているようだが、当時の教育事務の当務者である学務課員・学区取締たちは、県庁他課に関わり、あるいは区戸長と兼任されていたから、府県それぞれの教育事務の組織方法にしたがって会議の形態を異にする。

いずれの先行研究も、地方民会ないし「教育会」が学資金問題において一定の役割を果たしていたと推察しながらも、実際にこれらの地方会議がどのような形態で組織され、どのように学資金問題を議論し、実際の施策に如何なる影響を与えていたのかは、全く明らかにしていない。この点も地方史料を用いて明らかにし、先程の文部省の構想と併せて理解する必要があるだろう。

以上から、本章ではまず明治四年以降の政府の「学校」認識をおさえたうえで（第一節）、学制期における文部省の学校構想について特に当時文部省を主導していた田中不二麿文部大輔の視点に即して検討し（第二節）、地方における議論と合意形成について千葉県、埼玉県の取り組みを分析する（第三、四節）。一連の検討を通じて、明治初期における教育事務の形成過程を捉えることとする。

第一節　「学校」の模索

（一）アメリカと日本の「学校」——木戸孝允と大木喬任の視点から

明治四年（一八七一年）から六年にかけて、政府要路・事務官は二つの集団に分かれて新制度を模索していた。一方は岩倉使節団、他方は留守政府である。両集団については明治六年の朝鮮遣使問題をめぐる対立が目を引くために、互いに異なる志向性をもつ集団として認識されがちだが、各事務の制度構想については課題を共有している。教育事務に関しては、岩倉使節団派出中に留守政府が学制を制定したことや木戸孝允が学制の出来を批判していることなどから、やはり両集団の没交渉と相互対立が強調されてきたが、後述するように、この理解も適切とはいえない。ここでは教育事務における両集団の関係を理解するため、まず岩倉使節団の課題認識を確認する。

岩倉使節団は大使・副使・理事官・留学生など百余名からなり、欧米諸国の視察や情報収集を行ったが、その調査目的は、今後の事務の良法を各国に探索することだった。すなわち、「国体ヲ一ニ」すると共に「専擅拘束ノ余習」を払って「寛縦簡易ノ政治ニ帰」し、「民権ヲ復」して「列国公法ニ拠ル」法治国家の形成を期すことであった（使節団派遣趣意書）[13]。そのなかで「教育事務」の視察についても「国民教育ノ方法、官民ノ学校取建方、費用集合ノ法」等を調査し、「我国ニ採用シテ施設スベキ方法」を見いだすこととし、専制脱却を主眼とした政府の事務研究の一環に位置づいていた。

使節団には四名の副使がいたが、副使は予め事務の担当を決められており、担当事務に関する決裁は副使が行うことになっていた[14]。このとき「文部」を担当していたのは木戸孝允であった。木戸は早くから人民一般の教育に関心を寄せていたことで知られるが、日本を発つ前には「無学文盲之世界に而、只人才之饑饉には困却仕候」[15]といい、近年いたずらに欧米を模倣する「軽燥浮薄之風」が蔓延しつつあるとして「学校等之事、尤今日之急務に而、たとへ一芸一能に而も真に其学問出来候ときは自然と沈実仕候ものに付、天下一般之学則等も急々相立」べきだと論じており、学校を通じた人材養成の重要性も認めていた[16]。これは政府内部で欧米法の安易な日本への適用が施政の混乱をもたらしているという、木戸の実感にもとづく意見である。第一章にみたように、政府内部では欧米法制度と国内状況の双方に通じていなければ、実効性のある事務の展開は困難と認識されていた。「学校」がそのような人材を養成する場として注目されたのは、明治四年という段階において自然なことであったといえる。

一方で、木戸は明治四年十二月、アメリカにおいて「小学校」を視察し、そこに自らの求めていた人民一般の教育の形を見た。同月十五日の日記は次のような文章で占められている(17)。

三処の小学校に至る。大なる部は少年一千三四百人入校、其規則実に可見、女子而已入学の校あり、又男女とも入学の校あり。真に我国をして一般の開化を進め、一般の人智を明発し、以て国の権力持し、独立不羈たらしむるには、僅々の人才世出するとも尤難かるべし。其急務となすものは只学校より先なるはなし。余平生是をはかり当世の人応ずるもの甚少し。而して至于今日、其念尚勃々、此度同行中に田中不二麿あり。余の同志なり。且文部省中より随行せり。不日学校の興隆を只希望する而已。

当時アメリカの「小学校」では、貴賤・貧富・宗派・男女によらず、人民一般の均しく通う「普通教育」common education が行われていた。これは当時の欧米において新しい教育方法であり、同様の方法で立国し普仏戦争でフランスを破ったドイツに対しては、周辺各国から注目が集まっていた。ここで「同志」とされている田中不二麿は、文部省理事官として教育事務の調査を担当していた。木戸は帰朝後の文部省の「教育事務」に田中の役割を期待していたことが窺える。なお、田中の経歴については次項に譲る。

木戸・田中の欧米視察の間、国内では大木喬任文部卿のもと学制取調が進められていた。文部省が背負っていた事務の来歴は二種類あり、第一に元民部省の「小学校」で、第二に元大学および大学指揮下の東南校である。前者は旧来の寺子屋を引き継ぎ、後者は旧来の幕府の昌平坂学問所・医学所・開成所を引き継いでいる。それぞれ改革の方法が模索されてきたが纏まらず、最終的に明治四年七月の文部省による「学校」の統合に至る。すなわち、翌月七日の文部卿職制には「掌総判教育事務管大中小学校」と掲げられ、旧二事務の総称として「教育事務」の名が冠された(18)。人事もこれを反映し、前民部卿の大木喬任を文部卿とする一方、大学大丞の加藤弘之以下、大学官員から長与専斎、辻新次、瓜生寅（清国派遣中だった大学少丞・長炗も遅れて拝命）、田中不二麿も十月に文部大丞となった。明治元年に太政官が置いた学校取調御用掛経験者から内田正雄・箕作麟祥ら洋学者も加わった。この他、少数ながら杉山孝敏、西潟訥ら他機関からの転任者が加わることになる。明治五年一月、大木喬任文部卿は学制草定に際して「一二ノ聖賢」によりすがるのではなく、「一般人民ノ文明」をはかり、「国家」の「富強安康」を実現しなければならないとして、[19]次のような伺書を太政官へ提出した。[20]

伏惟レバ国家ノ以テ富強安康ナル所以ノモノ、其源必世ノ文明、人ノ才芸大ニ進長スルモノアルニヨラザルハナシ。是以学校之設、教育之法、其道ヲ不可不得。依之今般学制学則ヲ一定シ、無用之雑学ヲ淘汰シ、大中小学ノ制例ヲ建立シ、文芸進長ノ方向ヲ開導仕度奉存候。

大木は「世ノ文明」と「人ノ才芸」の双方が学校教育によって育成されることによって「国家」の「富強安康」が実現されると認識していた。学校教育を通じた「文明」と「才芸」の両立という捉え方は木戸のそれと相通ずる。この目的のために、旧来の学問のうち「無用」のものを排斥しつつ、人民一般の「学校」への就学を進める事業が開始された。学制布告書に謳われた人民一般の就学は、人民生活の立て直しとともに人民生活そのものの変革を意図したものであった。

大木の人材養成論は、明治四年七月の伺書において明瞭に表現されている。すなわち、「人材」の養成は「教育事務ノ本職ニシテ、即チ本省至緊ノ責」であるとし、「各国ト併立ノ御趣意」に相応しい「人材」を養成するため「悉ク外国ノ方法ヲ以テシ、入校ノ生徒ヲシテ殆ンド外国ニ在ルト一般ノ思ヲ為サシムル」と強調した。[21]万国併立を達成するため欧米と同じ方法で人材を養成するという。ただし、第二章にみたように、大木において欧米化そのものは目的ではない。翌五年七月に文部省が提出した「高上学校」の取調書では、「人材」は以下のように定義されている。[22]

天下ノ政治ハ其要生民ヲ教ヘテ人倫ノ大義ヲ明カニシ、独立ノ道ヲ励マシムルニ在テ、之ヲ助クル者ヲ人材トス。（中略、学校を盛大にすれば――湯川註）善ク其法律ヲ守テ以大成スル所有ルニ至ル事必セリ。夫上好ム者アレバ、下コレヨリ甚シキ者アリトキク。府県州郡大学校ノ如此ナルヲ聞カバ、誰カ奮発興起セザルベケンヤ。是天下ノ人材ヲシテ皆大成セシメ、天下ノ人ヲシテ皆学問ノ大概ヲ知ラシムル所以ナリ。

ここで「人材」は「人」から進む者として捉えられ、「人」は学問の「大概」を心得、「人材」はさらに学問を究めて他の人々の「人倫」と「独立」を促して「天下ノ政治」を支える。こうした伝統的政治理解により、「人」の育成が先決事項とされ「人材」養成の重要性が語られるのであった。

大木は不学の者が多くいる現状について「学ブベキノ時ニ学バザルヲ以テ、其基礎已ニ失シ、至ル所稽留シ、其学遂ニ上達スル事不能」と問題視する。また、手習師匠は「素ヨリ教育ノ何物タルヲ不弁」「普ク物理ヲ知ルニ足ラズ」、四書五経の諳誦も「今日ニ用アル何ニ有ル、是亦其不学モノト相去ル一間」と評した（明治五年四月二十二日、文部省伺）[23]。こうした旧来の学びに対する辛辣な文言ゆえに、大木の政策方針はともすると急進的な欧米化路線と同視されるが、大木が旧来の学びの根深さと欧米学問と人民生活の隔絶を認識したうえで漸進的な教育制度の改良を想定していたことはすでに第二章にみた通りである。ここで大木が「教育」や物の道理（「物理」）といった文言を用いているのは、前述の「文明」と「才芸」、あるいは「人」と「人材」の育成という学校理解に基づいている。

以上のように、岩倉使節団における木戸孝允と留守政府における大木喬任は、それぞれの集団の教育事務を統轄する立場にあり、学校観および学校整備の必要性については、同様の認識をもっていた。しかし、従来の研究では、木戸による学制批判を取りあげ、両者の差異が強調される傾向にあった。この問題については、まず第二章にみたように、大木自身が学制の制定を急ぎながらも、制定後の漸次改良を想定していたことに留意する必要がある。木戸が学制を安易な欧米模倣の象徴と受けとめた頃、大木自身も欧米模倣から日本化を進める道筋を想定していたのである。

また、学制は留守政府の独断専行によるものであるとの説明も、先行研究において繰り返しなされてきたが、この説明は適切ではない。なぜなら、木戸孝允もまた学制制定を急ぐように文部省へ働きかけていたからである。文部省内には木戸とのつながりの深い官員がいた。長州藩出身で元太政官権少史の杉山孝敏は、民部省・大学の官員ではなかったが文部権少丞に就き、岩倉使節団派遣後も欧米にいる木戸と意見往復を続けていた。また、元大学官員の長炗（三洲）は、豊後国出身の漢学者で日田天領咸宜園に学び、幕末は長州藩に身を寄せており、木戸とのつながりはそれ以来のことになる。二人はともに明治四年十二月二日に学制取調掛に就き、学制の立案を進めた。木戸は明治四年十二月十七日、すなわちアメリカの小学校を視察して二日後に、杉山に宛てて書翰を送った(24)。

今日開化先進之人は、漫に米欧文明之境を賞し、我の百端備らざるを説候へども、其心多くは罵るに在而歎ずるにあらず。（中略）全国之風を察し全国之弊を顧みずんば国家之保安元より難し。此風を改め此弊を矯る、学校を以て急務とする之外他なし。我今日之文明は真之文明にあらず、我今日の開化は真之開化にあらず。十年之後其病を防ぐ、只学校之真学校を起すに在り。田中氏なども余程心懸け候様に相察申候へ共、幸兄なども其省に御在勤故、気脈相通じ歳月を不費候而、何卒速に成就候様、只管希望いたし候。多端故、長氏へも別に書状は出し不申、尚御相談可被致候。国家永安之長策は、僅々之賢才世出するとも、一般に忠義仁礼之風起り、確乎不抜之国基不相立候而は、千年を期し候とも国光を揚る事不可知、風を起す基之確定する、只人に在り。其人を千載無尽に期す、真に教育に在る而已。

木戸は欧米化＝立国とは考えず、人民一般の通う「学校」が立国の基礎となると捉えていた。背景には欧米化が亡国に用いられているという危機感と、「学校」の効果が認められるまで十年前後の歳月を要するという前提条件、そしてアメリカで「小学校」を見た実感がある。木戸は自らの「同志」である田中不二麿、杉山孝敏、長炗の連携によって、文部省において一刻も早く学校を興し教育に着手する必要があると捉えていた。

その期待に応えるように、二人は学制取調を進め、翌五年に相次いで木戸に報告している。長は明治五年一月、木戸へ以下のように報じた(25)。すなわち、「唯今日之急は文部省之任にて、天下を学に入れ候事第一之急務と奉存候」だが、「兎角に相運び不申」、「着手延引」に陥って「大にあせり居申候」である。しかし、目指すべき方法の全体像（「大規模」「将来之処」）こそフランス学制などから目途を立てたものの、それに向けて現状取るべき方法（「眼前之処」）は「先打捨置候姿にて、心頻に焦燥仕候」と。さらに、四月二十七日には「学制之儀は荒増取調、当時正院伺中」と報じたが、大蔵省から予算の同意が得られず、「今日之急務は学校之外無之」ため「万般は省略いたし候而も文部之事業振興候様」と「懇願」しているところだという。[26] 一方、杉山は同月二十八日に木戸に宛て「文部の事も敦く仰せ越されたる趣、痛く感荷奉り候」としつつ所感を述べた。[27] すなわち「内地在来の洋学者」は「国を愛し先途を謀るの意薄く、実用に適するに於ては、矢張漢学者の章句に老死するも、洋文を読むを知て技能に其人なきも、均しく無用の学徒共にては無之かと奉存候」と。杉山は「希有」の人材として山尾庸三を例に挙げつつ「当節文部に於ても順序を追て実材を造育するの見込にて学制卒業候」とし、「田中大丞まで付送仕候間、御覧の上御論評」を願った。

このように、長・杉山は一方では大木文部卿のもとで、他方で木戸副使の働きかけを受けて学制取調をすすめたが、木戸が求めるような立国の基礎となり得る「学校」を形にするには至らず、ともにその困難を報じた。案の定、木戸は学制について「全備に過」ぎるとの所感を伝えることとなったのである。明治六年二月三日の長宛木戸書翰では、欧州各国の実際は「本邦之評判」と「実に齟齬」しており、どの国を見ても「判然法も全備し人も才能而已相揃候と申例しは無之」と実感を綴り、日本においても「言之度」と「行之度」を合わせるよう求めた。[28] 木戸は欧米の現実をみたことで定める「法」と行う「人」のバランスを一層重視し、現実的方法を追究するようになったが、国内の民政改革に着手してきた大木もまた同様の所感を抱いて学制の漸次改良を必要と認めていた（第二章参照）。したがって、学制制定をめぐって、岩倉使節団と留守政府は異なる志向性をもっていたわけではなく、ともに日本の実情に合わせて欧米教育制度を導入・定着させることを課題と認め、実効性のある方法を必要としていたのである。

ゆえに、実効性ある方法の模索は、大木文部卿時代には終わらず、田中不二麿によって継続された。その模索は多岐に亘るが主要なものとして以下の二点が挙げられる。

第一に、地方との関係の構築である。もとより全国府県の人民が通う「学校」の整備は、文部省の独力では不可能である。多くの費用を民費に頼み、実務を担う学区取締も学区内の人民から選ばれる。その意味では、他の内治事務と共通する部分が大きい（第七章参照）。文部大輔福岡孝弟（明治五年二月就任、八月司法大輔に転任）は学制布告前、大隈に「愚案」と題した意見書を送り、学制の区画方法では他事務との関係が考慮されていないため「庶政連続」を欠き「地方官民之迷惑」を生ずるとして、区画を他の内治事務と揃えるよう進言している。(29) 折しも大蔵省が地方区画の造成に乗り出していた頃であり、文部省は「学校」を創出するという教育事務固有の目的に収斂するあまり、他の内治事務との相互関係を考慮していないと、福岡は指摘したのである。そもそも学制は学校設置・管轄区域として大中小学区を定め、各大学区に督学局という事務機関を置くとしたものの、府県官の職権・職責の規定を持っていなかった。実際施行上では府県との関係を定めていくことが必要となった。

もう一つの問題は、学資金である。第二章にみたように、大木は学制第九十八章但書追加で子弟の有無に拘わらず学区人民より学資を徴集することを明記した（文部省第四十九号）。さらに同月十七日、少額でも「官ノ扶助」を受けた学校は「私費半バヲ過グトモ」、「官立学校即チ公学」とすると定め、全国の小学校をはじめ私費に支えられている学校を「官立」に編入し、文部省の全国学校の統轄権を明示しようとした（文部省第五十一号）。(30) 学制立案においてフランス学制等を参考とした関係上、「学校」は「官」と「私」の二種類からなるが、大木は「私」にも学事上の義務が含まれる点を説明するために「官立」への包摂とせざるを得ず、「官」「私」にわたる事務を組織化することはできなかった。

結局、大木は四月に太政官制潤飾に向けた人事異動で参議に転任することになり、同月には帰朝した田中不二麿が省務を統轄するようになった。小学校の内容においても、その整備・維持方法においても、課題は山積しており、それらは田中に引き継がれていく。文部省・地方官関係の構築と小学校・学資金関係の構築はその主要な課題であった。

(二)　田中不二麿という人材

田中不二麿は最初から教育事務の専門官として養成されていたわけではない。こうした事情は、第二章にみた大木喬任にしても同様で、明治初期の官員一般にいえることである。木戸が「人才ノ饑饉」と述べたように、各事務に適切な人材を揃えることは喫緊の課題であったが、その木戸からみて田中は教育事務の担当者として信用のおける人材であった。では、田中は政府内部でどのような人材とみられてきたのか。先行研究ではこの点に言及してこなかったが、ここでは田中の文部省における活動を検討する前に、まず文部省理事官拝命以前の田中の経歴を検討し、田中という人材を理解することから始めたい(31)。

田中は、弘化二年（一八四五年）生まれ、元尾張藩士の勤皇家で、旧名を寅三郎、国之輔という。慶応三年十二月に新政府で参与職となると、明治元年一月に徴士、二月一日に徴士参与職兼弁事となり、閏四月二十一日の政体書に伴い、弁事専任となった。十月二十九日の弁事分課制定により、田中は諸藩と文書をやり取りする「諸侯掛」に就き(32)、十一月十五日には東北諸藩賞罰取調を兼勤したが、同月十一月三十日に、老母の世話のため暇を願い帰省している。その後、明治二年三月二十三日に急遽京都行を命じられて復職、四月八日にはさらに東京行を命じられ、以後、東京―京都間を往復して連絡・協議の役割を果たした。そして明治二年十月十五日に大学校御用掛、明治三年三月二十七日に太政官中弁となり、五月二十三日、徳島藩紛擾の事後処理のため、「徳島表へ出張」を命じられた(33)。明治四年七月二十九日に枢密大史、八月十日に大内史となり、十月十二日に文部大丞に就任した。

一連の履歴が示すように、田中は太政官弁官職において様々な太政官文書の処理を担当しており、その折衝能力を買われて諸藩との交渉、東京・京都間の調整、刑法関係の要務に従事した(34)。互いに意見の異なる政府要路・事務官たちを束ねるために、田中のような調整能力の高い官員は重宝されたが、田中自身が調整役であることに満足していたわけではない。それは以下の史料から窺える。明治二年三月二十二日、岩倉は木戸孝允に対して、尾張に帰省していた田中を呼び戻す際の顚末を次のように報じている（傍線湯川）(35)。

抑御留主中在職甚御無人に付、彼是懸念、風と田中国之助義存出し、病気押而上京之事申遣候所、幸上京、早速下坂出会致し、各等東下の上は御留中云々申談候処、承伏謹而御請申上候との事に候。元来旧年於東京御暇願出候砌、段々被召留候得共強而歎願に付、別段其内情承候処、一つは母の為め、一つは旧藩の為め、一つは断然洋行他日大に為朝廷尽し奉り度の旨趣に付、小子にも両児洋行志願に付、共に同行約し置候内実に候。右故、今度も御留主中の所可勤仕候得共、洋行之節は是非々々御暇願度旨に付、其辺は請合置候様申入置候事に候。一存取計如何に候得共、御留主中実に御無人、殊に弁事是と申人も無之、旁前文次第に運び候。於御同意は表面之所、左之通御取計可給候。

田中が帰省した理由は公記録には①老母の世話のためとしか記されていない。しかし、実際にはそれ以外に②尾張藩政の整理(36)、③「断然洋行」による知見の拡張という、二つの理由があった。岩倉は田中帰省の際にこの三つの理由を聞いていたが、再幸により多くの官員が京都を離れることから、京都政府の業務を継続できる人材を欲しており、田中の復帰を望んだ。岩倉は田中の洋行希望に配慮し、実子（具定・具経）洋行の際には随行させることを約束していた。実際には具定・具経が明治三年二月にアメリカへ渡った際には随行できず、翌四年の岩倉使節団において実現した。また、木戸との接点も田中の弁事復職の際にみられ「田中五位来る。岩卿よりの密事を伝承す。田中氏は官中の一知己なり。時事を相談」（四月五日）、「田中五位、岩卿よりの建言書一冊を持参、大略一読して田中へ持参、大久保〔利通〕へ伝へん事を乞ふ」（同月八日）、「田中五位を訪ひ、種々近事を相談し、また過日来同氏持来の岩卿御書翰の事に付密議す。大久保岩下〔方平〕も来席」（同月九日）といったように、岩倉の秘書官のような役割を果たす田中の姿が捉えられている。[37] 唯一学事に関連した職として大学校御用掛が挙げられるが、当時大学校は学制改革に取り組んでおり、田中もそのメンバーに加わっていた。大学校は大学へ改組されたが、学派間の争論が収拾できず、明治三年七月に閉鎖された。争論が沸騰した原因は大学大少丞たちが欧米式学校への転換を主張していたことにあったが、当時の事情を藤野正啓「海南手記」は次のように伝えている（傍線湯川）[38]。

〔明治三年七月の大学閉鎖に触れて〕是時有改革学制之議、大少丞等、与南校洋学教官謀、欲傚〔倣〕洋法立教則、予等非之、欲斥大少丞楠田英世小松彰、別当春岳君〔松平慶永〕、大監秋月種樹君、及弁事田中不二麿管学事、納丞説、少監島義勇、参与副島種臣管学事、是予輩説、予代衆教官作書、効大少丞、又与衆教官造副島第、備論得失、副島氏大納之、予輩皆喜以為吾説勝矣、而突然有廃学之命、蓋以両議難判也。

ここで田中は大学別当の松平慶永、同大監秋月種樹とともに大少丞の「洋法」にもとづく学制改革に同意したという。かねてより洋行の希望を持っていた田中は、学校制度についても欧米の制度を参考にする必要性を認めたのである。その意味で岩倉使節団の文部省理事官となって欧米視察に赴いたことは、彼にとって格好の調査機会になったといえる。また、田中は岩倉の信認を得て太政官の職務に従事してきたが、後述するように、使節団帰朝後の田中は、学制や文部省職権を巧みに活用しただけでなく、太政官・政府要路の制度改革や政策方針をも用いて、自らの考える教育制度の構築を進めていった。多様な意見、情報を総合する思考力と柔軟な対応は、欧米調査で得た教育制度情報と相俟って、田中の教育政策の重要な資源となった。

(三)　アメリカモデルの活用

木戸がアメリカの小学校に感銘を受けていたように、田中もまた小学校の方法論としてアメリカモデルの有効性を認めていたが、それだけでなく、その教育普及の方法にも注目していた。帰朝した田中は、アメリカの教育事務の特色について、次のように指摘する。同国は互いに習俗を異にする欧州各国の移民からなっていたため、従前の「教育ノ方法ハ皆欧羅巴洲ノ教方ニ基」き「其旨趣多端」で、「普ク人智ヲ鍛錬シ開化ノ進歩ヲ駿速ニシ最上ノ地位ニ達セシムルノ要路ヲ失」っていた。こうした状況に対し、ニューイングランド地方の各州は「学校ノ管轄」を「平民僧徒」から移して州「政府ノ特任」とし、「普通教育」の普及と「公学校」の開設に努めた。以後、他の諸州もこれに倣い、現在の教育制度の基礎が築かれた。各州政府は「普通教育ヲ以テ民政ノ一大事務」と認めて州議会で教育費を議定し、あるいは「学校ノ積金ヲ盛大」にすることによって教育の普及を図ってきた。合衆国政府は一方では各州に資金を配分し（これが各州教育「積金」の本源となった）、他方では政府「教育部」を置いて教育普及・改良に必要な情報や規則を全州に伝達した。こうして合衆国政府は各州教育事務に「関渉セズ」、各州政府の「便宜ニ任」じつつ、これを「監督」することによって教育普及・改良を促した。田中は各州の取り組みで普及した「普通教育」「公学校」がアメリカの合衆を可能にし、「人民ノ意ニ従テ政ヲナス」の国体を「堅フスルノ基」としていると高く評価した。(39)

要するに、「教育」の内容において人民一般の「普通教育」を取り、「事務」の方法において人民の自主性と責任を基盤とした「公学校」を取る。中央政府の強制力に依存することなく各州を起点に教育を普及させ、教育制度を整備することによって大国を築いたアメリカの実績は、幕藩制・身分制を廃したばかりの日本に最も適合するモデルと考えられたのである。もちろん、これは学制制定後の文部省において、中央の政権に依存しない形での教育普及方法が必要とされていたこととも符合する。同時にこれは学業の初階として小学校を位置づけていた学制とは異なり、小学校が「普通教育」という一つの目的によって位置づけられることを意味していた。

さて、「普通教育」は小学校段階において貴賤・貧富・宗派・男女の別を超えて人民に共通の教育を提供する仕組みである。一方、「公学校」は各州庁の監督のもと、州内「人民ノ公議」に基づく「賦税」で一定の校数を維持し、一定の教育を保障する学校である。このアメリカモデルは、教育事務の課題に対して明確な解決策を示していた。田中は「抑学事ノ挙不挙ハ実ニ資金ノ多少ト地方官ノ勉否トニ関セリ[40]」とし、財政難に対応した学校経営方法の導入と、府県官を教育事務の責任者に位置付ける改革に腐心した。

第一に「資金」について。明治七年一月、田中は「七分通りは普通教育に消費可致省論にて、小学委托金増加之運に御座候」と、文部省定額金を「普通教育」機関である小学校の整備に重点投下することを決めた[41]。さらに翌八年には小学校経営を安定させるために、アメリカで行われていた毎年一定額ずつ学校基本財産を蓄積し、将来その利子収入で学校経費全額を賄う学資金蓄積法を導入し、これを官立学校にも適用すべく、太政官・地方官に働きかけた（次節で詳述）。この他、第一国立銀行への定額金預入、馬関償還金の活用等の提案を含め、定額金増額要求も継続的に行った。

第二に「地方官」について。明治七年五月、田中は木戸の文部卿就任を機会として、府県「教育課」の新設（裁可時は「学務課」に改称）を求め、同課の主務に「公学校ノ開設」を掲げた[42]。田中は州庁の役割を府県庁に投影し、「公学校」を中核とする全国的学校整備の先導を地方官に期待した。さらに同年八月、新たに「公立学校」区分を設けて官立・公立・私立の三区分とし（文部省第二十二号布達）、財源に対応させた。「官立」は文部省定額金に依存する直轄学校、「私立」は一部人民の私費に依存する学校としたのに対し、「公立」は「地方学区ノ民費ヲ以テ設立保護スル者又ハ当省小学委托金ノ類ヲ以テ学資ノ幾分ヲ扶助スルモノ等」とし、大木が官立に編入した全国小学校はじめ多数の学校をこの区分に移した。田中が「蓋シ官立ハ主務者ノ直ニ管理スルモノニシテ、公立ハ単ニ之ヲ監督スルニ止マルナリ」と解説したように[43]、この三区分法の目的は、「官立」に対しては「管理」、「公立」に対しては「監督」と識別し、文部省・地方官の事務を専制的な「管理」から人民の主体的な学校運営に対する「監督」へ性質転換させることだった。直ちに「官立」区分を廃さなかったのは、文部省定額金に依存してきた文部省直轄学校が、独立経営を主とするまで相応の時間が必要だったためと考えられる。「官立」はこれを機に語義を限定されたうえで教育事務の方法の中心から例外へと追いやられたのである。

田中は大木の小学校整備重視方針を継承しつつ、岩倉使節団で得た知見を活かして「普通教育」「公学校」を導入し、日本の財政事情に適した国民養成の方法を求めた。田中がアメリカの教育事務に関心を寄せたのは、欧米各国の教育事務を俯瞰した上で、それが当時日本の文部省が抱えていた諸課題に対応し得るモデルとみていたためと考えられる。

一連の改革は田中の主導によるが、木戸の存在と大木の遺した学制の存在に支えられたものだったことも確かである。

木戸は明治七年一月に参議兼文部卿となるが、五月に台湾出兵に抗議して辞職したため、実質半年弱しか教育事務を執っていない。しかし、大中学の整備を抱えながら文部省定額金の大部を「普通教育」に振り当てることを認め、内治事務の分割を忌避する内務省の異論がありながら府県学務課新設を上申するなど、木戸文部卿の在任中に田中の教育事務再編の基本的な前提が容れられた意義は大きかった。五月、木戸は伊勢華宛書翰案において台湾出兵を非としつつ、取り組むべき課題として「一般人民之教育に力らを入候事」を挙げた(44)。また辞職後、田中の事務再編が進むなか、文部大丞・野村素助（長州藩出身）に宛て「文部省大に御改革之よし、御奮発之御事と奉存候。いかゞ之御都合に相成候哉」と関心を寄せた(45)。後述するように、木戸と田中の縁はその後の学制改革にも大きな影響を与えていくこととなる。

また、大木が転任した明治六年四月以降、木戸の文部卿在任期間を除き、明治十一年に至るまで文部省は卿を欠いていた。にもかかわらず田中が改革を進められたのは、学制を部分改正するという形が取れたことによる。前述の通り、理想の大典・学制は、実現不可能な将来の目的までも包含しており、現実との疎隔が顕著だったが、田中が現実的方法を導入していくとき、新法制定のハードルはなかった。田中が学制に代わる「日本教育令草案」を上申した際も学制の「改正」と称して提出されたことが、象徴的である。

田中は文部省創設以来、内治事務から浮いていた教育事務を、内治事務の一環に位置づけ直し、なおかつ教育事務としての固有の課題を明確にし、対策を講じていった。こうした田中の静かな改革は、次にみる文部省組織の再編にも及ぶこととなる。

(四) 文部省組織の再編——中央・地方官関係の見直し

明治六年五月、太政官制が潤飾された。田中は同年三月に岩倉使節団の欧米調査を終えて帰朝し、四月の大木文部卿の参議転任により、文部省のトップに就任したばかりだった。田中は太政官に対して「太政官職制章程之義ニ付伺」を呈し、次のように伺った。[46] 文部省では現在「学制中文字之改削又ハ追加」などの改正措置に加え、「督学局及学校設立」といった「学制中ニ掲載」の事項の諸達、さらには「目今学制草創之際、諸制度諸規則編立之外無之」状態にあるため、制度案の起草権も文部省の権限として認められるか。そして省内文書は「大体行政ニ属スル者」のため「立法」権を統轄する太政官の審査を受ける必要はないか。太政官はこれらを認めている。田中は学制が現行法令であることを拠り所に、その実施や改正に関わる業務を「行政」権内の問題と主張し、文部省職権が広く認められる状態を保った。

折しも六月、D・モルレーが来日し、文部省の督務官に就任した。彼は十二月、田中宛に次のように所見を披露した(学監申報)。「学制ハモト帝国ノ事情ニ従テ施ス可キ概略ヲ挙ルモノニシテ、一々其実効ヲ見ルハ多年ノ事業ニシテ、之ヲ実地ニ経験スルニ、実地ノ活用ニ至テハ多ク改補スル事ナカル可ラズ」と。学制通り実施する必要はなく、むしろ学制を実地の経験に即して改正していくべきであるという。これには田中も同感で、明治七年四月十二日、学制上では全国七大学区に設置するはずの督学局を一局に限定し(文部省無号達)[47]、同日には従来督学局が受付・処理していた地方文書を文部本省で受付・処理することとした（文部省第八号達）[48]。地方学事については本省に直接伝えられ、その処理も本省の判断で行う仕組みである。先述の通り、五月十日には太政大臣三条実美宛文部卿木戸孝允「県治条例中教育課増補之儀伺」において府県庁に「教育課」を置いて地方官の教育事務上の責任を明確化する方針を示した（明治八年二月に田中より裁可催促、同年三月に名称を「学務課」に改めて裁可）[49]。いずれも学制にはなかった規定である。さらに、五月二十四日発行の『文部省雑誌』に先のモルレーの所見を掲載した[50]。最初の表明からすでに一年近くが経過したこの所見をあえて掲載したのは、今後地方を起点に学制再編を進めていく意志を学事担当者たちに知らしめる意味があったと考えられる[51]。六月七日制定の督学局処務規則第一章には「文部省ト本局ノ離ルベカラザル所以」と題し、督学局の役割は「地方教育ノ実況ヲ検ジ、其利害得失ヲ監別」することにあると明記した。もはや学制実施を地方に迫る督学局ではない。さらに九月、督務局（モルレー）と督学局を合併、欧米教育情報の調査と国内教育情報の調査を一局に束ね、本省の諮問機関とした。こうして学制方式（文部省→督学局→地方官・学区取締→諸学校の上意下達）は事実上解体された。田中は、太政官制潤飾以降、文部省の「行政」権内で可能な組織改革に着手し、モルレーの督務局、学制実施を先導する督学局をともに学制再編のための調査組織として位置づけ、地方官に学制再編に向けた教育事務の責任と裁量を与えるとともに、その意見を直接本省に接続させたのである[52]。

明治八年一月、田中は「文部省第一年報」（筆書）を上呈し[53]、その冒頭と末尾に自らの奏議を掲載した。趣旨は、文部省は補助金の増額と府県学務課設置（当時は上申済だが未決裁）を行い、地方官は学制を標準として成果を焦るのではなく「結果ノ功ヲ将来ニ期ス」というものである。しかも「蓋学事ノ方法ハ地方ノ便宜ニ随フヲ以テ其規制ノ如キモ風土ノ情勢ニ依ラザルヲ得ズ」と、学事の方法は地方の実情に基づくことを説いて、相当の紙面を割いて府県年報を収載した。太政官に対して、地方の現実を背景として学制再編を進める意思表示をした書類といえる。また、文部省はこの印刷版を府県へ配付しており、これには先のモルレーの所見も再掲載している。したがって、「文部省年報」は太政官・文部省・地方官を学制再編へと方向づけるメディアであったといえる。[54] 四月八日、ついに府県学務課設置が発令され（太政官第五十三号達）、以後、各府県では学務課が設置されていった。

政府は四月十四日、漸次立憲政体樹立の詔を発して三権分立体制への移行を打ち出すと、四月二十三日、太政大臣三条実美は各省卿輔にあて以下の内達を発した。[55]「今般元老院ヲ被置、議法行政ノ区別ヲ被相立候ニ付テハ、行政上ニ関シ候事件ハ一般ニ係ル重大ノ事ト見込候件ヲ除ノ外大凡区限ヲ立テ各省長官ヘ御委任可相成候条、各省処務権限実際ニ付、見込取調早々可被伺出候」と。元老院設置に伴い、太政官は各省に権限の委任を進めるべく、各省職制事務章程を改正する予定だという。それに先立ち、各省の主務者の「見込」を伺い出させることとしたのである。これに伴い十一月二十五日、文部省職制・事務章程は以下のように改正された。[56]

太政官の裁決を必要とする重要事項（上欵）は、①「教育諸般ノ制度ヲ創立スル事」「学制ヲ釐正スル事」といった制度創定・改革の権限、②「普通教育須要ノ学科ヲ改定スル事」「学税ヲ定ムル事」「本省ノ官員ヲ海外ヘ派出スル事」などである。一方、文部省限りで専決可能な事項（下欵）は、③「私立学校ノ廃置ヲ処分セシムル事」（第十七条）、④「学齢子女ノ就学セザル者ヲ督促スルノ方法ハ、地方官ノ具状ニ因テ適宜許容スル事」（第十八条）、⑤「教員ノ職業ヲ停罷スル事」（第二十一条）、⑥「学資集収ノ方法、地方官ノ具状ニ拠リ許容スル事」（第二十四条）、⑦「教育ノ主旨要領ヲ公告スル事」（第二十八条）、⑧「督学ヲ会集シ学事ヲ討論スル事」「官立学校長ヲ会集スル事」「教員ヲ会集スル事」「学識アル者ヲ会集シ学事ヲ評論スル事」（第三十三―三十六条）などである。

一連の規定から、就学督責・学資金収集などは、地方官の判断を基にすると明記する一方、「普通教育須要ノ学科」（理想的普通教育学科）の改定や、強制的手段（「学税」創始）は地方官の裁量から外されており、地方官が「普通教育」の指す内容を左右したり、ただちに学制以上の強制法を採ったりしないよう予防策が講じられている。文部省は今後の学制改正や将来的な学税導入などの措置を想定して、予めその立案権限を保持しつつ、学事・教育担当者の会議を要用と認め、現状必要な措置については地方官の意見を斟酌して決定することを方針としていた。ここにみられる文部省の役割は「教育ノ主旨要領」を示し、あるいは地方官・公私立学校・教員に対して監督権を行使して地方の「普通教育」からの逸脱を防ぎ、学事・教育担当者や学識者の議論を促して、「普通教育」の普及・改良を図ることであった。

以上のように、田中は学制の存在に依拠しつつも、学制の規定を改編することで地方官の責任を重くし、地方官の意見を文部省の立案へ反映させる経路を作り出した。これにより、学制が元来内包していた中央政権に依存した改革スタイルは、府県庁を起点とする地方事業へと転換し、その現実的知見を文部省へフィードバックする仕組みに作りかえられたのである。では、教育事務上喫緊の課題とされた「資金」について、文部省・地方官そして府県内の事務関係者たちはどのように対応を試みたのだろうか。第二節では、田中指揮下の文部省の構想と政策を、第三・四節ではそれぞれ千葉県・埼玉県における取り組みを検討する。

第二節　文部省の目指した学校

(一)「独立保続」の学校像と「補助金」制度

以下では、明治八年（一八七五年）に文部省が展開した学校経営ビジョン（「独立保続」の学校）と方策（「補助金」制度）について検討する。結論からいえば、文部省は将来すべての学校を独立自営とする方針であり、そのためにはまず「官金」[57]による一時的な「補助」が不可欠との認識に立っていた。

まず、当時の文部省の人事構成をおさえておこう。当時の文部省には卿がいなかったため、田中文部大輔をトップとし、それに次ぐのが四等出仕の九鬼隆一・長与専斎・小松彰・西村茂樹の四名だった。九鬼・長与は学制立案・布告当初からの官員で、小松・西村は明治六年以降に文部省へ転任しており、地方官の経験と和洋両学の素養を持つ(58)。長与は東京医学校長兼任のため、田中のもとで実質的に省務を統轄していたのは、九鬼とみられる。明治八年、九鬼は大久保内務卿に宛て一通の意見書を書き送った(59)（大隈大蔵卿にもほぼ同文の意見書が送られている(60)）。ともに文部省罫紙で九鬼の個人的見解ではなく、文部省務に関する内務・大蔵省への掛け合いである。

意見書中には「大蔵省ノ異議ヲ容ル、コト、固ヨリ其情ヲ審ニセザル所有ルニ出ルニ似タリ」とあり、九鬼は文部省の目指す学校像と、それに至るまでの方策、特に「官金」のあり方を切論し、教育事務の特質に理解と配慮を求めた。意見書の示す学校経営の理想像は、まさに欧米諸国のそれであった。九鬼は、欧米諸国の学校経営では、「官金」はすべて厳密な考査によって配布額を算定する「学校補助金」であると前置きしたうえで、次のように続けた。

> 欧米各国ノ如キハ、文明ノ実人民ニ浹洽スルヲ以テ、其学校多クハ各個自立ノ私設ニ非レバ或ハ衆人ノ共立ニ成ル故ニ、其資金官ヨリ出ルモノ極メテ少ク、只其自立積ム所ノ利子ト生財トヲ以テ年々ノ経費ニ供シ、官ノ扶助ヲ仰グ者多カラズ。是ヲ以テ、学校ノ隆替、政府ノ興廃ニ関セザルモノ有リ、或ハ其国ノ擾乱戦争等ノ事アルニ際シテ尚且国中ノ生徒ハ旧ニ依テ業ヲ修メ、毫モ其歩ヲ退ケザルナリ。其法此ノ如クナレバ、未必シモ補助金ヲ事トスベカラズ（後略）。

欧米の学校は私立・共立であるため、国庫に対する依存度は低く、学資金の収集・利子による独立自営を基本としている。そのため、学校経営が国内外の政治情勢に左右されることはなく、生徒の教育も継続性を失うことがない。学校の独立自営が教育の安定的な実施、効果を可能にする基盤であるというのである(61)。

しかし、日本の現実は人民の「私産」「技倆」に欠け「教育ノ事、挙ゲテコレヲ政府ノ務メニ帰スルノ状況」にあり、欧米の状況とは対照的である。日本の学校を欧米のような独立自営に転換させていくために、九鬼は当面の対策が必要であるとする。すなわち、官は期日毎に会計・用途を精査して補助金を支給しつつ、「吏人ノ増減ヨリ書器集散等ノ交換流用ニ至リテハ、一切挙ゲテ其学校ノ便宜ニ委スル」、つまり学校経営の自主性を保ちながら、補助金を通じた間接指導を行わざるを得ないというのである。ただし、補助金はあくまで学校の独立自営を達成するまでの一時的措置であると、九鬼は強調する。

抑此学校補助金ハ決シテ永世ノモノニ非ズ。其施行法モ亦決シテ不易ノ制ニ非ズ。既ニ不易ノ制ニ非ズシテ又永世ノ物ニ非ザレバ、固ヨリ文部ノ目的ニ非ズト雖、其一時此法ニ拠ラザルコトヲ得ザル者モ亦今日ノ自然ナリ。故ニ先、期スルニ七年ヲ以テコレヲ補助シ、期満ツルニ至テハ更ニ其実況ニ照准シテ議定スル所アラントス。今補助金ノ情実ハ一時ノ仮法ニ出ヅルコト此ノ如シト雖、学校ニ至リテハ他日必自立シテ他ノ羈束ヲ受ケザルノ理ヲ存スルハ、是文部ノ苦心シテ以テ此ニ至レル所ニシテ（後略）。

現状の補助金も施行法もすべては「一時ノ仮法」で、将来は直轄学校を含めたすべての学校が「自立」することが目的であるという。当面、七年計画ですすめるとしているように、漸進の姿勢も明確である。

九鬼は以上のように「官金」＝「学校補助金」の意義を懇切に説いたうえで、この当面必要不可欠の資金が、官省経費一般と同様の扱いを受けては「補助ノ名義ヲ削ル」ことになり、「学校維持ノ法、何ノ時カ官ノ扶助ヲ免レテ独立保存ノ目途ヲ得ンヤ」として、断固反対した。

（このような扱いを受けた学校は――湯川註）以後ハ政府ノ定額ノ増減ニ従ヒ、学校ノ補助金モ亦増減シ、独立シテ以テ永存ヲ保ツコト能ハズ、朝ニ定ムル処ノ教法、暮ニ及バザルニ変更スルノ歎アラントスルコト必セリ。

このままでは学校経営が恒常的な「官ノ扶助」に飲み込まれ、欧米諸国の学校を望むべくもなく、定額金の増減に左右される学校となってしまう――九鬼はそう警鐘を鳴らした。田中が教育事務を「官立」主体から「公立」主体にシフトさせていたことは先に触れた。文部省では如何にして教育を官事から脱却させていくかが、教育事務のポイントと認識されていたのである。

表 8-1　「補助金」制度関係伺・上申一覧

発信日	題目	発信	受信	可否	指令日
M7/2/7	収入金之儀ニ付伺	木戸	三条	○	2/19
M7/5/13	諸学校常費残金据置之儀伺書	木戸	三条	×	5/31
M7/6/28	諸学校補助金名義并計算之儀ニ付伺書	田中	三条	○	7/15
M8/6/18	経費預算取調之義ニ付上申	田中	三条	×	7/9
M8/7/31	学校資本金之儀ニ付具陳	田中	三条	—	—
M8/11/14	文部省所管諸収入金従前之通御附托相成度義伺	田中	三条	△→×	M9/3/3→M10/4/4
M8/12/8	文部省諸学校補助金従前之通据置之儀伺	田中	三条	×	12/24
M8/12/28	諸学校補助金従前之通据置之儀ニ付再伺	田中	三条	△→×	M9/3/3→M10/4/4
M9/4/10	当省所管諸学校等経営之儀ニ付伺	田中	三条	○	4/26
M10/2/1	小学扶助金改称之儀上申	田中	岩倉	○	—
M10/1/27	[公立師範学校補助金ノ儀伺]	田中	岩倉	○	2/15
M10/3/1	当省経費予算中ニ補助金ノ一大科目ヲ設クル之儀伺	田中	岩倉	○	4/5
M10/5/10	当省所管諸学校前年度補助金残余納付等之儀ニ付伺	田中	岩倉	○	5/26

（出典）国立公文書館所蔵「公文録」明治 7–10 年・文部省伺.
（備考）発信はすべて文部省．木戸：木戸孝允，田中：田中不二麿.

当該期に文部省が正院に提起した諸策も、「公立」化できていない残りの官立学校の経営について見直しを進めるものだった。表8-1に示したように、いわゆる伺・指令方式によっているため、個別の伺の集積になるが、これらの意図するところは一致している。各伺に示された具体的な要望は二点に分かれ、残余金の留め置き（一般会計から独立した学資金用の特別会計の設置）と、「官金」の「補助金」への統一である。前者は太政官において方針が二転した末に明治八年末に却下され、後者だけが明治八年（直轄学校補助金）、十年（小学補助金）に認められた。残余金の留め置きにこだわる理由は、明治七年六月二十八日の田中の伺書に端的に示されている(62)。

> 一体学校之儀ハ是迄屢々上申致候通、一種之資本ヲ得、逐次官助ヲ免カレ独立保続致候様相運候儀、学制之大旨ニ有之候得バ、何レニモ財務之得失ヲ勘別シ、到底学校之経営書器之購求等一切各学校資本之内ヲ以相弁ジ、仮令官助之欠乏スルモ人民教育ニ退歩無之様不致候テハ教育普及之基礎不相建、付テハ方今学制創設之秋ニ際シ実践之経費ヲ精算シ、漸次官助之金額ヲ減省シ単ニ民力之不及処ヲ補助致候様精々注意可致（後略）。

文部省では「学制之大旨」を背景に、将来すべての学校が「官助」を離れて「独立保続」となることを理想とし、現時点で必要不可欠の「補助金」制度を構築しようとした。まず充分な「官助」を保障し、漸次「独立保続」に向けて資本を蓄積し「官助」の減額を図ること――その意図は「補助」の言葉に集約的に表現されていた。田中は明治八年七月の上申書（「学校資本金之儀ニ付具陳」）のなかでも同様の趣旨を繰り返しつつ、将来「官助」に依らない「独立」した学校経営を実現するため、「寄附献金等各種之資金」から当面の経費を引いた余額を「公債証書其他確実之証券ヲ獲テ之ヲ貸付スル等」して「漸ク其資本ヲ殖成」することとした(63)。将来的な学校経営の「独立」を達成するためには、学資金の残余を融資して利子収入を得る仕組みが必要であると、田中は考えていた。

このように、文部省は学校経営を如何にして官の会計から自立させるかに腐心していた。それは、文部省において、学校経営の「独立」こそ「教育普及之基礎」であると認識されていたからであった。「補助金」制度の構築が難航するなか、文部省はひとつの好機に際会する。第一回地方官会議の開催である。

(二)　〝人〟を求める地方官たち

明治八年六月二十日、東京、浅草東本願寺の片隅で、初の地方官会議が開催された。同会議は正院が主催し、各府県の長官が議員を務め、府県治の主要課題について全国府県の実況に即した意見を結集する場であった。当初、議目は地方警察（含民費）、道路橋梁堤防、民会、貧民救済の四つと達されたが、その後、文部省の要望で第五議目「小学校ノ設立及保護方法ノ事」が追加された。折しも、四月、前年より文部省が要望していた府県学務課の設置が承認され、府県では学制制定より三年の経験を踏まえて地方教育の振興を図っていく時期にあたる。府県庁による取り組みを重視してきた文部省にとって、全国の地方官が一同に会する同会議は、彼らの意見を聴き、文部省の方針を披露し、合意によって構想を実現していく格好の場であったと考えられる。

地方官会議の地方民会議案審議では、三権分立体制移行の議論がたたかわされていたが（第四章参照）、その議論が次第に行政・立法両権を担う〝人〟の議論に収斂していったことは興味深い。以下、その状況を検討する。

区戸長会派地方官たちが公選民会の時期尚早を主張した理由は、「民度」（渡辺昇大坂府権知事）の低さにあった。たとえば「公選民会ハ其人ヲ得レバ真正ノ利益アリト雖モ、若シ其人ヲ得ザレバ徒ラニ開化ノ態ヲ模擬スルニ過ギズシテ、却テ行政上ニ害ヲ致ス可シ」[64]（渡辺昇）、「小官ノ見ル所ニテハ民会ヲ開クヨリ前、学校ヲ盛ニシ智識ヲ開キ、憲法規制等幾多ノ事アルベシ。因テ民会未ダ開ク可カラズ」[65]（槇村正直京都府参事）、「学問ノ力ト開化ノ運トヲ速カニシ、義務ヲ弁ジ権限ヲ知ルノ後ニ公選法ヲ施行スルヲ良トスルナリ」[66]（安岡良亮大分県令）である。人民が教育を受け、法定された権利と義務を熟知していなければ民会の効果は挙がらないというのである。

これに対して、公選民会派地方官たちは、区戸長の〝官度〟の低さを追及した。たとえば「僕ハ区戸長ガ人才バカリニ非ザルヲ知ル如ク、平民ニモ亦人才アルヲ信ズルナリ」[67]（中島信行神奈川県令）、「維新以来百般ノ事体頗開化ニ向ト雖モ、区戸長ノ如ハ、悉ク従前庄屋名主等ノ弊習全ク除却セザル者ヲ会シテ、下民ノ公益ヲ興サントスルトモ、勢ヒ自ラ其益ナカラン」[68]（鳥山重信三重県参事）、「今日ニ於テ区戸長ハ人才ナリト云フ可カラズ。人民ハ尽ク無智無識ナリト云フ可カラズ」[69]（西毅一岡山県権参事）である。この議論は岩倉が「行政集権」を問題にしたときのものと類似している（第四章参照）。ただし、公選民会派地方官の主張では天皇親政が持ち出されることはない。代わりに彼らが述べるのは、公選民会の人民に対する教育効果である。中島は以下のように主張する[70]。

人民智識ノ進ムニ従ヒ国ノ光栄ヲ増スハ諸民ノ然リトスル所ニ非ズヤ。而シテコノ智識ヲ進ムルニハ人民ヲシテ各自ノ権利ヲ重ジ義務ヲ知ラシムルヲ主要トス。公選民会ニ依ルニ非ズシテ外ニ何ノ策アリテカ之ヲ重ジ之ヲ知ラシムベキヤ。

中島も人民が権利・義務を自覚することは必要不可欠であるとしつつも、それを促すのは公選民会の運営であるとする。もっとも、区戸長会派の槇村・安岡が指摘するように、人民一般の教育は教育事務の領域に属し、教育事務の展開とともに漸次議会開設に進むことになる。槇村は長州藩出身の地方官で木戸と縁が深いことはよく知られているが、同時に直轄府時代の京都府で早期に学校整備を進めたことも重要である。教育事務の性質を端的に指摘した発言といえよう。

以上のように、地方官たちは区戸長・公選議員の養成が不十分であるという現状理解に基づき、区戸長会・公選民会のうち一方の有効性を強調し他方の有効性に疑問を呈した。政治体制移行をめぐる論議は、根本において教育の普及如何に規定されていた。では、彼ら地方官に対して、文部省はどのような教育普及の方針を用意していたのだろうか。

(三)　未発の文部省案――「勧奨」と「補助」の両輪

田中不二麿が教育普及について地方官の役割を重視していたことは、地方官会議に対する田中の認識と活動からも明瞭に窺える。六月十四日、文部省は原案を草定し、正院に提出した。小学校整備がいまだ十分ではないことを認め、今後の小学校整備のため、全七条に詳細な趣旨説明を付した同案は、しかし、地方官会議院に回送された際に、同会議御用掛によって大幅な修正を受け、さらには会期が尽きてしまったために、審議されることなく終わった。ただ、本案には文部省が各府県に示して協議の土台としようとした方針・方策が集約されているため、ここで検討しておきたい。まず、本案では現時点において欧米諸国と同様の方策を採用することはできないと言明している。[71]

教育ヲ盛ニシ、以テ民智ヲ開発セント欲スル、学税賦課、強促就学等ノ良法アリト雖ドモ、民心未ダ教育ノ貴重ナルヲ知ルニ至ラズ、今遽カニ施スニ此等ノ法ヲ以テスベカラザルナリ。因テ姑ク其手段ヲ低下シ、前数項ノ旨趣ヲ以テ教育ノ版図ヲシテ稍拡大ナラシメンヲ要ス。

文部省は、すでに欧米で行われている学税賦課、強促就学といった強制法の有効性を認めながらも、日本では人民が未だ教育の重要性を自覚しないため、実施するわけにはいかないとした。そこで、強制法に代わる現時の方策として田中は本案を提出した。第一条は、小学校設置の標準（「人口一万ニ付六校四歩」）を、第七条は私立小学の保護を規定したものだが、第二―六条――即ち本案の大部分は学資金対策で占められている。各条の要旨をその総括文にとれば次の通りである。

第二条　既設ノ小学ハ平均一校弐百円ノ金額ヲ備へ、以テ一歳ノ経費ニ充ツベシ。

第三条　地方学費ノ欠乏ヲ補フ為メ、政府歳入ノ一分ヲ減ズベシ。

第四条　学資ニ供スル献納寄附金ハ、勉メテ之ヲ保存シ、以永遠ノ資本トナスベシ。

第五条　贖罪金等ヲ以テ小学保護ノ用ニ供スベシ。

第六条　公私小学ハ地租其他各種ノ賦税等ヲ免除シ、之ガ保護ヲ鞏固ニスベシ。

これらを性質ごとに区分すれば、①各府県に学資金の収集・蓄積を求めるもの（第二、四条）、②補助金増額を図るため国庫財源に切り込むもの（第三、五条）、③免税によって間接的に学校経営を補助するもの（第六条）に分かれる。このうち、地方官会議院へ回送後、②・③は削除され、①だけが残った。③は、直轄学校の免税措置（明治七年太政官布告第百二十号）および公立学校のための官有地交付といった内務省主導の措置に乗り、公私立学校すべてを免税とするものである。以下、①、②についてみていこう。

まず①について。学資金がその年毎に支消する経費と、支消しない蓄積金に分かれることは先に述べた通りである。第二条は前者、第四条は後者について書かれている。第二条では、文部省が調査した昨七年の年間経費（一校あたり一六五円五銭六厘）を引き上げて一校あたり二〇〇円とし、その差額分の収集法は「今日ニ於テ最要務ナル者トナシ、之ヲ究索セザルベカラズ」と強調している。しかし、その具体策については明示していないため、地方官たちの意見を聴き、彼らに対策を促すつもりだったと考えられる。この収集法と表裏をなすのが、第四条の学資金蓄積法である。蓄積金が重要とされる理由は二つあり、第一に、「非常ノ変災」に直面して収集、補助ともに停止してしまった場合でも「預備以テ之ヲ支ユル」ため、第二に、蓄積金の利子収入によって民費負担の軽減を図るためである。文部省は今後教育の維持、拡張を図っていくにあたって「今ニ於テ漸次保存ノ方法ヲ立テザレバ、学校増殖シテ民費益加ハリ、学校ヲシテ却テ怨府トナルニ至ラシメントス」として、人民の負担に依存している学校費が今後さらに増加することにより、学校に対する風当たりが強まることを懸念して早急な対処を必要と認め、そのために「寄附献金ハ積テ以永遠ノ資本ト為シ、唯利子ノミ消費スルノ方法ヲ設クルヲ目的トス」るよう訴えている。

文部省の指針は、年間経費二百円に耐えうる学校を目指して、新たに学資金収集をすすめ、寄附金を「永遠ノ資本」として蓄積し、その利子収入で民費負担を緩和し、全国に安定的な学校経営を実現することであった。この計画のカギを握るのは経費の収集法であり、それは学税賦課を回避した文部省にとって、各府県での取り組みに依らざるを得ない「最要務ナル者」であった。

次に②について。各府県にたしかな学校経営を求める一方で、充分な「官金」の配布は文部省の責であった。しかし、定額金が削減されるなか、限られた文部省財源だけで支弁するのには限界があった。文部省としては新規財源を国庫に期待するほかなく、第三、五条に具体化した。第三条は政府歳入一割を節減し「以テ之ヲ地方教育ノ費内ニ置キ、民力ノ支ヘ能ハザル部分ニ供スルヲ要ス」とし、第五条は「罪犯ノ煩多ナルハ、教育ノ浹洽セザルヲ以テナリ」を論拠に贖罪金を教育の用に供するとした(72)。いずれも、文部省が絞り出した「補助」の知恵であった。

最後に第七条の「私学(73)」の保護・奨励である。田中はこれまで教育普及のため公立小学校の整備を促してきたが、「私立小学ノ教科モ彼此其見ヲ異ニスルトキハ、良法発出ノ機関トナリ、漸次教育ノ進歩ヲ助クルニ至ルヤ必セリ」として私立学校の教育効果を説き、「今尚私立小学ヲ廃止シ、又ハ其設立ヲ拒ムガ如キハ、其宜ヲ得ザルベシ」として私立小学設置を阻害するべきではないとした。そのうえで私立小学校設置を希望する者には「教則中ニ大害ナキ者ハ敢テ之ヲ掣肘セズシテ其意ニ任サン」ことを求めた。私立小学校の設置を奨励するのは、やはり教育普及のためであった。田中は次のような理解を示している。

夫文部省ノ学科等ヲ公示スル者ハ、各小学ヲ駆テ其範囲内ニ入ラシメンヲ期スルニ非ズ、其大体ヲ告知スルニ過ズシテ、各自其異アルヲ悪ムニ非ズ。啻ニ其異ヲ悪マザルノミナラズ前ニ所謂彼此互ニ其見ヲ異ニスルト相切劘相磨励スルトヲ以テ進歩ヲ実践ニ験スルヲ第一義トスレバナリ。且各地風俗ヲ殊ニシ各人趨舎ヲ異ニスルヲ以テ、闔国ノ小学ヲ率イテ尽ク一定ノ規則ニ拘束セント欲スルモ能ハザルベシ。

前半では公立・私立小学の切磋琢磨による教育の質的向上という理解を繰り返しているが、後半では各地・各人の事情が異なるために画一的な教育内容の実現は現実的ではないという理解を示している。本案がそもそも教育普及を目指して作られたことを想起すれば、私学の奨励は、すでに整備されつつある公立小学校だけでは明らかに不足する小学校数を確保するため、また自主的な学校運営を根づかせるために必要な方策であったと考えられる。

最後に本案の総評を以て本項のまとめとする。本案は、学校の数と年間経費に基準を設定し、全国的な引き上げを図るとしている（第一条、①）。これに伴う増費に対処するためには、学資金収集・蓄積を同時に進める必要があるが、人民一般に教育事業への理解がないうちは強制法に依るべきではなく、収集法を如何に定めるかが方今最緊要の課題とされた。政府では「補助」を手厚くするため、直接的な二策（②）、間接的な一策（③）を講ずる。十分な設備と揺るぎない基本財産に支えられた小学校を全国に整備するためには、かかる方策に加えて私学を奨励し、教育効果を高めるとともに、各地各人の事情に適合した形で教育普及を進める必要がある。これらは、公立小学校だけでは人民一般にまで教育を普及させることが困難であったことと、官の先導に依存し続けていては人民が自主的に学校運営を支えるような状況を作り出せず、却って費用負担の重さから小学校や官吏が排撃の対象になりかねないという現状理解に基づいている。中央官主導から地方官の先導へ、地方官の先導から人民の自主的な運営へ、少しずつ教育の現地化を進めつつ、大綱においては共通の教育を広めることが、最終的に教育の全国的な〝定着〟を実現するために不可欠であった。田中は現況の考察にもとづいて強制法の実施を将来へと送り、現実的な方策で教育の普及を図ろうとしていたのである。

（四）府県における学資金問題

文部省は学制理念の先に独立自営の学校像を描き、一方で政府内において「補助金」構想に理解を求め、他方で各府県に学資金収集・蓄積の重要性を訴えるべく動いていた。しかし、しばしば指摘されるように、府県庁のなかには学資金収集に苦慮するあまり、強制力を以て臨むものもみられた。九鬼は、明治十年に地方を巡視し、現実にすめられている学資金収集に関して、次のように苦言を呈している。(74)

到底学校維持ノ方法ハ、強ヒテ新制改革ヲ要セズ、其地方旧来ノ習慣ニ因リテ施行セザルベカラザル者多シ。（中略）諸法ヲ異ニスト雖、畢竟唯各区ノ適宜ヲ以テ其学校ヲ維持セシムルニ在レバ、道ヲ得ルト得ザルトニ係ハラズ、其地方ノ習慣ニ仍テ、必シモ律スルニ一定ノ法ヲ以テスベカラザルコト、是学資ヲ得ルノ要領ナリ。（中略）厳刻ナル一定ノ学資徴集法ヲ止メテ、コレヲ出サシムルコト各地従来ノ習慣ニ因ルベシ。全管ノ学資、コレヲ第五課吏員ノ一手ニ集メ其一己ノ意見ニ随ヒテ配付スルコトヲ止メ、各区適宜ニ其学ヲ維持セシムベシ。

各府県では府県庁の指導による「厳刻ナル一定ノ学資徴集法」が間々みられ、時として第五課（学務課）が学資金の出納・管理まで行っていた。このように府県庁が学校経営の主体と化すことは、「仮法」の必要性を認めていた九鬼をしてなお行き過ぎを感じさせるものであった。本章冒頭にみた正院の見解が物語るように、教育の普及にあたっては、自由放任が効果を挙げないだけでなく、強制法を用いても逆効果に終わるという問題が認められていた。この点は、文部省においても同じ認識であり、府県における取り組みが必要とされる所以であった。では、府県の干渉を排しつつ、「勧奨」によって学資金収集、蓄積をすすめるという課題に対して、府県内ではいかなる取り組みが行われていたのか。以下、千葉県、埼玉県の場合に即して、具体的な検討を行う。

第三節　千葉県における学資金と民会

千葉県民会は早くから公選制の導入を進めたことで知られる。千葉県は、明治六年（一八七三年）に木更津・印旛両県の合併によって成立し、県令に旧両県権令の柴原和が就いた。柴原は、就任して間もなく「千葉県議事会」（千葉県民会）を設置し、七年には大蔵省地方官会同の議事規則を斟酌して制度を整えた。議長は柴原が務め、議員は県庁各課の主務官員（内議員）と「区内役員公選式」に基づき公選された代表者（外議員）が務めた。この仕組みは八年も維持されたが、九年には内議員が廃止、すべて公選議員とされ、十一年までほぼ全員が留任して議事にあたった。ただし、この外議員、公選議員を務めた者の大半は区戸長・学区取締であり、実質的には公選制の導入を図った区戸長会であった。[75] ここでは県民会を中心に検討を進めていくが、同会の特徴は、議員たちが学資金問題について一貫して賦課強制の回避に向かって議論していたことである。

（一）　賦課以外の方策の模索——明治七年議事会

明治七年の議事会では、議案はすべて議員の建議案に依っていたため、内外議員とも多数の議案を呈し、そのなかには教育関係の議案も含まれていた。その多くは学資金に関するもので、関心の高さが窺われる。協議案を合わせて総計五十四を数えた建議案のうち、学資金に関するものは五案あり、建議内容が多岐に亘っていたなかでは比較的多

表8-2　明治7年・千葉県議事会における学資金関係議案

番号	議案番号	題目	提出議員	職名	提出日	可否	賛成	反対
1	11	学資ヲ集ムルノ議案	木間瀬柔三	庶務課学務掛	8月23日	×	4	32
2	41	学校資本金ヲ積ムノ議	三橋茂兵衛 中山三郎	第11大区区長 第13・15大区副区長	12月10日	△(要修正)	—	—
3	50	学校資本金ヲ積ムノ再議	三橋茂兵衛 中山三郎	第11大区区長 第13・15大区副区長	12月12日	命令可決	2	29
4	26	小学校予備金ヲ設クルノ議	赤荻市平 中山三郎	第13・15大区区長（第13区担当） 第13・15大区副区長	12月7日	○(協議案)	28	3
5	47	学校予備金ヲ設クルノ協議案	加藤賤夫 赤松新右衛門 大野保四郎 鳥飼六右衛門	庶務課出納掛 第16大区区長 第3大区区長 不詳	12月11日	(県庁へ)	—	—

い部類に入る（表8-2参照）[76]。五案は方向性において一様であり、内容において多様であった。いずれも賦課法以外の方策提起であり、各員が知恵を絞って多様な議案を生んだ。このうち、可決のうえ県庁が引き取った案は③と⑤で、③は反対多数で否決されながら議長特権によって命令可決[77]されたもの、⑤は④が可決されたのを受けて詰められた協議案である。次に、五案の内容をみていこう。

①は木間瀬柔三（学務掛、内議員[78]）の案である。木間瀬は、県学務を束ねる立場から、学資金をそのまま民に求めれば「民困ム」ため、人民を「困マシメズシテ興サントス」る方策が必要とみて、新規財源の獲得を目指す本案を提出した。具体策は、第一に前知事（旧藩知事）に出金を願うこと、第二に博覧会を開き商店・雑業から賦金を徴収することである。後者は営業税の発想に近い。ただ本案については、すでに本地を離れた前知事に学資をせびること、博覧会で人民に浪費を勧めることは不適切と指摘され（藤田九万―出納掛、内議員）、結局合意には至らなかった。

②・③は、三橋茂兵衛（第十一大区区長、外議員）、中山三郎（第十三・十五大区副区長、外議員）の案である。両名は民

費過重の現状でも「学事ノ如キハ一大急務」として学資金の重要性を訴えた。具体策は、「上県官判任以上、下モ管下各大小区正副区戸長及ビ学区取締ニ至ル迄、十ヶ月ヲ限、各員月給十分ノ一ヲ乞フテ、学校資金ノ魁本」とする――要するに官吏月給のカットであり、これを基礎に「懇々下民ヲ説諭シ、大ニ民心ヲ奨励」するとされた。審議では、本案の「固ヨリ強ヒテ之ヲ募ルノ理ナシトス」と個人意思を尊重した点が追及され、決議して個人に任せるとは実質強制と変わらないとの批判（藤田、武内維積―戸籍・駅逓掛、内議員）を受け、修正を命じられた。しかし、③の修正案でも本旨は全く変えられておらず、ほぼ②のまま再提出された。これには柴原議長も「向キニ文字上ヨリ異論ノ起ルヲ以テ、改稿ヲ命ゼシニ、今復タ之ノ如シ。究極アル事ナシ」と呆れるほかなかったが、くしくも半強制的な本案の体裁は、学資金収集における人民への勧奨と同じ難しさを抱えていた。他に手はなく、三橋、中山もあえて前案を堅持したものと考えられる。

最後に④・⑤について。まず④は、赤荻市平（第十三・十五大区区長、外議員）、中山三郎（同副区長、外議員）の案で、冒頭に「第十五大区議会ニ於テ可ト決スル議」とあるように、第十五大区の意見として提出されたものである。具体策は、各家の家産に応じて桐木を植え、「正副戸長厚ク注意シ之ヲシテ十分ノ生育ヲ得セシメ、十年ノ後ヲ期シテ伐採」し、そこで得た収入の十分の二を戸主に「成木ノ手数料」として支払い、残りを「各校ノ予備金」とするものであった。

④の可決を受けて、⑤の協議案が作成された。担当委員は、加藤賤夫（出納掛、内議員）、赤松新右衛門（第十六大区区長、外議員）、大野保四郎（第三大区区長、外議員）、鳥飼六右衛門（不詳、外議員）の四名で、彼ら主務官員、各区の意見が斟酌されて方策はより県下の現状を考慮したものとなった。すなわち協議案では「各自私費ヲ以テ之ヲ行ヘト云ハヾ、些少ナリト雖モ細民ニ至リテハ出費ノ苦情ヲ訴ル者アラン。先其苦情ノ根ヲ断チ、後ニ予備金ノ幹ヲ立テザル可カラズ」として、人民の負担感、苦情を想定した対策が不可欠であるとした。そこで、以下の方策を提起する。

県庁は小学扶助委托金の一部と県庁への寄附金をあわせて「資本」となし、これを県民一般へ「貸与」して「桐根」を購入させる。県民は桐木を育て、一〇年後の成木伐採時に資金貸与額の半額を返納し、各戸五〇銭ずつの「培養手数料」を差し引いた残額を積み立てて利子を得、さらに一〇年後の再伐採を期して貸与額の残りを完済し、先と同様の手順を踏む。以後桐木は各戸の私有物とし、最初の積立金および利子と二度目の残余金を合わせて「之ヲ予備金トナスベシ」。このように内容が整頓されたことを受けて、本案は県庁へ回された。

④・⑤は、学資金蓄積法に特化した議案であり、現時の民費負担を避け、桐木の世話に留めようという発想で考案されている。文部省の学資金蓄積の方向性に叶うものだったが、九鬼が七年先を見通していたのに対して、本案は実に二〇年を要する漸進案であった。

以上のように、五議案は内外議員それぞれに民費負担に配慮し、賦課に代わる新規財源獲得を探るものであった。しかし、合意に達せたのは⑤の一案にとどまり、⑤も命令可決した③も県庁によって実施された形跡はないため、閉会後、実施困難と判断されたと推測される。合意形成も実施も十分に果たされることはなかったが、この一貫した賦課回避の姿勢は、千葉県民会の基調となっていく。

（二）千葉県庁による「学資金規則」の整備

議事会が開かれた頃、県庁は学資金問題にどのように取り組んでいたのか。明治七年十一月九日、千葉県庁は管下に「学資金規則」を達した（県第四百五十号達）[79]。この日付は、ちょうど議事会の前後会の中断期間にあたるため、後会において外議員から学資金関係の議案が相次いで提出されたのも、本規則がきっかけとなった可能性が高い。「学資金規則」は賦課法ではなく、純粋に寄附のための規則であった。本規則に添付された告諭書のなかで、柴原は管下に小学校約六百校が設立されたことを誇りつつも、次のように懸念を述べている。

今ノ六百余校、因テ立ツトコロノ資本ハ概ネ一時ノ急ニ応ズルタメ戸口等ニ賦課スルモノニシテ、永久保護ノ良法ニアラズ。往々有名無実ニ属スルモノ之レ有リ。故ニ、随テ興レバ随テ廃スルノ弊、殆ド免レ難シ。是レ亦余ノ大ニ憂慮スル所ナリ。

当座の経費を戸口に「賦課」して支消するのみの学校経営では、「永久保護」にはなり得ず、頻繁に学校が潰れる事態を招いているという(80)。本規則が出されたのは、こうした不安定な学校経営を県単位で支えるためであった。

「学資金規則」の内容を見ていこう。本規則は全十二条からなるが、その特徴は寄附しか前提されていない点にある。すなわち、「有志ノ者ハ財産ノ多少ニ応ジ学資ノ幾分ヲ寄附」し（第一条）、五ヶ年を一周期としてその八分を寄附者の区内各校に、二分を県庁に移し（第二―四条）、寄附者の情報は「詳細ニ記載」して「公示」し（第三条）、あくまで学校を「永世維持」するための資本であることを強調した。県庁に集められた二分は「公費」として資本不足の学区に回す「補助」とし（第五条）、八分は各区で不動産を抵当として管理し（第七、八条）、区外で預かる場合は学区取締を経て県庁に伺い出る（第九条）。最後に、毎歳の資金の取り纏めは、各小区の正副戸長→各中学区の学区取締の順で行い、先の手続きに即して八分を戸長へ、二分を県庁へ送り、それぞれ簿書を作成して県庁の監査を受ける（第十、十一条）（なお、第十二条では田畑や書籍器械類の寄附も適宜受け付けるとしている）。

「学資金規則」は、寄附の手続きを統一し、「公費」分を新たに設けることで、一県単位で学資金額の水準を維持し、学校経営を安定させようとするものだった。ではなぜ本規則は一貫して寄附のみを規定し、賦課法を回避したのだろうか。その理由について、柴原は翌八年に刊行した自著のなかで、次のように説明している(81)。

小学設立ハ一時官ノ奨励鼓舞以テコレヲ能クスベシ。コレヲ保護スルニ至リテハ人民共同資金ヲ積ミ、以テ維持スルニアラザレバ能ハザルナリ。然レドモ、其資金ヲ積ムヤ、貢税等ノ類ニアラズ、又タ警察戸籍等ニ要スル区入費等ノ類ニ非ザルヲ以テ、強テ人民ニ賦課スベキモノニ非ズ。唯ダ官ヨリ誘導シ、各自ニ心服体認、コレヲ出サシムベキモノトス。

柴原の認識は、文部省の理解に限りなく近いものだったといえる。学校経営は本来人民の自主性に委ねられるべきで、官はあくまで「奨励鼓舞」が本分とされた。本規則はその認識を体現したものであり、賦課法回避は当然の帰結であった(82)。

以上のように、県庁が賦課法を回避する姿勢を示し、議事会でも別の方策を探っていたことは注目に値する。それは、民費負担に配慮し人民の自主性を尊重する「勧奨」の模索であった。しかし、このとき有効な方策を見いだせなかったことは、翌年の議事会が県内での解決方法を離れ、中央政府に財源を求める動きに繋がっていく。

(三)　国庫への期待――明治八年議事会と第一回地方官会議

明治八年五月十八日、柴原は県内に議事会の召集を達した（甲第八十四号達(83)）。理由は「御下問ノ条件答議具陳ノ際、人民帰郷ト背馳候テハ不相済儀ニ付」と明示され、「各自意見ヲ陳述弁論為致」ること、意見のある者は「聊カ忌憚ナク」開会日までに申し出るべきことが伝えられた。同会の経過について、当時第四大区外議員を務めていた重城保は日記に次のように記している。六月五日、各議目に応じた委員が協議案を提出し、審議に入った。「小学校設立及保護方法協議案」の担当委員には、藤田九万（出納掛、内議員）、木間瀬柔三（学務掛、内議員）、武本章三郎（学区取締、外議員）、八木原五右衛門（学区取締、外議員）、宗政清左衛門（不詳、外議員）の五名があたった(84)。七年議事会で意見をたたかわせた藤田、木間瀬は、千葉県師範学校の第二代および初代校長を兼任し、八年末には職掌を交替して、藤田が学務掛、木間瀬が出納掛の主務を務めている。協議案は両名に学区取締兼外議員を交えて作成されたことがわかる。同月八日に至って「夜ニ入点灯、二更迄掛リ決」しており、通例昼頃に散会する議事会としては異例の長時間に及んでいる。纏められた案は柴原のもとへ提出され、他の議目のものと合わせて、同月中に地方官会議院へ「建議」として提出された。こうして柴原は約二年に亘る準備を終えて、同月十三日午前十時に上京、二十日には東本願寺の会場へ上ったのである。結果的に第五議目は審議されなかったが、地方官会議が県をその準備に突き動かし、一県の方向性を民会によって集約する契機となったことは注目に値する。

さて、提出された「建議」の内容はどのようなものだったのか。「建議」は地方官会議関係書類中に遺されており、その全文を知ることができる。[85]「建議」の特徴は、全文が学資金捻出法のみで貫かれている点にある。小学校は「人民共同資金ヲ積ミ、以テ維持スル」もので「保護スルハ最モ難クシテ、之ヲ設立スルハ易シ。故ニ易キモノハ論ソゼズ。請フ、其難キモノヲ論ゼン」と学資金問題が最大の関心事とされた。その具体策（「保護ノ一法」）は華族禄への禄税増課であった。禄税は当時すでに海陸軍費にあてられていたが、本建議はその増徴によって生じる資金を学資金に振り当てることを求める。士族の禄は「僅カニ口ヲ糊スルニ足レル者」として不問としたが、華族禄については「其禄ノ饒ナル、其税ノ軽キ、人民ノ心ヲ饜カシムルニ至ラズ」と批判し、「因テ自今華族ノ禄税ヲ増課シ、其金ヲ以テ小学資金ニ給スベシ」とする。そして「之ヲ以テ年々ノ消費ニ供」することで学資金を蓄積する。説明は次のように続く。

官既ニ鉅大ノ金員ヲ小学ニ給与スルノ得点ヲ垂ル、上ハ、人民モ大ニ奮発興起セザルノ理ナシ。此ニ於テ、有志ノ者ヲ募リ、其額一小学ニ付一年金百円ヅ、ヨリ少ナカラザル金員ヲ寄附セシメ、向フ十ケ年間ニ出金セシメ、此金ヲ銀行等ニ委托シ、息ヲ生ゼシム。此ヲ以テ各小学区ノ予備金トナス。此ノ如クスル十年ノ後ハ復官給ヲ要セズ、永久之レヲ維持保護セシムベシ。

ここで学資金を有志の寄附金としながら予め各校年間百円以上を見積っていることから、先の学資金規則に具体的な勧奨目標が付け加えられたといえる。明治八年の議事会は、前年以来の賦課法以外の方策提起（新規財源獲得）という路線を保ちながらも、県内だけでの打開を困難として、禄税増課という形で政府財源に期待し、これを梃子に強制力を発動しないが出さざるを得ない寄附を目指していた。

実際には、第五議目は審議されず、建議が容れられることもなかった。加えて、明治九年には地租改正事業が本格化し、七・八年期を遙かにしのぐレベルで民費過重が深刻化した。千葉県では、同年の「千葉県会」（議事会から改称）において民費問題が盛んに議論されたが、学資金問題は県会の審議事項から外されていた。審議された民費は供出義務を規定するものだったのに対し、学資金収集では依然として強制力が忌避されていたためと考えられる。

その一方で、学資金収集は急速にすすみつつあった。明治八年の寄附金額が三万八三八六円（全国十位）を集めたのに対し、翌九年の寄附金額は六二万一五二六円（全国一位）にのぼり、一カ年の収集額は約十六倍に急増した。[86]背景には、各区の判断に基づき、次第に区限りで賦課法が選択されたことがある。県庁は文部省に対し、自発的な寄附が集まらなかった場合、各区で「家産ノ等差ニ依テ出金ノ多寡ヲ分チ中等以上ヨリ出サシム」るか「家産ノ上下等ヲ論ゼズ人口ニ割賦[87]」するようになったと報じている。県庁は寄附にこだわり依然として賦課法の布達には及ばなかったが、各区の区戸長、学区取締は必要額を確保しなければならず、実質的な賦課を行っていた。明治八年の「千葉県年報」は、前年の方針を再論しつつも、人民中に「或ハ束縛ノ学制抔ト誹議シ、又ハ学資出金ニ種々ノ苦情ヲ鳴ラス等ニテ、兎角不信ノ輩不尠[88]」と伝え、依然として埋まらない学制と現実との距離に慨嘆した。県庁・民会は賦課回避に向けて具体策を模索しながら、妙案にたどりつけず、いよいよ各区の賦課に頼らざるを得なくなっていった。

（四）賛否並立のうちに——明治九年第一大学区教育会議

明治九年の千葉県会で学資金問題が審議されなかった一方で、教育事務を専掌する県庁学務課員と学区取締は、より広域の会議に向かっていた。八年七月三日、千葉県学区取締十五名は連署して大学区会議開催を求める建議を元老院へ提出した。[89]彼らが会議を必要とする動機は、「両県錯接ノ地ノ如キ、有志ハ甲県ノ急ナルヲ羨ミ、愚民ハ乙県ノ緩ナルヲ慕ニヨリ、教則ヲ釐正シ就学ヲ説諭シ、資金ヲ総束スルノ際、甲ハ彼ヲ証ニシ、乙ハ此ヲ拠トシ、互ニ苦情ヲ縷述ス」というように、各府県で区々の教育施策の状況が、自県の教育施策を停滞させていることだった。大学区会議は「彼此其大綱ヲ一ニシ、施行スル所ノ緩急大ニ相懸隔セザラシムル」ために必要とされた。また、「殊ニ地方官会議御下問ノ条件ニモ之レアリ、感憤ノ至リニ堪ズ」としたように、学区取締一同は先の地方官会議で掲げられた第五議目を想起し、「方今ノ急務」である教育に対して十分な配慮を求めた。本建議との直接の関連は不明だが、翌九年には念願叶って、関東各府県の学務課員、学区取締、教員たちによる第一大学区教育会議が開催され、千葉県からも七名が出席して連日の議事に加わった。同会議は教育事務会議と教員会議に分かれ、両会とも多様な議案が審議されたが(90)、ここでは本章の課題に従い、教育事務会議における「学資集徴ノ議」を取り上げる(91)。

原案の趣旨は以下の三点である。第一に、寄附金による「徴募法」と賦課金による「賦課法」の二法を区別し、「徴募法」では必要額の調達が困難な場合に「賦課法」を用いることを通則とし、資金管理は学区取締が担当する。第二に、地租改正未了、経緯租未確定の現況を「最好機会」と捉え、「教育税」＝学税の徴収を行う。第三に、予算の周期を五ヶ年とし、一ヶ年の経費から五ヶ年の経費を概算して残余金の五ヶ年後の利子額を以て年間経費を弁済し、寄附金額を供出できない者は抵当を入れた後負債を弁済する。第四に、小学扶助金から師範学校費を引いた残額を各小学区に分配して人民に「朝恩」を覚知させ、冗費消耗の一切を厳禁とする。

総じて、本案は学資金不足の解消を目的としたものであり、文部省が差し控えた学税（「教育税」）徴収にまで及んでいるように、学資金を強制徴収する方向性を明確にしていた。これは千葉県庁の掲げた方針に逆行する、許容しがたいものであった。早速、平山晋（千葉県学区取締）は議長に対し「賦課ハ府県庁ノ特権ヲ以テ命令シテ之ヲ行フカ」と確認し、「然リ」の返答を得た(92)。審議が開始されると平山は、次のように意見を述べた(93)。

賦課ハ府県庁ノ特権ヲ以テ命令施行スルモノナレバ、是レ圧制ナルヲ免レズ。故ニ学資ヲ集徴スルハ宜ク人民ヲ鼓舞奨励シテ出金セシム可シ。依テ原案戸口以下ヲ刪ル可シ。

府県庁が「賦課法」を発令することは「圧制」にあたって不適当であり、学資金は「徴募法」の寄附金によるべきだというのである。これに対し、埼玉県の清浦奎吾（中属、学務課）は賦課法の「妥当ナラザル」ことを認めながらも、学資金を「出スニ吝ナルハ人情ノ常」であるため「特ニ之ヲ鼓舞奨励ニ委スルトキハ、恐クハ資金豊備ノ時ナカル可シ」と、あえて賦課法の必要性を訴え、両県の意見は真っ向から対立した。(94) 成議案には原案の方針がそのまま引き継がれたが、採決時に賦課法に反対した議員は一一名（賛成一四名）と半数に迫っていた点を考慮すれば、実際の議場は賛成反対両派にほぼ二分されていたといえよう。

他の議員の発言についても触れておこう。千葉県代表議員中、近藤準平（千葉県権少属、学務課医務掛）だけは、賦課法賛成に一票を投じている。ただ、これを以てただちに彼ら議員間の意見が不整合だったと捉えるのは、適当ではない。彼は「徴募シテ満レバ賦課セザルモ妨ゲナシ。唯其額ニ満タザル時賦課スルトシ、通規ノ字ヲ刪ル可シ」と発言しており、(95) 千葉県学務課としては「通規」に「賦課法」を規定しないことが重要であった。平山と近藤は賛否に別れてはいるものの、それは「賦課法」を理念に反するとして拒否するか、「通規」上から排除すればいいとするか、という認識の強弱によるものであって、双方とも千葉県庁の方針の範疇から逸脱するものではなかった。

このように、千葉県の議員たちは、千葉県治の方針を堅持し、それを他府県代表の議員たちに開示する立場を取った。彼らに賦課法を公認する余地はなかったのである。会議は賛否並立のうちに僅差を以て賦課法を認める決議に至ったが、この問題は閉会後、各府県に持ち帰られて改めて選択を迫られることとなった。

（五）区賦課の公認――明治十年改正学資金規則の制定

先述の通り、千葉県では地方長官、県庁官員、区戸長、学区取締たちが賦課回避の道を探り続けながら、妙案に至らず、現実には賦課に依らざるを得ない状況に陥っていた。学資金額が各区での収集によって増えていくなか、明治十年一月十三日、県庁は千葉県会で審議する七議目を通達し（県甲第五号達）[96]、第七議目に「貧民ノ子弟ヲ就学セシメ、及ビ学校資本金保存ノ方法ヲ設クル事」を掲げた[97]。学資金の収集法ではなく「保存ノ方法」が掲げられたことは、賦課による収集・蓄積の結果と考えられる。柴原は同年に刊行した自著『県治実践録』中「教育ノ事」の項において、学資金に関して「九年ニ至リ闔管九百余校ノ公立小学資金略ボ完備セリ」[98]と語っており、もはや収集が問題ではなくなってきていた。

同年十二月二十八日、県庁は学資金規則に代わる「改正学資金規則」を達した（県甲第百六十七号達）[99]。本規則は全六章からなり、学資金の収集・蓄積・管理を詳細に規定している。その要点は以下の四点である。第一に、公立小学資金を「有志者ノ寄附献金」および「学区内人民共同積金」の二種に区分し、前者は七年の学資金規則を引き継ぐもので、後者は従来特定の規則によるものではなく「官ノ誘導ニ依リ」蓄積されてきたものであるとする。後者の場合、各学区で別の学校維持法を設ける場合のみ、県庁の許可を得て集金を解散することができる（第一章）。第二に、その利子増殖の方法を「田畑山林買入」と「公債証書譲受貸金預金」の二種に分け（第二章）、その取立ては同年の「学資金利子収入概則」に即して行う（第三章）。第三に、寄附の認可は県庁が行い、認可の場合にはその学校へ通達して金員を交付し、小学校事務掛、戸長、学区取締の連署を以て県庁に届け（第四章）、寄附者には褒賞を行う（第五章）。第四に、資金および不動産、公債証書などは「小学校事務掛之ヲ担任シ」、帳簿を作成して三ヶ月毎に戸長、学区取締に示して検印する（第六章）。

前規則からの主な改正点は、①「公費」制度がなくなったこと、②従来の実質的な賦課を公認したこと、③小学校事務掛の役割を明記したことである。その理由には第一に学資金が各区の賦課によって支えられてきたこと、第二に集金が進み重点が学資金の収集から維持に移ったことが挙げられる。県庁は五月三日、寄附金の取り消しを原則禁止とし（県甲第五十号達[100]）、本規則にも「学校永世維持ノ資本」たる「積金」を容易に解消させないよう規定して、学資金の維持を徹底させようとしている。依然として賦課法を回避しつつも、②の実質的な賦課を制度上に位置づけたことは、千葉県にとって大きな「改正」であった。

(六) 小括

千葉県では、学資金は税のように賦課するものではなく、あくまで人民の自主性によるものと理解され、民会も賦課を強制するための場ではなく、賦課回避の方策を模索する場として活用された。

明治七年以来、県庁は賦課回避の方針を示し、府県民会の議員たちも賦課に代わる新規財源獲得を模索して様々に立案、審議した。学務課員・学区取締たちもまた、県内における賦課回避の方針を堅持し、関東一円における約半数の賦課反対議員の一角を占めた。しかし、彼らが賦課に代わる方策を見いだせないなかで、現時に不足する学資金は、各区の判断で賦課されることで急激に増大し、明治十年には県庁も各区の賦課を公認するに至ったのである。この間の彼らの活動を見つめてきた一人、幹義郎は現状に疑問を抱き、次のように記した[101]。

学校ノ設立資金ノ徴集等、猶稍今日ノ体裁ヲ現スモノハ、是レ全ク県庁誘掖ノ致ス処ニシテ、一モ人民ノ自ラ為ス処ニ非ズ。嗚呼官吏誘導ノ労、実ニ鮮少ナラザルナリ。然リト雖ドモ、該事ハ到底人民自ラ振起スベキモノニシテ、永ク政府ノ提携ニ依ルベキ事ニ非ズ。然ルニ今日ノ如ク総テ官ノ保護ヲ頼ミ、漸ク其維持スルヲ得ルガ如キハ、偏ニ人民ノ気力暢発セザルニ因ルト雖ドモ、亦決シテ一歎ニ付シテ捨クベカラザルモノタリ。

本来「人民自ラ振起スベキモノ」が「総テ官ノ保護ヲ頼ミ、漸ク其維持スルヲ得ル」現状を打開し、学校経営を人民の手に取り戻すべきだという。彼は当務者一同が模索した学校経営のあり方、「勧奨」の本分を的確に捉えていた。千葉県の取り組みは、教育事務の持つ「私」領域の責任の具体化という難題を、直截に物語るものだったといえよう。

第四節　埼玉県における学資金と民会

明治十年（一八七七年）に開催された埼玉県の臨時教育集会は、公選民会の体裁を取ったこと、教育事務に特化した会議だったことなどから、従来の研究においても、民会の象徴として取りあげられてきた。同会は、前年に熊谷県が廃止され、その県域の一部が埼玉県に移管されたことを受け、全管内に共通の学資金規則を設けるために開かれた。先述の通り、明治九年の第一大学区教育会議において、埼玉県は学資金収集を賦課によらざるを得ないとの認識を示しており、臨時教育集会にかけられた原案「学資改正法案」にも、一定基準に基づく賦課を明記していた。留意したいのは、第一大学区教育会議席上における清浦奎吾の発言である。彼は賦課を規定することには同意しつつも、県庁の命令権発動に関しては「教育ノ何者タルヲ知ラザル人民ヲ鞭策シ学費ヲ賦課スルハ教ヘザルノ民ヲ網スルニ近シ。故ニ命令シテ賦課スルハ不可ナリ」と否定していた。賦課法を示しながら、県庁の強制執行を避けるとはどういうことか。その真意を捉えるには、決議事項だけでなく、臨時教育集会固有の合意方式と閉会後の決議事項の取り扱われ方にも目を向ける必要がある。ここでは、埼玉県における賦課の現実化について、第十二番中学区の場合に即して検討する。

（一）合意の系統化——臨時教育集会と区・学区の関係

臨時教育集会が成立する前提は、県内の区・学区の系統的編制にある。埼玉県では、全国で一般的だった大小区制ではなく、大小に分けない単一区制を敷いており、十数箇村を束ねて一区とし、区に区長一名、各村に戸長を任命していた。学区取締は区単位に置かれ、区戸長らとともに活動していた。さらに明治十年、県庁は管内に「村町会仮規則」を達し、町村毎に議員を公選して複数町村の聯合による「村町会」を構成することとした[102]。臨時教育集会の議員選挙は、この村町会議員の互選によって各中学区より七―九名を選出する間接公選制であった。県庁は村町会を基盤に区で公選し、中学区を選挙区として県の公選民会を立ち上げたのである。あえて中学区を組み込んだのは、区と学区の接続を図ろうとしていたものと推察される。

決議事項の内容は、すでに『埼玉県教育史』に紹介されているので[103]、その趣旨について整理するに留める。決議事項は「埼玉県内学資方法成議」(以下「成議」)と「埼玉県内学資出納方法」(以下「方法」)によって構成される。「成議」によれば、賦課額は県立学校費が一人あたり金三銭、公立小学校費が同十七銭で、賦課の配分法(反別・旧高・人口など)は前者が区、後者が小学区を決定単位とした。また、「方法」では学資金の管理は県庁が行い、学区取締を通じて下げ渡すが、支出方法一切は各小学区の適宜とされた。実質的な学校経営の決定権は各小学区が持ち、県庁が関わるのは総額の提示と管理事務の手続きのみであった。県庁は村々から段階的に合意を積み上げ、小学区に裁量をのこした形で学資金の制度化を図ろうとしたのである。

その他、議事上で注目すべきは、議員たちが県庁主導による強制執行を否決したことである。第十二番中学区議員・間中進之は、原案第十七条の各条款の改正権限「県内各小学区三分ノ二以上ノ協議ニ拠リ之ヲ増補シ、又ハ之ヲ更正シ、其事由ヲ県庁ヘ具申シテ許可ヲ乞フベシ」に関して地方長官の特権による改正権に切り替える動議が出された際、「長官ノ特権ハ要スルニ専断圧制ニ流レ易シ[104]」として断固反対を表明した。結局この動議は却下され、多くの議員は強制執行を回避し地域の自主性を重んじたのである。

(二)　もうひとつの合意へ――臨時教育集会と「糟壁上申書」

明治十年十月、臨時教育集会の決議を受け、県庁は「成議」「方法」を達し、翌年一月からの実施に備えた。これに対し、十二月、第十二番中学区の各区長は第五区糟壁宿に集まって会議を開き、一通の上申書を作成した（以下、「糟壁上申書」と称す）[105]。参加の区長たちは、臨時教育集会の決議通り施行すれば、金額が従来の「二三倍ヲ増加ス」ることになるため「目今地租改正ノ大挙アリ、其他民費ノ支出尠トセズ」の現状では実施困難と判断していた。彼らは、上申書に次のような対策案をまとめている。

小学校費ノ如キハ、一日モ不可欠ノ急務ニシテ、聊モ減ズベカラズト雖モ、亦務テ民費減省センガ為、当中学区ノ如キハ、浦和師範校ニ接近ス、故ニ該中学講習所ヲ兼用ス。其費大略一千余百円ヲ減ズル事ヲ得ベシ。亦定額人口十七銭積立ノ件、一時賦課スル至難ト不言ヲ不得。就テハ各区々務所ニ於テ貢租上納等ノ緩急ヲ斗、三四回ヲ以テ取立、各小学校定規ノ通、学区取締ヨリ下渡シ、製表而已上申、残余ハ区務所ニ蓄積シ、翌年ノ定額ニ差引取立候ハヾ、自然民心ヲ安ジ賦課取立ノ便ナラント愚慮ス。依テ上申候也。

これは賦課自体を否定するものではないが、民情に配慮して「成議」「方法」のそれぞれの規定を書き換え、区を調整役として現実化を図るものであった。具体的には、浦和師範学校舎を兼用とするほか、公立小学校費の収集・管理について、「成議」が一人十七銭ずつ取り立て、「方法」が小学区↓区務所↓県庁の手順で一括納付するとしていたのに対し、公立小学校費を区務所の判断で適宜三、四回に分けて納付させ、管理を一切区務所が取り扱うことを求めている。各区は、臨時教育集会の決議を自ら修正すべく、中学区単位での合意形成を図っていたのである。

(三)「公撰議会之何物タルヲ弁知セザルヤ」——第一・三区の反対

「糟壁上申書」には、第十二番中学区を構成する第一区から第八区および第二十五区の校務掛惣代、副区長、区長が名を連ねている。しかし、第一区・第三区の欄には一切記名がなされていない。両区はこの意見書に反対していたのである。糟壁協議を欠席した第三区区長・戸張七郎は、上申書を受け取って「同意候ハヽ捺印可致」と求められたのに対し、他の各区区長に宛て、憤りを込めた書状を発した(106)。

右事項ハ軽忽之儀ニ無之、各町村会議員ノ公撰ヲ以委任ヲ受ケ、熊谷会場ニ臨ミ、既ニ議決スル処ヲ上請シ尚裁制ヲ仰ギ、各人民一般ヘ布達スル義ニ候得者、仮令人民ニ於テ何様苦情相唱候トモ飽マデ説諭ヲ加ヘ、実際施行スルハ勿論之義ト被相考候。然ルニ当路ノ各位ニ於テ右等之件ヲ上陳スルハ公撰議会之何物タルヲ弁知セザルヤ。将タ成議案ヲ了解セザルヤ。将タ之ヲ弁了スルモ啻ニ民情ヲ参酌スル処ヨリ出ルカ。然ト雖モ、何分第壱区及ビ拙者ニ於テハ御同意難相成候条、此段開申候也。

戸張は第十二番中学区の区長の中では唯一、臨時教育集会の議員を務めた人物でもある。彼は段階的に積み上げられた臨時教育集会の決議の重みを説き、今更民情を考慮した撤回などあってはならないと訴えた。この反対意見に接して、「糟壁上申書」に賛同した区長たちも動いた。第八区区長・池田鴨平は、第四区区長・鈴木彰に宛て、次のように書き送っている(107)。

陳ハ他日学資方法之義ニ付、各区糟壁宿ヘ会同協議別紙之通議決相成候ニ付、不参之各区ヘ調印相廻し候処、第一区三区ニおゐてハ不同意之趣ニ候得共、何様公撰議会之何者タルヲ弁知スルト雖、将タ成議案ヲ了解スルトモ、民情モ亦参酌セズンバアラズ。到底難行届義ハ、何様ニモ上申、以テ官裁ヲ仰ノ外ナシ。一二区ノ不同意アリトモ是非被上申仕度、就テハ御調印之上、第二区ヘ御回送、至急同区より郵送相成候様、御配慮被成下度、此段御依頼及候也。

池田は、戸張の言葉を噛みしめたうえでなお「民情モ亦参酌セズンバアラズ」と強調し、「一二区ノ不同意アリトモ是非被上申仕度」と、第一・三両区が抜けた状態でも上申すべきことを訴えた。一方、第六区区長・知久又四郎は、鈴木宛書状の中で次のように語る(108)（○は原文）。

第一区第三区ニテ不服ト有之候得共、素より論ノ勝負ヲ議シ候義ニ無之、毎区人民其情ヲ唱ひ候ト之義ニ付、無余義次第ニも御座候。

知久も「論ノ勝負」によらず、民情を汲むのは「無余義次第」として、改めて「合議意見書」に賛意を示した。両区長は、公選民会を持ち出されてもなお、臨時教育集会の合意を「民情」に近づけることを強く望んだのである。最後に、この「糟壁上申書」はその後どうなったのか。同書は、第一・三区の記名を欠いたまま、さらに後から第四区全員の氏名が抹消されていることから、提出には至らなかったものと考えられる。鈴木も、先の池田の書状に答えて「民情ノ字ハ、前キニ戸張言アレバ、今日ニナリ此文字ヲ主張スルハ窮シタルトヤ言ハン。速ニ是代ロヲ直サゞレバ、将来如何ト不能考求」とし、民情酌量を批判した戸張の言に接してなお民情を説くことに無理を感じていた。ここに中学区での合意形成は破綻をきたしたのである。

（四）配分法の決定——第四区の場合

臨時教育集会の決議事項を実施するには、まだ問題が残されていた。「成議」が賦課の配分法の意思決定権を小学区に認めたことについてである。配分法は、「成議」では県立学校費（一人十七銭）は各区、公立小学校費（一人三銭）は各小学区が決定することとされていた。しかし、「村町会仮規則」に掲げられた「村町会」の議事項目には「公立学校及貧院病院等ノ事」が含まれており、「成議」と不整合であった。これはそもそも「成議」が小学区ベースの小学校経営という学制以来の方法にこだわり、「村町会」を除外していたことに原因があるが、各区ではそれぞれ現実に即した方法を選択していた。知久（第六区）は「金弐拾銭ヲ、五分高反別、五分人口ト致し候積り決定致候」と、鈴木の照会に対し回答している。[109]「金弐拾銭」とは、ちょうど一人あたりの県立学校費と公立小学校費を合算した金額であり、同区内では一括して半分を旧高反別割、半分を人口割に課すことに決したという。第六区では、県立学校費はともかく、公立小学校費までも区単位で決しており、意思決定単位は小学区ではなく、区であったといえる。

配分法について、区によっては町村―「村町会」―区で合意していく方式が採られていたと考えられる。第四区では、十二月中に「埼玉県下第四区学資賦課法会議」を開催し、県立学校費を全額人口割、公立小学校費を「貧民堪ル所」をはかり四分を人口割、六分を旧高反別割に課すことに決したが[110]、この席上でも「村町会」と小学区との関係が議論を呼んだため、同月二十一日、同区区長・鈴木は、同区の学区取締・小林貞斎と連名で、県庁に伺い出ることにした[111]。伺書に基づいて経緯を整理すれば次のとおりである。

第四区では区の「学資賦課法会議」に先立ち、「村町会議員ニ附シテ之レヲ討論セシメ議長各部内之成議ヲ以区務所ニ会同」、すなわち、「村町会」→区（学資賦課法会議）の順で積み上げ式に議定していた。しかし、各議員から「其決議スル所ヲ聞クニ支出方法各大ニ異」なっており、区長としては「一区画中小異労逸アルヲ欲セズ」、よって「討論ノ多数ヲ以一斉ニ帰セン」とした。しかし、参加の議員から、次のような問題点が指摘された。村町会が「小学区ニ依テ区域ヲ分ツモノニアラザ」るため、管区域が複数の小学区に跨っており、「一小学中ト雖、支出法一ニ帰着スル能ハズ」というのである。鈴木たちは、この村町会と小学区の不整合に直面して、「成議」通り「一小学区限リ協議」しなければならないのか、それとも「一区中討論多数ヲ採リ、学費支出法一斉ニ帰シ可然哉」と、いずれの方式に依るべきか県庁へ伺った。これに対し県庁は「書面伺之趣、其区ノ協議ニヨリ、小学区限リ支出スルモ、全区中一斉ノ方法ヲ設クルモ無妨儀ト可相心得候事」と、どちらでも構わないと回答した。これを受けて第四区は後者を選択し「学資賦課法会議」の決議通り届け出た[112]。小学区を意志決定単位に据えた「成議」の方式は、実施の前に崩れていたのである。第四区の当務者たちは、小学区・「村町会」の不整合を解消するため、区を単位に「討論ノ多数ヲ以一斉ニ帰セントスル」ことを選択した。県庁も、原則論に固執するよりも各区の判断を尊重する姿勢を示しており、教育事務の合意形成単位として区を認めていたことが窺われる。

（五）小　括

埼玉県における臨時教育集会は、区—「村町会」—町村を土台に中学区（選挙区）、臨時教育集会（公選民会）を積み上げる、系統的合意形成の試みだった。賦課は「厳刻」な強制法の象徴であったが、賦課をやむなしとして選択した埼玉県庁は、その緩和に務め、制定・実施にあたって周到な合意形成方式を準備し、区（県立学校）・小学区（公立小学校）による意志決定権を規定した原案を用意した。しかし、決議・布達された「成議」「方法」に関して、村々から区に反対意見が寄せられ、第十二番中学区構成各区は、中学区単位で「民情」を汲んだ合意形成を試み、「成議」「方法」を修正する「糟壁上申書」の提出へと動き出した。区には、戸張がいう確かな手続きを踏んだ公選民会の合意の重さと、池田や知久がいう区内村々が訴える民情の重さとが並び立ち、区長たちの合意形成を破綻させた。その一方で、小学区と区—「村町会」—町村の意志決定の不整合問題では、区が働きかけ、県庁も容認して、区を単位とする合意形成が行われた。区長たちは村々の意見に接するなかで、賦課を現実化するために動き、学校経営を区単位の合意で支える選択をしたのである。

おわりに

人民一般の教育は、国家建設に欠かせないものとして、政府要路、諸官員の注目を集めていたが、具体的にどうすればそれが形になるのかは、誰しも疑問であった。実施可能な方法の模索は、留守政府が遺した学制を叩き台として、欧米の実地調査を終えた田中の帰朝とともに本格化した。学事における府県の役割の明確化、将来の学校経営の自立を想定した補助金の確保、学校制度における「公」（public）の創出など、田中は学制の再編をすすめつつ、府県における実行を期待した。学制を上意下達方式から地方裁量に基づく学制再編の方式へと転換させたのは、田中の文部省職権の巧みな活用と、教育事務の実効性を追究するという目的意識によるものだったといえる。

文部省が最緊要と位置づけた学資金の収集法は、各府県庁の「勧奨」のもとに実現可能な方策が模索されたが、民費負担が重く、また一般に小学校に対する理解が得られていないなかでは相当の困難が伴った。各府県の当務者たちは学事を執りつつ、民会を通じて区戸長・学区取締たちとの議論と合意形成を重ねていった。本章では千葉県・埼玉県の場合を検討してきたが、そこに表れた民会の姿は、互いに異なっていた。

千葉県では、民会は県庁方針を共有して、一貫して学資金賦課以外の道を模索し続けていた。結果的に、妙案を見いだせず、現実は各区の賦課に支えられた点で限界があったものの、当務者一同が地方官会議、第一大学区教育会議ともつながって賦課回避を探り続けたことは注目に値する。

一方、埼玉県では、県庁が賦課法をやむなく選択し、民会はその合意を取り付けるための場となった。しかし、そこにみられたのは系統化された合意方式、地域裁量権の明示といった、地域の主体性を阻害しない制度化の試みであった。第十二番中学区の区長たちは、臨時教育集会の決議を現実（「民情」）に近づけるために、再度の合意形成と地域裁量権を区に帰す選択を行った。県庁が後者を容認したように、彼らもまた学校経営について県レベルの一般的合意を維持しつつも、各区内の実情に合わせた調整が必要であることを理解していた。

両県とも強制的措置に訴えては却って教育事務の実効を失すると理解し、県下の現況で実施可能な方策を追究しており、その課題意識は文部省と両県の通奏底音であった。ただ、県庁にはそれぞれ施行の裁量があり、具体化の仕方には多様性があった。民費過重の財政危機のなかで、強制法という選択肢が想起されながらも、地方の実情に応じて千葉県では賦課法の全面回避を、埼玉県では賦課法の現実化を方針として施策がまとめられ、それぞれ「改正学資金規則」、あるいは臨時教育集会の決議、「糟壁上申書」の試みや各区の配分法決定となって表れた。

第一大学区教育会議において、賦課の賛否が議場を二分していたことを振り返れば、千葉県のように賦課を回避したい当務者たちが相当数いたこと、埼玉県のように賦課に対する合意を取り現実化することに相当の責任を背負っていた当務者たちがほぼ同数いたことは、無視できない事実であろう。強制法を回避しつつ、小学校運営に必要な資金を集めることは極めて困難であったために、中央・地方の当務者たちの葛藤と苦悩を呼び、今回検討した様々な議論や活動につながったと考えられる。

文部省・府県庁・区戸長・学区取締がそれぞれ学事を通じて課題認識を深め、多様な会議を開いて方法的模索と合意形成を重ねた結果が、小学校整備、教育普及の基礎となったのである。

註

（1）明治元年十二月二日、木戸孝允建言書（妻木忠太編『木戸孝允文書』第八巻、一九三一年、七八—七九頁）。木戸は「武政之専圧を解き、内は人民平等之政を施し、外は世界富強之各国え対峙する」ためには「一般之人民無識貧弱」では「譬二三之英豪朝政を補賛仕候共、決て不能振起全国之富強」と強調し、何よりもまず「一般人民之智識進渉を期し、文明各国之規則を取捨し、徐々全国に学校を振興」することを主張した。

（2）明治二年二月五日「府県施政順序」（国立公文書館所蔵「太政類典」第一編・慶応三年—明治四年・第六十九巻・地方・地方官職制三）。「小学校ヲ設ル事」の項目では以下のように記されている。

専ラ書学素読算術ヲ習ハシメ、願書々翰記牒算勘等其用ヲ闕ザラシムベシ。又時々講談ヲ以テ国体時勢ヲ弁ヘ、忠孝ノ道ヲ知ルベキ様教諭シ、風俗ヲ敦クスルヲ要ス。最才気衆ニ秀デ学業進達ノ者ハ其志ス所ヲ遂ゲシムベシ。

小学校の目的は、日用の知識を基礎とし、「国体時勢」「忠孝ノ道」を了得する人民を養成することにあった。

（3）明治三年九月七日、岩倉具視宛広沢真臣書状（大塚武松編『広沢真臣日記』日本史籍協会、一九三一年、四五三頁）。広沢は勧業と合わせて以下のように「教育」を定義した。

牧民の大目的は農工商をして各智識を尽さしめ、其職業を勧め、以て盛に地力を興し、大に百工を開き、財路を通ぜしめ、自主自由天理当然の権を失わざらしむるに在り。此則人知を開く所以にして、教育の基本とす。

人民一般の「教育」の目的は、人民が職業に応じた知識を獲得し、自らの権利を自らの力で行使することであった。この時、広沢は内治事務の根幹は「教育」と「保護」の二務に尽きると説き、木戸と同様の発想から「教育」の重要性を強調した。なお、同月二十八日の山口藩宛広沢書状には、同様の内容に加えて「三民を愚にし統御するの方法を改むべし」とある（同前書、四七七頁）。広沢が「教育」を通じた統治体制の変革を見通していたことが窺える。

（4）福沢諭吉『学問のすゝめ』初編、一八八〇年（一八七二年初版）、一四―一五頁。

（5）牧原憲夫『客分と国民のあいだ』吉川弘文館、一九九八年。

（6）松田宏一郎『江戸の知識から明治の政治へ』ぺりかん社、二〇〇八年。本書では国民という政治主体の存在に注目した士族たちが、政治の転換していく今後を期待と危機感を含んだ眼差しで見つめ、議論を重ねていった過程が描かれている。

（7）坂野潤治『近代日本の国家構想』（岩波書店、一九九六年、岩波現代文庫新装版二〇〇九年）は経済政策における「富国」、軍事政策における「強兵」、専制制御としての「公議輿論」を立国構想の三本柱と称したように、教育が立国構想の根幹にあることは忘れ去られてきた。「教育」の問題が政治史の際立つ論点として表出するのは「教学聖旨」に対して伊藤が呈した「教育議」くらいであり、政治史の観点から教育事務を捉えることは元来困難であった。

（8）国立公文書館所蔵「第十一類　記録材料」、「旧内記課ヨリ引継書類」（記〇〇四五〇一〇〇）所収。なお、本史料は本来「公文録」に記録される性質のものだが、「公文録」から脱落し、正院内記課の旧蔵史料のなかに遺されていた。

（9）千葉正士『学区制度の研究』勁草書房、一九六二年、七〇―七一、七六頁。

（10）倉澤剛『学制の研究』講談社、一九七三年、九八三―九九一頁。倉澤は、文部省が学制の専断的実施から、人民の窮乏による減収によって、自由主義へ転換したとし、その先に「自由主義の教育政策を法的に基礎づけ」る教育令制定を見通している。

（11）井上久雄『増補学制論考』風間書房、一九九一年（一九六三年初版）、二三六―二四九頁、および同『近代日本教育法の成立』風間書房、一九九〇年（一九六九年初版）、一五五―一五七頁。井上は、地方制度との関係を重視し、文部省の方針は自由主義化ではなく「専断から合意へ」の学制の現実化路線であったとして、受業料制度の破棄、「教育議会」構想を盛り込んだ「日本教育令案」に結実したとする。

（12）金子照基執筆「第一章教育財政の制度化――明治前期」第一節（『日本近代教育百年史』第二巻、国立教育研究所、一九七三年）。

（13）国立公文書館所蔵「大使書類原稿欧米大使全書」所収。

(14) 明治五年七月十五日（一八七二年八月十八日）、大使副使連名心得書（国立公文書館所蔵「大使書類原本在英雑務書類」）。この心得書では滞米中の公務局・交際事務の運営や事務分担関係を渡英後も継続させることが確認されている。
(15) 明治四年九月十二日、南貞助宛木戸孝允書翰（前掲『木戸孝允文書』第四巻、二八五頁）。
(16) 明治四年十月二十五日、渡辺昇宛木戸孝允書翰（同右、三一〇頁）。
(17) 明治四年十二月十五日の条（妻木忠太編『木戸孝允日記』第二巻、日本史籍協会、一九三三年、一二六―一二七頁）。
(18) 国立公文書館所蔵「第十類　単行書」、「官符原案」原本・第一、四〇丁。なお『法規分類大全』第十六巻・官職門（内閣記録局、一八九一年、二〇頁）は文部卿職掌の制定時期を「四年七月日闕」と記しており、おそらく大木喬任が文部卿に就任した七月の制定と推量したものと考えられる。ここでは原文書にしたがい、八月七日の制定とする。
(19) 明治五年一月、大木喬任文部卿伺書草稿（国立国会図書館憲政資料室所蔵「大木喬任関係文書」書類の部・二五―二）。この写しが明治五年「学制発行ノ儀伺」（前掲「公文録」明治五年・第四十八巻・壬申六月―七月・文部省伺）に含まれている。
(20) 明治五年一月四日、大木喬任文部卿伺書（前掲「大木喬任関係文書」書類の部・二七―一）。
(21) 明治四年七月「東南校生徒成業見込ノ儀伺」（国立公文書館所蔵「公文録」明治四年・第百三十八巻・辛未・文部省伺乾）。
(22) 明治五年七月「即今之本省ヲ以テ専門大学校ニ相充候儀申上」別紙取調書（前掲「公文録」明治五年・第四十九巻・壬申八月―九月・文部省伺（八月・九月））。
(23) 前掲「公文録」明治五年・第四十七巻・壬申四月―五月・文部省伺（四月・五月）、第二十五号文書。
(24) 明治四年十二月十七日、杉山孝敏宛木戸孝允書翰（前掲『木戸孝允文書』第四巻、三三〇―三三一頁）。
(25) 明治五年一月二十三日、木戸孝允宛長芡書翰（前掲『木戸孝允関係文書』第四巻、四七六頁）。長は欧米学制の取り調べ、制度の立案こそ進んでいるものの「実地之処一見不仕而は隔靴掻痒之心持いたし申候」として、地方の実情を把握できていないことを問題視していた。
(26) 明治五年四月二十七日、木戸孝允宛長芡書翰（同右、四七七頁）。
(27) 明治五年四月二十八日、木戸孝允宛杉山孝敏書翰（同右、三七一頁）。
(28) 明治六年二月三日、長芡宛木戸孝允書翰（前掲『木戸孝允文書』第五巻、七―八頁）。
(29) 早稲田大学図書館所蔵「大隈文書」イ一四―A四一一九九。

(30)『法令全書』明治六年、内閣官報局、一八八九年、一五〇二頁。
(31) 以下の田中の履歴は大塚武松編『百官履歴』上巻（日本史籍協会、一九二七年）三〇九―三一一頁および国立公文書館所蔵「勅奏任官履歴原書」による。
(32) 前掲『法令全書』明治元年、三四〇頁。
(33) このとき出張していたのは、田中のほか、黒田弾正少弼、北垣大巡察、丹権少史、堤弾正史生。史官の丹を除けば、刑法事務から分派した弾正台の官員である（国立公文書館所蔵「公文録」明治三年・第百二十一巻・徳島騒擾始末（三）、第二十五号文書）。田中の刑法事務の能力が買われていたことが窺える。
(34) 明治二年七月頃に岩倉具視が認めた政府人事案では、弁事に各省官員を兼任させることが想定されており、そのなかで田中は中弁兼刑部少輔と記されている（佐々木克・藤井讓治・三澤純・谷川穣編『岩倉具視関係史料』上巻、思文閣出版、二〇一二年、三四五頁）。田中の適性を刑法事務に求めていたことがわかる。なお、田中は文部大輔を退いた明治十三年には、民法・刑法の取り調べを抱えていた司法省へ転任し、司法卿に就任している。
(35) 大塚武松編『岩倉具視関係文書』第四巻、日本史籍協会、一九三〇年、二三五頁。
(36) これは明治元年十月二十八日に藩治職制が布告されたことによるものと考えられる。
(37) 前掲『木戸孝允日記』第一巻、二二二―二二三頁。
(38) 藤野正啓著、重野安繹編『海南遺稿』第四巻附録、藤野漸、明治二十四年、四七丁。
(39)『理事功程』第一巻、文部省、一八七三年、一―八丁。
(40)『文部省第一年報』所収田中不二麿意見書。
(41) 明治七年一月四日、木戸孝允宛田中不二麿書翰（前掲『木戸孝允関係文書』第四巻、四五四頁）。
(42) 明治七年五月十日、「県治条例中教育課増補之儀伺」（前掲「公文録」明治八年・第六十巻・明治八年四月・文部省伺）。
(43) 明治法制経済史研究所編『元老院会議筆記』前期・第六巻、元老院会議筆記刊行会、一九六三年、一二六頁。
(44) 前掲『木戸孝允文書』第五巻、二六七頁。
(45) 同右、四〇三頁。
(46) 明治六年五月五日「太政官職制章程之義ニ付伺」（国立公文書館所蔵「公文録」明治六年・第五十巻・明治六年五月・文部省伺一）。

(47) 前掲『法規分類大全』第十六巻・官職門、二六四頁。
(48) 前掲『法令全書』明治七年、一一八四頁。
(49) 前掲「公文録」明治八年・第六十巻・明治八年四月・文部省伺所収。
(50) 『文部省雑誌』明治七年、第九号（佐藤秀夫編『明治前期文部省刊行誌集成』第六巻、歴史文献、一九八一年、八三―八九頁）。
(51) なお、『文部省雑誌』は明治七年十月頃から、従来の学制実施関係の報告にかわり、欧米教育情報の掲載を中心にしていく（佐藤秀夫「『文部省雑誌』『教育雑誌』『文部省教育雑誌』解題」、前掲『明治前期文部省刊行誌集成』解題・目次・索引・一覧、二六七頁）。学制再編を担う地方官たちに、学制にかわる方法を模索させる情報の提供が始まったものといえる。
(52) 田中（本省）が学制再編を意図して動いていることは、督学局も察知していた。明治八年一月、大督学・野村素介は田中宛具申書において、「本省ノ教育ヲ地方ニ委スル」方針に対して「学制ヲ遵守シテ学校ヲ興サシム」べきだと牽制し、学制実施の「監視」を厳にするよう進言した（『文部省雑誌』明治八年、第五号、前掲『明治前期文部省刊行誌集成』第六巻、二一四―二一六頁）。しかし、明治六年一月の田中宛野村具申書では、「学制ノ改正ナラザル」現状の打開を訴えている（『文部省雑誌』明治九年、第五号、同前書三五九―三六〇頁）。明治八年を通じて文部省と督学局の方針が一致したことが窺える。
(53) 前掲「公文録」明治八年・第五十六巻・明治八年一月・文部省伺（一）所収。
(54) 以後、田中在任期間中に発行された『文部省第五年報』まで、田中の奏議が綴じ込まれた。
(55) 前掲「公文録」明治八年・第四巻・明治八年四月・課局（内史・庶務・記録・用度・澳国博覧会・旧蕃地）第二ノ上文書。
(56) 前掲『法令全書』明治八年、八一一―八一五頁。
(57) 学制において官費支給は「官金」に一括されている。
(58) 九鬼は三田藩上士の家系に生まれ、綾部藩家老を務める九鬼家の養子となり、同藩の実務と藩校での教授を受け持った。綾部藩権少参事を経て、明治五年四月に文部省入りして大学東南校の事務を担当し、翌六年四月より留学生処分のため欧米各国を巡見した。以後昇任を重ね、明治十七年五月に特命全権公使に転任するまで文部省務を支え続けた。三田藩の藩政改革に携わっていた福沢諭吉とも縁があり、一時慶應義塾に入塾していた。
長与は大村藩医長与家に生まれ、適塾塾頭、長崎府医学校学頭などを経て明治四年七月の文部省創設に際して同省入りした。主に医制を担当し、明治七年七月に東京医学校長となり、内務省兼任を経て、明治九年に内務省衛生局長に転じた。

小松は松本藩出身で明治二年一月に倉敷県判事、十月に大学大丞に転じ、三年十二月に大史となり、四年十一月に豊岡県権令、五年三月に同県令に昇任し、同年十月に再び大外史として東京へ戻った。六年五月の法制課設置に伴い法制課長に任じられ、翌七年一月に左院議官に転じたが、同月中に文部省へ転任し、九年九月に依願免官となった。

西村は、佐倉藩出身で、同藩執政・大参事を経て明治四年十一月印旛県権参事となる。翌五年三月に辞職するが、六年十一月に文部省入りし、編書課長に就任する。明治八年五月から明治天皇の侍講を務め、翌九年一月から宮内省御用となるなど、宮中関係の職務を兼帯した。

(59) 大久保利通宛九鬼隆一意見書（国立国会図書館憲政資料室所蔵「大久保利通文書」三四六、文部省罫紙）。同文書は年月日を欠くが、残余金返納に反対して「再議」、「允裁」を求めていることから、返納を求める太政官達が出され、これに反対する文部省伺が却下された明治八年十二月頃のものと推定される。なお、同年同月には畠山義成（督学局中督学）も、大蔵大輔・松方正義に宛てて返納に反対する意見書を書き送っている（早稲田大学図書館所蔵「大隈文書」イ一四―A四二〇九）。

(60) 大隈重信宛九鬼隆一意見書（前掲「大隈文書」イ一四―A四二四五、文部省罫紙）。同文書は年月日、発受信者名の一切を欠くが、註(59)のものとほぼ同文で、九鬼が同内容の意見書を大久保、大隈に送ったものと考えられる。大久保宛と明確に異なるのは、送り先に合わせて「大蔵省」が「政府」となっている点だが、本旨を異にする箇所はない。

(61) 九鬼のいう独立自営の学校像に最も近いと考えられるのは、アメリカのマサチュセッツ州の「教育元金」である。『理事功程』においても、同州の教育規則は同国内で「建国立法ノ旨趣各其状態ヲ異ニスト雖モ、中ニ就テ最モ注意スベキハ麻沙朱色州ノ法令ヲ最トス」とされ、文部省内でも注目されていた（前掲『理事功程』第一巻、七、一五―一六丁）。

(62) 明治七年六月二十八日、太政大臣三条実美宛文部少輔田中不二麿「諸学校補助金名義并計算之儀ニ付伺」（前掲「公文録」明治八年・第六十四巻・明治八年八月―九月・文部省伺（布達）、第十三号文書）。

(63) 同右。

(64) 我部政男他編『明治前期地方官会議史料集成』第一期・第五巻、柏書房、一九九六年、八九頁。

(65) 同右、一二〇―一二一頁。

(66) 同右、一一一頁。

(67)　同右、一〇〇頁。
(68)　同右、一二三頁。
(69)　同右、一二六頁。
(70)　同右、一〇二頁。
(71)　明治八年六月十四日、三条実美宛田中不二麿上申書（前掲「公文録」明治八年・第六十二巻・明治八年六月・文部省伺（布達））。
(72)　第五条の方策は、すでに明治六年九月二十七日に文部省八等出仕・内村良蔵が当時三等出仕だった田中不二麿に建言しており、田中も「至当」と認めて正院の一覧に供していた（前掲「公文録」明治六年・第五十七巻・明治六年十月・文部省伺、第四号文書）。
(73)　ここでいう「私学」は、学制のものとは異なる。明治七年文部省第十二号達にもとづき、私家塾もすべて「私立学校」に編入され、地方官が「私立学校」として開業許可を与えることとなった。それまで私家塾を「公立学校」に編制しようとしてきた府県に対して文部省が牽制したものといえる。
(74)　明治十年、文部大書記官九鬼隆一報告「第三大学区巡視功程」（『文部省第四年報』附録）。
(75)　神尾武則「県令柴原和と千葉県民会」（津田秀夫編『近世国家の解体と近代』塙書房、一九七九年）。神尾は千葉県民会議員の職歴を調査し、形態上公選民会の体裁を整えた千葉県民会が、実際には区戸長・学区取締らの兼務によって支えられていたことを明らかにしている。
(76)　以下、千葉県議事会の議事録の引用は、千葉県立中央図書館所蔵「千葉県日誌附録議事場日誌」による（ただし、落丁分については千葉県文書館所蔵「おとづれ文庫」ヌ一一一八の同文日誌により補った）。各議案の該当頁は以下の通り。①第四号五―七丁、②第九号四―七丁、③第十一号一―四丁、④第六号九―一〇丁、⑤第十号一二―一七丁。
(77)　「千葉県議事条例」第三十九条では、多数決による「投名決議」の他に、「議長ノ専断ヲ以テ判決」する「命令決議」権が認められている（前掲「公文録」明治七年・第二百五十八巻・明治七年一月・諸県伺、第二十五号文書）。
(78)　以下、各議員の当職名は、内議員については明治七年十月二日付「千葉県職員表」（千葉県文書館所蔵「茂原市綱島幹家文書」F―九三）、外議員については同年同月十一日付「［県令管内巡村ニ付書簡］」に添付された「各大区々長人名録」（同「茂原市上茂原武田家文書」ア五四②）による。

(79)『千葉県教育百年史』第三巻〈史料編（明治）〉、千葉県教育委員会、一九七一年、二四―二七頁。
(80)この柴原の問題意識は、同年分として文部省に提出された「千葉県学事年報」の「将来学事進歩ノ方法及意見」の項で再論され、「教師養成ノ法」と並んで「学資蓄積ノ方法」が方今緊要の課題として挙げられた（『文部省第二年報』八四頁）。
(81)柴原和『県治方向』千葉県、一八七五年十月序、一一―一二丁。
(82)千葉県庁は明治八年の「千葉県年報」においても、「区内資産アル者及ビ有志ノ者ヲ勧誘シ、応分ノ寄附及ビ積金ヲ為サシムルヲ以テ本旨ト為ス」「土地民情ノ異アルヲ以テ一法以テ之ヲ概スベカラザルモノアリ」と報告しており、学資金収集・蓄積を人民の自主性、各地の事情にもとづいてなされるべきものと捉えていた（『文部省第三年報』第一冊、一七九頁）。そのため、先述の議事会の各案は県庁の命令によらざるを得ない点で困難を抱えていたといえよう。
(83)千葉県史編纂審議会編『千葉県史料』明治初期三、千葉県、一九七〇年、二九六頁。
(84)菱田忠義・重城良造編『重城保日記』第三巻、うらべ書房、一九九二年、三二三―三二五頁。以下、各議員の当職名は、註(78)史料および明治八年十二月二十八日付「明治九年一月千葉県職員表」（千葉県文書館所蔵行政文書M八―一）による。
(85)明治八年六月「小学校設立及ビ保護方法ノ建議」（我部政男他編『明治前期地方官会議史料集成』第二期・第一巻、柏書房、一九九七年、三二六―三二八頁）。
(86)『文部省第三年報』『文部省第四年報』第一冊中「府県学資寄附統計表」参照。
(87)前掲『文部省第三年報』第一冊、一七九頁。
(88)同右、一八〇頁。
(89)色川大吉・我部政男監修、牧原憲夫・茂木陽一編『明治建白書集成』第四巻、筑摩書房、一九八八年、七七八―七七九頁。
(90)第一大学区教育会議の会議日誌の分析については、湯川嘉津美「学制期の大学区教育会議に関する研究」（『日本教育史研究』第二十八号、二〇〇九年）参照。
(91)明治九年一月「第一大学区教育会議日誌」巻三、一―三頁（埼玉県立文書館所蔵「長谷川家文書」一二一一）。
(92)同右、三頁。
(93)同右、六頁。
(94)同右、六―七頁。前年における埼玉県の学資金寄附額は、第一大学区中茨城県に次いで二番目の少額（三〇九七円）であり、トップの栃木県（六〇万五六三五円）の約二百分の一、大学区内平均額（一〇万三五五一円）の約百分の三であった

（前掲『文部省第三年報』第一冊「府県学資寄附統計表」）。
(95) 前掲「第一大学区教育会議日誌」巻三、九頁。
(96) 前掲『千葉県史料』明治初期五、千葉県、一九七二年、六三―六四頁。
(97) 明治十年の千葉県会は二月二十四日に西南戦争、十二月一日にコレラ流行を理由に延期を重ね、結局同年中に開かれることはなかった（同右、六六頁、六八頁）。
(98) 同右、四一頁。
(99) 前掲『千葉県教育百年史』第三巻、五六―五七頁。
(100) 同右、二五五頁。
(101) 明治十年四月六日、幹義郎「［天皇巡幸ニ付胤臣意見書］」（「幹家文書」N―六）。幹は当時、第七大区区長・板倉胤臣に代わって意見書草案を作成していた。なお、幹が打開策として挙げた「東巡」＝天皇の千葉県全域への巡幸も、県内での自己解決の難しさを映し出しており、当務者一同と同じ課題に直面していたといえる。
(102) 明治十年五月二十四日、県甲第四十八号達「村町会仮規則」（『府県史料』埼玉県史料第三十一巻、政治部、議会、第二輯）。
(103) 『埼玉県教育史』第三巻、埼玉県教育委員会、一九七〇年、二四六―二四九頁。
(104) 明治十年九月「臨時教育集会議事日誌」一六―一七、六二頁（埼玉県立文書館所蔵「中川家文書」三三七六）。
(105) 明治十年十二月、埼玉県令白根多助宛第十二番中学区構成各区連名作成「学資積立方法之儀ニ付上申書」（埼玉県立文書館蔵「小林（正）家文書」二四七―九）。
(106) 明治十年十二月十二日、各区区長宛第三区区長戸張七郎書状（前掲「小林（正）家文書」二四七―一二「学資金ニ付書状綴」）。
(107) 明治十年十二月十九日、第四区区長鈴木彰宛第八区区長池田鴨平書状（同右）。
(108) 明治十年十二月二十日、第四区区長鈴木彰宛第六区区長知久又四郎書状（同右）。
(109) 同右。
(110) 明治十年十二月「埼玉県下第四区学資賦課法会議日誌」（前掲「小林（正）家文書」二四七―八）。
(111) 明治十年十二月二十一日、埼玉県令白根多助宛鈴木彰・小林貞斎連名伺書（前掲「小林（正）家文書」二四七―一一）。

(112)　明治十年十二月二十七日、埼玉県令白根多助宛鈴木・小林・副区長中村又左衛門・同小川吾郎資連名届書（前掲「小林（正）家文書」二四七―一〇）。

第III部のまとめ

事務の現実適合性の追究

第III部では警察事務、教育事務の形成について、中央・地方における対応を視野にいれて分析した。両事務とも欧米法を参照した新規の事業であったため、地方人民にその効用が理解されておらず、そのなかで多額の民費負担を必要とすることから、実施困難な状態にあり、それぞれ打開策が講じられた。

第七章にみたように、警察事務の場合、新政反対一揆などの地方騒擾が警察整備の契機になっていたが、太政官は欧米法からの直接的な導入には施行上無理があるとし、内務省もまた地方における対応を優先させた。ここには、立法して施行するという一般的に想定されるような手順ではなく、施行の積み重ねを通じて立法を模索していくという手順が浮かびあがる。ただ、地方限りの立法は必要であり、その舵取りは地方官の役割であった。そして地方官の判断を支えていたのは、県庁官員・区戸長らの議事であった。

千葉県議事会では、警察財源の不足について、費用負担者であるところの人民が効果を実感できないことが原因とされ、小区単位の警察整備が提言された。県令柴原和がこの意見を採り入れ、小区警察の整備を行ったように、議事会の意見は県庁の施政を支えていた。そうであるが故に、柴原の判断は県内の実情と連動しており、明治八年の地方官会議では、議事会の意見を踏まえた発言を続けた。このような行動は、政府が議事院に対して求めてきたものであったといえる。ただ、そうであるが故に、柴原を含め多くの地方官が警察制度の法制化について、引き続き地方裁量の確保を求め、画一的な立法には慎重にならざるを得なかった。先行研究では地方官会議が法制化に貢献しなかったことから低評価を導き出してきたが、当時立法の現実適合性が問題になっていたことを考慮すれば、実際施行上の観点から無理な法制化が望まれなかったことに地方官会議の特質が顕れたと考える。

柴原が地方官会議の決議を踏まえて改めて警察費額を立案し、千葉県会に諮り合意をとりつけたように、全国一般の動向に近づけることも地方官の役割であった。地方官会議決議通りではなく、千葉県内で妥当と思われる額を算定したように、あくまで現実的な実施方法が必要とされていたことも重要である。

内務省・地方官では現実に大規模騒擾の危機を迎えたことで警察整備を急ごうとしたが、内務省の警察使構想に法制局の批判が向けられ、あるいは千葉県庁の警察費の大幅増額に議員たちが異を唱えたように、警察事務の責任者が内務省・地方官であっても合意の得られない方法は実施困難であった。一方で、警察費増額や警察の質的向上への基本的な合意が重ねられ、法規定されなくとも各郡町村で巡査が設置されたように、警察は各地で必要と認識されることによって定着していった。

第八章の教育事務の場合も、多くを民費負担に頼るために、強制的な費用徴収は現実的ではなく、むしろ人民の理解を得ながら費用を集め、なるべく人民に負担のかからない財源の確保が追究された。千葉県庁が賦課法の制定を回避し続け、埼玉県庁が賦課法の制定のために県内一般の合意形成を図ったように、各県の対応は異なるものの、如上の目的においては軌を一にしていた。

文部省が現状における補助金の重要性を訴えながら、同時に将来的な学校一般の自立経営を標榜していたように、また、そのための地方官の責任を重んじたように、教育の普及において文部省の立案を起点とする立法が前面化することはなく、むしろ地方的事業としての展開が望まれていた。その意味で、地方官が先導役を務め、人民への教育の定着を追究する中央・地方官の姿勢には、一貫したものがあったといえる。

藤田武夫が描き出したように[1]、明治初期の民費負担は加速度的に増し、人民の疲弊・不満の原因になっていたことはたしかである。そのことが民権運動に力を与え、帝国議会における民党の「民力休養」の主張に説得力を与えていたこともたしかである。ただ、税のように強制性のない、民費を各事務の前提にせざるを得なかったが故に、明治六年以降、中央からの画一的、一方通行的な法令は立法も施行も回避され、地方的合意や中央への地方意見の吸収が殊のほか重視され、漸次事務の意図や方法が日本化されつつ定着していったことは重要である。また、そのなかで各種の地方会議を活用しながら、徐々に地方事務が形成されたことも重要であると考える。地方官会議において地方官たちが無理な法制化を回避し、千葉県会において議員たちが無理な費用負担や制度変更を回避したように、地方会議は効果的な方法を生み出すだけでなく、官吏がある一つの事務の必要性から案出した方策が他の事務や人民生活に悪影響を及ぼす事態、すなわち事務の逆機能を回避するためにも重要な役割を果たしていたのである。

註

（1）藤田武夫『日本地方財政制度の成立』岩波書店、一九四一年。

第Ⅳ部の課題設定

基本法令の立法意図と立法過程

これまでの検討からわかるように、政府の立法は各省立案に基づく直線的な決定、施行ではなく、一方では地方官の実践に規定され、他方では太政官の審査に規定されたものであった。明治初期にきわめて多様な区画制や費用負担法、あるいは警察、小学校整備の多様な施行法が生まれたのは、政府が一般的な法令の立法の難しさを認め、実効性のある事務の形成を求めてきた結果であった。

しかし、政府の本来の目的が各事務に一般的な法令を定めることにあったことにかわりはなく、欧米法、国内の実情、各事務の整合性を考慮してどのような基本法令を定めるのかは重大な問題であり続けた。第Ⅳ部では地方制度の基本法令である三新法（郡区町村編制法、府県会規則、地方税規則、明治十一年七月制定）と教育令（明治十二年九月制定）について、その立法過程を解明することで、政府における立法の〝専門性〟の内実を明らかにする。三新法、教育令はともに全国一般の施行を想定する基本制度だが、その性格については研究史上の長きに亘る議論の的であった。どちらも法文の内容から画期的な法令として評価されながらも、どのような立法意図なのか、どのようにして立法されたのか、といった基本的な事実関係が不明であったために、立法意図、立法過程は推測の域を出なかった。

第Ⅳ部では、すでに第Ⅱ部で検討した立法経路を念頭に、主務省立案、法制局審査、元老院審議の三段階について、新たな史料を用いて分析し、全体として三新法、教育令の主務省の原構想と、立法過程の実相を明らかにする。

第Ⅳ部　基本法令の制定

第九章　三新法の制定
――松田道之の地方制度構想を中心に

はじめに

明治十一年（一八七八年）七月、新政府はいわゆる地方三新法（郡区町村編制法・府県会規則・地方税規則）を制定した。三新法は近代日本初の地方制度の統一法規であり、その基調は研究史上長きに亘って旧慣尊重とされ、旧慣否定的な大区小区制の機能不全に対する妥協策として、その古さが注目を集めてきた(1)。一方で、近年の研究では大区小区制の必ずしも旧慣否定と言い切れない実情が明らかにされたため、むしろ府県会や地方税といった新しい要素への注目が集まっている。奥村弘(2)、渡邉直子(3)、松沢裕作(4)は、それぞれ官民両義的な大小区吏員の官僚化（奥村）、国家と地方の財政分離（渡邉）、市民社会と政治社会の分節化（松沢）と評する。しかし、三新法の部分的な要素の新しさが抽出される反面、三法を貫く立法意図、全体構想は明らかにされておらず、三新法になぜ旧慣尊重が密接不可分に結びつけられているのか、という従前の研究に対する回答も十分になされていない。なぜ三新法は古さと新しさに彩られたのだろうか。根本的な問題は、先行研究が三新法の起源を明治九年以降の地方騒擾への危機対処に求めてきたことにあると考えられる。たしかに地方騒擾は三新法が浮上する契機となったが、三新法の設計が明治九年以降に始められたわけではない。というのも、地方制度を法制化するという課題は、新政府発足以来の課題であり、少なくとも廃藩置県以後の中央政府・府県庁にとって等しく最重要課題であり続けたからである。従来、明治九年以降の問題として語られてきた原因は、三新法の素案を設計した内務省の公文書類が明治九年以降に登場するという史料上の制約に起因している。そこで本章では、内務省のなかで三新法設計の責任者であった松田道之に注目することで、彼の手になる新たな史料を用いて三新法の原構想に迫ることとする。まず、松田道之の履歴に触れておきたい。

松田は、鳥取藩士の家に生まれ、安政三年（一八五六年）より四年間、九州天領日田の咸宜園に学んだ。戊辰戦争時には官軍に助力し、明治元年（一八六八年）、徴士として新政府に出仕、内国事務局に配属となり、京都府権判事として府知事長谷信篤を支えた。明治四年に大津県令に転任すると、五年に同県が滋賀県に改称、以後明治八年まで約三年余り滋賀県令を務めた。明治八年に内務大丞に転任し、間もなく琉球処分官として渡琉。帰朝した明治九年より内務省・法制局の書記官を兼任し、省の政策設計を担った。明治十一年、地方官会議御用掛・内閣委員となり、三新法の立案から制定まで関与した。明治十二年に東京府知事に転じ、明治十五年に病のため四十三歳の若さで逝去した。履歴が物語るように、松田は明治元年から明治八年まで地方官を務め、その経験と能力を買われて内務省入りし、三新法設計の責任者となった。後述するように、松田の地方制度構想は、廃藩置県前の京都府治を下地に置県後の滋賀県令時代に体系化され、内務省へと持ち込まれて内務卿大久保利通の採用するところとなる。よって、松田の視点を取ることにより、三新法の全体構想をめぐる検討は、地方制度の法制化という新政府発足以来十年越しの課題に向き合うこととなる。ただし、松田の制度構想がただちに三新法に結実したわけではなく、法制局から厳しい批判がなされ、地方官会議・元老院において修正を受けながら成立した。後述するように、松田は様々な修正要求に接しながら原構想を維持するために対策を講じていく。そのため、本章では第一節において松田の地方官時代の制度構想を明らかにし、第二節において前節を踏まえ、松田の内務省における制度設計を分析する。そして第三節において、松田構想が政府の法令制定経路に乗った際、どのような修正協議が重ねられたのかを明らかにする。

第一節　滋賀県令松田道之の地方制度構想

(一)　廃藩置県から政体書へ

新政府は明治四年（一八七一年）七月に廃藩置県を実施し、十一月には諸府県を統合、県治条例を発令して府知事県令の職掌を列記した。しかし、「府県」（直轄府県）はいまだ試行錯誤の途上にあり、「置県」に実質を伴わせるにはなお継続的な取り組みが必要であった。十一月に京都府大参事から大津県令に転任した松田道之の関心も、まさにこの点にあった。早くも翌月には大蔵省宛上申書のなかで、廃藩置県を「今般ノ如キ大機会不可復得」ものと喜び、「此機ニ乗ジ」て「地方ノ旧面目ヲ一新、愚民ノ固著ヲ折破」する意気込みを示した。(5)一見、急進改革論者のようだが、彼が三年余り実践してきた京都府治における「一新」は漸進を基調としてきた。すなわち「従前制度ノ内善キ事ハ御取用、善カラザル事ハ御改正相成」と旧慣を取捨して漸次改良を図り、旧慣と欧米法を接合した「永世不朽ノ制度」を創りあげる（京都府告諭書）(6)、というものだった。では、この「一新」は廃藩置県とどのように関係づけられるのか。翌五年一月、松田が県庁官員に告諭した廃藩置県理解は次のようなものだった。(7)

新政府はこれまで五箇条の誓文の「旧来ノ陋習ヲ破リ天地ノ公道ニ基クノ聖旨」に基づき、版籍奉還、身分解放、賤民廃止と一新の事業を進め、同権の万民が一君を戴く政治を目指してきた。今般の廃藩置県によって遂に「郡県ノ制度」となり、今後「君民共権即チ定律政治ノ善域ニ至ル」こととなった。「定律政治」では、中央政府が「議政」「立法」「行法」「司法」の四権を有し、県令参事が「議政」「立法」「行法」の三権を有す。典事以下は専掌について議する権をもち、専掌を「守行」する権限を有する（聴訟吏には司法の権あり）。以上を大前提に、職権の大小本末を明らかにし、事務は「簡明ヲ主」とし、吏員は互いに権限を犯すことなく実務を執る。ゆえに、令参事は「百事」を

「自ラ裁判」して「猥ニ属官ニ委シテ怠慢スル事勿レ」、また属官も長官に「猥ニ長官ニ面従シ唯諾ヲ常トシテ其掌ヲ失フ事勿レ」である。そして、「政府ノ為メニ民アルニ非ズ、民ノ為メニ政府ヲ立ツ」のだから、「県庁百般ノ事務一ツニ此意ニ基カズンバアルベカラズ」であり、「県庁ハ一ツノ民政所即チ県内人民ノ公会ニシテ、県吏ハ即チ県内ノ代民理事者」である。ゆえに、県吏は県内人民に対して「専制束縛ヲ以テ其自主自由ヲ妨害スル事ナカレ。只其権利ヲ保護シ、国家公益ヲ計リ、以テ条例ノ責ニ任ズルヲ務トナスベキノミ」である、と。

京都府治に従事してきた松田にとって、廃藩置県とは直轄府県治の継続事業であり、その全国化であった。そして府県治の全国化とは、全国一般の政治のあり方、すなわち政体書における「君民共治即チ定律政治」の理想への前進を意味していた。政体書といえばアメリカ合衆国憲法などを参考に、三権分立体制に基づく厳密な職権分担を示したことが知られる。松田も「政府ノ為メニ民アルニ非ズ、民ノ為ニ政府ヲ立ツ」と説いてウェーランド『モラル・サイエンス』（一八三五年邦訳）に象徴されるアメリカの民約論的政府観を前面に押し出し、「定律政治」の実現を志向している。松田はこれを滋賀県令として実践していく。翌二月、松田は再び県吏に告諭し(8)、「定律政治」に必要な欧米各国法の研究を求めた。すなわち、我々官吏は「管内人民ニ対シテ、上下ノ権義ヲ誤リ平均ヲ失フノ大失錯ナカラン事ヲ要ス」るため、「海外文明ノ学事日新月盛、以テ我邦ニ及」ぶ今、「各其掌ニ就テ其理ト其法トヲ研究セズンバアル可カラズ」と。松田が強い危機感をもって臨んだ背景には、中央政府の動向がある。すなわち、「国中ノ俊秀ヲ抜テ各国ニ留学ヲ命ゼラル者幾百ヲ知ラズ」「他日大使又留学ノ生徒帰朝シ各其職ニ当ルトキハ、我邦、今ノ我邦ニ非ズ」と政府の積極的な留学生派遣や岩倉使節団派遣に言及し、留学生・使節団の帰朝によって間もなく「定律政治」への移行が進むと見通す。ゆえに、国内にとどまった自分たちにも欧米法研究の責任があり、等閑に付せば「実ニ国家ノ文明ヲ妨グルノ罪人」となると県吏たちの危機感を煽った。一方、民約論的政府観に基づく「県内人民ノ公会」「県内ノ代民理事者」としての県庁像は、県庁の「議政」権行使、つまり議事所によって具体化された。松田は議事所開設に際して、次のように告諭する。[9]

> 此に政を為すの本意を考ふるに、抑も億兆の人民集いて国を成す、其公益を長じ衆利を増す為めに共に政府を戴き、其政令に服従し、政府ハ其億兆の人民を統合し、其条理を正し、政令を理め、其権利を保護して、国益民福を増加するを務めとなす。是れ則ち政府を立て政を為す本意の大略なり。是を以て視るときハ、県庁ハ即ち県内人民の権利を保護し、其福益を増加すべき為めに建て置ものなれバ、県庁の官吏ハ即ち県内人民に代つて政令を司り、其事ハ即ち県内人民の事にして之を県内人民の惣代と云うとも可なり。然れバ県庁の為めに県内の人民あるにあらず、県内人民の為めに県庁あると知るべし。

県吏向け告諭を丁寧にした内容だが、これが議事所開設の理由に代入されている。とりわけ松田が意を注いだのは、県内の利益と県治の一体性であり、「前途県内の大利益を興さんとするに、県庁官吏と県内人民と親しく議すべきの理あり」と述べた。ゆえに、代議者には「世の為め地方人民の為め力を尽すべきの責」にある、従来の「大里正中里正」と「巨多の財本を儲蓄し若干の田園を所有する者」すなわち県内の土地を所有する富者を充てた。前者は県内人民に対する責任者、後者は県内土地の利益に対する責任者である。あえて後者を代議者に挙げたのは、松田なりの県治理解による。明治五年四月九日、松田は大隈重信（参議）に宛て、[10]滋賀県は「県治設施之楽ミ屹度有之場所ニ御坐候」と意気込みを示したが、その理由として、土地を見れば「土質沃饒」、人を見れば「殊ニ富豪之民多」い「大県」であることを挙げた。それだけに、松田は土地・富者を如何にして県治と結びつけるかに腐心した。

> 是迄ハ甚ダ開化日新ニ後レ、世界之形勢ヲ不知ヨリ眼前之小利ヲ計リ、世之公益ヲ不謀、是ガ為メ従前大商巨賈アリト雖モ、自私独占ニシテ協同戮力之大利益アルヲ不知、沃土饒地ト雖モ其割合ニ比スレバ物産之蕃殖少ク、畢竟一般旧習ノ営業ヲ免カレザル乎。本来ハ富実之力ヲ有シナガラ、其能力ヲ尽ス不能ハ、実ニ遺感之至ト存候。

松田は、富者の眼を「眼前之小利」から「世之公益」へ、「自私独占」から「協同戮力」へと向け、物産振興の先導者とすることを念頭に置く。土地所有富者を代議者に立てるのは、彼らを議事を通じて公益増殖の担い手に育成するためであった。同時に、この試みの裏面には、松田が「士卒ハ族ノ名ナリ。其民権ニ至テハ平民ト異ルノ理ナシ」「人ハ称呼ヲ以テ不貴、其徳ヲ以テ貴ブ」と述べるように身分制との決別がある。(11) 松田は士族に対して「平民ト雖モ其当務ヲ尽シ世益ヲ謀ルモノハ人民中ノ上等ナリ」と告諭し、県内利益を図る志向と実力のある者が、今後の県治を牽引することを明言している。身分制解体後の府県治を土地・人民の利益を原理として構築しようとする松田の意図が窺われる。

松田の方針は、県内郡町村に対しても貫かれている。(12) 四月七日、松田は郡を分画した「区」に一人の戸長を置き、かつて区規模の役職だった「組総代総年寄中年寄」を廃止、彼らが「従来取扱来候書類等一切新戸長へ引渡、已後之差支ニ不相成候様」と達し、戸長への円滑な引継ぎを指示した。一方で町村内の事務を執る職名は村によって区々だったがこれを「荘屋年寄百姓総代」に揃えさせた。さらに八月には、それまでの戸長を「総戸長」、町村の「荘屋年寄百姓総代」のうち、「荘屋」を戸長、「年寄」を副戸長に改称した。こうして滋賀県における郡村事務は、旧慣を基礎に区（総戸長）、町村（戸長、副戸長）へと編制された。そのうえで松田は、「多人数」の戸長を置こうとする村があることに苦言を呈し、「一ヶ村ニ毎一人ヅヽヲ置候筈」と責任の拡散を戒めた。松田の区画制は、旧慣を下地としながらも、「定律政治」下の区画別職権分担関係の形成へと方向づけられていた。

以上のように、松田は廃藩置県を契機として、政体書に示された「定律政治」への一層の前進を期した。「定律政治」は一国全体の権義を政府・県庁・人民に対して法的に分割し、それぞれが自らの権義を自覚し、また行使することで成り立つ。これは欧米の法治をモデルとしつつ、同時に身分制に依拠せず土地人民の利益を引き出す実践的方法として理解されるものだった。松田にとっての府県治の制度化の試行錯誤は、現在の府県の実情に適合する現実的なものでなくてはならず、同時にすべて「定律政治」への階段として位置づけられるものであった。松田がこうした理想を持つ現実主義者として振る舞う背景には、明治初年の京都府の特異な位置がある。明治初年における京都府は新政府の在所であり、全国の府藩県治のモデルを提示する役割を担っていた。そのため太政官との結びつきが濃厚であり、民部大輔の広沢真臣は一時京都府御用掛を務め、同府庁と協同して府県治の基本方針である府県施政順序の立案を手がけた。府県施政順序には、府県庁組織の定立、議事法の取調、府県内利益の増進など、松田が着手していた府治の一連の課題が網羅されており、それは新政府にとっても廃藩置県前後を貫く府県治の課題であった。なかでも府県内利益の増進は、重い地子負担との関係で議論された。松田も京都府から民部・大蔵省に対して府内物産振興・勧業の重要性を説き、しばらく管下人民の地子を免除して「斯民とともに荒を開き、廃を起し、永世国家之益を備へんと欲ス」と訴えた(13)。政体書という理想を掲げながら、漸進的で現実的な改革路線を模索してきた松田にとって、廃藩置県は理想と現実の距離をさらに縮め、一つの地方制度に結実させていく契機だったのである。

（二）公法と私法の地方制度構想——大蔵省地方官会同を通じて

地方制度の確立は、中央政府にとっても大きな課題となっていた。明治四年七月に民部省を合併した大蔵省は、大蔵大輔井上馨のもと、民政と会計を横断する地方制度の造成に向け、地方財源の確保と区画制の敷設を中心に改革方針を地方官へ発し、明治六年四月には地方官を東京に集めて地方官会同を主催し、地方制度造成に向けた議事を行った。このことは地方官たちに刺激を与え、松田も自らの制度構想を体系化して議場に持ち込むこととなる。その制度構想には、理想と現実の関係が意識され、民政と財政の両立が目論まれていた。滋賀県庁文書（滋賀県庁県政史料室所蔵）には『松田県令建議類集』(14)と題された和装の簿冊がある。地方官会同直前から会期中にかけて松田が大蔵省に提出した一連の建議が合綴されており、当時の松田構想の全体像が窺い知れる。地方官会同関係の建議は以下の六通で、いずれも滋賀県令松田道之から大蔵大輔井上馨宛である。

①三月三十日「会議ニ付近江国堤防橋梁其外神社官舎修築之方法并諸入費地民ニ課之類、改正見込取調書」
②四月八日「地租改正ノ建議」
③四月二十日「堤防橋梁道路神社官舎修築入費支償方法建議」
④四月二十日「地方官職掌ノ権義ヲ明ニスル儀ニ付建議」
⑤四月二十日「県治条例改正之儀建議」
⑥四月二十日「地方歳入出計算之儀建議」

明治六年一月、大蔵省は全国の地方官に対し、租税・民費・土木関係の諸事を取り調べ、四月一日を期し上京するよう達した（大蔵省第七号）。四月十二日から大蔵省地方官会同が開催されたので（五月十二日閉会）、①②が会期前のもの、③—⑥が会期中のものである。①は滋賀県内の取り調べに基づいた県限りの民費賦課法案で、②は大蔵省第七号の調査項目「地券税施行方法於実際着手之順序見込之事」に対応して全国一般（「一般ノ条理」）を想定した地租改正案。③は①②を総合した全国一般の地方制度案で、関連する④—⑥とともに松田が会期中に議案として提出したと考えられる（四月二十日は各議員の議案続出により急遽休会日になっており、⑤は実際に議案として各議員に回覧された事実が確認されている[15]）。以下、①—③の内容を中心に検討する。

①の作成趣旨について松田は以下のように記す。従来の堤防橋梁費用では「官費タルベキ箇所ヲ民費ニ為負、民費タルベキ箇所ニ官費ヲ仰ギ、其実甚ダ不公平ニシテ畢竟有名無実」であり、「自今悉皆旧法ヲ廃」すべきである。そもそも「元来其土地之利害ハ則其土人之利害ニ付、是ヲ修築保護シテ其害ヲ防ギ其利ヲ得ルハ、則其土人之責タルハ論ヲ不待」と、その土地の住民がその土地の費用を負担するべきである、と。松田は土地の利害と結びつくもののみを民費とし、従来混然としていた官費と民費を整然と区分すべきだと主張したのである。そして、この土地の利害はその規模に応じて区分される。松田は土地の区分に旧来の「国」（くに）を導入し、「国」を単位とした費用（以下、

〈国費〉と表記）を立て、三段階の費用負担区分を提起する。

Ａ「一国之大川」　＝　〈国費〉　＋　国庫補助

Ｂ「近江全国」に亘る中規模の河川　＝　〈国費〉

Ｃ「普通之橋梁并ニ養悪水路溜池桶等」小規模の河川　＝　郡村費

土地の利益の単位は日本・近江国・郡村の三つである。区画に滋賀県や大区小区を用いず、近江国と郡村を採用したのは、土地の利益から区画を引くためと考えられる。松田はこの区分法の意味をこう説明する。西洋法では堤防橋梁事務はその費用とともに「全ク公法ニ属ス」るのに対し、本案は「公法私法斟酌」している。それは「公法私法之権義ニ於テハ、泰西国法ノ如クニ施シ難」いので「当今吾邦形勢之適度ニ応ジ」たためである――要するに、西洋の利益区分法＝公私法区分に着目して地方制度案に活かそうと考えたが、日本の現状ではそのまま導入し難かったため、公私法合体方式を考えたという。

一見して明らかなように、松田は滋賀県の現状調査と、西洋の公私法二元論に基づく地方制度を比較し、両者の距離を理解して、中間的な方法＝公私法合体方式を考案している。公私法合体方式では、府県の自立した税＝府県税が欠けている現状にしたがい、その穴を本来「私法」の財源である民費（〈国費〉）によって埋めている。「公法」の準備不足を当面「私法」の力で補わせる方法である。また、松田は「全ク私法ニ属スル者ト雖モ、其修築目論見入費多寡等ハ、官庁是ヲ監督セザレバ、其事業之疎密、入費之多少等、区々之憂ヲ不免シテ、則管内保護之主意ニ関係ス」るとし、人民が自らの利益を自ら図る領域＝「私法」について、十分な事業遂行能力を身につけていないと実感した。そのため、直ちに人民の自主性に任せ置くことはできないが、当面は官庁の「監督」によって事業への習熟を促すことにした。つまり、「私法」の準備不足を「公法」の力で補わせる方法である。こうして西洋方式を念頭に「当今吾邦形勢之適度」を推し量った松田は、「公法」に足りない財源、「私法」に足りない事務上の知識・経験を互いに補い合う方法として公私法合体方式を考案した。そして、この方式は将来的に公私両法の準備が完了した段階で相補的関係を解除され、公法・私法がそれぞれ自立的領域を取る西洋方式へと移行することが予定されている。なお、この移行を可能にするには、中央政府の行財政も同時に改革する必要があるため（「太政綱紀之改革」）、それは「一県下之事ヲ以ハ見込難相立」いことを書き添えている。ここでも松田は、現状と理想の双方に適合する中間的な制度を用意しようとしていた。

一方で、松田は公私法合体方式から公私法分立までになすべき準備を考える。区画制の一定や各事務担当者の知識・経験の蓄積はすでに触れたが、当然、財源・費用の公私法分離にも着手しなければならない。松田は「公法」の費用＝官費、「私法」の費用＝民費に厳密な選別を求める。たとえば、神社修築費では「官社ト唱ルモノ」は社禄＋官費補助とし「全ク公法ノ体タルベキ」ものだが、その他の神社は「無論民費タルベキ儀ニ付、教部省ニテ改革有之度」とする。ただし、公私法の事務が自立できない当面は「不得已」して「公法私法之合体」とする。また、官舎牢獄創立修繕費はこれまで創立費の三分の二、および修繕費の全額を土地に課して民費を集めてきたが、これは本来「官費則公法之体タルベキ」ものなので民費を用いては実質「二重税」となって理にかなわない。よって一切官費支弁とする。こうしてそれぞれの地方費目に「公法」か「私法」かの選別を行っておくことで、将来的な公私法財政の分離を予約していることがわかる。松田は、ここからさらに「公法」を担う中央政府と府県庁の財政的分離まで見通す。官舎牢獄創立修繕費の説明で以下のように言及している。

尤モ前途百般之収税法改正ニ就キ、則全国費用之為メ政府ニ収納スベキト、一県費用之為メ県庁ニ収納スベキト其種類ニ依而納税ヲ区分スル乎、又ハ種類毎ニ全国費用之正租ト一県費用之別税ト共ニ課スル等之法則相立候上ハ、則官舎牢獄入費ハ県庁収納税之内ヨリ支償スベキ条理ニ可有之、乍去是等之儀ハ太政府ニ於テ早々至当之御詮議有之度奉存候。

松田は収税法全体を改正することで、従前の官費を「全国費用」（中央政府の費用）と「一県費用」（府県庁の費用）とに区分することが可能になると考えていた。収税法改正については、①の末尾において以下のように示唆している。

前条之件々ハ畢竟当今我邦形勢ノ適度ニ応ジ、近江一国ノ事ニ就テ見ヲ立ツル耳ニ有之処、若シ政府ト人民トノ義務上ヨリ論ジ候得バ、事ノ大小ニ不拘、其事由ニ依テ必ズ政府ニ任ズベキ責ト人民ニ任ズベキ責トノ分界判然混ズベカラザルモノ可有之、依テ愚見ノ詳細ハ地券賦税順序見込書ノ末段ニ譲リ言上仕置候ニ付、右末段ト併テ御聞覧御参考可被下候。

松田は管下の見込から一歩進めて、政府（公法）と人民（私法）の責任を分離することを展望していた。そのなかで府県庁は「公法」に属し、中央政府との責任関係を明瞭にされる必要があった。収税法の改正は、府県単位に独立した「公法」の費用を生み出し、府県の「公法」上の責任を明確にし得るものだった。ここで松田が参照を促す「地券賦税順序見込書ノ末段」とは②の末段のことで、以下の通りである。

旧税法ヲ考フルニ独リ農而已ニ対シ偏重、名ハ地税ニシテ其実収納ノ方法ハ物品ノ税ナリ。賦税ノ由縁、抑モ混淆セリ。加之彼ノ偏重賦税ノ上、猶高掛リト称シ別ニ官庁入費ヲ課シ、其名義ノ明カナラザルヲ以テ、全ク二重税ニ当リ、賦税ノ本旨ヲ失セリ。故ニ第一条、第二条ニ述ブル如ク、地税ハ軽ク賦シ、他ノ品類ニ就キ諸種ノ税目ヲ起ス上ハ、之ヲ消費スルニ於テ、太政府全国ヲ経営スルノ入費ト、一府県管内ヲ保護スルノ入費ト、其大小分限立タザルヲ得ズ。又政府ト人民ト義務ノ分別立タザルヲ得ズ。則チ政府ト人民トノ義務上ヨリ論ズレバ、事ノ大小軽重ニ拘ハラズ、其事由ニ依テ必ズ政府ニ任ズベキ責ト、必ズ人民ニ任ズベキ責ト分限判然混ズ可カラザルモノアリ。

②の全文に示された改正手順を踏まえて整理すれば以下の通りである。まず地租改正を実施し、次に地税の公平負担と、物産振興の障害ともなる不当な官費代替税（「高掛リ」「二重税」）の排除を図る。物産振興とともに地税負担の

軽減と新たな物品税の創設をすすめ、最終的に全人民の税負担の公平化を図る。土地から人民が得る利益が増え、その利益に対して公平な課税が実現すれば、この税収は全人民にかかわる中央政府の事務費用（「太政府全国ヲ経営スルノ入費」）と府県内人民にかかわる府県庁の事務費用（「一府県管内ヲ保護スルノ入費」）とに分割することが可能になる、と。先述の「私法」の準備と合わせると、将来的には公私法の事務・財源は日本・府県・郡村を区画として整然と分かれ、それぞれ習熟した事務担当者の手によってなされていくことになる。③は如上の①②の議論を合わせ、道路事業にも河川同様の方法を用いて（「道路モ亦然リ」）「公法私法合体ノ体」と包括したもので、現実的な案と理想的な案が併記されている。松田は、③の末尾に「当今形勢ノ適度ニ応ズルト、政府ト人民トノ義務ニ就クト、二項ノ論何レカ是ナル、議事会ノ衆議ヲ乞フ」と書き添え、滋賀県治の現状から「形勢ノ適度」を図った案と、「定律政治」の理想に即した案のどちらが全国の方針となるかに関心を寄せた。滋賀県治の現在位置を全国府県のなかで確認しようとしていたものといえる。

なお、④—⑥は、「公法」の準備を補う内容である。④「地方官職掌ノ権義ヲ明ニスル儀ニ付建議」は、地方官と人民の事務を区分する必要性を説く。なぜなら、事の緩急・先後を見誤り、「宜シク官ニ任ズベキモノヲ人民ニ責メ、宜シク自然ニ任スベキモノヲ作為結構ニ取リ、甚シキニ至テハ人民自主自由ノ事業ニ対シ、官庁務メテ之ヲ制肘シ、遂ニ其権利ヲ失ハシムルニ至ルノ弊」、あるいは「宜シク人民ニ責ムベキモノヲ官ニ任ジ、宜シク先ニスベキモノヲ後ニシ、宜シク誘導勧奨スベキモノヲ自然ニ任セ、是ガ為メ土地拓ケズ、水利通ゼズ、物産興ラズ、甚シ〔キ〕ニ至テハ人民政府ノ政令ヲ弁知セズシテ異国ノ民タルガ如ク、遂ニ其地方保護ノ大主意ヲ誤ルノ弊」があるからである。松田は、地方官が事の緩急、権義の本末を誤らないため、大蔵省による地方官の監督に重きを置く。⑤「県治条例改正之儀建議」は、地方裁判所設置、経緯租分割、「大蔵省ト地方官トノ義務ノ章程」が定まれば県治条例も改正せざるを得ないとして、改正案の取り調べを求める。⑥「地方歳入出計算之儀建議」は、府県区々の歳入出計算、製表を改め、大蔵省で「良制ノ雛形」を作成して「一般同規」とする。

以上のように、松田は滋賀県治と西洋法の取り調べを前提として、そこに地租改正などの大蔵省政策を組み込み、県内の現状に即した制度案（公私法合体方式）と、西洋法に即した公私法分離の制度案とを併せて提示した。また、両案の間には移行を可能にする準備策が付帯し、全体として松田構想の構造を示していた。公私法混淆（旧慣）から公私法合体下の準備を経て、将来の公私法分離（新制）へ——松田はこの段階的な制度案を以て現状から「定律政治」下の府県治へと道筋をつけたのである。

（三）「私法」のなかの公正性

松田構想における「私法」は人民の責任領域であり、官吏の責任領域である「公法」と並んで「君民共権」「定律政治」を体現する。そのため、「私法」と言っても自由放任ではなく、地域における人民の法的事務運営能力、すなわち公正性の確保が不可欠となる。実際、会同を終えて帰県した松田は、地域の公正な運営に向け制度作りと区戸長・町村総代への説諭を繰り返す。先述の通り、滋賀県では一郡を数区に分け、区に区長、区内各町村に戸長を配置していたが、明治六年十一月、以下のように達した。(16) 戸長を公選とし、区長は戸長より公選する。区戸長は事務を執る際、区・町村内の総代の承認印を受け、各総代も独断での押印を禁じ、事前に毎戸の了解を取ることとする。区戸長は世襲を禁じて一年交代とし、事務書類を後任に引き継ぐ。一町村内の「公費」賦課については、土地に賦課する場合には町村内の地主総代人と、戸別に賦課する場合には町村内の戸主総代人と協議したうえで取り計らう。一区内の「公費」賦課も同様の手続きを踏み、協議の席に戸長を加える、と。要するに区戸長の公選と世襲禁止、事務執行における地域的承認という方法である。旧庄屋・名主層から多く選ばれていた区戸長に懸念されるのは、「私法」権の私有、専断といった地域運営の公正さを損なう旧弊だった。松田は「一区内一町村内ノ公費割賦」の方法を区戸長一同へ達するなかで、その意図を次のように伝えた。

町内村内ノ公費割賦並ニ勘定等、独リ戸長副戸長ノミ独断ニテ取計ヒ、一町内一村内ヘハ一切承知セシメズ、後日故障出来之儀間々有之、以ノ外ノ事ニ付、都テ新規ニ事ヲ創メ町村公費ナレバ地所ノ割賦ニ関係スル事件ハ、先以総地主ト議シ、戸別ノ割賦ニ関係スル事件ハ先以総戸主ト議シ可取計（後略）。

松田は町村「公費」を割賦する際には、必ずその割賦方法に応じて地主総代ないし戸主総代との合意を取るよう厳命した。各区では「区内毎町村ノ地主総代人」ないし「戸主総代人」と「其戸長副戸長トニ議シ」たうえで取り計らうことになる。公費は必ず「勘定決算」の点検を要するため、区戸長は区画内の「公費」について「勘定帳」を纏める義務を負い、地主総代ないし戸主総代の「点検」と全員の「印形」を義務づける。松田は区と町村を区画として、各区画の費用を「公費」と、そこで行う事務を「公事」と称し、公選の区戸長を事務担当者とし、費用負担や勘定については区画内の「総代人」との協議・合意を義務づけた。日本語の「公」には多様な意味が包含されているが、ここでの「公」の強調は先の「公法」のような官の（governmental）責任領域の含意ではなく、地域住民の権利・利害に対する法的な公正さ（fair）の含意であり、松田は両者を使い分けていた。すなわち「定律政治」に向け、公私法事務の分離を目指すとともに、両事務とも法律に基づき公正に運営されるべき「公事」「公費」であるとの考えから、私法事務においても公正な＝法的手続きの徹底を要求した。ゆえに漸進的改良路線に基づき旧来の郡村務を襲用し旧来の総代を引き入れるなど旧慣を基礎とする一方で、公選制や区戸長の一年交替制など西洋法に準拠した法手続きを多く移植した。こうして「公法」同様、「私法」も法律の下で権限と義務が一体をなす。町村総代にも守るべき法的義務が発生するため、松田は彼らに対して「町村総代人ノ義務」を示し、旧態然とした役職の世襲や民情の無視を厳しく戒めた。すなわち、総代はかつて「役人ノ如ク心得居間ニハ世襲等致シ居候者モ有之趣、無謂事」で「役人ノ如ク設置候儀ハ不相成儀ト心得ベシ」、以前のように各町村から「多人数煩雑」の総代が立つ状況は区画内の責任を曖味にするため、「其内ヨリ一人或ハ二人総代トシテ印形致シ候」よう達した。町村総代は区戸長の執る「私法」の事務に対して確実に町村内の意思を代表する存在でなければならなかった。現実（旧慣）から理想（「定律政治」）へ架橋する、松田の旧慣尊重の意図が尽くされた改革といえよう。

（四）公私法事務の精緻化――『県治所見』の頒布

明治七年一月二十五日、松田は従来の県治を振り返り、今後の方針を一冊にまとめた。『県治所見』と題されたこの小冊子は官員一同に頒布され、新聞にも掲載されて広く県内外に知られるところとなった[17]。『県治所見』のなかで松田が力説したのは、官民の権義の徹底的な分離という事務の理想像である。

抑モ県令ノ官、其掌トスル所ノモノハ何ゾ。則チ（中略）之ヲ要スルニ、部下人民ヲ統轄シテ、其権利ヲ保護シ、即チ一県ノ代民理事者ト謂フガ如シ。其事ヤ則チ皆民ノ事ナリ。然リ而シテ、之ヲ施シ、之ヲ禁ジ、之ヲ許シ、之ヲ与ヘ、之ヲ取ル等、成規ニ依リ、法ニ従テ行フノ権アルナリ。之ヲ県令本分ノ義務ト謂フ。此他更ニ一義務ナシ。雖然、時勢正ニ進歩ニ後レ人民未ダ開明ニ至ラザルヲ以テ（中略）告諭勧奨ヲ要セザルヲ得ズ。是亦一ノ事務タリト雖モ、本分ノ義務ニアラザルナリ。此分界最モ謹マズンバアルベカラズ。然バ則チ、此分界ヲ混ゼザル、何ヲ以テ標準トナサン。他ナシ、其官民本分ノ権義ヲ明ニスルニアリ。（中略）道之不肖郷ニ職ヲ京都府ニ奉ジ、又尋テ本県ニ転ジ乃チ地方官ニ在ル、六年。于此其間部下ニ向テ施スモノハ、皆事宜ニ応ジ、時勢ヲ測ツテ、其適当ナルモノト自ラ信ジテ後チ発行スルモノナリ。而シテ爾後其跡ニ就テ回顧スレバ、其権義ヲ誤リ其自由ヲ妨ゲ、人民保護ノ主意ニ適セザルモノ甚ダ多シ。実ニ遺憾ニ堪ヘザルナリ。

松田は、「告諭勧奨」はあくまで人民が事務に習熟し、公法と私法とを分け、官には官の、民には民の事務の権義を定めるためのステップであるとし、この点に留意しなければ「保護ノ官、却テ即チ妨害者トナル」と戒める。改めて理想を確認した松田は、それに向けた様々な準備についても確認していく。まず、区戸長・総代については将来的に「町村法」を制定する意向だが、「一般人民ノ公権上ニ関シ、即チ民法ニ関係スル事アルヲ以テ、県令権限ヲ以テ制定シガタキ事アリ」、つまり人民の権利にかかわる規定が必要となるため、内務省と協議して漸次に定めることとする。これは「私法」の整備に関する所見である。そして、道路橋梁堤防に関して「官挙即チ公法ノ体ニ属スルモノアリ、私挙即チ私法ノ体ニ属スルモノアリ、官私挙即チ公法私法合体ニ属スルモノアリ。若シ私法体ニ属シ人民自ラ財本ヲ出シ相当ノ方法ヲ立テ願出ルトキ、法ニ照シテ障礙スル事ナク天下ノ公利ヲ害スル事ナキトキハ、官之ヲ禁ズルノ権ナク、又老婆心ヲ以テ漫リニ説諭シ其事業ヲ止マラシムル等ノ事ヲ為スベカラザルノ理アリ」とし、官の事務領域（「公法」）と民の事務領域（「私法」）を想定しつつ、「私法」における人民の自主的な事業について法令違反ないし中央政権内の問題（「天下ノ公利」）に抵触しなければ一切自由に認められるとした。背景には「私法」事務が「其利害関渉スル郡村人民ノ便否且其所好ニ依」るものであり、「畢竟人民営業ノ盛衰ニ仍」るとの認識がある。「私法」は公正な手続きとともに地域人民の利害得失を基盤とするものであることが確認される。

府県議会については「務メテ人民ニ権ヲ与ヘ、本分ノ義務ヲ任ゼシムル」ためのもの、つまり「私法」事務の自立運営を促すものと位置づけ、人民がその章程を「熟知」し、議事の効能を理解したときに「区会町村会ヲ興ス」こととする。ただし議事領域を無制約とすれば「議事会ノ弊害防グベカラザルニ至ル、謹シマズンバアルベカラズ」とし、議事の体裁・章程は「方今吾邦ノ政体ト当県下人民開明ノ程度トニ依テ折衷取捨」する必要があると留保した。折しも民撰議院設立建白書が提出され、中央政府の事務に地方人民の関心が集中するなかで、松田はそれとは対照的に地方議会の役割を地域的な「私法」事務の育成と結びつけ、中央政権との混淆を否定した。一方で「公法」財源である税について「諸税ノ名義ヲ正シ、其偏重偏軽ヲ改革シ及ビ新税ヲ興シ、且右ニ属スル百般ノ規則ヲ改正スル」としたように、地方官側の改革も並行させた。こうして松田は公私法事務の両輪からなる地方制度構想を実現するため、区画別利益の追究を一層精緻な法手続きと担い手の成熟に求めていった。明治八年四月二十七日、松田は内務省転任に際して、官員たちへ県治の方針を示す引継書（『県治所見』の「続編」と称された）を残したが[18]、そこには地方制度への関心の高さが窺われる。たとえば、従前の郡村の区域について「専ラ人民ノ利害ニ関係」するため「位置境界」の「錯綜」を更正することは「政治上不可欠」と強調する。「水理堤防橋梁道路ノ事」の項では「抑モ此事ヤ最モ謹ムベキモノハ入費官民区分ノ当否ニアリ、即チ其公法ノ体ニ属スルモノ、私法ノ体ニ属スルモノ、義務ノアル処ヲ明究スベキヲ要ス」とし、官民費区分の徹底を志向した。これに関連して「民費賦課改正ノ事」の項では「其当否専ラ民力ノ盛衰即チ民業物産ノ興廃ニ関シ内治ノ挙不挙職トシテ由之、而シテ此方法ヤ一朝一夕ノ能ク論ズベキ所ニアラズ。地租改正事務及ビ人民権義等ノ上ニ関渉シテ論ゼザル可カラズ」とし、民費賦課が物産振興と連関し、また地租改正および人民の権利・義務にかかわる問題であるとした。この時期の松田は、中央政権と地方政権の混淆回避・分離という問題を想定しつつ、持論とする公私法事務の区画別編制やそのための準備を確認していたのである。

その一方で、物産振興についても漸進の重要性を認めている。『県治所見』では、海外貿易のインフラ（「運輸ノ便」）が整わなければ実益を生じないとし、製茶・製糸の新事業は人民が「実物ニ当ラザルヨリ其損益如何ヲ疑」って十分な振興は期しがたいとして「他日ノ挙ニ附ス」とした。「続編」も同趣旨を繰り返しつつ、富岡製糸場に「伝習生徒」を派遣するなど人材育成に努め、内務省にも資金を要請して、漸次「輸出ノ高、輸入ノ高ヲ圧倒スル」ことを目的とした。内務省勧業寮の政策を踏まえた説明といえる。

また、「窮民授産」（義倉・社倉・会社・積金等「人民篤志ノ予備財」による救済・授産事務）「病院養育院」などの事業について、『県治所見』では人民有志の人道的意志（篤志）に基づく事務＝「篤志事務」と称して「私法」の範疇に含め、「県会区会町村会」の決定に基づいて取り計らう案を示したが、明治七年十二月の恤救規則（太政官第百六十二号達）が制定されると、「続編」では県庁の責任分（公法）と人民の責任分（私法）とに区分し直し、前者について授産のための「授業所」の整備を打ち出した。これも内務省政策に即した説明といえる。全体として、松田は公私法の地方制度構想を堅持しつつ、その事務内容に関しては政府法令が出るたびに公私法に振り分けて対応し続けた。

以上のように、松田道之は政体書に示された「君民共権」「定律政治」の制度を一貫して目標とした。目標達成の土台は県内旧慣＝起点と西洋法＝終点の同時並行的な調査研究であり、両者のギャップを埋めるものとして中央政府の諸政策を矛盾なく織り込もうとした。廃藩置県以後、松田は一層旧慣の存在を根拠とした漸進的な「定律政治」への改革を試み、区画制・税制改革・物産振興を横断し公私法事務の両輪からなる地方制度構想を組み上げた。それは士族身分の解体に伴って土地・人民の利益を編制原理とする新たな地方政治の組織法であった。同時に、滋賀県治の現実に即した公私法合体方式を講じ、理想案に進むための様々な準備方法をも講じた。地方官会同はその体系的な提示の機会となり、明治七、八年にはこれを県内の区画制、官民費、地方議会に及ぼして連結し、具体的且つ総合的な構想とした。ただ、一連の改革を達成するには、中央政府の職権と改革が不可欠であり、松田も再三それを指摘してきた。折しも明治八年三月二十三日、松田は内務省転任を果たし、内務省の権限を用いた制度改革へと突き進んでいく。

第二節　内務省における松田構想の浮上

(一)　内務省改革と松田転任

松田の内務大丞への転任は、内務省の課題に即応したものだった。当時の内務省には大少輔がおらず、大少丞が同省管轄の寮局のトップを兼ねていたため、各寮局の意見を大久保利通内務卿が直接束ねる機構となっていた。大久保は内務省創設時に大少丞を旧民部省・地方官経験者で固めて以来、新規任命を行ってこなかった。分掌ごとに漸進的に成果を挙げていこうとする大久保の志向を反映した陣容と考えられるが、松田を新規採用した事情は以下の二点とみられる。第一に、地租改正事務への対応である。明治八年（一八七五年）二月に内務・大蔵両省が合同で地租改正事務局を設置・運営することになったが、内務省側にはその専任者が欠けていた。松田は明治八年一月に「地租改正伺之為メ上京」したが「突然転任ニ相成」り、五月十日には地租改正事務局四等出仕の兼任を命じられている[19]。第二に、省務の総合である。明治八年五月、正院が地方官会議の議目を決定したが、いずれも内務省の主管事務に関するものであった。大久保も同月に「本省事業ノ目的ヲ定ムルノ議」を上申したが、様々な分掌を包含する内務省には一省として地方制度を設計する機構が必要であった。松田は大久保より省組織の再編案を纏めるよう命じられ、明治九年に再編案を提出する[20]。その要点は、従来各寮局の代表者の集まりだった「本省」を解体し、寮局から自立した卿直属の官房（「内局」）を新設することだった。各寮局を「内局」指揮下の分局とし、「本省」兼任官員の大半を分局の専務とし、「内局」の人員を最小限に抑える。これにより、省の意思決定機構と寮局事務が分離して権義の区別が明瞭になる。松田は地方官時代同様、各々の職責を明確化する「定律政治」を目指していた。改革実施とともに松田自身は「内局」の大書記官となり、主に省務に関する法制の立案を担当し、法制局の書記官をも兼ねた。以上のように、大久保は地租改正事務と省務再編において、松田の手腕に大いに期待をかけた。琉球処分官として松田を選び、交渉の全権を与えたことからもそれは窺われる（明治八年五月十四日から渡琉、九月帰朝）。松田は大久保内務卿のもと、地方制度の再編法案を相次いで提起していくことになる。

さて、機構再編までの間、松田が主に取り組んだのは区画制の改正である。松田は当時戸籍頭も兼職しており、戸籍寮事務章程（明治九年一月制定）には「区画ヲ更正スル事」「区戸長ノ職制ヲ制定更正スル事」（上欵第四、五条）が職権に掲げられていた[21]。自然、内務省が明治九年三月十九日に提出した「区画改正之義ニ付伺」[22]には松田構想が投影された。伺書の要点は、以下の二点である。第一に、「将来全国真ノ郡県ノ改制ヲ施行シ、官民ノ権義ヲ定ムル等ノ日」

に向けて区画を「粗定」する（傍点湯川、以下同様）。本来であれば「彼ノ欧土ノ州《テハルトマン》郡《アルロンチスマン》県《カントン》邑《コンミンユーン》等ノ制ニ倣」うべきだが、この制度は「人民未進ノ今日ニ在テハ容易ニ行ヒ難」い。そこで当面はこれまで通り「公私ノ事務、人民ノ慣習」とも「天然ノ宜シキ」に従って「天然ノ区域ニ拠リ、且人民ノ便宜ヲ妨ゲザル者」とすべきである。第二に、区画は従前の郡を基本として「少シク斟酌ヲ加ヘ」、境界錯雑のものを更正する。郡内は約千―五千戸、五千―二万五千人を標準に「郷」に分画し、郡村と性質を異にする地域は別に三千戸以上、一万五千人以上を標準に「市」とし、その幾分を「街」に分画する。旧来の町村は職員を配置するには小規模で「煩冗」となるため区画には用いない。郡市・郷街にはそれぞれ公選の役員を置き、区画内の事務を専掌させ、事務の執行には区画内の地主・戸主との協議を要する。郡市長・郷街長の奥印を要するものと要さないものを区別し、区画内人民一般にかかわる事項は奥印を要す。

将来的な「公私ノ事務」「官民ノ権義」の分立を想定し、区画制の準備を進める本案は、松田構想の目的を示している。現状と西洋制度の距離を前提に、日本の地勢・沿革（「天然」）に基づく制度を整備し、区画内の事務を区画内の総代の合意によって執行する方法も松田構想に符合する。なお、本案には一部、内務省元来の政策（都市部に別の区画制を設ける点、町村の狭隘さを理由に区画から排除する点）が取り込まれており、滋賀一県に即した松田構想を全国一般の状況に即して補正したものとみられる。注目すべきは、「人民未進」の現状と西洋式との距離を縮めることを展望する点である。先述の通り、松田構想では人民が自力で「私法」事務を担えるところまで法的業務に習熟させるため―滋賀県で試みたように―その法的環境を整備する必要があった。内務省立案にかかる各区町村金穀公借共有物取扱土木起功規則（太政官第百三十号布告[23]）はこれに応えるものであり、松田が滋賀県で実践してきた方法を踏襲していた。同規則は府県内の区画を整頓すると同時に、区戸長に区画内総代との合意を取らせることを規定し、区の共有財産の運用にあたって区戸長および「区内毎町村ノ総代」の「六分以上」の承認印を取ることを義務づける。もし区戸長の印しかない場合には「該区戸長限リノ私借若クハ私ノ土木起功」とみなし（第四条）、仮に共有財産の売買を契約しても無効とする。同規則の目的は、区画内の利害にかかわる事務について、区戸長の専断を禁じ、「区内毎町村ノ総代」の合意を義務づけることだった。同年の戸籍局報告（国立公文書館所蔵『内務省第一回年報』）は、区戸長は「地方ノ要職」でありながら府県により区戸長の配置が区々であり、その「管掌スル所ノ事務権限同ジカラザル」問題があるため、その配置・権限を一定し「全国一制」を期すとしており、松田の「私法」準備の意向が確認されている。松田内務大丞就任以降、内務省は大区小区制下の課題解決と今後の展望について松田構想を受容し、区画制と区戸長職制を足がかりに公私法事務の準備に着手した。

（二）法制局との調整とイギリス法の援用

しかし、太政官（内閣）の法制局は相異なる制度構想を有していた。法制局の主査・井上毅は、内務省の区画改正案の問題点を次のように指摘する。(24) 明治四年以来「新法」の濫発により人民を混乱させてきたこと（「信ヲ人民ニ失フノ害」）を反省し、現行制度の刷新は慎むべきである。本案のように区画を戸数単位で編制しては土地の広狭を斟酌するに不便であり、奥印を事細かに求めては「一ノ延滞ノ為メノ「ステーション」ヲ為」して繁務を煽るのみである。地方会議も郡会・郷会の二段階を設けては「重複」して「贅物」となる、と。井上は朝令暮改による官民間の軋轢や繁務の深刻化を受けて、法制度の精緻化という従来の立法のあり方に見直しを求め、今後は大区小区制を基本線として法令の簡易化を図るべきだと捉えていた。結局、内閣は法制局の勘査意見を支持して本案を却下した。以後、松田は井上と協議を重ね、自らの構想を実現する道筋を模索していく。まず、松田は井上に宛て、大小区の二段階を郡の一段階に整理して繁務を減ずる方法を示した。これに対し、井上は「大区小区ノ中其一ツヲ廃シテ一ツノ「ステーションヲ省クハ御同意ナリ」と理解を示したが、「平一」でない旧郡は区画として用い難いため「郡ノ名ヲ復スルハ宜カラズ」と否定した。[25]

そこで、松田は明治十年に民費賦課規則案を起草する際、可能な範囲で自らの構想を実施しようとした。同年一月、政府は地租軽減の詔に基づき民費賦課額の上限を正租五分の一と定め（太政官第二号布告）、同年七月から施行することとした（二月、同第二十三号布告）。民費賦課規則案は七月以降の民費賦課について法制化するもので、松田は一月の布告から間もなく素案を作成した。そこでは井上の意向に合わせて郡の代わりに「区」を採用する一方、町村を区画に採用して「一区一町村」制とした。これは滋賀県令時代の松田構想の区画制に立ち返ったものである。しかし、井上は同規定を「一大区一小区」と修正し、[26]郡同様平準化されていない町村の区画への採用を拒んだ。やむなく松田は五月に大区小区制の継続を受け容れた再案を作成、これは関東近傍の地方官へ諮問ののち、六月七日に成案となった。松田自身地方官時代から問題にしてきた通り、郡も町村も区画として用いるには不均等であり、井上の主張に譲歩せざるを得なかった。

一方で、松田は民費の法制化については自らの構想を披露した。まず、民費の「公費」化である。再案は区画の土地・人民の利益にかかわる事務費用を「民費」と総称し、これに属さない庁費・官舎建築修繕費・国幣社経費（「官費」）や、小区よりも小規模な「一己一部」の利益にかかわる祭礼等の費用は「民費」から排除した。[27]必然的に府県・大区・小区の三種の区画の事務費用が「民費」となる。府県・大区の民費については「管轄庁ニ課収シタル金銭又管轄庁ニ直管シタル事業ト雖ドモ、官金又官事アラズ、其人民公同ノ支金及ビ事業ヲ管轄庁ニ委託シタルモノトス」（総則）とし、府県・大区の費用・事務は「官金」「官事」ではなく、区画内人民一般のための事務・費用——すなわち「公費」——であって、それが管轄庁に「委託」されていると強調する。松田は滋賀県令時代同様、公私法合体を前提としつつ公私法の混淆を拒否し、公私法事務とその費用としての「民費」のみに制度化の範囲を限定している。また、規則案中には公私法合体から分離への道筋も立てられている。それは府県・大区と小区の性質の区別によって表現される。小区は予算を府県・大区と別にしただけでなく（第一条第二節）、事務担当者である戸長に特異な位置を認めている。大区の区長は「地方行政ノ属員且大区内人民ノ公事弁理人」の二様の性質をもったため、官選公選は「地方ノ便宜」に任せるとしたのに対し、小区の戸長は「小区内人民ノ公事弁理人ニシテ亦地方行政ノ部分ニ従事ス」るため「民撰」とし、「公事弁理人」としての性質を重んずる（区吏職制、区吏撰挙及給制）。こうして府県・大区は「公法」に、小区は「私法」にそれぞれ分離への方向性をもって編制された。人民が小区（松田構想では町村）の私法事務に習熟することが将来的な公私法事務の分離には不可欠であった。

以上のように、民費賦課規則案では郡町村規模の不均等がネックとなり大区小区制が踏襲されたが、新たに民費の法制化について松田構想が提示された。松田は本来郡に「公法」、町村に「私法」の事務を充てるところ、前者を大区に、後者を小区に張り替えて自らの民費＝「公費」構想を示していた。しかし、成案は再び法制局の異議に跳ね返される。当時、法制局員は西南戦争への対応に追われ、伊藤博文（法制局長官）、井上毅、尾崎三良（大書記官）ら関係者が京都へ出張していたため、成案については事前の協議が十分ではなかった。井上は五月二十五日の帰京命令により翌月に着京して成案に接すると、松田に宛て二つの問題を指摘した(28)。第一に、成案は依然として法手続きが多く「紛更繁雑之弊」を免れない。今後は「地方行政之事ハ法律ヲ用ヒズシテ可成活動ヲ主トシ、地方適宜ヲ妙トスル歟ナレバ、却テ不文ヲ法トシ慣習ヲ存スベキ」である。第二に、成案は民費賦課にあたって人民の合意を取る方法、すなわち府県会の規則を欠いている。ただし、「民会未ダ起ラザルノ地方猶多」い現状を考慮し、政府から令して府県会を開かせるのは「来年ヲ待」つべきである。井上は地方行政における法制の緻密化に改めて反対し、民費賦課には府県会規則の制定が必要との認識を示した。旧慣の存在を根拠として緻密な法制を整備したい松田と、旧慣に依拠して法制の簡素化と地方行政の安定化を図りたい井上との距離は、依然として開いたままだった。成案には六月七日、立案者の松田が押印し、内務卿代理前島密と参議兼大蔵卿大隈重信が連名で大久保内務卿・伊藤法制局長官（ともに参議）に送って意見を仰いだが、井上らの反対意見に接した伊藤は八月二十六日、槇村正直に「民費論帰京後段々評議仕候処、延引序に西南之事平定之上、地方官集会相談之上取極候方可然歟と申内評中に御坐候」と新法成立は「来春」までずれ込むと報じた。[29] 実際、内務卿代理前島密は新会計年度に差し掛かったため規則制定を先送りとし、当面は各府県の適宜に任せるよう右大臣岩倉具視に伺い、七月六日に裁可された。[30] 松田には来春まで地方制度案を練り直す時間が与えられた。

松田はこれまで井上との協議・妥協を重ねたが、「定律政治」への前進そのものに違和感をもつ井上を説得することは困難だった。そこで、今度は妥協策ではなく積極的に井上を説得すべく取り調べを開始した。松田はまず郡町村の区画としての有効性を理論武装する方策に出る。同年十二月末、松田は井上にイギリスの「自治」の有効性を説いて取り調べを依頼し、井上は自らが精通するフランス法律書『仏国政法』（バドビー原著）から、比較法の項目にあったイギリス法の部分を抜き出し、要約したものを書翰に添付して松田に送った。[31] その書翰において、井上はイギリスの地方制度を評して「其井整画一ナル仏国ノ如クナル事能ハザルヲ見ルニ足ル」ものの、「其旧慣ニ因リ、習俗ヲ貴重シ地方自治ノ精神アルニ至テハ遥ニ仏国ノ上ニアリ、又仏国人ノ頌歎スル所タリ」とその有効性を認めた。不均等な区画でありながら円滑な「地方自治」を可能にした実績に、井上は一定の理解を示したのである。これに伴い、松田は明治十一年三月、地方区画・地方会議・地方公費の三つの柱からなる新法案、いわゆる大久保上申書を取り纏め、[32] 原点に回帰して区画に郡市・町村を用いた。旧慣に重きを置くイギリス法を援用したことで、大久保上申書の趣旨説明には旧慣尊重の字句が溢れた。趣旨説明は二款に分かれ、一方は「地方ノ体制及ビ地方官ノ職制ヲ改定シ地方会議ノ法ヲ設立スルノ主義」で「第一　地方ノ体制」「第二　地方官ノ職制」「第三　地方会議ノ法」の三項目からなる。もう一方は「地方公費賦課法ヲ設クルノ主義」である。冒頭の「第一　地方ノ体制」には次のように記されている。

抑モ地方ノ区画ノ如キハ、如何ナル美法良制タルモ固有ノ慣習ニ依ラズシテ、新規ノ事ヲ起ストキハ、其形美ナルモ其実益ナシ。寧ロ多少完全ナラザルモノアルモ、固有ノ慣習ニ依ルニ如カズ。是政事家ノ最モ注意セザルベカラザルノ要点ナリ。

ここでは旧慣が区画の起源となるべきことが確認されている。ただし、先述の通り「固有ノ慣習」を以て「新規」へと移行させるので、松田にとって旧慣は制度存立の基礎だが、同時に漸次改良を要する対象である。イギリス法の旧慣尊重・地方自治の援用は、「定律政治」への積極的漸進のためのアイディアであった。

(三) 「定律政治」への前進――大久保上申書の骨子

大久保上申書の最大の特徴は、各事務担当者の権限分担関係の規定に特化している点にある。権限規定こそ「定律政治」の要諦であり、松田の志向が遺憾なく発揮されている。松田によれば、明文法は「職掌ノ権限」と「処務規則」の二種に分かれるが、より重要なのは「権限」の方であり、従来の制度はこれが「疎雑」であるため処務の「煩冗」を招いたとする。そこで、権限の分界をただして「適実ノ分権」をなし、諸省卿・府知事県令・郡市長の間に互いの権限の「制限」を立てる。こうすれば各事務は円滑に進められるとする。井上は官民間の軋轢や繁務による疲弊の原因を法令の濫発や緻密化のせいだと捉えていたのに対して、松田はそうではなく法制度の根幹をなす官民権義についての法制度の不備が放置されてきたことにあると強調したのである。こうして「定律政治」への前進は当今不可欠のものと位置づけられ、中央・地方権の区分に話を進める。松田曰く、明治八年の漸次立憲政体樹立の詔により、政府はすでに「立法行政司法ノ分権」に着手してきたが、全国統治を目的とし中央権に属する「行政権」と地方人民の公益を目的とし地方権に属する「独立権」の区分は十分に果たされていない。両者の混淆を排して官民が互いの権限を侵犯しないようにする必要がある、と。これも地方官時代からの問題関心を引き継いでいる。そして「我ガ邦古来ノ慣習ト方今人智ノ程度トヲ斟酌シテ」立案したとあるように、あくまで現状に適合させるため、公私法合体方式を採用している。たとえば、府県・郡市は「行政ノ区画タルト住民社会独立ノ区画タルト二種ノ性質ヲ有セシメ」るのに対し、町村は「住民社会独立ノ区画タル一種ノ性質ノミヲ有セシメ」るとする。府県・郡市が二種の性質を兼ねるとはどういうことか。府県の場合、府知事県令は一方で「行政官吏」として「太政大臣及ビ諸省卿ノ諸令」の執行・公告の責を担い、他方で「其府県ノ理事員」として「府治県治」を執り「其府内県内ノ公同ノ安寧ヲ保護シ、公同ノ利益ヲ謀ルノ責」を担う存在と定義される。つまり、同一の事務担当者が法令上二つに区分された異なる事務を抱えるということである。「府県治」という領域が「行政権」と区別されているように、府県治とは本来地方利益を図るべきもの（「独立権」のうち「公法」に属するもの）との考えに立脚している。一方、町村では「其村町内共同ノ公事ヲ行フ者、即チ行事人」が「其独立ノ公事ヲ掌ルベキモノトナスベキ」とする。これは「独立権」のうち「私法」、すなわち地域人民の公益を公正に図る事務を指している。そして、松田は事務に不慣れな人民のために官吏の「監督」を要用とするが、過度の事務への介入は弊害をもたらすため、「監督」権にも制約をつけている。具体的には、府知事県令の権限として「行政権及ビ監督権ニ依テ郡長市長ニ命令スルノ権アリ」（府県官職制案第三十二条）とあるように、官吏である府知事県令の「独立権」内の事務に対する「監督権」は「行政権」内部の命令権と区別され、あくまで法律上の適否のチェックにとどまる。しかも、主務省から府県庁、府県庁から郡市長、郡市長から町村「行事人」に対しては、個々の「独立権」内の事務の自立性を考慮して段階的に弱まる。純然たる「独立権」の区画である町村の事務に至っては、町村公費の収支は町村会議員の検閲を経て「其郡市長ニ報告スベシ」と、最低限の「監督」を受けるにとどまる（地方公費賦課法案、第二章第二条）。人民総代＝「行事人」の事務に対する官吏の「監督権」は「人智」の育成を目的として確実に公私法分離へと方向づけるためのものだった。

一方、松田構想における「地方会議」は、中央行政への関与を否定するとともに、中央行政から一定の自立性を付与され府県内の公私法事務と関連づけられている。大久保上申書でも同様であり、「地方会議」は「行政権」に関与せず「独立権」を合議するものとし、「地方独立権ノ事ニ於テハ、利害得失皆ナ其会議ノ責、即チ其住民公同ノ責ニシテ、中央政権ニ対シテハ小怨ダモ懐クナク、只其監督ノ公力ヲ仰グノミ」である。そのため、「行政権」内の問題である「立則権（行政規則の制定権――湯川註）ニ関係セシメズ」、専ら「独立権」内の利益にかかわる「地方公費ノ歳出入」を審議する責任を負う。無論「地方公費」は、中央政府の行政上の費用や「一己一部ノ私義」のための私費と区別され、府県・郡市・町村の利害にかかわる「公同費用」すなわち「独立権」（「府県治郡市治」ないし「村町公事」）の費用を指す。井上が必要と指摘した府県会規則について、松田は公私法分離および行政独立権分離の持論を補強するものとして位置づけていた。

以上のように、大久保上申書は全国を単位として中央政権に属する「行政権」の作用と、府県・郡市・町村の区画別に土地・人民の利益を図る「独立権」の作用を区別し、さらに「独立権」のうち、地方官吏の責任領域を「府県治」「郡市治」（公法事務）、人民総代の責任領域を町村内共同の公事（私法事務）と区分した。公私法事務とも区画内の公益を公正な手続きによって図る点も従来の松田構想と変わりない。一連の規定は以前のように井上構想に譲歩するのではなく、旧慣尊重を梃子として、井上の提起した課題を松田構想のなかで積極的に消化するものだった。では、法制局はどのように対応したのか。大久保上申書がどのように取り扱われたのかは従来明らかでなく、松沢裕作は公文記録の帳簿「件名録」に記録がないことから、大久保上申書は案文のまま内閣に上呈されず、別途、法制局による三新法案が作成されたものと推察した[33]。しかし、「伊藤博文関係文書[34]」および法制局の内部史料[35]にはそれぞれ大久保上申書が含まれており、後者のものには「御上申ノ分」の付箋が貼られている。よって、大久保上申書は公文書類として正規の手続きを踏んでいないものの、兼任書記官の松田を介して直接法制局に持ち込まれ、法制局の三新法案の素案として取り扱われたものとみられる。次節では、大久保上申書に対する法制局の論理を検討する。

第三節　法制局の三新法案勘査

(一)「行政権」に包摂される「独立権」

法制局案は地方官会議原案の名称をもつ。地方官会議院の人事は、三月五日(「叙任録」では四日)に伊藤博文が議長に就き、七日に松田・尾崎三良の両大書記官、古沢滋・安川繁成(権大書記官)、金井之恭・股野琢(少書記官)、依田百川(四等編修官)が御用掛に就いた。三十日に井上毅大書記官が御用掛に追加となり、法案が完成し内閣に上呈されるのは翌四月五日のことである。法案作成の中心は松田・井上の両大書記官だが、後述するように尾崎も協力していた。以下、法制局案の内容を検討する(36)。

法制局案では、大久保上申書が「行政権」「独立権」に区分していた事務を「行政事務」に統合した。たとえば、府県官職制案において、府知事県令は「部内ノ行政事務ヲ総理シ、法律及政府ノ命令ヲ執行スル事ヲ掌ル」(府知事県令、第一款)、郡長も「事ヲ府知事県令ニ受ケ、法律命令ヲ郡内ニ施行シ、一郡ノ事務ヲ総理ス」(郡長、第一款)とした。同案の府知事県令第四款および郡長第五款は以下のように規定する(傍線湯川)。

第四　府知事県令ハ法律及政府ノ命令ヲ執行スル為ニ要用ナリトスルトキハ、其実施ノ順序ヲ設ケテ部内ニ布達シ、及其適宜処分ヲ許サレタル事件ニ就テハ、規則ヲ設立シテ部内ニ布達スルコトヲ得。而シテ発行ノ後、直チニ各省主務ノ卿ニ報告スベシ。

第五　郡長ハ法律命令又ハ規則ニ依テ委任サルル、条件及府知事県令ヨリ特ニ分任ヲ受クル条件ニ付キ、便宜処分シテ、後ニ府知事県令ニ報告ス。

大久保上申書で明文化されていた「独立権」の事務は、法制局案では地方官の「適宜処分」ないしその「分任」、すなわち「行政事務」の裁量権とされている。これは井上の主張する地方行政の法制上の簡易化、実務上の弾力化を体現したものといえる。この他、大久保上申書で中央政府の主任官を「内務卿」としていた箇所を「各省主務ノ卿」に改めるなど修正を加え、計三十五款あった府知事県令の細密な義務規定を十二款まで削除・整理した。総じて、内務省の集権を回避しつつ「独立権」の事務を地方官職権内に取り込み、法規定の簡易な地方行政事務を創出する試みといえる。これに伴い、地方税規則案も「行政権」「独立権」の費用区分を取り払い、府県（および郡）の費用は単に「地方税」と称した。地方税規則案第一条は「地方税」「公費」を以下のように規定する。「従前府県税及民費ノ名ヲ以テ徴収セル府県費区費ヲ改メ、更ニ地方税トシ、府県限リ徴収スベキ者トス。（中略）但シ町村限リ及市街ノ区限リノ公費ハ、其町村区内人民ノ協議ヲ以テ支弁スベキモノトシ、地方税ノ限リニ在ラズ」と。これにより、府県・郡区の「公費」は「行政事務」の費用＝地方税に包含され、地方税と区町村公費という二区分に改められた。ゆえに、府県会規則案でも府県会について「府県会ハ専ラ府県ノ事ヲ議スルノ所ニシテ、泛ク大政ニ及ブヲ得ズ」（第十七条）と簡潔に定められた。「定律政治」志向の結晶というべき大久保上申書は公私法二元論の土台に行政独立権二元論を付加した精緻な権限分担関係を示したが、法制局案は公私法二元論と行政自治二元論の境界を一致させ、公法＝行政、私法＝自治の二元論とすることで繁雑な規定を簡易にし、地方行政の裁量権の拡大による官民軋轢・繁務の解消を目指した。

（二）「行政」の限定――松田の法制局案解釈

松田は地方官会議・元老院審議に内閣委員として臨むが、法制局案＝内閣原案は二つの二元論を強引に統合した影響から、立案意図が不明瞭になっていた。とりわけ問題だったのは、公法＝行政としたことで中央権と地方権が混淆し、「行政」の目的や範囲が曖昧になったことである。松田の内閣委員としての法案説明[37]は、法文から消えた「行政」

「自治」区分を試みるものだった。

松田は官民権義の区分が重要であることを確認する。すなわち「官民ノ別ヲ判然ト分チ、町村ヲシテ従来ノ如ク独立セシメザル可カラズ」と。その理由は、「維新以来」戸長が官吏然として人民に臨み、あるいは人民総代然として官吏に臨んできたために、戸長の意見が県令の命令ではなくとも「県令ノ言」の如く重んじられ、人民一般の了解を得ていなくとも「人民一般之ヲ承認シタル」ものの如くみなされる弊害が生じたためであるという。松田は責任の所在が不明確な現行制度に、官民不協和・事務不振の原因を認め、「官民ノ別」を明確に定める必要があると捉えていた。この観点に立てば、町村を行政区画に組み込んでしまっては、人民の責任が不明瞭なままとなる。町村を行政区画としなくては戸籍等の事務に差し支えるという意見（成川尚義宮城県権令代理）に対して、松田は「行政ノ仕事ハ町村ヨリ起ル」ことには同意しつつも、官吏の戸籍調査に町村が協力することは「行政」にはあたらないとし、町村を行政区画にしなければ戸籍調査ができないわけではないと説明した。町村が行政事務の必要に応じることは、郡区町村編制法案説明書には「町村引受ノ事」と表現されている。なぜ「町村引受ノ事」は行政事務ではないのか。この点について松田は次のように述べる。「戸籍徴兵収税等ノ事ハ戸長ノ仕事ナリ。此性質ヲ論ズレバ都テ人民自ラ為スベキノ義務ナリ」、つまり戸籍・徴兵・収税などの事務は人民の義務として果たされるべきものである。ただしこれを「衆人ニテ行フハ不便」であるため、戸長が町村人民に代わって（「総代」として）引き受ける。したがって、町村引き受けの戸長事務は「政府ノ要用」にとどまらず町村人民にとっても「入用」のものであり、「行政官吏ノ命ヲ受ケテ取調」べるとしても、その性質は「行政官ノ属吏トシテ命ヲ受クル」ものではなく「人民ノ義務トシテ」行うものである、と。松田は「戸長ハ一町村ノ為メニ政府ニ対シテ要用ナリ」ともいい、町村引き受けの戸長事務によって政府は行政事務の必要を満たし、人民は自らの義務を果たせると説く。では、かかる事務の施行については一切町村の随意に放任されるのか（平山靖彦広島県令代理ほか質問）。松田は「一村一村ノ規則」に政府は「関渉セズ」としつつも

「時トシテ政府ヨリ法律ヲ以テ戸長ノ為スベキ事務ヲ定ムルコトモアリ」と説明する。留意したいのは、松田は官吏が規則・命令を以て町村に働きかけるものを「行政」と呼ぶ一方、「法律」は官吏・人民の双方を拘束するものとして捉えていることである。この理解にもとづく限り、戸長は「行政」の関与を伴わなくとも、「法律」にしたがって町村人民の義務を代行する責任を負うことになる。以上のように、松田は「人民ノ義務」に関しては行政の関与を必要とせずに履行すべきものとしたが、それは人民の責任領域を不明瞭にすることの弊害を認識していたためである。一方で、この説明には「行政」の限界も考慮されている。町村を行政区画とするという判断を下せば、戸長は官吏となり、官吏がすべての事務の責任を背負うことになる。しかし、松田はそのような方法は現実的ではないとみる。フランスを例に戸長官選を求める意見（野村靖神奈川県権令）に対して、松田はフランスの邑長の場合、「立則ノ権」（行政規則の制定権）を行使する能力が必要であり、日本の現戸長においては「素ヨリ行ハレガタシ」と否定する。しかも、戸長を行政官吏とした場合、戸長専断による弊害（「圧抑ノ弊」）を防ぐために町村会、郡会、県会の整備が必要となり、相応の能力をもった議員集団が必要となる。松田はこのような方法は「頗ル開明ノ高度ニ昇リタル政治ナリ」と評して日本の現状に適さないことを指摘し、さらに次のように述べた。

従前政府ハ其関渉スベカラザル事マデニモ立入シヲ、明治十一年ヨリ分権ノ目的ヲ以テ本案ノ精神トシ、関渉セザルヲ以テ政治ノ主義トスルナリ。既ニ分権ノ目的ヲ以テ法律ヲ制定センニハ、人民ニ許スニ自治ノ権利ヲ以テセザルベカラズ。去ナガラ人民ノ開進未ダ普カラザルニツキ、制度モ一々詳密ニ行届カザレバ、時ノ宜ヲ斟酌シテ相当ノ度ニ適セザルベカラズ。

すべての事務を官吏の「行政」に包括することも、多くを人民の「自治」に任せることも、それぞれの力量の限界ゆえに困難である。松田は日本の現状を見渡して「行政」か「自治」の一方に多くの責任が集中するような方法では立ちゆかないと捉えていた。

以上のように、松田は各事務が「行政」「自治」の双方にかかわっていることを認めながらも、両者を混淆することの弊害を説き、「行政」の限界を認め、「自治」領域を独立させる必要をも認めた。ただし、「自治」に多くを求めるような徹底した実施は日本の現実――戸長、人民一般の事務運営能力に鑑みて困難であるとして慎重な姿勢を保ったのである。「行政」「自治」区分の明確化がただちに「行政」「自治」の徹底を意味しないことには留意する必要がある。なお、この論理の帰結として戸長給料は町村協議費に含まれることになるため、松田も「其給料ハ勢ヒ町村費ヲ以テ之ヲ支弁セザルヲ得ズ」と認めたが、後述するように戸長給料は元老院審議の際に地方税支弁へと切り替えられ、如上の論理構造と不整合を生じることとなる。

続く元老院では、府県会と「行政」の関係をめぐって審議が紛糾した。まず審議手続きを確認しておきたい。第一読会後に修正委員（中島信行・佐野常民・柳原前光）に原案全文の修正が付託され、修正案が作成された。修正案は第二読会において原案と入れ替えられ、審議対象となった。内閣委員・松田は第二読会において、修正案（修正委員の意見）および修正案に対する修正動議（他の一般議官の意見）について、度々説明を差し挟んだ。以下では、内閣委員・修正委員・一般議官の三者関係を捉えながら、松田の元老院審議における対応過程を検討する。史料は審議記録である『元老院会議筆記』[38]と、修正案を綴じた『修正案』（国立公文書館所蔵「元老院文書」所収、明治九―十一年）を適宜参照する。

松田は府県会の審議領域と中央から委譲された「行政」とを分けるため、積極的に発言した。まず、府県会の開設意図については「府県会ナケレバ地方税ヲ以テ施行スベキ事件及其レヲ以テ支弁スベキ経費ノ予算等ヲ議定スルハ何ヲ以テ能ク之ヲ為シ得ルヤ。是レ其ノ必要ナル所以ニアラズヤ。既ニ必要ナリ、然レバ之ヲ開設セシメザルヲ得ズ」と述べ、府県会は府県・郡市の行財政運営に不可欠な組織とした。それゆえ、府県会規則修正案第一条が「府県会ハ地方税徴収方法ヲ議シ、其惣額ヲ予定シ、前年度ノ出納決算ヲ審査スル事ヲ得。然レドモ汎ク大政ニ及ブヲ得ズ」と厳密に規定した点には、松田も「修正案ハ原案ノ精神ト同一ナリトス」と満足の意を示した。しかし議場では、府県会には「一府県内ノ事ハ尽ク之ニ参与」させなければならない（山口尚芳）と審議権拡張を求める意見が相次ぎ、中央から府県へ委譲された「行政」にまで審議権が及ぶ可能性が生じた。このとき修正委員・中島は誤解のないよう修正案を作り直したいとし、容れられた。再修正案は条文の配列を入れ替えたものの要点に変化はなく、第一条と第十条に示された。

第一条　府県会ハ地方税ヲ以テ支弁スベキ経費ノ予算及ビ其徴収方法ヲ議定ス。

第十条　府県会ハ前数条ニ掲グル事件ヲ議スルノ外、泛ク大政ニ論及スル事ヲ得ズ。

しかし、ここまで修正案を支持してきた松田が、再修正案第十条には以下のように反対、削除を要求した。「前数条中ナレバ大政ニ論及スルモ可ナリト認ムル者アルベシ」と。松田は府県会の議論が行政全般（大政）に及ぶことが是認されるかのように読める作りを問題視していた。これには修正委員のうち柳原が同意したが、佐野は本案を「熟読玩味」すれば誤解の余地は無いと反論した。それでも松田は次のように同条の削除を求めた。

前数条ハ則チ大政ノ下ニアルモノナリ。遂ニ大政ニ論及シ易キハ勢ヒノ然ラシムルモノナリ。一府県ノ利害得失ヨリ大政ニ波及スルハ特ニ税法ノ一事ノミニ非ズ。戸籍法ナリ、地租改正ナリ、鎮台ノ配置ナリ、保護上ニテモ多ク自己ノ利害ニ適切ナルヲ思慮スルハ、人情ノ免カレザル所ナレバ、終ニハ国憲マデモ論及スルニ至ラン。

松田は現在府県内で展開されている中央主導の行政を念頭に、府県会の審議権の拡張がそのまま行政権内の問題に対する干渉に発展するだろうと理解していた。それは民権運動において度々主張されてきたことではあっても、松田が求めてきた地方利益を図る区画別事務の定立とは異なるものであった。松田は今一度「定律政治」への漸進を強調し、中央政権へ波及しやすい現時の民間の議論を意識しつつ、府県会の審議権の制限を求めた（結果、議官二十名中十四名の多数を以て第十条削除が決定）。これに関連して、府県会議員には区画（府県・郡区）内の利益に責任をもてる人材を求めた。議員の被選挙権、選挙権を規定する府県会規則修正案第十三条・第十四条において、原案では選挙人・被選挙人ともその地に「本籍ヲ定メ」ており、選挙人は地租納税額五円以上、被選挙人は同十円以上と規定していたところを、本籍規定を「満一年以上住居」に緩和し、選挙人は地租納税額十円以上、被選挙人は同五円以上とした。これについて、松田はあくまで議員には「中農以上ノ者」を求め、「財産ノ少キ者」では「架空ノ民権論者ノ如キ者」まで選ばれると反論し、次のように発言した。「府県会ノ議員ノ如キハ、其資産ナキ者ハ自カラ利害得失ノ適切ナラザルヨリ、社会ノ為メニ不信切ナルモノナリ」「凡ソ人ヲ選択シ之レニ事物ヲ委任スルハ、自己ノ利益ヲ謀ル為メナリ。（中略）畢竟生計ノ立ザル者ハ其土地ニ対シテ不信切ナリト言フニ過ギズ。（中略）是議会ハ専ラ智識ニ取ラズシテ財産ニ取ルニ非ズヤ」と。松田の区画制は土地・人民の利益を原理とする。松田は府県会の議論すべき問題を府県内の利益に絞ることで実益を追究し、併せて中央政権への干渉阻止をも意図していた。

(三)「行政」の拡張——法制局による補正

法制局にとって最大の問題関心は、あくまで中央行政の地方委譲と地方行政の安定化であった。松田が内閣委員を務めている間、法制局では原案の再修正を企図したが、その発端は三新法施行を見据えた施行細則の準備と考えられる。法制局では三新法施行を想定し、主査・井上のもと三新法施行順序案と府県官職制付帯案（以下、付帯案）の作成を進めていた。付帯案は府知事県令（A案）・郡区長（B案）・戸長（C案）の職務について概目を示すもので、国立公文書館所蔵「地方官会議文書」（「第十類　単行書」）の「議案並説明書原案」という簿冊には、A・B・Cの草案五点が綴られている（番号湯川）。

①「布告案」およびA・B草案Ⅰ（法制局罫紙、修正の書き込みが多く「六月以内」と大書されている）

②「布告案」およびA・B草案Ⅱ（太政官罫紙、修正の書き込みなし）

③Ｃ草案Ⅰ（「戸長勤方心得ノ概目」議院罫紙、欄外に「廃案」とある）
④Ｃ草案Ⅱ（「戸長勤方ノ概目」議院罫紙、「方」の字が「務」に訂正されている）
⑤Ｃ草案Ⅲ（「戸長勤務ノ概目」議院罫紙、欄外に「再案」とある）

作成開始時期は地方官会議開始の四月十日以降で、④の「六月以内」の書き込みから、同会議が五月に終了して元老院の原案（修正案）審議期間である五月十四日―六月六日、元老院の法案上奏の六月十三日をまたいでなお立案作業が続けられたことがわかる。①の修正が②に、③の修正が④に、④の修正が⑤に反映されていることから、①→②、および③→④→⑤の作成順と考えられる。①―②と③―⑤とで筆跡、使用罫紙とも異なっているため、A・B草案とC草案は異なる人物の作成とみられる。このうちC草案の作成は尾崎三良が担当していたことが、以下の尾崎宛井上書翰から判明する。[39]

別紙戸長之職務、地方官内議定之分と松田修正案御一覧之上松田と目と類を能御叶議被下度候。右ハ御専任之御調ニ相成候末ニ就、何分十分御尽力是禱。松田修正之理由ハ、戸長たるものゝ精神、元老院会議以来、自治惣代と異なるを以て也。諭達案ハ已ニ上申し被読度候。職制も可成同時ニ発行相成度、就而可成速ニ松田御叶議被下度、小生ハ御発令次第、何時も出局可仕候。

付帯案全体の主査が井上なのでA・B草案を井上、C草案を尾崎が分担し、地方官に諮った後、成案に仕上げたものとみられる。フランス行政法を取り調べてきた井上が「行政」を、イギリスに留学し慣習法に通ずる尾崎が「自治」を中心に草案を準備していたことが窺われる。しかし、元老院審議以降にこれを内示された松田はC案に異論を唱え、自ら修正案を作成したため、井上は尾崎に成案と松田修正案を送り、松田と協議するよう要請した。なお、ここで「諭達案」とあるのは三新法施行順序案、「職制」とあるのは府県官職制のことで、ともに井上が主査として制定準備を進めていた。

先述の通り、松田は「行政」に法的制限を課して「独立権」との混淆を阻み、戸長に「自治惣代」としての責任をもたせようとしていたのに対して、法制局では行政事務の地方移譲とその円滑な運営のため、「行政」の法規定を成る丈簡便にし、戸長に「行政」末端としての責任を負わせようとしていた。元老院は六月十三日に修正案を上奏したが、法制局は七月四日、修正案に独自の修正を施した再議案（主査は井上）をまとめた。同案は内閣を通じて元老院へ下付され、元老院は再議案の審議を始めて七月八日に終えた。再議案にも地方行政の安定化志向が示されている。法制局は再議案の地方税費目に、大久保上申書・内閣原案ではともに費目外だった勧業費・戸長諸費（「戸長以下給料及戸長職務取扱諸費」）を追加した。勧業費について、松田は地方官会議席上「到底一人一個ノ仕事ニシテ一部分ニ止マル」勧業費を「一府県下一般ノ入費」たる地方税に加えるべきではないと説明したが[40]、地方官たちの強い希望により一旦地方税費目に追加され、さらに元老院審議で削除された。井上は六月十二日、長官の伊藤に宛て「勧業之事、前日誘導之急なる事火の如く、忽ち又其廃滅を促す事水の如し。凡そ事之良否に関せず、政事之針路は如此急遽に改廃すべからざる歟」として地方行政の継続性の担保を訴え、「地方官議決と元老院議決と二つ之平均力の間に於而御取捨有之」、地方官が求めるところの勧業費の地方税費目追加を実現するよう求めた[41]。戸長諸費も、松田においては「自治惣代」たる戸長の費用は町村費支弁が前提だったが、法制局は戸長待遇・経費を地方税で保障し実務に支障が出ないように配慮していたとみられる。

松田がC草案の修正を必要としたのは、元老院会議において郡区町村編制法案第六条より戸長の「総代」規定が削除され、さらに再議案の地方税費目に「戸長以下給料及戸長職務取扱諸費」が挿入されたことにより、戸長の性質が「自治惣代」よりも行政官吏に傾斜してきたためである。C草案Ⅲと実際に通達された「戸長職務ノ概目」（太政官第三十二号達）を比較すると、法令伝達・収税・戸籍・徴兵などの行政に関する事務については存置しているのに対して、「町村費」の取り扱いに関する規定（C草案Ⅲ、第七―九条）や町村固有事務に関する規定（「凶荒予備ノ事」「町村内消防予備ノ事」「人別ヲ公証スル事」（同第十三、十五、十九条））は削除しており、修正の意図は明白である。これと同様の修正が三新法施行順序にもみられる。局内史料には松田・尾崎が作成し井上が修正を施した三新法施行順序の原案が遺されている。(42) 原案には公式の達書と異同があるが、すべて井上が押印して修正を加え公式の達書に仕上げている。字句の整頓が主だが、懸案の戸長の項目には次の通り大きな修正がみられる（【　】は抹消、［　］は追加）。

戸長ハ行政事務【ノ一部分】ニ従事スルト、其町村【自治】ノ理事者タルト、二様ノ性質ノ者ニ付、其費用ノ地方税ヲ以テ支弁スベキト、町村又ハ区限リ協議［費］ヲ以テ支弁スベキトハ、其事務ニ就キ区分スベシ。

原案では松田の構想通り、「町村自治ノ理事」を本分とする戸長が「行政事務ノ一部分」を引き受けるにとどめるという「二様ノ性質」を規定していたが、井上の修正により「一部分」「自治」が削られ「協議」が「協議費」と改められ、「行政事務」の責任者としての側面を強調した。

このように、内閣原案は松田構想と井上構想の二つの顔をもち、両者のズレは法案の審議過程を通じて顕在化していった。そのため、松田・井上は付帯案や三新法施行順序案など施行細則準備の段階において、このズレを埋め合わせる必要に迫られた。井上は法制局から内閣へ施行細則案を上申した際、「内務官員叶議ノ上取捨整頓」し（付帯案）、「内務官員叶議ノ上御達案相調」べた（三新法施行順序案）と記したが、実際に両者の協議は行われ、戸長の性質に関しては井上構想に即した修正が施された。しかし、この協議によって三新法案全体が一つの構想に統合されたわけではなく、立法の根本的な意図については二つの異なる構想を包含した状態で布告に至った。すなわち、三新法は一方では地域人民の公益を原理として官民権義の分離、成文法による公正な事務運営を志向し、他方では地域の公益とは無関係に全国的な必要性から生ずる行政の負担を合理化し、明文化されない地方行政の弾力的運用を志向するという、二面的な法的性格を与えられたのである。

おわりに

三新法には、身分制解体後の新たな「府県治」を如何に組織するかという十年余りの試行錯誤が凝縮されていた。それは旧慣からなる現実の府県治と、西洋法に描かれる府県治像との接続、移行をめぐる模索であった。松田道之の構想は京都府治、滋賀県治や内務省・法制局間の協議を通じた彼自身の知識と経験の蓄積を背景に、政体書の「君民共権」「定律政治」に向けて徐々に体系的且つ緻密に組み上げられていった。彼の任地は幕末までの政治・経済的変動に伴って疲弊した地域であり、身分制に代わり地方人民の利益を興す制度が必要とされた。松田の構想は常に現実と理想の狭間にあり、政府がその時々に発した法令を現実と理想の架橋材料に換え、理想を確認しつつ現実的な方策を講じ、移行の準備をなした。廃藩置県後に披露した土地・人民の利益を編制原理とする社会契約論的政府像は、実地の問題を解決するだけでなく政体書の理想を実現するためのビジョンでもあった。また、地方官会同の際に示した公私法二元論的地方制度像は、彼自身のフィールド＝滋賀県の実情を踏まえるとともに、西洋法の理想像を強く意識したものであり、実際の滋賀県治を通じて架橋が試みられた。このような松田の構想は、同じく君民共治をめざす大久保の意図を体現するものとしてやがて内務省へ引き入れられた。

しかし、松田が内務省入りした頃の政府では、「定律政治」の追究は諸手を挙げて賛成される状況にはなく、むしろ法令の濫発による中央・地方行政の混乱・消耗や官民軋轢の解消が喫緊の課題となっていた。松田は内務省において自らの構想をもとに地方制度改革案を設計する機会と責任を与えられたが、法制局は法令を簡便にし行政官の幅広い裁量権に基づく弾力的な地方行政運営を実現しようと考えていた。両者の方向性のズレは容易に埋め合わせることができず、三新法案作成後布告に至るまで、両者の構想は三新法内部に並存し、三新法に相矛盾する二面的な性質を与えることとなった。このことは以後、区町村会法制定や府県会規則改正、明治十七年改革など三新法体制の修正につながっていくが、政府は松田が埋め込んだ自治の法制化に苦慮し続けた。松田構想では本来町村は行政の繁務から解放され自主的な産業振興とともに自治の養成所となるはずだったが、行政の繁務にさらされた戸長たちは堪えかねて辞職し、あるいは実務上の失態を引き起こし(43)、財政的限界も深刻化していった(44)。結果、政府では地方行政末端機構を旧慣と切り離し、町村合併を伴う明治二十年代初頭の地方自治制に行き着いた。同時に、国税が地方利益を実現するために還流される補助金の制度が不可欠となり(45)、中央・地方権の融解は改めて問題化していく。三新法の原型は明治の十年間の集大成であり、次の十年間の試行錯誤の始まりとなった。

註

（1）代表的研究として大石嘉一郎『日本地方財行政史序説』（御茶の水書房、一九六一年）、大島美津子『明治国家と地域社会』（岩波書店、一九九四年）が挙げられる。
（2）奥村弘「三新法体制の歴史的位置」（『日本史研究』第二九〇号、一九八六年）。
（3）渡邉直子「「地方税」の創出」（高村直助編『道と川の近代』山川出版社、一九九六年）。
（4）松沢裕作『明治地方自治体制の起源』第四章（東京大学出版会、二〇〇九年）。
（5）明治五年一月、大蔵省伺（附明治四年十二月、大蔵省宛大津県上申）（国立公文書館所蔵「太政類典」第二編・明治四年―明治十年・第九十五巻・地方一・行政区一）。
（6）明治元年七月、京都府告諭書（前掲「太政類典」第一編・慶応三年―明治四年・第六十九巻・地方・地方・地方官職制三）。
（7）明治五年一月、松田道之告諭書（国立国会図書館憲政資料室所蔵「井上馨関係文書」六五九―一〇）。本史料が井上馨のもとに遺されたのは、地方官会同の前に井上が地方官に府県治の状況を報告させたためと考えられる。
（8）明治五年二月、松田道之告諭書（国立公文書館所蔵「府県史料」滋賀県史第四十四巻、制度部、布令一）。
（9）明治五年一月、松田道之告諭書（前掲「井上馨関係文書」六五九―九）。

(10) 明治五年四月九日、大隈重信宛松田道之書翰（早稲田大学図書館所蔵「大隈文書」イ一四―B三〇二四）。
(11) 明治五年四月、元膳所藩士宛松田道之告諭書（前掲「府県史料」滋賀県史第四十四巻、制度部、布令一）。
(12) 同右、滋賀県史第三十八巻、制度部、職制五所収。
(13) 明治二年十二月十一日、広沢真臣・大隈重信宛松田道之・槇村正直連名書翰（前掲「大隈文書」イ一四―B〇三一一―〇〇二）。
(14) 本簿冊が作成された経緯は以下の通り。明治八年三月に地租改正に関する問い合わせのため上京した松田は、そのまま内務大丞に転任した。後任の滋賀県権令・籠手田安定（前滋賀県参事）は、内務省に対して松田による県治一般の引き継ぎを要請した（明治八年三月二十七日、内務卿大久保利通宛滋賀県参事籠手田安定「元当県令松田道之一時来県之儀ニ付願書」、滋賀県庁県政史料室所蔵「官省申牒文書簿・上申指令編冊」明治八年―明治九年）。本簿冊は、松田自身が印を押し、欄外に各建議の関係を示す注釈を加えて相互参照を助けていることから、松田が籠手田に送った引継史料と考えられる。
(15) 滝島功「明治六年「地方官会同」の研究」（明治維新史学会編『明治維新の政治と権力』吉川弘文館、一九九二年）。
(16) 註(12)史料所収。以下これによる。
(17) 明治七年一月二十五日頒布、松田道之『県治所見』（滋賀県庁県政史料室所蔵「明治七年諸課布達簿」）。同文が前掲「府県史料」滋賀県史第四十四巻、および『日新真事誌』明治七年二月九―十二日「県新聞」欄に掲載（『日新真事誌』復刻版、第四巻、ぺりかん社、一九九五年、三一二―三一三、三一八―三一九、三二四―三二五頁）。
(18) 明治八年四月二十七日頒布、松田道之事務引継書（滋賀県庁県政史料室所蔵「明治八年諸課官員布達簿」）。同文が『日新真事誌』五月四―五日「県新聞」欄に掲載（前掲『日新真事誌』復刻版、第九巻、二五四―二五五、二六四―二六五頁）。
(19) 註(14)史料参照。
(20) 明治九年三月二十二日、内務卿大久保利通宛内務大丞松田道之「内務省各寮局課改革方案」（国立国会図書館憲政資料室所蔵「大久保利通文書」二八七）。
(21) 『法規分類大全』第十一巻・官職門、内閣記録局、一八八九年、七一六頁。
(22) 国立公文書館所蔵「公文録」明治九年・第百十七巻・明治九年五月・内務省伺（一）所収。
(23) 『法令全書』明治九年、内閣官報局、一八九〇年、一七一頁。
(24) 註(22)史料参照。

(25) 明治九年、松田道之宛井上毅書翰（『井上毅伝』史料篇第一、國學院大学図書館、一九六六年、一一二—一一三頁）。
(26) 國學院大学図書館所蔵「梧陰文庫」Ｂ—一四一一。
(27) 同右、Ｂ—一四一二。
(28) 同右、Ｂ—一二九四、一四一八。
(29) 明治十年八月二十六日、槇村正直宛伊藤博文書翰（木戸孝允関係文書研究会編『木戸孝允関係文書』第一巻、東京大学出版会、二〇〇五年、三一一頁）。
(30) 明治十年六月二十五日、右大臣岩倉具視宛内務卿代理前島密伺書（前掲「公文録」明治十年・第四十二巻・明治十年七月・内務省伺（三））。
(31) 明治十一年一月二日、松田道之宛井上毅書翰（附「英国地方政治」）（前掲「梧陰文庫」Ｃ—一四二二）。本史料は明治二十一年に井上が市制町村制制定のために編輯したものだが、それ以前の時期に井上が書きためた取調史料を浄書しており、イギリス法については明治十一年の松田宛書翰・書類を浄書している。なお、イギリス法の典拠として、井上は史料欄外に「バヒー政法」と記している。
(32) 前掲「梧陰文庫」Ｂ—一一二三、一一二四。
(33) 註(4)参照。
(34) 国立国会図書館憲政資料室所蔵「伊藤博文関係文書」その一、書類の部二八七。
(35) 国立公文書館所蔵「第十類　単行書」、「参照簿」明治十一年所収。
(36) 明治十一年四月五日、地方官会議議長伊藤博文上申書（附三新法案）（前掲「公文録」明治十一年・第五巻・明治十一年四月・局伺）。
(37) 以下、我部政男他編『明治前期地方官会議史料集成』第二期・第四巻、柏書房、一九九七年、一四—一五、二六—二七、四〇—四一、六四—六五、一九一頁。
(38) 明治法制経済史研究所編『元老院会議筆記』前期・第五巻、元老院会議筆記刊行会、一九六九年。以下、三新法案の元老院審議上の発言はこれによる。
(39) 国立国会図書館所蔵「尾崎三良関係文書」二一—一四六。
(40) 前掲『明治前期地方官会議史料集成』第二期・第四巻、二五五頁。

(41)　明治十一年六月十二日、伊藤博文宛井上毅書翰（伊藤博文関係文書研究会編『伊藤博文関係文書』第一巻、塙書房、一九七三年、三〇八―三〇九頁）。

(42)　明治十一年七月、松田・尾崎・井上起案、三新法施行順序達案（国立公文書館所蔵「第十一類　記録材料」、「考案　法制局」明治十一年所収）。

(43)　明治十五年九月、参事院議官・地方巡察使安場保和「町村戸長ノ義ニ付意見書」（国立公文書館所蔵「公文別録」地方巡察使・明治十五年―明治十六年・第一巻・明治十五年）。

(44)　明治十六年十一月、内務卿山田顕義は旧慣が「其初メ改租ニ揺ギ、再ビ新法ノ制定ニ破レ、終ニ国庫金ノ廃止ニ壊ル。旧慣壊レテ其以テ之ニ代ル可キ者、未ダ確定スルノ機ヲ得ル能ハズ」と旧慣に依って地方行政・自治を支えきれない現状を指摘する（太政大臣三条実美宛山田意見書、国立国会図書館憲政資料室所蔵「岩倉具視関係文書」川崎本、四七―二四―(七)）。

(45)　長妻廣至『補助金の社会史』（人文書院、二〇〇一年）参照。

第十章　教育令の制定
――田中不二麿の教育事務構想を中心に

はじめに

本章の目的は、明治十二年（一八七九年）に制定された教育令の制定意図・方法および制定過程を明らかにすることである。そのために、第一に学制改革を主導した文部大輔田中不二麿の教育制度構想を解明し、第二に田中が草案作成から関与した明治十二年教育令によって、近代日本の教育事務の法的基礎が成立したことを明らかにする。

教育事務は、明治四年の文部省創設当初に定められた文部卿職制「掌　総判教育事務管大中小学校」以来、戦前・戦後を通じて文部省主管事務であり続けた。しかし、文部省も「教育事務」も、当初からその存在が保障されていたわけではなかった。明治二年職員令に伴う各省設置以後、省という行政の単位にとって、それぞれの固有の事務を形成することは喫緊の課題であった。外務省の外交事務が従前の内外事務混淆状態から転じて、国内事務を総合し国益を代表する事務となったように（第一章参照）、各省は互いの事務領域を引き分け、それぞれ固有の理念を錬磨し、その理念に適合した方法を定め、廃藩置県後の全国府県との関係を築かなければならなかった。これには新政府の財政事情も密接に関係している。各省は大蔵省の財政改革、民費負担の限界に直面し、財政難に対応した事務を構築しなければならなかったのである。

従来の研究は文部省・教育事務の存在を自明視してきたが、実際には存在させること自体が課題であった。この観点に立つとき、教育事務の基本的性格が成立するのは学制（明治五年）ではなく、教育令（明治十二年）においてである。

学制から教育令への転換に深く関わった田中不二麿は、明治四年から六年にかけて岩倉使節団の文部省理事官として欧米各国の教育事務を調査し、帰朝後約七年に亘って実質的に文部省を主導する立場にあった。田中は文部省の教育事務を再編すべく奔走し、明治八年から九年にかけてアメリカを再訪した。そして、明治十年より学制改革法案の作成に着手、翌十一年に「日本教育令草案」（以下、適宜「草案」と略記）を完成させ、太政官に提出した。「草案」は当時の政府における法令制定経路にしたがって、法制局の勘査を経て教育令案となり、元老院の審議を経て明治十二年九月、教育令として太政官より布告された。

しかし、先行研究は田中文政・教育令に対して総論として低評価を下し、各論では個々の政策、教育令の条文の不可解さに戸惑ってきた。総論に関して、先行研究は明治初期の文部省政策の基調を自由と統制の二種に色分けし、統制の学制、自由の教育令、統制の改正教育令と、自由と統制を無節操に往復する政策史像を共有してきた。なかでも教育令は布告後間もなく教育の自由放任を謳った「自由教育令」であると批判され翌年早くも改正されたため、土屋忠雄は田中文政を「不手際な学制改革[1]」、倉澤剛は「自由主義教育政策の実験」の失敗[2]、井上久雄は「実現可能な最低線[3]」と一様に低評価を下した。各論に関しても、「草案」・教育令案・教育令の内容構成に対して、井上は中学校以上の規定が簡素であるのは「教育制度の全体系からすれば、たしかに不備をまぬがれない」と述べ[4]、倉澤は学校整備途上で書籍館等の規定が掲げられたことを「本末転倒の譏りを免がれない」と酷評した[5]。

なぜ、このような評価が広がったのか。それは、田中の教育制度構想や「日本教育令草案」の意図、教育令案の作成経緯、元老院修正の意図を知り得る史料が一切見つかっておらず、すべてが不明だからである[6]。史料上の空白を前に、先行研究では教育令の制定に関して推測を重ねるほかはなく、田中の意図を適切に評価することができなかった。

そこで本章では、新史料である細川潤次郎旧蔵「教育雑纂」を活用し、田中不二麿の教育制度構想、教育令制定過程の実相を解明する。そして、近代日本における教育事務の基礎が自由・統制の二項対立ではなく、官民双方の権利・義務関係の束からなる田中の体系的構想、それを体現した教育令によって成立したことを明らかにする。「教育雑纂」は教育令案審議当時、元老院議官を務めていた細川潤次郎の旧蔵史料であり、ともに内閣原案を基に修正案を作成する元老院修正委員を務めた田中から細川に提供された史料を中心に構成されている。そのため「教育雑纂」によって「草案」作成から教育令制定まで一貫した文部省構想の内実を詳細に知ることができる（史料構成は表10―1参照。以下、本史料からの引用には同表の史料番号を用い、【雑纂一】のように表記する）[7]。「教育雑纂」は新たにもう一つの重要な事実、元老院における田中の教育令案修正活動とその影響を教えてくれる。先行研究では元老院における修正委員の活動は明らかにされていないが、元老院議官を兼職していた田中は、修正委員制度を活用して教育令案を修正するため積極的に活動していた。田中の活動に注目することで、元老院の議事制度についても明らかにすることができる。

本章では以下三節に分けて論証を行う。第一節では、第八章を受けて田中不二麿の教育事務構想の特質を解明する。第二節では、田中構想を体現した「日本教育令草案」とそれを勘査した法制局の構想を対比しながら、文部省・法制局折衝により教育令案が作成された経緯を明らかにする。第三節では、元老院における修正委員田中の法案修正活動を明らかにし、その意義を考察する。以上の検討を通じて、教育令の制定過程を解明し、明治初期における教育事務の特質を描出することとしたい。

表 10-1　「教育雑纂」所収史料一覧

番号	題目	罫紙	典拠
1-1	日本教育令草案	太政官	
1-2	法制局修正初案	太政官	
2	「教育事務ヲ学政ト改ムルノ允当ナラザルヲ弁ズ」	文部省	
3	教育令案趣旨説明資料	文部省	内閣委員辻の答弁
4	日本教育令草案	文部省	
5	体罰禁止規定に関する各国例	文部省	『米国学校法』 『理事行程』他
6	学制に関する各国例	文部省	「教育辞林」
7	男女共同教育に関する各国例	文部省	「教育辞林」
8	書籍館・博物館の管轄に関する各国例	文部省	
9	ドイツの管轄学校・男女共同教育に関する資料	文部省	
10	欧米各国の学校管轄に関する資料	文部省	
11	教育令案修正要望書	文部省	
12	国内各府県の教則制定状況	文部省	
13-1	「明治十年七大学区学事統計表」	刑草審	『文部省第五年報』
13-2	「明治十年府県公学校所有品統計表」	刑草審	『文部省第五年報』
13-3	「明治十年府県公学校費歳出統計表」	刑草審	『文部省第五年報』
13-4	「明治十年府県公学校費歳入統計表」	刑草審	『文部省第五年報』
13-5	教員年齢・師範学校入学年齢・学期に関する各県例	刑草審	
13-6	受業料徴収・非徴収学校数	刑草審	『文部省第四年報』
13-7	各府県公立学校所属地価，下付・寄附地面価等	刑草審	
14	男女の区別・混合に関する各国例	文部省	
15	開校・授業禁止措置に関する各国例	文部省	『米国学校法』 『仏国学制』他
16	「学齢調」	文部省	
17-1	ドイツ政府の管轄領域	文部省	「孛国法律書」
17-2	イギリス政府の管轄領域	文部省	
18-1	イギリスのケンブリッジ・オックスフォード大学校運営	文部省	
18-2	アメリカ・アラバマ州の州立大学校運営	文部省	『米国学校法』
18-3	フランス・パリ大学校運営	文部省	「教育辞林」
18-4	オーストリアの公私教育の分立	文部省	「澳太利国憲」
19	アメリカの公立学校運営	文部省	
20	「小学補助金各府県割」他	文部省	
21	「公立師範学校補助金各府県割」他	文部省	
22	「各学校及教育博物館十年度実費要略」	文部省	
23	「各府県学校寄附地面」・「各府県公立学校所属地価」他	文部省	
24	学校財産土地の免税に関する各国例	文部省	『米国学校法』 『仏国収税法』他

（備考）「刑草審」は明治 11 年 1 月に元老院内に設置された刑法草案審査局.
明治 12 年当時，細川は同局の委員を務めていた.

第一節　教育事務再編の構想

（一）理念の模索と財政難の影響

第八章にみたように、田中は大木の小学校整備重視方針を継承しつつ、岩倉使節団で得た知見を活かして「普通教育」「公学校」を導入し、日本の財政事情に適した国民養成の方法を求めた。田中がアメリカの教育事務に関心を寄せたのは、欧米各国の教育事務を俯瞰した上で、それが当時日本の文部省が抱えていた諸課題に対応し得るモデルとみていたためと考えられる。そして、文部省は教育事務の方法を改良するため、さらに欧米教育事務の研究を積み重ねていく。

文部省は「普通教育」の定着を中心的課題として欧米教育事務の研究を進めた。田中は、岩倉使節団随行、再渡米と二度の海外渡航を経験したが、文部省編輯寮に留学経験者を雇用して翻訳官に据え、日々欧米の教育書・雑誌・新聞の翻訳・刊行を行わせた。その一端は文部省刊行書籍や『教育雑誌』に掲載された様々な欧米教育情報から窺い知れる。そして、この研究成果は文部省に以下二点の新たな課題を認識させるものとなった。

第一に、田中は欧米では学校以外の教育機関――幼稚園・書籍館・博物館が学校と連繫しつつ存在していることに注目し、それらを文部省管轄下に置いて振興しようとした。田中は「独学齢未満之幼穉ニ至テハ誘導之方其宜ヲ得ザルガ如ク、教育ノ本旨ニ副ハズ、頗ル欠典ト存候」と、学齢未満の幼児から「教育」することが不可欠とし、(8)「遊戯中不知々々就学ノ階梯ニ就カシムル」幼稚園の役割を重視した。また、書籍館・博物館についても「人民一般開知之一端」を担う「教育」機能を説き、博覧会事務局への合併に対抗して文部省所管に存置させた。(9) 田中は学校を支える就学準備機関としての幼稚園、社会教育機関としての書籍館・博物館の三者が十分に機能してこそ、教育の普及も図られると考えており、三機関の整備は財政難の状況下でなお文部省が重視した施策であった。

第二に、田中は再渡米の際に、知識教育に偏りがちだった日本の教育に対して「道徳教育」moral education の重要性を実感した。田中は現地から木戸に「殊に現今修身学不可欠之一項は熟按数次、益恩誨之貴重なるに感じ、該項之極て緊切なるを覚へ申候。是までとて多少着念は候得共、又一層之努力を呈し、苟完に到候様負担可致候」と書き送り(10)、木戸の問題関心に同調した。ただし、田中は伝統的な儒教道徳の知識教授としての修身ではなく、欧米で研究が進む「修身学」moral's science に裏打ちされた moral education に強い関心を示し、帰朝後は文部省から数々の調査報告書や翻訳書を刊行させた。そのうちの一冊、チャールズ・ノルゼント原著『小学教育論』が明瞭に表明しているように、欧米では修身教科書を用いた知識教授、学科目としての修身は抽象的な概念が多用されており小学生徒のためには不適切であるとされ、代わって学校生活全体を通じた教員の道徳的行為の実践によって生徒を感化する moral education の研究が進みつつあった。田中もまた、修身科の取り組みには消極的姿勢を取りながら(11)、「日本教育令草案」のなかで教員の道徳を基盤とする moral education の展開に熱意をみせた。

こうして、文部省は教育事務の基礎を学校以外の教育機関、知識教育以外の教育内容に拡大させながら構築してきた。一方で財政難は深刻の度を強めた。明治十年の地租軽減の詔に伴い、太政官から文部省定額金の更なる削減が命じられた。督学局廃止・東京書籍館閉鎖でも節費が追いつかず、田中は東京以外の官立師範学校、英語学校など諸学校の一斉廃止を決め、「大ニ省務施設之方向ヲ転」ずることを宣言した(12)。官立の学資金蓄積以前の廃止、定額金の更なる減少は田中にとって想定外だったと考えられる。後年田中が「国庫の都合」に翻弄され「施政上幾多の阻害を招致し、為に事多くは志と違ひて、経営上一張一弛を免れず」、「頗る遺憾の事」であったと回顧したように(13)、否応なく教育事務を財政の窮状に適応させなければならなかったのである。

以上のように、文部省創設以来の、国民養成・人材養成という目的を文部省の管轄する諸学校の知識伝達という方法で達成する前提は、文部省が理念・方法の構築と財政難への対応を進めるなかで徐々に、確実に崩れてきており、明治十年段階ではそれが決定的なものとなっていた。そこで、田中は明治十年、それまでの成果と現況を踏まえ、本格的に学制改正案の作成に着手し、翌十一年五月「日本教育令草案」を太政官に呈したのである。

（二）　教育事務 education affair の定義

「日本教育令草案」はその名称通り、文部省が研究してきた欧米「教育」education の情報を日本の実情に合わせて総合し、日本の教育事務全体を動かす理念・方法として確定するものだった。田中は、あえて学制第一章で教育事務と同義に用いられていた「学政」（学制第一章）を引き合いに出すことで、文部省創設以来の教育事務＝「学政」に対して、自らが提示する教育事務の画期性、重要性を説き出している。以下、田中の遺した史料に即して立案意図の全体像を把握する（【雑纂二】）。まず「学政」には以下の問題点があるとする。

学ハ学ぶナリ。又学校痒序ノ総称ナリ。故ニ内外ノ学者之ヲ訳スルニハ「ラーニング」（学問）、スタディー（学習）、サイエンス（学問或ハ学科）、スクール（学校）等ノ字ヲ下シ、決シテ教育即「エデュケーション」ノ意アル事ナシ。学政ノ字ハ、周礼ノ春官宗伯下ニ大司楽掌成均之法以治建国之学政云々ト見ユ。此学政ノ字ハ諸氏ノ解スル所ニ拠レバ、学校ノ政事ト云フ意ニシテ、訳語ノ「スクール、アドミニストレーション」ト略相似タリ。

「学」は学問 learning、学習 study、学問・学科 science、学校 school 等に訳出される「学校痒序ノ総称」であり、伝統ある「学政」の語は「学校ノ政事」、すなわち学校行政 school administration に相当するという。重要なのは、「学」には「教育」education の含意が欠けているとした点である。田中は、教育 education の事務 affair とは以下のような世界普遍の領域であると説く。

教育ハ教養即チをしへそだつるノ義ニシテ、古今和漢人ノ解スル所皆一ナリ。孟子ニ得天下英才而教育之ト云ヒ、宗史彭乗伝ニ乗知普州普人鮮知学乗為興学召其子弟為生員教育之トシ、又聞見録ニ胡先生瑗判国子監教育諸生皆有法トアル等以テ徴スベシ。而シテ英ノ「ヱデュケーション」、仏ノ「ヱデュカシオン」、独ノ「ヱルチイフング」、西ノ「ヱデュカシオン」、伊ノ「ヱデュカジオーヌ」等ハ皆拉丁ノ「ヱデュカシオ」ニ等シク、「導ク」「育ツル」ノ意ヲ徴ハシ、全ク我教育ノ字ト義ヲ同フス。故ニ此等ノ諸国ニ於テ法律書等都テ文部ノ職掌即チ教育事務ノ統摂ト云フ意ヲ記ルスニ皆「ヱデュケーション」ノ「ヱッフェア」云々トセリ。「ヱッフェア」ハ外国事務、内国事務、会計事務、衛生事務等ノ事務ノ字ニ符合シ、「ヱデュケーション」ノ「ヱッフェア」ト云フトキハ、教育事務ノ意ヲ徴ハスナリ。

「教育」の典拠は漢籍と英仏独西伊に通底するラテン語の「ヱデュカシオ」educatio であり、洋の東西を問わず「教育」が普遍的概念であるとする。一方、「事務」はすでに国内で通用している行政各省の所管を表す語であり、欧米各国に共通する「ヱッフェア」affair に由来する。田中は文部省の研究してきた欧米の歴史的所産 education, affair の概念を、東洋の旧例より生ずる「教育」と現用語の「事務」の語義に見いだしたのである。ここに「教育事務」education affair が固有のニュアンスを以て規定される。その要点は以下の四点である。

第一に、「教育事務」は学校行政よりもはるかに広義の概念である。

抑教育ノ事務ハ専ラ学校ニ関スル事素ヨリ言ヲ俟タズト雖モ、書籍館、博物館、幼穉園、家庭ノ教育等ノ事ニ関スルモノモ亦甚ダ少シトセズ。故ニ今此等ノ事ヲ総称スルニ学校ノ政事則学政ヲ以テスルハ、字義狭隘ニシテ甚ダ適切ナラズトス。

「教育事務」は学校・書籍館・博物館・幼稚園・家庭の教育を掌理するものであり、学校のみを対象とする「学政」では「字義狭隘」で不適当であるとした。

第二に、文部省の職掌を表すには「事務」が適当である。すなわち「朝野トモスベテ学政、軍政、財政等ノ字ヲ用ル事ハ甚ダ稀ナリ。蓋シ事務トスルノ穏当ナルニ如カザルヲ以テナリ」とした。田中は学校の「管理」を避けて「監督」に変えたため、従来の「政事」を避けて「事務」の語を選択したと考えられる。

第三に、「学」に含まれる学術 science（新知識の発見）、学習 study（既存の知識の習得）は、政府の統御すべきものではない。

> 学政ノ字、之ヲ学校ノ政事トノミ解スルトキニ在テハ其允当ナラザル事只上文言フ所ニ止ルベシト雖モ、若シ之ヲ学科《サイエンス》上ノ政事ト解スルトキハ、或ハ政府ハ自ラ学術ノ統御ニ従事スルモノナルベシトノ誤見ヲ生ゼシムル事アルベシ。此ノ如キハ、豈政府教育ニ関渉スルノ本旨ナランヤ。蓋学術ノ統御ハ「アカデミー」即チ碩学鴻儒ノ会院之ヲ司ルベキモノニシテ、行政官タル文部省ハ決シテ之ニ干渉スベキモノニアラザルナリ。文部ノ職掌ハ只マサニ教育ノ事務ヲ統摂スルニ過ギザルベキノミ。仏国ニ於テハ「アカデミー」ヲ称シテ学術ノ共和国トモ云ヘリ。亦以テ文部ノ職掌ハ学術ノ統御ニアラザル事ヲ見ルベシ。（中略）学ノ義ハ、前文已ニ説ク所ノ如ク「学習」ノ意アリ。故ニ学政ノ字ハ之ヲ学習上ノ政ト誤解セシムルノ憂ナキヲ保シ難シトス。若シ果シテ此ノ如キノ誤解ヲ生ゼシメ政府教育ニ干渉スルノ主義ヲシテ茲ニ出デシムル事アルトキハ、国家ノ文運ハ遂ニ異様ノ影響ヲ生ジ、政府ノ職務ハ終ニ千八百年代伊太利国学士会院ノ事業ト同一ノ観ヲ呈スルニ至リ、其弊挙テ言フ可ラザルベシ。

ここでいう「政府教育ニ関渉スルノ本旨」や「主義」も、学制の学術・学習に対する「統御」の対立概念として打ち出されている。田中は世界最高峰の「アカデミー」で知られるフランスの例を援用し、イタリアでの問題を例証としながら、「文部ノ職掌ハ只マサニ教育ノ事務ヲ統摂スルニ過ギザルベキノミ」と説く。そして、政府は人民の学術・学習の権利を保障すべきであるとした。先述の通り、田中は学校制度の中心を官立学校という行財政両面で文部省職権に依存する形態の学校から公立学校へ移していた。ここで田中が学術・学習への不干渉を強調するのも、こうした文部省直轄体制に対する改革志向の顕れといえよう。

田中は政府が人民の学術・学習に不干渉であること、教育の主体はあくまで教員・学校管理者ら人民中の教育者であることを明確にし、「行政官タル文部省」はその「監督」の「事務」affairを務めることとした。そして、従来学校での知識伝達に限定されてきた領域は遊戯・読書・体感を通じて人民の生活を取り巻く教育環境へと拡張される。田中はそれを各教育機関（幼稚園・書籍館・博物館・家庭）との一体的な構築によって支えることとしたのである。なお、人民が教育の主体であるためには、自ら教育の内容を講究・実践するために衆議することが期待される。田中が学者の討議する学士会院[14]、教育従事者の討議する「教育議会」の重要性を説き[15]、大いに奨励した所以である。田中は文部省創設以来の諸課題に対応してきた経験を総括して、文部省・教育事務の理念の「学」から「教育」educationへの転換、方法の「政」から「事務」affairへの転換と表現したのである。

(三)　人材養成からの後退——行財政一致の観点から

田中は深刻化する財政難にも対応しなければならなかった。明治十年以降の文部省にとって、国民養成と人材養成を両立させることは困難になってきていた。人材養成は教育事務education affairを打ち出しても、「高等教育」として文部省の「監督」下に置かれるが、田中は次のように説明して「高等教育」への「干渉」を否定した。小学校の「普通教育」は「一般人民」に「一般ノ利益」をもたらすため「政府ノ干渉」の「区域」とするが、中学校以上で「少数人民」から「一ノ傑士」を輩出する「高等教育」は、世界的にみても「多数人民」が「進ムヲ得ザル」ものであるため「多数人民ヨリ税ヲ出サシムルハ理ノマサニ然ルベカラザルモノ」であり、その利益も人民一般にとっては「間接ノ利益」に過ぎない。したがって、政府の「干渉」外とすべきであると[16]。

「干渉」の正当性を担保し現実にそれを行うためには財源が必要である。財源は諸学校への補助金から「監督」に就く官員の俸給・経費に至るまですべて税収に求められる。田中は人民一般が納める税の性質に「普通教育」を「干渉」内とし「高等教育」を「干渉」外とする根拠を求め、当面両立が困難な現状に説明をつけようとした。これは大木がかつて全国諸学校の官立編入と財政難の民費負担転嫁を図ったことと対照的である。

田中の教育事務再編構想には、文部省直轄体制からの転換、「教育」education 理念の定置、さらに行財政一致から来る「監督」領域の「普通教育」への限定が重なっていた。では、田中は「草案」のなかでこの構想をどう消化したのだろうか。次節では「草案」の構成を検討し、それを前提に文部省・法制局協議によって「草案」から教育令案が作成された事情を明らかにする。

第二節　ふたつの教育事務構想——文部省・法制局の協議過程の解明から

（一）「日本教育令草案」の目的と方法

明治十一年（一八七八年）五月、田中は「日本教育令草案」を太政官に上呈した。[17] ここでは「草案」の各章文の分析を通じて、前節でみた文部省構想の具体像を把握する（以下、括弧内の数字は「草案」の章番号）。まず「草案」は教育事務の領域を各学校・幼稚園（六十六）・書籍館（七、六十七）・博物館（七）の規定で示した。そして、学科目・学校・教員・生徒について官公私立・小中学校区分を用いた権利・義務の差等を設けた。詳細は以下の通りである。

第一に、小学校の「普通教育」のために必要な学科目として「読書習字算術地理歴史修身等ノ初歩」を表示した（十九・二十）。これに対して、中学校以上には学科目表示はない。

第二に、学校は官立の具体的規定を欠く一方、公立・私立に関しては、①学校設置廃止・②学校維持・③教則の三点について詳細な区分を定めている。

①学校設置廃止　学校設置には公私立とも地方官の認可を要するが、廃止には公立は認可を要し、私立は届出のみで構わないと区分する（四十一―四十三）。

②学校維持　公私立ともに原則として維持の責任はないが、「普通教育」を支える公立小学校に関しては、特別に各学区一校の維持義務を定め（十四）、学校の設置・維持、人民の就学勧奨に務める学区委員の設置を義務づける（十六）。文部卿には公立小学校に対して生徒数に応じた補助金配付を義務づけ、地方官はこれを各学区に分配する（三十七・三十八）。

③教則　各学校管理者が自ら作成するが、公立学校に限り文部卿の認可を要する（二十八）。

第三に、教員には moral education の資質に重きを置く。教員は品行方正にして（五十五）、生徒を徳化する責任を負う（五十六）。そのため、体罰という強制力の使用を禁ずる（七十五）。体罰禁止は当時最先端の moral education の方法で、「体罰」の訳語は当時新しいものだった。文部卿はもし教員が「教旨国安ニ害ア」る教授を行った場合に、これを停止させる責任がある（六）。教員には原則として知識の多寡を問わないが、「普通教育」を担う小学校教員に限り師範学校卒業証書取得を義務づけ（五十九）、兵役を免除する（六十）。教員を全国で養成するため、各府県は公立師範学校の設置・維持義務を負い（四十九）、文部卿はこれに補助金を配付する裁量を持つ（五十三）。

第四に、生徒には「普通教育」を受ける義務を定める。六歳―十四歳を「学齢」とし、この期間に十六ヶ月以上、「普通教育」を受けなければならない（二十九・三十）。生徒は教員の指示を守り（六十一）、「教育」を忌避してはならない。父兄は児童に「普通教育」を受けさせる義務を負うが（三十一）、場所は「普通教育」を受ける手段を有するならば学校でなくとも差し支えない（三十二）。

第五に、人民の自主的な教育内容の討議講究を促すため、「教育議会」の開催（六十四、六十五）を認可する。

以上のように、「日本教育令草案」は、文部省直轄体制を脱して人民の権利と義務を基盤とし、学校以外の教育機関を包括し、「普通教育」、moral education を基軸とする教育事務像を打ち出すものだった。それは学制期を通じて田中が取り組んできた諸課題に対する明確な回答であった。

(二) 法制局初案の目的と方法

「草案」を受領した法制局は、「草案」を作りかえて独自の案を取り纏めた（【雑纂一—二】、以下「初案」と表記）[18]。「初案」はこれまで存在が知られておらず、管見の限り一切の公文書類に存在しない。公文書類に残らなかったのは、「初案」作成後に教育令案が作成・上申され「初案」が正式な内閣案とならなかったためだろう。また、「初案」が「草案」（【雑纂四】）とともに細川の手に遺ったのは、田中が細川に対して教育令案の成立事情を説明するために、その出発点となった両案が必要だったためと考えられる。「初案」の目的は、勘査の中心にいた法制局長官伊藤博文と同局主事尾崎三良の関心に対応する[19]。

第一に伊藤の関心である。伊藤は大蔵・工部両省での経験を通じて、人材養成への関心を高めていた。明治二年、伊藤は建議「国是綱目」のなかで「欧洲各国ノ如ク文明開化ノ治ヲ開」くには「全国ノ人民ヲシテ世界万国ノ学術ニ達セシメ、天然ノ智識ヲ拡充」することが不可欠とし、大学二校とその傘下に学制の中学校段階を含む「小学校」を開設し、「世界有用ノ学業」を教授することを主張した[20]。伊藤は明治三年末から渡米して米国大蔵省調査に従事すると、帰朝後に工部大輔に転任した。そして殖産興業に従事できる学理を身につけた人材を求めて、大学校 college と学制の中学校段階に相当する小学校 school の二種類の工部学校の整備と、海外留学生の派遣を推進した。さらに、岩倉使節団副使として欧米視察に赴き、留学生の多くが基礎知識の不足や言語の不熟練により欧米学術の習得に苦心している状況に接すると、自ら留守政府へ意見書を発し、イギリスで留学生への講義を担当していた学士チャールズ・グラハムの所説を援用し、次のように伝えた[21]。学生は留学して高度な学術に臨む前に、国内の中学で「英語文学」「算数」「実用諸学」「地質学ノ体要」「動物学」「植物学」「地質学」「生活学」「土工并ニ建築学ノ図学」など「初学准備」を行い、そのうえで欧米に留学させるべきだと。伊藤は大蔵・工部両省の実務に身を置くなかで、中学校を起点とした段階的且つ着実な学問習得の制度を構築し、法学・工学などの専門的知識を持つ人材を輩出することを教育事務の主目的と捉えた。

第二に尾崎の関心である。尾崎は明治元年―六年までイギリスに留学してイギリス法を学び、帰朝後は伊藤のもとで制度取調に従事し、左院議官を経て明治八年以降再び伊藤のもとで法制局員として活躍した。「草案」勘査前にはその学識を以て三新法案の勘査を担当していた（第七章参照）。

「初案」はこうした法制局の関心に応じて、中学校以上の人材養成を重点化し、町村に小学校運営の一切を委ねる案だった。そのため、「初案」は「草案」と対照的な構成を取った。以下、「初案」の内容を整理する。「初案」は全十九章で構成され、「草案」冒頭の「文部卿」「地方官」「学区」「学区委員」の四項目（第一―十八章）をすべて削除し、次項目「学校」以下、多くの章文を削除しつつも原則として「草案」の章順を引き継いでいる。他に「生徒」「幼稚園」「書籍館」「教育議会」「学事申報」「雑則」の項目が全文削除のほか、「教員」の項目でも教員資格から師範学校卒業証書取得義務が削除され、師範学校の設置義務や教員の職責も削除されている。これらの章文削除には、少なからず法制局の法案勘査方式、公文類別規則（第四章参照）に基づく法文の換置が働いているが、重要なのは法制局が中学校以上における人材養成に重きを置いたことである。

「初案」は中学校以上について「官費若クハ地方費ヲ以テ設立保続スル者ハ中学以上ニ限ルベシ」（第七章）とする一方、小学校については「小学ノ設置及保続等ハ総テ之レヲ丁村ニ任ズ」（第三章）と町村に一任することとした。これと関連して「初案」第一章は「官立」を「官費」、「公立」を「地方費」、「私立」を「丁村費」および「私費」に依ると区分を示した。両者を併せれば、小学校は町村による「私立」のみとなり、「官立」「公立」は中学以上に限定されることになる。法制局は小学校運営を「町村自治」内に置くため、「草案」に掲げられた「普通教育」を支える精密な規定をすべて無効化している。これを以下、四点に分けて整理する。

①学科目の変更　「草案」は公私立を問わず、「普通教育」に必須の科目を詳細に掲げたのに対し、「初案」は町村の裁量に委ねている。

［日本教育令草案］第二十章　小学ノ学科ハ読書習字算術地理歴史修身等ノ初歩ナリ。土地ノ情況ニ依テ罫画唱歌体操等ヲ加ヘ又物理生理博物等ノ大意ヲ加フルコトアルベシ。但、女子ノ為ニハ裁縫等ノ科ヲ設クルコトアルベシ。

［法制局初案］第四章　小学ハ読書習字算術等ノ初歩ヲ教ユル所ロトス。但シ土地ノ景況ニ従ヒ、其教科ヲ加フル事ヲ得。

「初案」は、「草案」が挙げた地理・歴史・修身等の「普通教育」の基本科目や「土地ノ情況」に応ずる一連の科目をすべて削除し、「読書習字算術等ノ初歩」のみに留めた。法制局は「町村自治」の一環に小学校教育を組み込んだが、そこに文部省のような国民養成の目的はみられない。

②補助金配付先の変更　「草案」が従前の小学校補助金を継ぎ文部省に公立小学校への補助金配付を義務づけたのに対し、「初案」は小学校をすべて「私費」のみで運営する「私立学校」としたため、小学校には補助金を配付せず、配付先を中学以上の「公立学校」に限定した（第九章）。

③学区・学区専管吏員の廃止　「草案」は「学区」「学区委員」の項目を掲げていたが、法制局はこれらを一切廃止し、すべて町村の自主運営に放任することを主張した。「町村自治」に学区や専管吏員は不要であった。

④「私立学校」の設置申請方式の変更　「草案」が「私立学校」を設立するためには地方庁の認可を要するとしたのに対し、「初案」は「私立学校ヲ設ケ若クハ之ヲ廃スル者ハ、郡庁ニ届ケ出スベシ」（第十二章）とした。これによ

れば、「私立学校」しかない小学校は、人民の自由設置・廃止となる。

このように、「初案」は限られた財源を中等以上の「官立」「公立」学校に振り当て、事務の範囲もそこに限定するものだった。学校以外の教育機関の規定も想定しておらず、幼稚園・書籍館・博物館はすべて削除とした。小学校運営は町村の自由放任とするため、「草案」が「普通教育」のために定めていた学区も学区委員も補助金も学科目も全く意味をなさなくなり、関係するすべての条文が削除・修正された。その結果、ここにわずか十九章という「初案」が誕生したのである。

また、法制局は文部省の重視する moral education の章文のうち、「品行不正ナル者ハ教員タルコトヲ得ズ」（草案第五十五章）を除いて全て削除とした。この残した章文にしても法制局は「詐偽若クハ賍〔贓〕罪ヲ以テ実決ノ刑ニ処セラレタル者ハ教員タル事ヲ得ズ」（初案第十九章）と改め、犯罪者の教員資格を剝奪する規定に意味を限定した。「法律」の厳密性を追究していた法制局は、曖昧さを含むこれらの章文を忌避したものと考えられる。

教育事務の目的を国民養成に置く「草案」と人材養成に置く「初案」とでは、本体とする学校段階が異なり、官民双方の権利・義務規定の所在も対照的であった。学制が双方の養成を目的にしていたことを顧みれば、財政難を前にしてそれぞれ一方の目的を選択したといえる。また、文部省が重視した moral education も法制局にすれば曖昧で、あえて法文に掲げる意図が理解し難いものだった。二つの相異なる構想を前にして、如何に一つの教育令案を創りあげるのか――文部省・法制局間の協議が約九ヶ月という長日を要したのも、両者の構想の懸隔によるものと考えられる。この間、文部省は自らの構想の意義をどのように説明したのだろうか。

(三)〈世界普遍〉の論証

文部省の論証は多難だった。対照的な構想を持つ法制局に対して、ここまでに検討したすべての趣旨を伝え、説得しなければならなかった。論証の糧となったのは、文部省が蓄積してきた欧米各国教育事務の情報だった。以下、文部省が用意した史料に即して、その論証を明らかにする。文部省は、まず世界各国の教育事務状況を概観する（【雑纂六】）。

千八百七十七年米国ニ於テ出版セル新約克州督学キッドル氏、同副督学スケム氏著ス所ノ教育辞林文部省ノ部ニ曰ク、凡ソ政府ガ其国中ノ初等中等及高等学校ヲ管理スルニハ、幾何ノ区域ニ立入ルヲ以テ至当トシ且便宜ニスル乎ノ問題ニ付テハ、方今各国ニ於テ論議紛然、未ダ一決スル所ナシ。是レ各国各異ノ学制起ル所以ナリ。

各学校に対する教育事務領域は各国で異なり、目下「論議紛然」とする。ここで典拠とされている「教育辞林」とは、一八七七年（明治十年）三月にアメリカ連邦教育局が刊行した、ヘンリー・キッドル Henry Kiddle、アレキサンドル・J・スケーム Alexander J. Schem 共著の *The Cyclopaedia of Education* という世界教育辞典を、文部省が翻訳した訳稿である。訳稿と刊行書籍では翻訳が異なる箇所が多数認められるため、以下では訳稿と刊行書籍とを区別し、当時文部省が活用していた訳稿を「教育辞林」と表記する。[22] 原著の内容は、アメリカにおける教育の実績を示しつつ、世界各国の教育情報を網羅して各国に通底する教育の仕組みや争点を整理したものである。これは「教育雑纂」全体を通じてしばしば引用されていることから、教育事務再編を目指す田中の目的に適した資料だったと考えられる。

さて、文部省は「教育辞林」から欧米各国の官省設置状況を俯瞰したうえで「諸国多クハ文部卿ヲ置テ此事務ヲ掌ラシム」と、文部卿の設置を正当化した。法制局が「訓条」に相当するため削除を想定していた「草案」第一章が教育令案第一条「全国ノ教育事務ハ文部卿之ヲ統摂ス」に継承されたのは、文部省の働きかけによるものと考えられる。文部省自体の存立と教育事務の定立を課題としてきた文部省にとって、この条文は法令の最上位である「法律」に掲げておく必要があったといえよう。

正当性の根拠を世界に求める文部省の姿勢は、「公学校」「普通教育」にも貫徹している。「公学校」については再度「教育辞林」を根拠に「方今開明セル諸国ニ於テハ公学校ノ管理ヲ以テ国政中ノ最緊要ニシテ且困難ナル一事トナセリ」と論じ、「普通教育」については、明治八年に文部省が翻訳・刊行した『教育史』（フィロビブリアス原著、西村茂樹訳）を参照例としつつ、以下のように述べた。

教育史中等ニ於テ記載セシ如ク、国権ノ教育事務ニ於ル関係ハ、各時各国ニ於テ大ニ径庭アリ。而シテ当今ノ時ト雖モ、各国ニ於テ其学校法ヲ異ニセルノミナラズ、国権ノ教育事務ニ於ルノ関係、即チ教育事務上ノ根元問題スラ尚ホ論議ヲ受ケル事アリ。然レドモ、輿論ノ帰着スル所ヲ求ムルニ、政府ハ其国内ノ児童ヲシテ普通教育ヲ受ケシムルノ権アリト云フニ在リ。

文部省は「国権」と「教育事務」の関係が「各時各国」で多様としながら、「輿論ノ帰着スル所」、現在では「普通教育」こそが世界普遍の教育事務の目的であると強調した（傍点湯川、以下とくに断らない限り同様）。

文部省は、この論証を通じて普遍性があるものとないものとを識別していく。文部省は「現今教育上ノ一大問題」として「政府ガ人民社会中ニ存在セル各種ノ宗教ニ関セズシテ自ラ教則ヲ定ムルノ全権ヲ有スル乎」、「政府ハ公金ヲ以テ中学以上ノ学校ヲ設立保護スルノ権アリヤ否」を挙げ（【雑纂六】）、政府が教育の内容に立ち入る教則制定権、中学校以上の学校の設立保護権に普遍性がないことを指摘して、法制局の構想を否定した。そして、最も普遍性がないとして文部省が批判したのが官立学校である。文部省は人材養成が各省に分散していることは、同様の分散状態にあるフランス・オランダ・イギリス・ロシア・ドイツ（バイエルン王国）の例を挙げて否定しなかったが（【雑纂十】）、以下の論証により、すべての学校は公立・私立が本系で、官立は極めて異例であると指摘した。

まず、プロイセン憲法（一八五〇年一月三一日制定、【雑纂十七―一】）によれば、「学術及其教授ハ自由タルベシ」と、学術・学習への不干渉を精神とし（第二十章）、学校の開設・管理・教授についても「各人ノ自由」とする（第二十二章）。そして、「児童ヲ教授スルガ為メニハ、公立学校ニ於テ十分ニ其目的ヲ達スルヲ得ベシ」と公立学校を中核とし（第二十一章）、教員給料を国庫から、営繕費を原則区民から出し、授業料は取らない（第二十五章）。政府は公私立学校を「監護」し（第二十三章）、宗教教育に留意する（第二十四章）。

次に、日本では人材養成を官立学校に依存してきたが、欧米にはその例をみない。イギリスの「王立学校」royal school は、「一時若干金ヲ交付シ、又ハ之ヲ補助スルモノ」であって「本邦ノ官立学校ノ如キ者ニハ非」ず（【雑纂十七―二】）。ケンブリッジ・オックスフォード両大学校も「ソサエチー即社中」であり、「議事院ヨリ免状ヲ得テ成立」ち、「我官立公立私立ノ如キ名称ハ下シ難」い（【雑纂十八―一】）。イギリスでは「公立小学校ト小学師範学校トニハ補助金ヲ配付シテ之ヲ監督スト雖、高等ノ教育ニ至テハ政府ハ之ニ干渉セズ、大学校専門学校等ハ多く会社《ソサヒチー》ニテ之ヲ設立ス」（【雑纂十七―二】）。あくまで人民の自主開設・運営の「会社」society が中心となる以上、政府には「学術《サイエンス、アルト》ニ係ル学校」に補助金を配付する裁量があるにすぎず、「国法中ニモ初等教育ノ事ハ成文アリト雖、高等教育ノ事ハ更ニ記載ナシ」。公立大学は、アメリカ・アラバマ州にみられるように、政府から土地の提供を受けるが、その維持は州議院の責任であり、州議院は「看護スル方法ヲ設ケ」、その土地を運用して得た収入を「工芸文学ヲ勧メン為メ、永ク州立大学校維持ノ資本トシテ保存」し、その「増加永存スル方法ヲ速ニ設クルノ職務ヲ有ス」る（『米国学校法』第一巻より一八一九年制定のアラバマ州憲法、【雑纂十八―二】）。一方、私立大学も増加しつつある。「専ラ政府ノ関渉」に依存していたフランスでさえ、一八七五年に「近来教育上ノ一大変遷」を遂げ「高等学校ノ私立ヲ允許スルノ法令」を発し、三学部を備えるものは「自由大学校ノ名称ヲ得ベシ」とした。これに伴い、「巴勒、アンジル、リオンノ三所ニ自由カトリック大学校各一個ヲ創立スルノ挙」があり、本法令の「実効ヲ奏スルノ速ナルヲ証スルニ足ルベシ」である（「教育辞林」より「意訳ス」、【雑纂十八―三】）。かかる事蹟をみれば、「私立高等学校ノ国内ニ充足スル事期シテ待ツベキナリ」である。

論証は moral education にも及ぶ。文部省は「草案」に「品行不正」という茫漠とした規定を掲げた意図をこう説明する（【雑纂十五】）。アメリカ各州の掲げる「品行不正」は、犯罪者より範囲が広い。すなわち、「酒癖、不正直、或ハ他ノ不品行ニ由テ免状ヲ廃棄」（『米国学校法』ペンシルヴァニア州学校法第三百十目）、「飲酒ニ耽リ、賭博ヲ事トシ、不敬ノ言語ヲ用イ、又ハ其他ノ不品行或ハ醜陋ノ習慣アル教師」の免許不許可（ミシガン州学校法第八十五節）、「品行不正ナル歟、或ハ其職業ニ合ハザル所行アル歟、或ハ神明ヲ侮辱スルカ、或ハ飲酒ニ耽ル歟、或ハ教授ノ任ニ適セザルノ顕跡」ある教員の免状剥奪（カリフォルニア州学校法第一千七百七十五節）である。この他オランダ（『和蘭学制』小学条例第十章）、フランス（『仏国学制』第九十三―九十五条）も同様の事情である。

「品行不正」の状態は不法行為だけでなく具体化すれば無数にあるため、逐一それを掲げれば繁冗に渉り、統合すれば茫漠に失する。それでも法文に掲げる必要があったのは「縦令ヒ学芸ニ通ジ経験ニ富ミ教授ニ練熟シタリトモ、以テ道徳ノ欠点ヲ償フヲ得ズ」（前掲ミシガン州学校法）というように、教員の道徳心に基づく模範的振る舞いが moral education に不可欠な要素と考えられたからであった。

以上のように、文部省は自らが蓄積してきた世界各国の教育事務の情報を最大限に活用することで、自らの教育事務再編構想を正当化した。教育令案が「草案」の主旨を継承し、官立規定を削除して成立していることから、文部省の論証が功を奏し、法制局に容れられたものと考えられる。文部省にこうした論証が可能だったのは、世界の教育事務を注視するなかでアメリカの教育事務の有効性を捉えてきたことによる。(23) そしてこの論証は、各国法制に通ずる法制局員たちを説得する上でも有効だったと考えられる。以後、法制局は文部省構想を基軸として教育令案を組み上げていくこととなる。

（四）教育令案の作成

教育令案作成において、残る課題は文部省構想を、人材養成を除く法制局構想、財政事情とすり合わせることであった。法制局は以下八点に亘って「草案」規定を修正した。

①学区町村単位編制と学務委員公選制　「草案」は小学校運営・維持を目的として各学区に「学区委員」を設置し、府県官監督下に置くとしていたが、学区を町村単位（連合可）に揃え、学務委員の公選制を採り入れた。

②私立学校設置開申制の導入　「草案」の「地方官ノ認可」と「初案」の郡庁への届出を折衷し「府知事県令」への届出（開申）とした。

以上二点は、のちに教育令が「自由教育令」と称された原因として有名である。

③師範学校の処遇　「草案」が各府県に公立師範学校設置を義務づけたのに対し、「初案」は設置規定を欠いていた。教育令案は「各府県ニ於テ師範学校ヲ設置セント欲セバ、府県会ノ議定ヲ以テ文部卿ヘ稟請スベシ」（第三十三条）と公立師範学校の規定を残す代わりに設置如何は各府県の裁量に委ねた。

④小学校学科目の処遇　「草案」第十九・二十章は「普通教育」に必要な学科目を詳細に規定し、「土地ノ情況」に応じた科目の追加や女子の「裁縫科」を規定したのに対し、「初案」は科目を大幅に簡略化した。教育令案は「草案」の科目に復する代わりに、女子のために「裁縫科」ではなく「該地方要用ノ科」を設ける裁量を示した。

⑤書籍館・博物館の削除　書籍館・博物館の規定は削除とし、学制に「幼稚小学」の規定があった幼稚園のみを学校扱いで存置した。

⑥教員資格規定の処遇　「草案」第五十九章は小学校教員すべてに師範学校卒業証書の取得を義務づけたのに対し、「初案」はこれを削除としたが、教育令案は公立小学校教員に限り同卒業証書の取得を義務づけた。

⑦公立学校免税措置の処遇　「草案」第三十四章は公立学校所属の土地・財産一切の免税を規定し、「初案」はこれを一切削除としたが、教育令案は「公立学校所属ノ土地ハ免税タルベシ」と「財産」を削って存置した。

⑧ moral education 関係規定の一部削除　「草案」第五十六章を削除とした。

こうして法制局は文部省が重視する学校以外の教育機関を削り、「普通教育」に求められる諸々の義務を弛め、学校経営補助を抑えた。しかし、これらの修正は文部省の意図に符合しない折衷・妥協であった。文部省はその再修正の機会を元老院に見いだしていく。

第三節　教育令の成立

(一) 田中の再修正活動――元老院修正委員制度の活用

文部省にとって元老院は重要な、最後の修正機会であり、それは以下二点の元老院の議事制度によって提供されるものであった。

第一に、当時元老院の議場には専任の議官だけでなく各省と兼任の議官が参席していた。新設当初の元老院は各省・法制局との連絡を欠き、相互に対立する機会が非常に多かった。法制局が各省と兼任の書記官を置き両者協議に基づいて内閣案を作成したように（第四章参照）、各省の輔官が元老院議官を兼任することで、各省の専門性や実際施行上の所見が元老院内に伝わるように工夫が施された。前島密（内務省）、山田顕義（司法・陸軍両省）らが元老院に出向するようになり、彼らとしても所属の省を超えて様々な法案審議に参加する便宜を得た。総じて明治八年の立法経路の改革に伴う行政・立法の疎隔を埋め合わせる方法だった。

第二に、当時の元老院には修正委員の制度があり、修正委員には内閣下付の原案を修正する全権が与えられていた（第五章参照）。修正委員は、第一読会で議場の決議を以て委託を受けた議官三名が協議し、原案に修正が必要な箇所を予め修正し、第二読会以降の議事を円滑にするという役割を担っていた。

田中はすでに明治十一年三月に兼任議官の資格を得ており、翌年の教育令案審議にも参席することができた。さらに細川潤次郎・福羽美静の専任議官とともに修正委員に選ばれ、三者協議によって教育令修正案を作成することができた。従来、こうした兼任議官制・修正委員制に関する研究は皆無だが、両者の連動によって教育令修正案が作成された経緯を明らかにすることは、当時の法令整備の特質を知るうえでも重要と考える。

田中は修正委員になると、教育令案を修正するために他の修正委員の説得にあたった。以下、その要点をみていこう（なお、修正委員間の協議内容は議場には明かされていない）。

田中は教育令案において学校の一形態の如く解されていた幼稚園を元の学校外の教育機関に引き戻すとともに、法制局が削除した書籍館・博物館規定を復活させるべく修正委員の説得にあたった。根拠としたのは、教育事務担当機関が両館を管轄しているフランス・アメリカ・イギリスの実例である（【雑纂八】）。博物館規定は細川・福羽を説得しきれなかったが、書籍館規定は復活に成功した。

次に、最も詳密な義務規定によって構成されている普通教育制度の修正である。田中は以下の四点、①学務委員設置、②公立師範学校開設、③学齢・学期規定、④男女共同教育の精神に言及し修正を求めた（【雑纂十一】）。

①学務委員設置　第十条但書「但人員給料ノ多寡有無ハ其町村ノ適宜タルベシ」に言及し、これを「但人員ノ多寡、給料ノ有無ハ其町村ノ適宜タルベシ」に修正するよう要請した。修正の目的は「人員ノ有無ハ適宜タルベシトアルハ撞着ヲ免レズ」と、学務委員の設置如何が「適宜」と解釈される事態を回避し、設置を徹底することだった。

②公立師範学校設置　第三十三条「各府県ニ於テ師範学校ヲ設置セント欲セバ府県会ノ議定ヲ以テ文部卿ニ稟請スベシ」を修正して「各府県ニ於テハ教員ヲ養成センガ為ニ便宜ニ随ヒテ公立師範学校ヲ設置スベシ」とし、「便宜ニ随ヒテ」と府県の裁量を残しつつも、「教員ヲ養成センガ為」と目的を明示し、末尾は「特ニ文部卿ニ稟請セシムルハ謂レナキニ似タリ」と文部省職権との混同を避けて削除する。

③学齢・学期規定　「草案」の「学齢」age in education を、法制局は「学期」と混同して「小学年齢」と書き換え、「各地町村ノ適宜ニ任」じて伸縮を認めた（教育令案第十三・十四条）。これを「草案」通り一定の「学齢」と伸縮可能な「学期」に引き戻す。田中は「学齢」は「汎ク児童ノ普通教育ヲ受クベキ適度ノ年齢ヲ示ス者」で「苟モ町村ノ適宜ヲ以テ伸縮スル事ヲ得ベキモノニアラズ」、「学期」は「学校ニ於テ児童ニ普通教育ヲ授クベキノ期限」で「各地方ノ情況ニ依リテハ之ヲ伸縮スルヲ得ベキモノ」と説いた。田中は教育令案を「学齢ト学期トヲ混視スルモノ、如シ」と批判し、「学齢ハ現今慣用一般ノ成語」と「学齢」の一定を重視したが[24]、意図は以下二点である。第一に、もしそれが伸縮すると「学齢ノ員数ヲ調査スル事ヲ得ザラシム」るため、普通教育が全人民に行き渡っているのか把握できなくなる。第二に、「小学年齢」という表現では「小学年齢ト云フトキハ大中学ニモ年齢ノ定制アリテ並ベ称スルモノ、如シ」である。田中は「学齢」があくまで普通教育のために役割を果たし、中学校以上に及ばぬよう求めたのである。

④男女共同教育の精神　「男女共同教育」co-education of the sexes について、田中は「教育辞林」の当該項目の定義を引いて以下のように説明する（【雑纂七】）。

　男女共同教育トハ男女ヲ別タズシテ之ヲ教育スルノ方法ニシテ、即同学校ニ於キ同級中ニ於テ同一ノ学科ヲ授ケ、同一ノ方法ヲ用イ、以テ生徒ヲシテ男女ノ別ナク同一ノ教育ヲ受ケシムルヲ謂フナリ。

男女の差別なく学校・学級・学科・方法について一切共通の教育を以てするという教育理念である。田中はその重要性を小学校と中学校以上に分けて、以下のように説く。

第一に小学校について。「草案」第二十章は学科目に「読書習字算術地理歴史修身等ノ初歩」を掲げ「土地ノ情況ニ依テ」、「罫画唱歌体操等」「物理生理博物等ノ大意」の追加を認め、但書に「但女子ノ為ニハ裁縫等ノ科ヲ設クルコトアルベシ」と定めた。教育令案は但書を「殊ニ女子ノ為ニハ該地方要用ノ科ヲ設クルモ妨ナシ」と改めたが、田中はこれを「草案」以上に厳しく「殊ニ女子ノ為ニハ裁縫等ノ科ヲ設クベシ」と改めることを主張した（【雑纂十一】[25]）。
田中は裁縫科にこだわらなければならない理由をこう明かす（【雑纂十一】）。

第三条　女子ノ為ニハ該地方要用ノ科ヲ設クルモ妨ゲナシトアリ。然レドモ地方要用ノ科ヲ設クベキハ、独リ女子ニ止ラズ男子ト雖同一ナラザルヲ得ズ。其旨趣ハ土地ノ情況ニ随テ以下云々ニテ足レリ。但女子ト男子トノ殊別ハ唯裁縫等ノ科目ヲ要スルト否ラザルトニアリ。且妨ゲナシノ辞ハ禁ヲ弛ルガ如キ意アリテ不可ナリ。

教育令案は「該地方要用ノ科」を「女子ノ為」とするので、男女で異なる教育を認めることになる。しかし、田中は当時の人民の生活上、「裁縫等ノ科目」さえ設置すれば男女共通の教育が実現できると考えていた。そのため、「教育辞林」を引き、男女共通教育の重要性を以下のように説いた（【雑纂七】）。これは学校経費を節減できるだけでなく、女児の存在が男児の「自恣粗暴ノ風ヲ制」し、男児の存在が女児の「閑雅自若ノ風」を生じ、互いに「知識」上の対等、身体上の「強弱」を知って「互ニ其至重ナル所ヲ貴ムノ風ヲ学」び、教員も「教育ヲ改良」する機会を得る。まさに「便利ト経済ノ二者ヲ兼併スル」良法であると[26]。

第二に中学校以上について。田中は「教育辞林」から以下の内容を引用する。アメリカでは「高等学校ノ共同教育法」を「数年以来」試行した実績があり、すでに大学校で「九十七箇」の学校が、「中学校・師範学校・上等小学校」で全学校のうち「百中ノ六十以上」が実施している。近年では欧州でも「女児ヲシテ高等ノ教育ヲ受ケシムルノ方法ヲ立テ、随テ其成蹟アルヲ以テ共同教育ノ主義モ亦漸ク其勢ヲ得タルガ如シ」である。たとえば、イギリスのケンブリッジ大学校は専門講義の三分の二を「女児ヲシテ之ヲ陪聴セシム」ることとし、「目今漸ク公論ノ共同教育ヲ助ルニ至レリ」である。

田中は「普通教育」の諸規定を立て直し、人民が「普通教育」、学術・学習の権利において男女の差別なく等しくあるよう求めた。田中の修正要求は、細川・福羽の両修正委員の同意を得、博物館規定の挿入、免税措置の拡張の二点を除き[27]、すべて修正案に反映された。完成した教育令修正案は元老院の議定に付されたが、これら修正諸点は議官たちの目に留まらず、ほとんど議論されないまま元老院を通過した。田中は修正委員制度を活用して文部省構想の実現を図ったのである。

(二)　moral education の協議

修正委員たちは moral education 関係条文についても協議した。対象は「品行正シカラザルモノハ教員タル事ヲ得ズ」(第三十八条)、「文部卿若シ学校ノ教旨国安ニ害アリト認ムル時ハ、其学校ヲ禁止セシムベシ」(第二十三条)、「凡学校ニ於テハ生徒ニ体罰ヲ加フ可ラズ」(第四十八条)の三条である。法制局が文部省に同調した事情は、前節で第三十八条を基に検討した通りである。田中は修正委員たちに後二条の趣旨をも説いた。まず、第二十三条で文部卿が停止させる対象を「学校」から「授業」に修正するよう求め(【雑纂十一】)、容れられた。田中は「和蘭学制」(第三項「私学ノ事」第三十九章、【雑纂十五】)を引用して、「国安」を害する事態を説明した。

> 第三十九章　私学家学ノ教授ヲ為ス者、若シ教導不法ニシテ風俗ヲ壊リ、或国法ヲ犯スヲ勧ルニ近キ事有ルトキハ、邑長及副官、学校監督視察ノ報告ニ従テ、州会幹事之ヲ裁決シ、其本人教授ヲ為ス事ヲ禁断ス。廉暴不良ノ行状有ル者モ亦此条令ニ従テ同様ニ所置スベシ。

本条は教員が風俗擾乱、不法行為の煽動に及んだ場合に教授権限を剝奪して授業を停止させ、教育の効果を守る最終手段だが、「品行不正」と同様、無数の具体例を避けて法文に掲げるにはこれが限度であった。

次に、「体罰」corporal punishment の禁止はその新奇性が問題となった。欧米では体罰が広く教育のために許容されてきたが、*The Cyclopaedia of Education* は、近年アメリカ・ニューヨーク州の教育理論家ページ David Perkins Page が体罰禁止を唱え同州が体罰禁止を進めていることや、シカゴ(イリノイ州都)・セントルイス(ミズーリ州都）・ボルチモア（マサチューセッツ州都）三市の学監が体罰禁止を説いていることを紹介し、体罰禁止の新潮流を認めた。このうちセントルイス市学監ハリスと田中は親交があり、橋本美保が指摘するように、田中はハリスを通じて体罰禁止に理解を深めていたと推察される[28]。しかし、学説や一州一市の試行では一国の法律を定める根拠になり得ない。田中は *The Cyclopaedia of Education* の情報ではなく、『仏国学制』『理事功程』『米国学校法』等他の文部省の研究成果から、体罰禁止・抑止規定を持つフランス・ベルギー・イタリア・トルコ・ドイツ（プロイセン王国・メクレンブルク大公国・ザクセン＝マイニンゲン公国）・アメリカ（ニュージャージー州）の実例を提示し、世界でも先端を行く体罰禁止規定に理解を求めた（【雑纂五】[29]）。結果、一連の条文は修正委員の同意を得て存置されたのである。

（三）修正委員と一般議官の論戦

議場では法制局協議の時と同様、人材養成を強く求める意見と moral education 関係条文の曖昧さを批判する意見が出された。元老院では多くて二十名程度という少人数の出席議官が短期間の議事で決議する。そのため、こうした意見に同調する者が少しでも増えれば、数年がかりの文部省構想も半月ほどで崩れ去る可能性があった。田中が修正委員たちに法案の細部まで説明したのは、修正点の説得のためだけでなく、修正案を修正委員全員で擁護するために必要だったと考えられる。

第一に人材養成について。佐野常民ら一部議官は学制を擁護し、人材養成を担う官立学校規定の復活を求めて教育令修正案を批判した。佐野は欧州各国を例証に「畢竟人民ノ知識ヲ開キ、国家ノ改進ヲ図ルガ為メナリ。政府小学ノミニ関渉スルノ国ハ、欧米未ダ曾テ之レアラザルナリ」と主張した[30]。これは佐野（工部省出仕、オーストリア博覧会事務副総裁）、山口尚芳（岩倉使節団副使）、楠田英世（外務省出仕）ら人材養成を喫緊の課題とする実務経験者たちの意見だったが、普通教育に軸を定めた文部省構想と真っ向から対立するものだった。田中は「教育事務ヲ学政ト改ムルノ允当ナラザルヲ弁ズ」(【雑纂二】、第一節参照)を修正委員に内示し、三名で一致した反駁を展開した。すなわち、「専門高等ノ学」は「銘々ノ好ム所ニ任ジ、農人ノ農学、工人ノ工学、商人ノ商学ノ如キ、皆自己ノ勉強シテ自ラ為メニスルニ外ナラザレバ、之ヲ一般ノ学ト為スベカラズ」(細川)、学制布告書も「高上ノ学」を区別していると説いた(福羽)。田中も「高等教育」は「間接ノ利益」にすぎないと論弁したが、佐野も「高等学校ナケレバ人ヲ教育スル事能ハズ。人ヲ教育セザレバ、国ヲ治ムル事能ハザルナリ」と譲らなかった。論戦は三日を費やし、第三読会までもつれた末に修正案通り可決されるに至った。田中ら修正委員の活動が功を奏したといえる。

第二に moral education 関係条文について。議官の多くは「品行」や「国安」といった不明瞭な文言では「其区域分明ナラズ」、「正不正ノ分別ニ苦シ」むとし、「本官ハ尤モ品行ヲ重ンズルナリ」(細川)とする修正委員の論弁も効なく、結局第三読会で体罰禁止以外の条文を削除した。田中は修身科を重視しようとする佐野の議論を退け、元老院審議後に待っていた文部省職制・事務章程改正に際して法制局と協議し、削除された第二十三・三十八条と同様の規定を博物館規定とともに新章程に掲げて補完した(31)。これは法制局の法令区分では「法律」より一段低い「訓条」に相当するが、当該規定を復活させたことは注目に値する。

こうして、明治十二年九月、教育令は布告された。文部省は法制局・元老院の合意を取り付け、教育事務再編を果たしたのである。ただし、政府内でも成立まで相当の時間と労力を要した教育令が、全国に定着するには相応の時日を要した。教育令は布告後間もなく「自由教育令」との誤解が広まり、廃校騒ぎを惹起した。後を受けた河野敏鎌文部卿は、「自由教育令」が全くの「誤解」であるとして「干渉主義」を強調し、教育令改正に着手した。これにより、かつて法制局が文部省構想に加えた学務委員公選制・私立学校開申制を改め、前者は準官選制、後者は認可制とした。これは、普通教育を「政府ノ干渉」する「区域」とする文部省構想に適合していた。以後、文部省は moral education、普通教育を中心に、相応の時間と労力をかけて教育令の全国への定着に努めることとなる。

おわりに

田中不二麿は岩倉使節団の欧米視察で得た知見を活かし、欧米を俯瞰し日本の現状に適合する教育事務educationaffairを研究、導入した。その際、専制に依らずして大国を築いたアメリカの教育事務に注目し、財政難に対応しつつ「普通教育」「公学校」の導入を進めた。そして文部省は欧米教育事務の研究を進めるなかで、さらに学校以外の教育機関、知識以外の教育内容に視野を広げ、また深刻な財政難に対応するなかで監督領域を限定しなければならなくなった。そこで田中はそれまでの経験と研究成果を総合し、「日本教育令草案」を纏めあげた。

「草案」は人民の学術・学習の権利を保障し、人民を教育の主体に、文部省・地方官をその監督者に位置づけた。そして、学校・幼稚園・書籍館・博物館を包括した教育機関の整備を打ち出し、「普通教育」を重視して政府・人民の権利・義務関係を精緻に定め、moral educationのために教員の資質を重視した。この構想を裏打ちする欧米各国の情報は、法制局・元老院を説得する際にも有効に働いた。

法制局は中学校以上の人材養成を中心とし、これに町村自治による小学校運営を結合させた事務構想を示した。対する文部省は研究成果を活用して世界普遍の教育事務像を提起し、法制局を説得して文部省構想を基軸とする教育令案作成にこぎつけた。しかし法制局が自らの構想や財政難を考慮して施した修正には、文部省構想に符合しない点が残った。

元老院において、田中は兼任議官制・修正委員制度により、法案再修正の機会を得た。田中は修正委員たちに自らの意図を伝えて、普通教育を支える規定の再整備を果たすと、議場では議官たちの反対意見と対峙しながら、積極的に教育令修正案を擁護した。このように、明治初期に事務の基本法令を生み出した太政官の法令制定経路は、行政・

立法機関の分離独立を図りながらも、それまで立法・施行の権限を有してきた主務省が法制局・元老院と交渉する機会を保障し続けていた。主務省はその機会を有効に活用して、両機関と説得交渉を繰り広げ、法令制定の全過程に深く関与したのである。

こうして教育令は文部省構想を核として廃案の危機を乗り越えて布告に至った。男女共同教育はその後、男女別学に変転し、moral education も伝統的な修身に引きつけられたため、ともに実現は戦後改革を待つこととなった。しかし学問の権利、幼稚園・書籍館・博物館の教育機関への包摂、普通教育の目的・方法論――これら一連の教育事務の構成要素は、以後定着をみて、今日までその命脈を保っているのである。一方、人材養成の事務は、田中以後の文部省当務者たちによって再度組み上げられ、明治十九年、初代文部大臣森有礼のもとで「学問の事務」に別途制度化された。教育事務と学問事務の並立は、学制から教育令への転回を基礎に文部省がたどり着いた一つの帰結といえる。

近代日本において、はじめて「教育」の名を冠した教育事務の基本法令・教育令は、田中不二麿の体系的構想を得、混乱を巻き起こしながらも政府の合意によって成立し、官民双方の権利・義務の連関によって国民を養成する教育事務 education affair の一領域を築いたのである。

註

（1）土屋忠雄『明治前期教育政策史の研究』講談社、一九六二年、二八六頁。
（2）倉澤剛『教育令の研究』講談社、一九七五年、二頁。
（3）井上久雄『近代日本教育法の成立』風間書房、一九六九年、一七六頁。
（4）井上前掲書、一九五頁。
（5）倉澤前掲書、一〇頁。
（6）田中文政を再評価した研究として森川輝紀「田中不二麿の統制主義と自由主義について」（『埼玉大学紀要』〈教育学部〉

第五十四巻第一号、二〇〇五年）が挙げられる。森川は田中が『理事功程』ドイツ編作成に用いた新島襄の草稿を分析し、田中が自治を自発的義務と捉えるドイツの教育制度に関心を寄せ、宗教から独立した道徳教育の重要性を認めていたことを指摘した。森川の指摘は田中文政の性格を捉えるうえで重要と考える。

（7）細川潤次郎が自ら整理した旧蔵史料群は「吾園叢書」と総称され、嗣子細川一之助氏より法務省法務図書館に寄贈された。「教育雑纂」はその第二十七冊にあたる。本史料の概要、法務省への移管経緯は、福島小夜子「ある資料の運命――細川潤次郎旧蔵『吾園叢書』のこと」（『びぶろす』第十九巻第十一号、一九六八年）参照。「教育雑纂」所収史料は法制局関係の書類【雑纂一】、細川自身が『文部省年報』から筆写した統計類【雑纂十三】を除き、すべて文部省罫紙に書かれていることから、これらは田中が修正委員の協議に際して、文部省側の教育令案の作成意図・経緯の説明と法案修正の説得交渉のために細川に提供した史料であり、のちに細川がまとめて一冊に綴じたものと考えられる。

（8）明治八年七月七日「幼稚園開設之儀伺」、同年八月二十五日「幼穉園開設之儀再応伺」（前掲「公文録」明治八年・第六十四巻・明治八年八月―九月・文部省伺（布達））。

（9）明治六年五月二十二日「博物館書籍館其他博覧会事務局ト合併被仰出候処右両館場所引分云々伺」（前掲「公文録」明治七年・第百六十六巻・明治七年一月・文部省伺）。

（10）明治九年十月四日、木戸孝允宛田中不二麿書翰（木戸孝允関係文書研究会編『木戸孝允関係文書』第四巻、東京大学出版会、二〇〇九年、四五七頁）。

（11）明治法制経済史研究所編『元老院会議筆記』前期・第六巻、元老院会議筆記刊行会、一九六三年、一三三頁。

（12）明治十年一月「当省直轄学校廃止之儀伺」（前掲「公文録」明治十年・第九十五巻・明治十年一月―三月・文部省伺）。

（13）田中不二麿「教育瑣談」（『開国五十年史』上巻、原書房、一九七〇年（一九〇七年原版）、七一六頁）。

（14）『文部省第三年報』所収田中不二麿意見書。

（15）「教育議会」は田中文政期を通じて全国各地で開かれた。田中は『文部省年報』『教育雑誌』に国内外の開催情報を掲載して奨励し、「草案」に「教育議会」の項目を掲げ、『文部省第五年報』に「教育国会ヲ創設スルノ議」を掲げて重要性を説いた。田中によれば、「教育議会」educational meeting は府県会等の行政拘束力のある公的議事機関と異なり、「教育ノ進歩ヲ助ケンガ為メ学監、教員其他意ヲ教育ニ用フル人相共ニ会議」する「私会」meeting, association, convention だった（『米国博覧会教育報告』第三巻、文部省、一八七七年、四一丁）。「教育議会」は教育令案では「法律」規定外の事項として削除されたが、開催を否定されたわけではなかった。田中も元老院の教育令案修正の際に「教育議会」規定の復活を求めておらず、法制化にはこだわらなかった。なお、「教育議会」は以後も「私会」として各地で開催され、学事会・教育会として命脈を保った（梶山雅史「教育会史研究の進捗を願って」、同編『続・近代日本教育会史研究』序章、学術出版会、二〇一〇年）。

(16) 前掲『元老院会議筆記』前期・第六巻、一三七頁。

(17) 前掲「公文録」明治十二年・第百十三巻・明治十二年七月―九月・文部省所収。教育令案もこれによる。

(18) 「初案」は「日本教育令草案」を太政官罫紙に筆写したもの（【雑纂一―一】）に附属しており、「草案」を修正して作成したものと考えられる。文部省罫紙に書かれた「日本教育令草案」（【雑纂四】）が別に細川に渡されていることから、太政官罫紙の「草案」は「初案」作成の際に法制局が写し、対照できるように一纏めにしたものと考えられる。作成時期は明確でないが、明治十一年五月の「草案」提出後間もなくの作成と考えられる。

(19) 尾崎・伊藤が法案勘査に関与していたことは以下の経緯からも明らかである。

①明治十二年一月十一日　伊藤、法案を一覧後、尾崎へ返付。上奏の意向を伝える（「別紙一覧之上、返上浄写候。御上奏相成候様致度」）。

②明治十二年二月二十日　伊藤、尾崎が修正した法案を浄書させ、自らの上申案を付して尾崎へ送る。尾崎には法制局より内閣へ提出するよう求める（「御点削被下候教育令、為致浄書候間、別紙之大意を以上申案を付シ、早々内閣へ御差出可被下候」）。なお別紙は実際に教育令案が内閣に上申された際の上申書（前掲註(17)史料所収）と同文である。

③明治十二年二月二十一日　伊藤、田中文部大輔に照会し、内閣委員に辻新次を加えることを決め、尾崎へ伝える（「教育令元老院議定ニ被附候ニ付委員出席之都合、田中へ致照会候処、別紙之通回答有之候ニ付、辻をも委員へ御加へ候方可然」）。

④明治十二年四月十六日　辻、尾崎に教育令案の閣議決定を催促（「過日来追々及御談話置候教育令之儀は、目今如何之運ニ候哉。可成早々相運候様、日々企望罷在候」）。

⑤明治十二年四月十八日、尾崎、辻に法案が閣議決定された旨を回答（「教育令ハ今日漸ク御裁決ニ相成候ニ付、今明日之内、元老院へ下附可相成筈ニ御座候」）。

（典拠は、①国立国会図書館憲政資料室所蔵「尾崎三良関係文書」二三―五、②同一一一―五―一三・一四、③同一一一―五―一〇、④同九八―一、⑤国立国会図書館憲政資料室所蔵「辻新次関係文書」三六―二）

(20) 春畝公追頌会編『伊藤博文伝』上巻、原書房、一九七〇年、四二二―四二三頁。

(21) 明治五年十一月四日、参議大隈重信・文部卿大木喬任・大蔵大輔井上馨宛伊藤博文意見書（前掲「公文録」明治六年・第五十一巻・明治六年五月・文部省伺二）。

(22) 文部省が訳稿を纏めて公刊するのは、明治十四―十八年のことになるので従来の研究では「草案」・教育令案と「教育辞林」の関係は認識されてこなかったが、実際には両案を支える重要な資料として活用されていた。

(23) 文部省は単に欧米に倣うのではなく、主体的に欧米情報を取捨選択した。例えば *The Cyclopaedia of Education* は"National Education"の項で日本の官立学校に注目したが、文部省はこうした情報は引いていない。

(24) 学齢を一定するため、田中は各国州二十三の実例を挙げてその中庸を取り、六歳―十四歳を学齢とすることの妥当性を示した（【雑纂十六】）。

(25) 先行研究は教育令第三条「殊ニ女子ノ為ニハ裁縫等ノ科ヲ設クベシ」の規定に注目して、これを男女別学への第一歩と評価してきた（橋本紀子『男女共学制の史的研究』大月書店、一九九二年）。これは後年の女子特性教育の制度化、「良妻賢母」論の台頭を念頭に置いた理解で、田中の意図とは正反対である。

(26) 田中は小学校教育で男女を区別する国としてフランス・プロイセン・オーストリア・アメリカ一州（コロンビア州）を認めつつも、アメリカ諸州（除コロンビア州）、ハノーファー王国・ヘッセン＝ダルムシュタット大公国・リッペ侯国（以上ドイツ）と多くの国で男女共同教育を実施していると指摘した（【雑纂十四】）。

(27) 細川・福羽が両規定に同意しなかったのは、博物館の特性と財政難が理由と推察される。博物館は書籍館・幼稚園と異なり各地方に設置することは想定されておらず、人民一般に関する「法律」規定とは言い難い。学校所属地・財産一切の免税は、細川が『文部省年報』から関係する統計を筆写し（【雑纂十三】）、検討の結果、実現困難と判断したと考えられる。田中は欧州の学校所属地の免税が教会所有地の免税に準ずることを念頭に「社寺取扱概則」（明治十一年九月九日、内務省乙第五十七号布達）、イギリス・アメリカ（明治十一年四月十二日提出、学監ダビッド・モルレー David Murray 調査報告書、『米国学校法』アルカンザス州憲法第十条第二節、フロリダ州憲法第十二条、オハイオ州憲法第八条、ウェストヴァージニア州憲法第十条）、ドイツ（孛国憲法第二編抄訳、孛国教育事務定則中「学校所有地ノ事」）、フランス（明治十一年大蔵省編刊『仏国収税法』抄録）の実例（【雑纂二十四】）、日本での免税予定総額を提示したが（【雑纂二十三】）、説得できなかった。

(28) 橋本美保「教育令制定過程における田中不二麿のアメリカ教育情報受容」(『日本の教育史学』第四十三集、二〇〇〇年)。

(29) フランスは「決シテ生徒ヲ打擲スル事勿レ」(『仏国学制』第三十三条)、アメリカ(ニュージャージー州)は「何レノ教師タリトモ本州ノ学校ニ於テ児童ニ身体ノ懲罰ヲ加フ可カラズ」(『米国学校法』巻四「鳥遮爾些州学校法」第八条「区学税」第八十一節)、ドイツ連邦中プロイセン王国は『理事功程』「教育事務定則」の「校内譴責」の項、メクレンブルク大公国・ザクセン＝マイニンゲン公国は典拠不明だが同趣旨の規定が引用されている【雑纂五】。すなわち、順に「体罰ハ他ノ懲戒ノ手段其効ヲ奏セザルトキニアラザレバ之ヲ施スヲ許サズ」「教員ノ体罰ヲ加ルヲ禁ズ。但シ甚ダ稀少ナル場合ニ於テハ、手軽ク且礼儀ヲ破ラザル様ニ之ヲ施ス事ヲ許ス」と。この他、ベルギー、イタリアについては「体罰ヲ禁ズ」、トルコについては「法律ヲ以テ可成的体罰ヲ防止ス」とある。

(30) 前掲『元老院会議筆記』前期・第六巻、一二〇頁。以下、議官の発言は同巻による。

(31) 明治十三年一月二十九日、文部省職制・事務章程(前掲「公文録」明治十三年・第三十六巻・明治十三年一月—四月・文部省(一月・二月・三月・四月))。明治十一年五月、田中は「草案」に対応した新職制・事務章程の草案を太政官に上申した。そして翌十二年十一月、文部省・法制局は協議し、同案に教育令に対応した修正を加えた。法制局の勘査史料には「文部大輔ト協議済」とある(国立公文書館所蔵、「第十一類　記録材料」所収、明治十一年「考案」)。

第十一章　教育令改正と教育事務の再編

はじめに

明治十二年（一八七九年）の教育令布告により、文部省は主管する教育事務について、普通教育の普及・定着を目的とし、人民の自治と官庁の監督の相互関係からなる固有の方法論を明確にした（第十章参照）。以後の文部省は、教育令の意図を確実に官民双方に周知させて実施していくことを課題としたが、明治十一年中に出された地方制度の基本法、三新法との接合に苦慮し、実務を担う地方官たちは教育令に具体的な監督権が明示されていないことに戸惑った。他方、民間では自由民権運動の興隆の最中で教育令を「自由教育令」と認識し、宮中でも文部省が「自由教育」を標榜しているとの疑念から、人事・政策介入の動きがみられた。そうしたなかで、翌十三年、教育令は改正され、「干渉主義」「儒教主義」の名の下に施行された。さらに、財政縮減に迫られて、明治十八年に再改正された。

土屋忠雄、倉澤剛は、当該期を文部省政策の〝自由から統制へ〟の反動・混乱期とみなし[1]、金子照基、井上久雄は、明治十年代を教育行政の一般行政への包摂による教育の体制化過程と評した[2]。他方、佐藤秀夫は、明治十年代の文部省政策を民権派と政権派との政治闘争を背景に展開された文部啓蒙官僚と宮中守旧官僚との教育方針をめぐる格闘と妥協との複雑な過程と捉え、改正教育令の「干渉主義」についても、そこには反動化だけでなく、子どもの権利保護という近代教育法制としての側面があったことを指摘する。(3)しかし、いずれの研究も「公文録」『文部省年報』といった公文書類のみに依拠するという史料上の限界があり、明治十年代の内閣・文部省・宮中をめぐる複雑な政治・政策関係や政治的混乱と文部省政策の関係については明らかにされていない。

そこで、本章では文部省官員の個人史料および内閣側の政治史料を駆使して、上述の課題に答えることとしたい。一連の史料の検討から浮かび上がってくるのは、文部省が明治十年代に文部卿の交代劇や政変を超えて政策方針の一貫性・継続性を保ったことであり、その方針に即して教育事務の再編を主体的に行ったことである。よって、以下の二つの視点を設定し、検討を行う。

第一は、文部卿と事務方上層部（大少輔・大書記官）の政策上の関係についてである。文部省は創設以来ごく短期間を除いて文部卿不在のまま機能してきた稀有な省であり、明治十年代に卿が交替を繰り返しても、卿のもとで教育事務を執る事務方上層部は固定され、長年の実務経験を基に、教育事務の目的と方法を新任の文部卿たちに伝え続けていた。こうした文部省の特性を踏まえ、目まぐるしく方針転換するかにみえる制度・政策・人事のなかで、文部省の教育事務に一貫性・継続性が保たれていたことを描き出したい。

第二は、文部省による教育事務の「国家」化である。政府は伊藤博文の憲法調査を起点として明治十年代末頃から行政権強化を図る「行政国家」形成を進めた。従来、それは政府の支配体制強化、民権運動対策・議会対策と評価されてきたが、瀧井一博の研究によれば、ドイツ政治学にいう「国家」は政府と同義語ではなく、官民双方のあらゆる活動の総合的分析を意味し、「行政国家」化は行政の働きを理論化することで君主（宮中）・議会の双方から行政の政治的自立性を確保する意義を持つものであった。(4)教育事務の「国家」化は、明治十八年以降、伊藤の後押しを受けた森有礼文部大臣の政策基調として注目されてきたが、後述するように、実際に文部省が教育事務の「国家」化を図るのは、森文政期よりも早く、明治十四年頃からである。政治的混乱の渦中で教育令実施に当たらなければならなかった文部省が、当該時期に敢えて教育事務の「国家」化を図った背景には、教育事務の一貫性・継続性を守る意図があったと考えられる。また、かかる視点を加えることにより、教育令下の文部省政策と森文政との連続性を捉えることができるだろう。

第一節　文部省政策の継続と教育令改正

（一）　文部省人事をめぐる内閣の認識

教育令の方法論は、大要以下の通りである（第十章参照）。小学校と中学校以上の性質を区別し、小学校を普通教育の場として全国に整備する。教育事務の主目的は普通教育の普及・定着にあり、人民は自治、官庁はその監督によって目的を遂行する。自然、法的義務は小学校に関して重く、相対的に中学校以上に関して軽くなる。これに対して、三新法は町村と府県の性質を区別し、法的義務は公事に重く、私事には皆無である。教育令は制定過程で法制局の審理にかかり、三新法との整合性を保つための一部修正を受けた。結果、文部省原案（「日本教育令草案」）にあった自治区域・学区は町村の区域に解消され、さらに私立学校の義務規定も私事に属するとみなされて解除された。私立学校設置開申制や私立小学校教員の師範学校卒業証書取得義務の解除などがそれである。文部省は「自由教育」を意図していなかったが、民間では自由民権運動の展開に加え、文部省政策の意図が周知されていなかったため、[5]この二法の接合不良（学校・教員の一部義務の解除）が「自由教育令」の誤解を広める原因となり、宮中の疑念にもつながった。教育令の立案者・田中不二麿文部大輔は、宮中の疑念に苦慮して明治十二年（一八七九年）九月、内閣に辞表を提出するに至る。

同月十一日、辞表を受け取った三条実美は、法制局長官として教育令制定に携わった伊藤博文に「田中辞表之原因」を問う。伊藤は三条に以下のように伝える。(6)田中は寺島宗則文部卿を通じて宮中「御内議之顚末」を「逐一」聞き、「信用無之、終ニ後任之人物をも御内決相成居候」状況を知った。寺島は人事を「差留」て田中に「是非踏止リ尽力可致様ニと説諭」したが、田中は自ら辞表を提出した、と。伊藤は田中の辞表提出を「頗不都合千万」とし、この事実は「万一漏洩候而ハ却而療治之為ニ困却可仕」と、ひた隠しにするよう主張した。もしここで田中の辞表提出が表沙汰になれば、宮中に対して文部省・内閣が「自由教育」を標榜し責任を取ったかのような誤解を上塗りすることになる。伊藤は田中を留任させ、従来の文部省政策方針を堅持することで宮中の誤解を解いていく「療治」の道を選択した。そして同月、伊藤は宮中の「教学聖旨」に対して「教育議」を上奏し、「大政ノ前轍ヲ変更」することは「甚ダ宏遠ノ大計ニ非ザルナリ」と文部省政策の継続を公然と主張するのである。(7)

結局、明治十三年二月の内閣改革に際して司法卿に欠員が出、大木前司法卿（内閣専任参議）が田中を後任に推したため、(8)三月に田中の司法卿転任が発令された。内閣が引責辞職・懲罰人事の誤解を避けた結果である。同時に、この改革は従来兼任制だった参議と各省卿を分離し、各省卿を省務の最高責任者に専念させるものだった。内閣は寺島前文部卿（内閣専任参議）の後任に、教育令実施に責任を持ち、継続性を担保できる人材を求めた。すなわち、宮中の推す佐々木高行ではなく、気乗りしていなかった河野敏鎌を選定し、伊藤が説得にあたった。(9)河野は明治二年以来、待詔局・弾正台・大蔵省・司法省に出仕して欧州調査を経験、八年に元老院に転任し、十一年三月から十二年二月まで法制局副長官を兼任した。職歴の示す通り、河野は欧米法の知識に富み、法律整備・施行の実務に携わってきた。教育令には多くの欧米法が援用されていたため、その目的と方法を精確に理解・発信・実施していくには、欧米法に精通した文部卿が必要であった。省内では明治五年以来勤続する九鬼隆一文部大書記官を文部少輔に昇格させ、省務の統轄を担当させた。教育事務未経験の河野は、在任期間を通じて九鬼の政策立案を頼りにすることとなる。(10)

九鬼は河野文部卿就任間もない三月六日、京都府知事槇村正直と面会の際、学校教育と政治運動の融解に触れて

「只今之教育令ニ而ハ地方官ヨリ防禦ハ難相成、乍尓（爾）教育令御改正ニ相成ニモいづれ両三ヶ月之時日ハ費ヘ可申候間、夫迠之処、地方官ニ而いか様にしてなり共、右様之弊害を防ぎ候様致し度」と、早くも教育令改正を予告した。(11) 教育令には地方官の監督基準が示されず、地方官たちの困惑を醸していたため、(12) 早急に監督基準を作る必要があったのである。また、九鬼は普通教育のみならず職業教育に対する関心も強く、明治十年には現行の普通教育と職業との距離がとくに貧困家庭の子どもの就学を困難にしているとして「実益ヲ与フベキ授業ノ方法」、人民それぞれが「自己ノ職業ヲ開達シテ幸福ヲ得ルノ道」を得る教育が必要と田中に進言し、(13) 十一年にパリ万国博覧会へ派遣されると、教育部門で最高点を記録したフランスについて「職業学校ハ驚ク可キ隆盛ニ有之」と報告してその重要性を訴えた。(14) 田中は財政逼迫を考慮して普通教育の普及を最優先課題としたが、九鬼は普通教育と職業との関係構築や職業教育にも徐々に対応していこうとした。河野としても大隈重信が勧業推進を説くなかで、こうした職業への対応は必要であった。普通教育と職業教育の両立は、奇しくも「教学聖旨」の目的と一致しており、後述するように文部省の政策方針が宮中の信用を得ることにつながる。

（二）　三新法接合方法の見直し――教育令改正の論理

文部省は河野の地方巡視を経て本格的に教育令改正に着手する。(15) 主要な改正点は三種に大別でき、第一は教育令の三新法との接合規定の修正（「干渉主義」）、第二は現実に即した許容範囲の明記（実施状況の考慮）、第三は職業教育政策の準備であった。

第一の改正点は、「自由教育」の誤解を払拭するもので、三新法と整合性を保ちながら、私立学校の義務規定を明治十一年の文部省原案（「日本教育令草案」）の状態に引き戻したことである。私立学校の設置は府知事県令の認可を必要とし（第二十一条）、各府県は師範学校設置の義務を負う（第三十三条）。私立小学校教員にも師範学校卒業証書取得を義務づける（第三十八条）。関連して「品行不正ナルモノハ教員タル事ヲ得ズ」（第三十七条）とする。いずれも「日本教育令草案」にあった義務規定を復活させたものである。次に、小学校設置は普通教育を実施・維持できることを条件とする。教育令第三条に「小学校ハ普通ノ教育ヲ児童ニ授クル所ニシテ、其学科ヲ読書習字算術地理歴史修身等ノ初歩トス」とある以上、これを備えないものは「小学ニアラザルナリ、普通教育ニアラザルナリ」とする。第九条の「毎町村或ハ数町村聯合シテ小学校ヲ設置スベシ」も改め、小学校を「学齢児童ヲ教育スルニ足ルベキ」区域に設置すると明記する。政策方針を変えるわけではなく、精確に伝えるための修正である。そして、学務委員薦挙の複数候補・地方官選定制を採る（第十一条）。公選は「町村自治ノ精神ニ出ヅル者ナレバ固ヨリ其彊界ヲ侵スベキニ非ズ。唯府知事県令ヲシテ其監督ノ権ヲ此際ニ実行セシメンヲ要ス」とし、三新法の精神に配慮しながらも、学務委員を教育事務の理事者として選任する。最後に、地方官は文部卿の頒布する教則綱領に基づき「土地ノ情況ヲ量リテ」教則を編制する（第二十三条）。教育令の主旨を誤解する教則制定を抑え、地方官に監督の指針を与える。以上、あらゆる面で小学校普通教育のための科目・学区・学務委員人事を地方に要求する改正を行い、三新法と齟齬しないよう配慮しつつ、三新法本位ではなく文部省原案本位に編制し直したのである。

第二の改正点は、教育令実施に伴う各府県からの報告や地方学事巡視をもとに、財政難・人材難等の事情でただちに普通教育を実施し難い地域に対して、文部卿・地方官の認可を条件に、但書において許容範囲を明記したことである。たとえば、揃えるべき普通学科目のうち、「但已ムヲ得ザル場合ニ於テハ、読書習字算術地理歴史修身ノ中、地理歴史ヲ減ズル事ヲ得」（第三条）として、地理歴史の削減を認めた。地理歴史は普通教育上重要な「正則」の科目だが、「山間僻地等ニハ止ムヲ得ズ格別ニ置カザルベカラザルノ情状アルニヨリ」、「変則」として「此但書ヲ加フ」としたのである（河野の説明）(16)。また、府知事県令の制定する教則も「但府知事県令施行スル所ノ教則ニ準拠シ難キ場合アリテ、之ヲ増減セントトシ、府知事県令之ヲ許可セントスルトキハ、其意見ヲ付シテ文部卿ノ認可ヲ経ベシ」（第二十三条）とした。そして、小学校の教員免状についても「但本文師範学校ノ卒業証書ヲ有セズト雖モ、府知事県令ヨリ教員免許状ヲ得タルモノハ、其府県ニ於テ教員タルモ妨ゲナシ」（第三十八条）とした。教育令の正則を維持しつつ、但書を加えて官庁の許可を条件に現実的な許容範囲を明記することで、一連の条文の空文化を回避したのである。

第三の改正点は、職業教育を文部省の教育事務の範疇に位置づけようとしたことである。河野は「普通教育ノ衰頽ヲ挽回スル事焦眉ノ急ニ属スルヲ以テ、今回ノ改正ハ専ラ小学ニ係ルノ事ヲ主ト」するとしつつも、「高等諸学校」の「制規ヲ立ル」ことを今後の課題として認め、第二・八・五十一条に「職工学校」の規定を追加した。元老院審議では、さらに「農学校商学校」の追加動議がなされた。これには九鬼も賛成し、可決・追加された。[17]

以上のように、河野の改正措置は「日本教育令草案」の目的と方法に即して三新法との接合の仕方を見直す点に特徴があった。そして、法令の施行に際し、その空文化を避けるため、官庁の許可権に基づく許容範囲を但書で明文化し、今後政策展開を予定する職業教育にも若干の条文を追加した。河野は伊藤の期待通り、従来の文部省の政策方針を精確に継受して教育令改正に反映させ、その政策方針を「干渉主義」として政府内外に発信したのである。

（三）　河野の「地方演説事件」

しかし、省内官員は、河野が省内人事において自由民権運動に関わる嚶鳴社員を登用したことで、不信感を募らせていく。加えて、河野が地方演説の際に欧米を礼賛し「孔孟の道は迂遠なり」と発言したとの噂が流れ、九鬼ら省内官員は河野が「嚶鳴社等ノ民権家ヲ旗本勢トシテ正路家ヲ圧ス」る非常事態と岩倉具視右大臣に猛抗議し、河野退任を要求した。[18] 河野は文部省方針を破壊するような演説を行ったのだろうか。河野の演説記録から抜粋して要点を示す（番号湯川）。[19]

①修身学ト云フトキ、人常ニ論孟ト称セリ。故ニ各校ニモ往々之レヲ教科書ニ充テシ所モアリシカド、如何セン

論孟ハ良書ナレドモ治国之要ヲ説ケル者十ノ七ニ位シ、政事学ニ属スル部分多ク、純然タル修身書ニアラズ。且所説高尚ニシテ普通小学等ノ教科書ニ適応ノ者ニアラズ。（中略）②泰西ノ修身ハ新旧約全書等ニ根帯セル一種宗派ノ者ニシテ、亦適応ノモノトナス可カラズ。③本邦ハ素ヨリ其書ニ乏シ。然バ則各種ノ本ニ就キ其小学等ニ適スル者ヲ採択シテ購求スルノ外ナカル可シト雖モ、（中略）殆ド其書ニ迷惑スレバ、文部省ニ於テ之レガ編輯ヲ負担スベシト思惟セリ。

①に曰く、日本で修身書とされている論語・孟子などは、政治学に属するものが多く、高尚で小学校の教科書には採用しがたい。②に曰く、欧米の修身書も新旧約聖書に根ざした宗教的色彩を持つため、同じく採用しがたい。③に曰く、適当の教科書を採択する必要があり、見当たらなければ文部省で編輯する。これらは西村茂樹文部大書記官による演説と同内容で[20]、省内の方針に即した演説だったことがわかる。内閣は省内不和を解消すべく人事異動を急いだが、明治天皇は河野の政策方針を何度も聞いて「信用」しており、佐々木高行を介して演説の趣旨を確認した。河野は佐々木に演説通り伝え、「忠孝」を培うためには生徒にとって「極メテ解シ易キ様ニ」するべきであり、儒教のうち「英傑等ノ事蹟ハ教エザル」方がよく、儒教の経典をそのまま教育に充てるような「頑固」な方法では「文部省ト余程相戻ル」と回答し、佐々木は「全ク御趣意ニ違ヒタル事ナシ」と明治天皇に報告した。明治天皇も、この状況でなぜ内閣が人事異動を急ぐのか「都テ不相分」と困惑し、「其儘ニ差置」けばいいとした[21]。

結局、内閣は明治十四年四月の農商務省設置を機に河野の農商務卿転任を発令した。宮中は文部省の政策方針に理解を示していたが、内閣は九鬼ら省内の意見を容れざるを得ず、文部卿の後任には福岡孝弟を選定した。従来の研究は福岡を文部省政策を糾弾する宮中の尖兵の如くみなしてきたが、福岡は漢学と欧米法の双方に精通し、文部・司法両省の実務経験を持ち、現職の元老院議官として現行法を理解する人材だった。福岡は省内と調和を図り、省外へ従来の政策方針を精確に発信していく。

第二節　教育事務の「国家」化

(一) 福岡の政治対処──ドイツ政治学と「儒教主義」

明治十四年(一八八一年)四月に福岡孝弟が文部卿に就任し、省内の統轄は引き続き九鬼が担った。福岡は改正教育令実施のため、「小学校教員心得」に普通教育・就業・「尊皇愛国」を掲げ(六月)、師範学校教則大綱に「農工商業」の科目を加え(八月)、地方官へ同令の趣旨を演述した(十二月)。しかし、この間に明治十四年政変があり、改正教育令の実施は容易ではなかった。国会開設運動の興隆、大隈および河野ら大隈派少壮官僚の一斉下野は政府各機関に衝撃を与え、十月の国会開設の詔により十年後の国会開設が公約された。注目したいのは、こうした動向を受けて政府内外で西欧自由主義思想に危機感を抱く漢学復権運動が過熱したことである。政府内部では十一月頃から漢学復権強硬派(「頑固党」)[22]が文部省批判を展開し、福岡に対して九鬼・加藤弘之(東大綜理)の罷免と〝西欧化〟政策の放棄、儒教の経典による教育を強く迫るようになった。一方で、宮中も独自に『幼学綱要』の編纂を進めていた(明治十五年十二月三日頒賜)。福岡は漢学復権運動と『幼学綱要』編纂という省外の動きをどう受けとめていたのだろうか。以下、福岡の認識と活動を明らかにする。

明治十四年十一月十八日、漢学復権を説く海江田信義元老院議官は福岡を訪ね、加藤の罷免を要求したが、福岡は「不同意」とし、佐々木高行・松方正義も福岡に賛同した。福岡は内閣の三大臣、および大木・伊藤・山田顕義にも掛け合い、同意を取り付けた[23]。河野の地方演説事件を想起すれば、内閣諸員と意思を共有することは重要であった。十二月二十四日、『幼学綱要』上梓が近いことを知った福岡は伊藤に宛て、「御手許より教科書タルベキもの御内ニ出居候事承リ候而ハ関係不容易」、「叡慮をも奉伺候而相定メ候小学校教則ノ程度ニ適セざる教科書を御手許より被為出候様ニてハ、何とも申上様も無之次第ニ奉存候」と文部省の政策方針と齟齬する教科書が頒賜されることを強く危惧した。[24] 同月二十九日、福岡は佐々木に宛て「内密勅撰ノ教科書」が出される件で、「今ヨリ右大臣へ行カントス」と報じ、教育は「高天ヶ原ニテハ制セラレズ、洋ヲ以テ洋ヲ制ス」るべきであると意思を明確にした。[25] 以後、『幼学綱要』編纂者の元田永孚と協議を重ねていくことになる。同日、福岡は岩倉に会い、佐々木への伝達内容を反復したうえで「洋学中ノ独乙政治書等ニ就キ、我国体政治ニ近キ精妙ノ論アルモノヲ反訳シ、之ヲ伝播セシメントス」と伝えた（後日、三条にも伝達）。[26] 福岡は漢学復権強硬派の議論を退けるとともに、宮中が文部省政策方針と背馳する方法をとることを懸念し、「洋ヲ以テ洋ヲ制ス」る立場を明確にした。ドイツ政治学の導入は、加藤弘之の助力によるものとみられ、その導入にも文部省の政策方針に即した取捨選択が働く。象徴的なのは、明治十五年一月、河島醇（大蔵権大書記官兼外務権大書記官・参事院員外議官補）の建議に対する福岡の回答である。河島はローレンツ・フォン・シュタイン（Lorenz von Stein）の言を引いて自国の学問を重んずることを主張したが、漢学復権強硬派の意見を補強してしまうため、福岡は真っ向から批判を加え、建議の主旨を否定した。[27] 従来の政策方針を精確に体現し得る、ドイツ政治学の活用法が必要とされたのである。

明治十五年二月二十日、福岡は伊藤に宛て、次のように伝えた。[28]「文部省ニ対シ外部ノ刺衝甚ダ劇シ」。文部省を批判する「近眼者」は「従来学制ノ宜シカラザ〔ル〕ヲ摘ミ、固有学ヲ復スベキヲ旨トシ、文部ヲ敵視」し、九鬼・加藤の罷免を求めている。しかし、自分と九鬼・加藤は「既ニ所見ヲ同クシ、倶ニ改良ヲ謀リ、殊ニ勉励従事」しており、罷免などあり得ない。たとえ文部省廃止となっても「教育ノ大体ニ於テ行フベキモノヲシテ行フ」のだ、と。福岡は強い危機感のもとで省内の九鬼・加藤と連携し、宮中側の元田・佐々木、内閣の伊藤らにも働きかけて、〈和を以て洋を制する〉のではなく〉「洋ヲ以テ洋ヲ制ス」ることで、政策方針の継続性を保とうとしていた。

このように、文部省は自らの政策方針について、一方では小学校教育を自由放任に帰そうとする西欧自由主義思想と距離があることを意識し、他方では単に漢学をそのまま教育に用いようとする復古主義思想とも距離があることを意識していた。この基本的態度を示したのが、福岡の「儒教主義」であり、欧米の道徳教育の方法論に適合する要素を儒教より部分採用することであった。その要点は以下の通りである。第一に小学修身科は「専ラ道徳ヲ主トシテ」儒教の主旨を採るが、儒教より用いるのは「和漢ノ嘉言善行」に限定する（福岡口述書）[29]。第二に修身教科書は「教育上ノ適否如何」を文部省・地方官で「精査」し、「小学修身書編纂方大意」に準拠して選択する（福岡演述書）[30]。すなわち、儒教に主旨を採りながらも、高尚な学問や「理論的ノ言ヲ避」けて、教育に適合する教科書を編纂しなければならない（地方官宛通牒）[31]。

福岡は河野在任中の政策方針を維持し、儒教を学問（政治学）には採用せず、教育についても主旨は儒教にとるものの、欧米の道徳教育の方法論に適合する「和漢ノ嘉言善行」を採用し、それを「儒教主義」として発信した。これは、いわば〈和を以て和を制する〉対処法といえよう。そのため、漢学復権強硬派は福岡が「儒教主義」を発信すると、翌十六年四月に連名で「学制更革議」を建議し、改めて文部省批判を展開することとなる[32]。そして、福岡は政治的混乱のなかで文部省政策方針を継続させるため、ドイツ政治学を用いた教育事務の理論化に努めていくのである。

(二)『国家生理学』の編纂

明治十五年十一月、文部省は省内で翻訳・編輯を進めていた『国家生理学』第一巻（フランツ原著）を刊行した。原著は浩瀚なドイツ政治学書だが、文部省はその重要な部分のみを抄訳して第一巻として刊行しており、抄訳部分に文部省の意図が凝縮されている。以下、同書の要点を示す。

①公正な統治権（行政権）の確立　元来統治権の濫用を阻止するために考案された立法権の強化は、「自由」を追求する「立法権ノ濫用」を招き、「専制政府」に代わる「専制立法院」を生み出しており、人民は「自治」を放擲して

政府に任せ、代議者の立法を以て「完全ノ業」の如く思惟している（二九—三〇頁）。これに対して「政治学ノ最大要務ハ、政府ノ勢ヲ強クシ、而シテ其レヲシテ横恣ニ陥リ若クハ委靡振ハザルガ如キ事勿カラシムルニ在リ」。ゆえに統治権は「必ズ賢者ニ信任」し、なおかつ「横恣ヲ防グヲ主トス」（一三—一五頁）。統治権の行使による「国家ノ開達」は現実から理想に向かうことを常とし（九頁）、立法による安易な理想追求は旧制破壊による「国力削弱」を招くため、旧制との連続性を保持しつつ新制を展開する「接続主義」を重視する（一三三—一四一頁）。

②政治対立から自立するための「職業主義」・自治制　中古の「封建制度」は人民の「自由」を奪って土地への「服事」を強いる主義で、「自由主義」はこの束縛を個人の精神的独立によって「消滅」させる主義である。自由主義は無秩序を生むため、往々自由主義に反発して復古主義が興るが、政府が取るべき道は復古主義でもなく、「自由」に「共同」の秩序を与える「自治」制の実現である。すなわち、地縁的共同団体（「郷党」）と職業的共同団体（「組合」）による「自治」を両輪とし、職業的自治の実現（「職業主義」）によって自由主義を制する。両自治の「事務ト権限トハ大ニ其区域ヲ広メ」、比例して政府の事務は「其区域ヲ縮ムベシ」（一五五—二一二頁）。

③公教育の重要性　各国とも行政機関を整備しているが「国民ヲ養成スルノ手段ニ至リテハ甚ダ乏シク、則チ国民ハ国家ノ為メ修学セズシテ、偏ニ我ガ私ノ為メニスルノミ」。人民が「百事私利」を尽くせば、「国ト人トヲ合ハセテ共ニ均シク衰運ニ陥ラザルヲ得ザルナリ」（五九頁）。

ここでいう「国家」は政府と同義ではなく、官民すべての行為を含んだ現象の集合体「国家生理」を指し、①の行政権確立・「接続主義」、②の地縁的・職業的自治制の両輪、③の公教育の整備は、いずれも改正教育令の目指す内容と一致している。福岡は翌十六年にも職業教育の重要性を説く『行政学』教育篇（シュタイン原著）の翻訳を渡辺廉吉に依頼し[33]、文部省編輯局の校閲に付した（十七年刊行）。以後、教育事務はドイツ政治学の「国家」の概念で体系化されることとなる。

（三）　文部省政策の継続性――学区関連法の整備から

福岡は教育事務の継続性を保障するため、河野の仕事を一歩すすめて、教育令と三新法の接合部分に新たな法律を二つ付け加えていく。まず、河野は明治十四年一月二十九日の文部省第一号達で「小学校ヲ設置スベキ独立町村若クハ聯合町村ヲ以テ学区トス」（第一条）と「学区」の呼称を復活させ、同第二条に「学区」の条件を具体的に示した。

第一項　学区ノ境界ハ一町村ノ境界若クハ数町村聯合ノ境界ト符合スルヲ要ス

第二項　学区ハ其区内学齢児童ノ学校ニ往来スルニ不便ナキヲ要ス

第三項　学区ハ小学校ヲ設立支持スルニ足ルヲ要ス

第一項は三新法に配慮し、第二項・第三項は教育令の目的を明示しているが、福岡は第一項と第二・三項が両立しないケースに対処するため、以下の二法を整備した。

第一に、学区会規程（明治十四年太政官第三十八号布告、文部省第二十七号達）である。第三十八号布告は「教育令第九条小学校設置ノ区域町村ノ境界ニ仍リ難キ事情アルトキハ、別ニ区域ヲ画スルヲ得ベシ。（中略）但本文ノ区域内ニ於テ会議ヲ要スルトキハ、区町村会法第八条ニ準拠スベシ」とする。これは教育令第九条の「学齢児童ヲ教育スルニ足ルベキ」区域、つまり文部省第一号達の第二・三項の規定を補強している。学区が町村単位から外れる場合、町村会を編制できない問題が生ずるが、「区町村会法第八条ニ準拠」とフォローする。第八条は水利土功に関して例外的に町村境界に依らない「町村ノ集会」を認める規定で、当然だが区町村会法制定時に第八条を学区会に活用することは全く想定されていない[34]。福岡は教育事務の目的に即して、区町村会法に新たな解釈を施したのである。なお、学区を教育令第九条の目的に適合させるために、学区域の拡張も推進する。福岡は「従前［学制――湯川註］ノ如ク人口六百ヲ以テ一小学区トナスノ制ヲ因襲セズ」（『文部省第九年報』）、「生徒ノ通学学校ノ管理等ニ不便ナキヲ度トシ、務メテ区域ヲ広大ナラシムルヲ以テ、寧ロ計画ノ得タルモノト為スベキナリ」（『文部省第十年報』）と学区拡張を歓迎する。

第二に、聯区学務委員制（明治十五年太政官第五十六号布告、文部省第十三号達）である。第五十六号布告は「小学校設置区域ノ外、数町村聯合シテ中学校等ヲ設置スルトキハ、特ニ其区域ニ学務委員ヲ置キ、学務ヲ幹理セシムルコトヲ得」とし、但書には教育令第十二条に準拠すると付されている。第十二条は「学務委員ハ府知事県令ノ監督ニ属シ、児童ノ就学、学校ノ設置保護等ノ事ヲ掌ルベシ」で、小学校に関する学務委員規定である。福岡は同法案を上申した際、学制における中学区・学区取締を「聯合区域ノ良習」と援用し、聯区学務委員の職掌として、中学校等の学事に加え「各小学区域ニ関スル学務ニ至テモ彼此相幇助」することを掲げた(35)。学事諮問会でも同趣旨が文部省から伝えられており(36)、精選された学務委員による各学区指導が期待されている。

以上のように、福岡は改正教育令の目的と方法を把握し、現行法の三新法・区町村会法や廃止法の学制をも適宜取捨して「接続主義」を体現し、教育事務の目的に即した法律を整備していった。文部省は政変を含む一連の政治的混乱をくぐり抜けて政策方針の継続性を保ち、その方針に即した主体的な三新法への対処法の整備、教育事務の体系化＝「国家」化に努め、明治十五年以降の本格的な政策展開の前提を整えたのだった。そして、こうした一連の方法論は、後任の大木喬任、さらに森有礼へと引き継がれていくことになる。

第三節　「国民教育」制度の追究——教育令再改正の意図

（一）文部省の人事再編と政策の継続性

明治十六年（一八八三年）十二月、前参事院議長・山県有朋の転任に伴い、福岡孝弟が参事院議長に、大木喬任が文部卿に就いた。また、翌十七年五月、前駐米特命全権公使・寺島宗則の転任に伴って九鬼がその後任に異動し、省内では九鬼に次ぐ地位にあった参事院員外議官補兼文部大書記官の辻新次が留任して、明治十八年の教育令再改正案の内閣委員を務めることとなる。さらに同月、伊藤の期待を受けて森有礼が参事院議官（内務部担当）兼文部省御用掛に就任した。森は「日本教育令草案」の構想を高く評価しており[37]、文部省の政策方針の継続性を保てる人材だった。教育令再改正の取調では、書記官の辻、卿の大木、議官の森の三名が中心となる。森・辻は法案審査機関・参事院の上下の職を兼任し、辻は内閣委員として元老院審議にも赴くため、大木は両者と連携して教育令再改正という一つの課題に対応していく。従来の研究では、依拠する史料が大木の教育令再改正案（明治十八年六月上申）と森の「教育令ニ付意見」（同年七月作成[38]）に限定され、両者の関係も不明だったが、以下では新たな史料を加えて三者関係を捉え、教育令再改正の過程を復元する。まず、三者の課題認識を検討する。

辻は文部省創設以来の同省官員で、「日本教育令草案」取調委員、教育令案内閣委員を務めて教育令制定に尽力し、改正教育令下では普通学務局長を務めて全国府県の学事担当者に応対した。その経験から、以後の意見にも継続性が生まれる。明治十五年の福岡宛地方巡視報告では、教授法の改良や教員・学務委員の法令理解など普通教育上の利害得失を伝え、併せて「小学卒業後ノ子弟ヲ処スルノ方法」や「農工学校ノ設置」など河野在任中の課題にも言及した[39]。明治十七年の大木宛地方巡視報告でも、普通教育・職業教育の改良と学務委員の改良、財政難への対応と、福岡在任中の課題を反覆する[40]。ただし、学務委員・財政難対策は差し迫っており、学務委員は「今之ヲ改良セザレバ、教育ノ好結果決テ不可期」とし、「米価低落不景気ニテ、中ニハ納税モ差支候モノ有之為メニ、町村協議費ニ差響ヲ起シ儘学資納兼ルモノ有之景況ニ候」とした。

辻の報告を受けた大木も、同様の観点に立つ。元老院議官向け演説のなかで「全体ハ今少シ完全之モノニ致度旨趣ニ而一月以来着手致居候得共、完備なさシメントスルニハ前後支障之場所等無之様、念ヲ入レざルヲ不得。然ル［二］地税節減之事も起リ候方ニ而、現教育令改案之運ニ至リ候義も申述置候」と[41]、「完全」な改正を目指しながら財政難への対応を先行させると述べた。

森も「教育令ニ付意見」のなかで、教育令改正には本来「小学ノ条例ト師範学校ノ条例」をはじめ各学校別の「条例」を作成し、相互関係を明確に示す必要があるが、当面差し迫っている再改正ではほぼ現行法を据え置き、財政難対策から学務委員制度の改正に留めるとする。三者の課題認識が一致をみるなかで、財政難対策・学務委員制度改正では三者が連携して進めていく。

四月九日に森が学事巡視に出発すると、十日に大木が「町村教育費ノ儀ニ付上申」を内閣に提出、学務委員給料旅費職務取扱費の廃止を打ち出す。森は十二日―二十四日にかけて地方官に学務委員諸費廃止を諮問した結果を大木に報告し、「学務委員ノ費用ハ決シテ廃スベカラザルモノニ可有之ト存候」と総括する。これを受けて大木は二十八日、森の報告書一式を添付した「町村教育費ノ儀ニ付更ニ上申」を提出、「目下地方巡回罷在候森御用掛ヨリ地方官陳述ノ次第等陸続申越候事情モ有之」、学務委員給料の廃止は「町村ノ学事上ニ取リテハ一大変更ニ係リ、之ニ伴フテ起ル所ノ利害モ亦鮮少ナラズ」として、前の上申書を撤回する(42)。以後、文部省では学務委員費用を廃止しない方法を模索し、六月九日に森が帰京すると、十一日に大木が教育令再改正案を内閣に提出、学務委員を廃止する代わりに郡単位に学事取締を置き、諸費は地方税支弁とする。再改正案の設計は、同案内閣委員の辻によるものとみられる。学事取締は福岡在任中の聯区学務委員制を引き継ぐもので、典拠には同じく学区取締が挙げられている。町村協議費の削減と学務委員諸費の維持を両立させるため、地方税支弁による学事取締案に行き着いたものといえる。しかし、六月二十六日に参事院の審理で学事取締が削除された。地方税支弁が問題視されたものと思われる。そこで森は七月に「教育令ニ付意見」を作成して内閣の閣議決定前に伊藤らを動かそうとした。森の提示した名誉職顧問制は参事院審議の決定に沿って地方税のかからない形を取りながらも、教育事務職を残す方法を模索したものである。しかし、これも内閣で容れられなかった。

以上のように、四月から七月にかけて、文部省は地方官の意見を受け、参事院の修正に対処しながら、一致して学務委員制度改正に取り組んだ。森が大木上申書の学務委員給料廃止を地方官に諮問し、森の報告を受けて大木が上申書を撤回したように、両者は密に連携していた。大木は教育事務職と経費を町村に頼らずに担保していく方法を求め、辻はこれに応えて聯区学務委員制を引き継いだ学事取締案を提起した。大木は再改正案を上申し、森も最後まで教育事務職を残す方法を模索した。なお、法文規定に失敗したことで、文部省は従来の方針が放棄されることを懸念し、学区制定権を持つ地方官に対して改めて学区広域化を指示した。そして、地方官も郡区長・聯合戸長役場管区に移管して継続させる方針を採り、文部省もこの方針を支持したのである(43)。

(二)　隠れた大改正の動き

改正教育令が「干渉主義」を掲げながらそれ以外の改正点を含んでいたように、再改正教育令にも財政難対策に留まらない改正点が存在する。先の大木・森の課題認識を想起すれば、近い将来に学校種別の教育事務の目的・方法を明確化していく大改正が控えていた。これに対応する改正点が第三条改正である。参考のため、改正・再改正教育令の第三条を並記する（傍線湯川）。

「改正教育令」第三条　小学校ハ普通ノ教育ヲ児童ニ授クル所ニシテ、其学科ヲ修身読書習字算術地理歴史等ノ初歩トス。土地ノ情況ニ随ヒテ罫画唱歌体操等ヲ加ヘ又物理生理博物等ノ大意ヲ加フ。殊ニ女子ノ為ニハ裁縫等ノ科ヲ設クベシ。但已ムヲ得ザル場合ニ於テハ、修身読書習字算術地理歴史ノ中、地理歴史ヲ減ズルコトヲ得。

「再改正教育令」第三条　小学校及小学教場ハ児童ニ普通ノ教育ヲ施ス所トス。

改正教育令が「普通教育」の学科目を詳細に掲げているのに対し、再改正教育令は学科目を全て削除している。大木によれば、これは「国民教育」の制度化のためだという。大木は元老院議官向け演説のなかで、現行第三条について、「国民教育之目的」に照らして「現教育令ノ但書並ニ初等〔歩〕等ノ文字不穏当之事」とする。(44) 小学校の「普通教育」は学問の「初歩」を教えることが主たる目的ではないからである。また、大木はドイツを例に「歴史地理ノ欠ク不可ザル」ことを主張し、改正教育令で随意に増減できる科目となっていることを問題視した。さらに、再改正案の改正理由書では、普通教育には「一般ニ必施スベキ尋常ノ小学科」だけでなく、「諸職業ノ状況ニ応ゼル特殊ノ小学科」も必要であるとし、第三条に「一定ノ科目ヲ掲ゲテ云々シタルハ、実施上頗ル支障アルヲ免レズ」というのであった。大木は普通教育と職業教育を合わせて「国民教育」とし、その制度化のために第三条改正を用意したのである。これに付随して、改正教育令においては種々の但書で表現されていた普通教育機関の最低線を合わせて「小学教場」とし、小学教場は「体裁ノ具ハラザルモノヲ待」つ許容規定であるとした。新規の発想に見える「小学教場」も、実質的には改正教育令の延長線上にあり、その設置も「府知事県令ノ指示ニ従ヒ」と、改正教育令と同様に地方官監督権が明記されていた。

以上のように、第三条改正は現象としては法文が簡略化されただけだが、文部省にとっては今後の大改正に向けた必要な措置であった。教育令再改正に並行して省内では教則綱領案の取調を進め、「小学校及小学教場教則綱領」案(45)が纏められた。同案は、共通課程として修身・読書・算術を規定し、職業別課程を明示する普通小学（第一種・第二種）・農業小学・商業小学・工業小学・高等小学の六種制を採用する。また、第一種普通小学を除く五種ではすべて歴史・地理を教授する規定となっている。教育令第三条改正は教則綱領審議のフリーハンドを確保するものであったといえよう。大木在任中には同案は成立しなかったが、後任の森有礼が教育事務を「国家」との関係で積極的に説き、現実に即する「経済」主義を高唱して広域学区制を整えようとしたことを鑑みれば、文部省が大木在任中に従来の政策方針を保って将来の改正への準備を整え、教育令下の蓄積を森有礼の改正事業に引き継いだ意味は大きいといえる。

おわりに

明治十年代の文部省政策は、先行研究で強調されてきたように政治的混乱のなかにあったが、本章で明らかにしたように、文部省はその混乱に翻弄されたのではなく、教育令以来の政策方針の一貫性・継続性を保持し続け、そのために主体的な教育事務の再編を行っていた。

明治十二年の教育令は普通教育の普及・定着を最優先課題としたが、町村自治を掲げる三新法との接合において齟齬をきたし、民間・宮中から「自由教育令」の誤解を受ける事態に立ち至った。これに対して、内閣は文部省政策を支持し、田中不二麿の辞表を押しとどめる一方、明治十三年二月の内閣改革に伴って田中を司法卿に任じ、河野敏鎌を文部卿に据えたのである。

河野は省務経験の長い文部少輔の九鬼隆一と連携して、「干渉主義」の名の下に教育令と三新法の接合問題に対処し、私立学校の義務規定の復活や学区・学務委員規定の見直しを図るとともに、教育令の空文化を避ける但書を追加し、さらに職業教育の重視を方針に掲げて、宮中の信用を得た。これらの改正は職業教育を除き、教育令の文部省原案「日本教育令草案」に盛り込まれていたものであり、元来、文部省が教育令で目指した普通教育の普及・定着の方針を再確認するものであったといえる。文部省は教育事務の実効を追究するためにその構想を堅持し、施行上の改良に努めていた。その後、河野は「地方演説事件」により退陣するが、以後も文部省の政策方針は保たれていた。後任の福岡孝弟は普通教育の普及・定着のため、学区関連法を整備して三新法と齟齬しない教育事務の方法を補完するとともに、明治十四年政変以後の深刻な政治的混乱の最中、内閣・宮中の理解を得ながら、文部省政策方針に外れる「自由教育」論や漢学復権強硬派の主張と巧みに距離を取って政策方針を守り、そのなかで「儒教主義」を主唱し、ドイツ政治学を用いた教育事務の体系化――「国家」化――を目指したのである。

この路線は、後任の文部卿・大木喬任にも引き継がれた。大木は、深刻な財政難に対して従来の政策をさらに纏めて「国民教育」の制度化を図る立場を取り、森有礼、辻新次と連携しながら教育令再改正案を取り纏めた。具体的には、改正教育令の種々の但書で表現されていた普通教育機関の最低線を合わせて小学教場に制度化するとともに、学務委員制度の改正と将来的な大改正の準備に着手した。すなわち、学務委員制度の改正は学事取締規定に表現されて、同規定削除後の広域学区事務の継続方針につながり、第三条改正による教則綱領のフリーハンド確保は、将来の大改正の布石となったのである。

以上のように、明治十年代において、文部省は内閣の後援と宮中の理解を得ながら、政治的混乱のなかで自らの政策方針を貫徹させ、教育事務の継続的展開を支えた。頻繁な文部卿の交代とその都度行われる〝主義〟の発信、法令改正、そして政治的混乱のために、一見すると文部省政策は変転しているかのようだが、実際には教育事務の構想とその実効性追究の方針に変わりはなく、その継続的展開のなかで教育事務の「国家」化や普通教育・職業教育を柱とする「国民教育」の制度化が図られ、それは次の森文部大臣に引き継がれることとなったのである。

註

(1) 土屋忠雄『明治前期教育政策史の研究』講談社、一九六二年。倉澤剛『教育令の研究』講談社、一九七五年。

(2) 金子照基『明治前期教育行政史研究』風間書房、一九六七年。井上久雄『近代日本教育法の成立』風間書房、一九六九年。

(3) 佐藤秀夫「教育史研究の検証」（藤田英典他編『教育史像の再構築』世織書房、一九九七年）、同「学校観の成立」「天皇制公教育の形成史序説」（『教育の文化史』第一巻、阿吽社、二〇〇四年）。

(4) 瀧井一博『ドイツ国家学と明治国制』ミネルヴァ書房、一九九九年。

(5) 辻新次文部権大書記官は、人民の政策理解について「人々固其ノ真理ヲ知リテ然セル者ニ非ズ」、「其ノ方法モ亦一トシテ未経歴セシ者アラズ」とし、人民の理解不足による「将来ノ反動」を警戒した（「我ガ教育ハ外国人ニ賞セラル、ト聞ク」『教育新誌』第二十八号、一八七八年）。

（6）明治十二年九月十一日、岩倉具視宛伊藤博文書翰（国立国会図書館憲政資料室所蔵「岩倉具視関係文書」〈対岳文庫〉一七―五五―（五八））。

（7）明治十二年九月、伊藤博文「教育議」（国立国会図書館憲政資料室所蔵「元田永孚関係文書」書類の部一一〇―六）。

（8）東京大学史料編纂所編『保古飛呂比』第九巻、東京大学出版会、一九七七年、八六頁。

（9）同右、八六―八七頁。

（10）河野は農商務卿転任の際、九鬼を訪ね、教育事務については「兄が被居候事故、別段新卿へ引継と申程の事も無之、表面引継之式丈」と引き継ぎ不要とした（明治十四年四月七日、伊藤博文宛九鬼隆一書翰、伊藤博文関係文書研究会編『伊藤博文関係文書』第四巻、塙書房、一九七六年、三三二頁）。

（11）明治十三年三月七日、岩倉具視宛槇村正直書翰（前掲「岩倉具視関係文書」〈対岳文庫〉一七―五六―（六））。

（12）たとえば、明治十三年十月十四日、宮城県令松平正直は文部卿河野敏鎌に対して次のように伺っている（宮城県公文書館所蔵「明治十三年官省上申綴 学務課」所収）。

教育令ヲ案ズルニ、全国ノ教育事務ハ一ニ皆文部卿ノ監督内ニ属シ、別ニ地方官之責任ヲ示セル明文之レナキヲ以テ、一方ヨリ論下シ来レバ、地方官ノ責任タル、学務委員ノ監督、公私立学校ノ設置廃止ノ認可、及ビ補助金ヲ配附シ、年報ヲ調製スル等ニ止ルガ如シ。故ニ学務官吏ヲ派遣シテ管下ノ各学校ヲ監視シ、其父兄ヲ鼓舞奨励セシメ、教育ノ普及ヲ計ラントスルモ、或ハ人民ニ於テ教育ハ文部卿ノ監督内ニ属シ、地方官ノ監督外ニアリト云ヲ以テ之レヲ拒マントスルモ亦タ測ル可ラザル義ニ有之、万一期〔斯〕ル場合ニ際シ候節ハ、教育令中地方官ノ権限ヲ示セル明文之レナキニ付キ、処分方判明難致（後略）。

松平は、教育令に地方官の教育事務監督権に関する具体的規定が欠如していることから、従来地方官の職責としてきた学校の「監視」、父兄への「鼓舞奨励」といった教育「普及」策が困難になる恐れがあると捉えていた。なお、如上の事情から地方官監督権の「明示」を求める松平に対して、河野文部卿は十一月十三日に「僚属ヲ派遣シテ学校ヲ監視セシメ、教育ノ普及ヲ計ルガ如キハ、地方官ノ責任タル、勿論ノ儀ト可心得事」と指令し、地方官監督権を認めている。

（13）明治十年、田中不二麿宛九鬼隆一上申書（『文部省第四年報』附録）。

(14) 明治十一年七月二十五日、九鬼隆一報告書（『教育雑誌』第七十九号、佐藤秀夫編『明治前期文部省刊行誌集成』第八巻、歴史文献、一九八一年、二八三頁）。
(15) 明治十三年十二月九日、教育令改正案（国立公文書館所蔵「公文録」明治十三年・第三十八巻・明治十三年九月―十二月・文部省（九月・十月・十一月・十二月））。以下の史料引用はこれによる。
(16) 明治法制経済史研究所編『元老院会議筆記』前期・第九巻、元老院会議筆記刊行会、一九六五年、七七六頁。
(17) 同右、八〇九―八一〇頁。
(18) 前掲『保古飛呂比』第十巻、一九七八年、一五三頁。
(19) 明治十三年河野敏鎌文部卿演説書（県立教育研究所「教育令と静岡県の教育②」『静岡県教育広報』第二百二十一号、一九六七年、全文翻刻より引用）。
(20) 明治十三年四月、西村茂樹「修身ノ教授法ヲ論ズ」（『教育雑誌』第百二十三号、前掲『明治前期文部省刊行誌集成』第九巻、一〇五―一〇七頁）。
(21) 前掲『保古飛呂比』第十巻、一二三―一二六頁、一四六頁、一四九頁。なお、明治天皇が従来の文部省政策方針に承認を与えていたことは、明治十四年二月二十一日の福岡孝弟への勅諭において「文部省学制諸般ノ規則ヲ熟覧」し寺島文部卿のときと変わるところなく「朕ガ異存ヲ措ク所ナシ」としていることから明らかである（三条家旧蔵史料、教学局編『教育に関する勅語渙発五十年記念資料展覧図録』内閣印刷局、一九四一年、一六―一七頁）。天皇の文部省に対する要求は、教育法令について「十分ニ実際ノ施行ヲ遂グル」こと、時日を要する事業であるため文部卿交代に左右されることなく、従来の「旨趣」を「一貫」「徹底」させる「覚悟」を持つこと、「従来欧米ニ偏ゼシ学風」を改めることである。文部省政策の否定ではなく、肯定のうえに継続・改良を図り、漸次実効を挙げることを求めていることがわかる。
(22) 前掲『保古飛呂比』第十一巻、一九七九年、二六頁。
(23) 同右、第十巻、五四〇頁。
(24) 明治十四年十二月二十四日、伊藤博文宛福岡孝弟書翰（国立国会図書館憲政資料室所蔵「伊藤博文関係文書」その一、書翰の部、七一―一）。
(25) 前掲『保古飛呂比』第十巻、五八〇頁。
(26) 明治十四年、三条実美宛福岡孝弟口述書（国立国会図書館憲政資料室所蔵「三条家文書」五五―一八）。福岡が岩倉具視

に口述した内容を三条にも伝えた書類である。
(27) 明治十五年一月「学制改正ニツキ河島醇ノ建議及本建議ニツキ福岡文部卿九鬼隆一加藤弘之等ノ朱批」(東書文庫、一一〇―三―一)。
(28) 明治十五年二月二十日、伊藤博文宛福岡孝弟書翰(前掲「伊藤博文関係文書」その一、書翰の部七一―二)。
(29) 註(26)参照。
(30) 明治十四年十二月十七日「文部卿福岡孝弟演述扣」(国立公文書所館内閣文庫所蔵)。
(31) 明治十五年四月二十七日、各府県知事宛普通学務局長辻新次通牒(宮崎県文書センター所蔵「学事関係諸令達通牒」明治十六・十七年)。「小学修身書編纂方大意」が添付されている。
(32) 明治十六年四月、参事院議官海江田信義・土方久元・岩山敬義・水本成美・尾崎三良「学制更革議」(前掲「三条家文書」五五―一〇および宮内庁書陵部蔵版)。
(33) 瀧井前掲書、一二九頁。
(34) 明治十四年四月二十一日、福岡文部卿は太政官法制部に対して、区町村会法第八条を学区会の規程として解釈できるか質問したが、法制部は第八条には福岡の解釈を「包含セズ」と回答した(国立公文書館所蔵「法制局文書」、明治十四年「行政質問弁明録 府県会規則ノ部」所収)。
(35) 明治十五年六月二十四日、文部省伺(国立公文書館所蔵「公文類聚」第六編・明治十五年・第四十八巻・学政門一)。
(36) 『文部省示論』明治十五年、二四〇頁(国立教育研究所編刊『学事諮問会と文部省示論』一九七九年)。
(37) 国立国会図書館憲政資料室所蔵「森有礼文書」三三―一。
(38) 明治十八年六月、再改正教育令案(前掲「公文録」明治十八年・第八十九巻・明治十八年七月―十二月・文部省所収)および同年七月、森有礼「教育令ニ付意見」(前掲「森有礼文書」二三)。以下、両史料からの引用については註記を略す。
(39) 明治十五年五月、福岡孝弟宛辻新次学事巡視報告書(国立公文書館所蔵「公文別録」文部省・明治十五年―明治十八年・第一巻)。
(40) 明治十七年三月二十三日、大木喬任宛辻新次「岡山県下学事視察之儀ニ付内申」(国立国会図書館憲政資料室所蔵「辻新次関係文書」書類の部、四六六―一三)。
(41) 明治十八年七月二十四日、辻新次宛大木喬任書翰(前掲「辻新次関係文書」書翰の部、二二一)。

(42)　前掲「公文別録」文部省・明治十五年―十八年、第一巻所収。
(43)　たとえば広島県は「現今小学区域戸長数人ノ所轄ニ渉ルモノ甚多キノミナラズ、尚今後経済上ヨリシテハ大ニ学区ヲ合併シ、広キモノハ一郡内ヲ以テ一学区トスルノ見込」につき、区町村会法第十五条を活用して学区事務を郡長に移管し、教員俸給を左右する区町村会の決議・施行、小学校教員の手配も郡長に任せたいと伺い、文部省も「伺之通」と回答した（明治十八年八月二十八日広島県伺及び九月二十五日文部省指令、長瀬寛二編刊『改正教育令伺指令集』一八八五年、一七―二〇頁）。
(44)　註(41)参照。
(45)　国立国会図書館憲政資料室所蔵「大木喬任文書」書類の部、四七―二二。

第Ⅳ部のまとめ

立案の特性

第Ⅳ部では、第九章において三新法の立法過程について松田道之の地方官時代の地方制度構想に注目しつつ明らかにし、第十章において教育令の立法過程について田中不二麿の教育事務構想に注目しつつ明らかにした。

政府の立法において、起点となる主務省の立案は重要な位置を占めていたが、立案意図は中央公文書上には十分に示されないために、松田、田中の制度構想の解明にはどちらも地方公文書、私文書を活用した。立案責任者が限定されている明治初期において、立案内容はその責任者の知識や経験に左右されるため、相応の特性が認められる。彼らの立案からみえた特性についてまとめれば次の通りである。

松田道之の立案は、彼がもともと地方官であったことに由来して、中央法令の理想をくみ取り、それを府県内の実践とどう接続していくかという関心に支えられていた。滋賀県令時代の制度構想は、その骨格においては欧米式の公私法の二元的構造をもっていたが、府県の実践を前提にするがゆえに、それがただちに立案の全容となることはなく、公私法合体方式の採用が案出されていた。また、現実から理想への架橋を考えるがゆえに、人民の事務運営能力の育成を重視し、公正な事務手続きを習得させるための準備を求めていた。彼が自らの構想を「自治」という言葉で表現するに至った所以である。

田中不二麿は、松田とは知識と経験を異にする。岩倉使節団の文部省理事官として欧米諸国を巡察した田中にとって、教育事務構想の原資として欧米教育制度の知見が大きかったことは間違いないが、その田中においても、実際施行上の利害得失は重要な問題と認識され、日本国内の状況にあった欧米情報の取捨選択が彼の立案の特徴となっていた。同時に、立案者の目的意識の強さも松田と同様に窺えた。田中が最優先課題と位置づけていた「普通教育」の普及は、厳しい財政事情のなかでも一貫して追究され、それが教育令の基本的性格を規定していた。

以上のように、三新法、教育令では立案者の明治初期を通じた知識と経験が立案の意図、内容を強く規定していたことが明らかとなった。同時に、彼らの立案には、ともに人民の自主性に任せるという共通の特徴があり、その人民の担う領域については自由放任ではなく、「自治」として、あるいは「普通教育」として充たすべき事務の水準があったことも共通している。これは彼らが官だけの力では改革ができないことを自覚していたことを表している。彼らは主管事務に関してその目的と方法を明確にしながら、一方では官の役割を限定し、同時に民の役割を想定して、官民双方の事務の運営によって、全体として事務の実効性を追究しようとしていた。かかる制度構想の特性をここでは「官民共治」と呼ぶこととする。

「官民共治」の構想は、ある特定の事務について、官と民の担う事務が想定され、互いの関係が規定されており、それ自体がゴールというよりも、今後の改革方針を示している部分がある。彼ら立案責任者は、事務の目的においてはあくまで理想を示すことを重視しており、方法的次元において現実適合性を考慮した立案を行っていたといえる。

立法審査の特性

三新法、教育令はどちらも法制局の審査にかかり、元老院の審議を経て制定されたが、かかる立法審査過程が立法内容に及ぼした影響については、次のような共通点と相違点が認められる。

三新法の場合、法制局が法令の簡素化と地方行政の弾力的運用を目指していたために、松田の構想と法制局の構想が折衷された。その結果、三新法は一方では地域人民の公益を原理として官民権義の分離、成文法による公正な事務運営を志向しながら、他方では地域の公益とは無関係に全国的な必要性から生ずる行政の負担を合理化し、明文化されない地方行政の弾力的運用を志向するという、二面的な法的性格を与えられた。松田は内閣委員として三新法に整合的な法解釈を与えようとしたが、法制局は再修正を通じて地方行政の運営に必要な法規定を追加し、最後まで内務省―法制局間の調整は困難であった。

これに対して、教育令の場合、法制局が人材養成を優先させる立場から、田中の用意した「普通教育」関係規定を削除する案を示したが、田中は「普通教育」の重要性を主張し、欧米諸国の情報を駆使して立案の精神を示した。元老院でも修正委員を務めた田中は、議官たちの異論を退けつつ、法制局が削除していた「普通教育」に関する規定の復活、再整備を行った。ただ、法制局が先行する三新法との接合を念頭に教育令案に施した規定、すなわち学区や私立学校に関する諸規定はそのまま存置され、第十一章で検討したように、教育令改正の主要な動機の一つとなった。

両事例を踏まえると、法制局の審査には、法的整合性や主務省の便益を図るだけでなく、独自の制度改革意見が含まれており、それが三新法、教育令の内閣原案作成において大きな影響を及ぼしていたことがわかる。松田が法制局の説得に苦慮し、最後まで調整できずにいたように、法制局の制度構想は政府全体の状況を踏まえたものではあるものの、主務省の立法意図とかけ離れているために、調整不良の問題を生じていた。先行研究において、三新法、教育令の立法意図が把握しきれず、議論の的となってきたのは、かかる調整不良に原因があると考えられる。

ただ、教育令の場合のように、立案責任者が法制局、元老院の説得に成功した場合には、結果的に所期の立案意図が保持されることもあった。教育令の研究史上の問題はむしろ、立案の意図が明らかにされていなかったために、その意図を誤解したり、法制局修正を過大に評価したりした点にあったといえる。欧米教育制度情報を博捜した田中の立案意図は、法制局が初案において削除を考え、元老院では議論の焦点にならず、また宮中の誤解によって田中自身の辞表提出につながったように、政府内部でさえ専門的で難解であった。第十一章にみたように、教育事務の目的と方法について政府内外の理解を促すことは、教育令制定以後の重要課題となった。立案の専門性の高さが法制局、元老院の審査を通過する原動力になった反面、その施行時のネックになったことは、当時の立法の一側面を表しているといえよう。

一方で、法制局は法的整合性を求めて、教育令の規定のうち地方制度にかかわる部分を三新法の規定に合わせている。この合わせ方が機械的であり、地方教育事務の運営に適合していなかったため、教育令改正時に修正されている。法的整合性の追究も、一つ一つの法規定が事務の目的にかかわっているがために、容易ではなかった。法的整合性を損なわないように、法規定の仕方を見直していく努力は、むしろ主務省側において必要になっていたと考えられる。

結章　明治維新の展開構造

代表制議会によらない〝立法〟

明治二十六年（一八九三年）二月、第四帝国議会において、河野広中は内閣弾劾の上奏案を提出し、予算案をめぐる内閣の頑な姿勢に対して「国家ハ内閣大臣ノ私有デハゴザイマセヌ、今日ハ又専制政体ノ旧時デハゴザイマセヌ、須ク国家輿論ノアル所、公議ノ存スル所ニハ譲ッテ而シテ之ニ従ハヌケレバナラヌ」と述べた。「輿論」「公議」に反する「専制」政治とは、かつて政府要路が旧幕府に対して行った批判の再現であり、また議会権限の軽視に対する純粋な反発であった(1)。これに対する伊藤博文内閣総理大臣の反対演説(2)は次の通りであり、立法と事務の関係をよく表している。

行政ノ事ハ諸君ノ命令ノ下ニ悉ク服従スルト云フコトハ出来マセヌ、是ハ主権ニ直属シテ居ル所ノ事務デアリマスル。故ニ我々ガ内閣ノ責任ニ当ッテ一ノ改正ヲ行ハント欲シマシテモガ、十分ナル思慮ヲ費シテ計画ヲ備ヘ、然シテ至尊裁可ノ下ニデナケレバ行ハレヌコトデアリマス。素ヨリ此立憲ノ政治ハ申ス迄モナク、唯議会ト政府トノ間ニ行ハル、コトガ立憲ノ政治トハ考ヘラレナイ、行政ノ政治ガ即チ立憲的ノ政治ニ改マラザレバ、決シテ立憲ノ政治ト云フコトハ出来ナイ。併ナガラ立憲ノ行ハル、日尚ホ浅シ、日月ヲ積ムニアラザレバ到底十分ナルコトガ行ハレル訳ノモノデハアリマセヌ。之ヲ一朝ニシテ改メルト云フコトハ到底行ハル、コトデハ無イノデアリマス。

伊藤は憲法制定にあたり主権を天皇に求め、その下に従来の「事務」を位置づけた。このことは、天裁を以て事務の意思決定を行う従前の体制に基礎づけられたものだったといえる。ここで、伊藤のいう「十分ナル思慮ヲ費シテ計画ヲ備ヘ」るとは、各省立案・内閣審査のプロセスを指しており、最終的に天皇の裁可を得るという立法経路を説明している。これが今まで伊藤らが経験してきた「行政ノ政治」であり、事務に有効な議事院が容易に開設できないという状況認識のもとで構築されたものであった。帝国議会について「日月ヲ積ムニアラザレバ到底十分ナルコトガ行ハレル訳ノモノデハアリマセヌ」というのは、単に上奏案への反対というにとどまらず、明治初期の法制機関を取り仕切ってきた伊藤の経験的意見といえる。一般に近代日本は生来の〝行政国家〟と評されるが、本書にみたように、それは与件ではなく、政府官員による事務の実効性追究と合意形成のための選択肢の議論・選択・実践の積み重ねによって形成されたものであった。

本書で検討してきたように、立法と事務の強固な結びつきのもとで運営されてきた政府において、代表制議会は常に政府の立法の限界を打開し得る選択肢として期待されながらも、即効性が期待できないことを理由に先送りにされてきた。初期議会における混乱は、政府のかかる期待と不安をよく映し出している。「行政ノ政治」はその限界を抱えながらも、政府の官員たちにとって二十余年の経験的産物であり、依然として彼らが信頼を寄せるものであった。ただし、伊藤が言明している通り、政府は議会の正統性を無視してきたわけではない。また、「行政ノ政治」が正統であるとも考えていない。あくまで議会が果たすべき役割を十全に果たせる状況にないことが、「行政ノ政治」の相対的な優位を説明する理由となっているにすぎない。こうした「行政ノ政治」に対する認識は、本書にみた政府発足以来の官員たちの認識、立法体制構築の経緯と符合する。それは議会なくして改革事業を展開しなければならない難しさ、欠点を露呈しつつも、彼らにとって、議会の成熟を待たずに近代化する道を開いた方法であった。

本書が明らかにした立法と事務の形成過程は、政府要路・事務官が自分たちの成すべき改革に、実効性を追究し続けてきたことを示している。彼らは改革立法を行うにあたり、欧米法制度を参照することによって〝跳躍〟するだけでなく、国内の状況に対応するための方策を議論・決定・施行することによって〝着地〟しようとした。このことは、欧米法制度の参照の仕方に慎重さと多様さを生んだだけでなく、中央・地方で幅広い議論が必要な状況を現出した。各省が国内外情報の総合による立案を試み、太政官が法制機関・元老院を通じた立法審査体制を整え、地方官が中央・地方会議を通じて意見の集約と相互関係の構築に奔走したことは、一見すると異なる問題のようだが、実際には相互に連関する事象であり、立法・事務の内的問題に基づくものだった。以下、本書の成果について、本書全体のなかで部ごとの成果を位置づけたうえで、各部・各章を横断する点をも整理することとする。

第一節　本書の成果

（一）立法と事務の課題――第Ⅰ部

(1)「議会」の形成

立法と事務の緊密な関係は新政府発足以来、政府要路・事務官たちの現状認識と試行錯誤のうえに形成された。政府要路は事務方針の調査・決定において諸藩から登用した人材に立案を任せる一方で、その立案における現実適合性の付与という課題を認めていた。そのため、太政官、大蔵省は中央官よりも現場に近い者の意見を必要とし、地方官意見の聴取を不可欠とした。また各事務組織がそれぞれの立案を提起する状況に対して、太政官ではこれらの立案について整合性と妥当性を審査する必要を認めた。前者は代議制議会とは異なる「議会」（地方会議）の形成につながり（第II部）、後者は法制局・元老院（第III部）にみられるような立法審査体制の構築へとつながっていったのである。

一方で、こうした立法・事務の運営方法には欧米式の代表制議会が不在であった。代表制議会の回避は事務の運営が始まった明治元年に始まり、民撰議院設立建白書や国会開設運動の衝撃をこえて、第一帝国議会の開催まで二十余年続いた。第一章で検討したように、政府組織の設計に携わった福岡孝弟が代表制議会を構想していたのに対して、政府の意思決定の責を負う岩倉らが選択したのは、地方官を議員とする諮問会議であり、かかる議会の追究は、集議院、地方官会同、地方官会議と脈々と続けられ、第七、八章で検討したように、地方民会も各地に開設されて事務上の難題に応えていた。また、第一回地方官会議において半数以上の地方官が区戸長会のメリットを述べ、少なからぬ地方官が公選民会への期待を述べたことは、政府レベルでの代表制議会と地方官会議をめぐる議論と相似形をなしていた。福岡が政治不信を払拭する意図をもって代表制議会を追究したことと、政治不信がきっかけとなって民権運動が興隆し、国会開設の必要性を高めていったことは表裏一体の関係にあったといえる。それでも、長年に亘り代表制議会によることができなかった原因は、事務というものが全国地方に対する改革の業務であり、改革に不可欠とされた要素が地方利害それ自体ではなく、欧米情報に基づく良法の発見であったことに由来すると考えられる。政府内ではたしかに立法の現実適合性が不可欠の要素とされていたが、それは立案における改革志向を前提にしたものであり、その不足を補うという意味においてであった。

さて、幕末の少数専断的政治決定への不信が渦巻くなか、土佐派は議会制を新政府構想の中心に据えたが、政府発足に際しては少数による意思決定方式を必要と認めた。多数の合議による意思決定は理想的な意思決定方式とはされたものの、個別利害が激しく分裂していた幕末当時の政治状況において、即時に実現可能な選択肢とは考えられていなかった。また、土佐派の構想における議会制は、政治決定者集団をごく少数からより多数へ広げる志向性を示しながらも、より一層多数への拡張を予防する構造を持っていた。政治参加の仕方を政治決定（上）と献策（下）の二種類に分かち、より少数の専断を防ぎながら、より多数の有効な献策を求めたのは、旧来のしがらみにとらわれない政治統合を果たすうえで必要な方策と考えられたためだった。その意味で、政府発足当初の議会制導入論議も、欧米議会制の機械的な導入というよりも、幕末政治状況の収束を図る装置としての期待を背負ったものといえる。ただ、問題は意思決定の速度と献策の実効性である。政府が施政の実権をもつようになると、少数による迅速な意思決定の必要性はむしろ高まった。政府発足後、土佐派が議事院を用いた多数の合議を追究したにもかかわらず、岩倉具視が当面三職と事務組織と連携強化と事務官への権限委任を推進したのは、議事院の正統性と本来的＝将来的な有用性を認めながらも、事務の円滑な運営を実現する必要性を認めたためであった。政体書の頒布と政体書に基づかない組織運営という奇妙なギャップは、こうした事情をよく表している。議会制を遠望しながら、当面の策として事務の円滑な運営を図るというこの志向性が、その後の代表制議会によらない立法・事務形成の出発点となったのである。さらに、政府要路と事務官は互いの連携を円滑にしただけでは施政の実効性を担保できず、問題発生のたびに施政方針が二転三転する問題、すなわち朝令暮改の弊害に頭を悩ませ、より実効性のある議論を早急に興す必要を認めた。代表制議会に事務の実効性が期待できないなかで、政府要路は「公議」機関の改編、閉鎖を行うとともに、各省の立案権限を認め、その立案内容を審査する体制を構築しようとした。各省への人材登用とその官員による立案は、たしかに「官僚」論が示唆する通り、各官員の政治関与を深くし、政策への影響力を大きくしたが、同時に、政府要路も事務官もその方法の限界を自覚していた。諮問機関型「議会」の必要性を認め、地方意見の聴取の必要性を認めることとなったのは、かかる事情による。これは事務の現実的展開を支えるものとしてたしかに中央・地方に根づいていった。

このように、代表制議会の回避は、もともと幕末の政治環境から多数の合意をつくりあげることが困難であったことに加え、政府官員において事務の実際施行を念頭に、実効性ある議論をある程度の速度を保って行うことが不可欠と認識されていたことによる。公議人たちが実効性ある議論の提示がいまだ困難であると認めていたように、多数の合議がただちに適良の方法を弾き出してくれるわけではなかった。かといって、民蔵分離問題が象徴するように、各省事務官に任せただけで実効性ある施政を実現できるわけでもなかった。代表制議会を欠いた状態において、それに代わる何らかの立法体制を構築することによって施政の実効性を追究することが、政府要路・事務官において等しく喫緊の課題となっていた。こうした彼らの現状認識に基づき、代表制議会の回避だけでなく、「公議」概念と事務運営の緊密な結合、〝地方官〟の創出とその意見の聴取、さらに県庁官員、区戸長等からの意見聴取へと広がっていく地方会議、といった形で方策の具体化が図られていったのである。このような「議会」は代表制議会とは異質であることから、代表制議会への期待が高まるたびにその正統性を疑われたが、それでも継続したのは、彼らがかかる「議会」を〝明治維新〟を支える重要な形成物として認識していたからに他ならない。

もっとも、政府内部に施政の実効性が政府の信用如何を左右するという強い危機感があったとはいえ、それを重視するあまり、代表制議会によらない自立的な立法・事務運営方式が形成され、結果的に議会制移行を難しくした面も認められる。土佐派の代表制議会構想は、明治初年の政府要路において部分参照され、将来的な改革目標に置かれたが、その目標がなかなか達成されないまま数年が経過し、政治決定・施政上の問題が積み上がると、土佐派は議会制移行を改めて強調するようになった。民撰議院設立建白書の提出は、その流れのなかで起きたことである。ただ、建白書においても議員は長年の養成を必要とすると明記されていた通り、民撰議院開設を求める者にとっても、それが直ちに施政の改良に実効性を発揮するとは言えなかった。この状況は、明治元年の段階から変わりがなく、公議人たちが認めた課題が依然として課題であったことが確認できる。そして同じ課題認識は、将来的な議会制移行を想定してきた岩倉具視においてもみられた。第四章にみたように、明治八年以降、岩倉は自ら行政一権に依存するような「行政集権」体制の脆弱性を指摘し、立法・司法の人材養成が遅れていることが「行政集権」に相対的な優位性を与え続けていると危惧していた。漸次立憲政体樹立の詔を掲げたにもかかわらず、体制移行が困難な状況から抜け出せないのもまた、事務の実効性を立法に期待して立法・司法権の自立に向けた整備を満足に進めてこられなかったことに起因していた。政府の事務に対する政府内外の不満が高まるたびに、代表制議会はその結集核としての期待を負ったが、そのような構造を作り出したのもまた政府官員自身であったといえる。

(2)　事務の立案

政府発足当初、政府要路は各事務の名称を決め、それぞれに事務組織を用意したものの、それらはあくまで机上の区分に過ぎず、その内実と適否が議論されるのは、事務組織を置いた後であった。政府要路は事務の施行とともにより適切な方法を求めて事務領域や事務組織の分合を繰り返した。明治初年にはいまだ各事務の分界についても、目的についても基本的な合意が成立していなかった。第一章にみた会計事務と民政の分界の模索では、政府要路は性質上互いに異なっているものの密接に連関する事務であると認めており、両事務を簡明な事務組織別の分担関係に帰しがたかった。しかも、会計事務では全国規模の計画から入り各府県を統御しようとしたのに対して、民政では各府県によって実践が異なることを前提に協議の積み重ねによって全国一般の方針を定めようとしたため、両事務の分立問題は事務組織である省の分合問題につながっていた（民蔵合併・分離問題）。殊に民政はその性質上、中央官による画一的な計画を前提し得ないために、政府要路・事務官ともその取り扱いに難儀した。各省は立案の責を負ったが、それは単に欧米法制度を参照すればいいという次元のものではなかった。実施できないような立案を行うことは、早晩、実施不能ないし反発につながり、その省に対する政府内外の不信感を醸成することになるからである。民蔵分離問題は、その端的な表れであった。現状を大きく変更するために、現状に適した方法を選択するところに各省の立案の難しさがあったといえる。

政府が事務の実効性を担保しようとしたとき、その方法は大きく分けて二通り考えられていた。第一に、欧米法制度の研究の精度を高めることで、これは大隈重信、伊藤博文らが唱えた方法である。第二に、国内の状況を精確に把握し、それに適合する現実的な施策を検討することで、これは三条実美、広沢真臣らが主張した方法である。フルベッキの自信に満ちた提言とは裏腹に、彼らには欧米法制度を日本の立法において参照する際には、国内の状況に適合させる必要があると認識していた。この二つの方法は対照的ではあるが、留意すべきはこれらが相対立するというよりも相互補完的な関係にあり、立法上どちらも追究する必要があったことである。民蔵分離時の三条の意見書、岩倉使節団の派遣趣意書は、政府がかかる二つの方法を併せて改革法をつくり上げる意向であったことを端的に示している。

この二つの方法は、立案を担う各省においても等しく問題であった。第二章にみたように、政府要路は民政の実効性を担保しなければならないという危機意識を持ち続け、地方官の意見を重視するとともに、東京府治の経験を持つ大木喬任への期待を口にした。そもそも多様な要務を包摂する民政において、大木は優先順位を立て、実地の状況を斟酌して実施していく必要性を強調した。明治初年の民政改革は、そもそも過去から現在に亘る問題と、現在から未来に亘る問題の二種類に対応したものだった。すなわち、幕末維新期の人民の窮乏や治安の悪化を食い止め、人民の生活を立て直すことが前者の問題であり、人民の富をかつてない方法で合理的に増加させ国力の増強につなげることが後者の問題であった。したがって、国内の実情と欧米諸国との国力差を意識し、欧米諸国の方法に関心を寄せるものであったといえる。

大木喬任は民政改革について欧米の方法と国内の実情のギャップを念頭に置き、そのギャップを徐々に埋め合わせていく道筋を求めていた。漸進は急進の対義語であるが、停滞と同義語になることは決してない。実現可能な方法によって僅かずつでも事態を変革していこうとする点に、大木の民政改革の指針があった。人民生活の立て直しを考えたとき、識字と計算は生活の根本であり、すべての人民が日用の学びに就くことは重要であった。また、欧米の方法が国内で実施しがたい理由の一つが、欧米の方法が学問によって支えられているために、まず人民一般が学問を習得しなければ運用できないことであった。大木が民政改革構想のなかで教育の重要性に触れたのは、人民生活の立て直しと欧米の方法の導入のどちらにおいても教育が重要な位置を占めていたからに他ならない。

欧米学問の日本への導入は、旧大学官員の洋学者たちが主張してきたことだったが、大木は中央で全国画一の計画を立てて地方に実施を迫っても、人民が学問に就くことは期待できないと考えていた。学問を一種の物的資源と考えるならば、全体計画を以て実施することに違和感はないが、それを学ぶ〝人〟の視点にたてば、従来の生活に根をもたない学問に人民一般の理解が広がるとは考えられなかったのである。両者の認識のズレは、ちょうど第一章にみた財政と民政の性質の相違と連関関係とも対応する。大木は小学校整備の重要性を強調していたが、それは大木において、学問の有効性を人民が実感しながら成長する場として必要不可欠なものであった。

旧大学官員らが取り調べた学制草案は、実際施行上の実現可能性を保障するものではなかったが、大木はこれを早急に制定するとともに、実施の緩急を見定め、小学校整備を最優先課題に掲げた。また、実施上の裁量を広く地方官に認め、地方官の意見聴取を重視したように、学制実施に現実適合性を与えるために地方官の実践的知見を重要視した。また、小学校整備を忌避する人民に対しては、学区内集金の義務性を強調することによって断固たる姿勢を貫いた。ひとたび最優先課題と定めた施策の廃却は、この後に続く改革すべての停滞を意味するためである。人民一般が小学校の必要性を了解していないからこそ、大木はその必要性を認識させる場として小学校の重要性を認めたが、それ故に小学校整備を人民の自主性に任せることができず、地方官による先導と一定の義務性を重要と認めていたのである。

なお、大木が単に欧米学問の移植だけを教育政策の目的だと捉えていなかったことは、明治六年時の彼の学制改正案が端的に表している。日本における人民の生活を支えるのは、日用の学びと風俗・文化であると考えていた大木は、小学校における教授内容の見直しを想定していた。このことは学制を叩き台として、修正を重ねていこうとする大木のビジョンに基づくものであり、同時に国内の実情に適合した方策を求める大木の民政観に即したものであった。そしてこの事務を人民生活上に根づかせる――定着させるという論点は、第III部、第IV部へと引き継がれる。

以上のように、文部省には欧米法制度を参考にした全体計画が旧大学官員を通じてもたらされていたが、それには実際施行上のプランが付帯しておらず、現実適合性に欠けていた。一方、民政改革という観点から人民一般の教育の必要性を認めていた大木は、欧米学問の導入と人民生活の立て直しを包摂する施策を想定し、小学校普及をその最優先課題に位置づけた。生活上必須の学びを人民一般に拡大させつつ、学問の実効性を認識できるようにするために、小学校は文部省政策上枢要の位置を与えられたのである。大木が方法的に問題のある学制を急ぎ制定することとしたのは、制定後の現実化のプロセスを重視していたことと表裏一体の関係にある。大木の学制改正案は、小学校教育の日用の学びとしての改良措置を想定したものであり、学区内集金の義務性の強調は、小学校整備に不可欠の措置とみていたからであった。これらの対応が示すのは、彼が実際施行上の緩急を定めた際、人民に対して小学校整備を人民一般の責任と理解するように促しつつ、その小学校教育の実効性を体感させることを追究していたということである。

大木の認識と活動は、文部省立案のもつ二つの特徴を指し示している。

第一は、欧米法制度の参照と国内事情の斟酌が同時並行でなされている点である。改革法の源泉として欧米法制度の有用性は政府内部で広く信じられており、大木もその点では変わりない。ただ、それが国内の状況に照らして実用に耐えうるかは保障の限りではなかった。むしろ、両者の阻隔を痛感していたからこそ、大木は当面の立案に不足している国内での実用面について、学制制定後の漸次補正を想定し、地方官の判断と意見を重視していたものといえる。大木はこの認識のもとに、小学校整備を図るために、学校設置・維持財源の人民負担責任の法定と、教育内容の実用的定着を意図していた。

もっとも、こうした方法が当座の小学校整備の始動には一定の効果を発揮したにせよ、ただちに小学校整備の全国的実現に寄与しなかったことには留意する必要があるだろう。小学校教育の財政上の責任と内容上の利益に関しては、人民一般に知得されていたとはいえず、新政反対一揆における小学校焼き打ちや、人民の非協力的な姿勢などはそれを物語っている。大木の後を引き継いだ田中不二麿が、欧米法制度と国内事情の双方を調査研究しつつ、この問題に対処する必要性が生じた所以である。これは第八章の検討へとつながる。

(3)　事務分担関係の構築

明治初年においては事務組織の改廃が極めて多いが、それは先述の通り、机上の区分に始まった事務領域・事務組織が実際の事務運営を通じて困難を生じ、政府要路・事務官がより円滑な事務分担関係を模索したことによる。民蔵分離問題はもとより、第二章にみた文部省の場合も、政府要路が旧大学の事務（学問）と民政より分化した事務（教育）を複合して文部省を創建したように、既定の事務領域に対して省が建てられたというよりも、あらたな事務領域の構築を図るために省が建てられていた。もっとも、第三章の開港場事務の検討から明らかになったように、事務の分担関係の模索は、省の分合のみに収斂するものではなく、むしろ、太政官・各省・地方官による互いの分担・連携関係の協議・運用の積み重ねによっていた。

開港場事務は、もともとは外交事務の範疇とされていたが、外交・財政・民政に相当する諸業務が混淆していたために、混乱が起きやすい状況にあった。政府ではこれを徐々に再編し、各省の分担関係へと帰していった。その際、問題とされたのが開港場事務に関する立法（立則）の協議体制である。外務省は関係諸官員の協議を想定しながらも、自らが主体的に立法に関与する姿勢を示した。同時に、条約改正も外務一省ではなく、太政官や内治事務主管各省との協議を前提するようになった。それでも、マリア・ルーズ号事件の処理をめぐっては、外務一省の判断が先行し、外務省と司法省の間で調整不良を露呈するなど、かかる協議体制が十全に機能したとはいえなかった。このように、政府では各省事務を区分し、各々の責任を重んずる方法が採られたが、同時にそれは複合的な問題に対して、互いの調整の重要性が増す要因となったと考えられる。その意味で、明治初年の事務に関しては、一省一事務の単線的な事務の形成過程を想定することは適切ではなく、各事務の接触領域における分界設定や相互の調整を含めて、はじめて事務の形成過程が分析できるものと考えられる。

各省への権限委任をすすめただけでは、民蔵合併後の大蔵省の予算問題や、副島外務卿時代の外務省のマリア・ルーズ号事件処理のように、特定の主務省による強権発動が起こりやすく、他省との意思疎通を欠き、結果として政府組織の不安定性を高めることとなった。主に留守政府期の問題として知られるこれらの事象は、井上馨大蔵大輔が自覚的に述べたように、留守政府官員の問題という以前に、そもそも政府発足以来の事務組織の分担に内在していた脆弱性であったといえる。新政府は発足当初より〝御一新〟すなわち改革によって結合する集団であったが、その改革方針をめぐって分裂しやすい集団でもあった。井上は政府内で改革意見が飛び交う状況で、安定した事務運営を行うために、中央・地方官合議をベースとした立法により、立法を実際施行と適合させつつ、各省適宜の改革意見による分裂を抑制する方向性を示していた。この方向性は、のちに太政官が回収して、立法審査の一環に位置づけていくこととなる。正院が明治六年の太政官制潤飾において自らの立法審査権を明示し、国内法整備において主体的に役割を果たそうとした所以である。

以上のように、各省に立案を委ねる体制は、ともすると主務省の判断が先行して施行を左右し、複合性の高い重大問題をめぐっては調整不良が発生しやすい問題が認められた。太政官としては特定の省に全面的な権限委譲を行うのではなく、混乱を未然に防止するため、立案内容の整合性や妥当性をチェックする専門性を必要とすることとなった。これが太政官制潤飾以降に太政官の中枢において法制部局がその存在感を高めてくる要因であったと考えられる。

（二）　立法審査の方法——第Ⅱ部

(1)　立法審査機関の役割

立法審査は、第一章にみたように各省の立案では不足する現実的適合性や各事務間の整合性を担保するために必要とされるようになった。そして集議院以来地方官による会議が期待を背負う一方で、欧米法の知識を持つ官員による審査機関として、法制機関が重用されるようになった。政治不信の払拭を意図し、幅広い政治参画を実現する代表制議会は、事務の実効性を高めることには、短期的には貢献し得なかったために回避され、代わりに立法審査機関が発達することとなったのである。かかる経緯ゆえに、明治六年政変後の民撰議院論の提起は、政治不信の結集核としての代表制議会導入論を形づくり、政府にとって恐るべき政治運動となった。

第四、五章にみたように、立法審査機関は太政官の期待を受けて設立されたが、各機関が設立以後に自己の役割を考え、その役割を十全に果たすための自己改革を積み重ねたことに留意する必要がある。漸次立憲政体樹立の詔を契機として明治八年に誕生した両機関は、その実、三権分立体制への即応が難しいことを念頭に、原理的な三権分立論を超えて、明治初年の立法・事務の経過を前提としてそれぞれが立法と事務に対して自らが果たすべき役割を見いだしていた。すなわち、法制局・元老院はともに明治初年の議事院に期待された役割を継いで施政上の実効性を求めつつ、事務を法的制御下に置くべきだと認識していたが、同時に異なる志向性と制度構想を有していた。法制局が事務上の便益を図ることを重視して各省の裁量を広げつつ、各省による立案の法的整合性と実際的妥当性を審査しようとしたのに対して、元老院は事務上の弊害に注視して各省の裁量の抑制、監視、矯正を以て自らの職責と認めていた。基本法令の未整備や施行経験の不足ゆえに、立法・行政両権に明確な線引きができなかった当時、立法審査の争点は事務の運営全般の是非に置かれていた。これにより、政府の表立った分裂危機は回避しながらも、立法経路内において各省・法制局・元老院間の争論が恒常的に生じ、いびつな法令が生産される要因となった。したがって、政府では新法制定後もフィードバックをたえず必要とする状況が現出したのである。

また、漸次立憲政体樹立の詔を起点とする立法領域の規定については、法制局・元老院間の意見が分かれた。法制局の井上毅らが立法領域を限定し、重要法令を除く立法権限を各省へ委任しようとしていたように、各省の裁量を拡大することは事務の円滑な決定、実施には必要とされていたが、元老院の陸奥宗光らが立法領域を広範に認めて各省立案の監視体制を整えようとしたように、各省立案の地方への影響には継続的に懸念が示されていた。事務における各省への依存とその問題点への対処が、かかる競合的な志向性が表れた原因と考えられる。

こうした元来の構造的要因に加え、頻発する地方騒擾を背景として、法制局・元老院ではともに各省立案の現実適合性の不足を問題とし、各省の立案権限、地方官の施行裁量の重要性を認めるなど地方分権を志向しながらも、各省立案や地方官裁量を制御する観点から、自分たちの立法審査の重要性をより一層意識するようになっていた。

一方で、こうした立法審査は主務省の立案に対する政府の審査方式であり、立法に参画する人員の範囲は限定されている。これに対して、人民一般の訴えを立法審査に活用しようとしたもう一つの立法審査方式は解体され、立法には直接かかわらない司法事務へと再編されていった（第六章）。これは代表制議会の回避とともに、限定的な合意形成を想定する政府の立法の特徴をよく表しているといえる。すなわち、事務に携わる官員が立案し、それに法的知識を有する官員が審査し、地方事務に携わる官員の意見などを踏まえて、最終決定に至る――一連の立法経路は、一部の官員の専断を防ぐ程度には慎重なプロセスであるが、人民一般の意向を踏まえた立法という考え方からは縁遠く、ごく限られた官員の立案・審査によって立法が可能であった。このことは、そもそも政府発足以来の合意形成範囲の限定に端を発し、以後も合意形成範囲を政府内部で組織化してきたことによる。合意形成範囲を事務担当者内では広げながら、事務担当者外へは広げようとしなかったことも、彼らが事務の実効性を最優先にしてきた結果であり、限界であったと考えられる。事務担当者外の人々の政治運動の過熱や、初期議会期の混乱など、政治事件の責任は、少なからず彼らの立法上の経験の内にあると考えられる。また、西川誠が明らかにした参事院の機能不全(3)や、瀧井一博が内実を明らかにした伊藤博文の国家学への傾倒[4]、御厨貴が明らかにした各省間対立に伴う内閣制度への移行[5]など、これまで個別に把握されてきた、明治十年代後半期の政治現象は、いずれも本書で検討した立法と事務の形成過程に淵源があるものと考えられる。

(2)　地方会議と立法審査の間

政府要路・事務官は政府内で決定した事項が実際に地方で施行できる状態を望み、施行を厳密にするために意思決定事項に対して「法」としての重みを求め続けた。これは一部事務官の恣意的な判断を正統化するという限定的な意味ではなく、施行を想定するからこそ、地方官の意見を聴取し、あるいは立法審査体制を整える必要を生じていたのである。第一回地方官会議において、画一的な政府原案に対して地方官たちが地方裁量の確保を望んだことも、施行を想定した議論であり、立法と事務が結びついていたことから生まれた現象といえる。中央官が地方官の意見を求め、地方官が区戸長の意見を求めるという、徐々に小規模会議を連ねていく構図は、地方会議の普及が持つ特性を明瞭に物語っている。なんらかの改革を行うにあたって、施行上の問題をすくいあげることが地方会議の目的とされており、その限りにおいて地方会議は事務を実施する末端単位まで漸次その射程を延ばしていくことが避けられないのである。第四章において伊藤博文が、民撰議院や小区会、町村会の法制化を求めず、大区会の法制化を求めたのは、大区会が小区の戸長の意見までを取りまとめる会議であり、事務の施行を判断するのに必要な情報がそこまでだと考えられたためであった。地方官会議や地方民会は、代表制議会に比べて事務担当者という狭い合意範囲をベースにしており、事務上に不備、不満が発生すれば、合意範囲の狭さがあだとなり、異論が代表制議会の開設要求や官民訴訟へと向かう状況をつくりだしていた。

なお、第六章で検討したように、官民訴訟はそもそも事務上の不備、不満を立法へと回収する経路として構築されたものの、官の権限領域や民の権利、利益領域について法令未整備の領域が広く、訴訟の判定そのものが困難であり、各省事務もまた訴訟に耐えうるほど十全な施行ができてはいなかった。官民訴訟が人民の事務に対する不備、不満の意見を回収する経路たり得なかったことは、代表制議会の回避と同様に、政府が事務の形成を優先せざるを得なかったことを表している。

(三) 地方事務の形成——第III部

(1) 地方会議の運営

ごく短期間での改革に実効性をもたせる方法として、政府における事務の形成過程には現実的な判断が働いていたといえる。事務の意思決定においてより現場に近い地方官の意見が重要視されていたことは第一章にみた通りである。そして、第七、八章の検討から明らかになったように、こうした方向性は地方事務の末端を担う区戸長たちまで拡大され、彼らの議論は省レベルの立案では不可能な、地方における難題解決のために活用された。とりわけ警察事務、教育事務では、県庁および区戸長たちが、警察、教育の実効性如何が人民一般に了解されていないことを念頭に、その効果を説き、あるいは実際に効果が感じられるような方策を求めて議論を重ねていた。両事務とも民費負担によるところが大きいために、人民一般の反発を招くような立案には賛同しがたく、常に実施可能な方法を追究する必要があった。この点は、主務省である内務省、文部省、および法制局においても等しく認識されていた点であり、地方裁量の大きい状態での事務形成が基本となった。無理に立法を急がず、事務の現実化を図るという点で、地方会議を介した漸進的な実施、県庁・区戸長らの合意形成は有効な方法であったといえる。

千葉県の議事会・県会では公選制の漸次導入が図られ、埼玉県の臨時教育集会でも公選の村町会議員の互選を採用していたように、公選制の導入は、人民一般にかかわるような難しい事務上の決定（民費負担額の議定や賦課法の検討など）を下す際に要用と考えられた。ただ、公選対象者から事務担当者を排除しなかったように、県庁では立法・行政の原理的な区分によるのではなく、あくまで事務上の必要性から公選制導入を捉えていたことが窺える。この点では、非官吏を議員資格とする府県会（明治十一年七月の府県会規則に基づく）とは異なっている。

また、かかる地方事務形成のあり方は、多くを民費負担によりながら負担の抑制や理解の浸透を図るものであるため、事務の目的を度外視した形での費用削減は全く想定されていなかった。実際に民費負担が膨らんできた段階で、全国各地に府県会が開設されると、府県会と県庁とが予算紛議を繰り返したという周知の事実は、明治初期の地方会議が基本的に事務を外に置くのではなく内に宿して運営されてきたことをよく表している。第四章で検討した三権分立体制移行をめぐる政府内部の争論を想起すれば、立法権・行政権という二分法に馴染まない事務形成のあり方は、以後の両権分立をめぐる争論のもととなったと考えられる。

(2)　地方事務における理解と合意

警察事務・教育事務はともに欧米法制度を背景とするビジョンを内包していたが、地方にはそれぞれ番人・寺子屋の旧慣があり、両者の阻隔は主務省（内務省・文部省）はもちろん、府県庁・区戸長・学区取締も常に意識していた。しかも、これらの事務はその費用・人員の多くを地域人民に頼っていたため、彼らは地方の実情を無視した事務の展開では費用・業務負担者である人民の反発を招き逆効果になると捉えていた。そのため、地方事務の形成においては、各府県内における事務の目的・方法に対する理解・合意が必要とされた。各府県では費用負担の多寡を議論するだけでなく、警察事務・教育事務の目的と（まだ見ぬ）効果について、区戸長・学区取締、地域人民一般へと理解を広げていく必要性が認められていた。改革が一過性の強制ではなく、恒常的な運営、すなわち定着までを意識したものであった以上、警察署や小学校の建設にとどまらず、事務の目的と効果に対する理解の普及はきわめて重要であったと考えられる。府県庁および区戸長・学区取締らがかかる理解の普及に腐心していたことは、千葉県における小区警察の整備や寄附金ベースの学資金収集・蓄積法の模索にも表れている。一方で、こうした理解の普及が難事であったことは、彼らが警察費・教育費負担に対する地域人民の忌避意識について度々言及していることからも明らかである。

第七章にみたように、新政反対一揆などの地方騒擾を契機として警察事務は地方における展開が問題とされたが、太政官・内務省は欧米法からの直接的な導入には否定的で、地方裁量を前提にした適宜の現実的施行を優先した。地方官はそのために県庁官員・区戸長らの協議を必要とした。千葉県議事会では、大区単位の警察だけでは人民が警察の効果を実感できず、警察費負担を忌避する傾向にあるとして小区警察の整備が提起され、県令・柴原和はかかる方針を採用した。明治八年の地方官会議に際しても、柴原は議事会の意見を踏まえて建議・発言した。地方官会議において地方官たちが地方裁量の存続を適当としたように、全国一般の統一法規の生成は目指すべき目標ではあっても、施政の実効性を捨ててまで急ぐべきものではなかった。また、地方官会議決議には法的拘束力はなかったにもかかわらず、全国地方の現況に照らした一定の結論であり、その後の府県治に与えた影響は少なくなかった。千葉県では、改めて議事会（千葉県会）を開き、地方官会議決議を照準としつつ、県下の情勢に即した議論を行い、以後の警察事務の素地を作りあげていった。一連の経過が示しているのは、地方事務が中央政府からの一方的な法的強制によって誕生したのではなく、むしろそのような方法を回避しつつ、中央・地方の合意と施行の積み重ね、往還によって、徐々に形成されたことである。たしかに主務省や地方官には施行上の裁量が認められていたが、警察事務の機能強化ばかりを志向すると却って警察事務の実効性を低下させる逆機能が生じかねなかった。法制局が内務省による全国警察機構の掌握を却下して地方裁量を擁護し、あるいは千葉県民会が各郡町村での適宜の巡査を認めたり、急激な警察費膨張を抑えることを求めたりしたように、事務の分担関係や地方における現実的方策の追究は重視され続けた。

一方、第八章にみたように、教育事務に関しても費用・業務の多くを人民に求める必要があった。そうであるが故に、田中不二麿文部大輔が明確に述べたように、地域人民の理解を得ないまま小学校の増設を推進すれば、費用負担増に対する人民の憎悪を煽り、小学校整備そのものが立ちゆかなくなる危険性が認められていた。文部省では強制法に訴えることが却って教育事務の瓦解に帰結するという見通しのもと、補助金の確保に奔走しつつ、地方裁量の有効な運用を促していた。勿論、地方裁量の行使の仕方には幅があり、千葉県庁が費用の強制徴収を回避し続け、埼玉県庁が費用の確保のために系統的民会組織を立ちあげたように、府県によって見いだした方策は異なっていたが、その目的とする所は同一であった。

このように、各事務において欧米法を参照した際、国内の状況との間には自然にギャップが生じ、〝明治維新〟はそもそもかかるギャップを頼りに行われた改革事業ではあったが、事務が実効性を発揮する状態にするためには、地方裁量を用いた地方事務の形成が必要と認められていた。地方裁量の運用にあたっては地方会議が活用され、先述の通り、一定の効果を挙げたことは確かである。ただし、地方会議は必ずしも現実適合性を完全に保障するものではなかったことにも留意する必要があるだろう。千葉県議事会が警察費負担の限界を認めて全額官費支弁を求めて挫折し、学資金財源の捻出に苦慮したように、実務担当者が話し合えばただちに有効な方策が提起されたわけではない。また、埼玉県臨時教育集会の合意事項について区レベルで再検討の必要性が議論されたように、大小すべての区画内の要望を充足させることは容易ではなかった。地方会議は決して万能でなかったが、当時の中央・地方官にとって有力な方策であったといえる。木戸孝允が地方会議の有用性を認めつつ、別に町村会開設の必要性を認めたように、かかる地方会議の限界性が三権分立論や立法議会開設論に正統性を付与していたことも確かである。

(四)「官民共治」の構想と展開——第Ⅳ部

(1) 主務省の立案の内実

先述の通り、政府の立法においては主務省の立案が重要な位置を占めるが故に、主務省ではその立案能力——欧米法と国内情勢の総合的分析力が必要とされた。先行研究では三新法の立案を担った松田道之（内務省）、教育令の立案を担った田中不二麿（文部省）の制度構想は不明とされ、それ故に法文の不可解さと施行時の混乱が強調され、三新法・教育令の低評価に帰結していた。しかし、本書の問題関心に即せば、主務省の立案の内実を明らかにしなければ、明治初期における立法の特質を解明することはできない。そこで本書では新たに地方公文書、私文書を活用して松田、田中の制度構想を解明した。

政府発足以来地方官として経験を積んできた松田と、政府中枢の調整役と欧米調査の経験をもって文部省を主導してきた田中では、経験に違いがあり、そのことが立案にも影響を及ぼしているものの、欧米と国内の双方の事情を検討し、事務の理想を掲げつつ、現実的と思われる方策を提示するという点において両者は共通の課題認識を有していた。両者の制度構想では官の役割の限定、明確化とともに、民の役割の限定、明確化が志向されており、人民一般の自主的な事務運営能力が期待されていた。これらはそれぞれ、松田、田中という主任官の知識と経験に裏打ちされたものであったが、官の役割のみでは事務運営が不可能であるという認識においては共通していた。

官民双方に対して事務の目的と方法を設定する「官民共治」の制度構想は、人民一般に対する要求度の高さゆえに、実際施行上では困難を露呈したが、そもそも主務省の立案が、完全に現実適合的なものでなく、一歩先の目標を掲げるもの——すなわち改革法であったことを考えれば、彼らの立案は、今後の事務の基本的な目標を表していたといえる。「自治」あるいは「普通教育」という政府内部でさえ容易に理解を得られない概念を柱に立案し得たのは、一面では主務省の立案権限が重く、一部の官員にその権限が集中していたことによるが、他面では官の主導下で展開する事務の限界性について、ほかでもない事務の主任官が自覚的であったこと、それに少なからぬ説得力が伴っていたことが原因と考えられる。

松田は地方官時代に中央法令の理想と府県内の実践との接続に関心を持ち、身分制解体に対応して土地・人民の利益を基準とする地方制度を必要と認めた。松田構想は欧米式の公私法の二元的構造を骨格としながらも、府県の実情に即した公私法合体方式による移行措置を提起するものであった。これは官に不足する財源を民が助け、民に不足する事務の知識・経験を官が助けるという一時的相互補完関係を特徴とする。これにより将来的な地方税制の樹立を想定し、また人民の事務運営能力の育成を重視し、公正な事務手続きを習得させるための準備を求めた。こうした官民分担的国家形成のうち民の分担領域に関して、彼は「自治」という言葉で表した。それは官の領域である「行政」とは区別されながらも、法の下で人民の責任として追究されるものであり、自由放任ではなく、あくまで人民の事務への習熟を前提とした自主的運営の責任を追究するものであった。

一方、すでに第八章にみたように、田中は太政官中枢の調整役を務めたのち、岩倉使節団随行理事官として欧米諸国の教育事務を調査した。地方官の経験はないものの、中央官の能力の限界に自覚的であり、地方裁量を前提とした小学校教育の普及を文部省方針に据えた。国家形成の基盤として教育事務の重要性を認めていた田中は〝教育〟が身分制や貧富の格差といった社会的差別に基づかない共通性を持つべきものであること、またその実効性を発揮するためには地域人民の自主的運営に依拠すべきであることを認めて、地方官以下学事担当者による先導と〝普通教育〟の定義・意義の伝達、小学校運営の現実適合化を追究した。田中は一方では文部省職権をフル活用して文部省から地方への上意下達を旨としていた学制方式を、欧米法調査と地方官意見の総合を基本機能とする学制再編方式へと転換させ、他方では官立に依存していた学校制度を改めて「公立」を設定し、官の先導と民の自主性を追究し、あるいは学資金収集・蓄積や教則の内容について人民の自主性を求めた。そして田中が最優先課題と位置づけた〝普通教育〟の普及は、厳しい財政事情のなかでも一貫して追究され、それが教育令の基本的性格を規定していた。

第十章にみたように、田中は世界普遍の〝教育事務〟を定義し、その最優先課題が〝普通教育〟であると説明した。すなわち、人民の学術・学習の権利を保障し、人民を教育の主体に、文部省・地方官をその監督者に位置づけた。そして、〝教育〟の領域と求められる専門性に注視して、学校・幼稚園・書籍館・博物館を包括した教育機関の整備を打ち出し、〝普通教育〟普及にあたって政府・人民の権利・義務関係を精緻に定め、〝普通教育〟における moral education の重要性を認めて、教員の資質を重視したのである。

このように、明治初期に誕生した基本法令の立案においては、主務省の立案を起点とするために、その主任官の知識と経験が立案の趣旨や方法に影響を及ぼしていたことが窺えるが、異なる経験をしてきた松田と田中が、それぞれの主管事務の展開に関して同一の問題に行き当たっていたことは注目に値する。すなわち、中央官には区々の地方の実情を把握することができておらず、現実適合性を担保することも、それに基づく全国一般の法制度（基本法令）を構築することも困難な状態にあった（第Ⅰ部）。ゆえに中央官としては地方裁量に基づく地方事務の形成を促す必要があり、それを念頭に置いて欧米法との関係を築くことが中央・地方官の共通課題となっていた（第Ⅲ部）。松田、田中の制度構想には、彼らが経験した明治初期の状況が映じている。彼らは旧来の身分制的統治の解体を念頭に置きながら、それに代わる全国〝一般〟を追究して事務の基本目的を明確化していったが、同時にその施行においては多様な地方事情を考慮して実効性を追究する必要があり、その実効性を左右するのは人民の事務運営能力であると捉えていた。地方官の役割を重んじてきた彼らが、今後の人民の役割を重視していたことは、それが事務の実効性を高め、事務の〝構築〟から〝定着〟へと歩を進めるために不可欠であったことを表している。

(2)　立法審査体制運営上の特質

一方で、法制局の構想にみられるように、民費負担の過重や法令改廃の過多を根本的に是正するという方向性も、当時の政府に於いては重要であり、その立場から行われた法案修正作業は主務省の構想と調整不良を起こしていた。立法審査が主務省の立案に不足した点を補完する目的で行われていたことを考えれば、この修正作業は一定の効果を発揮していたといえるが、同時にそうであるがゆえに主務省・法制局間の調整不良の原因になっていたと考えられる。それは「官民共治」の構想が主務省の見通し通りに展開し難い原因でもあったといえる。第十一章でみたように、教育令再改正案に対して、参事院が学事取締規定の削除を決議したように、主務省の意図を超えて、地方費用負担の軽減は法制機関の主要命題となっており、依然として主務省と法制機関との調整不良は存在していた。主務省の立案に改革や事務方針の貫徹が前提される限りにおいて、こうした立法審査段階での調整不良は、程度の差こそあれ、避けがたいものであったと考えられる。

それでも、第十一章の検討が示すように、教育令制定時に調整不良であった点については漸次改正を通じて補完され、次第に「普通教育」普及が図られていった。河野敏鎌、福岡孝弟、大木喬任と文部卿の交代が続いたにもかかわらず、文部省では事務官が固定されており、大きな方針転換を伴うことなく所期の目的に即した法令整備を進めていった。そのため、従来方針転換の画期と捉えられていた法令改正や明治十四年政変などの政治事件は、事務の方針転換にはつながっておらず、むしろ所期の事務方針をより貫徹させるための契機となって、内閣・文部省の内的結束を高めていた。文部省では現実適合性を考慮して法改正・関連法整備を重ねつつ、政治論争に巻き込まれる事態を避けるため自主的な「主義」の発信を行っていたのである。立法上では主務省・法制機関の調整不良が引き起こされながらも、事務上では近い将来の法改正や法整備を想定した主務省の活動が継続的に行われていたことが窺える。

(五)　教育事務の成立

ここでは教育事務の成立過程について本論の成果（第二、八、十、十一章）をまとめる。

学制の楽観・専断主義による失敗、西洋模倣の理想主義による教育令の挫折、改正教育令の反動的統制主義、財政難に伴う再改正教育令の退歩といった教育制度史の通説は、本書の検討を通じて大きく塗り替えられた。第二章の検討が示すように、文部卿大木喬任は漸次の改良を想定して学制を制定しており、欧米と日本の状況のギャップを念頭に小学校整備を優先事項と定め、地方官の裁量による現実的施行を促していた。楽観も専断も本旨ではなかったことは明らかである。第八章の検討が示すように、文部大輔田中不二麿は学制下の地方官に小学校整備の先導役を期待しつつ「公立」学校の制度を整え、官頼みの学校経営から人民共同の自主運営への移行を見据えていた。欧米教育制度の調査をすすめてきた田中が、並行して地方的実践の基盤とした学制再編を追究していたことは彼が単に西洋模倣を目的としてはいなかったことを表している。そして、第十章の検討が示すように、田中は教育令に世界標準の教育事務を規定し、学校のみならず幼稚園・書籍館・博物館をも包摂した教育機関整備を打ち出し、教育事務の中心的要務として「普通教育」を位置づけた。この構想を以て田中は法制局を説得し、元老院の修正委員制度を活かして原構想に近い形での立法に漕ぎ着けた。教育令は楽観的な理想主義の所産ではなく、欧米と日本の状況を総合的に分析した結果であり、今後の教育事務の目的と方法を明定したものだった。以後の経過は第十一章が示すように、改正教育令は反動主義ではなく教育令の原構想への接近であり、再改正教育令は目指すべき「普通教育」の小学校を規定しつつ、現実やむを得ない「小学教場」を別に規定するものであり、同時に近い将来の法改正を予定したものであった。

立法の次元にとどまらず、事務運営においても、地方裁量を活かした小学校整備が模索された（第八章）。ただし、文部省において地方官が主導者となることを問題視していたように、今後一層の小学校数の増加を図るうえで、地方官権限に包摂されない形で小学校経営権を規定することも重要な課題となっていた。私学の奨励や教則の自由化は、公立学校中心の教育普及という従前の方針の限界を認めてさらに教育普及を試みる方法であったといえる。

田中はじめ文部省の官員たちが教育事務の難しさを言うとき、事務の目的に対する理解の難しさを説いていたのは、教育の効果が国内ではいまだ未知数のものであり、立案の基礎を欧米教育制度に求めざるを得なかった点に起因している。立法上には常に一歩先の目標が掲げられるために、理想主義者の顔がみえるものの、施行上ではその目標と現実の距離を縮めていくことに注力しているために、現実主義者の顔がみえる。彼ら主任官の志向性が主として立法上の限られた情報から楽観的な理想主義者と捉えられてきたのは、かかる構造によるものと考えられる。

教育事務は、人民一般の生活の困難と欧米学問の導入という課題を認めた大木文部卿時代に基本的方針が打ち出され、欧米教育制度を探索した田中によって「普通教育」普及という目的と方法に再構成され、教育令期を通じてその法令整備と現実化が推進された。その過程で欧米情報と国内情報の集積による立法と合意形成が図られ、教育事務の基礎が築かれたのである。

第二節　立法・事務からみた〝明治維新〟の特質

最後に、本論の成果をより広い視野のなかで位置づけつつ、展望を示すこととする。すでにみたように、明治初期における立法と事務は当務者たちの現状認識と活動の結果であり、一定の効果を挙げるとともに多くの問題を伴った。そのため、明治初期とその後の政治・社会に与えた影響もまた大きかったと考えられる。この観点から本論の成果を俯瞰したとき、改めて注目したいのは明治初期の経験的産物としての〝事務〟である。

（二）〝事務〟形成に伴う影響

事務が与件ではなく形成物であった以上、事務にはその担当者たちの経験が集約されている。三新法・教育令といった基本法令において「官民共治」構想が中核をなしたことは、松田道之・田中不二麿の個人的経験を映しているだけでなく、明治初期の政府当務者の課題認識を体現している。彼らは改革事業に一定の実効性を担保する必要性を認め、一方では立法審査体制を整え、他方では地方事務を形成した。地方意見の聴取はともすると机上の理想論に陥りがちな改革立法において、地方の実情への適合という枠づけを進めるものでもあった。政府官員たちは、より小区域の事務担当者へと段階的に育成の対象を拡大し、合意形成と意見提起を求めた。欧米議会が理念的には町村会から国会に向かって積み上げられる構造をなすのに対して、この方向性は対照的である。松田道之（滋賀県令）は明治七年の自著『県治所見』において、議事は本来「先ヅ町村会ヨリ区会県会」の順序で興すべきだが、人民の議事に対する理解が進んでいないことを理由に、県会を先に興し、人民の議事への理解を広めてから順次区会、町村会を興すと述べている(6)（第九章）。これは松田の考える議事の目的がいまだ「人民保護ノ主意ニ適セザル」措置が多い県治（地方事務）を改良することに置かれていたからである。

この〝議会〟において事務について話し合う際、必要となるのが事務の理解である。この点に関して実際に事務に就いた経験のある者の方が、事務の目的や方法に通じ、経験のない者よりも有効な改良意見を得やすいと考えるのは自然なことである。柴原和（千葉県令）が即時の公選民会開設について人民一般には議事の趣旨を理解していない者が多いとして「折角ノ公撰議会ヲ以テ無益ノ政事論場ト成スニ至ラン」と否定し、事務から遊離した議論を「無益」とし、むしろ「行政ノ害トナル」とまで述べたことは、この〝議会〟の性質をよく表している(7)（第四章）。また、区戸長会派地方官が主張したように、この〝議会〟を公選民会への第一歩と位置づけるのは、県内に事務・議事に習熟した人材が一定数育成されることで公選民会の議論の有用性が担保されると考えていたためである。このような考え方は、府県会が開設されてからも根強く残った。明治二十一年十一月二十日、元老院において市制町村制・府県制郡制の趣旨説明を行った山県有朋（内務大臣）は、この地方自治制のもとで選挙された「財産」「智識」をもつ人材が「自ラ責任ヲ負フテ現ニ地方共同政務ニ当ルトキハ、自ラ実際ノ事務ニ練熟シ、政治ノ経験ニ富ミ来ルガ故ニ、他日帝国議会設立ノ時ニ至リ其代議士タル者ハ勢ヒ斯人ニ在リトセザルヲ得ズ」としている(8)。地方事務運営の経験が国政決定に現実適合性を付与するというのである。

立法・事務の形成過程で問題とされてきたのは、人民一般の事務に対する理解度と地方費の膨張である。改革事業はその労力・費用の多くを人民一般に頼むことで展開されたため、たとえ中央・地方官が共通認識を築いたとしても、施行時に人民一般の反発を受ければ事業の実効は挙がらない。本来人々の生活と密接な関係をもつはずの事務が人民一般にするとその意図がわかりづらいものだったことは、明治初期に全国で地方騒擾が発生し続けたことや政府批判を含む民権運動の潮流が形成されたことからも明らかである。ではなぜ人民一般の事務に対する理解が進まなかったのだろうか。政府官員が自覚していた主な原因として下記の五点が指摘できる。

第一に、明治初年の法令の〝量〟である。政府では事務の分担を図りながら、各事務に必要な法令を定めて地方へ達したが、当然地方では一度に膨大な法令に対応しなければならない状況が生じた。各法令には様々な欧米情報が踏まえられており、ただでさえ難解であったが、地方事務担当者たちがそれらを同時に施行しようとすれば個々の法令の趣旨を理解する余裕は一層奪われる。そのため、人民一般にまで法令の趣旨が精確に伝達されていたわけではなかった。この問題は、すでに明治七年の伊地知左院副議長の意見書において取り沙汰されている(9)。伊地知は「官省ノ制令布告ノ繁出」により「地方ノ老吏、強記ノ智者ト雖、諒悉記請スルコト能ハズ故ニ動モスレバ遺忘桂誤ノ失ナキヲ免レズ」「県庁ヨリ諸制令ヲ発スルゴトニ各区ハ惟之ヲ戸々ニ逓達スルノミ、更ニ其事由ノ何事タルヲ解知スル者少ナシ。而シテ戸長等ハ亦区務ノ冗雑ニ掩ハレテ詳カニ之ヲ小民ニ諭解スルノ間ナシ」として、法令の濫発が地方事務担当者による事務の理解、人民一般への理解の普及を妨げていると説明する。しかも「布告制令ノ朝夕ニ発シテ夕ベニ改マルガ如キ有ル時ハ、何ゾ実務ノ現行ヲ望ムニ遑マアランヤ」というように、〃朝令暮改〃がこの問題を深刻にしているという。実際、明治九年に県内の学事巡察を終えた山崎忍之助（長崎県権大属）は、次のように建議している。[10]「人心疑惧ヲ抱クノ時、一ハ某費、二ハ某費、三ハ某費ト徴収多端ナルヲ以テ、人民其主旨ヲ了得スルニ暇マナク、一時之ニ従フトモ、或ハ中途ニシテ已ム。此レ其初メ得失ヲ審ニセズシテ施為ヲ急ニスルノ通弊也」と。費用負担が矢継ぎ早に求められるなかで、人民が事務の「主旨」を理解することができていないという。自然この問題は主務省である文部省にも把握されるところとなった。文部省学務課長として地方学事の状況を把握してきた辻新次（文部権大書記官）は、明治十一年、「文部省年報」掲載の学校整備状況を眺めて次のように説く。[11]

其ノ掲示セシ所ハ益旺盛ノ候ヲ徴スルニ足レルガ如シト雖、観ル者静思シテ熟慮セヨ、是或ハ皮相ニ止マリテ其ノ実ハ然ラザル者アルニ似タリ。蓋我ガ教育ノ起興セル所以ヲ察スルニ、人々固其ノ真理ヲ知リテ然セル者ニ非ズ、況ヤ其ノ方法モ亦適度ヲ得ザル者無キニ非ズトスベキヲヤ。曩ニ官文部省ヲ置キシ時ニ当リテハ中央政府ノ権力ニ由リ令ヲ地方官ニ布キ、勧奨コレ周ク慫慂コレ到ル故ニ漸此ニ及ブコトヲ得タル者ニシテ、真ニ人知ノ進歩ヨリ此ノ点度ニ達シタルニアラズ、其ノ方法モ亦一トシテ未経歴セシ者アラズ。又上下共ニ忍耐シテ久シク支フベキノ徴ヲ見ズ。コレニ加フルニ今日ノ民心東ニ駆レバ西ニ馳セントスルノ勢アルニ似タリ。果シテ然ラバ予ハ却リテ将来ノ反動、此表面ニ背キ頓ニ其ノ裏面ヲ視ルニ至ランコトヲ恐ル、ノミ。

一見すると「文部省年報」の記述には各地に多くの学校が設置され「旺盛」の徴候が現れているようだが、実際には官主導の「勧奨」に依存してきた結果であって、人民自身の「進歩」によって得られた結果ではないと辻はいう。人民は教育事業の意義を理解し「忍耐」を以て支える状況になく、むしろ民心の浮動により「反動」が生ずる恐れがあるという。ゆえに辻は官の主導を改めて「民心ニ適スルノ方法ヲ設ケ」ることが肝要とした。この時点ですでに文部省は「日本教育令草案」を上申しているため、辻の見解は「日本教育令草案」の主旨を踏まえたものと考えられる。「日本教育令草案」が「普通教育」を定義し、その普及方法を明示したものであったことを考えると（第十章）、教育事業の意義と方法を知らしめることが文部省において重要視されていたことが窺える。このように、事務の理解を広げるという課題を残したまま、基本法令の制定に至ったために、基本法令の施行に際して、人民の事務に対する理解の普及の遅れが問題化することとなり、かかる状況に合わせて基本法令の改正が行われる要因となった。

第二に、明治初年より継続した〝朝令暮改〟である。政府では立法・事務の現実適合性という課題を抱えていたため、施策を実施しながら欧米情報や地方意見をフィードバックし、少しずつ改良していくほかなかった。立案責任を負う各省官員は、徐々に知識と経験を蓄え、立法審査を担う太政官・元老院などの官員、あるいは地方事務を担う地方官・区戸長はそれぞれの立場から各省立案の問題点を指摘・補完することで立法・事務を支えた。ただ、こうした相互補完的体制では、立法も事務も漸次改良を要する対象であり、つねに変化を繰り返すこととなる。政府では〝朝令暮改〟を問題視し、抑制策を講じてはきたが、そもそも〝朝令暮改〟はかかる立法・事務形成の仕組みから生み出されていたため、ただちに根絶することは困難であったと考えられる。また、このような仕組みによって事務担当者が養成されていたことも確かである。もともと各事務の目的や方法は与件ではなく、事務官に充てられた人材もまた各事務のために養成された人材ではなかった。政府において欧米法・国内情勢の調査を進め、法令の改廃を繰り返すことで彼らは知識と経験を獲得し、事務形成に関与したのである。

しかし、〝朝令暮改〟は法令に対する人民一般の信用低下を招く。明治十年一月十五日、政府は法令の改編について「実ニ不得已ニ出ヅルモノ」と理解しつつも、「繁雑」を極め「人民ノ信用」にも関わるため、今後は十分な審議を経て真にやむを得ないものを除きなるべく「変改」しないように通達している[12]。この通達を立案した法制局は、法令は「人民ノ固守確信スル」ものであって、その「変改」が多いのは「畢竟其初メニ尽サヾルノ致ス所」であるとして、避けられる「変改」については予防する方針を示していた。変化を常とする立法・事務に徐々に安定をもたらし、人民の事務に対する理解を得ることが、政府における課題であった。

第三に、地方費の膨張である。事務の展開に伴って費用負担は確実に増加したため、各地で負担過重による事務への忌避意識が醸成された。三新法制定前後に各地で事務の放棄を意味する「自由」論が流行したことや、府県会において事務費用の大幅削減要求が目立ったことは、その端的な表現である。明治十八年、地方巡察を終えた尾崎三良（参事院議官）は地方事務について「年ヲ逐テ増進シ、其費用ハ悉ク町村ノ負担ニ帰ス」るが故に、かかる「自然ノ増進」による負担増が人民の窮乏を招いていると指摘する(13)。これは政府にも責任があり「一方ニハ万般ノ政治皆画一主義ヲ旨トシ、都鄙貧富ノ差別ヲ見ズ、一方ニハ費用ノ制限アルナク唯一直線ニ万般ノ整頓ヲ促スノ致ス所ナリ」と。尾崎は人民の生活状況に応じた費用負担の抑制が不十分であるとし、かかる「経済改良」が最優先課題であるとした。実際、政府では明治十八年には地方費の制限に着手するとともに、政費節減を進めたが、事務の展開を地方経済・人民生活に適合させる必要性はより高まってきていたといえる。なお、このとき尾崎が人民生活状況との齟齬が最も際立つ費用として挙げたのが「教育費」であった。当時、文部省は〝干渉主義〟の名の下に十分な教員・設備・資本を備えた小学校の整備を打ち出していたが、尾崎はかかる「合格ノ学校」を無理に設置・維持させてきたために、町村費の膨張を招いて生活の圧迫につながっていると指摘する。折しも同年、文部省は教育令再改正に着手し、正規のものより負担の軽い簡易の小学校（「小学教場」）を法規定した（第十一章）。教育事務の展開を考えれば、出来得る限り小学校の環境整備を進めることが最優先課題となるが、地域経済からみれば生活状況に適合した負担に抑えることが不可欠である。明治十八年に初代文部大臣となった森有礼が「教育」と「経済」の関係を意識すべきだと強調したのは、教育事務上の必要性と地域経済の現況とのバランスが重要になっていたことをよく表している。明治十年代以降、政府では可能な限り事務の質的向上を地方へ求めながらも、多様な慣行や地域経済の動向に合わせてより簡易な規定を認めることで地方裁量を残した制度運用を促し、事務方針の一貫性とその実効性を保とうとしていた。

第四に、地方における事務の実効性である。警察事務の展開とともに多くの警察官が任命されたが、彼らの能力には不足が指摘されており、費用増加のスピードに事務の質的向上が追いつかない状況が生まれていた（第七章）。長崎県では明治十六年度、十七年度の警察費に関して、県会が県庁提出の原案予算額から大幅削減を要求したため、県庁は内務省の承認を得て原案通り執行しているが、その際県会が削減理由としたのは「今日県民窮迫ニ際シテハ其得ル処ノ利ト費用負担ノ困難トヲ比シ、其利、其難ヲ償フ能ハザル」ことであった(14)。費用負担者である人民にしてみれば、費用負担が増大しているにもかかわらず効果が実感できないため、費用削減は自然な発想であった。一方、県庁にしてみれば、従来でさえ「必用ナル内勤巡査ノ外其数僅少、各署直下之巡邏スラ往々不足ヲ告ゲ、其郷村巡回ノ如キハ一ヶ月一回乃至二三回ニ過ギズ」という苦しさであり、県会決議通りの予算額では警察事務が成り立たなくなるという危機感があり、「反復熟慮スルニ此上ノ節減ノ道無之」と判断し、内務省の許可を取った。この県庁・県会の主張の溝は、改革事業の改良と地域経済の逼迫の間でどのようにバランスを取るのかという明治十年代後半の難題をよく表している。こうした問題は警察事務に限らない。教育事務の場合でも、たとえば柴原和（千葉県令）が管内を巡視した際、教員養成の遅れや学資金の不足に起因して「教員ノ不熟、器械ノ不備等ニヨリ、教則モ随テ乱レ、生徒ノ進歩モ遅ク、有名無実ノ学校多数ニテ、実ニ赧然ノ至リナリ」と述べて教員養成と学資金蓄積を課題に挙げたように(15)、実効性に問題があったことは確かである（第八章）。戸長についても行政・自治の双方に能力ある人材を確保することは困難であり（第九章）、学務委員についても人材不足を理由として学区拡張や聯区学務委員制が提起された（第十一章）。地方官に関しても元老院において陸奥宗光・中島信行が地方官精選を求め、教育令案審議において元老院議官たちが地方官の補助金配付裁量に関して「地方長次官ノ独断ニ任シテ可ナランヤ」（山口尚芳）、「原按ノ如キモ未ダ府県長官専断ノ弊ナキヲ保ツ能ハザル」云々（中島）、あるいは教員の「品行」規定に触れて「今日ノ景況ヲ見ヨ、今日ノ地方官ハ果シテ品行正シキモノ、ミトナスカ」(河野敏鎌)というように[16]、施政における地方官の能力不足、専断の弊害が問題視されていた。当たり前のことではあるが、すべての事務の実効性を左右するのは、その現場を担う人の能力である。立法・事務の形成に比べてその人材養成は一歩遅れる傾向にあったが、無理に質を引き上げようとすれば、先述の通り、地域経済の許容範囲や合意可能限度を超え、却って事務の瓦解に帰結する。各地各様の地域経済とのバランスを失わない方策もまた政府の課題であった。

第五に、事務の専門化である。事務官は欧米法・国内情勢のフィードバックを重ねることで、主管事務の目的と方法を精密にしていった。そのため、時の経過とともに事務は知識・経験の集積体として専門化していく。その難解さゆえに、政府内部でも事務の趣旨に対する共通理解を築くことは困難であった。明治十年代において文部省が〝干渉主義〟あるいは〝儒教主義〟のように教育事務の方向性を端的に示そうとしたこと、あるいはドイツ国家学の適宜援用によって事務に体系的説明を与えようとしたことは、文部省が経験してきたものとは異なる様々な教育改革要求の省外からの噴出に抗して、文部省が教育事務の趣旨を説明し、省外の理解を調達することが課題になっていたことを表している(第十一章)。

以上のように、事務は人民一般の労力・費用負担のうえに展開するものでありながら、人民一般の事務に対する理解を調達することは容易ではなかった。事務官はこうした立法・事務の長年の課題を念頭に置いて、「官民共治」構想をつくりあげ、政府要路の賛同を得ていた。構想のなかでは今後〝人民の事務〟を強制法によらず漸次育成することが展望されていた。彼らは明治初期を通じて立法・事務の構造を作りあげたが、事務の実効性を高めて人民一般の事務の理解を進める――事務の安定的運営を実現するという課題を残していたといえる。一方で、事務には繁雑化と費用膨張の問題がつきまとった。法制局の制度構想にはこの問題が強く意識されており、もう一つの立法・事務の課題を表していた。明治十年代後半の政府の関心はこれらの点に注がれており、それは近い将来の国会開設という問題と結びついて喫緊の課題と認識されるようになった。

(二)　政府における立法・事務の〝経験〟

明治十年代、政権・施政に対する不満・不信の声は次第に大きくなり、政府が先送りにしてきた代表制議会に対する期待が高まっていった。政府では明治十四年の国会開設の詔を契機として、今後の政治方針が議論されたが、留意したいのはこのときの彼らには十余年の立法・事務の経験があったことである。同年の寺島宗則・山県有朋・伊藤博文ら七参議による意見書では、「中興草創ノ事業未ダ了局ニ至ラズシテ施行方ニ半ナル者多キ」現状に鑑みて、「立憲ノ政」移行の準備にはなお数年を要するとされ、今後の準備として、欧米情報に触発された民間の「過激ノ論」を警戒して、①日本古来よりの「国体」に基づく憲法制定、②皇族・華士族代表者ら「貴族老成ノ組織」する新たな元老院の設置、③天皇による軍人の統率が提唱されている(17)。序章でふれた三大臣意見書では同様の趣旨に加え、財政整理を敢行し「従来紛雑シタル会計ヲ整理」すること、事務を「秩然整理」すること、速やかに諸法典を制定し、殊に民法については「我国ノ習慣成例ニ基拠」することを挙げているが、その目的はやはり人民の「過激暴進ヲ事トセントスルノ情勢」に対してその「矯正」を図り「秩序ヲ重ンゼシムルノ風ヲ起ス」ためであるという(18)。こうした民間の欧米諸国をモデルとする改革意見が政府において〝秩序〟を壊乱しかねない暴論とみなされているのは、一面ではちょうど政府発足当初から事務官たちが同様の立案によって施行上の問題を醸したことと重なり、他面ではすでに形成された立法・事務が政府発足当初や民間での意見とギャップを生じていたことを表している。政府官員はかかる難点の克服を目指して十余年試行錯誤してきた経験があるために、民間の改革意見がきわめて不適当であると考えたのである。彼らはもはや欧米の特定の国の情報を以て立案を正当化するのではなく、欧米諸国の情報を比較対照しつつ自国の情勢に合わせた立案を追究していた。ゆえに、彼らは民間の改革意見を「矯正」の対象とみなし、日本古来の伝統に基づく〝憲法〟や〝貴族〟集団の編成といった古さを以て、政府のこれまでの改革事業に正統性を与え、〝秩序〟の形成を進めようとした。変化を常としてきた立法・事務の完結を経てその守成に務めることが彼らの考える〝秩序〟であったといえる。すでにみたように、ドイツ政治学をはじめとする事務の体系化の試みもまた、〝秩序〟形成への関心の高さを示すものといえる。以上の意味において、改革を旨とする政府発足以来の〝事務〟はその形成段階を終えて、徐々に改革の完結へと向かい、つくりあげるべきものから守るべきものへと位置づけ直されていったといえる。とりわけ明治十年代後半以降、政府はこの〝秩序〟に対する関心を高めていったのである。

さて、事務の完結を目指すならば、官民双方が事務に習熟する必要がある。明治十五年九月十四日、寺島宗則（特命全権大使）は次のように指摘する。(19)

大国ノ計画ハ必ズ経験理論ノ両門ヲ経過シテ、完善ノ結果ヲ生ズベシ。十五年間ノ実例甚多シ。某々等ノ事業、手続ノ成否アリ。若之ヲ忘却シ去ルトキハ、空シク金ト時ヲ棄テ、経験スル所ヲ失フナリ。可惜。（中略）欧米各州開明ノ事業ヲ擬セントセバ、官民共ニ学識ヲ求メテ其階級ヲ履マザルベカラズ。古人言ハズヤ、穀一年、樹十年、人百年、実ニ人才ヲ殖ヘテ百年後ナラデハ成功覚束ナシ。

寺島は今後の政府計画において、過去十五年の維新の「経験」を今後の事務に活かさなければならないとし、改革事業を成功させるためには「官民」が「学識」を培い、漸次事業に取り組まなければならないと指摘した。(20)勿論、この事業の展開は地域経済の状況に即して破綻を回避する必要がある。明治十八年に地方の衰弊が取り沙汰された際、寺島は地方税・区町村費の削減とこれらの財源による事業の「多少」の改革、「短縮」を要用とした。実際、同年には地方費削減による事業の見直しが行われ、事務方針を堅持しつつも財政上可能な範囲に方法を改めることとなった。

なお、この官吏たちの「経験」は彼らが得た最大の政治的資源であったと考えられる。同時にその「経験」は幕末維新期の特異性を内包するが故に、政談を牽引する新世代とのギャップを伴った。かかる「経験」に基づく〝明治維新〟終局のプロセスにおいて多くの活動に携わったのが、山県有朋である。同年、山県有朋は「天保弘化年間ニ生レ世故変遷ニ遭遇シ経歴アルノ徒、今ヤ漸ク衰退ニ就キ、行々将ニ迹ヲ社会ニ絶タントス」る「新陳交代ノ時」に際し、「我ガ東洋治乱興廃ノ故ニ暗キ」新世代の欧米諸国「模倣」の風潮を「教育」によって防ぐ必要があると述べる。[21]ここで山県は自分たち旧世代のもつ〝経験〟について、変動著しい〝日本〟をつねに意識して積み上げてきたものと解釈していることがわかる。欧米諸国の制度を改革の原資として積極的に取り込んできた旧世代が、その特徴を〝日本〟への適合に求めたことは、彼らの経験の性質をよく表している。ただ、かかる経験の自己正当化は、立法・事務を批判の余地のないもののように誤解させ、あるいは批判的議論に対する不寛容に帰結しやすい。これが政党勢力に対する強硬姿勢や超然的態度、あるいは「教育」を現政治・社会秩序保持のために利用しようとするような志向を形づくっているといえる。同時に、かかる政治的志向を維持しようとすれば「政府ノ主義」を以て人民一般の「方向」を定めるという積極的な〝主義〟の発信とともに、中央・地方官の法的規律の強化を以て全官が「一身ノ如クナル」ことで「民ノ信用ヲ得ル」ことを喫緊の課題と認めた。事務の継続・改良による施政の実効性向上が人民の〝信用〟につながるという発想は、本書にみた通り、政府発足以来彼ら官吏によって持ち続けられていたといえる。

明治二十年九月、伊藤博文（内閣総理大臣）は、地方長官一同への訓示において「行政ノ事ハ社会ノ進歩ト倶ニ相併行セザルコトヲ得ズ」として次のように述べた。[22]明治維新期には旧制度・社会を「一変」させるにあたり、「往々停滞シテ疎通セザル者アリ」、あるいは新旧の要素が「衝突」して「混和」を妨げてきた。官吏はこの事業を「監督」「保護」して方向を「指示」し、「結果」を収めようとしてきたが、それゆえに今日の行政には「非常ノ盤錯ト艱難」が遺されており、かかる事業が「中途」であることを示している。ゆえに行政官は「確実ト永久トヲ以テ目的トシ」て漸次「人民ト倶ニ敢為勉強忍耐ノ気風ヲ振作シ、其幸福昌栄ヲ進メ、完全独立不羈不侵ノ国民タルノ能力ヲ宇内ニ証明シ、永遠強盛ナル帝国ノ栄誉ヲ後世ニ貽サンコトヲ務ムル」べきであり、事業はかかる目的に即して「直線前往スルニ外ナラズ」、諸君はその「終局ノ責」にあたるものである。もし「一時政論ノ紛擾」により地方の事業を「弛廃」し、「二十年経画ノ行政ヲシテ萎靡敗壊ニ帰セシムルコトヲ免レザルガ如キコトアラバ、我国民前途ノ運命ヲ何ノ地ニ置カントスル乎」と。伊藤の訓示には大きく分けて二つの特徴がある。第一に改革事業が依然として完全ではなく中途にあるという現状認識である。官と民、中央と地方の事情を踏まえてより実効性の高い「行政」を実現することが彼らの継続的課題であった。第二に官吏の先導による人民の「能力」向上を国家の独立不羈との関係で捉えている点である。松田道之が認識していたように、もし人民自身が事務の自主運営能力を身につけたならば、官吏の人民に対する告諭勧奨はその役目を終えるはずである（第九章）。また、田中不二麿が認識していたように、官吏が事務の主体であり続ける限り、事務の定着は期し難い（第十章）。しかしながら、伊藤は事務の現況をみて依然として不十分な点が多いとして、官吏による先導の責任が重いと認め、改革事業の「終局」「結果」を追究していたことが窺える。国会開設までの時間が減っていくなかで、事務の完結が求められながらも、明治初期を通じて課題とされた〝人民ノ事務〟の定着は依然として課題と認識されていたことが窺える。〝明治維新〟を終わらせなければならないが、終わらせることは困難である――そのような現状認識は、伊藤の訓示の結びにおいて次のように表現される。「各員ニ在テ亦必聖明ノ盛旨ヲ奉体シ、従前既定ノ針路ヲ誤ラズ、始アリ終アリ以テ分憂ノ責ニ対ヘ、以テ中興ノ大業ヲ垂成ノ際ニ翼賛スルノ光栄ヲ完クスルコトヲ怠ラザルベシ」と。[23]

実際においては、事務が明治二十三年の第一帝国議会までに完結をみたとはいえない。第一帝国議会において山県有朋は二十余年の「短日月」の改革であったために「未ダ其ノ半ヲ終フルニ至リマセヌ」と説き、「施政ノ大局」よりみれば我々は「同一ノ軌轍ノ上ニ進ミ行キツ、アリ、決シテ此一大環線ノ外ニ脱出スルコトハ致シマセヌ」とし、衆議院議員一同にもこれに協調することを期待した。[24]したがって、議会の協賛が得られなかったときは、この主張がそのまま議会解散の理由となる。すなわち、明治二十四年十二月、第一次松方正義内閣は議会解散の上奏文において解散理由を次のように表現する。[25]議会は事業の「廃除削減」に固執しており「此ノ如ク年々削減ヲ以テ相依リテ例ヲ為サバ、行政機関ハ殆ド其ノ運転ヲ妨ゲラレ、維新以来施政ノ方針タル進歩ノ事業及国家ノ経済ハ逓次退縮ニ傾キ而シテ後止マントス」として議会の主張は「国家ノ昌運、臣民ノ福利ト相容レザルコトヲ信ズ」と。

以上のように、明治初期の立法・事務を担ってきた官員たちにおいて、自分たちが追究してきた、またこれからも追究すべきものとしての〝事務〟は明確になり、その〝経験〟が〝立法〟上も基本的な指針となるべきだと認識するに至った。明治十年代において政府と同一の方針を取らない民間の意見を危険視し、矯正の対象と認識したことも、そもそも事務担当者内での合意と協議によって立法・事務を形成してきたことに淵源があった。政府ではそのような方法を採用したことで短期間の改革に一定の効果を挙げることができたが、そうであるがゆえに問題も抱えた。事務の方針が明確となった反面、その現実適合性は依然として不十分であり、事務は政府において今後も改良を要する対象であった。[26]しかも、事務費用は増加の一途を辿るにもかかわらず、事務の質的向上は容易に実現されず、効果が発揮されるにはなお時日を要した。[27]明治十年代における府県庁・府県会間の費用削減の紛議、あるいは初期議会期の政府・議会間の費用削減の紛議は、政府が事務の実効性を追究してきた所産といえる。

(三)　立法と事務の明治維新

明治初期の立法・事務の形成は、施政の実効性追究という政府の課題認識と結びついてなされ、以後の政治・行政の方針やその担当者たちの思考枠組みにも少なからぬ影響を遺した。欧米法と国内情勢を勘案した立案、審査、施行の循環は、法令の濫発と頻繁な改編によって過誤失錯を巻き起こしながらも、決定的な破綻を回避し、政変や地方騒擾のなかでも制度構想を培い、基本法令の制定に行き着いた。それは官員たちの経験となり、立法・事務の基礎となった。

本書の成果は、〝明治維新〟を多様な側面から理解することを可能にする。改革事業に対する可能な限りの地方負担を図る——不可能な負担による事業の瓦解を回避する——という意味で、いわゆる〝行政国家〟の原型がどのようにして作り出されたかを示している。一方で、基本法令によって大枠の統一を図りながらも、地方裁量を重んじて可能な限り留保し、その適正な運用を官が監督するという施政の枠組みに注目すれば、〝地方自治制〟の原型が作り出された事情が諒解されよう。あるいは、立法・事務の課題に目を向ければ、欧米法継受の目的・方法はもとより、三権分立体制への移行や代表制議会の開設が先送りされてきた原因や、政府が常に民間の批判にさらされてきた理由も、その課題の内に認めることができる。明治初期の立法・事務の経験に着目するならば、彼らによる以後の政権運営や国家体制・立法・行政に対する基本的な思考枠組み、彼らが演説や著作物を通じて語った〝明治維新史〟の内実について、改めて考える機会となる。もっとも、議会や地方自治制の運営は、彼らの経験のなかで完結するものではなく、彼らが自覚していた多くの課題に新たな時代の課題を合わせ、帝国大学卒業の新たな〝官僚〟と明治維新期の経験をもたない新世代の人々によって担われることとなる。そのなかで本書の描いた立法と事務の〝明治維新〟の経験がどのような役割を果たしたのかについては、今後の検討に譲ることとしたい。

註

（1）『衆議院議事速記録』第三十一号、明治二十六年二月七日、上奏案審議（『官報』明治二十六年二月八日、七四一頁）。
（2）同右、七四三頁。
（3）西川誠「参事院の創設——明治一四年政変後の太政官における公文書処理」（『書陵部紀要』第四十八号、宮内庁書陵部、一九九六年）。
（4）瀧井一博『ドイツ国家学と明治国制』（ミネルヴァ書房、一九九九年）、同『伊藤博文』（中央公論新社、二〇一〇年）。
（5）御厨貴『明治国家形成と地方経営』東京大学出版会、一九八〇年（のち『明治国家をつくる』藤原書店、二〇〇七年に再録)。

(6)明治七年一月二十五日頒布、松田道之『県治所見』(滋賀県庁県政史料室所蔵「明治七年諸課布達簿」)。国立公文書館所蔵「府県史料」滋賀県史第四十四巻、制度部、布令一に同文史料所収。

(7)我部政男他編『明治前期地方官会議史料集成』第一期・第五巻、柏書房、一九九六年、九四―九七頁。

(8)明治法制経済史研究所編『元老院会議筆記』後期・第三十三巻、元老院会議筆記刊行会、一九八八年、一九六頁。

(9)国立国会図書館憲政資料室所蔵「憲政史編纂会収集文書」四七五。

(10)国立公文書館所蔵「府県史料」中「長崎県史料」学校二所収。

(11)辻新次「我ガ教育ハ外国人ニ賞セラル、ト聞ク」(『教育新誌』第三十八号、明治十一年十二月)。

(12)国立公文書館所蔵「公文録」明治十年・第一巻・明治十年一月・寮局伺(本局―大使事務掛)、第二十八号文書。

(13)明治十八年十一月、内務卿山県有朋・大蔵卿松方正義宛尾崎三良意見書(伊藤博文文書研究会監修、檜山幸夫総編集『伊藤博文文書』第九十九巻(秘書類纂・財政一)、ゆまに書房、二〇一四年、九―四六頁)。

(14)長崎歴史文化博物館所蔵「明治十七年季中 官省指令留全 庶務課」所収。

(15)明治八年十月、柴原和『県治方向』千葉県、一二丁。

(16)前掲『元老院会議筆記』前期・第六巻、一五三、一五四、一五六頁。

(17)明治十四年十月十一日、七参議意見書(国立国会図書館憲政資料室所蔵「岩倉具視関係文書」〈対岳文庫〉一七―八―(二一))。

(18)明治十五年二月二十四日、三大臣意見書(前掲「岩倉具視関係文書」〈対岳文庫〉一七―八―(二五))。

(19)明治十五年九月十四日、寺島宗則建言書(前掲「岩倉具視関係文書」〈対岳文庫〉一七―八―(三四))。

(20)明治十八年六月、寺島宗則意見書(寺島宗則研究会編『寺島宗則関係資料集』上巻、示人社、一九八七年、三七四―三九二頁)。

(21)明治十五年五月、山県有朋意見書(大山梓編『山県有朋意見書』原書房、一九六六年、一〇八―一一三頁)。

(22)国立公文書館所蔵「公文雑纂」明治二十年・第一巻・内閣各局・内閣書記官―修史局、四ノ四号文書。

(23)同右。

(24)『衆議院議事速記録』第四号、明治二十三年十二月六日、冒頭演説(『官報』明治二十三年十二月七日、四一頁)。

(25) 国立公文書館所蔵「公文類聚」第十五編・明治二十四年・第二巻・政綱一・帝国議会・地方自治一、第二十九号文書。

(26) 明治二十六年、第四帝国議会で巨額の予算削減を求められた伊藤は日記に次のように記している。政府としては「行政ノ改良」による政費節減を望んでおり、「今日現在ノ行政ヲ以テ完全ノモノトセズ、将ニ改良ニ着手セン」としているが、議会のいう急激且つ巨額な費用削減に応ずることはできないと。政府が事務の維持・改良を第一に考える限り、議会の要求を満たすことは困難であったといえる（前掲『伊藤博文文書』第六十八巻（秘書類纂・議会十一）、四三―四四頁）。

(27) 事務の費用負担と効果のアンバランスは、政府でも把握していた。明治十八年十二月、伊藤内閣総理大臣は各大臣に対して各省事務「整理」の要綱を示し、そのなかで次のように述べている。「蓋シ富強ノ道ハ多費ニアラズシテ、施ス所其実ヲ務メ、緩急其要ヲ得テ以テ成功ヲ永久ニ期スルニ在リ。（中略）実務ノ挙アル所、成果ノ得ル所、未ダ経費ノ逓増ト相比例スルニ至ラズ」と（前掲「公文類聚」第九編・明治十八年・第一巻・政体・親政体例―制度雑款、官職・官職総―官等俸給、第七号文書）。

初出一覧

第一章　「明治初期立憲制移行下における「行政」の形成」（『東京大学日本史学研究室紀要』第一六号、二〇一二年）「近世近代移行期における「公論」行政の構築」（『東京大学日本史学研究室紀要』第一九号、二〇一五年）

第二章　「明治初年の民政改革における〈教育〉の台頭――大木喬任と学制」（『日本の教育史学』第五八集、二〇一五年）

第三章　「明治初年外交事務の形成」（『明治維新史研究』第七号、二〇一一年）

第四章　「明治太政官制下における法制・行政・記録――「法制局文書」の検討から」（『東京大学日本史学研究室紀要』第一四号、二〇一〇年）「明治初期立憲制移行下における「行政」の形成」（『東京大学日本史学研究室紀要』第一六号、二〇一二年）

「明治新政府の「立法」」（『東京大学日本史学研究室紀要』第一七号、二〇一三年）

第五章　「明治初期元老院の議事制度改革」（『東京大学日本史学研究室紀要』第一五号、二〇一一年）

第六章　「明治初期における官民訴訟の形成と再編」（『日本歴史』第七九〇号、二〇一四年）

第七章　「明治初期における行政警察の形成」（『明治維新史研究』第一〇号、二〇一三年）

第八章　「明治初期学資金をめぐる中央と地方――民会における合意形成を中心に」（『日本教育史研究』第二九号、二〇一〇年）

第九章　「三新法の原型――松田道之の地方制度構想を中心に」（『史学雑誌』第一二四編第七号、二〇一五年）

第十章　「教育令制定過程の再検討」（『日本の教育史学』第五四集、二〇一一年）「明治初期教育事務の成立――田中不二麿と明治十二年教育令」（『史学雑誌』第一二一編第六号、二〇一二年）

第十一章　「明治一〇年代における教育事務の再編――「行政国家」形成の視点から」（『日本の教育史学』第五六集、二〇一三年）

結章　「明治十年代後半における立憲政治移行準備――明治維新の経験に着目して」（『東京大学日本史学研究室紀要』第二一号、二〇一七年）

あとがき

〝明治維新〟という言葉は近代化に向けた改革事業の総称として長年に亘って使用されており、もはや説明の必要がないように思われる。しかし、〝明治維新〟とはどのようなものかと問いかけられると、とたんに無数の個別事象に分散して説明に窮する。本書は二〇一二年度に東京大学に提出した博士論文を改稿したものであり、筆者が感じてきたこの素朴な疑問に始まっている。

学部生の頃は、〝明治維新〟については様々な出来事と評価が錯綜していて雲をつかむような感覚だったが、当時の〝人〟が考え、活動したことに惹きつけられた。時代の転換期において、人々は「近世」を無条件に肯定することができず、かといってまだ見ぬ「近代」を所与のものとして受け容れることもできず、様々な問題に向き合い、選択肢を探し、互いに協議し、試行錯誤を重ねた。そうした経験的所産として〝明治維新〟を捉えることが、自己の研究課題となった。

研究を進めるなかで実感したのは、人々が考えたこと、活動したことの奥行きだった。史料を書いた人の認識に迫れば迫るほど、関わる問題、人物、組織、法制度は次第に増えていった。外交の議論は自然に内政に広がり、中央政治の議論の裏には地方運営の問題が分かちがたく結びついていた。欧米諸国の法制度を参照しながら日本国内の現状を分析し、将来の目標と現在可能な方法を同時に意識していた。表面化する事象は不可解で氾濫しているようにみえても、地下では人と組織によって整然と物事が進行していたり、逆に表面上ほとんど変化がないようにみえても、水面下では激しい葛藤や意見対立が渦を巻いていたりする。疑いなく近代化の一本道を直進しているかにみえていた諸事象は、実際には様々な選択肢のなかでその時々の条件に応じて選択された結果であり、無関係に散らばってみえていた諸事象は人々の認識と組織的活動を通じて密接に結びついていた。そうした人々の認識と活動の積み重ねが〝明治維新〟という巨大なうねりとなっていたのだと、徐々に理解していった。本書において様々な研究領域を横断し、従来〝明治維新〟を扱う研究書ではスポットのあたらなかった人々の認識と活動を視野に収めたのは、こうした事情による。立法と事務に注目したのも、〝明治維新〟に関わった人々の主要な関心がそれらに向けられていたことに由来し、筆者が独自に考えたというよりも、当時の人々に自然に教えられたといった方が適切である。

本書が纏まるまでには、多くの方々の御世話になっている。

鈴木淳先生には、学部・大学院を通じて史料の分析の仕方や研究の進め方など全般に亘ってご指導を賜った。ゼミでは、史料から特定の情報だけを抜き取るのではなく、史料を書いた人の立場、周囲の状況を含めてすべての情報を読み取る必要があると教わり、史料から人を知ることの難しさ、知れば知るほどわからなくなる歴史学の面白さを教えて頂いた。また、先生は学生との距離の取り方が絶妙で、筆者が史料に引っ張られて様々な事象や研究領域の間を放浪しているときも、あたたかく見守ってくださった。相談に乗って頂いた折には霧が晴れるようなアドバイスを下さったが、そのアドバイスに沿って進もうとすると「もう一度自分で考えてみるように」と再び霧の中へ戻るように諭された。自力で解決する機会と時間を守って下さったおかげで、安心して悩むことができ、本書をまとめることができた。これ以上ない研究環境を与えて頂いたことに、深く御礼申し上げる。

野島(加藤)陽子先生には、研究の構成や説明の仕方など貴重な指摘を賜った。ゼミ発表が終わると、先生は「面白い」「面白くない」という直観的な言葉に続けて、発表内容のオリジナリティや問題点を整然と説明される。そのため、先生の「面白くない」には「面白い」と同じくらい有益な指摘が詰まっていた。三谷博先生にも、ゼミを通じて多くの刺激を頂いた。先生のゼミでは様々な領域の大学院生、留学生が集まり、幕末維新期の政治・メディアに関する自由闊達な議論が行われており、その議論の自由度を高めながら常に熱を持って議論をかき回されたのが先生だった。研究上の刺激はもちろん、こんなゼミ運営方法があるのかと教育面でも刺激を受けた。大学院を単位取得退学して日本学術振興会特別研究員に採用された折には、西川誠先生に受け入れて頂いた。研究内容についてお話の機会を頂くとすぐに問題点を射貫かれ、政治史の立場から有益な指摘を頂いた。博士論文の審査では、以上の先生方に加え、松沢裕作先生に担当頂いた。論文の抜き刷りをお送りすると、誰よりも早く誰も気づかれない論点について貴重な指摘を賜り、自身の研究の特徴と課題に気づかされることが多かった。また、学部ゼミでは藤田覚先生、大学院ゼミでは武田晴人先生、和仁陽先生、研究会等では米田俊彦先生にもお世話になった。慎んで感謝申し上げる次第である。

学部・大学院では先輩・同輩・後輩に恵まれ、それぞれの方から刺激を頂いた。池田勇太氏、満薗勇氏、小林延人氏にはゼミや研究会を通じて、史資料の調査・分析を徹底する姿勢を学び、同輩の中田桜子氏、塩出ちひろ氏とは大学院修士二年の時に勉強会「M2の会」をつくって話し合い、その後も研究に限らず様々な話をして多くの刺激を受けた。そのほか日頃より研究その他の話をさせて頂いた多くの方々に心より御礼申し上げる。

史料の閲覧においては、東京大学の各図書館、国立国会図書館憲政資料室、法務図書館、国立公文書館、千葉県文書館、千葉県議会図書室、埼玉県立文書館、滋賀県庁県政史料室はじめ各地の資料館の皆様に大変お世話になった。出版に際しては、東京大学出版会の山本徹氏に編集の労をとって頂き、細やかな配慮を賜った。刊行にあたっては、平成二十八年度東京大学学術成果刊行助成制度の補助を得た。関係各位に心より感謝申し上げる。

最後に、私事ながら長きに亘り研究生活を支えてくれた両親に感謝を捧げ、筆を措くこととする。

二〇一七年三月

湯川文彦

索　引

あ　行

か　行

さ　行

た　行

な　行

は　行

ま　行

や 行

ら 行

著者略歴

1984 年生まれ
2007 年　東京大学文学部卒業
2009 年　東京大学大学院人文社会系研究科修士課程修了
2012 年　東京大学大学院人文社会系研究科博士課程単位取得退学
日本学術振興会特別研究員（PD），東京大学大学院人文社会系研究科研究員を経て
現　在　お茶の水女子大学文教育学部助教．博士（文学）

主要論文

「三新法における「自治」の再検討」（『東京大学日本史学研究室紀要』第 20 号，2016 年）

立法と事務の明治維新――官民共治の構想と展開

2017 年 4 月 21 日　初　版

［検印廃止］

著　者　湯川文彦《ゆかわふみひこ》

発行所　一般財団法人　東京大学出版会
代表者　吉見俊哉
153-0041 東京都目黒区駒場 4-5-29
http://www.utp.or.jp/
電話　03-6407-1069　Fax　03-6407-1991
振替　00160-6-59964

印刷所　株式会社理想社
製本所　誠製本株式会社

ISBN 978-4-13-026244-6　Printed in Japan